*Бурханы сургаалын хамгийн гүний охь болсон*
*Цагийн хүрдний Очирт Зургаан Йогийн гүнзгий замд*
*орох аргууд хийгээд тэдгээрийн тайлбарыг агуулсан*

# Сэтгэлийн Мөн Чанараа Нээхүй

*орших*

བདེ་གཤེགས་སྙིང་པོའི་འཇུག་རིམ་རྟོགས་ལྡན་གསར་པའི་ཁྲིད་ཡོན།

ཨ།།ཟབ་ལམ་རྡོ་རྗེའི་རྣལ་འབྱོར་དྲུག་ལ་འཇུག་ཆུབ་འཕྲོས་དོན་དང་བཅས་པ་ཀུན་འདུས་རྒྱལ་བསྟན་ཡང་སྙིང་།།

— ГУРАВДУГААР БОТЬ —

## Бусад цагийн хүрдэн

Шар Ханбрүл Жамбал Лодой

གར་མཁན་སྤྲུལ་རིན་པོ་ཆེ་འཇམ་དཔལ་བློ་གྲོས

**Dzokden**
SAN FRANCISCO, USA

Зохиогч: Shar Khentrul Jamphel Lodrö \ Шар Ханбрүл Жамбал Лодой\
Англи орчуулгыг: Дамбий Жанцэн
Монгол орчуулгыг: Самдангийн Отгонтөгс
Хянан засварласан: Ядамжавын Сумьяа

Анхны Хэвлэл

ISBN Хатуу хавтас 978-1-958229-30-9
ISBN Цаасан хавтас \Монгол хэл дээрх хэвлэл\ 978-1-958229-56-9
ISBN ePub 978-1-958229-31-6
Нэрс: Shar Khentrul Jamphel Lodrö \ Шар Ханбрүл Жамбал Лодой\, зохиолч

Хэвлэлийн газар:
Dzokden \Зогдэн\

Энэхүү бүтээлийг дан ганц сайн дурыхнаас бүтсэн ашгийн бус байгууллага болох Зогдэн сангаас эрхлэн гаргалаа. Манай байгууллага Буддын ном сургаалыг нэвтрүүлэхдээ дэлхийн сүсэг бишрэлийн аливаа нэгэн урсгалыг үл онцлон, ялгавар үгүй үнэн уламжлалт үзлийг баримтлахын хажуугаар Барууны соёлд мөн хүртээмжтэй болгох зорилготой. Төвөдийн алслагдмал оронд ховор эрдэнэ мэт хадгалагдан бидний үед уламжлагдаж ирсэн Цагийн хүрдний сургаалыг баримтлагч Жонангийн ёсыг дэлгэрүүлэхэд бид тусгайлан зорьж байгаа билээ.

Дэлгэрэнгүй мэдээлэл авах, үйл ажиллагааны хуваарь, сургалтын материал авах болон хандив өргөхийг хүсвэл бидэнд хандана уу:

Dzokden
3436 Divisadero Street
San Francisco, CA 94123
United States of America

www.dzokden.org
office@dzokden.org

# ГАРЧИГ

༄༅། །རྒྱལ་དབང་ཀུན་གཟིགས་ཇི་ཇོ་ནང་རྗེ་བཙུན་གྲུབ་པའི་དབང་ཕྱུག་ངག་དབང་ཆོས་ཁྱབ།
ཟིན་ལ་རྒྱལ་གྱིས་འ་ལ་གཡ་གཞི་བསན་བ་ན་ཆཝ་ན་ལ་ཉ་བཞུགས།

至尊藏哇赤列南杰觉囊派第四十七任法王壤塘藏哇大藏寺金刚寺主

**HIS HOLINESS TSANGWA TRINLÉ NAMGYAL**

*The 47th Vajra Throne Holder of the Great Eastern Monastery of Dzamthang Tsangwa
and Lord of the Jonang Dharma.*

༄༅། །འདིར་མཁན་སྤྲུལ་འཛམ་དཔལ་ གྲོས་གིས་མ་ཚོགས་གིས་ དུ་ ཡུན་རིང་བོ་ར་ར་དགེ་ བགྲོ་རྩོང་རྗེ་དང་དང་བསམ་པའི་ སྒྱུབ་པ་ ཏ་ར་ བམས་སྨོ་ས་ ཡང་དག་ གྲུན་ན་བོ་རྒྱུད་ དང་བསྐུན་ ཀུན་ལ་ལེ་ན་ དང་དད་རོབ་ ཟིན་ བོང་གི་གི་ ཚོ་ས་བརྒྱུད་རིམ་མེ་ རི་ཆོས་ ཆོང་བང་རྒྱ་ གྲུབ་བརྒྱོད་ ཀི་ དཔེ་ དེ་གས་ ཆེ་མ་དུ་ རྒྱ་ལ་སོག་བརྒྱན་བ་ལ་ ས་སྨན་བའི་ ཕྱག་གག་ ཆེ་གནང་ བོནེ་ ཡོ་ད།

ཟིན་གི་ས་ ཆོ་བརྒྱུད་ རིས་མེ་ གི་ དགེ་བའི་ གཤིན་ དུ་ བསེན་ཞིང་། རྒྱ་བའི་རྙ་ དོ་དམས་ཟི། ཟི་ས་བ་དོ་དི་ གི་ མཁས་ ག་གཙིན་ ཤྲུན་། ཏེ་ བཙུན་ ཏྲ་ བ་ སྨ་རྩེ་ བསེ་བ་ སམས་ ཡོང་ སྒྱགས་ སུ་ མ་སྨ་ མཉེན་ འཁིན་ ཆང་ཡིན། ཇ་ དང་ར་བ་ ཟིན་ གི་ གནན་ རས་ མངོ་ སྣམས་ གཅེ་ལ་ ཏ་ བས་སྨ་ས་ སྨ་ ཡུན་ རིང་ ནུས། ཤྲུ་ མན་ ན་ དཔལ་ ལ་ གི་ འརོན་ ཆོའི་ འཇིགས་ རིམ་ སྨ་ར་ ལ་ འར་ ལ་ དུ་ གི་ རྨས་ ཉིན་ ལ་ འབན་ ལ་ ཡང་ དག་ ལ་ སམ་ རྣ་ ཇ་ དས་ ས་ གིས་ བོ་ལ་ ཆོ་ ཤུགས་ རི་ས་ རི་ གི་ གནན་ བེའི་ ས་ཚ་ གནས་ གནང་། དེ་ མ་ཟད་ ས་ དཔ་ ལ་ གང་ གི་ ཆེ་ རྒྱ་ བོ་ ལ་ བ་ མ་ ཟ་ན། ཟིན་ བོ་ སྨ་ ཚ་ རྒྱ་ ལ་ བརྩ་ འཛི་ ཆ་ གི་ བ་ བ་ འཛ་ ཆ་ གཉིས་ ཀ་ གཉིས་ ས་ བོ་ས་ པ་ འགོ་ འོན་ ཆ་ བོ་ པ་ ཡུང་ ད་ བརྒྱུ།

ཟིན་ ཆྱུ་ དས་ དགེ་ ཆེ་ མཁས་ སྤྲུལ་ གྱི་ ཡང་ སིན་ དུ་ རས་ འབྱུང་ ཡང་ ། ཁུ་ ལ་ ལ་ བར་ ཆར་ ཟོག་ ཆེན་ དུ་ གནང་ རྒྱ་ དས་ སྨ་ གྱ་ ལོ་ འདག་ རྒྱ་ མ་ འདི་ བ་ ཆར་ ཆ་ ཆས་ ཐམ་ བསག་ གསང་ རྒྱ་ བཀོ་ ཆ་ བི་ གཏག་ གནན་ ཟོ་ ནས་ སུ་ བ་བཞིས་ ཆོ་ས་ ཟ་ ས་ དངོ་ བས་ ཟིན་ ས་ ཤྲུ་ ལ་ བཟིས་ ས་ པ་ ཡང་ སིང་ དུ་ རོ་ འཛིན་ མ་ར་ སོ་ ར་ ལ་ ས་ རྣ་ ཇ་ ཟི་ ཉིན་ ལ་ སྟན་ འདག།

ད་ ཆྱུ་ དེ་ རོ་ མོ་ བཟུ་ དང་ ། སྟི་ བའི་ མོ་ བཟུ་ ཡེ་ དགོས་ ས་ མཟར་ སྒ་ སྨ་ མ་ བ་ དའུ་ མ་ གནན་ སྟང་ གི་ ས་ སྒྱུ་ རྒྱི་ ཟབ་ གནང་ དང་ ། ཡང་ ཆྱུ་ བའི་ རིས་ གནས་ ཟ་ སོ་ཟི་ ཆོ་ས། དཔལ་ དུ་ རྒྱི་ འཇི་ འཇི་ བའི་ སྨོ་ འགྲོ་ དོ་ དགི་ གནི་ དང་ བཟིས་ བའི་ ཆོ་ སྨོ་ ལ་ འཁས་ ཉེ་ དང་ ། དེ་དག་ དོ་ སྤྲུན་ ས་ སྤྲིན་ སྒྱུ་ ས་ སི་ བ་ ཉིན་ ། དཔ་ ས་ སྨ་ ནས་ སྨ་ ཡི་ གནན་ བ་ དང་ འབྲ་ ཟ་བེ་ ཡོ་ འདག་ ། ས་ ཆོ་ས་ བ་ རྨ་ བ་ བ་ ཆོ་ས་ མང་ བ་ ཏི་ བ་ བཀོ་ བ་ མ་ སྨ་ རི་ གནས་ ཆི་ ས་ ཆོ་ འདག་ སུ་ ད་ འཟ་ འབྱང་ བར་ རྒྱ་ གནན་ གི་ ས་ སྤྲ་ སྒ་བ་ ཏ་ དུ་ ག་ ཟུ་ བ་ ཟིན་ ལ་ ས་ བསན་ ས་ བརྒྱ་ ད་ ཟེ་ ས་ ས་ ཡ་ རང་ འོ་ ས་ མ་ བན། རྒྱ་ སྨོར་ ཡང་ མཟར་ བཉི་ ད་ ཆི་ ཡི་ འོ་ད།

དེ་ ས་ མི་ ཟ་ད། མཁས་ སྤྲུལ་ ཟིན་ གི་ སྨ་ བཟམ་ དང་ སིན་ སྨོ་ ལ་ ས་ མཟང་ ཡོ་ ད་ ། ཆེ་ དགོན་ བཟའི་ དཔལ་ ས་ ན་ འཆོ་ འོ་ བེ་ བཟ་ར་ བའི་ ཟ་ ཆ་ བཟི་ དན་ ཆོ་ ས་ གནན་ རི་ ས་ ལ་ བག་ ས་ བསོ་ གནན་ ཏི། སྨ་ ཆོ་ གས་ ས་ མཟང་ ས་ ཆལ་ ཟ་ ས་ བཉན་ བ་ འཆ་ ཟིང་ ཟ་ ཆ་ ག་ བ་ ས་ མ་ བན། མཟ་ ར་ ད་ ཟ་ བ་ ལ་ བའི་ ས་ ཆི་ ས་ ཇང་ སྨུ་ ལ་ ས་ ར་ ས་ རོ་ ས་ ལ་ ས་ བཟ་ ཆ་ བཟ་ ར་ ཆ་ ཆ་ བཟ་ ཆི་ ས་ མ་ བན། སྨ་ ཆི་ ས་ ཟིན་ ས་ བཟང་ ས་ ད་ ཟ་ ཆ་ བ་ སྟ་ ས་ ཆེ་ ཟ་ ཡི་ ཟ་ ང་ འོ་ ད།

ས་ ཟ་ ས་ མཁན་ སྤྲུལ་ ས་ ཆོ་ ལ་ ས་ མཟ་ ས་ འཆར་ ས་ རྒྱ་ བོ་ ས་ གནན་ ས་ མཁན་ འཛ་ མ་ ཟི་ ཟ་ སི་ ས་ ས་ འཛ་ ཟ་ བ་ བ་ ལ་ ། བདག་ ཟ་ ས་ ས་ ནས་ ས་ རང་ དང་ བ་ གབ་ ས་ ཆ་ ཟ་ ཟི་ ས་ ས་ འཛི་ ཆ་ ཟ་ ས་ ཀ་ བཟ་ ན་ ས་ ཆ་ ས་ ཆ་ ཟ་ བ་ ཡང་ ས་ ད་ ཟ་ ས་ ནས་ ས་ པ་ ཟ་ ས་ ས་ ཆ་ ཆ་ བཟ་ ན་ ཟ་ ས་ ཆི་ ས་ ཆ་ ས་ ཆ་ ཟ་ ས་ ཆ་ ས་ ཆ་ ཆ་ ཆ་ ཆ་ འཛ་ ཟ་ ཟ་ ས་ ཆ་ ས་ འཟ་ ན་ ཆ་ ས་ འཛ་ ས་ ན་ ས་ ཆ་ བཉ།

ས་ གནན་ ས་ བཟ་ ས་ རང་ ས་ ས་ བཟ་ ན་ ས་ ཆ་ ས་ མཟ་ ས་ ས་ ཟ་ ཆ་ ཟ་ ས་ ཆ་ ཆ་ ཆ།
ས་ འབ་ ས་ ས་ ས་ བཟ་ ཟ་ ས་ ཆ་ ཆ་ ཟ་ ས་ ཆ་ ས་ ཆ་ ཆ་ བཟ་ ས་ ས་ ཆ་ ཆ།
ཟ་ ས་ ས་ ས་ ས་ ས་ བཟ་ ན་ ས་ ས་ ཆ་ ས་ ས་ ཆ་ ས་ ཆ་ ཆ། ༎ ༎

# Дээрхийн Гэгээн Жигмэд Доржэгийн Бичсэн Үгс

Шар Ханбрүл Жамбал Лодой бол Нямаа, Сажаа, Гаржуд, Жонан, Гэлүг гэсэн таван том урсгалаас эрчимтэй суралцан Төвөдийн Буддын сургаалыг бишрэх сэтгэлд хүрсэн нэгэн билээ. Тиймээс ч эдгээр урсгалуудаас суралцсан арвин мэдлэг дээрээ үндэслэн Бурханы Номын түүх хийгээд секторын-бус үзлийн тухай олон агуу ном туурвин бүтээлээ. Түүний бүтээлүүд энэ салбарт ихээхэн тусыг авчрах нь гарцаагүй юм.

Олон сайн багш нарын удирдлага дор суралцахаасаа гадна Жавзан Лам Лувсан Принлэй буюу Лама Принлэй Цан ч гэж нэрлэдэг үнэнхүү гайхамшигтай Үндсэн Гүрүгийнхээ удирдлага дор  судрын ба тарнийн ёсонд удаан хугацааны туршид төгс суралцахдаа ялангуяа зургаан гишүүнт төгсгөлийн зэргийг эзэмшсэн билээ. Энэ бүх урсгалын сургаалыг бүрэн эзэмшихийн тулд гаргасан зүтгэлийг нь үнэлж түүний үндсэн Гүрү түүнд Римэ Мастер хэмээх цол хүртээжээ. Ялангуяа Лама Лувсан Принлэй амьдралынхаа турш өмссөн Кэнпо малгайгаа түүнд шагнал болгон өвлүүлж өгсөн явдал нэгийг хэлж байгаа бөгөөд энэ малгай ямар их адистидыг агуулан буйг төсөөлөн бодохуйд  Жамбал Лодой ирээдүйд их хэргийг бүтээх нэгэн мөний  дохио мөн ажгуу.

Хүүхэд байхдаа Жамбал Лодой Голог аймгийн лама Гэцэ Ханбрүлийн хойд дүр болох нь танигдсан боловч бэрхшээл саад тохиолдох вий гэсэндээ нэг хэсэг нууцалж байсан байна. Олон жилийн дараа өөрийн үндсэн Гүрү Багшийн зөвшөөрлөөр болон бүхий л саад барцад арилсны тул илчлэн зарлаж албан ёсоор Вашул Лхазу Лама- Агваан Чойжин Жямцын хоёрдугаар дүрийн хувилгаан хэмээн олонд танигдах болжээ.

Тэрбээр туйлын үнэн, Шандон Мадямака үзлийн гүнзгий ухааны талаар хийгээд Цагийн хүрдний үндсэн дадлага болох урьдчилсэн бэлтгэлийн зэргийн дадлагуудын талаар өргөн дэлгэрэнгүй хичээл заан сургаалаа айлдсаар яваа нэгэн билээ. Эдгээр хичээлээ Төвөд ба Англи хэлээр хүмүүст хүргэх гэж ихэд чармайн зүтгэсэн бөгөөд эцсийн зорилго нь өөр бас олон хэлээр хөрвүүлэн гаргах явдал ажээ. Шандон үзлийг олонд таниулснаар дэлхий даяар тусыг хүртэх болсон явдалд би хувьдаа туйлаас талархаж явдаг юм. Жонангийн урсгалын өмнөөс түүний энэ үйлсэд машид ихээр даган баясаж олон талаар бүрэн тусалж дэмжинэ гэдгээ илэрхийлж байна.

*Аугаа Замтан Цанва Хийд*

Ялангуяа Цагийн хүрдний хамгийн ховор хийгээд гүнзгий сургаалыг урсгалын уламжлал атгагчийн хувиар үүргэлэн авч үргэлжлүүлэн яваа түүний их зориг зүрхэнд нь болон бусад бүх урсгалтай амгалан энхийн замналдаа нэгдэлтэй урагшлахад онцгой анхаарал тавьж байгаад нь би илүү ихээр баярлаж яваа билээ. Түүний энэ үйлс цэцэглэн дэлгэрч Алтан Эриний урган мандахын шалтгаан болоосой хэмээн зүрхний угаас даган баясаж байнам.

Ханбрүл Ринбүчигийн үйл хэрэгт тусалж хишиг буянаа машид арвижуулан яваа хүн бүхэнд талархах сэтгэлээ илэрхийлэн амгалан энхийн зохирлыг ертөнцөд авчрах энэ сургаалтай учирна гэдэг хамгаас  олдошгүй ховор тавилан болохыг энд би онцлон хэлэх байна. Бид бүхэн цөмөөрөө хойд зүгийн Шамбалын Дээд Оронд ирээдүйд хамтдаа дахин учрахын бэлгэтэй ерөөлийг өргөн дэвшүүлье.

*Замтан Занва хийдийн Аугаа Зүүн Жигүүрийн Номын Өргөөнөө 47 дугаар  Очирт Ширээний Залгамжлагч Занва Гэйтрулын Хойд дүр Жигмэд Доржэ XVII жарны гал бичин жилийн зургаадугаар сард \2016 оны 8 сар\*

*Шар Ханбрүл Жамбал Лодой Ринбүчи*

# Өмнөх Үг

Түүхийн урт удаан хугацааны турш Цагийн хүрдний сургаал бидний амьдран буй ертөнцийн хөгжлийн шийдвэрлэх мөч бүхэнд дэвшилтэт хэмнэлээр урган үзэгдсээр иржээ. Шамбалын оронд уг сургаал Калапа хот дахь хааны ордноос хязгаар аймгууд руу дамжин хүрч улмаар Энэтхэгт хүрч тархсан нь эцэстээ цаст Төвөдийн нутагт дэлгэрэн цэцэглэх тавилантай байсан аж. Харин одоо өнгөрсөн зуу гаруйхан жилийн тэртээгээс шинэ дамжуулга аажуухнаар газар авах болж, Төвөдийн мастеруудын эртний мэргэн ухаан дэлхийн өнцөг булан болгоныг зорин цацрах болжээ.

Нандин Үнэний Цуврал ботиудын эцсийнх болох энэхүү ном хөгжлийн үйл явцын нэгэн томоохон алхмыг төлөөлж байгаа билээ. Ерөнхий үзүүлэлт болон халаас дүүргэх төдийхөн мэдээллээр хангагддаг байсан үе өнгөрч төгс гэгээрсэн бурханы хутагт хүрэхэд шаардлагатай хамгийн үндсэн ухамсарлахуйд хүрэхэд бидэнд туслах Цагийн хүрдний мэргэн ухааныг бүхэл цогцолбороор нь олж үзэх ховорхон завшаан тохиогоод байна. Энэхүү цогцолбор бүтээлээс бид Бурханы сургаалыг бүхлээр нь хамруулсан гүнзгий шинжлэлийг олж үзэх бөгөөд тэдгээрийн хамгийн гүний чинагуух утгад ч нэвтрэн орох бололцоотой боллоо.

Тийм учраас Ханбрүл Ринбүчигийн бүх шавь нарыг төлөөлөн миний бие эдгээр гүнзгий хэрнээ гайхам тодорхой замаар сургаалыг таниулах гэж хичээсэн хязгааргүй энэрэл сэтгэлтэй багшдаа мөнхөд талархан явахаа илэрхийлье. Баримт материал болгон хэлбэрээ олон бүрэлдэх нөхцөл шалтгаан бүрдтэл олон жилийн уйгагүй хөдөлмөр зүтгэл шаардагдсан бөгөөд Ринбүчигийн гуйвшгүй бишрэлт сэтгэл хийгээд түүний мятаршгүй сэтгэлийн ач тусаар бүтсэн гэдэг нь гарцаагүй юм. Тэрбээр бидний шүтэн бишрэх ёстой нэгэн аргагүй мөн билээ.

Ринбүчигийн энэ ариун үйлсэд нэмэр хандив болох хувь тохиосон бүх хүмүүст миний бие баяр талархлаа хүргэе. Та бүхний оролцоотойгоор амьтны хүслийг гүйцээгч эрдэнэ мэт бүтээлүүд ийнхүү биеллээ оллоо. Ялангуяа Ванесса, Холли, Дороти нарт бүлэг нэг бүрийг хянан тохиолдуулж үнэлэхийн аргагүй зөвлөгөө дүгнэлт хэлж өгч байсанд нь талархан байж "энэ бол үнэхээр бүтэн багаараа зүтгэсний хүч юм шүү" гэдгийг хэлье. Мөн түүнчлэн чимээ аниргүйхэн арын ажлыг гүйцэлдүүлэгч Жулия О Доннелл хийгээд хоол хүнс, орон байр хэзээ ч бэрхшээл болж чадахгүй гэдгийг нотлон үзүүлсэнд нь Жаки Бао нарт гүнээ мэхийн хүндэтгэе.

Энэхүү номын бичигдсэн хэв загвар нь одоогоор олдох боломжтой байсан олон янз эх хэрэглэгдэхүүнээс хамаг нандиныг нь шимэн авч хүртээхэд чиглэсэн бөгөөд Ринбүчитэй олон цагаар ярилцаж, төлөвлөхгүйгээр бүтэх боломжгүй байснаас гадна Эдвард Хеннинг, Дэвид Рэйгл нарын тасралтгүй үзүүлсэн туслалцааны дүнд бүтсэнийг хэлэх хэрэгтэй болов уу. Та бүхнээс асар ихийг суралцаж ухаарах бололцоо олдсон талархаад баршгүй билээ.

Эцэст нь, Цагийн хүрдний сургаалыг унаган хэлбэрээр нь аль болох тодорхой байдлаар олонд таниулах хэмээн хичээсэн миний бие өөрийн хязгаарлагдмал байдлыг харгалзан үзэж аливаа алдаа эндүү гарсан байхыг үгүйсгэхгүй байнам. Тийм учраас англи хэлнээ аль болох оновчтой буулгахыг зорьсон үйлсэд минь санал хүсэлтээ хэлж тусалбал гүнээ талархах болно гэдгээ энэ дашрамд хэлье. Энэ бол яалт ч үгүй ид дундаа яваа төсөл мөн бөгөөд засан сайжруулахад хэзээ ч оройтохгүй гэдгийг мөн энд дурдах хэрэгтэй болов уу.

Бичиж буулгасан хийгээд бүтээн туурвисан энэхүү буянаа би Цагийн хүрдний сургаалыг төгс залгамжилж ирсэн Алдарт Жонангийн урсгалын сургаал цэцэглэн дэлгэрэх үйлсэд бүрнээ зориулж байна.

Энэ бүтээл орчлон хорвоогийн амьтан болгонд Шамбалын ариун орноо төрөх хийгээд тэндээсээ төгс гэгээрлийн хутагт зорихын шалтгаан болох болтугай.

Төгс төгөлдөр амгалан хийгээд зохицол, хоосон дүрс хийгээд үл урвахуйн амгалангийн нэгдэл төрөөгүй нэгэнд нь төрөх болтугай, төрсөн нэгэнд нь эс доройтож улам бүр өөдөө арвидах болтугай.

Бид бүхэн цөмөөрөө эх болсон зургаан зүйл хамаг амьтны тусын тулд Очирт Зургаан Йогийн гүнзгий замд орон Язгуурын Бурханы төлөвтөө хүрцгээх болту гай.

Жо Флумерфелт
*Белграв, Австрали*
*2015 оны 10 сар*

# Орчуулагчийн Зурвас

2018 оны 8 дугаар сард Ханбрүл Ринбүчийг АНУ-ын Вашингтон Ди Си орчимд айлчлан ирэхэд нь золоор учирч хадаг барин шавь орсноос хойш харамгүй нигүүлсэх сэтгэлээр буулгасан ван авшгийг нь удаа дараа хүртэж, Очирт хөлгөний сургаалыг дагаснаас хойш гурван жилийн нүүр үзэж байгаа бөгөөд эрдэнийн дээд эрхэм багшдаа хэмжээлшгүй талархаж явдгаа энэхэн зурвасаар дамжуулан илэрхийлж байгаадаа баяртай байна.

Жонан-Шамбалын урсгалын уламжлал атгагчийн хувьд түүний бичсэн энэхүү Цагийн хүрдний сургаалын бүрэн цогцыг элэг нэгт монгол түмэндээ эх хэлнээ буулган толилуулж, буян хишиг саруул билгүүнийг арвижуулах ховор завшаан олсноо ихэд бэлгэшээж баярлаж ханамгүй байнам.

Юуны түрүүнд энэ цувралыг англи хэлнээ буулгасан Жо Флумерфелт танаа гүн талархал илэрхийлэн, тийм үгүй сэн бол эдгээр нандин бүтээл өнөөдөр ийнхүү биеллээ олохгүй байсан гэдгийг хэлье.

Гар дор хэрэглэх анхааран авлага ховор хилийн чанадад байх үедээ номлол айлдварыг нь онлайнаар тасралтгүй сонсож тусгаж байсны тул Дээрхийн Гэгээн Далай Багш, Нямсамбуу гавж, Гантөмөр шунлайв, Баасансүрэн хамба, багш-орчуулагч С. Түвдэнцэрэн, цаашилбал Махамудрын гүрү Доржготов та нарыгаа эрдэнэ мэт эрхэм багшаа хэмээн үзэж үргэлж залбиран мөргөж явдаг юм аа.

Цаашилбал залж чиглүүлэн тусалж ирсэн Клое Брегман, Весна Уоллас, Жадамбын Лхагвадэмчиг, Самдангийн Сугар, Сонинбаярын Хүслэн, Даваагийн Онолмаа нарт болон энэ номыг бүтээхэд туслалж дэмжлэг үзүүлсэн өөр бусад миний мэдэхгүй олон хүн буй болбоос тэр бүгдэд буяны үр нь хүрэлцэх байх аа хэмээн бэлгэшээж, чин сэтгэлийн угаас мэхийн хүндэтгэе. Энэхүү нандин бүтээлийг судалж, тусган, орчуулсан буяны үрээр хамаг амьтан Шамбалын Алтан Эринийг хамтдаа үзэх болтугай! Цагийн хүрдний сургаалын уламжлалыг хадгалагч Жонангийн алдарт урсгал мандан бадрах болтугай!

Миний саяын үйлдсэн энэ сайн буяны шимээр өвчин ядуурал, тэмцэл будилаан намжин дарагдаж, Бурханы ариун Ном хийгээд өлзий дэмбэрэлтэй бүхэн орчлон даяар цэцэглэх болтугай!

*Дарьганга овогт Самдангийн Отгонтөгс*

*2020 оны 3 сар, АНУ*

*Шагжаамүни Бурхан Багш*

# Танилцуулга

*"Сэтгэлийн Мөн Чанараа нээхүй"* хэмээх ном нь Шагжамүни Бурхан Багшийн сургасан сүсэг бишрэлийн замыг тайлбарлан таниулах зорилгоор бичсэн ном билээ. Би бээр Буддын шашны уг үндсийн шимийг нь алдагдуулаагүй хэр нь илүү ойлгоход амар хялбар байдлаар танилцуулах оролдлого хийсэн маань энэ юм. Тиймээс Нандин Үнэнээ Илчлэхүй ном таныг амьдралдаа зорилготой, сэтгэлдээ энэрэлтэй явахад тусалж чадна хэмээн найдаж байнам.

Та үүн шиг Номыг уншихаар сонгож авч байгаа бол зүгээр нэг зохиогчийн үгийг уншихаар аваагүй гэдэг нь ойлгомжтой. Нандин Үнэнээ Илчлэхүйгээр дамжуулан та Бурханы сургаалын эгнэшгүй нандин ухаантай холбогдон Бурханы Номыг ухаарч сэхээрсэн өнгөрсөн ба эдүгээ цагийн алдартай бясалгагч нартай танил болох болно. Эртний урсгал гэдэг энэ Бурханы шашны өвөг дээдэс хийгээд тэдгээрийн амьдралын түүх, тайлбар судар бичгүүд, далд ухамсарлахуйдаа хүрсэн түүх зэрэг нь бидний бишрэлийг төрүүлэн хөтөч болоход онцгой үүрэгтэй билээ.

Бурханы сургаал гэдэг өөрөө төрөл бүрийн байдлаар зовж, сэтгэл дүүрэн бус явдаг олон янз хүмүүсийн хүрээг хамрахаар зориулагдсан байдаг учраас тэдгээрийг судалснаар бид хүрэх гэж тэмүүлсэн өөр өөр давхаргын түвшиндээ хүрэх боломцоотой билээ. Хамгийн наад зах нь гэхэд өдөр тутмын амьдралдаа бухимдал багатай амьдрах, амьдралд ойр аргуудад суралцан утга учиртай аж төрөх буюу цаашилбал гүнзгий түвшиндээ урт удаан үргэлжлэх жинхэнэ аз жаргалыг өөртөө хийгээд бусдад олгож чадах нөхцөлийг бий болгох гайхам чадварыг ухамсарлах болно.

Бурханы бүхий л сургаалын дотроос миний хамгаас илүү хувиараа холбоотой байдаг систем бол Цагийн хүрдний Дандарын сургаал юм. Миний бодлоор энэ бол нэгэн насанд нь хүнийг гэгээрэлд хүргэж чадах машид уран чадварлаг аргуудыг агуулсан хамгийн гайхамшигтай тогтолцоо билээ. Ихэнх хүмүүс үүнийг тусгай өвөрмөц бясалгалуудтай холбож ойлгодог ч Цагийн хүрдэн бол үнэн хэрэгтээ сүсэг бишрэлийнхээ аль ч шатанд яваа хүмүүст бүгдэд нь тохирох түвшнүүдийг агуулсан бүрэн төгс систем гэж хэлж болно.

# ЦАГИЙН ХҮРДНИЙ ЗАМЫН ЕРӨНХИЙ ДҮГНЭЛТ

Калачакра гэдэг үгчилбэл *цаг*\кала\ ба *хүрд* \чакра\гэсэн утгатай. Энэхүү нэрээр Шагжамүни Бурханаас уламжилсан дадлага сургаалын системийг нэрлэх болсноос хойш он цагийн уртад тасралтгүй урсгалаар дамжин уламжилж явсаар өнөөдрийг хүрсэн ажгуу. Цагийн хүрдний систем тогтолцоо нь хүмүүст мэдэрч буй зүйлдээ утга учиртай хандаж өөр бусадтай ч мөн илүү амгалан зохицолт амьдралыг хөгжүүлэхэд нь туслахад голлон анхаардаг билээ.

Тэгэхээр сүсэг бишрэлийнхээ өөр өөр түвшинд байгаа олон төрлийн бясалгагч нарт ойлгон хүлээн авч чадах хэмжээнд нь тохируулсан сургаал байдгаараа Калачакра өвөрмөц онцлогтой. Нэгдмэл байдлын хүрээндээ бид ойр холбоотой юм уу эсвэл шууд хүрэх аль ч замаар урагшлах мэргэн ухааныг эндээс олох болно.

Нандин Үнэнээ Илчлэхүйн гол сэдвийн хувьд Цагийн хүрдний Хөлгөнийг бүрэн цогц болгон үзүүлэх явдал билээ. Зам урагшлахын хэрээр таны амьдралдаа туулан гарах олон олон давхаргын дагуу алхам бүрд тань газарчлан явах болно. Энэхүү өргөн дардан замыг би гурван хэсэгт хуваан үзэж гурван боть ном болгосон нь ном тус бүрдээ нэг тусдаа давхаргыг танилцуулан бүдүүнээсээ нарийн руугаа чиглэсэн маягаар явах юм. Тиймээс сургалтын анхааран авлагыг эхнээс нь авхуулан дараалуулан үзэж тус бүрд хамаарах дадлагад шаардлагатай суурийг тавин хөгжүүлж явахыг санал болгох байна.

## Нэгдүгээр Боть: Гадаад цагийн хүрд

Бид өөрсдийн шууд мэдэрч байгаа зүйлсийг судлахаас энэхүү аяны гараагаа эхэлнэ. Ялангуяа эгэлийн ертөнцөд өдөр бүр тааарч байдаг эгэлийн үзэгдлүүдийг харан шинжилж, илүү утга учиртай, тогтвортой амьдралыг авчрах ухааныг хөгжүүлэхэд чиглэх болно. Энэ шатанд бид үнэнийг ойлгох туршлагад баттай суурилсан арай илүү амьдралтай аргуудыг анхааралдаа авах болно.

Энэ ном та бидний, хуваан эзэгнэж буй энэ гарагийнхаа талаар илүү өргөнөөр бодоход хүргэх туйлын шинэлэг ноттой санаануудтай танилцуулах юм. Тэдгээр санаа Буддын сургаалын үүднээс дэлхий дахиныг үзэх үзлийг ойлгохын суурь болон хэлбэржиж улмаар төгс дадлагын гүнзгий системд орохын үндэс болдог билээ.

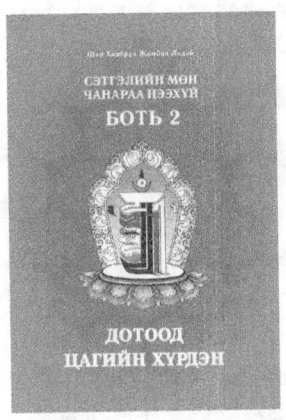

## Хоёрдугаар Боть:
## Дотоод цагийн хүрд

Анхаарлаа гадагш чиглүүлснээр бид амьдралд тохиолдох элдэв зүйлстэй зөв харьцах аргыг хөгжүүлж чадна. Бид амьдралын хүнд хэцүү тулгаралтад саруул оюунаар хандах замыг олж илрүүлэх хэрэгтэй. Гэвч хэчнээн ухаалаг арга оллоо ч гэсэн сансрын хүлээснээс алдууран зовлонгийн үндсийг тасалж жинхэнэ аз жаргалын хаалгыг нээх боломцоотой урт удаан үргэлжлэх өөрчлөлтийг үүсгэн бий болгож мөн л чадахгүй билээ.

Тиймээс бид өөрсдийн бодол сэтгэл рүү шууд чиглэн харж байгалиас заяасан үнэн мэдрэмжээ амсаж эхлэх хэрэгтэй байна.

Хоёрдугаар ботиос бид юмс үзэгдэл хэрхэн оршдог хийгээд үзэгддэгийг олж мэдэх болно. Бид онолын түвшинд бодож тунгаахын хажуугаар шууд мэдрэх тал руу хамаагүй илүү хэлбийх болно. Юу хэрхэн болдгийг зүгээр мэдээд өнгөрөх биш бодолд дүрслэгдэж буй тэдгээр үзэгдлийг шууд гардан мэдрэх явдлыг хөгжүүлэх нь чухал юм. Ойлгож мэдсэн зүйлээ туршлага руу шилжүүлснээрээ бид эдгээр санааг оршин буй ахуйдаа ашиглаж үнэнхүү чадах билээ. Дадлага бясалгалын дүнд бид ойлголтоо амьдрал дээр хэрэгжүүлэн эдгээр санааг оршихуйтайгаа нягт холбож чадах болно.

Гурван бүлэгт хуваан үзсэний бүлэг тус бүрд Буддын дандарт алхан ороход шаардлагатай чанаруудын үндсийг хөгжүүлэхэд онцгойлон анхаарсан байгаа. Тариа тарихын өмнө хөрсөө боловсруулдгийн адилаар эдгээр сургаал арвин ургац хураахад шаардлагатай нөхцөл шалтгааныг бүрдүүлэхэд туслах юм.

## Гуравдугаар Боть:
## Бусад цагийн хүрд

Дотоодын үнэнтэйгээ тулж ажилласнаар бид аажимдаа гадаад ариун бус үзэгдлийг гэгээрлийн ариун үзэгдлүүдээс ялган салгах чадвартай болж эхэлдэг. Дурангийн бүрсгэр шилийг цэвэрлэн тунгалаг болгох мэт бид сэтгэл доторх бүдүүн тоймтой бүхий л түйтгэрийг арилгаснаар үнэний хэлтэрхийг ч болтугай харж чадах болно. Энэхүү туйлын мөн чанар бүрнээрээ үзэгдэж эхлээгүй байх зуурт тэрхүү анхны жаахан хэлтэрхийд тулгуурлан өргөжүүлж чадах бололцоо бий.

Өмнөх хоёр номд Төвөдийн Буддын шашны бүхий л урсгалд нийтлэг байдаг сургаалуудыг танилцуулсан бол энэхүү сүүлчийн номд *Цагийн хүрдний Дандарын сургаалд* агуулагдах өвөрмөц дадлагуудад бид анхааралаа хандуулах болно. Энэ замд сэтгэл шулуудан орсон чин сүсэгт бясалгагчийн хувьд эдгээр гүнзгий мэргэн аргууд нэгэн насандаа гэгээрлийн хутгийг олоход хэрэгтэй болгоныг бидэнд өгөх болно.

Энэхүү гуравдугаар ботидоо тал бүрийг багтаасан дээдийн хоосон чанар – Бурханлаг мөн чанараа шууд ухамсарлахад бид анхааралаа чиглүүлэх болно. Гүнзгий ухамсарлахуйн хамтаар бид аугаа Бодисадва Хаадын зам мөрөөр даган замнаж үлдсэн түйтгэрүүдийг хурдтайгаар арилган, зорьсондоо хүрч чадах болно. Үүний тулд Буддын Тарнийн ёсны чадварлаг аргуудыг бид эзэмшиж сурах хэрэгтэй.

Заншил ёсоор бол энэ ном зөвхөн ханьсашгүй Дандарын Ёсны дээд авшиг хүртсэн тэдгээр хүмүүст зориулагдах учиртай. Яагаад гэвэл тэр нь шаардлага хангасан Очирт мастерын шууд удирдлага дор дадлага бясалгалаа хийхэд шавь нарыг зоригжуулах зорилготой үүссэн заншил байсан ажээ. Энэ заншил хэдийгээр хамгийн зөв арга мөн хэвээр хэдий боловч нийт олонд ховор сургаалын шимийг хүртэх боломцоо ямартаа ч нээлттэй боллоо. Яагаад гэвэл хувьтай төрсөн шавь нарын хувьд Дээд Дандарын Ёсны дадлагуудыг сайтар ойлгож авах гарцаагүй шаардлага тулгараад байгаа билээ.

Энэ мэт шалтгааны улмаас дараагийн бүлгүүддээ би олон өөр хувилбар бүхий замыг сонгож оруулсан болно. Өмнө зурайх замаа тод томруунаар харж байхын тулд онолын суурин дээр тодорхой өвөрмөц оньс түлхүүрүүдийг нэмэн шигтгэж *Төгсгөлийн Зэрэгт* хөл тавих боломцоог бид нээж өгч байгаа юм. Эдгээр нандин сургаал чухамдаа зохих авшиг дамжуулгыг хүртсэн бөгөөд Цагийн хүрдний зам хийгээд Очирт багшаа дээдлэх сэтгэлийн аль алийг хөгжүүлсэн тэдгээр хүмүүст л зориулагдсан болно. Миний найдаж байгаа юм юу вэ гэвэл энэхүү номыг уншсаны дараагаар шаардлага хангахуйц мастер багшаа эрж олон, дадлага бясалгалдаа шамдан орох урам зоригийг төрүүлэх болтугай гэсэн хүсэл билээ.

Гурав дугаар боть дотроо гурван том бүлэгт хуваагдаж байгаа нь: 1\Гүрү багштай ойр барилдлага үүсгэхийн ач холбогдол, 2\Гэгээрлийн хот мандлыг үүсгэхүй болон 3.\Дүйнхор ядам бурханыг бүтээхүй эдгээр юм. Бүлэг тус бүр таны хамгийн нандин үнэнтэйгээр холбогдох оньс түлхүүр болсон шатны гишгүүрүүдийг төлөөлөх бөгөөд тэрхүү үнэний ертөнцийг хэрхэн үзэх арга зам нь болж өгөх болно.

## Гүрү Багштай Гүнзгий Холбоо Тогтооху

Цагийн хүрдний Тарнийн Ёсны талаарх бидний судалгаа *Очирт Хөлгөний нэгэн өөрмөц тал* болох түүний богино хугацаанд зорьсонд нь хүргэх үр дүнд үндэслэсэн тэр зам мөрөөс эхэлдэг. Зам биднийг тэндээс хөтлөн дагуулж номын үлдсэн хэсгийг эзэлсэн тэрхүү сургаалын хэчнээн утга төгөлдөр гүнзгий нарийн болохыг ямагт санаж бишрэхэд хүргэх болно. Тэрхүү аугаа замын эрдэнэ мэт нандин чанарт талархах сэтгэлийг та хөгжүүлснээр түүнийг амьдрал дээр дадлага болгох зориг шийдвэрт шулуудах нь гарцаагүй үнэн билээ.

Үүнд үндэслээд бид анхаарлаа тарнийн ёсны дадлагын хамгийн ёзоор үндэс болсон Гүрү багш руу чиглүүлэх хэрэгтэй. Энд Гүрү багшаа хүндлэн дээдлэх аргыг л үзүүлэх гэсэн мэтээр байнга буруу ойлгох тал руу хүрдэг боловч үнэн хэрэгтээ буян хишиг саруул билгүүний чуулганыг ихээр хураах бүхнийг ариунаар үзэх мэдрэмжээ хөгжүүлэх хамгаас чадварлаг арга энэ мөнөөс мөн билээ. Бид энэ хэлэлцүүлгийнхээ ерөнхий байгууламжийг *Багшаа Дээдлэх Тавин Шад* хэмээх Ашвагошагийн сонгодог эх бичигт түшиглэн байж танилцуулах бөгөөд тэдгээртэй нэг бүрчлэн нарийвчлан танилцанаар гэгээрлийн замд биднийг газарчлах Очирт Багштайгаа ойрын гүнзгий барилдлага хэрхэн тогтооход суралцаж болно.

Багшаа дээдлэх гадаад бишрэлийн сэтгэл эхлэлийн сайн цэг болох хэдий ч мөн л харьцангуй мөн чанартай билээ. Туйлын чанартаа бид Гүрү хэмээх ойлголтыг дотоодын мөн чанар болгон хувиргах Багшийн Егүзэрийн дадлагаар зүрхээ нээн тэлж хамгаас нандин үнэн мөн чанартаа дагуулан хүргэх бололцоог түүнд олгох ёстой.

## Гэгээрсэн Хот Мандал Үүсгэхүй

Тарнийн ёсны эхний шат бол *Үүсгэлийн Зэрэг* мөн. Түүний гол зорилго бол Багшийн Егүзэрийн дадлагаар үүсгэсэн ариунаар үзэхүйгээ тэлэн өргөсгөж, улмаар өөрсдийн мэдрэмж дэх тал болгонтой холбогдох явдал байдаг. Энэ үйл явц *Нялхсыг Боловсруулах Долоон Авшиг* хэмээх авшгийн зан үйлийн дагуу хийгдэнэ. Зан үйлийн явцад авшиг хүртээн буй очирт мастертай тусгай холбоо тогтоон, тарнийн ёсны сахил тангараг өргөдөг. Ингэснээр ариунаар үзэхүйгээ хөгжүүлэх тарнийн ёсны сахилга журмыг баримтлах хэв загвараа олж авдаг байна.

Авшиг хүртсэнээр Цагийн хүрдний үүсгэлийн зэргийн дадлагадаа ороход бэлэн боллоо гэсэн үг. 636 ядам бурхад бүхий Цагийн хүрдний гэгээрлийн хот мандал нь Буддын систем дэх хамгийн том хамгийн дэлгэрэнгүй хот мандал хэмээн тооцогддог учраас түүнийг бүрнээ ойлгоход ихээхэн цаг хийгээд зүтгэл гаргах шаардлагатай болно. Өөр өөр үзэгдлийн гол шимийг нь ухаарахад анхаарснаар бид гардан ажиллах утга төгөлдөр загвар бий болгож чадах бөгөөд цаг хугацааны туршид тэрхүү загвараа өргөжүүлэн томруулсаар явах болно.

Хот мандлын гэгээрсэн талуудтай танил дотно болох гол арга бол *Ядмын Егүзэр* хэмээх дадлага байдаг. Энэ дадлагаар бид өөрсдийн эгэлийн хүлээн авахуйгаа хувиргаж өөрсдийгөө Дүйнхор Вишвамата хоёрын гэгээрсэн талууд болгон бүтээх болно. Ийм замаар эгэлийн юмс үзэгдлийг үзэгдэж буй тэр байдлаар нь таньж байдаг зуршлаасаа салан, бидний гэгээрсэн талуудын гарч үзэгдэх бурханлаг омгоо харин таних бололцоотой болно.

## Дүйнхор Ядам Бурханыг Амьдруулахуй

Үүсгэлийн зэргийн төрөл бүрийн дадлагаар бид сэтгэлээ ариусган ухамсрынхаа маш нарийн түвшинд хүрч очих боломжтой. Ийнхүү боловсорсон сэтгэлтэн *Дөрвөн Дээд Авшгийг* хүртэх замаар өөрийн нандин үнэнээ ухамсарлахад бэлэн болсон нэгэнд тооцогдоно. Дээд авшгийн явцад бид Бурханлаг чанараа мэдрэхэд зориулсан Цагийн хүрдний үзлийн дагуух өвөрмөц оньс түлхүүрийг хүлээж авах болно. Энэхүү өвөрмөц мэдрэмж биднийг *Төгсгөлийн Зэрэгт* алхан орж байгааг тэмдэглэж өгдөг билээ.

Үүсгэлийн зэрэгт гэгээрсэн үнэний бэлгэ тэмдгийг төлөөлүүлэн бодолдоо дүрслэл үүсгэдэг байсан бол төгсгөлийн зэрэгт энэхүү бодлыг өөрийг нь үнэний мөн чанарыг шууд үзэх илт мэдэлд урвуулах ёстойгоо таньж авдаг. Ийм учраас төгсгөлийн зэргийг хоёргүй үзлийн төлөвт хүрэхийн тулд сэтгэлийг хөглөх сэтгэшгүй ахуйн арга хэмээн үздэг билээ.

Энэ аргыг эзэмшихийн үндэс нь хүмүүн төрөлтний бие махбодод байдаг нарийн биеийн энергийн системийг нарийвчлан ойлгох явдал юм. Бидний бие махбод дахь хийн гүйдэл, түүнтэй холбоотой урган гарах сэтгэлийн төлөвүүдийн харилцан холбоог ойлгосноор хоёрдмол үзлийн оролцоогүйгээр сэтгэлтэй шууд харьцах бололцоо нээгдэнэ. *Гурван Хумилт* хэмээх хүчирхэг бясалгалын тусламжтайгаар дараа нь бодлыг сэтгэлд буцаан бүрмөсөн уусгаж цаглашгүй ахуйн дээдийн хоосон чанар урган гарах нөхцөл шалтгааныг үүсгэх ажгуу.

Энэ шатанд хүрсний дараа бидний нийтлэг, нийтлэг бус хийгээд өвөрмөц бэлтгэлийн зэргүүд төгөлдөржин, *Очирт Зургаан Йогийн* дадлагад ороход бэлхэн болно. Тэдгээр дэвшилтэт шатны өндөр техник эзэмшихийн тулд шаардлага хангасан Очирт багштай маш ойрын харилцаатай байж ажиллах нь алдаа мадаггүй зөв хийгээд аюул осолгүй чанд гүйцэтгэхэд гол баталгаа болж өгнө. Заншил ёсоор бол, шавийг бэлэн боллоо гэдэгт бүрэн итгэсний дараагаар Очирт багш түүнд оньс түлхүүрийг итгэмжлэн дамжуулдаг билээ. Тэр цагийг хүртэл тэдгээр бүх дадлага бясалгалыг өөрт зуршил болтол сайтар судлан танилцаж, оньс түлхүүрийг хүлээн авах нөхцөл шалтгааныг бүрдүүлэх ерөөл бататган суух нь ашигтай.

Очирт Зургаан Йогийн сургаалыг төгсгөснөөр нэгэн хүний нэгэн бие дээр гэгээрлийн хутагт хүрэхэд хэрэгтэй бүхэн гүйцэх болно. Одоо хийх ганцхан зүйл бол сургаалыг амьдруулах явдал мөн. Энд хүрээд бид энэхүү нандин хэлэлцүүлгээ *Зургаан Зуурд* хэмээх үхэл амьдралын эргэлт дэх зуурдын төлөвүүдийг туулахад өөрсдийгөө дээд зэргээр хэрхэн бэлтгэх гайхамшигтай уран чадварлаг аргуудад суралцсанаар төгсгөх болно. Үхэл амьдралын зургаан зуурдыг дамжих явцад эрдэнэт хүний лагшныг олсныхоо шимийг нэг ч хором дэмий үрэлгүй амьтны тусад зориулах утга төгөлдөр үйлсэд баттай чиглүүлэх нь хамгаас чухал билээ.

# ЭНЭХҮҮ НОМЫН ШИМИЙГ БҮРЭН ХҮРТЭХ НЬ

Хойно өгүүлэх сэдвийг судалж байх зуурт хэдэн гол зүйлийг санаандаа хадгалж байх нь танд тустай билээ. Тиймээс ном уншиж байна уу, хичээл сонсож байна уу ялгаагүй Бурханы номыг судалж байгаа хэнд ч болов хамааралтай ерөнхий зөвлөгөөг санал болгож байна.

## *Зөв Сэдэлтэй Байж Суралцах*

Бурхан багшийн сургаалыг судлахдаа онцгой анхааралтай хандвал зохино. Эдгээр сургаалаар явж илүү их жаргал цэнгэл амсана гэдгийг ойлгосон хүнд энэ нь тийм ч хүндрэлтэй асуудал биш юм. Хурц сэргэлэн ухааныг хөгжүүлэх нь замдаа дайралдах бэрхшээл саадыг аажмаар давахад шаардлагатай чухал чадвар хэмээн хэлэлцдэг билээ. Нэгэн сургаалд эдгээр бэрхшээлийг тодотгон *Савны Гурван Гэм* хэмээн нэрлэсэн байдаг нь:

1. **Хөмөрсөн сав** шиг байх хэрэггүй, яагаад гэвэл анхаарал сарнисан юм уу эсвэл сэтгэлээ нээгээгүй байсан цагт юу ч тийшээ нэвтэрч чадахгүй шүү дээ. Тиймээс хүлээн авахад бэлэн нээлттэй сэтгэлээр сонсогтун.

2. **Ёроол нь цоорхой сав** шиг байвал хэчнээн их мэдлэг юүлсэн ч сурсан мэдсэнээ тогтоохгүй дор нь асгаж орхино гэсэн үг.

3. Эцэст нь **хор дүүргэсэн сав** байх хэрэггүй. Бодож тунгаагаагүй санаа сэтгэл, дадал зуршилдаа хэт автсан буруу үзлийн зангинд орохоос зайсхийх хэрэгтэй. Ийм хороор хордсон сэтгэл сонссон зүйлээ мушгиж бодон, Бурханы Номыг шал өөр зүйл мэтээр ойлгоход хүргэдэг талтай билээ.

Хэсэг бүлэг бүрийг уншиж байхдаа хүлээн авахад бэлхэн нээлттэй сэтгэлийг баримтлан, алив бодол шүүмжлэлээс ангид байхыг хичээгээрэй. Одоогоос эхлээд хойшид уншиж байгаа чанаруд өөрт тань байгаа эсэхийг шалгаж яваарай. Тэгээд сурч мэдэх аргаа сайжруулахад танд урам зориг хэрэгтэй болохын цагт энэхүү энгийн сургаалыг эргэн санаж явагтун.

## Тусгалыг Зогсоох нь

Мөн энэ номын хэсэг тус бүрд судалсан зүйлээ тусган авах боломж болгон ашиглахад зориулсан энгийн дасгалууд хавсаргасан бий. Аль нэг сэдвийг судалж мэдээд түүнд хэт автахгүй байх нь чухал. Зарим үе хэсэг зуур уншилтаа зогсоон өөртөө тусгах дасгал дээр төвлөрөх нь мэдлэгээ хувийн туршлагатай холбох дотоодын үнэт зөнтэй болоходтусална.

Хэсэг бүлгийн төгсгөлд дасгал байхгүй байх тохиолдолд ч гол гол хэсгийг эргэн сөхөж бүрэн ойлгох хүртлээ давтах нь сайн гэдэг. Дараа нь номоо доош тавиад саяын зүйлс амьдралд тань хэрхэн холбогдож байгааг бодох хэрэгтэй. Өөрт жишээ болон үзэгдэх хувьдаа тохиолдсон явдлуудын талаар бодоорой. Судалж байх үед гарч ирэх асуултыг бичиж явах нь бас нэгэн сайн дадал болдог. Дэргэдээ тэмдэглэлийн дэвтрээ тавиад асуулт гарах болгонд бичиж авах хэрэгтэй. Бүлгээ судалж бараад асуултдаа хариу олов уу, үгүй юу гэдгээ нэг шалгачих. Үгүй байвал багштайгаа юм уу, өөр нэг сүсэг бишрэл нэгт нөхөртэйгөө ярилцахаар төлөвлөх нь дээр.

## Аяны Замдаа Цэнгэлийг Хүртэхүй

Эцэст нь таны ямар сэдэл сэтгэлтэй байхаас үл хамааран нээлттэй сэтгэлээр л хандаж чадсан бол Бурханы Ном танд ямар нэгэн хэмжээгээр тусыг бүтээх нь гарцаагүй юм.

Та бид эрэл хайгуулын аян хийж, хувиргалын үйл явц үргэлжилж байгаа гэдгийг санаж байх хэрэгтэй. Бодол төрж санаа хөгжихөд хугацаа хэрэгтэй болохоор өөртөө тэвчээртэй хандахыг хичээвэл зүйтэй. Сэдэв бүрд өөрийн хэмжээнд тааруулан ахиж аажуухан урагшлан, хэрэгтэй бол хэчнээн ч удсан болно. Хэдэн бүлэг яваад эргэн нэг хурдхан шалгаж ойлголт тань өөрчлөгдсөн эсэхийг шалгаарай. Арын бүлэг болгон өмнөх бүлгүүддээ шинэхэн гэрлийн тусгал өгч, бас нэгэн давхаргыг хуулан гүнзгий утга руу дөтөлсөөр буй нь олон таарах бий.

Дээр өгүүлсэн бүхнээс гадна энэхүү нандин боломжийг олсондоо сэтгэлийн цэнгэл эдлээрэй. Уншсан зүйл тань хуурай аргуун байхгүй нь лавтай билээ. Оронд нь харин адал явдалтай сорилт ихтэй аянд явж байна гэж бодох хэрэгтэй. Буддын сургаалд бид "ирээдүйд хүрэх ухамсарлахуйдаа үрийг нь тарих" гэж ярьдаг бөгөөд энэ нь зүгээр л өнөөдөр бид будилж байвч маргааш ойлгон ухамсарлах уг суурь тавигдлаа л гэсэн үг юм.

> *"Эхлэн сурагчдын сэтгэлд боломж дүүрэн байдаг*
> *харин мэргэжилтэн хүний хувьд боломж маш цөөхөн"*
> *--Шунриу Сузуки--*

# *Гүрү Багштай Гүнзгий Холбоо Тогтоохуй*

# Цагийн хүрдний Дандарын Ёс - Үр дүнгийн Хөлгөн

Бид бүхэн цөмөөрөө төрөл тэргүүлшгүй цагаас авхуулаад сансрын хүрдэнд эргэлдэн оршсоор байгаа билээ. Түйтгэрт сэтгэлээр цулбуурдуулсан бидэн бээр сэтгэл ханамжгүй байдалд оруулах нөхцөл болсон тоолшгүй олон янзын үйлийг зогсоо чөлөөгүй үйлдэн амьдрах ажгуу. Энэхүү зуршилт хандлагаа давтан давтан бататгасаар бид мөнхөд ийнхүү хүлээсэнд орших ч болзошгүй.

Тийм учраас яг энэхэн нэгэн үед чөлөө учрал бүрэн бүрдсэн эрдэнэт хүний биеийг олон төрсөн нь юутай гайхамшиг. Сэтгэл зүрхэндээ мөрөөдсөн болгоныг гүйцэлдүүлэх хүслийг гүйцээгч чандмань эрдэнэ олдоо юу гэлтэй. Хүлээс гинжээ тасар татан хаяж чөлөөлөгдөөд зогсохгүй төгс гэгээрсэн Бурханы хутагт хүрэх бололцоо та бидний гарт бэлээхэн дэлгээстэй байна.

Чухам юугаараа бидний тавилан гайхамшигтай вэ гэвээс Бурхан Багш энэ орчлонд заларч сургаалаа айлдсан төдийгүй, түүний сургаал өнөөдрийг хүртэл оршсоор эртний уламжлалт урсгалын хэлхээ атгасан мастеруудын их нигүүлсэхүй сэтгэлээр дамжин бидэнтэй учирсан явдал яах аргагүй аз мөн. Түүнээс ч илүүтэй гайхамшиг юунд буй хэмээвээс Бурхан Багш гэгээрэлд хүргэх ганцхан замыг заасан хэрэг биш харин амьтан болгоны хүлээн авах чадварт тааруулсан өөр өөр арга замыг заасан учраас Судрын хийгээд Тарнийн номын аль алиных нь хүрдийг эргүүлсэн билээ.

*Шалтгааны хөлгөн* хэмээн нэрлэгддэг *Судрын ёс* сайтар арчилж тордвол ирээдүйд Бурханы хутагт хүргэж болох үйлийн урийг нь тариалахыг онцолдог бөгөөд энэ бол бидний машид өвөрмөц аргаар сэтгэлээ хянах гэж оролддог тэрхүү өөрчлөлтийн үйл явц байдаг билээ. Үүний тулд өөрсдийн түйтгэрүүдтэй нэг бүрчлэн тулж зохих ерөндгийг хэрэглэх замаар харьцангүй үнений хүрээн дэх хөнөөлт хэв маягийг багасгадаг. Судрын ёсоор бидний зорилго бол барцад түйтгэрийг арилгахад голчлохоос бус, сүүлд гарах үр дагаварт төдийлөн анхаардаггүй ажээ. Тиймээс судрын ёсыг үнэний мөн чанарыг илрүүлэх шатандаа яваа хөлгөн гэж үзэж бас болно.

*Тарнийн ёс* бол үүнээс нэн их ялгаатай. Эдүгээ цагийн нөхцөл байдал хийгээд хязгаарлагдмал чадамжаас үл хамааран бидний дотроо агуулан буй ариун мөн чанараа өөрт сануулахын тухайд энэ ёсон чиглэдэг. Бидний үзэж мэдэрч буй болгон туйлын чанартаа бидний язгуурын бурханлаг чанарын нэгэн гэгээрсэн тал болохыг ухамсарлах авваас үнэндээ бидэнд хийгээд байх юм үлдэхгүй ажгуу. Үнэнийг хүлээж авах хүртэхүйгээ өөрчлөн, сөрөг сэтгэлийн хөдөлгөөн бол саад бэрхшээл бус гэдгийг ойлгосны үндсэн дээр түүнийг гүнзгий ухамсарлахуйдаа хүрэхэд туслуулах ашигтай нэгэн багаж болгон хувиргах хэрэгтэй гэж үздэг. Энэхүү замыг бид *үр дүнгийн хөлгөн* хэмээн нэрлэж байгаагийн учир бол гэгээрлийн төлөв хэрхэн яг одоо бидний өмнө урган гарч үзэгдэхийг таних явдалд анхаарлаа чиглүүлдгээс тэр ажээ.

Цагийн хүрдний зам Цагийн хүрдний Дандарын сургаал дээр үндэслэсэн болохоор Тарнийн Ёсонд зүй ёсоор багтдаг. Дандарын сургаалд үзүүлсэн гүнзгий аргуудыг амжилттай хэрэглэж сурахын тулд сэтгэлийг боловсруулан хөгжүүлэхэд Судрын ёсны сургаалуудыг ашиглах хэрэгтэй болдог учраас Цагийн хүрдний зам энэ утгаараа Судрын хийгээд Тарнийн ёсны аль алийг адилхан хамардаг гэж үздэг.

Энэ бүлэгтээ бид Буддын Дандарын ёсны гол оньс болдог зарим үзүүлэлтүүдтэй танилцах бөгөөд тэгснээр хэрхэн Цагийн хүрдний замаар замнаж нэгэн насандаа гэгээрлийн хутагт хүрч болохыг ойлгоход тустай байх болно. Тэдгээртэй итгэл бишрэлээ бататган хөгжүүлснээр энэхүү нандин сургаалыг амьдрал дээр хэрэгжүүлэх урам зоригийг олж, түүгээр зогсохгүй тэдгээрээс гарч болох олон талын ашиг шимийг харамгүй хүртэх болно.

# ДАНДАРЫН СУРГААЛ ДАХЬ ОЛОН НЭРШИЛ

Дандарын сургаал дахь нэгэн нийтлэг чанар бол тодорхой нэг санаанд зориулсан олон өөр үгийг хэрэглэдэг явдал юм. Энэ дадлага өөрөө үнэний мэдрэгдэх байдлын толин тусгал болдог тул бүх зүйл нэгэн адил төгс бүрэлдсэн мөн чанартай, тэр чанар нь хэмжээлшгүй олон төрлийн үзэгдэл ургахын үндэс болон үйлчилдэг гэдгийг харуулдаг ажээ. Үүнтэй адилаар, тодорхой нэг утгыг илэрхийлэх өөр өөр талыг тодруулсан хэд хэдэн нэрийг хэрэглэх нь олон тохиолдоно. Энэхүү нарийн ялгааг таньж сурснаар бид маш гүнзгий хийгээд баттай ойлголт олж авч чадна.

*Тантра* гэдэг үг "үргэлжлэл" гэсэн утгатай. Энэ нь бидний хүлээн авахуй хэчнээн их төөрөлдсөн байснаас үл хамааран хэзээ ч үл сэвтэх Бурханлаг чанарын үргэлжлэхүйг илэрхийлсэн үг юм. *Тантраяана* бол дээдэд үргэлжлэхүйг онцгойлон авч үздэг хөлгөн билээ.

Тантраг орлуулан хэрэглэж болдог бас нэг үг бол *мантра* \тарни\ билээ. Үгчлэх юм бол "сэтгэлийг хамгаалах" гэсэн утгатай бөгөөд *Мантраяана* бол төөрөлдөх сэтгэлээр үүсгэгдсэн эгэл үзэгдлүүдээс сэтгэлийг хамгаалж байдаг зам юм. Бидний мэдрэмжийн гүнд нуугдмал орших ариун чанарыг байнга сануулж байх үүргийг гүйцэтгэх бөгөөд тэрээр бидниг төөрсөн сэтгэлийн төлөвтөө эргэн орохоос сэргийлж байдаг байна.

Мантра буюу маань тарни уншихыг мөн тийнхүү нэрлэдэг энэ дадлагыг сэтгэлийнхээ ариун чанартай дотносон дасах хийгээд нарийн биеийн хийн гүйдлийг ариусгахад мөн хэрэглэдэг билээ. Дараагийн бүлэгт бидний үзэж судлах ёсоор тарни тоолж маань хөгжөөх нь сэтгэлээ төөрөгдлөөс хамгаалах Мантраяана хөлгөний цорын ганц арга бишийг өгүүлнэ. Тэнд мөн өөр олон төрлийн дүрслэл үүсгэх, йогийн байрлал зэргээр эгэлийн үзэгдлийг ариусгах болон үнэнийг яг байгаа чигээр нь харах аргууд байдгийг бид олж мэдэх болно. Энэхүү арвин баялаг арга сэтгэлийг аугаа ихээр хамгаалах бололцоотой гэдэг нь маргаангүй.

Энэ цуврал ботийн туршид *очир \важра\* гэдэг үг голдуу туйлын үнэний тухай яриянд хэрэглэгддэг болохыг та ажигласан байх. Энэ тарнийн ёсон дахь хамгийн чухал үг бол хөнгөнөөр орчуулбал "бутаршгүй" ба "сэвтэшгүй" гэж болох бөгөөд очир алмаас адил хагардаггүй бат бөхийг илэрхийлдэг. Очирт Хөлгөн \Важраяана\ тэгэхээр туйлын үнэний бүрэн төгс бүтсэн мөн чанар, төрж амжаагүй байгаа ч арилшгүй бөгөөд усташгүй бурханлаг чанарын маань адил сарнишгүй зам билээ. Тэнгэрт хэчнээн ч үүл хуралдсан байлаа нарыг яагаад ч сэвтээж чадахгүй шүү дээ. Түүнтэй адилаар харьцангуй үнэний хүрээнд золгүйхэн тохиох барцад түйтгэр бидний язгуурын бурханлаг чанарыг хэзээ ч сэвтүүлж чадахгүй нь үнэн юм.

Дандарын сургаалд ямар ч үг хэрэглэсэн байсан үг болгон, мөр бүхэн, санаа болгон бидниг буцаагаад л туйлын мөн чанарт маань хүргэдгийг ойлгох хэрэгтэй юм. Шууд ба шууд бусаар бүгд эргээд бидний бурханлаг чанар руу чиглэдэг билээ. Энэ үнэний ухаарахуй бүрэлдэн тогтмогц бид Видядара буюу "ухамсар атгагч" болон хувирна. Очирт хөлгөнөөр дадуулахын учир утга нь Видяадарын хутагт хүрэх явдал болохоор Очирдарийн хутагт хүрэх хөлгөн ч гэж мөн нэрлэх нь бий.

Эцэст нь хэлэхэд, Сутраяанатай харьцуулах юм бол Тантраяана илүү ашигтай аргаар зорилгодоо шууд хүрэхийг эрмэлздэг. Гүнзгий арга техникүүдийнхээ тусламжтайгаар Тарнийн бясалгагч нар асар богино хугацаанд өөрийн бурханлаг чанартай холбогдож чаддаг нь гайхалтай хэрэг мөн. Судрын ёсоор замнавал тоолшгүй гурван галавт хүрдэг газарт Тарнийн ёсоор замнахад тэнгэрт цахилгаан цахилахтай адил хоромхон зуурт гүнзгий ухамсарлахуйдаа хүрэх боломжтой. Үүнээс үүдээд мөн Хурдан Зам буюу Цахилгаан Зам гэж нэрлэх нь бий.

# СУДРЫН ХИЙГЭЭД ТАРНИЙН ЁСНЫ ЯЛГААТАЙ ТАЛ

Цагийн хүрдний Замын өвөрмөц дадлага руу шилжих зуурт Тарнийн ёсны

Судрын ёсноос ялгарах талуудыг тодорхой ойлгох нь чухал болж ирдэг. Тарнийн ёсны давуу талыг ойлгож авах нь Цагийн хүрдний замд итгэл бишрэлээ өргөжүүлэхийн гол суурь нь болж өгдөг.

## Нийтлэг Үзүүлэлт

Судрын хийгээд Тарнийн ёсны ялгаатай талыг тодруулахын өмнө тэдгээрт ижил төстэй талд юу байдгийг мэдвэл зохино. Тэгснээрээ буруу үзэл юм уу Судрын ёс бидэнд хэрэггүй юм байна гэсэн буруу ойлголт төрөхөөс бид зайлсхийж чадах болно. Судрын ба Тарнийн ёсонд ижил төстэй гурван гол үзүүлэлт бий. Үүнд: 1\ сэдэл, 2\үзэл, 3\зорилго, эдгээр болно.

### Сэдэл

Судрын хийгээд Тарнийн ёс хоёулаа Их хөлгөнд хамаардгийн хувьд тэдний сэдэл бусдыг нигүүлсэх, амь үл хайрлах *Бодь* сэтгэл байдгаараа адил билээ. Энэхүү дээдийн сэтгэл байж гэмээ нь тарнийн ёсны гүнзгий аргууд хүнийг гэгээрэлд хүргэх гайхам үр дагавар авчрах чадалтай.

Тарнийн ёсон дахь Бодь сэтгэл болон Судрын ёсон дахь Бодь сэтгэлийн хоорондын ганц ялгаа бол тэдгээрийн эрчим байдаг. Судрын ёсоор *Зургаан Барамид* хийгээд *Шавийг Эрхэнд Хураах Дөрвөн Аргыг* тасралтгүй дадуулан явсан Бодисадва хүн тоолшгүй гурван галавын дараагаар зорилгодоо хүрдэг бол Тарнийн бясалгагч хүний хувьд энэ хугацаа хүлээн зөвшөөрч боломгүй мэт удаан санагддаг байна. Энэрэл нигүүлслийнхээ хүчинд дулдуйдан тэд хамгийн чадварлаг аргыг ашиглан байж аль болох хурднаар зорилгодоо хүрэхийг эрмэлздэг. Тэдний зүгээс харах юм бол өөрсдийн төлөөнөө бол цаг хугацаа хамааралгүй мэт хэдий ч хамаг амьтны зовлонг бодохоор нэг ч мөчийг дэмий үрэхгүй юм сан гэсэн хүсэл байдаг.

Тийм ч учраас Бодь сэтгэлийн сэдлийг хэрхэн төрүүлж хөгжүүлэх талаар бид Боть 2-т машид тодорхой судалсан байгаа. Тарнийн ёс зөв хэрэглэж чадвал биднийг урьд өмнө хэзээ ч төсөөлж байгаагүй өндөрт гаргаж зорьсон газарт минь хурдан хүргэж чадах пуужинтай олон талаар адилхан байдаг. Гэвч хэрвээ буруугаар ашиглавал машид хөнөөлтэй байх ч боломжтой юм. Бодь сэтгэл гэдэг бол бидний хүчээ зөв чигт онилох гал хамгаалагчтай төстэй зүйл гэж хэлж болно.

### Үзэл

Судрын хийгээд Тарнийн ёсны аль алинд үнэний мөн чанарыг гэгээрсэн чанараар дүүрэн дээдийн хоосон хэмээн үзэх туйлын үзлийг баримталдаг бөгөөд энэ нь Гуравдугаар Номын хүрдний сургаалтай нийцэж байдаг. Хоёр хөлгөний үзлийн ялгаатай ганц тал нь Тарнийн ёсонд туйлын үнэний шинж төрхийг илэрхийлсэн илүү нарийн дүрслэл байдаг тул түүний мөн чанарыг мэдрэх, илүү нарийн мэдрэмж үүсгэх боломжтой, өөр хэлбэл тэдний үзлийн гол шим нь нэг ижил утга агуулдаг байна.

Хэдийгээр Судрын хийгээд Тарнийн ёс адилхан үзэл баримталдаг боловч Дандарын сургаалд дүрслэгддэг цаглашгүй ахуй Хоёрдугаар Номын хүрдэнд үзүүлсэн хоосон чанартай адилгүй гэдгийг бид ойлгох хэрэгтэй. Өөрөө үгүйн хоосон хоёрдмол үзлийн шүтэн барилдлагын мөн чанарыг үзүүлдэг бол цаглашгүй ахуй хоёргүй ухамсрын төгс бүтсэн мөн чанарыг үзүүлдэг. Энэ бол Тарнийн ёсонд суурь болгон ашигладаг цаглашгүй ахуйн үр дагаврын төлөв мөн. Харамсалтай нь, энэ ялгааг сайтар ойлгоогүйгээс тарнийн ёсонд орж яваа бясалгагч нар харьцангуй үнэний дадлагаар хязгаарлагдаж орхидог нь тэднийг үнэний илүү чинагуух түвшинд нэвтэрч орохоос хазаарлан саатуулж байдаг билээ.

## Зорилго

Бодисадвын замаар замнах явдалд Судрын хийгээд Тарнийн ёсныхон ижил зорилгод хүрэх гэж хичээдэг. Хэрэглэдэг аргын хувьд тэд машид ялгаатай болохоос хүрэх амжилт нь ялгаатай биш. Жишээ нь, Судрын ёсоор замнаж хоосон чанарыг илтэд оносон ухамсарлахуй, Тарнийн ёсоор замнаж хоосон чанарыг илтэд оносон ухамсарлахуйгаас огт ялгаагүй байдаг.

Хоёр зам хоёулаа цаглашгүй ахуйд орж байгаа дээр нийлж байдаг нь туйлын чанартаа мэдэгдэхүүний түйтгэрүүдийг арилган Бурханы гэгээрсэн тааллын урган гарах нөхцөлийг бий болгодог гэсэн үг. Тарнийн замыг дагаж явах үед дадлагын явцад үүсэж болох бардам зан өрвөлзөн гарч ирэхээс болгоомжилж байх нь машид тустай гэдгийг санаж байхад илүүдэхгүй. Зарим нэгэн бясалгагч нарт Нууц Тарнийн ёс илүү дээгүүр мэт санагдаж болох хэдий ч Судрын ёсон дахь дадлага бясалгалыг хэзээ ч дорд үзэн басамжилж болохгүй.

# Дандарын Нийтлэг бус Үзүүлэлт

Судрын хийгээд Тарнийн ёсон дахь нийтлэг талыг бий болгож авсны дараа, Очирт хөлгөнөөр замнахын тус эрдмийг ойлгоход одоо анхаарлаа чиглүүлцгээе. Таван төрлийн үзүүлэлт Тарнийн ёсыг дээгүүр тавихад хүргэдэг нь: 1\Хурц мэдрэмж бүхий хүмүүст тохиромжтой, 2\Өргөн уужим мөн чанартай, 3\Арвин баялаг арга техниктэй, 4\Үзэгдэх байдал тод томруун, 5\Дадлагын явц хүндрэл багатай гэсэн давуу талууд юм.

## Хурц Мэдрэмтгий Хүмүүст Тохиромжтой

Бурхан Багш Бодь модны дор гэгээрээд босож ирэхдээ энэхүү нээлтээ бусдад шууд зааж сургая гэж санаагүй бөгөөд тэрбээр олон долоо хоногийн турш олж илрүүлсэн ер бусын гүнзгий ухамсарлахуйдаа саатан оршиж байжээ. Юуны тулд тэр вэ гэвэл Бурхан Багш өөрийн нээлтийг сэтгэл санаа боловсорч гүйцээгүй нэгэнд номлоно гэхэд хэтэрхий нарийн болохыг ойлгосных юм. Тиймээс тэрбээр урьдчилсан бэлтгэл чанартай огт өөр сургаалууд айлдаж дээдийн чинагуух утгыг ухамсарлах оюуныг боловсруулахад зорьсон байна.

Шавь нар нь сүсэг бишрэлийнхээ хүрсэн хөгжлөөр хэд хэдэн бүлэгт хуваагдаж байсан нь бага, дунд ба их мэдрэмжтэй нэгэн гэж танигдаж байжээ. Энэ нэр хаяг тэдгээр хүмүүсийн оюуны чадамжийг шүүмжлэн ялгаварлаж байгаа бус харин тэдний тодорхой түвшний дадлагад ороход бэлхэн эсэхийг тодорхойлж өгч байжээ. Жишээ нь, дунд сургуулийн сурагчдад их сургуулийн хичээл зааж болохгүйтэй адил тэдэнд өөрсдийнх нь хүлээж авч чадах хэр хэмжээнд тохируулсан хичээл заавал илүү ашигтай байсан аж.

Тарнийн ёс бол "хурц" мэдрэмж бүхий нэгэнд зориулагдсан бөгөөд хурдан түргэн сэтгэхүйтэй, хамгийн шууд замаар үнэнтэй харилцаж чадах хүмүүст илүү тохирдог байна. Тарни бясалгагч хүн энгийн үед нүгэлтэй муу гэж тооцогддог мэдрэмжүүдийг хүртэл хамруулан, байгаа бүхнээ дадлага бясалгалдаа бүрэн зориулах ёстой болдог байна. Ийм шулуухан хандлага Дандарыг гайхам хурдтай болгон хувиргаснаас дадлага бясалгалын хамгийн үр дүнтэй систем гэж үзэхэд хүргэжээ. Сэтгэл санааны хувьд боловсорч гүйцсэн тэдгээр хүмүүсийн хувьд энэ зам дээд зэргийн хүчирхэг боловч харин тэгтлээ боловсроогүй сэтгэлтний хувьд нэлээд сорилттой тулгарах боломжтой ажээ.

Тийм учраас, Бурхан шавь нараа чадварлагаар бэлтгэхийн тулд Судрын ёсны сургаалаа эхлээд айлдсан байна. Зарим нэгэн бясалгагчийн хувьд Тарнийн ёс хэтэрхий шулуухан байдгаараа бэрхшээлтэй байж болох тул тэдний хувьд саруул билгүүн буяны чуулганыг арвижуулан аажуухнаар урагшлах Судрын ёс илүү ашигтай байжээ. Чуулган арвижихын хэрээр тэдний сэтгэл үнэнтэй нүүр тулах хүчийг олон харин билиг оюуныхаа ачаар олон төрлийн мэдрэмжийг хөгжүүлэх мэдлэг олж авдаг байна. Тийм замаар Судрын ёсыг даган замнасан хэн бээр ч Тарнийн ёсыг авлага болгоход шаардлагатай хурц мэдрэмж олохгүй байх нь үгүй ажгуу.

## Өргөн Уужим Чанар

Судрын ёсон сэтгэлийг буянд дадлагажуулахын тулд авал, орхилын хооронд нарийн зааг гарган ялгаж өгдгөөс "сайн"-д төвлөрч, "муу"-гаас зайлсхийх гэсэн харьцангуй түвшний алагчлах үзлийг төрүүлэхэд хүргэдэг.

Тарнийн ёсонд бол сайн, муу гэсэн энэ ялгаа байх албагүй бөгөөд туйлын мөн чанартаа бүх зүйл ариун гэж үздэг байна. Ямар хамааралтай байхаас үл шалтгаалаад бүхий л юмс үзэгдэл үнэний туйлын мөн чанарыг ухамсарлах хүчин төгөлдөр эх сурвалж болж чадна гэж дандрын сургаалд үздэг. Зохиомол бүх ялгаврыг арилгаснаар Тарнийн ёс Судрын ёсонд үзэгдээгүй өргөн уужим чанартай болж хувирдаг байна. Ялангуяа, эх бичигт өгүүлснээр юугаараа өргөн уужим чанартайг доор үзүүлбэл:

1. **Анхаарлын Тусгал Уужим:** Бидний дадлагадаа хэрэглэж болох объектын тоонд хэмжээ хязгаар гэж үгүй бөгөөд юуг ч замнан буй замдаа хэрэглэж болдог. Юуг ч хоцроолгүй цөмийг нь энд хамааруулж болно.

2. **Авах Дэмжлэг Арвин:** Бид өөрсдийн гэгээрсэн мөн чанарын нөлөөнөөс нэгээхэн ч хором салангид үл орших учраас Тарнийн ёсны дадлагаас хүртэж болох бидний адислал машид өргөн байдаг байна. Сахил тангаргаа үнэнчээр сахиж байгаа л бол Тарнийн бясалгагчид далай мэт арвин буяныг тасралтгүй хурааж байдаг байна.

3. **Ёс Зүйн Хүрээ Уужим:** Тарнийн ёсонд бидний оролцдог үйл бүхэн Бурхад хийгээд Бодисадва нарын загварыг дагасан байдаг болохоороо машид уужим чанартай байдаг. Энгийн эгэл нэгний ёс зүйн дагуу авирлахын оронд гүнзгий ухамсарлахуйд хүрсэн нэгний ёс зүйг дагахыг эрхэмлэдэг байна.

Эдгээр өргөн уужим чанар Дандарын сургаалыг машид ихээр хүчирхэгжүүлж өгдөг байна. Яагаад гэвэл эдгээр чанар бидэнд зохиомол болгон барьцгүй, өөрөөсөө хэзээ ч үүсээгүй, хоосон учраас шимгүй гэдгийг байнга сануулж байдаг ажээ. Юмс үзэгдлийг хэзээ ч байгаагүй зүүд зэрэглээ юм гэдгийг таньсан даруй бид туйлын үнэн гэдэг бол аливаа тусгалаас ангид дээдийн хоосон чанар юм гэдгийг ухамсарлаж чаддаг байна. Энэ л ухамсарлахуй чухам үнэнийг төөрөгдлөөр мэдрэх буюу гэгээрсэн билгүүний зүгээс мэдрэх хоёрын хоорондын ялгааг харуулдаг бөлгөө.

## Арвин Баялаг Арга Техник

Тарнийн ёсны анхаарлын тусгал тэр чигээрээ үнэний оршихуйг хамардаг учраас тэрхүү үнэнтэй харилцах арвин баялаг аргыг мөн өөртөө агуулдаг байна. Дандарын сургаалд элбэг дэлбэг зан үйл хийгээд бясалгалын дадлагыг бясалгагч хүний сүсэг бишрэлийн хөгжлөөс шалтгаалан олон өөр *ангилалд* хуваажүзүүлсэн байдаг. Доод шатны дандрын дадлагаар сэтгэлийг нэн ариусгаж чаддаг тул хувь хүний үйлийн үрийн барилдлагаас шалтгаалан яваандаа дээд шатанд орцгоодог байна.

Энэ ажиллагаа ерөнхийгөөс авхуулан тусгайлсан үйлдэл хүртлээ байдаг нь ийм олон төрлийн дадлагын систем оршихын үндэс болж өгдөг ажээ. Бид цөм үйлийн өвөрмөц барилдлагатай байдаг болохоор түүнтэй холбогдоод бидний нарийн бие ч мөн олон өөр төрлийн тусгалаар хөгждөг. Үүнтэй уялдаад йогийн арга техник ч мөн тодорхой төрлийн сэтгэлтэнд илүү үр ашигтай байхаар зохилдсон байдаг болохоор танд яг ямар дадлага хамгаас илүү тохирох вэ гэдэг нь чадварлаг Очирт багштай хэр ойрын холбоотой ажиллахаас үүдэн гарах болно.

Дандарын дадлагын тооны олон дээр нэмж хэлэхэд Буддын Дандарын сургаал өөрөө арга техник билиг ухааныг нэгэн үйлд чадамгай хослуулан хэрэглэх ховорхон аргатай байдгаараа онцлог. Судрын ёсны дагуу дадуулан үйлдэх явцад харьцангуй болон туйлын үнэнтэй аль нь илүү холбогдон харьцаж байгаа гэдгээс шалтгаалан арга билиг хоёр тус тусдаа хөгждөг. Тарнийн ёсонд бол бүхий л харьцангуй үзэгдэл туйлын үнэний суурин дээрээс ургадаг гэдэг дээр онцолдог болохоор харьцангуй үнэнтэй тулж ажиллаж буй аливаа үйлдэл бүхэн мөн адил буяныг хураахын сацуу Бурханлаг чанараа илүү мэдрэх билгүүнийг нэгэн зэрэг хурааж байдаг байна. Энэ замнал Очирт хөлгөний бясалгагчид Судрын ёсны бясалгагчийг бодвол хамаагүй илүү хурдан өсөлт гаргах боломцоог олгодог ажээ.

## Үзэгдэх Байдал Тод

Судрын хийгээд Тарнийн ёсныхон ижил үзэл баримталдаг гэдэгт үзэл санаа хэрхэн мэдрэгдэх байдлыг голчлон хэлсэн байна. Гэвч үзэгдэх байдлын талаар ярих юм бол олон ялгааг нэрлэж болно. Тарнийн ёсонд судрын ёсыг бодвол нарийн давхаргын талаар хамаагүй илүү детальчилсан тодорхой дүрслэлтэй байдаг. Нэг жишээ хэлбэл, нарийн биеийн хийн систем зөвхөн Дээд Дандарын ёсонд л байдаг. Тэнд өгүүлэх ер бусын нарийн тодорхойлолт бясалгагч хүнд үзэгдлийг сүсэг бишрэлийнхээ хөгжилд нэн өргөжүүлсэн хүрээгээр ашиглах боломцоог олгодог.

Хийж буй дадлагын байдлаас ч харсан Тарнийн ёсонд ил тод байдал илэрхий ажиглагддаг.Тодорхой нэгэн зан үйл юм уу бясалгалыг зохих ёсоор үйлдэхэд болон дараа нь ямар үр дүнд хүрэх талаар агуу их нарийвчилсан зааварчилга өгсөн байдаг. Ийм тод томруун байдал үнэний тэрхүү ээдрээтэй байдалтай машид нарийн аргаар ажиллах боломцоог бий болгож өгдөг ажээ.

## Хүндрэл Үгүй

Судрын хийгээд Тарнийн ёсны дадлагын хийсвэр мэдрэмжийг харьцуулаад үзэх юм бол Тарнийн ёсыг ямар ч хүндрэл бэрхшээлгүй хурдан зам гэж хэлэлцдэг бол Судрын ёсыг тоолшгүй гурван галавын турш дадуулах хэрэгтэй болдог байна. Нэгэн насанд гэгээрэлд хүргэх зам байгаа тохиолдолд тарнийн бясалгагч нар сансрын хүрдэнд олон төрөлдөө эргэн эргэн төрж зовохын хүндрэлээс ангид байдаг байна.

Тарнийн ёсонд үнэний тал болгоныг замналдаа хавсаргаж чадахаас гадна Судрын ёсонд байдагтай адил хатуу сахилтны дадлагыг үйлдэх шаардлага байдаггүй байна. Ёс зүйн хориг хаалт тавьж мэдрэмжээ хязгаарлаж байхын оронд Очирт Хөлгөний бясалгагч нар амгалан таашаалыг ухамсарлах мөн чанарыг Бурханлаг чанараа илрүүлэх хүчирхэг хэрэгсэл болгон ашиглахыг илүүд үздэг байна. Жаргал таашаалаа чадварлагаар ашиглаж чадах юм бол аливаа хүндрэлээс зайлсхийж харин ч дадлага бясалгалаа тааламжит зүйл болгон хувиргаж болдог ажээ.

Энд хэлэх гээд байгаа зүйл бол ямар нэгэн сорилт огт үгүй гэх гээгүй бөгөөд сайтар боловсорч амжаагүй байгаа сэтгэлтний хувьд эдгээр дадлага хэтэрхий шулуухан мэт санагдаж болохоор байдаг. Тиймээс урьдчилсан бэлтгэлийн дадлагаар урт хугацааны турш бие сэтгэлээ сайтар бэлтгэж авахыг эрхэмлэх ёстой бөгөөд тэгсний ачаар Нууц Тарнийн Ёсны санал болгон буй чадварлаг аргыг бүрэн ашиглаж чадах зориг хүчийг олдог билээ.

# Ханьсашгүй Дандарын Нийтлэг бус Үзүүлэлт

Бурханы сургасан дандрын бүхий л системийн дотроос Цагийн хүрдний Ханьсашгүй Дандарыг ховор хийгээд ялгамжаатай гурван чанарыг нь харгалзан үзэж *Хаан Дандар* хэмээн нэрлэдэг. Тэдгээрээс хамгийн эхнийх нь түүний *өргөн цар хүрээт байдал* юм. Нэгэн нэгдмэл системд гэхэд хамаг амьтан болоод гэгээрсэн бодгалийн аль алиных нь зүгээс үнэний үзэгдэх байдлыг ойлгоход туслах өргөн цар хүрээ бүхий сэдэв агуулдаг ажээ. Ийм их өргөн хүрээг хамардгаараа Цагийн хүрдэн бусад дандарсын аймгийнхныг өөртөө хамруулж тэдгээрийн сургаал номд номлол нэмэх, тодотгох зэргээр бүгд хамтдаа нэгэн цул болон багтаж байдгийг илэрхийлж байдаг. Тиймээс Цагийн хүрдний дадлагад бусад бүх системийн дадлага нэгдэн хамрагдаж харин Цагийн хүрдний талыг илүү онцлон харуулдаг ажээ.

Хоёр дахь чанар нь Цагийн хүрдний *тод дүрслэл* байдаг. Тарнийн ёсонд Судрын ёсыг бодвол маш их дэлгэрэнгүй нарийвчлал өгөгдсөн байдаг хэдий ч тэдгээрийн ихэнх нь бэлгэ тэмдгийн байдалтай бэлгэдлийн хэллэгээр илэрхийлэгдсэн байх тул чадварлаг багш үгүйгээр тайлж уншихад амаргүй байх ажээ. Гэтэл Цагийн хүрдний системийн хувьд мэдрэмжийн хамгийн гүнзгий давхаргыг ч маш шулуухан ойлгомжтой хэллэгээр тайлбарласан байдаг. Бусад системд мэдрэмж нарийсах тусам ойлгоход хүндрэлтэй, нууцлаг болж ирдэг бол харин Цагийн хүрдэн хаа ч байхгүй тодорхой дүрслэл агуулсан байдаг байна. Энэхүү томруун хийгээд шулуухан дүрслэл доройтлын цөвүүн цагт машид ихээр тохирч байгаа бөгөөд жинхэнэ уламжлал атгасан Гүрү багш олдоход хомс, төөрөгдөх нь амархан болсон энэ цаг үед үүнээс илүү систем хайгаад олохгүй нь тодорхой байна.

Эцэст нь, Цагийн хүрдний өвөрмөц дадлагууд хоосон-дүрс ба үл урвахуйн амгалангийн нэгдэлд хүрэх *гүнзгий арга* дээр түшиглэдэг ажээ. Хоосон-дүрстэй харилцаж эхэлснээр хоёрдмол үзлийн бэрхшээлийг таслан арилгаж цаглашгүй ахуйг анх удаа ухамсарлах болно. Энэ амжилт дээр суурилаад мэдрэмжийнхээ тал болгоныг бүдүүнээс маш нарийн давхаргад нь хүртэл нэгтгэсээр эцэст үл урвахуйн амгалант таашаалын хоёргүй ухамсарт хүрдэг байна. Тэр үед Үл урвахуйн амгалан ба хоосон-дүрсний нэгдэл амилан бүтэж, үйлийн барилдлага болгоныг шатаан дуусгаснаар хүн сансрын хүрднээс үүрд таслагдах боломжтой.

Дээд Тарнийн ёсны бүхий л аймгууд хүмүүнийг нэгэн насанд нь гэгээрүүлж чадах боловч зарим нь бусдаасаа хамаагүй илүү шулуухан замаар явдаг байна. Цагийн хүрдний системийн хувьд бүрдэл цогцуудыг шууд уусган нөгчих үйл явцад ч орох шаардлагагүйгээр *Солонгон Биеийн Аугаа Шилжилтэд* хүргэх чадвартай цөөхөн хэдэн системийн нэг ажгуу. Ийм гайхамшигтай чадвар хийгээд хурдны хүчээр Цагийн хүрдний систем гэгээрлийн хутагт таныг хамгийн богино хугацаанд хүргэх бололцоотой билээ.

# ТАРНИЙН ЁСЫГ НУУЦАЛДГИЙН УЧИР

Очирт хөлгөний талаар ярихад *нууц* гэдэг тодотгол байнга хэрэглэдэг нь Барууны соёлд ихэд сөрөг, ажиг сэжиг төрөм сонсогдож болох талтай учраас энэ талаар тодруулах хэрэгтэй болов уу. Очирт хөлгөнийг заримдаа *Нууц Тарнийн Ёс* гэж нэрлэх бөгөөд нууц гэдэг нь энд сургаалын маш нарийн мөн чанартайг илэрхийлэх ажээ. Бүдүүн үзэгдлүүд нүдэнд илэрхий ойлгомжтой байдаг бол нарийн болох тусмаа нүдэнд үл харагдах эгэлийн хүлээн авахуйд нууцлагдмал болж ирдэг. Энэхүү нууц хэлбэр бясалгагчийн хүлээн авах чадварт үндэслэж төрдөг ажээ. Бидний хийж буй тогтмол дадлага бясалгалын замд бидний сэтгэл нарийссаар урьд мэдрэх боломжгүй байсан тийм талуудыг мэдрэх боломжтой болж ирдэг байна. Очирт хөлгөний үнэн мөн чанар учирсан болгондоо илэрхий тод харагдахгүй, тэдний сэтгэл хэзээ боловсорч гүйцэх хүртэл нууцлаг хэвээр хоцордог ажээ.

Дандарын сургаалын энэхүү нууц мөн чанараас болоод түүнийг хүлээн авах цаг нь болоогүй хүмүүс буруугаар ойлгох нь элбэг. Тиймээс сургаалыг буруу номлох, буруу тайлбарлах, буруу санаа төрөх явдалд хүргэж болох тул эцэстээ хүссэн үр дүнд хүрэхийг нь хязгаарлахад хүрдэг байна. Ингэх юм бол Дандарын аугаа сургаалын хүч эргээд зовлон төөрөгдлийн шалтгаан болон хувирч ч мэднэ.

Бурхан Багш энэ аюулыг таньж мэдээд энэхүү өвөрмөц нандин ухааныг ариунаар хадгалах үүднээс олон тооны давхар хяналт, тэнцвэртэй байдлыг хадгалах арга зэргийг ашигласан байдаг. Олон нийтэд өргөнөөр хүртээдэг

Судрын ёсыг бодвол Тарнийн ёсыг дэвшилтэт шатны бясалгагч нарын сонгомол бүлэг хүмүүст л зөвхөн хүртээдэг заншил эндээс урган гарсан ажээ. Тэдгээр сонгомол бүлэг хүмүүс Дандарын дадлагад орохоосоо өмнө ван авшиг хүртэх байдлаар туйлын үнэнтэй урьдчилан танилцаж цаашид зөв зүйтэй үзлээ хөгжүүлэх боломжийг олж авцгаадаг байдаг.

Бурхан багшийн заасныг дагуу Дандарын сургаал багшийн амнаас шавийн чихэнд нууцхан дамжсаар ил тод номлодог болох энэ үеийг хүртэл эрин зуун элээсээр иржээ. Түүхийн үүднээс авч үзэх юм бол олон нийтэд нэлэнхийд нь түгээнэ гэхэд нууцлаг байдал хамгаас их хүчтэй байсан боловч хүлээж авах боломжтой хүмүүсийн сэтгэл боловсроод ирэхийн цагт чандлан нууцлах байдал багасан тайвширч, илүү олон хүн уг сургаалтай танилцах бололцоотой болсоор байна. Нууцлаг байдлын түвшин цагийн явцад суларсан бус шавь нарын чадвар өссөнийг үүгээр илэрхийлж байгаа юм.

Интернэтээр юу хүссэнээ олоод үзчих болсон өнөөгийн цаг үед олон урсгалын дээд шатны сургаалд тавих хяналтын тэнцвэр алдагдахад хүрч байгаа нь нууц биш юм. Буруу үзэл дэлгэрэх аюул өндөрсөж ирсэнтэй холбоотойгоор бид сургаалын аль хэсэг нууц үлдэх вэ, аль нь олонд илэрхий болж болох вэ гэдгийг бодож үзүүштэй болсон нь аргагүй юм.

Миний хувийн зарчим бол Очирт хөлгөний ёсонд хэрэглэдэг онолын үндсийг тод ялган харуулдаг ялгамжаат билгүүнийг онцгойлон үзэх явдал чухал юм. Алив нэгэн дадлагыг бидний сэтгэлд ямар үр ашиг авчирч болох вэ гэдгийг ойлгосны үндсэн дээр дадуулж эхэлдэг. Энэ нь билгүүнийг хөгжүүлж чадаагүй тохиолдолд дадлага бүхэн зүгээр л нэг хоосон зан үйл болж хувирна. Бид гол шимийг нь танихыг оролдохын оронд бэлгэ тэмдгийн үзэгдэлд хүндээр төвлөрөн чухам ямар утга агуулж байгааг нь танилгүй орхиход хүрдэг. Тийм учраас л би энэ номд дүрсэлсэн Очирт хөлгөний замын ерөнхий байгууламжийг илэн далангүй судалж өөрсдийгөө бэлтгээсэй гэж хүмүүсийг зоригжуулж байгаа маань энэ билээ.

Яг Дандарын ёсыг анхааран авлага болгож эхлэх үед бол харин заншил уламжлалыг баримталсан нь хамаагүй ашигтай гэдэг дээр би бат зогсох болно. Шаардлага хангасан Очирт мастераас *авшиг* хүртэж байж дадлагад орох шаардлагатай л бол тэр хүртэл уншлага дадлагад оролцох учиргүй. Түүнээс уншлага номын *аман дамжуулга* хийгээд дадлагын *зааварчилгаг* хүртэх бололцоо олж чадсан нэгэн л тэдгээрийг авлага болгон үйлдэх боломжтой.

Дадлага гүнзгий түвшинд хүрч очихын сацуу зааварчилга илүү голлох үүрэг гүйцэтгэх бөгөөд тэр цагт өгөх оньс зааварчилгаа амаар дамжих учиртай тул Очирт багшийн гүйцэтгэх үүрэг үүнд амин чухал болох нь эндээс харагдаж байгаа юм. Багш шавийн холбоо ямар байвал зохистой талаар ирэх бүлгүүдэд тодорхой авч хэлэлцэх болно.

Дадлагынхаа хүчийг зөв тааруулж байх үүднээс онцын шаардлагагүй бол нарийн зүйлийг тэр бүрчлэн тайлбарлахаас зайлсхийх хэрэгтэй. Энэ нь бид ямар нэгэн зүй бус ичгүүртэй юм уу харамсахаар зүйл хийж байгаагаас бус тэгж дэлгэснээр ямар ч ашиг гарахгүйн учраас тэр юм. Өөрсдийн дадлагыг аль болох хувийн чанартай байлгах нь ойлгох хэмжээнд хүрээгүй байгаа нэгнээс хамгаалж байгаа төдийгүй өөрсдийгөө сүсэг бишрэлийн бардамналд эзэмдүүлж орхихоос аварч байгаа хэрэг билээ.

# БАРЦАД ТҮЙТГЭРИЙГ АРИЛГАХ ГУРВАН АРГА

Очирт хөлгөний өвөрмөц дүрслэлийг тод томруунаар ойлгохын тулд эхлээд дадлагад хэрэглэдэг өөр өөр аргатай танилцах хэрэгтэй юм. Гурван төрлийн арга байж болно гэж үздэгт: 1\орхих, 2\урвуулах ба 3\таних эдгээр билээ. Эхний арга Судрын ёстой холбоотой байдаг бол сүүлчийн хоёр нь Очирт хөлгөний үүсгэлийн ба төгсгөлийн зэрэгтэй тохирдог байна. Эдгээр аргыг мэдсэнээрээ энэ номын сүүлийн хэсгүүдэд танилцуулах олон төрлийн дадлагыг авлага болгохын эхлэл болох юм.

## Орхих

Эхний зам бол мунхаг, хилэн, шунал гэх гурван хорон дээр суурилсан хөнөөлт сэтгэлийн төлөвүүд буюу нисваанисын түйтгэрүүдийг *орхих* явдал байдаг. Эдгээр түйтгэр бол арилгавал зохих бэрхшээлд тооцогддог. Судрын ёсыг даган баримталснаар эдгээр түйтгэрийн муу гэмийг ухаарч, тэдгээрээс салах хүсэл төрүүлнэ. Үүнийг цэцэрлэгт хүрээлэн дотор нь ургасан хорт ургамлыг харсан цэцэрлэгтэй зүйрлэж болно. Уг ургамлын хортойг таньсан тэрбээр түүнийг үндсээр нь сугалж устгах сонголт хийдэг байна.

Энэ арга нь аль нэгэн түйтгэрт тохирсон ерөндгийг бясалгах замаар тухайн түйтгэрийг тэжээж байдаг мунхгийн нэгэн хэлбэрийг ялах зорилготой ажээ. Жишээ нь, шунахыг сайн хэрэг гэж бодоод байдаг тэр мунхаг сэтгэлийг гэмтэйд барьж түүндээ төвлөрөн бясалгах хэрэгтэй. Тэгвэл бид мөнх бус байдлыг ерөндгөө болгон жинхэнэ жаргаланд хүргэх эх булаг нь шунал гэж итгээд байгаа тэр мунхагтайгаа тулах болно. Ерөндгийг улам илүү ухаарах тусам түйтгэр багасан багассаар сүүлдээ сэтгэлд ямар ч мөр үлдээж чадахааргүй болтлоо сулардаг ажээ.

Энэ замаар замнагсдын хувьд, харагдаж байгаа энэ байдал бол үнэн мөн хэмээн зуурах тэр мунхаг сэтгэлийг зовлонгийн үндэс гэж үздэг ажээ. Түүний эсрэг ерөндөг бол юмс үзэгдлийн харилцан хамаарал дээр төвлөрөн бясалгаснаар би-үгүй хоосныг ухаарах явдал байдаг. Энэ ухааралтай өөрийгөө машид дотно танил болгосны дүнд нисваанисын хийгээд мэдэгдэхүүний түйтгэр аяндаа уусан арилж туйлын үнэн ил гарч үзэгдэх үндэс бий болдог байна.

# Урвуулах

Очирт хөлгөн рүү ороод ирэхээр дараагийн зам болох эгэлийн үзэгдлийг ариун үзэгдэлд *урвуулах* явдалд онцгой анхаарах болно. Энэ нь түйтгэр барцад бол үнэнийг төөрөгдөн харж буй хэрэг мөн гэж үздэг үүсгэлийн зэрэгтэй тохирдог байна. Хэрвээ бид өөрсдийн төөрөгдлийн үүднээс бүхнийг тайлбарлах явдлаа зогсоох юм бол билиг оюуныг хөгжүүлж эхлэхэд тустай билээ. Чадварлаг алхимич хүн хортой ургамал олоод түүнийгээ ашигтай эм болгон хувиргахтай үүнийг зүйрлэж болно. Хорт ургамлыг устгахын оронд ашигтай зүйл болгон хувиргахыг тэр эрмэлзэж байгаа ажээ.

Дадлага дээр энэ арга бүхий л дүрсийг гэгээрсэн ядмууд, бүх дуу чимээг тарнийн уншлага, харин бүх бодлуудыг язгуурын билиг билгүүний үзэгдэх байдал гэж үзэхийг сургадаг. Сэтгэлд юу ч ургасан түүнийг ариунаар харах мэдрэмжийг бий болгон цаана нуугдаж байгаа бидний Бурханлаг чанарын нэгэн тал хэмээн үзэх хэрэгтэй. Ингэж хэвшүүлэх тусам бидний сэтгэл үнэний гэгээрсэн түвшинтэй ойртон дотносож эгэлийн үзэгдлүүдийн бидэнд үзүүлэх нөлөө улмаар багасаж ирдэг байна.

Энэ зам дотоодын ариун бус үзлээ ариунаар сольдогт оршиж байгаа учраас бодол сэтгэхүйн мөн чанартай гэж тооцогдоно. Тэгэхээр энэ бол сэтгэлээ ариусган Бурханлаг чанартаа аль болох ойртох харьцангуй түвшний арга юм. Гэвч туйлын мөн чанартаа цаглашгүй ахуйн илт мэдэлд хүрэхийн төлөө ийм алхмыг зайлшгүй хувиргах шаардлагатай болдог байна.

# Таних

Сүүлчийн арга бол үзэгдлийн туйлын мөн чанарыг *таних* шууд ажиглалтад түшиглэдэг. Мэдрэмжээ бодлоор илэрхийлэхийн оронд бид аливаа зууралтаас ангид байж, одоо цагтаа саатан орших ухамсрыг хөгжүүлэх хэрэгтэй. Ийм ухамсар бодлын төөрөгдлөөс ангид байдлаар харах боломжийг бидэнд олгож, тэдгээрийн цаана нуугдсан дээдийн хоосныг илчлэн харуулдаг байна. Ийм замаар ариун ба ариун бус гэсэн бүх бодлыг хувирган аль ч төрлийн мэдрэмжийг адилханд авч үзэх хэрэгтэй. Хүн хортой ургамлыг айх зовох явдалгүйгээр идэж байгаатай үүнийг адилтгаж болно. Энэ түвшинд хүрэхэд үнэнийг яг байгаагаар нь харж эхлэх тул үнэндээ юуг ч хувиргах хэрэгцээ байдаггүй ажгуу.

Хэрвээ бид энэ аргыг уурлах үедээ ашиглаад ажиглавал энэ нь үнэндээ сэтгэлд ургаж байгаа нэг л үзэгдлээс өөр юу ч биш, далайд давлагаа босоод хормын дараа арилж алга болдогтой л адилхан юм гэдгийг ойлгох болно. Өөрөөсөө үүссэн нэгээхэн ч зүйл үгүй учраас уурлах утгагүй хэрэг болно. Үзэгдлүүдийг зүгээр л ажигласнаар өөрийгөө тэднээс чөлөөлөөд зогсохгүй аяндаа замхарч алга болохыг нь харах болно. Энэ үнэн байдал хоёрдмол үзлийн бүхий л ухамсарт адилхан хамаардаг ажээ.

Цагийн хүрдний зам дээрх гурван аргыг цөмийг нь агуулдаг байна. Энэ мөчийг хүртэл бид голчлон Судрын ёсоор түйтгэрүүдийг хэрхэн орхих вэ гэдэг дээр л төвлөрсөөр ирсэн билээ. Одоо дараагийн алхам болох хувиргалт болон танихуйн шатанд орох дадлагыг онцолж үзэх цаг болжээ.

# ЦАГИЙН ХҮРДНИЙ ДАНДАРЫН ЁСООР ГЭГЭЭРЭЛД ХЭРХЭН ХҮРДЭГ ТУХАЙ

Цагийн хүрдний Дандарын сургаалд агуулагдах аргуудыг хэрэглэн бидний хүрэх гэж байгаа зүйл бол төгс бүтсэн үнэний туйлын мөн чанарыг шууд ухамсарлахад тусалдаг шүтэн барилдлагын үнэний ариунаар үзэхүйг хөгжүүлэх явдал юм. Энэ дадлагаар хэрхэн гэгээрэлд хүрдгийг ойлгохын тулд бид дахин нэг удаа суурь, мөр хийгээд үр дүнгийн талаар ярилцах бөгөөд энэ удаад Цагийн хүрдний өвөрмөц дадлагуудын үүднээс авч хэлэлцэх болно.

## Эгэл Ертөнцийн Үзэгдлүүдийг Сууриа Болгохуй

Сүсэг бишрэлийн замд орох гол зорилго бол бид өөрсдийн үнэн гэж мэдэрч буй эгэлийн үзэгдлийг урвуулан, улмаар хязгааруудаа даван гарч унаган чадамжаа амьдруулах явдал мөн. Түүний мөн чанар нь сэтгэлийн нэг төлөв байдлаас эхлэн дадлага бясалгалынхаа явцад бид өөр төлөвүүдийг буй болгох тэрхүү хувиргалт билээ. Үүнийг таньсны дараа, дадлага бясалгалдаа амжилт олох эхний алхам бол чухам яг юуг хувиргах гээд байгааг тодруулах явдал байдаг.

Цагийн хүрдний сургаалд ариусгах хэрэгтэй суурь нь гадаад ба дотоод Цагийн хүрдэн юм. Энэ хоёр давхаргын үнэн байдал нь хоёрдмол үзлийн бодит ба хийсвэр үзэгдлүүдтэй тохирч байдаг. Хэрвээ бид *Гурван Мөн Чанарыг* \Боть 2\ эргэн сөхвөл шүтэн барилдлагын үнэн гэдэг цаглашгүй ахуйн төгс бүтсэн мөн чанарыг төөрөгдлийн үүднээс тусган харж буй томьёоллын үнэнд тулгуурлан ургадаг гэдгийг санах болно. Энэхүү зохиомол ахуй байсаар байсан цагт бид үнэнийг хоёрдмол үзлийн үүднээс харсаар байх болно. Гэвч, төөрөгдлийг тусгахаа больж орхих юм бол харин харьцангүй мөн чанар уусан арилж үнэний яг байгаагаараа үзэгдэх тийм оршихуйд бид үлдэх болно.

Ингэх нь асуудалтай тал болчхоод байгаа нь үнэн билээ. Хоёрдмол үзлийн мөн чанар бол шүтэн барилдлагаас хамааралтай бөгөөд бодит үзэгдэл ургах болгонд хийсвэр мэдрэмж мөн адил төрж байдаг. Үүнтэй адилаар хийсвэр үзэгдэл байх л юм бол бодит үзэгдэл байж байдаг. Тэгэхээр зохиомол мөн чанарыг бүрэн арилгана гэвэл нэг ч зүйлийг үлдээлгүй хоёрдмол үзлээ зогсоох ёстой. Эгэлийн нэг л үзэгдэл байхад харьцангуй үнэн уусаж алга болохгүй.

Тийм учраас Цагийн хүрдэн ариусгавал зохих үзэгдлийг төрөл зүйлээр нь ангилсан дөрвөн хэсэг бүхий загварыг ашигладаг. Тэдгээрийг *Мэдрэмжийн Дөрвөн Төлөв* хэмээн нэрлэх бөгөөд: 1\сэрүүн төлөв, 2\зүүдний төлөв, 3\гүн нойрны төлөв, 4\амгалан уусахуйн төлөв эдгээр билээ. Төлөв тус бүр бидний учрах боломжтой өвөрмөц төрлийн үзэгдлийг тодосгон харуулж байдаг. Бүлэг болгоод аваад үзэх юм бол хамгийн бүдүүнээс эхлээд маш нарийндаа хүртэл үзэгдэж болох бүхий л үзэгдлийг тэр чигээр нь хамардаг ажээ.

## Сэрүүн Төлөв

Эхний үе болох сэрүүн үеийн төлөв байдал харах, сонсох, үнэрлэх, амтлах ба хүрэлцэх гэсэн мэдрэхүйн үзэгдлээс бүрдсэн байдаг. Тэд цөмөөрөө нийлээд нэжгээд амьтны зүгээс орчлон хорвоог хэрхэн мэдрэх бодит хэлбэр болон оршдог. Биднийг сэрүүн байх үед тэд давамгайлсан байх учраас *сэрүүн төлөвийн үзэгдлүүд* гэж нэрлэдэг. Мэдрэх эрхтний үзэгдлүүд хамгийн бүдүүн үзэгдлүүдэд тооцогддог бөгөөд мэдрэхүйн эрхтнүүдэд хүндээр дулдуйдан оршдог байна. Сэтгэл бие махбодын бодит бүрдэл цогцоос салаагүй байсаар байх тохиолдолд мэдрэхүйн эрхтнүүд үзэгдлүүдийн урсгалыг сэтгэлд тасралтгүй үүсгэж байдаг. Энэхүү байнгын тогтсон байдал биднийг гадаад юмс үзэгдлийг өөрөөсөө бүтсэн зүйл байна гэж итгэхэд хүргэдэг. Хэдийгээр тэдний мөн чанар байнга өөрчлөгдөж байдаг ч гэлээ байнгын тогтвортой биет зүйл мэтээр үзэгдсээр байдаг байна.

Бясалгалын дадлагын тусламжтайгаар ухамсраа мэдрэхүйн эрхтний мэдлээс чөлөөлөн сэрүүн төлөвийн үзэгдлийн давамгайлах чанарыг идэвхгүй байдалд оруулан тэдэн рүү түр зуур ч болсон нуруугаа харуулах боломцоо хүнд олддог. Гэхдээ л бид анхаарахгүй байж чадлаа ч тэд хийн гүйдэлд нөлөөлж шууд бус байдлаар сэтгэлд үр нөлөөгөө үзүүлсээр л байх болно. Сэрүүн үеийн үзэгдэл ургахыг бүрэн зогсоох цорын ганц арга бол бие ба сэтгэл хоорондын хийн холбоог бүрмөсөн таслан зогсоох хэрэгтэй бөгөөд зөвхөн дээд шатны йогийн техник хэрэглэх юм уу эсвэл нөгчих үед л энэ үйл явц биеллээ олох боломжтой байдаг.

## Зүүдний Төлөв

Хоёр дахь төлөв байдал бодол, дурсамж гэх мэтийн сэтгэлийн бүдүүн, нарийн үзэгдлийг бүрэн хамардаг. Эдгээр үзэгдэл мөн л бодит мөн чанартай боловч голдуу ганц хүний мэдрэмж байдаг учраас тухайн хүний дотоод ертөнцийн үндэс суурь болж өгдөг байна. Иймэрхүү үзэгдэл нойрсох үед машид давамгай болдог учраас *зүүдний төлөвийн үзэгдлүүд* хэмээн нэрлэдэг.

Сэтгэл санааны үзэгдэл мэдрэх эрхтний үзэгдлүүдийг бодвол илүү нарийн бөгөөд орчлонг тусган авч буй тэрхүү бодлын олон давхаргаар хучигдсан байдаг. Энэ үйл явцыг ойлгохын тулд, "нохой харснаар" төсөөлөн бодоод үзье. Энэ энгийн нэгэн үзэгдэл үнэндээ ая зөнгөөрөө ургах олон үзэгдлээс бүтсэн байдаг. Бид дүрс таних мэдрэхүйгээс эхэлж тухайн өгөгдлүүдийг танимагцаа "нохой байна" гэж дорхноо тусгаж авна. Түүний зэрэгцээ энэ бол "адгуус", "хүрэн өнгөтэй", "нөхөрсөг зантай" гэх мэт бодол ар араасаа давхар тусна. Эдгээр бодлын давхраа бүдүүн ухамсрын үзэгдэл бий болгоно. Гэтэл мөн "салангид", "биеэ даасан", "байнгын орших", "өөрөөсөө бүтсэн нэгэн" гэх мэт нарийн хэлбэрийн төөрөгдөл зэрэгцэн төрдөг нь нэжгээд амьтан мэдрэхүйн үзэгдлүүдтэй холбогдож байдгийг тодорхойлсон бодлын бүхэл бүтэн оронт тор үүсгэнэ.

Зүүдний төлөв тодорхой нэгэн үзэл бодлыг зуршуулсны үр дүн болон ургадаг. Үйлийн үрийнхээ дагуу бид зохилдож тодорхой оронт тор бүхий тодорхой хэв загварын үзэгдлүүдтэй холбогдсон байдаг. Ийм төрлийн үзэгдлүүдийг ариусгахын тулд бид хэвшмэл зуршлаа өөрчлөх шаардлагатай болно. Харамсалтай нь, томьёололт үнэний шүтэн барилдлагатай уялдан бодлын давхаргуудаас салах маш төвөгтэй үйл явц байдаг байна. Тиймээс бид энэхүү төвөгтэй үйл явцыг үл хэрэгсэн орхиж бясалгалын тусламжтайгаар эгэлийн үзэгдлүүдийг уусган, үнэний хэрхэн үзэгдэх байдлыг тэр чигээр нь тусгах ариунаар үзэхүйг зориудаар бий болгохыг оролдох хэрэгтэй. Ийм үзэлд өөрсдийгөө дасгаснаар сэтгэл дэх холбоосоо дахин шинэчлэн холбож үйл нисваанисын нөхцөлдөөр сулруулах боломжтой. Бидний сэтгэл үйлийн үрээс хамаарал багатай болохын хэрээр зууралтыг сулруулан бодлын урсгалыг таслан зогсоох явдал илүү амар болж ирдэг ажээ.

## Гүн Нойрны Төлөв

Гуравдугаар төлөв нь бодол сэтгэхүйн суурь тэр нарийн сэтгэл дэх хийсвэр үзэгдлээс тогтдог. Эдгээр үзэгдэл бодлын төөрөгдлийн бүх бүдүүн хэлбэрийг хамтад нь барьцалдуулж байдаг цавуутай адил зүйл юм. Зүүдгүй гүн нойронд сэтгэлд илүү тод үзэгддэг учраас *гүн нойрны төлөвийн үзэгдлүүд* хэмээн нэрлэсэн байдаг.

Би-д барих эгэлийн үзэл "би" ба "минийх" гэх хоёр төрлийн үзэгдэлд үндсэндээ хуваагддаг. Эхнийх нь өөрсдийгөө биеэ даан оршдог салангид нэгэн зүйл мөн гэсэн маш нарийн сэтгэл дэх бидний мэдрэмж юм. Энэ нь нэжгээд амьтны харьцангуй үзлийг бүтээдэг хөдөлшгүй тогтсон цэг болон үйлчилдэг. Хоёр дугаарх нь тодорхой нэгэн үзэгдлийг тэрхүү бие даан оршдог зүйлд хамааралтай буюу агуулагддаг гэж таних мэдрэмж билээ. Энэ мэдрэмж бидэнд бодлын хүрээ татуулан, өөрсдийн биеийн байцаалтыг бусдаас ялган салгаж бидний "бид" хэмээн үзэх мэдрэмжийг хэлбэржүүлдэг.

Сэрүүн юм уу зүүдэлж байх үедээ бидний анхаарал голдуу гадагш өөр объект руу чиглэсэн байдаг бөгөөд хийсвэр үзэгдэл ихэд далд маягтай оршдог байна. Бодит үзэгдлүүдийг уусгах хүртэл хийсвэр мэдрэмжүүд илүү илэрхий мэдрэгдсээр байдаг. Үүний тулд бид нэгэн үзүүрт төвлөрлөөр сэтгэлээ чөлөөлөх аргыг хэрэглэдэг. Суурь ухамсарлахуйдаа хүрч очих үед бодит үзэгдэл дарангуйлагдах байдалд орон, амгалан хийгээд тогтмол, тодхон чанартай хийсвэр үзэгдлүүд үзэгдэж эхэлдэг байна. Сэтгэл энэхүү мэдрэмждээ тогтвортойгоор оршиж чадах болмогц өөрийн би-үгүй хоосон чанарыг ажиглан харах боломжтой болж үүний үндсэн дээр өөрөөс зуурах үзлийг тасалж чаддаг байна.

## Амгалан Уусахуйн Төлөв

Дөрөв дэх төлөв бол сэтгэл өөрийнхөө мөн чанарт уусан орох үед ургадаг маш нарийн сэтгэлийн хоёргийн үзэгдлүүд билээ. Энэ үед бодит ба хийсвэр хэмээх дарангуйлагч хоёрдмол үзэл унтаа байдалд орж сэтгэл цаглашгүй ахуйн бодолгүйн төлөвт ордог. Эдгээр мэдрэмж ер бусын эрчимтэй маш их амгалан таашаал болж төрдөг учраас *амгалан уусахуйн төлөвийн үзэгдэл* хэмээн нэрлэж байгаа билээ.

Ихэнх хүний хувьд эдгээр үзэгдэл ховор тохиолдох ба маш богино хугацаанд үзэгдээд өнгөрдөг. Ердийн мэдрэмжид бол найтаах, ухаан алдах юм уу дур тавих үед л үзэгддэг байна. Эдгээр тохиолдол бүрд энерги огцом ихээр хуримтлагдаж анхаарал нэгэн цэгт төвлөрч ирдэг тул "би"-д барих үзэл тэр үед арилж оддог байна.

Энергийн энэхүү хуримтлал угтаа өөрийн хяналтгүйгээр өрнөх учир бодлын урсгал зогсоход амгалан таашаал эрчимтэйгээр мэдрэгдэж зуурах сэтгэлд ургах боломж олгосноор хоёрдмол үзэл дахин бий болж энерги гадагшлан тавирдаг. Энэ үйл явц маш хурдтай болоод өнгөрдөг болохоор бид амгалан таашаалыг тэр бүр мэдэрч амждаггүй, анзаардаг ч үгүй байна. Ийм төрлийн мэдрэмж бол цаглашгүй ахуйг мэдрэх бодолгүйн мэдрэмж байдаг бөгөөд бидний ухамсарлах чадамж учир дутагдалтайн улмаас цаглашгүй ахуйг онож байгаагаа мэддэггүй өнгөрдөг аж.

Цаглашгүй ахуйг ухамсарлах мэдрэмжээ өөрсдийн үйлийн үрийн нөхцөлдөлтийн эсрэг үйлчлэх ерөндөг болгон ашиглахын тулд бид тэрхүү мэдрэмждээ аливаа нэгэн зууралт үгүйгээр саатан оршихх хэрэгтэй. Үүний тулд тэгэхээр, цаглашгүй ахуй руу машид хяналттай байдлаар орох шаардлага гарах ба эхлээд цаглашгүй ахуйн илт мэдэлд бясалгалын замаар хүрч, дараа нь энэ ухамсарлахуйгаа ариунаар үзэхүйтэй хослуулан оршоож чаддаг болох ёстой. Ингэж чадвал бидний зууралт доод цэгтээ хүртэл бууран цаглашгүй ахуйд удаанаар саатан оршиж чадах болно. Ийм ухамсарлахуйд хүрэх хамгийн хурдан зам бол нарийн биеийн хийг ашиглах йогийн тусгай байрлал бүхий бясалгал хавсран үйлдэх арга байдаг, үүгээр нарийн биеийн дээд зэргийн төвлөрөлтэй хоёргүй ухамсрын төлөвийг бий болгодог ажээ.

# Гэгээрсэн Ертөнцийн Мэдрэмжийг Мөрөө Болгохуй

Эгэл ертөнцийн дөрвөн төлөвийг сууриа болгосноор бид Цагийн хүрдний замыг хэрхэн дадуулга болгох анхны ойлголттой болж авна. Тэр зуурт гадаад бэлтгэлийн хоёр дадлагыг дадуулсаар бид одоо туйлын үнэний мөн чанар дээр төвлөрөн бясалгах бололцоотой болно. Бидний ойрын зорилго бол дээдийн хоосны хоёргүй ухамсарт хүрэх явдал бөгөөд энэ нь хоёрдмол алив үзэгдлээс ангид чөлөөтэй болох явдал мөн.

Үүний тулд бодлын оршихуй дахь өөрсдийн хүлээн авахуйгаа эгэлийн үзэгдлээс язгуур ухамсрын гэгээрсэн үзэгдэл рүү урвуулах хэрэгтэй болно. Энэ үйл явцыг дөрвөн үе шатанд хуваах бөгөөд: 1\Гүрү багшаа ариунаар үзэхүйг бий болгох, 2\Түүнийгээ өргөжүүлэн улмаар бүхий л үзэгдлийг ариунаар үзэх, 3\ Сэтгэшгүй ахуйд нэвтрэх болон 4\Цаглашгүй ахуйд орших эдгээр болно.

## *Гүрүг Ариунаар Харахуй*

Очирт хөлгөний дадлагын гол шим нь бүхий л юмс үзэгдлийн үндэс бол төгс бүтсэн мөн чанар юм гэдгийг таних явдал билээ. Энэхүү ухамсрыг бид *багшаа гэгээрсэн бодгаль болгож харах ариунаар үзэхүй* хэмээн нэрлэж байгаа юм. Үүнд хүрэхийн цагт юм бүхнийг цаглашгүй ахуйн үүднээс харж чаддаг болно. Харамсалтай нь, бид оршихуйгаа ингэж харж огтоос дадаагүй учир өөрсдийн сэтгэлийг үүнд эхлээд дасгах хэрэгтэй.

Энгийн үед бид бүхий л юмс үзэгдлийг мунхаг сэтгэлийнхээ үүднээс тусган харж байдаг. Саруул билгүүний үүднээс орчлонг харья гэвэл эхлээд саруул оюун голчлон хаана үзэгддэг вэ, тэндээс эхэлж хайх хэрэгтэй ба энэ бол бидний Гүрү багш мөнөөс мөн. Сүсэг бишрэлийн багш гэдэг хэчнээн чухал нэгэн болох талаар өмнөх ботидоо бид дэлгэрэнгүй хэлэлцсэн байгаа. Багш шавийн хоорондын тэр барилдлага одоо бидэнд өөрсдийн Бурханлаг чанарын гэгээг таньж олох үндэс болох ёстой.

Энэ дадлага хоёр хэсгээс тогтдог нь: 1\*Очирт багшаа дээдлэх* дадлагын тусламжтайгаар гадаад Гүрү багштайгаа тулж ажиллах замаар багшаа гэгээрсэн Бурханы үзэгдэх байдал гэдгийг таних болон 2\ *Багшийн Егүзэрийг* бясалгаснаар гадаад ба дотоод Гүрү багшийн хоорондын ялгааг арилгах буюу Гүрү гэдэг маань миний өөрийн бурханлаг чанараас өөр юу ч биш юм гэдгийг таних эдгээр юм. Дотоодын Гүрү багшаа залах тоолон түүнээс адис  хүртэн, цаглашгүй ахуйд шилжин ороход туслах нандин холбоогоо улам бататгаж байгаа хэрэг билээ.

## Ариунаар Үзэхүйг Өргөжүүлэн Тэлэхүй

Гүрү багштай тулж ажилласнаар багшийгаа харах тоолон өөрийн нандин үнэнийг өөртөө сануулж байх үзлийг хөгжүүлдэг. Хэдийгээр энэ нь гайхалтай сайн суурь болдог ч гэлээ өөр бас хийх зүйл бидэнд их бий. Бид өөрсдийгөө олон цонхтой байшин шигээр бодох хэрэгтэй. Цонхны шил цэвэрхэн байх тусам гэрэл гэгээ чөлөөтэй нэвтэрч харанхуй бүүдгэр байдал арилна. Гүрүг ариунаар үзэх нь цэвэрхэн тунгалаг цонх л гэсэн үг. Тиймээс гэрэл гэгээ улам ихээр нэвтрүүлэхийн тулд бид бусад цонхыг  ч мөн цэвэрлэх ёстой.

Үүний тулд Цагийн хүрдний үүсгэлийн зэргийн хоёр чадварлаг дадлага болох: 1\Гүрү багшид шүтэн авшиг хүртэх замаар ариунаар үзэхүйгээ сахиж байхад тустай *тарнийн ёсны тангараг сахилыг авах* болон 2\*Ядмын Егүзэрийн* бясалгалаар Цагийн хүрдний гэгээрлийн хот мандалтай өөрсдийгөө танил дотно болгох дадлагыг бид гүйцэтгэх болно. Энэ хоёр дадлага хоёулаа юмс үзэгдлийн өөр өөр талтай харилцаагаа ариусгахад онцгойлон зориулагдсан бөгөөд төөрөгдөл үзлийг арилгах учиртай ажээ. Бүх зүйл хэдийгээр мөн л урьдын адилаар үзэгдэвч бид тэдгээрийг үнэндээ харагдаж буй шигээ биш болохыг хэдийн ухаарсан байх тул зүүдний үзэгдэл буюу зэрэглээ мэт мөн чанартайг нь улмаар таних болно.

## Сэтгэшгүй Ахуйг Бүтээхүй

Байшингийн тал болгоны цонх бүгд цэвэрхэн болсны дараа хаана ч зогссон байсан нарны гэрэл нэвт тусаж байх болно. Тэгэхээр одоо анхаарлаа цонхноос холдуулж байшингийн ар талд юу байгааг харцгаах боломж гарч ирнэ. Нарны туяаг нэгэнт үзсэн болохоор одоо эндээ үлдэх үү, гадагш гарах уу гэдэг сонголт тулгарах болно. Хэрвээ бид эндээ үлдэх юм бол цонхны шил дахин халтартаж дахиад цэвэрлэх хэрэг ч гарч мэднэ. Харин гадагш алхан гарвал нар бид хоёрын дунд халхлах зүйл юу ч үгүй болж дулаан илчийг нь арьсан дээрээ шууд мэдрэх боломжтой билээ.

Үүнтэй адилаар бид хорвоог хоёрдмол үзэл бүхий бодлын төөрөгдлөөр харсаар байвал дээдийн хоосны мөн чанарыг хэзээ ч ухаарч чадахгүй ээ. Биднийг туйлын үнэнийг илтэд мэдрэхээс хаацайлах халхавч үргэлж олдоно. Зузаан нимгэн алин ч ялгаагүй халхавч л бол Бурханлаг чанараа олж үзэхийн төлөөнөө уусгах шаардлагатай олдмол бэрхшээл яах аргагүй мөн билээ.

Байшингаас алхаж гаръя гэвэл эхлээд хаалга хаана байгааг олох ёстой. Амьдрал дээр үүнийг Очирт багшаас *тусгай зааварчилгаа* авах замаар дадлага болгодог. Дээд авшгийг хүртэж төгсгөлийн зэргийн дадлагуудад орох үед Очирт багш бидниийг туйлын мөн чанарын маань зарим талтай биечлэн танилцуулна. Энэ мэдрэмж сэтгэлийн ийм төлөвтэйгөө илүү танил дотно болохын үндэс болж өгнө.

Сэтгэшгүй ахуйн *Гурван Хумилтын* бясалгалаар бид дараа нь өөрсдийгөө хоёргүй үзлийн ирмэгт тулж очихыг мэдэрнэ. Бодлоос зуурах сэтгэлээ уусгаж дуусмагц сэтгэшгүй ахуйн дангаар үзэгдэх тэр оршихуйг өөрсдөдөө бий болгох боломжийг олох бөгөөд энэ нь босгонд тулж очсонтой адилтгам тийм зүйл учир хөлөө өргөөд босго давах л одоо үлджээ.

## Цаглашгүй Ахуйд Оршихуй

Ухамсраа язгуурын ухамсарлахуйдаа шилжүүлэх нь тийм ч их айхавтар өөрчлөлт биш мэтээр санагдаж болно. Босгонд тулж ирээд байгаа бидний хувьд давж алхах л хэрэгтэй. Харамсалтай нь энэ амар зүйл биш ээ. Төрөл тэргүүлшгүй цагаас авхуулаад "би"-д түшиглэсэн хоёрдмол үзлийн үүднээс орчлонг харж заншсан байгаа бидний хувьд асар ихээр хуримтлуулсан үйл нисваанисаар бие сэтгэл хоёр машид бөх хүлэгдсэн байдаг. Энэ хүлээс байсаар байх цагт нарийн биеийн хийн хөдөлгөөнүүдийн нөлөөнд бидний сэтгэл байнга оршиж хэдийгээр гадаад ухамсар дахь зууралтыг тасалж чадсан байлаа ч дотоод зууралтын давхарга үлдсэн хэвээр л байх болно.

Энэ асуудлыг ойлгоно гэвэл өөрийгөө байшингаас хэзээ ч гарч үзээгүй бөгөөд байшингийн дотор талыг л мэднэ, түүнээс цааш юу ч мэддэггүй нэгэн гэж бодоход болно. Босгонд тулаад зогсож байх үедээ гадаад байдлыг зөвхөн зайнаас л та ажиглаж чадна. Хэрвээ та гараад гүйчихдэг юм аа гэхэд энэ шинэ мэдрэмжийн давалгаанд цохиулан анх удаа өнгө, дүрс олж харсан сохор хүн адил самгардалд орох бий вий. Гадаад улс оронд очсон юм шиг, харийн хүнтэй учирсан мэт огт танихгүй, мэддэг чаддаг байдлаас тань тэс өөр орчинд орсон хэн хүний сэтгэл өөрийн эрхгүй самгардаж хэцүүдэх нь гарцаагүй билээ. Тийм ч учраас дассан сурсан аюулгүй байдалдаа буцаж орохоор тэмүүлэх нь аргагүй байдаг байна.

Үүнтэй нэгэн адил, цаглашгүй ахуйд анх ороход байдал бидний хэрээс хэтэрч тэр бүхнийг нэгмөсөн хүлээж авна гэдэг хэцүү байх болно. Хэтэрхий хүчтэй хурдтайгаар хөдөлбөл бид зуурах сэтгэлийн утсаа хөвчлөн татсаар хоёрдмол үзлийн оршихуйдаа буцаж шидэгдэх нь зайлшгүй. Ингэхгүйн тулд Бурханлаг чанараа чадварлагаар ахиулан илрүүлэх *эхний таван Йогийг* гүйцэтгэнэ. Төрөл бүрийн нарийн хийнүүдтэй дэвшилтэт чиглэлээр тулж ажилласнаар сэтгэлд нөлөө үзүүлсээр буй бүдүүн хийнүүдийг уусган цаглашгүй ахуйгаа илүүтэй хөгжүүлэх болно. Энэхүү дадлагын дунд бид ухамсар, үзэгдэл хийгээд хий гурваа бүрэн зохицуулж бүхий л талыг агуулсан дээдийн хоосны хоёргүй мэдрэмжийг бүрэн ухамсарлах боломжтой.

Бидний сэтгэл үйлийнхээ эрхээр бие махбодтой холбоотой байсаар байх цагт цаглашгүй ахуйн энэ мэдрэмж зөвхөн бясалгалын үеэр л мэдрэгдэх бололцоотой аж. Бясалгалаа дуусгаад босоход бидний хоёрдмол үзэл эргэн босож ирнэ. Үүнийг мэдэгдэхүүний түйтгэр хэмээн нэрлэдэг бөгөөд сэтгэл эдгээр үзэгдлээс мунхгаар зуурахаа болиогүй цагт бидний чадамжийг хязгаарласаар байх болно. Холбоо бүрэн тасарч арилах хүртэл бид төгс гэгээрсэн Бурхан болж чадахгүй билээ.

Иймээс бидэнд одоо хоёр сонголт гарч ирнэ. Амьдрал зүй ёсоороо төгсөж үхэлтэй учирлаа хүлээх, эсвэл хоосон чанарыг оносон ухамсарлахуйгаа ашиглан үйлийн үрийн үлдэгдлийг зориуд шатааж дуусгах энэ хоёрын нэгийг сонгох хэрэгтэй. Энэ бол Очирт Зургаан Йогийн ажиллах зарчим бөгөөд тэдгээрийг төгөлдөржүүлэн физик бие махбодыг бүрэн уусгаж чадсаныхаа дараа *Солонгон Биеийн Аугаа Хувирал* гэдгийг бий болгож чаддаг ажгуу.

# Үр Дүн - Дөрвөн Очир

Бүдүүн физик биеийн хязгаараас ангижирсан бидний сэтгэл Бодисадвагийн замын хамгийн оргилд нэгэнт хүрч *Шамбалын Орны Номын Хааны* зэрэгт эн зэрэгцэж очно. Очирт Зургаан Йогийг төгөлдөржүүлснээр Бурханы Номын лагшныг олох болно. Одоо хийх зүйл гэвэл Бурханы хязгааргүй хувилан үзэгдэх Дүрст лагшныг олохын тулд чуулганыг хураах л үлдлээ. Аравдугаар газарт хүрсэн Бодисадва хүний хувьд энэ нь хэцүү зүйл биш байх болно. Ийм байдлаар гэгээрэлд зорих замыг *Ханьсашгүй Дээдийн Үнэмлэхүй Бодь ургалаа* гэж нэрлэдэг. Энэ бол аугаа гурван Бодисадва нар болох Очирваань, Манзушри, Жанрайсэг нарын үлгэрлэн үзүүлсэн арга мөн.

Цагийн хүрдний системд бидний хүрэх эцсийн зорилго бол: 1\Очирт Лагшин, 2\Очирт Зарлиг, 3\Очирт Таалал ба 4\Очирт Билгүүн хэмээн нэрлэдэг *Дөрвөн Очир* билээ. Тэд цөм сэтгэл дэх дөрвөн төлөвийн үзэгдлийг ариусгаж чадсаны үр дүнд мэдрэгдэх гэгээрлийн тусгай хэмжээснүүдийг төлөөлдөг ажээ.

## *Очирт Билгүүн*

Хамгийн нарийн хэмжээс болох Очирт Билгүүн гэж туйлын үнэний оршихуйд хөдөлгөөнгүйгээр саатан амрах сэтгэлийн унаган мөн чанарыг хэлдэг. Үүнийг Бурханы язгуурын лагшин *Свабавикакая* гэж нэрлэдэг байна. Мэдрэмжийн энэхүү хэмжээс сэтгэлийн бүдүүн хийгээд нарийн давхаргын бүхий л бэрхшээл түйтгэр арилсны дараа аяндаа гарч ирж үзэгддэг ажээ.

## *Очирт Таалал*

Энэ бол өөрийн туйлын үнэнд сатаарал үгүй орших бүхнийг хамрагч ухамсарлахуйг хэлэх бөгөөд Бурханы язгуур билгүүний лагшин *Жана Дармакая* гэж нэрлэдэг. Энэ нь Зургаан Бурханы Аймгийн язгуурын билгүүний талуудад үзэгдэх түүний хэлбэр бөгөөд Бурханлаг чанарынхаа тал бүрийг сайтар таньж төгс дадуулсны үр дүн билээ.

Очирт Билгүүн ба Очирт Таалал гэдгээр хоёр өөр хэмжээсийг нэрлэж байгаа боловч хоорондоо салшгүй нэгэн зүйл юм гэдгийг байнга санаж байх ёстой. Гэгээрсэн бодгалийн сэтгэлд ургаж буй болгон цаглашгүй ахуйн оршихуй болж үзэгдэх бөгөөд мэдэрч байгаа болгон нь үл урвахуйн амгалан таашаал мөн болой. Энэхүү үнэний давхаргыг амьтан болгон мэдрэх бололцоогүй учраас бид үлдсэн очрууд болох Очирт Зарлиг ба Очирт Лагшин хэлбэрээр хэрхэн үзэгдэхийг мэдэх хэрэгтэй болно.

## *Очирт Зарлиг*

Бурхан хамаг амьтанд хэрхэн үзэгддэгийг ойлгохын тулд зүг бүхнээ гэрэл цацраах нарыг бид бодох ёстой. Энэхүү гэрлийн цацраг болгон Бурханы гэгээрсэн чанарын аяараа үзэгдэх байдал мөн бөгөөд буяны чуулганыг хураяж, төгөлдөржүүлсний үрээр төрдөг болой. Бурхан бүхий л бэрхшээл түйтгэрийг төгс ялсан нэгэн мөний тул түүний чанар зөнгөөрөө үргэлжид урган үзэгдэхийг юу ч саатуулж үл чадах билээ. Бурханы чанарын энэхүү байнгын туяаг бид Очирт Зарлиг хэмээн нэрлэдэг.

Нар туссаар байх хэдий ч амьтан болгон түүний дулаан илчийг хүртэх тавилантай заяадаггүй. Очирт Зарлигийг шууд мэдрэх гэвэл түйтгэрт сэтгэлийг бүрэн ариусгасан байх шаардлагатай. Өндөр ухамсарлахуйд хүрсэн Бодисадва хүмүүсийн хувьд тэдгээр чанар гэгээрсэн ядмуудын хотол чуулган болон мэдрэгдэх бөгөөд тэдгээрийг нийтэд нь Бурханы төгс жаргалантын лагшин *Самбогакая* гэж нэрлэдэг болой. Бодисадва хүнд үзэгдэх ядам бурхад тэдгээрийн сэтгэл дэх үйлийн барилдлагаас шалтгаалан өөр өөр байдаг. Жишээ нь, хэрвээ тэд өөрсдийн бурханлаг чанарыг Дүйнхор ядмын гэгээрсэн талуудад харж дадуулсан бол тэд төгс жаргалантын лагшныг Цагийн хүрдний гэгээрсэн хот мандал болгон мэдрэх боломжтой байдаг ажгуу.

## *Очирт Лагшин*

Бүрхэг өдөр нарыг харахтай адил сэтгэлийн түйтгэрүүдээ ариусгаж хараахан амжаагүй байгаа амьтдад Очирт Зарлиг мэдрэгдэх замыг Очирт Лагшин гэнэ. Үүлний зузаан нимгэнээс хамааран тэдэнд нар өөр өөр хэмжээтэй үзэгдэхийн адил түйтгэрийн хэмжээнээс шалтгаалаад Бурханы гэгээрсэн чанарыг тэд их бага, янз бүрээр мэдэрч байдаг. Хамаг амьтны мэдрэмжийн хэмжээнээс шалтгаалан хэлбэрээ олдог эдгээр чанарыг Бурханы хувилгааны лагшин *Нирманакая* гэж нэрлэдэг болой.

Бурханы эдгээр чанар хамаг амьтны Бурхантай ямар барилдлагатай болох үйлийн үрээс шалтгаалан өөр өөр хэлбэрээр үзэгддэг гэсэн үг. Хэрвээ барилдлага байхгүй бол Бурхан тэдэнд тусыг хүргэх ямар ч аргагүй байх сан. Тэгэхээр их буян хураах зайлшгүй шаардлагатай байдгийн учир энэ ажгуу.

# ГОЛ ХЭСГҮҮДИЙГ ЭРГЭН СӨХВӨЛ

- Төгс гэгээрэлд хүрэх хоёр хөлгөний замыг Бурхан Багш номлосон: 1.\ Бурханы хутагт хүрэхэд шаардлагатай нөхцөл шалтгааныг хөгжүүлэхэд анхаардаг Шалтгааны Хөлгөн буюу Судрын Ёс ба 2.\Одоо цагт мэдрэгдэж буй бүхий л юмс үзэгдлийн ариун чанартайд анхаардаг Үр дүнгийн Хөлгөн буюу Тарнийн Ёс билээ.

- Тарнийн ёсны дадлагуудыг нэрлэдэг олон ойролцоо хэллэг бий: 1\ Хором хоромдоо мэдрэгдэх Бурханлаг чанарын дээдэд үргэлжлэхүйг онцолдог Тантраяана \дандрын ёс\, 2\Эгэлийн үзэгдлүүдээс сэтгэлийг хамгаалах тарни маанийн уншлагад онцолдог Мантраяана \Тарнийн ёс\, 3\Нандин үнэний бутаршгүй мөн чанарыг онцолдог Важраяана \ Очирт хөлгөний ёс\, 4\Бясалгагч нараа "ухамсрыг эзэмдэгч" болгон хувиргахад онцолдог Видяадарын хөлгөн ба ??? 5\Нэгэн насанд бурхан болгох чадалтай Хурдан Зам зэргээр нэрлэдэг болно.

- Судрын хийгээд Тарнийн ёсны адил төстэй талууд: 1\Адилхан Бодь сэтгэл үүсгэдэг, 2\Дээдийн хоосон бол үнэний туйлын мөн чанар мөн гэж аль аль нь үздэг ба 3\Хоёулаа гэгээрэлд хүргэх чадалтай билээ.

- Дандарын ёсны өвөрмөц талууд: 1\Хурц ухаантай хүмүүст зориулагдсан, 2\Уужим мөн чанартай, 3\Элбэг арвин аргуудтай, 4\Үзүүлэх байдал тод томруун ба 5\Дадуулахад хүндрэл үгүй эдгээр билээ.

- Цагийн хүрдний Дандарын өвөрмөц талууд: 1\Өргөн цар хүрээг хамардаг, 2\Тод томруун үзүүлэлттэй ба 3\Хоосон дүрс ба үл урвахуйн амгалангийн нэгдэлд хүргэх гүнзгий аргуудыг агуулсан байдаг.

- Тарнийн ёсны нууцлаг байдал хоёр талтай: 1\Сургаалын гүнзгий утгыг ухаарах бололцоотой сэтгэл нь боловсорсон нэгэнд зориулагдсан нууц номлол маягаар анх дамжиж ирсэн ба 2\Буруу гажуу ойлгогдох вий гэж сэргийлэх болон бясалгагчид ямар нэгэн байдлаар хортой болох вий гэсэн үүднээс нууцалдаг.

- Түйтгэрүүдийг арилгах гурван зам байдагт: 1\Ерөндөг хэрэглэх замаар түйтгэрт сэтгэлийн төлөвүүдийг орхих, 2\Ариун-бус түйтгэрүүдийг ариун болгон хувиргах ба 3\Бүхий л юмс үзэгдлийн ариун мөн чанартайг таних эдгээр билээ.

- Цагийн хүрдний замаар замнан ариусгах суурь нь бидний цаглашгүй ахуйн оршихуйг төөрөгдүүлэн харуулж буй хоёрдмол үзэгдэл билээ. Эдгээр үзэгдлийг бид салангид дөрвөн төлөвийн үзэгдэлд хуваяж үздэгт: 1\Сэрүүн үеийн мэдрэх эрхтний үзэгдлүүд, 2\Зүүдний үеийн сэтгэлийн үзэгдлүүд, 3\Гүн нойрсох үеийн нарийн сэтгэл дэх зууралтат үзэгдэл болон 4\Сэтгэшгүй ахуйн амгалан уусахуйн төлөвийн үзэгдлүүд эдгээр юм.

- Цагийн хүрдний замаар замнан ариусгалд хүрэх үйл явц дөрвөн үе шатыг дамжина: 1\Гүрү багшаа ариунаар үзэх, 2\Түүнийгээ өргөжүүлэн бүхий л үзэгдлийг ариунаар харах, 3\Сэтгэшгүй ахуйг бүтээх болон 4\Цаглашгүй ахуйд саатан орших билээ.

- Цагийн хүрдний замаар замнасны үр дүн Шамбалын Номын Хааны төлөвт хүрэх. Энэ нь Аравдугаар газрын Бодисадва хүнтэй эн чацуу гэсэн үг юм. Нисваанисын хийгээд мэдэгдэхүүний түйтгэрүүдийг бүрэн арилгаж хязгааргүй дүрд хувилан үзэгдэх боломжтой болсноор буян хишиг, саруул билгүүний чинадад нэн богино хугацаанд хүрэх болно. Тэгснээр Дөрвөн Очир буюу: 1\Очирт Лагшин, 2\Очирт Зарлиг, 3\Очирт Таалал ба 4\Очирт Билгүүнийг олох болно.

# Очирт Багшаа Дээдлэх Ёсон

Очирт хөлгөнд амьтныг зовлонгоос ангижруулахын тулд аль болох хурдан гэгээрэлд хүргэх гэсэн цорын ганц зорилго бий. Энэ бүх номлол сургаалын дагуу явж зорьсон үр дүндээ хүрэхийн гол түлхүүр бол Гүрү багшаа зөв дээдлэн бишрэх явдал мөн. Дандарын сургаалд Очирдарийн төлөвийг дүрслэхдээ:

> *Гэгээрлийг та хаанаас ч үл олох буюу*
> *Гагцхүү Гүрү багшийн заасныг дадуулан үйлдэх болбоос*
> *Гэгээрлийн хутгийг олох цорын ганц арга тэр буюу хэмээжээ.*

Гэгээрэл гэдэг бол үнэнийг яг байгаагаар нь мэдрэхийг хэлдэг. Яг одоогийн байдлаар бид орчлонг төөрөгдлийн нүдээр харж байгаа бөгөөд ийм байдлаар бол гэгээрлийг хаанаас ч олохгүй билээ. Тэгэхээр мунхгийг урвуулах гэвэл хэн нэгэн хүн бидэнд үлгэрлэн үзүүлэх хэрэгтэй, тэр нь бидний Гүрү багш нар байх учиртай. Тэдэнгүйгээр гэгээрэл гэж үгүй. Сүсэг бишрэлийн хөгжилд Гүрү багшийн үүрэг хэчнээн амин чухал гэдгийг таньсны тул бид одоо багш шавийн очирт холбоог хэрхэн хөгжүүлэх тухай тусгай аргуудыг Очирт хөлгөнд юу гэж үздэг болохыг олж мэдье.

## ГҮРҮ ГЭЖ ХЭН БЭ?

Бидний олонхын хувьд *Гүрү* гэдэг үг сүсэг бишрэлийн замд биднийг хөтлөх замч хүнийг төлөөлдөг. Гүрү бол бидний сүсэг бишрэлийн эх, эцэг мөн бөгөөд буяны үйлсэд чадах чинээгээрээ тусалж, биднийг асарч халамжилдаг нэгэн билээ. Тэд тодорхой нэгэн урсгалын хэлхээг атгаж, номлол дамжуулга айлдаж, тангараг сахил хүртээж, сэтгэлийг адисалж дадлага бясалгал хийх оньс зааврыг бидэнд өгдөг.

Бид амьдралынхаа турш олон сайн багштай учрах сайн хувь тохиосон байж ч мэднэ. Нэг нь үндсэн онол сэдвийг таниулж, нөгөөх нь андгай ам авхуулж өөр бас нэг нь гүн ухааныг номлоно. Багшийг шүтэх ёсыг хэрэгжүүлсэн олон гайхамшигт мастерын түүх бий. Жишээ нь, Жамъян Кэнцэ Вамбо зуу гаруй багшаас номлол хүртсэн гэдэг бол Жонангийн мастер Бамда Гэлэг Жямц мөн олон багштай учирсан түүхтэй. Миний өөрийн туршлагаас харахад хорин таван мастер багшаас номлол хүртсэн хувьтай нэгэн бөгөөд тэд цөм өөр өөр давхаргын Ном сургаал танилцуулсны ачаар олон урсгалын гүнзгий аргыг таньж гүнзгий талархах сэтгэлийг агуулж явдаг билээ.

Нэг буюу олон Гүрү багштай байх эсэх нь бидний үйлийн үрээс шууд шалтгаална. Амьдралынхаа турш учрах тавилантай төрөл бүрийн олон хүнээс бидний хэр ихийг суралцах чадвар тэдний зүгээс хуваалцан буй мэдлэгийг хүлээн авах бидний нээлттэй байдал, бишрэл хүндлэлээр хандах үйлийн барилдлага зэргээр тодорхойлогдоно. Үйлийн үр хэрхэн боловсрохыг гагц гэгээрсэн бодгаль л мэдэх болохоор сэтгэлээ нээлттэй байлгаж тэдний бидэнд санал болгон буй зүйлс амьдралд хэчнээн их ул мөр үлдээхийг таашгүй байнам. Сэжиглэн тээнэгэлзэх сэтгэлээр хандах юм бол гарч болох байсан ашиг хязгаарлагдмал болж хоцордог юм.

Гүрү багштай хэчнээн олон удаа барилдлага тогтоосон бай хамаагүй зарим нэгэнд нь арай илүү хүчтэй татагдах сэтгэл гарцаагүй төрнө. Таны хувьд тэднээс хүртсэн сургаал номлол онцгой тодорхой, гүнзгий нэвтэрхий бөгөөд чанартай нь илэрхий байх нь бий. Тийм үед тэдгээр Гүрүг дээдлэн бишрэх сэтгэлийг төрүүлэх хялбархан байдаг бөгөөд үндсэн Гүрү багшаа тэр хэмээн үзэж болно. Үлгэр жишээ болсон тэр багш нар машид онцгой сэтгэгдэл төрүүлэн таны цаашдын амьдралд гүнзгий нөлөө үзүүлэх болно. Цор ганц үндсэн Гүрүтэй байх ёстой гэсэн хууль байхгүй, харин таны сэтгэлд ямаршуу ул мөр үлдээхээс л шалтгаална.

Үндсэн Гүрү багш төрүүлсэн эхээс ч илүү эрхэм гэж ярилцдаг. Төрүүлсэн эх маань хязгааргүй энэрэн хайрлах сэтгэлээр хандаж хэрэгтэй болгоныг бидэнд өгдөг ч үндсэн Гүрү багшийн адил Номын мэдлэг олгож чадахгүй билээ. Мөн түүнчлэн үндсэн Гүрү багшаа бид өнгөрсөн, эдүгээ, ирээдүйн хамаг Бурхадаас ч дээгүүрт тавьдаг. Бидэнд тэдгээр Бурхадтай биеэр учрах тавилан заяагаагүй болохоор тэдний хязгааргүй мэдлэгийн их сан хийгээд энэрэл нигүүлсэл, гэгээн чануудаас шууд хүртэх боломцоо байхгүй. Харин оронд нь бидний үндсэн Гүрү багш яг одоо бидний өмнө үзэгдэн, жинхэнэ Номыг бидэнд дамжуулж байдаг.

Очирт хөлгөний ёсоор авч үзэхэд үндсэн Гүрү гэдэг бидэнд номын авшиг адислал хүртээж дандрын замд орох хаалгыг нээн, гүнзгий ухамсарлахуйдаа хүрэх боломцоог олгож өгч буй багшаа хэлдэг билээ. Тэрбээр ер бусын чадварлаг аргын тусламжтайгаар хязгаруудаа даван гарч мэдрэмжээ ариусган, үүсгэлийн хийгээд төгсгөлийн зэргийн өвөрмөц дадлыг дадуулан хамгийн нандин нууцаа илрүүлэхэд бидэнд тусалж байдаг. Энэхүү хэмжээлшгүй нигүүлсэх сэтгэлээр нэгэн хүний нэгэн бие дээр төгс гэгээрсэн Бурханы хутгийг олох нөхцөл боломцоог бий болгодог үндсэн Гүрү багшаас илүү ашигтай нэгнийг хаанаас ч хайгаад олохгүй билээ.

*Миний хамгаас эрхэм багш Жавжэ Лама Лубсан Принлэй*

# ГҮРҮ БАГШАА АРИУНААР ҮЗЭХ ҮЗЛИЙГ ХӨГЖҮҮЛЭХ

Хэрвээ бид Очирт багшаа зөв дагаснаас олж болох ашгийг бүрэн хэмжээгээр нь хүртэнэ гэвэл эхлээд өөрийн дадлага, бясалгалд тустай зөв сэдэл, хандлага бий болгох тал дээр ихээхэн хичээл зүтгэл гаргах хэрэгтэй болно. Очирт багш гэдэг маш тусгай өвөрмөц төрлийн Гүрү болох бөгөөд тэдэнтэй сүсэг бишрэлийн барилдлага тогтооно гэдэг жирийн нэгэн номын багшид шавь орохоос хамаагүй өөр байдаг.

Жинхэнэ уламжлалт Очирт мастер гэдэг Гурван Суртгаалыг хичээнгүйлэн дадуулж, Очирт хөлгөний гүнзгий бясалгал цөмийг нь гүйцэтгэж тодорхой хэмжээний ухамсарлахуйд хүрсэн, өргөн дэлгэр аргаар мэргэшсэн байж шавь нараа гэгээрлийн зүгт хөтлөн залах чадвартан нэгнийг хэлдэг. Уян хатан үзэл баримтлалаараа тэд ажил үйлсээ нийгмийн тогтсон ёс жаягаас гадуур гүйцэтгэх нь сүсэг бишрэлийн хөтөч ямар байх учиртай талаар урьдчилан төлөвлөсөн хандлагыг сөрөх чиглэлтэй байх нь гайхмаар зүйл огт биш юм. Шавь нараа барцад түйтгэрээс салгах гэж байгаа болохоор Очирт багш шаардлагатай бол ямар ч хэлбэрээр хөдлөхөд ямагт бэлэн байдаг. Тиймээс энэ талыг нийт олон заримдаа буруу ташаа ойлгох нь байдаг л үзэгдэл. Хэрвээ шавь багшаа ариунаар үзэхүйг үнэхээр хөгжүүлж чадваас түүний адис жанлавыг бүрэн дүүрэн хүртэх боломжтой гэдэг нь гарцаагүй юм.

Ийм үзэл баримтлалтайгаар бид судрын хийгээд тарнийн ёсонд Гүрү багшийг юу гэж үздэг талаар өөрсдийн гэсэн төсөөлөлтэй болно. Судрын ёсны бясалгагч нарын хувьд багш гэдэг ухамсарлахуйн өндөр түвшинд хүрсэн бодгаль бөгөөд хэдийгээр бид тэднийг Бурхантай зүйрлэн дээдлэвч ерөнхийдөө Бодисадвагийн замаар яваа нэгэн гэж тооцдог. Энэ нь Шагжамүни Бурхан Багш мэт Бурхан гэдэг нэр Бурхан болон үзэгдэх чадалтай нэгэнд зориулагдсан гэж үздэг шалтгааны хөлгөний мөн чанарыг тусган харуулдаг билээ.

Үр дагаврын хөлгөн болох тарнийн ёсны дагуу авч үзвэл Гүрү гэдэг өөрөө Бурхан мөн. Тэднийг салангид зүйлс гэж үзэхгүй, харин нэгэн мөн чанартай гэж үздэг учраас Гүрү багштай учрахдаа Бурхантай учирлаа хэмээн бодох ёстой. Ийм замаар Бурхан бол бидний хүндлэн биширдэг түүхэн хүн биш, харин бидний амьдралд буй шууд биечлэн харилцаж болох амьд оршихуй мөн билээ. Тийм ч учраас Очирт багш бидний сэтгэлд асар их хүчтэй нөлөөлөл үзүүлдэг ажээ.

## Гүрүг Бурхан Мэт Үзэхийн Учир

Бид амьдралдаа бүр илүү их асуудал үүсгэх гэсэндээ багшийг дагаж байгаа юм биш. Тэд биднийг хамгийн чадварлаг аргаар зорьсон газарт маань хүргэж чадах учраас дагаж байгаа хэрэг бөгөөд Гүрүг Бурхан мэт үзэх үзлийг дадлага болгосноор энэхүү холбооноос гарч болох хамгийн нандин охь шимийг бүрэн хүртэж чадах билээ. Бид төгс гэгээрэлд хүрэх туйлын зорилго өвөртлөн яваа болохоор энэ орчлонг харах байдлаа машид ихээр өөрчлөх шаардлагатай тулгарах болно. Нэгэнт дадсан хэв маягаа сайн дураар орхих хэрэгтэй болох ба багш бидэнд энэ тал дээр эргэлзээгүй туслах учир зөв сэдэл, хандлага үгүйгээс болоод тус эрдмийг хагас хугас хүртвэл түүн шиг харамсаад барамгүй зүйл гэж үгүй.

Жишээ нь, бидний хандлага сэтгэлдээ агуулж яваа хүнээс ямар их шалтгаалж болох вэ гэдгийг бодоод үзэгтүн. Үдэшлэг дээр огт үл таних нэгэнтэй учирлаа гэж бодъё. Ярианы явцад тэр хүн тодорхой нэгэн зөвлөгөө ч юм уу санал хэллээ гэхэд та түүний тавьсан саналд их анхаарал тавих юм уу, саналын дагуу өөрийгөө өөрчилнө гэдэг юу л бол. Ялангуяа уг санал таны бодож байгаатай зөрчилдөж байвал бүр ч хүлээж авахгүй нь мэдээж.

Одоо тухайн сэдвээр мэргэшсэн мэргэжилтэнтэй ярилцаж байна гэж бод. Тэр нь өөрийн талбарт хүндэтгэл хүлээсэн шагнал олныг хүртсэн гавьяатай нэгэн байвал хэлэх зөвлөгөө саналыг нь та хэрхэн хүлээж авах бол? Тэр хүнийг хэр их хүндэтгэдэг эсэхээс шалтгаалан та саналынх нь дагуу өөрийгөө тодорхой хэмжээгээр өөрчлөхөд бэлэн байгаагаа ухаарах болно.

Бидний хэн нэгэнд хандах хандлага тэдний нөлөөг хэрхэн хүлээж авах, ямаршуу хандлага хамааралтай нь эндээс харагдаж байна. Гүрү багшаа эгэл нэгэн гэж үзэх нь бидний сэтгэлийг хаалттай байдалд оруулж өөрчлөлт хувиргал хийхэд хэцүү болгоно. Гэвч, хэрвээ бид багшаа төгс гэгээрсэн бодгаль хэмээн үзвэл бишрэн шүтэх сэтгэлд эзэмдүүлэн хэлсэн зөвлөсөнд нь нээлттэйгээр хандаж чадах болно. Багшийн хэлэх зүйлд илүү хүлээцтэй хандах нь магадгүй цаашдаа бүр авлага болгон дадуулах боломжийг ч нэмэгдүүлж магадгүй тул Номыг судлахын тус эрдмийн шимийг бид бүрэн хүртэх боломжтой болно.

## Гүрүг Бурхан Болгон Харахуй

Сэжигч хүмүүсийн хувьд Гүрүг Бурхан мэтээр харах гэдэг байхгүйг буй мэтээр харах гэж өөрсдийгөө хуурах явдал шиг санагдаж болно. Гэвч үнэн хэрэгтээ яг эсрэг нь хэрэг юм. Одоогоор бид төгс ариун юмыг бохироор хараад байгаа учраас тэр билээ. Тиймээс дээдийн хоосон мөн чанартай Гүрү юугаа эгэл жирийн нэгэн болгож хардаг байна. Үнэнийг яг байгаа чигээр нь таних аргагүй тул төсөөллийн тусгал луга хамаг итгэлээ даатган байж үнэн тэр шүү хэмээн итгэхийг оролддог билээ.

Гүрүг Бурхан мэтээр харах дадлагад өөрсдийн төөрөгдлийн үзэгдэлд итгэх итгэлээ багасган саруул билгүүний үзэгдэлд итгэх явдлыг хөгжүүлэх аргууд багтдаг. Бид анхаарлаа өөрсдийн хүлээн авч чадахуйц буянтай чанарт чиглүүлэн байж дутагдлыг ч сайн чанарт хувиргах чадвартай болж дадах хэрэгтэй. Ийм замаар Гүрүг Бурхан болохыг яаж таньсны дүнд Гүрүг үнэхээр Бурхан болгон харж чадна.

## Гүрү Багшийн Сайн Чанаруудыг Тунгаан Бясалгах

Бурханы шинж чанарыг Гүрү багшаасаа олж харахын тулд эхлээд тэдгээр чанар чухам юу болохыг мэдэх хэрэгтэй. Сургаалыг нь судалж байх зуур нэлээд хэдэн буянтай чанар байгааг бид таньж болох бөгөөд тэр бүхнийг багшаасаа эрж олохыг хичээнэ. Жишээ нь, хайр нигүүлслийн сэтгэл бол Бурханы гол шим мөн. Таны багш ямар замаар эдгээр чанарыг үзүүлж байна вэ? Шавь нараа хэрхэн энэрч, тэдний зовлонг ямар аргаар багасгаж чадаж байна? Өөрийн хувийн туршлагаасаа тусган байж Гүрү багш тэдгээр чанарыг хэрхэн үзүүлж байсныг эргэн санаж амьд Бурхантай учирсан гэдгээ өөртөө сануулан байж сэтгэлдээ бататгаж авах хэрэгтэй.

Бидний Гүрү өөрсдийн маань үйлийн үрийн хувилбар болохоор Бурханд байх бүхий л чанар түүнд бүрэн байх шаардлагатай биш билээ. Багшийн үзэгдэх байдал бидний сэтгэлийн хэр ариунаас шалтгаалах бөгөөд бид хамаг амьтны ёсоор орчлонг булингартуулан харж буй учраас Гүрү маань хүнд ямар л сайн хийгээд муу чанар байдаг билээ, тэр болгоныг агуулсан эгэл хүний байдлаар бидэнд үзэгдэж байгаа юм.

Ийм учраас бид багшаа хүн бусын аугаа супер нэгэн бөгөөд ирээдүйг харах мэтийн гэгээрсэн үйлийг гүйцэтгэх чадвартан хэмээн үзэж болохгүй. Тэдэнд эдгээр чанар байхгүй байгаа бус, харин бидэнд түүнийг олж харах чадвар дутуугаас тэр ажээ. Өөрсдийн харж чадахгүй тал болон дутагдалтай талууд дээр анхаарч байхын оронд өөрт харагдаж байгаа сайн чанар дээр төвлөрөн бясалгах нь зүйтэй. Та багшаасаа хичээнгүйн чанарыг олж харлаа гэхэд түүнийг нь биширэн дээдэлж өөрийн дадлагадаа хичээл шамдлыг мөн багтаахыг хичээх хэрэгтэй. Тэдгээр чанарыг амьдралдаа хэрэглэснээр сэтгэлээ улам бүр ариусган, ариусах тусмаа илүү олон сайн чанарыг олж харсаар байх болно.

Ийм учраас сайн чанарыг бага багаар бүрдүүлсээр өөртөө дуурайл болгон тусгаж авна. Ямар чанар байх нь хамаагүй, түүнд нь бишир дадлагадаа ашиглаж чадвал бидэнд хамгийн их ашиг авчирч чадах зүйл чухам тэр билээ.

## Дутагдалтай Талуудтай Харьцах

Үйлийн үрийн нөлөөт шилний цаанаас хорвоог харж байгаа болохоор багшаа харахдаа бид сайн муу талыг хамтад нь тусгаж байдаг. Хэрвээ бид зөвхөн сул талд нь анхаараад байх юм бол удаж төдөлгүй өөрийн үндсэн Гүрү юугаа сөрөг хандлагаар харж эхлэн, бидэнд газарчлах чадварт нь эргэлзэж эхлэх аюултай.

Тиймээс бид тэдгээр үзэгдэлд нэн чадварлаг байдлаар хандаж өөрт ашигтай замаар хэрэглэж сурах нь зүйтэй.

Багшийн зан араншны аль нэг тал дээр дүрсхийсэн огцом ууртай ч юм уу, амттанд дурлах зантай гэх мэтийн сул дутагдалтай тал олж харвал тэдгээрийг мөн чанарынх нь нэгээхэн тал гэж хүлээж авах хэрэгтэй. Тийм тал цөм бидэнд багшаа дээдлэхийн тухайд гуйвах хандлага үүсэх суурь болдог учраас хэтэрхий шүүмжлэлтэй хандаад байх юм бол түүнийг Бурхан болгож харахад улам л бэрхтэй байх болно. Цаашлаад та хоёрын холбоо тус ашиг авчирна гэдэг ч эргэлзээтэй хэрэг болно.

Дутагдал олж харвал Бурханы гэгээрсэн мөн чанарын л тусгал гэж хүлээж авах ёстой. Бурхан бүхий л муу сэтгэлээ ариусган чадаад гэгээрсэн чанарыг төгс амьдруулсан нэгэн тул байнга гэгээ цацруулж байдаг наран лугаа адил билээ. Нарны туяа усан сан дээр тусахдаа ойж хамаг амьтны сэтгэлд тохирсон үзэгдэл болон ургамуй. Салхитай байвал усны гадаргуу толигор бус болсноос гэрэл хугарч нарны дүр зураг төөрөгдөж харагдана. Ус тогтонги байвал нарны тусгал тодхон үзэгддэгийн адилаар үйлийн үрийн салхинд туугдан яваа сэтгэл Бурханы тэдгээр чанарыг дутагдал болгон хардаг байна. Гэвч таны сэтгэл тэгш хийгээд тогтуун болоод ирэхийн цагт Бурханы үнэн мөн чанар илэрхий тод үзэгдэх бий вий.

Үүнийг сайтар ойлгосноор Гүрү багшийн зүгээс дутагдал мэт үзэгдэх бүхий л чанарт итгэхээс зайлсхийж байх нь зөв. Оронд нь бид, "багшийн сайн чанар ямагт нэр мэт гэрэлтэн үзэгдэх бөгөөд бид л үйлийнхээ үрийн төөрөгдлийн улмаас булингартуулж хараад байгаа юм байна" гэдгийг ухаарах хэрэгтэй. Бидний сэтгэл ариун бол тэдгээр дутагдал ургах нь үгүй.

Ингэж бодохын ашигтай тал нь Гүрү багшийн дотоод ариун чанарт эргэлзэх сэтгэл төрөхгүй байх явдал юм. Өөрт үзэгдэн буй болгонд яаран итгэхийн оронд Бурханлаг чанарын үнэнд итгэж сурах хэрэгтэй. Түүний тулд багшийн зүгээс үзэгдэх сул талыг бидний өөрсдийн барцад хилэнцийн сануулга хэмээн үзэж чин ариун сэтгэлээр Номыг дадуулан үйлдэх хэрэгтэй байна.

Бас нэгэн ашигтай арга бол багшаа толь болгон үзэх явдал байдаг. Толины тусгалд үзэгдэл ургах бөгөөд бидэнд харагдах боломжгүй байгаа юмыг толь бидэнд харуулдаг. Хэрвээ бид нүүрэндээ наалдсан шаврыг толинд харвал тэр дор нь гүйж очоод угаачихна шүү дээ. Тийм тусгал үгүй сэн бол нүүрээ бохирдсоныг огт үл мэдэх билээ.

Үүнтэй л адил Гүрү багш маань бидний Бурханлаг чанарын тусгал юм. Багшаа харахдаа бид өөрийн чадвартай болоод түйтгэрт талуудыг ч мөн адил олж харах болно. Дутагдал ургах тоолонд бид өөртөө ихэд ноцтойгоор тусгаж авах хэрэгтэй. Бидний олж харсан араншин гэтэл доромжлол мэт санагдвал яах билээ? Түүнээс ямар асуудал үүдэх, тэр зан байдал бидэнд ямар сэтгэгдэл үлдээх бол? Бидний сэтгэлийн талаар хэлэх хариулт нь юу юм бол?

Гүрү багшийн сайн чанарт анхааран, дутагдалтай талуудыг бүтээлтэйгээр тусгасаар багш шавийн нандин холбоонд орших хором болгоныг гэгээрэл рүү алхам урагшилж байгаа гүнзгий Номлол болгон хувиргах боломжтой. Ямар их ер бусын сайхан сэтгэл гаргаж байгааг нь санан байж, өөртөө гүнзгий талархах сэтгэл төрүүлэн, Гүрү багшаа дээдлэн хүндлэх нь бидний дадлага бясалгалын гол үндэс болдог билээ.

Гүрүг дээдлэх ёсны чухгийг онцлон тэмдэглэж Жонангийн мастер Жавзан Таранатагийн өгүүлснээр:

> *Гүрү багшаа үнэн бишрэлт сэтгэлээр Бурхан болгон харж чадах болбоос бүхий л эгэлийн үзэгдэл арилж язгуур ухамсрынхаа унаган мөн чанарт саатан оршиж чадах болой. Тэр цагт Гүрү багшийн адислал даруй танд уусан шингэж, алив түйтгэр бүхэн гэнэт таслагдан зогсож сэтгэл тань унаган төрхдөө уусах болмуй. Ийм бишрэлт сүжиг үгүй болбоос багшаа хэчнээн ихээр хайрлавч бүхий л түйтгэр, алагчлал, зууралт зэргээс төгс ангижирсан жинхэнэ ухамсарлахуйдаа хүрэх баталгаа үгүй билээ хэмээжээ.*

Эндээс харахад Гүрүг чин бишрэлтэйгээр дээдлэн хүндэлбэл дандрын ухамсарлахуйд шууд хүрэх боломжтой гэдэг нь тодорхой бөгөөд харин тийм бишрэл үгүй бол юунд ч хүрнэ гэх найдлага үгүй болох нь илэрхий байна. Сэтгэл бишрэлд хүчтэй эзэмдүүлсэн цагт л урсгалын адистид танд шууд дамжин хүрч жинхэнэ ухамсарлахуй төрөх болно. Ийм бишрэлгүй бол бясалгал дадлага тань хуурай аргуун, шим шүүсгүй байж олон янзын саад бэрхшээлтэй тулгаран, багахан жаахан үр дүнд л хүрэх магадтай билээ. Тийм ч учраас бишрэл дээдэллээ аль чадахаараа хичээсүгэй.

# Гүрүг Ариунаар Үзэх Үзлээ Сахиж Сурах

Багшаа ариунаар харах үзлийг хөгжүүлэх замд тань тулгарч болох сорилтыг жишээгээр үзүүлэхийн тулд хэдэн түүх өгүүлэх хэрэгтэй гэж бодно. Энэтхэгийн аугаа мастеруд хэрхэн Гүрү багшаа дээдлэн үзэх сэтгэлийг хөгжүүлж байсныг эхний түүх хүүрнэх бөгөөд хоёр дахь түүх бишрэл дутсанаас ямар үр дагавар гарч болдгийг үзүүлсэн болно. Эх судart ийм төрлийн түүх тоймгүй олон бий болохоор багшаа бишрэх сэтгэлийг ариунаар хадгалан сахина гэвэл тэдгээрээс илүү ихийг суралцах хэрэгтэй болов уу.

## *Тилопа Наропа Хоёр*

Наландагийн хийдэд суралцаж байх хугацаандаа маш их амжилтад хүрсэн аугаа бандида Наропа өөрийн ядмаас урьдын олон төрөлдөө багш явсан хүнээ Тилопа болохыг мэдэж аваад түүнийг эрж олохын тулд Зүүн энэтхэгийн нутаг руу аялах хэрэгтэй болжээ. Хэдийгээр урьд насны эрдэнэ мэт багшаа хаана байгааг мэдээгүй ч Наропа тэр даруй замд гарч сураглан явсаар Тилопа нэртэй аугаа мастер байдаг гэсэн гацаанд хүрч очив. Тэгээд нурсан ханатай, утаа саагисан байшинд суух "Өөдгүй Тилопа" хэмээгдэгч нэгэн эрийг эцэст олж очжээ.

Наропаг орж очиход Тилопа үхсэн хийгээд амьд загас дүүрэн модон тэвшний өмнө сууж байв гэнэ. Тилопа тэвшнээс загас авч хайруул дээр хайрах ба толгойг нь шүдээр таслах зуураа хуруугаа инчдэх ажээ. Үүнийг харсан Наропа өмнө нь сөгдөн унаж шавиа болгож авахыг хүсэв. "Чи юу яриад байна аа?" гээд Тилопа "Би жирийн нэгэн гуйлгачин хүн" гэсэнд Наропа өөрийнхөөрөө зүтгэсээр байж эцэст нь зөвшөөрүүлж чадсан гэдэг.

Тосгоныхонд Тилопа зүгээр л нэгэн солиотой гуйлгачин төдий бол Наропа түүнийг Очирт хөлгөний номыг чадварлагаар дадуулагч болохыг олж харсан нь тэр байлаа. Загаснууд үнэхээр мунхгийн туйл байсанд Тилопа махыг нь идэж сэтгэлд нь үйлийн барилдлага тогтоох зуураа хуруугаа инчдэн байж өөрийн ер бусын гүнзгий ухамсарлахуйгаар тэдгээр амьтдын сэтгэлийг Бурханы арилсан оронд чиглүүлж өгч байсан нь тэр ажээ.

Эрт цагт Энэтхэгт Очирт хөлгөний бясалгагчид хийж буй дадлагаа зүрхэн шавь нартаа юм уу эсвэл Гүрү багшаасаа өөр хэнд ч үзүүлдэггүй байсан нь тэр байв. Тэд эгэл хүний дүрээр алс холын хэн ч үл таних гацаанууд руу аялан очиж ядуу, солиотой гуйлгачин мэтээр өөрсдийгөө хувирган цаанаа тарнийн бясалгалыг авлага болгон үйлддэг байсан аж. Шаварипа л гэхэд жишээ нь, анчин хүний дүрээр харин Сараха багш сумны дархан байсан гэдэг. Энэтхэгийн бараг бүх шидтэн янхан, гуйлгачин мэтийн доогуур түвшний амьдралын хэв маягт хутгалдан амьдардаг байсан ажээ.

Эдгээр жишээ бол багшийнхаа ааш араншныг хараад яаран дүгнэлт хийхгүй байхын чухлыг өгүүлэн байна. Хүнийг хараад гэгээрсэн бодгаль эсвэл хулгайч, дээрэмчин алин болохыг хэлж мэдэхгүй учраас ариунаар үзэхүйгээ цаг ямагт сахин баримталж явах хамгаас эрхэм билээ. Харамсалтай нь, хүмүүс энэ чухал зүйлийг орхигдуулан багшийн үзэгдэх байдлыг байнга шүүмжлэн буруу дүгнэлт хийх нь олонтаа тохиолддог.Тийм хүмүүс Бурхан Багшаас ч хүртэл алдаа олж мэднэ.

## Бурхан Багш ба Суначатра

Багшийг үл дагахын хор уршгийг харуулсан түүх бол Бурхан Багш болон түүний үеэл Суначатра хоёрын дунд болсон явдал билээ. Бурхан Багшаас сахил хүртсэн Суначатра арван хоёр жилийн турш түүнд үйлчилсэн нэгэн байв. Хэдийгээр Бурханы арван хоёр төрлийн сургаалын цөмийг сэтгэл зүрхэндээ шингээсэн ч Бурханы аль ч сайн чанарыг Суначатра олж харсангүй гэнэ. Харин ч түүний зан байдал, үйл хөдлөлийг хуурамч хэмээн үзэж Бурханы лагшны тойрон хүрээлэх дугуй гэрлийг эс тооцвол тэдний хооронд онцын ялгаа алга байна гэсэн алдаатай дүгнэлтэд хүрсэн ажээ. Тэгсээр яваандаа Бурханд үйлчлэх хүсэл нь бүрмөсөн унтарч туслагчийн үүргээсээ татгалзсан байна. Үнэнч Ананд түүний орыг эзэлсний дараагаар Бурхан Суначатраг долоо хоногийн дараа насан өөд болж, бирдэд төрөхийг урьдчилан харсан байна.

Ананд Суначатрагийн гэрт очиж Бурханы харсан зүйлийг хэлбэл Суначатра түүний үгийг худал хэмээн хүлээж авсан хэдий ч заримдаа түүний таамаг зөвдөөд байдгийг санасан тул "юмыг яаж мэдэх вэ" гээд тэр долоо хоногтоо мацаг барин болгоомжтой байхаар шийдсэн байна. Долоо дахь хоногийн орой цангаагаа тайлахаар ус уусан чинь усандаа хахаж цацан, тэр дороо өөд болж орхисон байна. Бурхан Багшийн зөгнөн хэлсний дагуу Суначатра цэцэгт хүрээлэнд тийнхүү өлсгөлөн бирдийн төрөл авав гэнэ.

Энэ юуг илэрхийлж байна вэ гэвэл бидний сэтгэл дутагдалтай талуудыг хүлээж авмагцаа түүнд автан захирагдах юм бол Гүрү багшаас хүртэж болох асан хамаг адистидыг авах боломжоо бүрэн таслан хаяж байгаатай адил болно. Тийм учраас Гүрү багшид итгэн бишрэх сэтгэлээ аль болох хүчтэй байлгахыг ямагт эрмэлзэж байх ёстой.

Багшийн үйл хэргээс алив дутагдал доголдол олж харах юм бол  бидний үзэгдэл ариусаагүйн харгай хэмээн үзэж, багшаасаа суралцах боломж гарсныг таньж, уурлаж загналаа ч адилхан уураар хариулахын оронд засаж залруулбал зохих алдааг надаас олж дээ хэмээн сэтгэх нь зүйтэй. Уур хилэн намжсаны дараа түүнтэй биечлэн уулзаж ичгүүр сонжуургүй аашилсандаа өөрийгөө буруутгавал зохино. Гэгээрэлд хүргэх Очирт хөлгөний замыг даган яваа ёсоор багшийн үйл хөдлөл болгоныг өө сэвгүй ариун хэмээн үзэх учиртай тул бидний энэ олж харж буй бол нүдний гэм мөн гэж өөрсдийгөө буруутгах хэрэгтэй.

Бурханы гэгээн үйлсийг ойлгох амаргүй бөгөөд борооны усыг төмпөнд нэгэн зэрэг тосоод авч болдоггүй шиг аажимдаа бага багаар ухаарах боломжтой байдаг. Түүнийг ухаарч тэдгээр сайн чануудыг өөртөө амьдруулахын тулд бид саруул билгүүн буян хишгээ арвижуулан төгөлдөржүүлэх дээдийн бишрэлт сэтгэлийг авлага болгон дадуулбал зохистой билээ.

# ОЧИРТ БАГШАА ДЭЭДЛЭХ ДАДЛАГЫГ ХЭРХЭН ҮЙЛДЭХ ТУХАЙ

Очирт хөлгөний ёсонд зааснаар багшаа дээдлэх дадлагыг хоёр хэсэгт хуваа үздэг нь: 1\Үйл хөдлөөр Гүрүг дээдлэх гадаад дадлага ба 2\Бодол сэтгэлдээ Гүрүг дээдлэх дотоод дадлага юм. Сануулж хэлэхэд энэ бүлэгтээ бид Энэтхэгийн аугаа мастер Ашвагошагийн *Гүрүг Дээдлэх Тавин Шад* сударт үзүүлсэн гадаад дадлагыг онцлон авч судлах бөгөөд дотоод дадлагын талаар дараагийн бүлэгт тодорхой өгүүлэх болно.

Ашвагоша бол I зууны үед амьдарч байсан гүн ухаантан-яруу найрагч бөгөөд Очирт багшаа чадварлагаар дээдлэн хүндлэх ойлгомжтой гарын авлага бий болгоход зориулсан Бурхан Багшийн өвөрмөц номлолын талаар өргөн мэдлэгтэй дандрын бясалгагч байжээ. Түүний бичсэн энэ судрыг судалснаар бид авах гээхийн ухаанд суралцах бөгөөд зарим тал нь Боть 2-т дурдагдсан болохоор танил дотно сонсогдож болох билээ. Гэвч хамгийн гол нь дандрын дадлага бясалгалтай яг хэрхэн холбогдож байгааг ойлгох нь чухал. Бүрэн бүтэн ойлголт өгөх үүднээс тавин шад сургаалыг тайлбарын хамтаар оршил танилцуулгаас төгсгөлийн үгийг хүртэл бүрэн эхээр нь энд багтаасан болно.

# Оршил

*Сүр төгөлдөр Базарсадын хутагт хүргэх шалтгаан бологч эрдэнэ мэт Гүрү таны лянхуан өлмийд сөгдөн мөргөм үү би. Гүрүг дээдлэх ёсыг үзүүлсэн дандрын олон эх сурвалжаас шүүн авч тунгаан толилуулах товчхон энэ тайлбарыг минь бишрэл хүндлэлийг агуулан байж сонсогтун.*

Гүрү багшийнхаа лянхуан өлмийд мөргөж байгаагаар зохиол эхэлж байна. Өөрийн бие дэх хамгийн дээд цэгийг багшийн лагшны хамгийн доод цэг болох хөлийн өлмийд хүргэх нь заншил болсон хүндэтгэлийн нэг хэлбэр билээ. Бурханлаг чанарын цэвэр охь Базарсад Бурханы хутагт хүргэх буюу өөрөөр хэлбэл гэгээрэлд хүргэх шууд шалтгаан бол багш юм гэдгийг таньсны үндсэн дээр Ашвагоша ч мөн түүнчлэн үйлдсэн байна. Судрыг туурвих болсны зорилго нь тарнийн ёсны олон сударт заасан Гүрү багшид хэрхэн өөрсдийгөө зориулах аргыг эмхэтгэн шүүж охь шимийг нь энд тайлбарласан гэдгээ тэр илэрхийлсэн байна.

*Өнгөрсөн, эдүгээ, ирээгүй гурван цаг, арван зүгийн хамаг Бурхад цөмөөрөө авшиг хүртээсэн тарнийн багшдаа энэ лугаа мөргөсөөр гэгээрсэн болой.*

Гурван цаг ба арван зүгийн хамаг Бурхадын туйлын зорилгодоо хүрэхийн тулд хэрэглэж ирсэн тэр чадварлаг арга бол Очирт мастераа хүндлэн мөргөх явдал байсан юм гэдгийг энд өгүүлсэн байна. Тийм болохоор бид ч мөн адил Бурхадын алхсан замаар шаардлага хангасан Гүрү багшаа дээдлэн үзэх дадлагыг авлага болгон явах хамгаас тохиромжтой явдал мөн билээ. Ашвагоша энд тарнийн ёсны дээд авшгийг хүртээсэн багшаа Очирт мастер гэдгээр онцлон хэлсэн байна.

Очирт мастерын хүртээж болох гурван төрлийн авшиг байдгийг энд дурдвал: 1\Сэтгэлийг боловсруулах үрийг суулгах шалтгааны авшиг, 2\Гэгээрэлд хөтлөх жинхэнэ дадлагыг олгох зам мөрийн авшиг болон 3\Туйлын үнэнийг шууд ухамсарлах үр дүнгийн авшиг эдгээр билээ. Бидний сэтгэлийг ийм замаар адисалсан хэн боловч дээдлэн хүндлэх хүчин төгөлдөр Очирт мастер хэмээн тооцогдох болно.

## Дээдлэх Дадлагын Охь Шим

*Дандарын ёсыг номлосон багшидаа өдөр бүр гурвантаа алгаа хавсран сөгдөж цэцэг, мандал аль байгаагаа өргөн, зулайгаа өлмийд нь хүргэн байж хүндэтгэвэл зохих бөлгөө.*

Хэчнээн ч гүнзгий ухамсарлахуйд хүрсэн байсан авшиг хүртээсэн багшийнхаа хязгааргүй сайхан сэтгэлийг бид мартах ёсгүй. Гэгээрсэн хойноо ч гэсэн Гүрү багшдаа бүхий л хүндлэлийг үргэлж үзүүлсээр байх хэрэгтэй. Ингэх сайн арга бол өглөө, өдөр, орой гурван удаа багшдаа мөргөл үйлдэн орчлон мандлаар тахил өргөх явдал байдаг.

*Хэрэв зээ та санваар хүртсэн нэгэн агаад таны багш энгийн хар хүн юм уу бага залуу болбоос олны дунд явахдаа хорвоогийн хэл амнаас зайлсхийхийн төлөөнөө ном судар гэхчлэн тахилын зүйлс рүү нүүрээ хандуулан байж сэтгэл дотроо \багшидаа\ мөргөл үйлдэгтүн.*

Бүтэн сахил хүртсэн лам хүн лам биш хар хүнд мөргөх нь зохисгүй хэмээн бусдын нүдэнд үзэгддэг. Энэ бол Хувраг хүнд энгийн хүмүүсийн зүгээс хүндэтгэлтэй хандахад зоригжуулж гарсан ёс болохоор лам хүн энгийн багшдаа мөргөж сөгдөх нь олны дунд хоёрдмол санаа төрүүлж мэдэх тул буруу үзэл дэлгэрэхээс сэргийлэн ном судар мэтийн ариун тахилын зүйлс рүү харж байгаад сэтгэл дотроо багшдаа мөргөж байгаа юм шүү гэдгээ өөртөө сануулан лам хар ялгаагүй Гүрү багшдаа мөргөлөө үйлдэх хэрэгтэй.

*Багшаа хүндлэх, хэлснийг нь дагах хийгээд орж ирэхэд нь босож зогсох, суудлыг нь зааж өгөх гэхчлэн үйлчилгээ үзүүлэх нь сахил санваар хүртсэн хүмүүсийн ч байсан адил \Лам бус Гүрү юм уу бага залуу хүн байсан ч ялгаагүй\ үзүүлбэл зохих хүндэтгэл мөн. Харин олны дунд бол сөгдөж мөргөхөөс зайлсхийн, \Хөлийг нь угаах гэх мэт\ олонд үл зохилдох мэт санагдахуйц үйлдэл хийхээс болгоомжилбол зохистой.*

Санваар хүртсэн бясалгагч нар энгийн хар Гүрү багш тэргүүтэнд илтээр дээдлэн хүндлэх зохимжгүй хэдий боловч энэ нь хүндэтгэлгүй хандаж болно гэсэн үг биш юм. Өөрсдийн байр суурийг үл харгалзан соёл иргэншлийн хэв журамд нийцсэн байдлаар хүндэтгэлтэй хандан, бие хэл сэтгэлээр хүндэтгэл болгоныг үзүүлэх нь зүйтэй билээ.

## Харилцан Шинжлэл Зайлшгүй

*Багш шавийн алин боловч тарнийн тангаргаа доройтуулахгүйн төлөө багш шавийн барилдлагад зориглон орохоосоо өмнө \хэн хэнээ тодруулах\ харилцан шинжлэл хийвэл зохих болой.*

Очирт мастер шавь хоёрын хооронд авшиг хүртээх зан үйлийн үеэр тангараг сахил авхуулах байдлаар очирт холбоо бий болдог. Эдгээр сахил тангараг хүчтэй тул ийм холбоонд орохдоо ухамсартай хандаж сахил тангаргаа зөрчихөөс ямагт зайлсхийж байх хэрэгтэй. Тарнийн ёсны тангараг зэрэгт хайхрамжгүй хандвал багш болоод шавь нарын аль алинд энэ нь ноцтой үйлийн үр боловсроход ч хүргэж болзошгүй билээ.

Очирт холбоонд орсны дараа учирдаг хамгийн том сорилт бол үндсэндээ бид Очирт багшаас "бидний барцдыг арилгахын тулд юу хэрэгтэй түүнийг хийж өгнө үү" хэмээн гуйдагт оршдог. Түүний зүгээс биднийг хязгаарлагдмал байдлынхаа ирмэгт тулж очтол шахаж өгөх хариуцлагыг өөртөө хүлээж, тэгснээр бид дандрын замд ахиц гаргаж эхэлдэг байна. Ийм харьцаа асар их хэмжээний итгэл шаарддаг учраас Очирт багшаа ариунаар үзэх үзлээ ямагт баримталж явах хэрэгтэй болдог. Зохих хэмжээний итгэл үгүй байх тохиолдолд бид багшийн хийж буй үйл хэргийг сөргөөр хүлээн авах, улмаар очирт харьцаагаа таслахад ч хүргэж мэдэх талтай. Тэгсэн тохиолдолд дараа нь өөр Гүрүтэй барилдлага тогтоож чадна гэхэд бэрхшээлтэй бөгөөд дандрын замаар замнаж амжилт олох хэргийг үүрд нэгмөсөн таслан орхиж байгаатай ижил болох билээ.

Ийм байдалд хүргэхгүйн тулд Ашвагоша бидэнд цаг гарган байж Очирт багшид тангараг өргөхөөсөө өмнө хэн хэнээ судлан шинжлэх хэрэгтэйг сануулан хэлсэн байна. Тиймээс багш шавийн холбоонд аажмаар өгсөх хандлагатай орох нь зүйтэй болох ба эхлээд Номын нөхрөөсөө сургаал сонсож байгаа мэтээр, дараа нь сүсэг бишрэлийн хөтөч болох нэгний айлдварыг, эцэст нь Очирт багшийн номлолыг хүртэж байгаа гэсэн дамжлагаар дэвшүүлэн явах нь зохимжтой болно. Сайтар танил дотно болох бололцоог өөртөө олгон нэлээд хэмжээний итгэл найдварт түшиглэсэн болохоор ийм холбоонд орсноор учирч болох даваа нугачааг амжилттай давах хүчийг танд өгөх нь гарцаагүй билээ.

*Мэдрэмж сайтай шавь хүн энэрэл нигүүлсэл дутмаг, ууртай догшин, ширүүн ярдаг, өмчлөгч, журамгүй бөгөөд мэдлэгтээ бардамнасан хүнийг Гүрү багшаа болгон авах ёсон үгүй болой.*

Энэ бадагт ямар хүнийг багшаа болгон авахаас зайлсхийвэл зохих вэ гэдгийг тэдгээрт байж болох араншны жагсаалтыг тоочих байдлаар үзүүлсэн байна. Дээрх чанаруд давамгайлсан зан араншинтай болохыг хамт байх хугацаандаа мэдсэн хүн түүнтэй Очирт харьцаанд орох ёсгүй. Ялангуяа энэрэнгүй сэтгэл дутмаг байх маш аюултай. Очирт хөлгөний замаар шавийг дагуулах гэдэг эмнэг сургах адил амаргүй үйлс бөгөөд шавийн зүгээс ихээхэн хэмжээний тэвчээр сахилга шаарддаг. Хэрвээ багш энэрэнгүй сэтгэлтэй биш байвал биднийг сэтгэлийн түйтгэрүүдтэйгээ зууралдсаар байх зуурт орхин одож ч болзошгүй юм. Тиймээс та биднийг байнга харж хандаж, сайн муу алин боловч тохиолдсон үргэлж хажуугаас түшихэд бэлэн тийм энэрэх сэтгэлтэй нэгэн л бидэнд хэрэгтэй.

*Гүрү багш гэдэг \үйл хөдлөл\ тогтвортой, \үг яриа\ цэгцтэй, ухаалаг, тэвчээртэй бөгөөд үнэнч байвал зохимуй. Тэрбээр өөрийн дутуу дулимгийг эс нуун, байхгүй чанаруудаа байгаа мэт аашилдаггүй байх ёстой. Тэрбээр \\тарнийн ёсны\ утгад нэвтэрхий, \анагаах буюу түйтгэрийг арилгах\ аливаа зан үйлд гарамгай нэгэн байвал зохимуй. Тэрбээр бас хайр энэрэл хийгээд судар номд мэргэшсэн нэгэн байвал зохих бөлгөө.*

Очирт хөлгөн Их хөлгөний нэгээхэн хэсэг болохоор Очирт багш сүсэг бишрэлийн хөтөч хүнд байвал зохих бүхий л чанарыг мөн эзэмшсэн байх шаардлагатай \Боть 2-ыг үз\. Үүнд:

1. Ёс зүйг баримталдаг
2. Бясалгалаар сэтгэл номхорсон
3. Түйтгэрүүдээ сайтар амарлиулсан
4. Сайн чанаруудыг шавиасаа илүү эзэмшсэн
5. Номд үнэн сүжигтэй байх
6. Шашны өндөр боловсролтой байх
7. Бусдыг үнэн сэтгэлээс энэрдэг
8. Тодорхой хэмжээний ухамсарлахуйд хүрсэн
9. Харилцааны өндөр чадамжтай
10. Гуйвшгүй шаргуу зантай.

Дээрх чанарыг эзэмшсэн Гүрү багшийн сэдэл ариун тул таныг гэгээрэлд хөтлөн хүргэнэ гэдэгт итгэлтэй байж болно.

*Хоёр бүлэг арван зүйлийг төгс эзэмшсэн бөгөөд хот мандлыг зураглах чадвартай, дандрын ёсны бүрэн мэдлэгтэй, дээдэд ариун итгэлтэй хийгээд мэдрэхүйг огоот эрхэнд оруулан захирсан нэгэн байвал зохих болой.*

Очирт багш Их хөлгөний Гүрү багшийн ерөнхий чанаруудаар зогсохгүй номлож буй дандрын замдаа ч гаргуун мэдлэгтэй байх хэрэгтэй. Заншил ёсоор бол хоёр бүлэг болгон хуваасан тус бүр арван зүйлээс бүрдэх хорин зүйл чанарыг цөмийг нь эзэмшсэн байдгийн эхний бүлэг дандрын зан үйлийг хийх чадварт хамааралтай байдаг нь:

1. Хот мандал бүхий ядмуудыг дүрслэх, зурах ба бүтээх чадвартай
2. Ядмын бясалгалд нэгэн үзүүрт төвлөрөлд орох чадвартай

3. Гарын хөдөлгөөнөөр зан үйлийг хийх мэдлэгтэй

4. Зан үйлд зориулсан бүжгийг мэддэг байх

5. Очир ба хагас лянхуа завилал хоёулаар нь сууж чаддаг байх

6. Тарнийн уншлага хийх чадвартай

7. Галын тахилга хийх чадвартай

8. Тахил өргөлийн бусад бүх зан үйлийг гүйцэтгэх чадвартай

9. Хамаг амьтанд ямагт хохирол учруулагчид, хамаг амьтан хийгээд номын багш, Номд халгаатай бүхнийг даран номхруулах чадвартай

10. Зан үйлийг төгсгөх чадвартай байх.

Дараагийн бүлэг Дээд Егүзэрийн Дандарын ёсны дагуу авшиг хүртээхэд шаардлагатай тусгай чадварт хамааралтай байдагт:

1. Хамгаалагч хүрдийг дүрслэх хийгээд саадыг арилгах чадвартай

2. Хамгаалагч зангиа зангидах чадвартай

3. Бумбын болон нууцын авшиг хүртээх чадвартай

4. Билгүүний болон үгийн авшиг хүртээх чадвартай

5. Номын дайснуудыг сахиуснуудаас салгах чадвартай

6. Өргөлийн балин урлах, тахилын зан үйлийг удирдах чадвартай

7. Тарнийн уншлага амаар болон сэтгэлээр үйлдэх чадвартай

8. Хатуу үйл хийх чадвартай

9. Тахил шүтээний зүйлсийг ариулан аравнайлах чадвартай

10. Өөртөө авшиг хүртээх, мандал өргөх гэх мэт бусад зан үйлийг гүйцэтгэх чадвартай.

Эдгээр чадварыг эзэмших гэдэг зүгээр мэдэж байхаас ялгаатай хэрэг билээ. Жинхэнэ Очирт мастер дээр дурдсан зан үйлд тохирсон сэтгэлийн төлөвүүдийг үүсгэх чадвартай байдаг учир сүсэг бишрэлийн дадлагад үнэн тусыг хүргэдэг байна.

Хэрвээ танд дээр дурдсан чанарыг эзэмшсэн тийм Гүрү багштай учрах сайн хувь тохиолдсон бол, тэр багш таныг шавиа болгон авахаар зөвшөөрсөн бол тэрхүү нандин холбоогоо чандлан сахиж, өөрийгөө багшдаа бүрэн зориулахын төлөөнөө хэрэгтэй болгоныг хийх хэрэгтэй. Энэ дадлагыг сахилга журмын хоёр гол бүлэгт хувааж үздэг нь: 1\Гүрү багшаа үл хүндлэх байдлаас зайлсхийх болон 2\Гүрү багшаа хүндлэх сэтгэлийг хөгжүүлэх эдгээр юм.

# Гүрү Багшийг Үл Хүндэтгэсэн Байдалд Орохоос Зайлсхийх

Гүрү багштай тогтоосон холбоонд сэв суулгахгүй байхад эхний бүлэг журмууд зориулагдсан байна. Ерөнхийд нь хэлэхэд бид багшийн дэргэд бие, хэл, сэтгэл гуравтаа хяналттай байж, хэзээ нэгэн цагт энэ холбоо тасарч мэдэх шалтгааныг бүтээхгүй байх хэрэгтэй. Ашвагоша энэ дадлагыг гурван хэсгээр үзүүлсэн нь: 1\Гүрү багшийг тохуурхах явдлаас бүрэн татгалзах, 2\Гүрү багшийн сэтгэлийг зовоохоос бүрэн зайлсхийх, 3\Гүрү багшийг үл хүндэтгэснээс гарах үр дагаврыг санах зүйлүүд билээ.

## Гүрүг Тохуурхах Явдлаас Бүрэн Татгалзах

*Ийм хамгаалан сахигчид \Гүрү багшид\ шавь орсны хойно зүрх сэтгэлдээ шоолон тохуурхваас хамаг Бурхадыг доромжилсны адил тасралтгүй зовлон эдлэх болмуй.*

Очирт холбоонд анх орохдоо л бид "багшаа Бурхан мэт үзнэ" хэмээн үндсэндээ андгайлдаг. Ингэсний дараа Гүрү багш бидний дадлага бясалгалд нөлөө үзүүлэгч ер бусын хүчирхэг нэгэн болон хувирна. Гүрү багшаас авч буй хэмжээлшгүй их адистидаар далай их муу үйлийн үрийг хормын төдийд арилган хувь заяагаа өөрчлөх ч боломжтой билээ. Энэхүү ер бусын их хүч гэхдээ үнэгүй олддог зүйл биш ажгуу. Энэхүү холбоосны мөн чанараар аливаа нэгэн буяны үр арвижин үржихийн зэрэгцээ аливаа муу үйлийн үр болгон мөн тийнхүү олширно. Үүнийг санаж Гүрү багшийг нүүрэн дээр болон далдуур ам хэлээр шүүмжлэн даажигнах явдлаас бүрмөсөн татгалзвал зохино. Сэтгэлд үзэгдэж буй дутагдалтай талаас зуурч суухын оронд ариунаар харах үзлээ сахиж явахыг зорих хэрэгтэй.

*Багшаа муулахуйц тэнэг нэгэн хорт сүнснээс үүдэлтэй халдварт муу өвчинд баригдан, тахалд идэгдэж хоронд хорлогдох юм уу чөтгөрийн хорлолоор \аюумшигт үхлээр\ үхэх болмуй.*

Багшдаа хэтэрхий шүүмжлэлтэй хандах нь хамаг биеэр тархах чадалтай хор залгисан мэт бие суларч тамирдан, эцэстээ бүхэл систем доройтолд орохтой адилхан. Түүнээс болж таны сайн үйлийн үр боловсролгүй саатахаас гадна муу үйлийн үр боловсрох шалтгааныг тарих болно. Тэдгээр муу карма таны сүсэг бишрэлийн замд ноцтой саад учруулж, аливаа амжилт гаргахаас саатуулан барьж, гаргасан бүх зүтгэлийг тань үргүй хийн гарздах болно.

*Галд шатах эсвэл хаанд алагдах, хорт могойд хатгуулах, усанд үйж үхэх, шулам юм уу дээрэмчинд хорлогдох, аюулт сүнсний хорлолд өртөхийн аль нэгээр үхээд, дараа нь тамд төрөх болой.*

Гүрү багшаас сэтгэл буруулсан нэгэн хамаг Бурхад хийгээд буяны мөрөөс буруулсантай адил. Тийм тохиолдолд маш аюумшигт сөрөг хүчний нөлөөлөлд автахдаа бид машид эмзэгхэн болдог. Ашвагоша хүчтэй дүрслэл хэрэглэн байж Гүрү багшаа орхихын хор уршгийг энд жишээлэн үзүүлжээ. Үүнээс ямартаа ч сайн үр гарахгүй гэдгийг танин Гүрү багшаа нэгхэн хором ч үзэн ядахыг тэвчигтүн.

## Гүрү Багшиийн Сэтгэлийг Зовоохоос Бүрэн Татгалзах

*Гүрү багшиийн сэтгэлийг хэзээ ч бүү үймүүлэгтүн. Түүнийг үйлдэхээр тэнэг нэгэн байх аваас тамын тогоонд чанагдах нь гарцаагүй буюу.*

Багшийн хүсдэг ганц зүйл бол таныг бүхий л төрлийн зовлонгоос ангижруулан гэгээрэлд хүргэх явдал мөн. Таны өөрийн зовлонгийн үрийг тарьж байгаа явдал тэгэхээр багшийн сэтгэлийг зовоох цорын ганц асуудал болно. Багшаа үл хүндлэх байдлыг гаргалаа гээд багшид муу нь халдахгүй, таны сэтгэлийн урсгалд л муу сөрөг үйлийн үр ихээр тарина шүү дээ. Энэ үр ирээдүйд их зовлон эдлэхийн үр болон боловсорч тамд төрөл авахад хүргэдэг байна. Тийм учраас багшийн үл таалах болов уу гэсэн аливаа үйлээс эгнэгт татгалзвал зүйтэй болно.

## Багшаа Үл Хүндлэхийн Уршиг

*Багшаа доромжилсон нэгэн Амралтгүй Очирт Халуун Там хийгээд аль буй аюумшигт тамд \машид урт хугацаагаар\ унаж үлдэх тавилантай болой.*

Хэрвээ та модны үндсийг нь тасалж хаявал тэр модны амьд байх бүх сурвалж тасарна. Гүрү багш гэдэг таны Бурханлаг чанарын үзэгдэл болохоор таны бүхий л ухамсарлахуй хийгээд адистидын эх үндэс болдог. Тэр холбоонд хор хүргэх нь өөрийн унаган мөн чанараа таслан хаясантай агаар нэгэн бөгөөд гэгээрэлд хүрэх бүх боломжоо тасалж орхиж байгаа хэрэг мөн. Амин холбоо тасарсан байх цагт та эрчимт мунхаглалд захирагдан тусгаарлагдаж төсөөлөх аргагүй өвдөлт, тарчилгаа эдлэхийн шалтгаан тэр болдог ажгуу.

*Тиймээс аугаа билгүүн хийгээд арвин буянаа үл гайхуулах тарнийн багшаа доромжлохоос зайлсхийхийг зүрхний угаас шамдан хичээтүгэй.*

Дүгнэн хэлэхэд, эцэст багшаа үзэн ядахад хүргэдэг дорд үзэн доромжлох аливаа араншин гаргахаас эгнэгт зайлсхийж явахад Ашвагоша биднийг уриалан дууджээ гэж хэлж болно. Багшаасаа олж харсан аливаа дутагдал, доголдолтой тал бол бидний үйлийн үрийн үзэгдэх байдал гэдгийг байнга санаж, түүнтэй гардан ажиллаж дадлагынхаа нэг хэсэг болгон ашиглах нь зүйтэй.

# Багшаа Хүндэтгэх Сэтгэлийг Хөгжүүлэх

Одоо Гүрү багшаа шүтэн бишрэх сэтгэлээ хүчтэй болгох дадлага руу шилжих бөгөөд тэгснээр энэ холбооноос гарч болох ашгийг бүрэн дүүрэн хүртэх боломжтой билээ. Ашвагоша тэдгээрийг нийтэд нь найман үйлдэлд хувааж танилцуулсан нь: 1\Эд материалын бэлэг өгөх, 2\Түүнийг Бурхан шигээр харах, 3\Үгийг нь ягштал дагах, 4\Эд зүйлсийг нь хамгаалан, бараа болох, 5\Хорвоогийн дадлаа ариусгах, 6\Бие, хэл, сэтгэлээ тахил болгох, 7\Бардам омгоо үгүй хийх болон 8\Өөрийн хүслийн дагуу хөдлөхгүй байх эдгээр юм.

## Эдийн Өргөл

*Хэрвээ \ухамсаргүй байдлаас болж үл хүндэтгэсэн зэрэг\ журамгүй араншин үзүүлсэн болбоос багшаа яаралтай олж очин өршөөл энэрэл айлтгагтун. Тэгвээс хойшид тахал мэтийн гамшиг нүүрлэхийн аюул үгүй болох болой.*

Багшийг үл хүндэтгэсэн аливаа үйлдэл олон муу үр дагаварт хүргэх учиртай боловч хийсэн гэмээ цайруулахад хэзээ ч оройтохгүй билээ. Үүнийг гүйцэтгэх маш сайн арга бол Гүрү багшид өргөл өргөх замаар өршөөл хүсэх байдаг. Багшийн хувьд танд хорсон өш өөрлөх мэтийн сэтгэл огт үгүй болохоор түүнд танаас үнэндээ юу ч хэрэггүй хэдий боловч шавийн хувьд бэлэг барин байж өршөөл гуйх нь ихэд гэмшин халаглаж буйн илэрхийлэл төдийгүй чин сэтгэлээс багш шавийн энэ нандин холбоогоо сэргээх гэсэн хүсэл зоригийг харуулдаг билээ.

*Чин үнэн үгээ хэлэн байж ам өчгөө өгсөн \бясалгалд өөрийн ядмаа болгон дүрсэлдэг\ багшидаа эхнэр, хүүхэд байтугай өөрийн амийг ч өргөхөд бэлхэн хэмээн сургасан атал эд хөрөнгө юу байгаагаа өргөх нь үнэндээ түүний дэргэд юу ч биш ажгуу.*

Өөрсдийн эзэмшил гэж бидний үздэг эд зүйлсдээ хэрхэн хандах ёстойг энд тодотгон харуулсан байна. Очирт холбоонд анх орохдоо эд хөрөнгө, холбоо сүлбээ зэргийн аливаа шунан зуурах сэтгэлийн эх үүсвэр болгоныг орхих хэрэгтэй бөгөөд энэ нь байгаа бүхнээ багшдаа өргөчихнө гэсэн үг бус, харин хэрэгтэй бол *сайн дураар* өргөхөөс үл буцах тийм сэтгэлтэй байх ёстой гэдгийг илэрхийлж байгаа билээ.

Бишрэлт сэтгэлийг дадлага болгохын гол санаа нь бууж өгөхөд оршдог. Бид "би", "минийх" гэдэг бодлоос зуурах тусам туйлын үнэнийг илчлэхэд улам хэцүү байх болно. Тийм учраас бодол санаандаа байгаа болгоноо багшдаа өргөснөөр шунан зуурах сэтгэлээ багасгаж ухамсарлахуй ургах орон зайг гаргаж чадах юм. Үүнийг хийж эхлэх аятайхан эхлэлийн цэг бол миний эзэмшсэн зүйл гэхийн оронд багшийнхаа төлөөнөө түр харж хандаж байгаа юм гэж бодон, түүнээс олж хэрэглэж буй ашгаа Гүрү багшийн сайхан сэтгэлийн шим хэмээн талархан бодох нь зүйтэй.

*\Ийм өргөлийн дадлага\ Үүний үр шимээр эр эм ялгаагүй шавь хүн бусдын тоолшгүй сая галавын дараа ч олоход бэрхтэй Бурханы хутгийг энэхэн нэгэн насандаа ч олох магадтай буй за.*

Санаандаа өөрт байгаа бүхнээ Гүрү багшид өргөснөөр үнэхээр ер бусын ариун бишрэлийг дадуулж байгаа билээ. Ийм дадлага маш хүчтэй учраас угтаа хэдэн сая галавын туршид хураадагтай тэнцэх их буяныг үүгээр хурааж болдог байна. Нэг насанд гэгээрэлд хүрэх боломжийг олгодог хүч чухамдаа энэ билээ.

*Тарнийн тангаргаа цаг ямагт сахиж явагтун. Гэгээрсэн бодгалиудад байнга тахил өргөгтүн. Хамаг Бурхадад өргөхийн адилаар Гүрү багшидаа үргэлж тахил өргөх нь зүйтэй болмуй.*

Бишрэлийн дадлагын үндэс бол бидний Очирт багшаас хүртсэн тарнийн ёсны тангараг болохоор энэхүү тангаргийн шим болох Гүрү багшаа Бурханлаг чанараас салшгүй нэгэн хэмээн үзэх ариунаар үзэхүйгээ үргэлж сахиж явах хэрэгтэй. Элбэг дэлбэг тахил өргөснөөр бид бурханлаг чанарын үзэгдэл болсон Гүрү хийгээд гэгээрсэн бодгалиудад өргөл өргөх замаар тэрхүү нандин чанартайгаа холбоогоо бататгаж байгаа хэрэг юм.

*Мөнхийн хутгийг \Бурханы билгүүний лагшин\ олохыг хүсэгч хэн бээр ч өөрт таатай санагдсан болгоныг, хамгийн өчүүнээс хамгийн чанартайг хүртэл аль буй бүхнээ Гүрү түүндээ өргөн тахих нь зүйтэй.*

Сэтгэл дэх шунал зууралтын өчүүхэн ч ул мөр үлдээхгүй арилгахын тулд таатай сайхан гэж бодсон болгоноо Гүрү багшдаа тахил болгон өргөх хэрэгтэй юм. Өргөлийн хэмжээ хийгээд чанар сайн муу байх нь огт чухал биш бөгөөд зууралтгүй л болж авахад голлон анхаарах ёстой. Багшаа зулайн орой дээр ямагт залж явах нь өдрийн турш сайн сайхан санагдсан болгоныг өргөх боломжийг олгоно.

*Гүрү багшидаа хамаг Бурхадыг тахих мэт өргөл өргөгтүн. Түүнээс нэн их буяныг хураах болой. Их буян хурваас дээдийн хүчирхэг төлөвт \Бурхан болно\ хүрэх бөлгөө.*

Бид Гүрү багшаа Бурхан гэж харахад түүнд өргөсөн тахил болгон бурхадад өргөсөн тахилын дайтай буяныг хуримтлуулдаг. Тиймээс далай их буян хишгийг хурааж түүнийгээ дээдийн хоосон чанартай хослуулж чадах юм бол төгс гэгээрэлд шууд хүрэх боломжтой болдог билээ.

Тахил өргөлийн энэ зам бол багшаа судалж шинжээд зохих журмын дагуу очирт барилдлага тогтоосон тэдгээр бясалгагч нарт хамааралтай дадлага юм. Тийм холбоонд орсон хүмүүсийн хувьд өргөж буй зүйлийнхээ зүг шунан зууралдах аливаа хандлага үгүй болсон гэсэн итгэл байх боломжтой. Мөн тодорхой хэлбэрийн өргөл байх ёстой гэсэн зүйл байдаггүй бөгөөд юу өгч байгаа нь бус хэрхэн өргөж байгаа нь хамгаас илүү ач холбогдолтой билээ. Хураах буяны хэмжээ эд материалын тахил өргөж буй сэдэл зоригдлоос шууд хамааралтайг анхаарах хэрэгтэй.

## Бурхан мэт Үзэхүй

*Тийм учраас энэрэнгүй сэтгэлтэй, өглөгч болоод өөрийн хяналт сахилгатай, тэвчээр хатуужилтай шавь хүн болбоос Гүрү багшаа хэзээ ч Очирдарь Бурханаас ялгаатай үзэх ёсон үгүй болой.*

Түрүүн бид дэлгэрэнгүй ярилцсан ёсоор Гүрүг дээдлэх гол дадлага бол түүнийг Бурханаас салшгүй нэгэн чанартай хэмээн үзэх явдал билээ. Бид Бодь сэтгэлийнхээ хүчээр үүнийг гүйцэтгэдэг. Хэрвээ үнэхээр л гэгээрэлд хүрэхээр зорьж яваа юм бол Бурханыг бид амьдралынхаа цаг хором бүхэнд мэдэрч байхыг хичээх хэрэгтэй бөгөөд ингэх анхны алхам нь Гүрүг бишрэх явдал байдаг.

*Хэрвээ \Гүрү багшийн\ сүүдрийг нь ч болов гишгэсэн болбоос суварга нураасны дайтай хилэнцийг хураах болой. Тэгэхээр түүний хөл дээр гишгэсний \суудал дээр нь суух, морин дээр нь мордохын\ хор уршгийн талаар хэлэлцэх ч хэрэг үгүй буй за?*

Энэ бадагт дандрын сургаалд гардаг зөвлөгөөг тусгайлан танилцуулсан байх бөгөөд Гүрү багшийн тал болгоныг хэрхэн үзэгдэхийг өөрсдөдөө хэчнээн хувиар хөгжүүлэх хэрэгтэй талаар хэлж өгч байгаа хэрэг билээ. Бид багшийн сүүдрийг оруулаад бүх талыг хүндлэн дээдлэх, тэгснээр ариунаар үзэхүйгээ ямагт сахиж явах, муу үйлийн үр хуримтлан олширхоос зайлсхийх, бардам зан, биеэ тоосон байдлын улмаас хүсээгүй үйлийн үр дүн авчрах барилдлага үүсгэх зэргээс болгоомжилж байвал зохихыг энд сануулсан байна.

## Үгийг нь Ёсчлон Дагахуй

*Аугаа их мэдрэмж бүхий нэгэн \шавь\ Гүрү багшийн хэлснийг баяртайгаар хүлээн авч хичээнгүйлэн гүйцэтгэх болой. \Хэлсэн ёсоор хийх\ мэдлэг хийгээд чадвар дутах болбоос \гүйцэтгэх\ аргагүй болсноо \эвтэйхнээр\ тайлбарлан ойлгуулагтун.*

Очирт холбоонд орохоосоо эхлээд бид Гүрү багшаас биднийг гэгээрлийн замд хөтөлж болгооно уу хэмээн гуйж буй болохоор түүний хэлсэн захисныг ёсчлон биелүүлэх хэрэгтэй. Хувийн бардам, омголон зангаасаа болоод зөвлөгөөг нь дагахаас татгалзвал багш шавийн холбоондоо зөрчил үүсгэх болзошгүй. Тиймээс Гүрү биднээс ямар нэгэн зүйл хийхийг хүсэх үед хэлснийг нь биелүүлэхийн төлөө хичээнгүйлэн зүтгэвэл зохино.

Хэрвээ даалгасныг нь гүйцэтгэх чадваргүй гэдгээ мэдвэл чин сэтгэлийн хүндэтгэл үзүүлэн байж багшдаа тэр учраа тайлбарлан ойлгуулна. Илэн далангүй ярилцсаны эцэст Гүрү бидэнд ашигтай сэдлээ хөгжүүлэхэд маань тусалж учирсан бэрхшээлийг даван гарах аргыг хэлж өгөх нь гарцаагүй юм.

*Хүчирхэг амжилт, дээд сайн төрөлд төрөх, ирээдүй хойчийн жаргал бүхэн цөм Гүрү багшаас үүдэлтэй болой. Тийм учраас багшийн хэлснээс хэзээ ч зөрөхгүй байхын төлөөнөө машид чармайн хичээтүгэй.*

Багшийн зөвлөснийг дадлага болгосноор бид ариун Номыг сэтгэлдээ бүтээн, замд тохиолдох амжилт ололт бүхэнтэй учрах нь дамжиггүй. Хэрвээ бид багшийн хэлснээс зөрж хөдөлбөл ямар ч амжилтад хүрэхгүй гэсэн энгийн хуулийг л ойлгох нь чухал билээ.

## Эд Юмсыг Хамгаалан Бараа Болох

*Гүрү багшийн эд зүйлсийг өөрийн амь мэт хамгаалагтун. Түүний гэр орныхныг багшаа хүндэлдэгтэй адил үзэгтүн. Ойр бараа бологч хүн бүхнийг өөрийн эзэн мэт хүндлэн харьц. Үүнийг нэгэн үзүүрт сэтгэлээр байнга ийнхүү болгоож явагтун.*

Гүрүг дээдлэх дадлагыг маш их үр ашигтайгаар өргөжүүлэх арга бол түүнд хамааралтай болгоныг багшийн нэгээхэн хэсэг хэмээн үзэх явдал байдаг. Үүнд Гүрү багшийн хэрэглэдэг эд юмс болон хувцас эдлэл, гэр орон, түүний хамаатан садан, гэр бүлийнхэн мөн түүнчлэн шавь нар цөм багтана. Тэдгээрийг *багшийн арьсны сүв* хэмээн тооцно. Тэдгээрийг багш лугаа адилаар хүндэтгэн үзсэнээр багшийг бясалгах сэтгэлээ хүчтэй болгон буян хураах бололцоогоо нэмэгдүүлнэ. Зөв дадуулж чадах юм бол та үйл хөдлөл бүхнээ Гүрүд өргөх тахил болгон хувиргаж болно.

## Хорвоогийн Зуршлаа Ариусгах

Дараах бадгууд Гүрү багшаа ариунаар үзэж дээдлэх үйлсэд баримтлах ёс журам бий болгоход анхаарсан байна. Эдгээр дадал болсон зан байдлын ихэнх нь эртний Энэтхэгийн тухайн үеийн байдалд зохицсон зүйлс байсныг ойлгож үүгээр хэлэх гэсэн цаад утгыг нь өөрсдийн дадлагад авч хэрэгжүүлэхийг хичээх учиртай юм.

*Гүрү багштай нэг суудал юм уу нэг орон дээр хэзээ ч бүү цуг суугтун. Ном айлдаж байхад нь үсээ орой дээрээ бүү зангид \малгай, гутал бүү өмс, зэвсэг бүү агс\, багшийг суухаас өмнө суудалдаа бүү хүр, хэрвээ суух хэрэгтэй болбол шалан дээр суугтун. Гараа ташаандаа \ихэмсгээр\ бүү ав, \түүний өмнө\ гараа бүү зөрүүлэн зогс.*

Энэ бадагт багшийн байгаад биеийн үйл хөдлөлдөө анхаарахыг сануулсан бөгөөд өөрийгөө багшаас илүү чухал байр сууринд тавих аливаа оролдлогоос зайлсхийх ёстой. Бид байнга өөрийг дорд тавьсан зай барьсан байдалтай байвал зохино.

*Багшийг зогсож байх үед суух юм уу хана налахыг \эсвэл сууж байхад нь хэвтэхийг\ цээрлэ. Цаг ямагт босоход бэлэн янзтай байж чадварлаг байдлаар үйлчлэхийг зоригтун.*

Байнга анхааралтай байж Гүрү багшийн хэрэгтэй зүйлд ухасхийн хөдлөхөд ямагт бэлэн байх ёстой. Хана налсан юм уу хэвтээ байдал мэдрэмж сул дорой занг харуулах тул аль болох ухамсартай байхыг хичээн зөв байрлалд орохыг сэтгэлдээ тусгаж явах хэрэгтэй.

*Багшийн дэргэд нулимах, \толгойгоо бүтээлгүйгээр ханиах ба найтааж болохгүй\ ХЭЗЭЭ Ч хөлөө урагш сунган суух, эсвэл \түүний өмнө шалтгаангүйгээр\ хойш урагш холхихыг цээрлэ. Хэзээ ч бүү маргагтун.*

Багшаа хүндлэх сэтгэлээр хамт байх үедээ хамгаас эрхэм чухаг нэгэн мэтээр үзэх ёстой. Ухамсаргүй тэнэг араншин үзүүлэхээс болгоомжилж, зарим тохиолдол бусдаас илүү албан ёсны байдагт мэдрэмжтэй хандан зохих хэмжээний зай барилтаа байнга сахиж ухамсарлавал зохино.

*Хөл гараа илж үрэхийг цээрлэ. Дуулах, бүжих хийгээд хөгжмийн зэмсэг тоглох \зан үйлийн шалтгаантай л бус бол\ зэргийг цээрлэ. Дэмий сул үг хэлэлцэх болон багшид сонсогдох хүрээнд \хэтэрхий чангаар\ ярихыг хориглох ёстой болой.*

Энд өгөгдсөн зөвлөгөөний цаад зорилго нь ухамсаргүй үйлдэл хийхээс мөн болгоомжлуулсан байна. Багш гэдэг бидний амьдралд учирсан Бурхан биеэрээ учраас олдсон хором болгоныг ашигтайгаар өнгөрүүлэн, олдсон боломжоо дэмий үрэхгүйг хичээх хэрэгтэй.

*\Багшийг танхимд орж ирэхэд\ суудлаасаа босож толгой үл ялиг бөхийлгөн ёсолмуй. Түүний дэргэд асар хүндэтгэсэн байдалтай сууна. Шөнийн цагаар юм уу гол ус зэрэг осолтой газраар явах үедээ\багшаасаа\ зөвшөөрөл аван байж урд нь гарч явж болмуй.*

Соёл нийгмийн хэр хэмжээнд тааруулан багшид хүндэтгэл үзүүлэхийн төлөө чадах бүхнээ хийх хэрэгтэй. Ихэнх улс үндэстний хувьд болон Азийн орнуудад багшийг орж ирэхэд босож зогсох нь уламжлал болсон заншил байдаг. Мөн лам багшдаа толгой гудайлган мөргөх нь зайлшгүй хийх ёстой үйлдэл мөн. Гүрү багшийнхаа ёс уламжлалыг хэвшил болгон авч байгаагаа харуулж буй үйлдэл энэ бөгөөд сүүлчийн хэсэгт багшийн урд гарч алхаж болохгүй гэсэн урьдын нэгэн заалтыг онцгой тохиолдолд өөрчилж болохыг үзүүлсэн байна. Эндээс харахад нөхцөл байдалд тохируулан ёс журмыг наанатай цаанатай авч хэрэглэх нь зүйтэй гэсэн үг билээ.

*Мэдрэмж сайтай нэгэн \шавь\ багшийн нүдэн дээр биеэ мушгин эргэсэн маягтай буюу багана гэх мэтийн зүйлсийг налан суух нь тохиромжгүй болой. Гар хурууны үеийг хэзээ ч нажигнуулан дуугаргаж \хуруугаараа тоглох юм уу хумсаа цэвэрлэж\ үл болмуй.*

Энэ хэсгийг нэлд нь хамруулан хэлэх гэсэн гол утга нь багшийн дэргэд бидний аяглаж буй байдал түүнийг гэсэн сэдлийн маань шууд тусгал болдгийг харуулах гэсэн хэрэг. Гадаад үйлдэлдээ анхаарах дурдлыг хөгжүүлэх нь бидний бүтээх гээд байгаа сэтгэлийн төлөвийг бий болгоход чухал ач холбогдолтой. Мөн түүнчлэн эдгээр үйлдэл маань бидний багштайгаа тогтоосон холбоонд ихээхэн нөлөө үзүүлэх бөгөөд хорвоогийн бусад холбоо харилцааны дэргэд ихэд өвөрмөц нандин холбоо болохыг тодотгож өгч байгаа юм. Ингэснээр бид багшийг ариунаар үзэх үзлээ хөгжүүлж чадах болно.

## Бие, Хэл, Сэтгэл Гурваа Өргөх

Дараагийн бүлэгт багшид шууд ба шууд бусаар хэрхэн үйлчлэх тухай өгүүлсэн байна. Багшийг хүндэтгэсэн сэтгэлээ онцгойлон үзэж байгааг илэрхийлсэн дараах үйлдлийг бид гүйцэтгэж болно.

> *Гүрү багшийн хөл ба биеийг угаах, хатаах болон иллэг хийх, сахал хусах зэрэгт туслах болбоос эхлээд өмнө болоод хойно тус бүр гурав гурван удаа мөргөх болой. Түүний дараа хүсэхийн хэрээр үйлчлэгтүн.*

Эртний Энэтхэгт мөргөл үйлдэх явдал энгийн хүндэтгэлийн илэрхийлэл байжээ. Энэ бадагт өгүүлснээр үйлчилгээ үзүүлэх болгондоо эхэн ба төгсгөлд гурвантаа мөргөх ёстой байна. Амьдрал дээр энэ амаргүй хэрэг гэж бодож болох хэдий ч эх бичигт ингэж заасныг санаж байхад гэмгүй бөгөөд биеэр мөргөл үйлдэх нь угтаа маш ашигтай үйлдэл гэдгийг ойлгох хэрэгтэй. Хэрэв багш нь мөргөх хэрэггүй гэж хэлсэн тохиолдолд мэдээж түүний үгийг хүндэтгэх ёстой. Харин сэтгэл дотроо мөргөл үйлдэхийг хэн ч хориглож чадахгүй билээ.

> *Багшаа нэр цолоор дуудах хэрэгтэй болоход "Эрхэм хүндэт" гэдэг үгийг заавал нэмж дуудах болой. Түүнийг хүндэтгэх сэтгэлийг бусдад төрүүлэх үүднээс мөн өөр хүндэтгэлийн нэрийг ч хэрэглэж болох болой.*

Энэ бидний хийж болох маш чадварлаг бас нэгэн дадлага байна. Нэр төртэй хүндэтгэсэн олон нэрсийг Төвөдөд хэрэглэж заншсан байдаг бөгөөд "Ринбүчи" гэдэг нь жишээлэхэд "эрхэм нандин нэгэн" гэсэн утгатай, эсвэл "кябжэ" буюу "авралын дээд эзэн" гэж дуудах нь бий. Мөн түүнчлэн Хүндэт гэгээн, Дээрхийн Гэгээнтэн, Эрхэм Гэгээн зэрэг нэрээр дуудах нь элбэг. Ямар цолоор дуудах нь бидний ямар холбоотой болохоос шалтгаалах төдийгүй багшийн тааллаас мөн адил хамаардаг байна. Ашвагоша энд мөн бусдад хүндэтгэл төрүүлэх явдалд энэ дадлага нөлөөтэй гэдгийг дурдсан байна.

## Бардам Зангаа Орхих

Бардам омогтой зан гэдэг бишрэл дээдлэл төрүүлэхэд бэрхшээл саад босгодог араншин билээ. Энэ бол өөрийгөө бусдаас дээгүүрт тавих сэтгэл бөгөөд Гүрү багшаар хөтлүүлэн урагшлах замыг хааж байдаг байна. Энэхүү түйтгэртэй тэмцэхийн тулд Ашвагоша гүрү багшийн дэргэд өөрийг дорд үзэх сэтгэлийг хөгжүүлэх нэлээд хэдэн зөв зан байдлыг танилцуулсан байна.

> *Гүрү багшаас зөвлөгөө авахдаа \эхлээд яах гэж ирснээ мэдэгдэнэ\ хоёр алгаа зүрхэн тус газартаа хавсран барьж байгаад юу хэлэхийг нь \сэтгэл гайхах явдалгүй\ сонсогтун. Эцэст нь \түүнийг үгээ хэлж дууссаны дараа\ "Таны хэлсний дагуу гүйцэтгэе" хэмээн хариулбал зохилтой.*

Хэрвээ багшдаа үйлчилгээ үзүүлье гэж санах юм уу багшаас санал зөвлөгөө авах гэж байгаа бол бид түүний хариултыг ёсчлон дагахад бэлхэн гэдэгтээ итгэлтэй байх ёстой. Жишээ нь, багш бидэнд ажил даалгасан байхад түүнийг төгс гүйцээлгүйгээр орхиж болохгүй. Бидний нөхцөл байдал өөрчлөгдсөн байлаа ч эхэлснээ гүйцээх хүсэл тэмүүллээр дүүрэн байх ёстой бөгөөд дуусгах чадал үнэхээр хүрэхгүй байгаа бол анхнаасаа эхлэх хэрэггүй байсан билээ.

Үүнтэй адилаар багшаас зөвлөгөө авахыг хүсэхдээ түүний зөвлөгөөг амьдрал дээр дадлага болгоход бэлхэн сэтгэлтэй байх хэрэгтэй. Багшийн саналыг асуучхаад хэлснийг нь үл даган, өөрсдийн зөв гэж бодсоноор явах шиг багшийн цагийг дэмий үрсэн хэрэг гэж үгүй ажгуу. Хамгийн багаар бодоход л багшийн хэлснийг бүрэн төгс дагаж чаддаггүй юм аа гэхэд аль чадах хэрээр дагахыг оролдох нь зүйтэй.

> *Багшийн хэлснийг дагасныхаа дараа \юу болж дууссаныг\ зөөлөн эелдэг үгээр түүнд эргэн мэдээлж байгтун. Багшийн дэргэд эвшээх юм уу ханиах \хоолойгоо засах юм уу инээх\ тохиолдолд амаа гараараа таглах ёстой болой.*

Сүсэг бишрэл байна уу үгүй юу хамаагүй, аливаа замыг дагахад хүн нэг удаа нэг л алхам хийдэг. Гүрү багшийн үгийн дагуу гүйцэтгэсэн дадлага болгоны дараа зорилгодоо алхам ойртлоо гэсэн үг. Тийм тохиолдлуудыг онцлон тэмдэглэж гүйцэтгэж дууссан дадлагаа багшдаа мэдээлж байх нь чухал байдаг. Ингэснээр үнэн сүжигтэй болоод зорилгодоо хүрэх итгэл дүүрэн байгаа тань түүнд илэрхий болох билээ.

> *Хэрвээ та тодорхой нэгэн номлол сонсох айлтгал буй болбоос алгаа хавсран нэг \баруун\ өвдгөө газарт хатган байж гурвантаа айлтгадаг болой. Тэгээд\номлолын үеэр\ гоёл чимэг, оо энгэсэг зүүлт мэтийг эс хэрэглэн, цэвэр нямбай хувцаслан, хүндэтгэлтэй даруухан сууж сонсогтун.*

Гүрү хүсэлт тавьсан хүнд л номоо айлддаг учиртай бөгөөд сонсогч хүний тусын тулд тэр ажээ. Шавь ном сурах хүсэл сэтгэлээ хөгжүүлээгүй бол багшийн заасныг хүлээн авах сэтгэл нээлттэй биш байх болно. Тиймээс хэрвээ бид номыг сонсох хүсэлтэй байгаа бол Гүрү багшийн өмнө омоггүй даруу байдлаар өрөөсөн өвдөг дээрээ сөгдөн байж давтан давтан хүсэлт тавихыг зорих хэрэгтэй. Багш хүсэлтийг тань хүлээж авбал бид түүний хязгааргүй энэрэлт сэтгэлийг танин баясаж зохих байдлаар сонсох ёстой билээ.

*Багшидаа ямар ч үйлчилгээ үзүүллээ гэсэн ууртай бардам зангаар хэзээ ч бүү үйлдэгтүн. Түүний оронд шинэхэн хадамд гарсан бэр адил машид бишүүрхүү, номхон ичимхий зангаар хандваас зохилтой.*

Бие хэлний ямар ч журам баримталсан байсан бид сэтгэлээ бардам омогт эзлүүлж болохгүй билээ. Ашвагоша бидэнд даруу төлөв зан чанарыг эзэмшин, бүхий л үйлсэд өөрийгөө дорд тавьж байхыг үүгээр сургасан байна. Тиймээс бид өөрсдийн хүсэл хийгээд хэрэгцээгээ хажуу тийш нь тавьж орхиод Гүрү багшдаа өрийн бие, хэл, сэтгэлийг бүрэн зориулах хэрэгтэй билээ.

*Замыг заагч багшийн дэргэд ихэмсэг аальгүй маягтай зан гаргахаа цээрлэгтүн. Мөн түүнчлэн \багшидаа\ хэрхэн үйлчилснээ бусдад сайрхан ярих мэтийн буруу зуршлаа хөсөр хаяж өөрийн дурдлыг ямагт хянаж байваас зохих буй.*

Багштай харилцах тоолон түүний бүхнийг мэдэж байгааг ухааран болгоомжилж байвал зохино. Өөрийн бодол мэдрэмжид ухамсартай хандаж, чин сэтгэлийн үнэнч зоригдол буй эсэхээ байнга хянаж байх хэрэгтэй.

### Өөрийн Хүслийн Дагуу Хөдлөхгүй Байх

Дараах хэдэн зүйл зөвхөн багшийн зөвшөөрлөөр үйлдэж болох дөрвөн үйлдэлд хамааралтай ажээ. Тэгээгүй тохиолдолд эдгээр үйлдэл бардам омог үүсгэж, багшаа дээдлэх сэтгэл доройтоход хүргэж болзошгүй билээ.

*Алив нэгэн эд зүйлс аравнайлуулах, хот мандалд оруулж авшиг хүртээх юм уу галын тахил өргөх, эсвэл шавь нарыг дуудаж цуглуулах, ном айлдварыг бусдад түгээх зэрэг айлтгал хүлээн авсан болбоос багшийг тэр газарт буй үед урьдчилан багшаас зөвшөөрөл аваагүй л юм бол хүсэлтийг ёсоор болгож үл болмуй.*

Энэ бадагт аль нэгэн зан үйл гүйцэтгэх юм уу ном айлдах хүсэлт хүлээж авсан тохиолдолд багштай өөрийгөө эн чацуу юм уу түүнээс илүү чухаг нэгэн мэтээр мэдрэхэд хүргэж болохыг сануулсан байна. Бардам сэхүүн зан газар авахаас болгоомжлон багшаасаа ямагт зөвшөөрөл эрэлхийлэн тэдгээр үйлдлийг гүйцэтгэх зөвшөөрлийг урьдаар авах хэрэгтэй. Ингэснээр багшдаа үйлчилж байгаа хэрэг болж хувирах боломжтой билээ.

*"Мэлмий нээх" хэмээгч \аравнайлах ёс\ зан үйл болон аливаа ёслолыг үйлдсэний тул олсон өргөлийн зүйлсийг бүгдийг нь багшидаа өргөгтүн. Түүнийг зохих хувиа авсны дараа сая үлдсэнийг өөрийн тусад хэрэглэж болох болмуй.*

Буяны үйл хийгээд олсон тахил өргөлийн зүйлсийг өөрт авахын аюулыг энд үзүүлсэн бөгөөд хэрвээ бид үүнд болгоомжтой хандахгүй юм бол олсон орлого маань биднийг машид чухаг нэгэн хэмээн өөрийг өргөмжлөн бодоход хүргэх, түүгээр зогсохгүй шуналыг өдөөх шалтгаан болох ч болзошгүй. Үүнээс зайлсхийхийн тулд өргөлийн зүйлсийг цөмийг нь Гүрү багшдаа өөрийн ээлжид өргөл болгон барих ёстой. Багш голдуу багахан хэсгийг авч үлдсэнийг нь буцааж өгдөг заншилтай. Энэ дадлага бидний шуналыг арилгахад тустай ба багшийн энэрэл нигүүлсэлд талархах сэтгэлийг хөгжүүлж өгдөг байна.

*Багшийн дэргэд шавь хүн өөрийн шавь нартаа Гүрү мэтээр аашлах учир үгүй бөгөөд тэд ч мөн өөрийн ээлжид түүнд Гүрү лугаа харьцах ёсгүй буй. Тиймээс \өөрийн Гүрү багшийн өмнө\ өөрийн шавь нарын зүгээс орж ирэхэд босох, мөргөх гэх мэтийн хүндэтгэл үзүүлэхийг хориглох ёстой болой.*

Гүрү багшийн байх тохиолдолд бид өөрсдийгөө ямагт шавь гэж тооцно. Тийм болохоор бид өөрсдийн шавь нараас хүндэтгэл хүлээж авах учиргүй. Ингэснээр багш байна гэдэг огт өөр тусдаа асуудал бөгөөд хэн нэгнээс дээгүүр байхын ач холбогдол гэж огт байхгүй гэдгийг өөрсдөдөө сануулж байгаа хэрэг билээ.

*Гүрү багшдаа тахил өргөх буюу эсвэл Гүрү багш танд аливаа нэгийг үзүүлсэн болбоос толгойгоо үл ялиг гудайлган байж хоёр гардан тосож авах учиртай.*

Эцэст нь, аливаа зүйл өгөх буюу авах тохиолдолд зохих хэмжээний хүндэтгэл биеэр үзүүлэн үйлдэнэ. Ингэснээр өөрсдийгөө чухал хүн мэтээр бодох бардам зангаа багасган багшийн ивээлийг хүртлээ хэмээн бахархах сэтгэлээ дарахад тустай байдаг.

## Нэмэгдэл Хэдэн Зөвлөгөө

Багшийг дээдлэх гол дадлагаа төгсгөсний дараа  санаж явахад илүүдэхгүй хэдэн зүйлд Ашвагоша бидний анхаарлыг шилжүүлж өгчээ.

*Бүхий л үйлдэлдээ ухамсартай ханд, тарнийн тангаргаа хэзээд бүү умарт \соргог бай\. Хэн нэгэн шавь хүн зан байдалдаа зөрчил гаргасан болбоос нөхөрсөг байдлаар бие биеэ засагтун.*

Энэ бадагт биднийг нууц тарнийн ёсны тангаргаа цаг ямагт сахиж явахыг анхааруулсан байна. Дадлагын маань бас нэг хэсэг бол нэгэн Гүрү багшийн шавь болсон нөхдөдөө хүндэтгэл үзүүлэх явдал байдаг. Тэд цөм таны очирт ахан дүүс учраас тэдэнтэй эвтэй найрсаг аж төрөх учиртай. Очирт гэр бүлийн нэгэн гишүүн багшийн хүслийн эсрэг дадлага зөрчих тохиолдол гаргавал бид хайр энэрлийг баримтлан байж засах явдалд идэвхийлэн оролцох хэрэгтэй.

*Хэрвээ өвчтэй байх юм уу бие махбодын байдлаас шалтгаалаад \багшаас зөвшөөрөлгүйгээр\ багшид мөргөх бололцоогүй байваас энгийн үед* хориглодог ч гэлээ сэтгэлдээ буяныг агуулан байхад хортой муу үйлийн үр дагавар гарахгүй буй за.

Энгийн нөхцөлд бид багшид хүндлэл үзүүлэхийн төлөө дадлага болгоныг гүйцэтгэх учиртай. Хүндэтгэн үзэх ганцхан тохиолдол бол хүнд өвчтэй юм уу бие махбодоор түр зуурт дадлага хийх бололцоогүй байх явдал юм. Гадаад бишрэл хүндлэл ямагт хоёрдогч, дотоод сэтгэл гол нь гэдгийг санаж байх хэрэгтэй. Бидний сэтгэл дэх багшаа дээдлэх сэдэл ариун цагаан байсан цагт ямар ч байдал тулгарсан дасан зохицож чадах болно.

## Хэрхэн Дадуулах Дүгнэлт

*Үүнээс илүү юу хэлэх билээ? Гүрү багшийн таалах болгоныг үйлдэн, үл таалах болгоныг цээрлэгтүн. Энэ хоёрыг л хичээж үйлдтүгэй.*

Дүгнэн хэлэхэд буяныг хураажнүглийг цээрлэвэл багш аз жаргалтай байх болно гэдэг л бидний дадлагын гол шим билээ.

*Гүрү Багшийн таалалд нийцүүлсний үр дагаварт хүчирхэг амжилтад хүрэх буй за. Очирдарь Бурхан өөрөө үүнийг өгүүлсэн буюу. Түүнийг мэдсэний тул бие, хэл, сэтгэл гурваар Гүрү багшийн таалалд нийцүүлэн үйлдэгтүн.*

Буяны дадлагад өөрийгөө зориулсны үр дүнд замд таарах учиртай амжилт бүхэн сэтгэлийн тань урсгалд боловсорч эхлэх болно. Тиймээс, үүнийг зүрхэндээ шингээн дадуулах хэрэгтэй.

*Гурван Эрдэнэд итгэл одуулж, гэгээрлийн ариун сэдлийг хөгжүүлсний дараа шавь болбоос энэхүү судрыг зүрхэндээ агуулан \өөрийг гэх бардам омголон сэтгэлийг орхин\ байж гэгээрлийн дэвшилтэт замаар Гүрү багшаа даган явах буй за.*

Ашвагоша аврал одуулж бодь үүсгэсний дараа энэ судрыг судалж эхлэхийг бидэнд санал болгосон байна. Цагийн хүрдний сургаалд энэ сэдвийг бид Багшийн Егүзээрийн дадлагаар урьдчилсан бэлтгэлийн дадлага болгон судалдаг билээ.

*Багшийг дээдлэх өмнөтгөл дадлага хийгээд судрын ба тарнийн ёсны нийтлэг замаар ахисан та болбоос ариун Номыг атгагч нэгэн болох буй за. Тэгээд та бээр дандрын замд орох \зохих авшгийн дагуу\ боломжтой болж арван дөрвөн үндсэн тангаргийг чанга дуугаар өргөж чин зүрхэндээ тээх болмуй.*

Судрын ба тарнийн ёсны үндсэн мэдлэгтэй болж авсны дараа болон Гүрүг дээдлэх дадлагыг үйлдэн авшиг хүртэх ёсны дагуу тарнийн замаар орж алхахад бэлэн болно. Авшиг хүртээх ёслолын үеэр бид тарнийн тангараг сахил авдаг билээ.

## Төгсгөл

*Андуу ташаа гаргалгүй \өөрийн ойлголтыг нэмэх зэргээр\ хөрвүүлэн буулгасан энэхүү судрын шимээр багшаа дээдэлсэн шавь болгонд хязгааргүй тус нь хүртэх болтугай. Ийм замаар хураасан миний хэмжээлшгүй их буяны үрээр хамаг амьтан Бурханы хутгийг үтэр түргэн олох болтугай.*

Ашвагоша бүтээсэн энэ буянаа хамаг амьтны гэгээрэлд хүрэхийн төлөө зориулсан ерөөлөөр төгсгөсөн байна.

---

# ГОЛ ХЭСГҮҮДИЙГ ЭРГЭН СӨХВӨЛ

- Гүрү гэдэг ойлголт ерөнхийдөө Ном зааж таныг сүсэг бишрэлийн замд хөтөлдөг багшийг хэлдэг.

- Хэдэн Гүрүтэй байх нь хязгаар үгүй. Үйлийн барилдлагаас шалтгаалан нэг ба түүнээс олон Гүрүтэй байх боломжтой.

- Өөрт хамгийн их нөлөө үзүүлсэн багшаа үндсэн Гүрү гэнэ. Очирт хөлгөний сургаалд үндсэн Гүрү гэж дандрын дадлагыг зааж, авшиг хүртээсэн Очирт мастерыг голдуу хэлдэг.

- Гүрүг дээдлэх гол дадлага бол түүнийг Бурханаас салшгүй нэгэн гэж харах явдал. Энэхүү ариунаар үзэхүй нь бидний сэтгэлийг Гүрү багшийн талаар буруу ташаа ойлгохоос сэргийлж, багш шавийн харилцаанаас олж болох ашгийг бүрэн хүртэх боломж олгоно.

- Бид Гүрүг дээдлэх ёсыг хөгжүүлэхдээ:1\Өөрсдийн хүлээн авч чадахуйц буянтай чанар дээр төвлөрөх ба 2\Дутагдалтай талыг сайн чанарт хувиргаж сурах зарчмыг баримтална.

- Бишрэх сэтгэл бол дандрын ухамсарлахуйд хүрэх гол үндэс мөн. Хуурмаггүй чин үнэн бишрэлээр урсгалын адислал бидний сэтгэлийн угт нэвтрэн орж оршихуйг шууд ухамсарлахад хүргэдэг. Түүнгүйгээр бидний дадлага хуурай аргуун байж аливаа үр дүн гаргана гэж итгэхэд хэцүү болно.

- Гүрүг бишрэх сэтгэлийг хөгжүүлэх хоёр арга байдагт: 1\Үйл хөдлөлөөр өөрийгөө зориулах гадаад дадлага ба 2\Бодол сэтгэлдээ өөрийг зориулах дотоод дадлага юм.

- Өөрийгөө үйл хөдлөлөөр багшдаа зориулах гадаад дадлагад багшид талархах сэтгэлийг төрүүлж, багшийн дэргэд ухамсартай үйл араншин гаргаж хэвших төрөл бүрийн ёс журам багтдаг.

- Гүрүг бишрэх дадлагын гол хэсэг бол өдөрт гурвантаа багшдаа мөргөх явдал байдаг.

- Жинхэнэ очирт холбоонд орохын өмнө зориуд цаг гарган харилцан бие биеэ судалсан байвал зохино. Тэгснээр тангараг сахил хүртэж холбоонд ороход бэлэн боллоо гэсэн зориг тэмүүлэл бий болгоно.

- Гүрүг дээдлэх журам хоёр хэсэгт хуваагдана: 1\Үл хүндлэх байдлыг арилгаж 2\Хүндэтгэх сэтгэлийг хөгжүүлэх явдал билээ.

- Орхил болгох хоёр зүйл бий: 1\Гүрү багшийг шүүмжлэх байдлаар үл хүндлэх ба 2\Сэтгэлийг нь зовоосон зан байдал үзүүлэх.

- Гүрүг дээдлэх бишрэлийг хөгжүүлэх найман үйл бий: 1\Эдийн өргөл өгөх, 2\Бурхан шигээр үзэх, 3\Үгийг нь ёсчлон дагах, 4\Эд зүйлийг нь хямгадан бараа болох, 5\Хорвоогийн дадлаа ариусгах, 6\Бие, хэл ба сэтгэлээ тахил болгон өргөх, 7\Бардам зангаа орхиж 8\Өөрийн хүслийн дагуу хөдлөхгүй байх эдгээр билээ.

*Номын лагшинт Гүрү - Очирдара*

# Багшийн Егүзэр -

## *Дандарын Ухамсарлахуйд Нэвтрэх Хаалга*

Анх Ном үзэж эхлэхэд Гүрү гэдэг Шагжамүни Бурхан Багш хэмээгч аугаа бодгалийн сургаалыг бидэнд анх танилцуулсан Номын нөхөр маань байдаг билээ. Ер бусын гайхамшигт ухаан хийгээд чанарын талаар сурч мэдсэнийхээ дараа итгэл хүлээхүйц хүчин төгөлдөр эх булаг хэмээн үзэх үзлийг хөгжүүлж авралд нь бид багтсан. Энэ үед Гүрү гэдэг бидний хувьд мэдээллийн дуусашгүй их ундарга байдаг бол Бурхан Багш харин өнгөрсөн цагийн бишрэл төрүүлэхүйц нэгэн төдий гэсэн хоёр саланги зүйл мэтээр үзэгдэх болдог.

Гүрү багштай тогтоосон харилцаа улам бүр гүнзгийрэхийн сацуу бидний амьдралд түүний гүйцэтгэх үүрэг харьцангүй ихсэн нэмэгдсээр улмаар сүсэг бишрэлийн замд дагуулах хөтөч маань болон хувирдаг. Бурхан хийгээд түүний туулсан амьдрал аугаа түүхэн хүний хувьд сэтгэл хөдөлгөн бишрэл төрүүлэвч ариун дагшин шүтээн, баримал, ном судар хэлбэрээр л бидэнд олдох боломжтой байдаг. Харин Гүрү багш бол бидэнтэй харилцан ярилцаж болох нэгэн бөгөөд амьд Бурхан биеэрээ байна гэсэн үг. Тийм ч учраас Гүрү багштай тогтоосон бидний холбоо энэ хорвоо дээр учирч болох хамгийн чухал нандин холбоо гарцаагүй мөн билээ.

Тэгвэл дандрын замд орох үедээ бид өөрсдийгөө Очирт багшдаа бүрэн өргөдөг. Багшаа Бурхан болгон харж сурснаар Гүрү гэдэг Бурханы үзэгдэх хэлбэрээс өөр юу ч биш болохыг таньж эхэлдэг. Тэднийг сэтгэлдээ амжилттай нэгтгэсний дараа аливаа бүх салангид мэдрэмжийг бүрэн хураан уусгаж чадах болно. Бурхан ийнхүү багшийн дүрээр илтэд үзэгдээд ирэхээр тэртээ хаа холын түүхэн хүн бус бидний амьдралд идэвхтэйгээр үзэгдэн байж, биднийг шууд удирдан залж чадах гайхамшигт чанар агуулсан бодгаль болон хувирдаг ажээ.

Энэ үйл явц алсаас түүдэг гал харсантай олон талаараа адилхан байдаг. Бид улалзах дөлийг зайнаас харлаа ч ойрхон очиж байж л илчийг нь мэдэрдэг шүү дээ. Түүнтэй адил, одоогийн байгаа энэ байдлаасаа Бурханы адислалыг мэдрэх амаргүй бөгөөд Гүрү багштай ойртон ажилласны дараа л түүний адислал илүү хурц мэдрэгддэг байна. Тэр цагт бид урьд будилдаг байсан зүйлээ илүү тодоор харж эхлэх юм уу хайр энэрэхүй, тэвчээр гэх мэтийн буянтай чанарыг хөгжүүлэхдээ амархан болж байгааг мэдэрч ч болох юм. Хэрхэн үзэгдэхээс үл хамааран түүний адислал ирэхэд Ном гэдэг зүгээр л олон зөв бодлын цуглуулга төдийхөн байхаа больж мөн чанар нь бидний өдөр тутмын амьдралын алхам бүрд мэдрэгдэж эхлэх болдог.

Хэдийгээр бид Бурханы адислалыг амьдралдаа мэдэрч чадаж байлаа ч тэр нь яг юу юм бэ? Хариулт нь бидний эгэлийн сэтгэл хийгээд дотоод Бурханлаг чанарын хоорондын харьцаанд оршиж байгаа юм. Бидний эгэлийн сэтгэл гэдэг маань гадаа зогсож байгаа хүн юм гэж бодвол бидний Бурханлаг чанар яг үүлний цаана нуугдсан наран лугаа адил гэсэн үг. Хүн нарны илчийг үүлсийн цоорхойгоор мэдэрч байгаа нь түүний адислал юм. Бидний энгийн мэдрэмжид үзэгдэж буй Бурханлаг чанар маань тэр билээ.

Адислал бидэнд өөрсдийн мөн чанараа шууд мэдэрч, түүнийгээ таних бололцоог олгодог учраас маш чухал хэрэгтэй зүйл мөн. Ийм замаар туйлын үнэнийг илчлэх үндэс нь адислал болдог билээ. Адислал их байх тусмаа улам илүү ухамсарлахуйд хүргэнэ. Нууц тарнийн ёсны дагуу авч үзвэл Гүрү багш гэдэг хамаг адислалын эх булаг учраас Гүрүг дээдлэн шүтэх нь бүхий л ухамсарлахуйд хүрэхийн үндэс болдог ажгуу.

# АДИСЛАЛЫН ХУР БУУЛГАХ ҮҮД

Гүрү багштай тогтоосон холбооноос гарах үр ашгийг бүрэн дүүрэн хүртэхийн тулд адислал сэтгэлд хэрхэн нөлөөлдгийг ойлгох хэрэгтэй болно. Ерөнхийдөө аливаа адислал үзэгдэхэд түйтгэрүүд халхавч болон үйлчлэх бөгөөд бидэнд саад болж буй гол бэрхшээл гэвэл:

1. **Өөрөөс зуурах сэтгэл:** Энэ бол таван бүрдэл цогцын хоёрдмол үзэгдлийг би хэмээн андуурч бодох сэтгэл юм. Тэдгээр үзэгдлээс зуурсны улмаас бид өөрсдийн энэ үзэгдэх байдлаа өөрсдийн үнэн мөн чанараас зааглан үзэж эхэлдэг. Хүчтэй зуурсаар байх тохиолдолд би-д барих үзэл мөн чанар хоёрын хоорондын зай хол байх учраас адислал хүчгүй сулбагар байдаг.

2. **Бардам зан:** Энэ номд бид бардам зан гэдгээр одоогийн бидний үнэн гэж үзэж байгаа байдалдаа итгэн, үүнийг өөрчлөх шаардлагагүй гэж үзэж буй тийм сэтгэлийг хэлнэ. Адислалтай энэ хэрхэн холбогдож байна гэвэл биднийг анхаарлаа өөрсдийн мөн чанарт шилжүүлэх явдлыг зогсоон саатуулж, адислалын хур нэмэн буухыг хазаарлан барьсаар байдагт оршино.

Тарнийн ёсны дадлагаар өөрөөс зуурах сэтгэлийг уусган, бардам занг бүдүүн хэлбэрийн би хэмээх бодлоос салган хамаагүй илүү нарийн давхаргын бодол руу шилжүүлж өгдөг байна. Бид алхам бүрд ээ өөрсдийн шижир мэт үнэнтэйгээ ойртсоор илүү их арвин адислал мэдрэх боломжтой болсоор байдаг. Эцэст би гэсэн үзлээ бүрэн орхиж чадахын цагт бидний мэдрэмж бүхий л хязгаараас чөлөөтэй дээдийн адислалаар дүүрэх болно.

Энэ үйл явц Гүрүг дээдлэх дадлагад багтсан байдаг ба бид Гүрү гэх ойлголтоо үнэний хамаагүй илүү нарийн түвшин рүү өргөжүүлж дадах болно. Өөрсдийгөө Гүрү багшид бүрэн зориулах замаар үнэний өөр өөр талаас зуурах зуургалтыг сулруулж, төгс бууж өгснөөр бардам омгоо бүрэн дарж, Бурханлаг чанарынхаа харамгүй хайрлах адислалыг мэдэрч чаддаг болно. Энэ арга дөрвөн давхаргын Гүрүтэй тулж ажиллахад зориулагдсан бөгөөд үүнд: 1\Гадаад Гүрү, 2\Дотоод Гүрү, 3\Нууц Гүрү ба 4\Маш нууц Гүрү багтаж байдгийг одоо бид нэг бүрчлэн нарийн судлах болно.

# Гадаад Гүрү

*Гадаад Гүрү* гэдгээр бидний нэрлэж заншсан бодит бие махбод бүхий Гүрү багшийг хэлнэ. Тэр бол бидэнд гэгээрлийн замыг заан үзүүлж дадлага бясалгалд удирддаг номын багш маань билээ. Өмнөх бүлэгтээ бид гадаад Гүрү багшийг дээдлэх талаар машид дэлгэрэнгүй ярилцсан. Энэ дадлагын гол утга нь багшаа Бурханаас салшгүй нэгэн хэмээн итгэж Бурханы дэргэд байгаа мэтээр биеэ авч явж дадах явдал юм.

Нэг үгээр товчлон хэлбэл багшийн өмнө даруу төлөв байж, өөрийгөө ямагт зөв гэж боддог омог бардам зангаа нуга даран, бүрэн төгс бууж өгөх хэв маягийг хадгалсан дадлага гэж болно. Өнгөрсөн амьдралаа эргэн харах юм бол бид өөрсдийн төөрөлдсөн үзлийнхээ хэлэхийг цаг үргэлж анхааран сонсож, мунхагт суурилсан шийдвэр гаргасаар ирсэн билээ. Энэхүү бардам зангийн үр дүнд эцэс төгсгөлгүй муу заяанд эргэлдэн зовох тавиланг эдэлж яваа шүү дээ. Гадаад Гүрүд өөрийгөө бүрэн өргөснөөр үндсэндээ "одоо хангалттай" хэмээн өөртөө хэлж, дахин мунхаг сэтгэлээ сонсож явснаас Гүрү багшийн мэргэн ухааныг шүтье хэмээн шийдэж байгаа хэрэг юм.

Гүрү багшаас хүртэх ийм хэлбэрийн адислал голчлон дадлага бясалгалдаа чин сэтгэлээс сүжиглэн бишрэх хэлбэрээр бидэнд илэрдэг. Бид багшийгаа салангид хүн гэж бодож байх үед түүний сайн талуудын үзэгдэх байдал нь хязгаарлагдмал байх бөгөөд Номыг судлах замаар тэдгээр чанаруудаа хэрхэн

*Язгуурын Гүрү*

хөгжүүлж болохыг үзүүлэх чадвар нь бага байдаг. Энэхүү зааг байсаар байх цагт бид Гүрү юугаа гүнзгий үнэнтэйгээ холбогдох гүүр болгон харж чадахгүй билээ.

Багш шавь хоёрын хоорондын зайг арилгах арга бол "гадаад Гүрү" гэж бидний нэрлэж байгаа мэдрэх эрхтний үзэгдэлд суурилсан хэлбэрийг өөрийн сэтгэл дэх салшгүй нэгэн хэсэг юм гэдгийг таних явдал байдаг. Хэрвээ бид тэдгээр үзэгдлүүдийг ойртон судлаад үзэх юм бол нүдний ба сонсголын гэх мэт мэдрэхүйд ургаж буй хэсэг хэлбэр дүрс дуу авианы цуглуулгаас өөр юу ч биш бөгөөд цөмөөрөө л бидний ухамсарт ургаж буй үзэгдэл юм гэдгийг олж мэдэх болно. Үүнийг мэдсэнээр гадаад Гүрү гэж "тэнд" тусдаа нэг зүйл цаашид байхаа больж "энд" буй нэгэн зүйлд хувирахыг та үзэх болно.

## Дотоод Гүрү

Гадаад Гүүрү дотогшоо нарийсах энэ хувирал *дотоод Гүрү* хэмээн нэрлэх өөр төрлийн Гүрүг илрэн гарахад хүргэдэг. Дотоод Гүрүг илрүүлсний дараагаар гадаад Гүрү гэдэг гэгээрсэн чануудыг ухаарахад бидний ашиглаж байсан үзэгдлүүдийн цогц байжээ гэдэг нь илэрхий болно. Эдгээр үзэгдлийн мөн чанарыг хэрвээ өөр бусад үзэгдлийн мөн чанартай харьцуулаад үзэх юм бол тэдгээрийн хооронд тодорхой ялгаа үгүй болох нь илэрхий болно. Үүнийг ойлгосноор бүхий л үзэгдлийг ашиглан гэгээрлийн чануудыг таних үүдийг нээх болно.

Дандарын бясалгалд бидний мэдрэмжид багтсан бүгдийг нийтэд нь хамруулан Цагийн хүрдэн буюу Дүйнхор гэх мэт бясалгалын ядмуудаар дүүрэн гэгээрлийн хот мандал хэлбэрээр бэлгэдэн үзүүлдэг байна. Тэдгээр ядмыг сайтар нүдлэн таньж авснаар янз бүрийн олон үзэгдлийг өөрсдийн Бурханлаг чанарын ариун үзэгдэл гэж харж сурах болно. Энэ бол гадаад Гүрүг Бурхан болгон хардагтай үндсэндээ адилхан гагцхүү бүхий л юмс үзэгдлийг багтаан илүү өргөн хүрээг хамарч байдгаараа ялгаатай ажээ.

Дотоод Гүрүг дадуулах нь Гүрү багш бол ариун, би өөрөө ариун бус гэсэн бардам занг дарахад тустай байдаг бөгөөд энэ хоёрыг тусдаа хоёр зүйл байна гэж бодохын оронд харин нэгтгэж харснаар бүхнийг ариунаар үзэх үзлийг хөгжүүлдэг байна. Энэ үйл явц бидний энгийн үед мэдэрдэг үзэгдлүүдээс зуурах зууралтыг арилган, гэгээрсэн чанараа илүү таньж эхлэх боломжийг олгодог байна.

*Гүрү Дүйнхор*

Дотоод сэтгэл дэх сайн чанар олшрон дэлгэрэх байдлаар дотоод Гүрүгийн адислал бидэнд ирдэг. Сэтгэл гадаад бүдүүн бодлоос ариусаж ирэх үедээ машид нарийсаж уян хатан болж ирдэг. Тийм уян хатан болсон сэтгэл, төвлөрлийн өөр төлөвүүдэд орох замаар шид бүтээл үзүүлэх чадвартай болдог ажээ. Тэдгээр чанар ер бусын байж болох хэдий ч мөн л бодлын сэтгэхүйгээр нөхцөлдөн үүсэж байгаа болохоор Гүрү багшийн адислал ч хязгаарлагдмал байгаа гэсэн үг юм.

# Нууц Гүрү

Өөрсдийн мөн чанарын нарийн давхаргын нөхцөлдөөг арилгахын тулд бүр илүү нарийн түвшний Гүрүд түшиглэх шаардлага гарч ирэх болно. Түүнийг бид *нууц Гүрү* хэмээн нэрлэдэг. Үзэгдлүүдтэй шууд тулж ажиллахын оронд бид тэдгээр үзэгдлүүдийн мөн чанарыг мэдрүүлж буй тэрхүү ухамсар дээр анхаарлаа шилжүүлэх ёстой. Ийм замаар дотоод Гүрүгээ бид өөрсдийн мөн чанарын бодит тал, харин нууц Гүрү бол түүний маань хийсвэр тал хэмээн бодож чадах болно.

Ухамсар өөрөө хоёрдмол үзлийн үүднээс ажиллаж байгаа болохоор үзэгдлүүд маш олон төрлийн шинжээр мэдрэхүйд өртөж байгаа юм. Хэрвээ сэтгэл тэдгээр шинжийг тусдаа нэгэн зүйлс хэмээн зуурах юм бол сансар нирваныг мэдрэх хийсвэр мэдрэмжийн үндэс эндээс хэлбэрждэг байна.

Энэ хоёр туйлын хоорондын холбоог бясалгалын техникээр шинжлэн үзэх юм бол үзүүлж буй зууралтын хувиар гол ялгаа нь илэрч байдгийг олж мэдэх болно. Зуурал давамгайлсан сэтгэлд бодлын хөдөлгөөн нэлээд их байх тул зовлон үзэх мэдрэмж голчилдог, харин зуурал багатай байх тусам бодлууд уусан арилж, сэтгэл өөрийн унаган чанарт саатан оршиж амгалан таашаалд умбах боломжтой болдог байна.

*Очирдара Гүрү*

Нууц Гүрүг дадлага болгохын гол шим нь ямар үзэгдэл ургахаас үл шалтгаалан амгаланг мэдрэх явдлыг хөгжүүлэхийн тулд зууралтуудтайгаа гардан тулах явдал байдаг. Өөрөөр хэлбэл, нэгэн үзүүрт төвлөрөлд хүрч байж л амгаланг мэдрэх боловч чадварлаг аргын тусламжтайгаар сэтгэл бүрэн хөдөлгөөнгүй байдалд ороогүй байхад ч тийм амгаланг мэдрэх боломжийг хөгжүүлж болдог. Ийм замаар нирваныг дээдийн төлөв гэж үзэх тэрхүү бардамналыг амжилттай даван гарч, сансар орчлонгийн юмс үзэгдлээс мэдрэх амгалан таашаалтай нэгтгэж болдог байна.

Нууц Гүрүгээс адислал авах гэдэг амгаланд умбах хэлбэртэйгээр илэрдэг. Амгалан таашаал бидний мэдрэмжийг бүрэн хамраад ирэхийн цагт үзэгдлүүд цөм нэгэн шинжийг олж, нэг үзэгдлийг нөгөөгөөс ялгах хийсвэр үндэс оргүй алга болдог ажээ. Ингэснээр ухамсар сууриндаа оршиж, сэтгэл унаган төлөвтөө уусан байдалд ордог байна. Энэ цэгт хүрээд адислал одоо биднийг Бурханлаг чанарт маань ойртуулан татах соронз болон хувирна.

## Маш Нууц Гүрү

Бидний хамгийн сүүлчийн Гүрү бол бусад гурван Гүрүг урган үзэгдэх язгуурын суурийг төлөөлдөг *маш нууц Гүрү* билээ. Энэ бол Язгуурын Будда – бүхий л бодлын төөрөгдлөөс ангид гэгээрсэн чанараар төгс бялхсан дээдийн хоосон чанар билээ. Үйл нисваанисын бүхий л түйтгэрийг бүрэн устгах суурь, төгс гэгээрсэн Бурханы үзэгдэх туйлын төлөв бол бидний хамгийн нууц Гүрү маань билээ.

Энд хүртэл бидний харьцаж байсан Гүрү багш нар бол чинагуух үнений шууд ухамсарлахуйд дөхөж очиход туслах харьцангуй түвшний аргууд буюу зам дайврын багш нар байлаа. Энэ замыг ерөнхийд нь дүгнэн харуулбал гурван үндсэн алхмыг таньж болно. Үүнд: 1\ Гадаад ба дотоод ертөнцийн хоорондын зууралтыг арилгахад туслах гадаад Гүрү, 2\Ариун ба ариун бус хоёрын хоорондын зууралтыг арилгах дотоод Гүрү болон 3\Сансар нирваан хоёрын хоорондын зууралтыг уусгахад туслах нууц Гүрү юм. Энэ гурван Гүрүг дадлага болгон

*Язгуурын Бурхан*

төгөлдөржүүлсний дараа туйлын үнений чинагуух мөн чанар аяндаа урган гарч ирэх бөгөөд цаашид хийгээд байх зүйл үгүй болдог ажгуу.

Маш нууц Гүрүг дадуулна гэдэг цаглашгүй ахуйд саатан байна гэсэн үг юм. Энэхүү гэгээрсэн төлөвийн үүднээс авч үзвэл харьцангуй үнений мэдрэмж гэдэг уулаасаа хэзээ ч байгаагүй, зүүд зэрэглээ мэт үзэгдлээс өөр юу ч биш юм гэдгийг бид таньдаг. Энэ замыг авлага болгон дадуулснаар туйлын үнэнээс хэзээ ч үл салах язгуурын билиг билгүүнийг бий болгоно. Тийм билгүүн сансрын хүрдний төөрөгдлийг дахин хэзээ ч мэдрэхгүй бөгөөд хамаг амьтны тусыг хүсэхийн хэрээр бүтээж чадах болно.

Энэхүү туйлын адислалыг амсах замд хичээн зүтгэж байх зуурдаа маш нууц Гүрүгийн тухай ойлголтыг газарчаа болгон ашиглаж байж болох билээ. Үүнийг дөрвөн түвшний Гүрүг салангид зүйлс биш гэдгийг таньснаар гүйцэтгэж болно. Язгуурын Будда бол бидний хамгийн нандин үнэн бөгөөд тэрхүү үнэн хийгээд үнэнийг Дээдийн Гүрү Очирдарь гэж мэддэг таашаалт ухамсарлахуйн суурь агаад тэрхүү Очирдарийн хязгааргүй сайн чанаруудыг Цагийн хүрдний гэгээрлийн хот мандлаас салшгүй нэгэн зүйл, харин тэрхүү Цагийн хүрдэн хэмээх Дүйнхор ядам миний өөрийн Үндсэн Гүрү Багшаас салшгүй нэгэн билээ. Ийм замаар дөрвөн Гүрү багш тасалдаа нь үгүй хэлхээ болон үргэлжилж, бүдүүнээс хамгийн нарийн хэлбэрийн үнэн тийш биднийг дагуулан хөтөлдөг учиртай ажгуу.

# БАГШИЙН ЕГҮЗЭРИЙН УРЬДАТГАЛ ДАДЛАГА

Гүрүг дээдлэх дотоод дадлагыг *Гүрү Йогийн* дадлага гэнэ. Йога гэдэг санскрит үгийн утга нь "нэгдэх" гэсэн үг бөгөөд Багшийн Егүзэр гэдэг үндсэндээ багшийн сэтгэлийг өөрийнхтэй нэгтгэх гэсэн утгыг илэрхийлж байгаа юм. Амьдрал дээр энэ аргыг бид өөрсдийн сэтгэлийг эгэлийн бодлын хүрээнээс халиулж дандрын жинхэнэ бясалгалд бэлтгэх явдалд голчлон зориулж хэрэглэдэг.

Багшийн Егүзэрийн дадлагад орохын өмнө цаг гарган байж утга төгөлдөр зөв сэдэл төрүүлэн, Итгэл одуулж, Бодь үүсгэх урьдчилсан дадлагуудыг гүйцэтгэх маш чухал шаардлагатай. Зөвхөн бишрэл дээдлэлийн замд орох хүчин төгөлдөр шалтгаан байж гэмээ нь гэгээрэлд хүрч чадна. Сэдэл үүсгэх тал дээр осолдвол өөрсдийн хүсэл шунал, нөлөө, эрх мэдэл болон бусад сэтгэлийн хөдөлгөөндөө барьц алдах аюулд орно. Бидний хүсэл нийлэхгүй болбол бишрэл маань тун удалгүй арилан бүдгэрч мэдэх бөгөөд харин чин үнэн огоорлын сэтгэлээр сансар хорвоог умартан Бурханы хутагт зоривол бид энэ үйл явцыг өөрсдөдөө итгэлтэй туулах боломжтой болно.

Маш их биеэ даасан нийгэмд өсөж торнисон хүний хувьд өөрийн биеийг Гүрү багшид өргөнө гэдэг санаа үнэхээр дургүй хүргэм санагдаж болно. Үүнээс болж урсгалын багш лам нартай холбоогоо зузаатгалгүйгээр шууд дээд шатны дандрын бясалгалд орох тэмүүллийг тэд үүсгэх болно. Гэвч иймэрхүү хандлага зорьсон замд саад тотгор болохоос өөр ашиггүй бөгөөд заримдаа бясалгал тань тодорхой нэгэн мэдрэмж үүсгэж болох ч энэ нь зөвхөн богино хугацааны ашиг авчрахуйц байж, мөдхөн тэр нь гандаж алга болох явдалд хүргэдэг. Нөгөө талаас шаардлага хангасан багшид үнэхээр чин сүжгээр бишрэл хүндлэл үүсгэж чадах юм бол хэдийгээр айхтар амжилт гаргачхаагүй байлаа ч хэзээ нэгэн цагт туйлын зорилгодоо хүрэх юм гэдэгтээ бид эргэлзэхгүй байж болно.

Цагийн хүрдний эртний Жонан-Шамбалын Урсгалын заншлаар урьдатгал дадлагуудыг төгөлдөр болгох хүртлээ хугацаа хамаарахгүй дадуулдаг ёстой. Ийм замаар дадуулах нь Очирт Зургаан Йогийн дэвшилтэт техник рүү шилжихдээ гарцаагүй ухамсарлахуйд хүрэх урьдчилсан нөхцөлийг хангаж өгдөг байна.

XIX зууны үеэс эхлээд нөхцөл байдал өөр болсноос шалтгаалан дадлагын энэ журам жаахан өөрчлөгдөж эхэлсэн байна. Шинэ системээр бясалгагч нар гурван жилийн бясалгалын нэг удаагийн дадлагаар Цагийн хүрдний замын бүх техниктэй нэгэн зэрэг танилцдаг болсон ажээ. Хэдийгээр энэ хугацаа бясалгагч нарт тэдгээр дэвшилтэт шатны дадлагуудыг бүрэн мастерлахад хангалттай биш ч гэлээ дадлагаа сайтар тогтоож авахад хангалттай болдог тул дараагаар нь өөр өөрсдийн хэмнэлээр ганцаарчилсан бясалгалд орон, суух боломжтой болдог байна. Энэ зам олон хүнд Цагийн хүрдний замтай бүрэн танилцаж авах боломжийг нээж өгч байгаа бөгөөд тэдгээр хүмүүст ирээдүйд дандрын замтай дахин учрах үйлийн барилдлага суулгаж өгдөг ажээ.

Гурван жилийн бясалгалын хугацаанд бясалгагч нар ойролцоогоор гурван долоо хоногийн турш Багшийн Егүзэрийг дадуулдаг. XIX зууны үеэс эхлээд тэдний хэрэглэх болсон судар нь: 1\Долбуба Шэйрав Жанцангийн *Очирт Урсгалын Зургаан Йогт зориулсан Адислалын Хур*, 2\Жавзан Таранатагийн *Увдис хураахуйн Учиг* болон 3\ *Бурханлагт Хүрэх Шат* хэмээн Таранатагийн дадлагын гарын авлагад орсон *Үндсэн Гүрү Йогийн Дадлага*, эдгээрт түшиглэн бясалгадаг заншил тогтсон байна. Дадлага нэг бүрийг долоо хоногоор давтан бясалгаж Долбуба, Тараната ба Үндсэн Гүрү багштайгаа холбоогоо бататгаж авна. Жонангийн урсгалаар дамжин зуун зууны туршид Гүрү Йогийн дадлага багшаас шавьд уламжлан явсаар бясалгагч нарт гэгээрсэн сэтгэлээ илрүүлэх боломжоо олгосоор иржээ.

Дээр өгүүлсэн дадлагатай нэг бүрчлэн танил болмогцоо Багшийн Егүзэрийг Цагийн хүрдний үүсгэлийн хийгээд төгсгөлийн зэргийг дамжих бүхий л дадлагын удиртгал болгон хэрэглэсээр явдаг ёстой аж. Ингэж дадуулах нь бид өөр өөр түвшний Гүрү багштайгаа өөртөө сануулан бишрэл хүндлэл үзүүлэхийн чухлыг мөн байнга эргэн санаж явахад тусалдаг байна. Урьдатгал дадлага болгон ашиглахдаа залбирал болгоныг ээлжлэн өдөр тутмын уншлагадаа оруулна. Эхлээд гол төлөв Долбубагийн Гүрү Йогийг, дараа нь Таранатагийн Гүрү Йогийг эцэст нь Үндсэн Гүрү Йогийн дадлагыг дадуулдаг. Нэг тойроод дуусахад дахин Долбубагаас эхэлнэ.

Багшийн Егүзэрийг гол дадлагаа болгож байх үед зөв сэдэл үүсгэхийн тулд бусад бүх дадлагыг уншлагадаа товчхон оруулж байх нь зүйтэй. Үүнд гадаад бэлтгэлийн дадлага болох огоорлын сэтгэл, урсгалын заллага болон мөн дотоод бэлтгэлийн дадлага болох итгэл одуулж Бодь үүсгэх, Базарсадын ариусгал, мандал өргөх дадлага багтана. Сэтгэлээ ийнхүү амжилттай бэлтгэж авсны дараа зургаан гишүүн бүхий Багшийн Егүзэрийн дадлагад орох боломжтой. Үүнд: 1\Дүрслэл үүсгэх, 2\Долоон гишүүн тахилаар буянаа арвижуулах, 3\Адислал айлтгах, 4\

Дөрвөн авшгийг хүртэх, 5\Багшийн сэтгэлтэй сэтгэлээ нэгтгэх болон 6\Буянаа зориулах ерөөл эдгээр билээ.

# Дүрслэл Үүсгэхүй

Эхний алхам бол Гүрү багшийн гэгээн чануудыг сэтгэлдээ санаж түүнийг өөрийн өмнийн огторгуйд байгаагаар дүрсэлнэ. Энэ дүрслэл бишрэх сэтгэлийг төрүүлж адислалыг нь хүртэхэд дэмжлэг болон үйлчилдэг байна.

Базарсадын дадлагатай нэлээд төстэйгөөр дүрслэл үүсгэхийн өмнө хоёрдмол үзлийн зууралтаас ухамсраа салган амрааж, юмс үзэгдэл хоосон чанартайг өөрсдөдөө сануулна. Үүний тулд доорх тарнийг уншина:

*УМ СУМБАВА ШУДДА САРВА ДАРМА СУМБАВА ШУДДО ХУМ*

*Намайг оролцуулаад бүх оршихуй хоосон чанарын үнэн төлөвтөө урвалаа.*

Бид сэтгэлээ аливаа нэгэн зууралт үгүйгээр хоосон огторгуйд хэсэг зуур зүгээр амрааж болно. Бүхий л юмс үзэгдэл уусан арилж бид өөрсдийгөө Бурханы ариун орны голд сууж байна хэмээн төсөөлнө.

Судар болгонд дүрслэл үл ялиг өөр өөр байж болох хэдий ч гол утга нь ижил бөгөөд та өөрийгөө найман арслангийн нуруунд тэгнэсэн эрдэнэс шиггэсэн сэнтийн өмнө сөгдөн сууж байгаагаар дүрсэлж сэнтий дээр лянхуа болон цагаан сар, улаан нар, хар раху, шар калагнийн дөрвөн дэвсгэр давхарласан байна гэж бодно. Тэд бол ариуссан сэтгэлийн дөрвөн төлөвийг төлөөлж, түүний дунд олох лагшин, зарлиг, таалал ба билгүүний дөрвөн очирыг төлөөлж байдаг.

Энэ дадлагад бид үндсэн Гүрү багшаа Очирдарь Гүрүгийн Номын лагшны дүртэйгээр арслан сэнтий дээр заларч байгаагаар дүрсэлнэ. Түүний лагшин хар хөх өнгөтэй, нэгэн нигур хоёр мутартай ажээ. Тэрбээр очир завиллаар суун хонх очир хоёрыг зүрхэн тус газартаа зөрүүлэн барьсан байна. Түүний лагшин Бурханы гучин-хоёр их тэмдэг болон наян бага тэмдгийг бүрэн агуулж, эрдэнийн чулуун чимэг, торгон хувцас сэлтээр машид чимэглэсэн үзэгдэнэ. Түүний дуу хоолой тэнгэр нүргэлэх мэт сүртэй, зөөлөн аядуу, чихэнд чимэгтэй, тааламжтай, тодхон, тогтмол, уяралтай, тохиромжтой гэх мэт гэгээрлийн жаран аялгуу бүхий чанарыг огоот агуулсан агаад түүний таалал хамаг амьтны хэмжээ хийгээд зан төлөвийг мэдэх чадвар, амьтан нэг бүрийн ямар замаар чөлөөлөгдөж болохыг мэдэх гэх зэрэг арван хүчийг төгс эзэмшжээ. Гүрү Очирдарь ийнхүү төгс гэгээрсэн Бурханы сүр жавхлан, эрхэмсэг хийгээд бүрэн төгс чанар цөмийг дутаалгүй эзэмшсэн байх ажээ. Тэрбээр таны зүг харцаа тусган энэрэн хайрласан байдалтай инээмсэглэнэ.

Багшийн зүрхнээс гэрэл цацарч Урсгалын лам нар болон Ядам, Бурхад, Бодисадва, Брадигабуд, Шарвага, Дагинас хийгээд Номын Сахиуснуудын хотол чуулганыг урьж авчирлаа. Хотол чуулганаараа тэнд үнэхээр дүрсэлсэн ёсоор тодхон үзэгдэж байна гэдэгт итгэлтэй байх нь хамгаас чухал. Буяны хотол чуулганыг үүсгэсний дараа тэдгээр бодгалиуд нэг бүрчлэн Гүрү Очирдарийн гэгээрсэн үзэгдэл болохыг өөртөө сануулна. Тэд цөм нэгэн мөн чанартайг мэдрэх хэрэгтэй.

Аль дадлагыг уншлага болгож байгаагаас үл шалтгаалан дүрслэл адилхан боловч Долбубагийн Гүрү Йогийг дадуулж байхдаа Очирдарь багшийг Долбубагаас салшгүй нэгэн болгож харна. Та Долбубаг хүний төрхөөр нь Очирдарь багшийн зүрхэнд байрлуулан дүрсэлж, гадаад Гүрү бол дотоод Гүрү багшийн хувилсан дүр юм гэдгийг онцлон үзүүлж бас болно. Түүнийг ямраар ч дүрсэлсэн байсан гол нь тэр хоёр нэгэн мөн чанартай гэдэгт л гол утга нь агуулагдаж байх ёстой. Таранатагийн Гүрү Йог юм уу үндсэн Гүрү Йогийг дадуулж байхад ч мөн ийм техник хэрэглэж Тараната юм уу Үндсэн Гүрү багшаа Гүрү Очирдарийн зүрхэнд байгаагаар дүрслэх хэрэгтэй.

# Долоон Гишүүнт Тахилаар Буянаа Арвижуулахуй

Гүрү Очирдарийг буяны хотол чуулгантай бий болгосны дараа одоо гол дадлагадаа орж мөргөл үйлдэнэ. Ихэнх газарт заншил болсон байдаг ёсоор багшид адислал айлтгахын өмнө тахил өргөх нь зүйтэй байдаг. Бидний гэгээрэлд хүрэх явдал Гүрү багшийн хамгийн их хүсэж байгаа зүйл учраас үүний тулд билиг оюун, буян хишиг хоёрыг сайтар арвижуулан хураах шаардлагатай. Багшийг дээдлэн хүндэлж сэтгэлийн таашаал эдлүүлэхийн тулд бид долоон гишүүнт тахилаар буян хураах болно.

Энэхүү ер бусын чадварлаг дадлагыг анх *Самандабадрын Ерөөл* хэмээх судар танилцуулсан гэдэг бөгөөд буянаа арвижуулах зорилготой ажээ. Нэрээс нь харахад ойлгогдож байгаагаар: 1\Мөргөх, 2\Тахил өргөх, 3\Нүглээ наманчлах, 4\Буянд даган баясах, 5\Номоо айлдана уу хэмээн хүсэх, 6\Багшаа үлдээч хэмээн гуйх болон 7\Зориулга ерөөл өргөх гэсэн долоон хэсгээс тогтоно. Энэ долоогоос мөргөх, тахил өргөх, ном айлдаач хэмээн гуйх болон, бидэнтэй үлдээч хэмээн айлтгах дөрвөөр буян үйлдэж, даган баясах явдлаар буянаа өсгөн нэмэгдүүлж, харин нүглээ наманчилснаар сөрөг үйлийн үрээ ариусгаж байгаа билээ. Зориулга ерөөлөөр үйлдсэн энэ буянаа гэгээрлийн шалтгаан болох үйлсэд баттай зориулж төгсгөнө. Зарим ном сударт аль нэгийг нь онцгойлон авч үзэх нь байдаг боловч дадлагадаа цөмийг нь хамруулж байхыг хичээх хэрэгтэй.

## *Мөргөх*

Эхний гишүүн мөргөлд буяны хотол чуулганыханд, ялангуяа урсгалын мастеруудболон багш лам нарт залбиран мөргөж байна. Үүний тулд бид алгаа хавсран байж толгой гудайлгах юм уу бүр илүү чөлөөтэй сунаж мөргөсөн ч болно. Мөргөл хийхийн зорилго нь Гүрү хийгээд түүний бүхий л үзэгдэх байдалд бишрэл хүндлэл үзүүлж байгаа явдал юм.

Зарим ном сударт урсгалын лам нарт залбирал үйлдэх хэлбэртэйгээр юм уу эсвэл Гүрү багшийн гэгээрсэн чанарыг тодотгон харуулсан магтаалын үгсийн цуглуулга хэлбэртэй байх нь бий. *Адислалын Хур-д* доорх үгсийг хэлж мөргөдөг нь:

> *Эрдэнэ болсон лам багш тандаа бие хэл сэтгэл гурваараа мөргөм үү.*
>
> *Таны лагшин өөрчлөгдөшгүй төгс тэмдгүүдээр бүрэн бүрдмүй.*
>
> *Таны үл тасалдах Эсрэн тэнгэр мэт зарлиг арван зүгийг эзлэн,*
>
> *Их тамганы адил үнэн таалалд та баттай орших бөлгөө.*
>
> *Очирт зургаан йогийн Ангижрахуйн мөр хийгээд бусад шатыг гүйцээхгүй дор*
>
> *Гучин зургаан бүрдэл цогцыг төгс ариусгаснаар илрэх*
>
> *Гучин зургаан Татагатагийн биелэл, лам тандаа хэмжээлшгүй талархан мөргөм үү!*

Эдгээр мөрийг уншиж байхдаа Гүрү багшийн гайхамшигт чанарыг мэдрэх сэтгэлээ өдөөн байж таны Гүрү бол таны амьдралд тохиолдсон хамгийн эрхэм нэгэн мөн гэж бүх эд эсээрээ мэдрэх хэрэгтэй. Сэтгэл зүрхэндээ шүтэн бишрэх догдлолоор дүүрэх бололцоог олгоно. Энэ дадлагаар арвижуулах буянаа үнэхээр арвин уужим болгоё гэвэл өөрийн биеийг тоолшгүй олон болгон үржүүлж өөрийн хоёр талаар эгнэн байна хэмээн төсөөлж цөмөөрөө Гүрү багшид мөргөн залбирч байгаагаар дүрслэж болно.

## *Тахил Өргөх*

> *Би бээр гурван цагийн туршид хураан хуримтлуулсан буяныг оролцуулаад хэмжээлшгүй далай их Самандабадрын өргөлийг цэвэр сэтгэлийн их баяслаар тахил болгон өргөм үү!*

Хоёр дахь гишүүн мөргөл элбэг дэлбэг тахилыг өргөж байна. Хэдийгээр бодит эдийн өргөл өргөхөд хэзээ ч буруудахгүй боловч дадлагын үйл явцыг тасалдуулахгүй гэсэндээ санаандаа ургуулсан далай мэт арвин тахилыг өргөдөг. Үүний гол зорилго бол өглөгийг дадуулах замаар энэ хорвоогийн сайн сайхан зүйлд татагдах шуналаа багасган, тааламжтай гэсэн болгоныг Гүрү багшдаа өргөснөөр асар их буяныг үүсгэх явдал билээ.

Тахилыг үнэхээр үр дүнтэй болгохын тулд Орчлон Мандал дахь *Өргөлийн Арван-хоёр Дагинасыг* бид төсөөлдөг \Боть 2-ыг үз\.

| Дагинас | Өнгө | Бэлгэдэл |
|---------|------|----------|
| Сүрчигт ус | Хар хөх | Бумба |
| Цэцэгс | Хар хөх | Цэцгэн хэлхээ |

| Хүж | Улаан | Уугьж буй хүж |
|---|---|---|
| Гэрэл | Улаан | Тосон зул |
| Хүнс | Цагаан | Өргөлийн балин |
| Жимс | Цагаан | Савтай жимс |
| Гоо үзэсгэлэн | Шар | Торгон тууз |
| Инээд | Шар | Титэм |
| Хөгжим | Ногоон | Хэнгэрэг |
| Бүжиг | Ногоон | Очир |
| Дуу | Цэнхэр | Бишгүүр |
| Мөрөөдөл | Цэнхэр | Лянхуа |

*Хүснэгт 3-1: Цагийн хүрдэн дэх Өргөлийн Арван-хоёр Дагинас*

Дагина болгон өөрсдийн бэлгэдлийн эдийг тээж авчирсан байна гэж төсөөлнө. Тэгээд дагина болгоны зүрхнээс хоёр дагина хувилан гарч тэдгээр дагинас мөн хоёр дагинас хувилан гаргасаар огторгуйг дүүргэв хэмээн төсөөлнө. Тэгснээ дагинас цөм гэрэлд хайлан уусаж буяны хотол чуулганд шингэлээ. Энэхүү тахилын дүрслэлийг бид *Самандабадрын Өргөл* хэмээн нэрлэдэг билээ.

## Наманчлал

*Би бээр бие хэл сэтгэл гурваар үйлдсэн бүхий л хилэнц нүглээ илчлэн наманчилж ариусгалыг айлтган мөргөм үү!*

Гуравдугаар гишүүн мөргөлд дадлага бясалгалын замд тохиолдох бэрхшээл саадыг арилгахын тулд бүх сөрөг үйлийн үр, хилэнц түйтгэрээ нуулгүй үнэнээр илчилж наманчилна. Үүнийг гүйцэтгэх амархан арга бол дөрвөн хүчийг үүсгэх байдаг ба үүнд: 1\гэмшлийн хүч, 2\шүтээний хүч, 3\Ерөндгийн хүч болон 4\ Нүглээс эргэн буцахын хүч багтдагийг бид хэдийн мэдэх билээ. Та бүхэн Базарсадын ариусгалыг урьдчилсан бэлтгэлийн дадлага болгон дадуулж эхэлсэн байгаа болохоор дөрвөн хүчийг эргэн сэргээж төсөөлөхөд хангалттай гэж үзэж болно.

Шунал, хорсол, хилэн гэх мэтийн түйтгэрт сэтгэлийн нөлөөн дор байж бие хэл сэтгэлээр үйлдсэн үйлүүдээ эхлээд тусган бодож гэмшлийн хүчийг үүсгэнэ. Тодорхой нэгэн муу үйлдлээ санахгүй шиг байвал төрөл тэргүүлшгүй цагаас авхуулаад тарьсан тоолшгүй их бүхий л муу үйлүүдээ ялангуяа тодорхой нэгэн сахил андгайгаа зөрчсөнийгөө санахыг хичээн түүндээ чин сэтгэлээс гэмшинэ. Үнэн гэмшлийн сэтгэлийг төрүүлж чадсаныхаа дараа Гүрү багшаа авралын эх булаг болгон санаандаа залж авчран, багшийн сэтгэлийг өөрийнхтэйгөө нэгтгэж амьдруулах хүслээ дахин нэгэнтээ сэргээн, хилэнц барцдаа арилгана. Төөрөгдлийн энэ ертөнцөд үйлдсэн бүхий л нүгэл хилэнцийнхээ зэрэглээ мэт хоосон мөн чанартайг тусган байж бүх сөрөг үйлийн үр уусан арилж миний сэтгэл ариун тунгалаг болж байна хэмээн дүрсэлнэ. Гүрү багшийн хэлсний дагуу ямагт явахаа зорилго болгон шийдэж, аливаа муу үйлдлийг дахин хэзээ ч үйлдэхгүй хэмээн хатуу шийдэх сэтгэлийг хөгжүүлнэ. Тэгээд хэдэн минут чимээгүй бясалган байхдаа сэтгэлээ ариуссан гэдэгтээ эргэлзэхгүй байж болно.

## Даган Баясах

*Би бээр буян бүгдэд даган баясмуу!*

Дөрөвдүгээр гишүүн мөргөлд буян хишгээ арвижуулах болоод сэтгэл дэх буяны сэдлээ улам хүч оруулах үүднээс өөрийн хийгээд бусдын үйлдсэн буян бүтдэд даган баясна. Энэ дадлагаар бусдын буян үйлдсэн аливаа явдалд үнэхээр баярлан бахдах сэтгэлийг төрүүлэх хэрэгтэй.

Дадлагаа илүү өргөн хүрээг хамруулахын тулд буяны хотол чуулган дахь гэгээрсэн бодгалиудын хураасан буяны хэмжээг ялангуяа Гүрү багшийнхаа хураасан буяныг мөн түүнчлэн хамаг амьтны хураасан буяныг эцэст нь өөрийнхөө хураасан буяны хэмжээг бодоод төсөөлөгтүн. Тэдгээр сайн үйлсийн үр дүнд гарах гайхамшигт ашиг тусыг санахтай зэрэг баяр хөөрийн сэтгэл дүүрч ирэхийг мэдрэх хэрэгтэй.

## Ном Айлдахыг Хүсэх

*Би бээр багш таныгаа Номын хүрдийг тасалдуулалгүй эргүүлсээр байхыг айлтган мөргөм үү!*

Тавдугаар гишүүн мөргөл гурван цагийн хамаг амьтанд Ном айлдахаа тасалдуулалгүй үргэлжлүүлсээр байхыг гуйн мөргөнө. Энэ мөргөлийг үзэгдлийн харилцан хамаарлын мөн чанарыг таньсны дүнд хийж байна. Гэгээрэлд хүрэхийн тулд бид Номыг авлага болгох хэрэгтэй, Номыг авлага болгохын тулд түүнийг заалгах хэрэгтэй, Номыг Гүрү багш л заах ёстой бөгөөд Гүрү багшаар ном заалгахын тулд шавь сайн дураар номлолыг хүлээж авах нээлттэй сэтгэлтэй байх хэрэгтэй. Тиймээс ийнхүү гуйн мөргөж байгаа билээ. Ийм замаар Гүрү багшаас сэтгэл донсолтол гуйснаар Ном түгэн дэлгэрэхийн шалтгааныг бид бүтээж өгч байгаа бөгөөд үүний дүнд хамаг амьтан эцэстээ гэгээрлийн хутагт хүрч болох ажээ.

Ялангуяа, бид сэтгэлдээ "Цагийн хүрдний сургаал бүрнээр дэлгэрэн цэцэглэх болтугай" гэсэн хүслийг тээн мөргөлөө унших хэрэгтэй. "Энэ дэлхий урсгалын уламжлал атгагч нараар ямагт дүүрэн байж, хамаг амьтан Очирт Зургаан Йогийн ер бусын гайхамшигт замтай учрах болоосой" гэсэн хүслийг төрүүлэн мөргөх учиртай.

Энэхүү буянаа өргөжүүлэхийн тулд өөрийн биеийг олноор үржүүлэн огторгуйг дүүргэлээ хэмээн дүрслэн, хотол чуулганыхан хийгээд үндсэн Гүрү багшдаа алтан Номын хүрд өргөж байна хэмээн бодно. Гүрү тахилыг баясангуйгаар хүлээн аваад хамаг амьтны төлөөнөө номын хүрдийг эргүүлсээр байхаа хариуд нь амлаж байна гэж дүрсэлнэ.

## Гүрүгээс Үлдэхийг Гуйх

*Багш та бээр амьтны тусын тулд орчлонд үүрд сaaтан үлдэж соёрх!*

Зургаа дугаар гишүүн мөргөлөөр багшийгаа амьтны тусын тулд сансар орчлонд сaaтан үлдэхийг гуйн мөргөж байна. Үүгээр бид багшийгаа хамаг зовлонгоос хэдийнээ гэтэлгэсэн Номын үнэн лагшны мөнхийн амгаланд сaaтан оршдог нэгэн болохыг өөрсдөдөө сануулан хэлж байна. Бидэнд тэрхүү төлөв байдлыг биеэр мэдрэх тавилан байхгүй учраас Гүрү багшийн Дүрст лагшинд шүтэн харьцахаас өөр аргагүй билээ. Тэдгээр хувилгаад бүхий л түйтгэрээс ангид атал бид тэднийг өөрсдийн адил хүн болон төрөөд хэсэг зуур амьдарсны дараа насан өөд болдгийн адилаар хүлээн авч байдаг ажээ.

Үнэн хэрэгтээ багшид бидний энэ гуйлт огтоос хэрэггүй бөгөөд тэр тэртэй тэргүй аяараа хувилан үзэгдэж амьтны тусыг бүтээх энэрэнгүй сэтгэлийг төгөлдөржүүлсэн нэгэн билээ. Бидний энэ хүсэлт тэгэхээр Гүрү багшаа амьдралдаа илүү ухамсартайгаар хүлээж авах сэтгэл өөрсдөдөө төрүүлж, ямар гайхамшигтай боломж бидэнд нээгдээд байгааг аргагүй хүлээн зөвшөөрөх явдлыг хүчтэй болгоход зориулагддаг байна. Энэ гишүүн мөргөл бусдаас хамаагүй илүү багшийн сайхан сэтгэлд талархан бишрэх сэтгэл төрүүлдэг бөгөөд түүнээс хэзээ ч үл хагацах юм сан гэсэн хүслийг давхар илэрхийлж байдаг байна.

## Зориулга Ерөөл

*Увдис Хураахуйн Учиг-т өгүүлснээр:*

*Үйлдсэн энэ бүх буянаа багш ламын сэтгэлтэй салшгүй нэгэн байхын төлөөнөө зориулмуй. Өө Эрдэнэ мэт лам аа, хамаг амьтан гэгээрлийн дээд хутгийг олох болтугай.*

Эцсийн гишүүн мөргөл саяын долоон гишүүнт мөргөлөөр үйлдсэн буянаа гэгээрлийн дээд үйлсэд зориулж байна. Ямар ч буян үйлдсэн байсан бид одоогийн энэ үйлдлээ ирээдүйд өөрсдийн хүсэж байгаа сайн үр дагавартайгаа холбож өгөхийн тулд үйлийн барилдлага хэлбэрээр ашиглаж байгаа хэрэг бөгөөд бидний үйлдсэн буян дэмий гарз болохгүйн төлөөнөө баталгаа хийж өгч байгаа билээ. Нэгэн зорилгод ижил сэдэлтэйгээр буянаа улам их зориулсаар байх тусам түүний бидний амьдралд гарах нөлөөлөл илүү хүчтэй болж байдаг байна.

Зориулга ерөөлөө төгсгөсний дараа Гүрү багш хайр энэрэл дүүрэн харцаар инээмсэглэн харж таны хийсэн үйлд сэтгэл ихэд таашаалтай байгаагаар төсөөлнө. Гүрү багшийн таашаалыг хүртэхийн төлөө хичээх хэрэг бидэнд үгүй боловч нэгэн сайн зүйлийг хийсэндээ баяртай байхад буруудах зүйлгүй билээ.

# Адислал Айлтгах Заллага

Буянаа арвижуулж сэтгэлээ боловсруулсныхаа дараагаар түүний адислалыг хүртэхээр гуйж мөргөнө. Үүнийг гүйцэтгэхдээ бид өөрийг энхрийлэх сэтгэлийн ул мөр ч үгүй хамгаас эрчимтэй, өөрийн хяналтгүй шахам хүчтэй бишрэлийн сэтгэлээр Гүрү багшид хандан, өөрийгөө хамгаас дорд тавин, бүрэн бууж өгсөн байдалд үндэслэсэн сэдлийг өөртөө төрүүлэх бөгөөд, юу хүсэж байгаа юм уу юу хэрэгтэй байгаа зэргээс огт хамааралгүй болсон байх хэрэгтэй. Бид өөрсдийгөө бүрэн нээлттэй байдалд оруулж Гүрү багшаас бидэнд хайрлах адислалыг аль болох бүрэн дүүрэн хүлээж авах боломжтой болгох хэрэгтэй.

Гүрү багшийг сэтгэлдээ дүрсэлсэн хэвээр байж байгаад сударт бичигдсэн ерөөлийг уншина. Багшийн Егүзэрийг гол дадлагаа болгож байх тохиолдолд мөр бүрийг давтан давтан уншиж сэтгэлээ хөдөлтөл дадуулна. Уншиж байх зууртаа хуурамч дүр огт гаргахгүй байхыг хичээн ямар л мэдрэмж төрнө түүндээ нээлттэй хандах хэрэгтэй.

Хуруугаа усанд дүрвэл норж галд хүргэвэл түлэгдэхийн нэгэн адил сэтгэл тань Бурханы гэгээрсэн сэтгэлд хувирч урсалын адислалыг та хүртэх болно. Энэ явцад хоёрдмол сэтгэл яваандаа арилсаар таны сэтгэлийн шижир тунгалаг мөн чанар зөнгөөрөө илрэн гарах болно.

Эдгээр мөргөлийг дөрвөн хүрдний авшиг хүртэхийн өмнө ганц буюу олон удаа унших нь таны сонголт. Багшийн Егүзэрийн дадлага болгон өөр өөр мөргөлөөс бүрдсэн байдаг бөгөөд Үндсэн Багшийн Егүзэрийн дадлагад бичигдсэн ёсоор багшийгаа Гүрү Очирдарь болгон дүрсэлж байгаад:

*Хамаг Бурхадын биелэл, Номын их эзэн, сүр төгөлдөр лам багидаа сөгдөн мөргөм үү би*

*Бурханы дөрвөн лагшиныг эзэмдэгч, Номын их эзэн, сүр төгөлдөр лам багидаа сөгдөн мөргөм үү би*

*Эгнэшгүй туйлаас авралт, Номын их эзэн, сүр төгөлдөр лам багидаа сөгдөн мөргөм үү би*

*Эгнэшгүй туйлаас гэтэлгэгч, Номын их эзэн, сүр төгөлдөр лам багидаа сөгдөн мөргөм үү би*

*Чөлөөлөгдөх дээдийн замыг соёрхогч, Номын их эзэн, сүр төгөлдөр лам багидаа сөгдөн мөргөм үү би*

*Гүнзгий ухамсарлахуйд хүрэх бүхий л эх булаг, Номын их эзэн, сүр төгөлдөр лам багшидаа сөгдөн мөргөм үү би*

*Мунхгийн харанхуйг үлдэн арилгагч, Номын их эзэн, сүр төгөлдөр лам багшидаа сөгдөн мөргөм үү би.*

*Гэгээн авшгаа надад хайрлан соёрх*

*Үлдсэн амьдралаа бясалгал номд төгс зориулах хүчийг надад заяан соёрх*

*Замд минь тохиолдох саад бүхнийг арилган соёрх*

*Бясалгал номын шимийг надад болгоон соёрх*

*Бясалгал дадлага маань төгс төгөлдөрт хүрэх болтугай*

*Сэтгэл зүрх маань энэрэл хайр, Бодийн сэтгэлээр аяндаа дүүрч байх болтугай*

*Онцгой төвлөрөл дотоод шинжлэл хоёрыг нэгтгэх болтугай*

*Бурханы Номын дээдийн ухамсарлахуй, илт үзэхүйд хүрэх болтугай.*

*Очирт хөлгөний гүнзгий замыг төгс дадуулан үйлдэх болтугай*

*Увдис шидийг эзэмшээд ханьсашгүй дээдийн амгаланд энэхэн насандаа хүрэх болтугай!*

# Дөрвөн Авшгийн Адислал Хүртэхүй

Дадлагын маань дараагийн шат болох багшийн гэгээрсэн лагшин, зарлиг, таалал хийгээд билгүүний үрийг суулгах дөрвөн хүрдний авшгийн адислал хүртэх явдал билээ. Хойно гарах дэвших шатны жинхэнэ авшиг хүртээх зан үйлтэй энэ адилгүй бөгөөд авшгийн эх сурвалж болсон Гүрү багш бидний хооронд хүчтэй барилдлага бий болгох замаар сэтгэлийг жинхэнэ авшигт бэлтгэх урьдчилсан шатны ерөөл маягаар үйлчилдэг. Сүүлд ногоо тарихын тулд шинэ сайхан шороог боловсруулан бэлтгэж зэхдэгтэй адилтгаж болно.

*Багшийн лагшин дахь дөрвөн хүрдэнд Бурханы дөрвөн лагшиныг илэрхийлэх тарнийн үсгүүдийг харах болтугай. Тэдгээрт төвлөрснөөр дөрвөн авшгийг би хүртэх болтугай. Сүр жавхлант лам багшидаа сөгдөн мөргөм үү би. Намайг үүнд адислан соёрх!*

Эдгээр айлтгал мөргөлийг уншсаны дараагаар багшийгаа таны зүг асар энэрэл нигүүлсэл шингэсэн харцаар харж авшиг хүртээхэд бэлэн болсныг дүрслэн бодно. Ламын духанд тарнийн УМ үсэг тодрох нь Гүрү багшийн очирт лагшиныг, хоолойд А үсэг тодрох нь очирт зарлиг, зүрхэнд ХУМ үсэг тодрох нь очирт таалал, хүйсэнд ХО үсэг тодрох нь очирт билгүүнийг илэрхийлэх болой.

# Бумбын Авшгийн Адислал

*Лам багшийн духан дахь УМ үсгээс цагаан УМ тасран цацарч миний духны хүрдэнд шингэж орлоо.*

*Үгээр би бумбын авшгийг хүртэх болтугай.*

*Миний сүр жавхлант лам намайг үүнд адислан соёрх!*

Гүрү багшийн духны хүрдэн дэх УМ үсгээс эхний адислалыг хүлээж авна. Түүнээс цагаан гэрэл цацарч таны өөрийн духны хүрдэнд ороход таны бие хурц цагаан гэрлээр нэлэнхийдээ дүүрнэ. Энэ үед та бие махбодын бүхий л барцад болгоныг мөн түүнчлэн сэрүүн үеийн үзэгдлүүдийг ариусгах чадал бүхий бумбын авшгийг хүртэх юм сан гэсэн хүчтэй хүслийг өөртөө төрүүлэх хэрэгтэй. Энэхүү адислалын хүчээр нэг л өдөр багшийн очирт лагшныг амьдруулах шалтгааныг бүтээн, Бурханы хувилгаан дүр болон үзэгдэх болно хэмээн төсөөлөх хэрэгтэй. Одоо аливаа зууралт бодол сэлтгүйгээр амгаланд уусан нэг хэсэг байзнагтун.

## Нууцын Авшгийн Адислал

*Лам багшийн хоолойн А үсгээс улаан өнгийн А тасран миний хоолойн хүрдэнд шингэн ууслаа.*

*Үгээр би нууцын авшгийг хүртэх болтугай.*

*Миний сүр жавхлант лам намайг үүнд адислан соёрх!*

Хоёр дахь адислалыг Гүрү багшийн хоолойн хүрдэн дэх А үсгээс хүртэх болно. Түүний хоолойноос улаан өнгийн гэрэл цацарч таны хоолойн хүрдэнд шингэн ороод бүх биеийг хурц улаан гэрлээр дүүргэлээ. Энэ удаад ам хэлний хамаг бузрыг арилган зүүдний төлөвийн бүх үзэгдлийг ариусгах нууцын авшиг хүртэх чин хүслийг төрүүлээрэй. Энэхүү адислалын хүчээр Бурханы төгс жаргалантын лагшны үзэгдэх очирт зарлигийг олох шалтгааныг бүтээж байна хэмээн төсөөлнө. Тэгээд мөн л амгаланд сэтгэлээ түр оршоогтун.

## Суурь Оюуны Авшгийн Адислал

*Ламын зүрхнээ ХУМ үсэг тодорч хар өнгийн ХУМ цацран миний зүрхний хүрдэнд орж шингэлээ.*

*Үгээр би суурь оюуны авшгийг хүртэх болтугай.*

*Миний сүр жавхлант лам намайг үүнд адислан соёрх!*

Гурав дахь адислалыг бид багшийн зүрхний хүрдэн дэх ХУМ үсгээс хүлээн авах болно. Түүний зүрхнээс хурц гэрэл цацран гарч таны зүрхний хүрдэнд хар хөх өнгийн гэрэл шингэн орж дүүргэлээ гэж төсөөлнө. Нэг л өдөр сэтгэл доторх хамаг барцад хилэнцийг арилган, гүн нойрны үеийн үзэгдлийг ариусгах саруул оюуны авшиг хүртэнэ гэсэн чин хүслийг төрүүлээрэй. Энэхүү адислалын хүчээр Бурханы билгүүний үнэн лагшин илрэн үзэгдэх багшийн очирт тааллыг амьдруулах шалтгааныг өөртөө бүтээлээ хэмээн дүрслэн бодно. Дараа нь амгаланд умбан саатагтун.

### Үгийн Авшгийн Адислал

*Лам багшийн хүйсэн дэх ХО үсгээс шар өнгийн ХО цацран гарч миний хүйн хүрдэнд орж шингэлээ.*

*Үүгээр би дөрөвдүгээр ариун авшгийг хүртэх болтугай.*

*Миний сүр жавхлант лам намайг үүнд адислан соёрх!*

Дөрөв дэх буюу сүүлчийн адислалыг бид Гүрү багшийн хүйсэн дэх ХО үсгээс хүлээж авах болно. Багшийн хүйн хүрднээс хурц шар гэрэл цацарч таны хүйн хүрдэнд шингэн дүүргэнэ. Нэг л өдөр бодлын хийгээд шунал мэтийн нисванисын түйтгэрийн ул мөрийг арилгаж, бясалган уусахуйн төлөвийн бүх үзэгдлийг ариусгах үгний ариун авшгийг хүртэнэ гэсэн чин хүсэл өөртөө төрүүлнэ. Энэхүү авшгийн хүчээр Бурханы язгуурын лагшин илрэн гарч үзэгдэх Гүрү багшийн очирт билгүүнийг өөрт амьдруулах шалтгааныг бүтээлээ хэмээн төсөөлж дараа нь амгаланд уусан саатах хэрэгтэй.

| Авшиг | Үсэг | Өнгө | Байр | Ариусгал | Амжилт |
|---|---|---|---|---|---|
| Бумбын | УМ | Цагаан | Дух | Сэрүүн үе | Нирманакая |
| Нууцын | А | Улаан | Хоолой | Зүүдний үе | Самбогакая |
| Оюуны | ХУМ | Хар хөх | Зүрх | Гүн нойрны үе | Дармакая |
| Үгний | ХО | Шар | Хүйс | Бясалган уусах | Свабавикакая |

*Хүснэгт 3-2: Дөрвөн Хүрдний Авшиг*

## Өөрийн сэтгэлийг Багшийн Сэтгэлтэй Нэгтгэх

*Зулай дээр минь заларсан лам багш гэрэлд хайлаад дараа нь надад шингэн уусаж зүрхэн тус газарт минь найман дэлбээт лянхуан суудалдаа заларлаа. Миний сүр жавхлант лам намайг үүнд адислан соёрх!*

Багшийн Егүзэрийг дадуулж байхад гуйвшгүй итгэлтэй байж үнэхээр Очирт багшаас язгуурын билгүүнийг хүртлээ гэдэгтээ итгэлтэй байх нь амин чухал шаардлага юм. Дөрвөн авшгийг хүртсэний дараагаар багшаа чинхүү дээдлэн мөргөснөөр дүрсэллээ уусган багшийн гэгээрсэн сэтгэлтэй нэгтгэнэ.

Эхлээд буяны хотол чуулганыг тэр чигээр нь голлох нэгэн болох Очирдарь Гүрүд уусгахдаа арслан суудал болон дэвсгэрүүдийг ч мөн хамт уусгана. Очирдарь багшийг өөрийн зулайн чанх орой дээр ирлээ гэж төсөөлөн амгалан таашаалын охь болон уусаж таны гол судлаар орж шингэн уусла гэж төсөөлнө. Гүрү багшийн лагшин зарлиг таалал таны бие хэл сэтгэлийн салшгүй нэгэн хэсэг болж хувирна. Энэхүү мэдрэмждээ сэтгэлээ саатуулан Гүрү та хоёр нэгэн мөн чанартай гэдэгтээ бүрэн итгэлтэй оршигтун.

Бодолгүйн энэ төлөвөө чадахын хэрээр удаан барьж байгаад өөр бодолд сатаараад ирэх юм бол дадлагаа төгсгөх юм уу эсвэл дахиад эхнээс нь дүрслэл үүсгэн, айлтгах, мөргө,х уусгах зэргээр давтах боломжтой болно.

## Зориулга Ерөөл

Дадлагаа дуусгаад буянаа зориулах ерөөл уншина:

*Ирэх хойч төрөлдөө ч эрдэнэт ламаасаа бүү хагацах болтугай. Ариун Номын дадлага бясалгалаас алгасарч бүү холдох болтугай. Өөрийн унаган чанарыг улам бүр илрүүлсээр сэтгэлийн мөн чанартаа эргэн уусаж Очирдарийн хутгийг олох болтугай!*

*Би бээр сүр жавхлант үндсэн хийгээд урсгалын лам та нар лугаа нэгэн адил болох болтугай! Намайг дагагсад, насны хэмжээ, цол хэргэм, ариун орон цөм та бүхэн лугаа нэгэн адил болж дээд хутагтын алдрыг тань олох болтугай! Энэхүү залбирлын хүчээр өвчин, ядуурал, тэмцэл будилаан намжин дарагдах болтугай! Би болоод бусдын буй газар орон болгонд Бурханы ариун Ном хийгээд бэлгэ дэмбэрэлтэй бүхэн дэлгэрэх болтугай!*

*Эрдэнийн дээд энэрэлт лам аа, сансар хийгээд нирвааны аль буянт сайн болгон багш таны энэрэхүйн хүчнээс ургадаг болой. Цорын ганц аврал, хэмжээлшгүй тус болгоны эх булаг танд чин зүрхний угаас бишрэнгүйгээр мөргөм үү би.*

# БАГШИЙН ЕГҮЗЭЭРИЙН ДАДЛАГАД ӨГӨХ ЗӨВЛӨГӨӨ

Багшийн Егүзээрийн дадлага бол дандрын замын голт зүрх нь билээ. Үүнийг төгөлдөржүүлж чадсан хүн өөрийн бурханлаг чанартай холбоогоо зузаатгаж, бишрэлт сэтгэлээ ашиглан гэгээрэлд хүрэх замыг нээх болно. Энэ дадлагаас гарах ашгийг бүрэн дүүрэн хүртэх үүднээс доорх зүйлийг зөвлөх байна.

## Дандарын Бүх Дадлага Багшийн Егүзээрийн Хэлбэртэй

Очирт хөлгөн Бурханлаг чанарыг бидний амьдралд гарч ирэн үзэгдэх үр дүнгийн тал дээр онцлон анхаардаг учраас олон чадварлаг аргыг хэрэглэдэг бөгөөд хувь хүний чанараас шалтгаалан аргууд хэчнээн ч өөр өөр байсан үндсэн зорилго хэзээд нэгэн янз байдаг. Тиймээс дандрын бүх бясалгал цаглашгүй ахуйн дээдийн хоосон чанар гэсэн ганцхан цэгт сэтгэлийг төвлөрүүлэхэд чиглэж үйлчилдэг.

Дадлагыг нэгийг нь нөгөөгөөс салангид хэмээн бодохын оронд нэгэн чанартай үйл явцын нэг хэсэг гэж бодох хэрэгтэй. Хэдийгээр анхаарлын объект ижилгүй бөгөөд дадлага хооронд үнэний өөр давхаргад шилжих хэрэгтэй болдог ч дадлага нэг бүр Бурханлаг чанараа илрүүлэх боломж байдаг бөгөөд эргээд заавал Бурханлаг чанартайгаа холбогддог билээ.

Энэ үйл явцыг нэг номд багтаан үзүүлэхийн тулд тэдгээрийг Гүрү багштай байгуулсан бидний барилдлагатай уялдуулж авч үзэх хэрэгтэй. Тэгэхээр бид үүсгэлийн ба төгсгөлийн зэргийн дадлагуудыг Багшийн Егүзэрийг дадуулдагтай адилаар, гэхдээ илүү нарийн түвшний Гүрүтэйгээ холбогдон хийх замаар хамгийн туйлын зорилго болсон маш нарийн давхаргын Гүрүтэйгээ сэтгэлээ нэгтгэхийг зорино. Бишрэл нь энд бүхнийг холбогч уяа болон хувирч бидний үнэмлэхүй мөн чанартаа хүрэх явцыг хурдасгаж өгнө. Энэхүү хүлээн авахуй дандрын замыг маш хөнгөвчилж өгдөг бөгөөд бидний үйл хэргийг нэгтгэж өгөн, харьцангуй чанартай үйлд хэтэрхий их цаг зарцуулахаас сэргийлж өгдөг ажээ.

## Мөргөлөө Хувийн Чанартай Хий

Багшийн Егүзэрийн дадлагад мөргөл залбирал маш чухал ач холбогдолтой бөгөөд өөрийг гэх сэтгэлийг хуга даран бүрэн бууж өгөх дадлага байдаг. Энэ дадлагыг маш их үр дүнтэй болгоё гэвэл зүрхнийхээ хамаг угаас мөргөн залбирах хэрэгтэй бөгөөд өөрийн юунд зорьж байгааг юм уу ямар бэрхшээлтэй тулгараад байгаагаа сэтгэлдээ санан байж үйлдэх хэрэгтэй. Гүрү багшийг өмнөө залж авчраад өөрийн үгээр ямар тусламж хэрэгтэй байгаагаа илэрхийлэгтүн. Хүсэлт тань хувийн чанартай байх тусмаа илүү хүч ихтэй байх болно.

Хэрвээ танд өөрийн үгийг хэрэглэн сэтгэлээ илэрхийлэх хэцүү санагдвал мэдээж очирт мастеруудын бичиж үлдээсэн үгсэд түшиглэж болно. Ингэхдээ зориуд цаг гарган өөрийн хувийн мэдрэмжтэй холбохыг оролдох нь зүйтэй. Нэмж хэлэхэд, зөвхөн эх бичигт буй үгсийг хэрэглэх нь учир дутагдалтай бөгөөд үнэхээр холбогдож чадах өөр үгс олж чадвал түүнийгээ дадлагадаа ашиглах хэрэгтэй. Хамгийн гол нь тэдгээр үгс таны сэтгэл зүрхнээс ундран гарч байх ёстойг анхаар.

## Гүрүг Цаг Ямагт Ухамсарлаж Бай

Багшийн Егүзэр таны гол дадлага байна уу, үгүй юү гэдгээс үл шалтгаалан багшийг ухамсарлах дурдлыг өдөр тутмынхаа амьдралд нэгтгэн оруулах хэрэгтэй. Унтахынхаа өмнө багшийгаа найман дэлбээт лянхуа цэцгийн голд зүрхэн тус газартаа эрхий хуруун чинээ хэмжээтэй заларсан байгаагаар дүрслэн таны зүг хайр энэрэл шингэсэн харцаар харж байна гэж бодно. Түүндээ нэгэн үзүүр төвлөрлөөр төвлөрөн нойрсвол тод гэрэл бүхий зүүдийг үзэх болно. Өглөө сэрэхдээ Гүрү багшаа гол судлаар тань өгсөн зулайн орой дээр заларлаа, тэгээд өдрийн турш таныг харж хандан залж байна гэж бодох ёстой.

Сууж байх үедээ Гүрүг зулайн орон дээр байгаагаар, харин алхаж явахдаа баруун мөрөн дээр байгаагаар дүрслэх нь зүйтэй байдаг. Үүгээр эргэл мөргөл хийх буюу нар зөв эргэн багшдаа мөргөл үйлдэж яваг бэлгэдэн, хүндлэл үзүүлж буйн шинж болохоор буян хураах шалтгаан болдог ажээ. Хоол идэж ууж байх зуортаа хоолойгоо өргөсөн хэмжээгээр томорч байгаагаар төсөөлөн багшдаа мөн унд хоол өгч байна гэж бодно.

Эдгээрийг дүрслэхэд хэцүү байх юм бол дүрслэл сэтгэлдээ үүсгэх гэж санаа зовохын оронд зүгээр багшдаа тахил өргөж байна гэж санасан ч болох билээ. Мөн эсвэл түүнийг дэргэдээ байгаагаар ямагт ухамсарлаж байх нь өөрөө маш ашигтай бясалгал болдог. Мэдрэмж юм уу үгийн утга дээр анхаарал тавина гэдэг зөвхөн Багшийн Егүзэрийн ч бус бүхий л бясалгал, дүрслэлийн дадлагад нийтлэг хамааралтай. Хангалттай хичээл зүтгэл гаргаж чадахгүй байгаадаа хэтэрхий ач холбогдол өгч урам хугарч болохгүй бөгөөд харин өөрийгөө чадна хэмээн итгүүлж тэрхүү чадвараа дээд зэргээр ашиглах хэрэгтэй билээ.

## Гүрүтэй Сэтгэлээ Дахин Давтан Нэгтгэ

Багшийн Егүзэрийн дадлагын гол шим нь өөрийн сэтгэлийг Гүрү багшийн сэтгэлээс салангид зүйл биш гэдгийг таних явдал байдаг. Түүнийг мэдэрснээр бид туйлын үнэнтэйгээ ойртон очиж чадна. Тийм учраас Гүрүтэй сэтгэлээ нэгтгэх үйл явцыг аль болох олон удаа давтан давтан үйлдэх шаардлагатай.

Өдрийн турш түүнийг зулай дээрээ заларснаар төсөөлөн явахдаа заримдаа цаг гарган Гүрү багшаас дөрвөн хүрдний авшиг хүртэж байна гэж төсөөлөн бодоод дараа нь зүрхэндээ шингэн орлоо гэж дүрслэлнэ. Тэрхүү мэдрэмждээ сэтгэлээ аль болох удаан саатуулан амраана. Дараа нь гол судлаар өгсөн орой дээр дахин заларлаа гэж бодно.

Дүрслэл үүсгэх цаг байхгүй тохиолдолд Гүрү багшийг дэргэдээ байгаагаар мэдэрч сэтгэшгүй ахуйд хэсэг саатахдаа түүнийг өөртэйгөө нэгэн мөн чанартай гэдгийг ухамсарлана. Эдгээр дасгалуудыг өдрийн турш ээлж ээлжээр хийж төрөлх нандин үнэнээ өөртөө тогтмол сануулж байх нь чухал.

# ГОЛ ХЭСГҮҮДИЙГ ЭРГЭН СӨХВӨЛ

- Гүрүг Бурхан мэтээр бишрэх дадлагаар бид Бурхантай ойртон адислал хүртэх боломжтой болдог. Тэдгээр адислал бол бидний Бурханлаг чанарын хамаг амьтны зүгээс үзэгдэх байдлууд бөгөөд бидэнд үнэн мөн чанараа ухамсарлах боломжийг олгодог.

- Адислал хүртэхэд голлох саад учруулдаг түйтгэрүүд: 1\Бидний мөн чанараас биднийг салгаж байдаг өөрөөс зуурах сэтгэл, 2\Зууралтаа уусган багшаас хүртэх адислалаа нэмэгдүүлэхээс хаацайлан боож байдаг бидний бардам зан эдгээр билээ.

- Өөрөөс зуурах сэтгэлийг уусгахын тулд бид бардам зангаа бүдүүнээс нарийн руу шилжсэн дөрвөн түвшний Гүрүг ашиглан арилгах болно. Үүнд: 1\Гадаад ба дотоод үзэгдлийг уусгахад туслах гадаад Гүрү, 2\Ариун ба ариун бус үзэгдлийг уусгахад туслах дотоод Гүрү, 3\Сансрын зовлон нирвааны амгалан хоёрыг уусгах нууц Гүрү болон 4\Төөрөгдсөн язгуурыг гэгээрлийн үр болгон урвуулах маш нууц Гүрү эдгээр болно.

- Урьдчилсан бэлтгэлийн Багшийн Егүзэрийн дадлага биднийг эгэл бодлын хүрээнээс халиаж, өөрийн сэтгэлийг багшийн сэтгэлтэй нэгтгэснээр жинхэнэ Дандарын бясалгалд ороход бэлтгэдэг.

- XIX зууны үеэс эхлээд гурван төрлийн Гүрү Йогийг хөгжүүлж ирсэн: 1\Долбуба Шэйрав Жанцангийн Очирт Урсгалын Зургаан Йогт зориулсан Адислалын Хур, 2\Жавзан Таранатагийн Увдис Хураахуйн Учиг болон 3\Тарантагийн Бурханлагт Хүрэх Шат дадлагын гарын авлагад орсон Үндсэн Багшийн Егүзэр эдгээр болно.

- Багшийн Егүзэрийн дадлагын зургаан алхам бол: 1\Дүрслэл үүсгэх, 2\Долоон гишүүнт тахилаар буянаа нэмэх, 3\Мөргөн залбирах, 4\Дөрвөн хүрдний авшиг хүртэх, 5\Өөрийн сэтгэлийг багшийн сэтгэлтэй нэгтгэх болон 6\Буянаа зориулан ерөөл өргөх юм.

- Долоон гишүүнт тахил бол хилэнцээ арилгаж буянаа арвижуулахад туслдаг мөргөлийн дадлага юм. Үүнд: 1\Мөргөх, 2\Тахил өргөх, 3\Нүглээ наманчлах, 4\Буянд даган баясах, 5\Ном айлдахыг хүсэх, 6\Багшаа үлдэхийг айлтгах болон 7\Зориулга ерөөл эдгээр багтдаг.

- Дандарын бусад дадлагуудыг өөр өөр түвшний Гүрү багштай сэтгэлээ нэгтгэдэг Багшийн Егүзэрийн нэг хэлбэр гэж үзэх ашигтай. Бидний зорилго бол маш нууц Гүрүтэйгээ холбогдон туйлын үнэнээ илрүүлэх явдал мөн.

- Багшаа залах мөргөл бидэнд нэн ашигтай бөгөөд зүрхний угаас үүнийг гүйцэтгэвэл зохино. Тиймээс сэтгэлийн их догдлолтойгоор багшаа залж залбирах нь хамаагүй илүү хүндэтгэлтэй бөгөөд ач холбогдолтой байдаг.

- Багшаа зүрхэндээ юм уу орой дээрээ дүрслэн өдөр шөнийн цагт үргэлж дэргэдээ байгаагаар ухамсарлах хэрэгтэй. Энэхүү байнгын мэдрэмж таны бишрэлийг нэмэгдүүлж Бурханлаг чанараа ухамсарлах явдлыг хөнгөвчлөхөд тустай.

- Багшийн Егүзэрийн дадлагын гол шим нь өөрийн сэтгэлийг Гүрү багшийн сэтгэлтэй нэгтгэх явдал мөн. Тийм учраас бид боломж болгоныг ашиглаж өдрийн турш өөрийгөө багштай салшгүй нэгэн мөн чанартай хэмээн хэдэнтээ сануулж байвал зохино.

# Гэгээрлийн Хот Мандал Үүсгэхүй

# Авшиг Хүртэх Замаар Сэтгэлийг Боловсруулахуй

*Цагийн хүрдний Үүсгэлийн Зэргийг* авлага болгон дадуулах шаардлагыг хангахын тулд Очирт багшаас авшиг хүртэх замаар бидний сэтгэл боловсорсон байх ёстой. Авшиг хүртээх ёсолд оролцох нь биднийг урсгалын мастеруудтай холбож өгөн, Очирт хөлгөний замдаа амжилт гаргахад хэрэгтэй нөхцөлүүдийг бүрэлдүүлж өгдөг байна.

Авшиг хүртээх зан үйлийн ач холбогдлыг ойлгохын тулд тариа тарина гэж санасан хэсэг газрыг бодож болно. Хэрвээ хөрс нь шимтэй биш бол юу ч тариад ургахгүй. Тийм учраас хөрсийг боловсруулан сайжруулж, арвин тансаг ургац хураах боломжийг бидэнд өгөх чадалтай шимт газар болгон хувиргах шаардлагатай.

Үүнтэй адилаар, өөр өөр төрлийн авшиг бидний сэтгэлийг янз бүрээр бордож өгч байдаг учраас шинэ санаа болоод сайн чанар дотроо ургуулах боломжтой болдог. Сэтгэлийг боловсруулах олон сайн арга байдаг ч тодорхой нэгэн замд тодорхой нэг үр дүн гаргахаар тусгайлан зориулсан зан үйлийг ашиглаж заншсан байдгийг бид "авшиг" хэмээн нэрлэдэг.

Очирт хөлгөний дадлагад нийтлэг үзэгддэг үндсэн зарчим бол сэтгэл доторх төлөв байдлаа өөрчлөх замаар бид гадаад оршихуйг хүлээн авах байдлаа хувиргадаг явдал мөн. Энэхүү зарчмыг ашиглан өөрсдийн мэдрэмжээ өвөрмөц хийгээд утга төгөлдөр зүйлд урвуулахад бидэнд авшиг тусалдаг байна.

Энэ зарчим өөр олон нөхцөл байдалд үзэгдэх нь бий бөгөөд авшиг хүртээх ёсолд үүнийг ихээхэн зан үйлийн чанартай хэрэглэх нь ч хориглох зүйл биш ажээ. Жишээ нь, та агуйд бясалгал хийхээр суулаа гэж бодъё. Бид үүнийг гайхалтай мэдрэмж гэж үзэж болно, гэхдээ маш уйтгартай, тавгүй, сэтгэл гутраам, гунигтай талыг нь амсаад ирэхээр бид өөрсдийгөө соръж байгаа мэт санагдах болно. Тэгвэл бясалгалдаа хичээнгүйлэн анхаарснаар бид энэхүү оршихуйтайгаа бүрэн зохицож чадах боломжтой бөгөөд жинхэнэ бишрэл хайр тэгэхэд л сэтгэлд ургадаг байна. Энэ бүх нөхцөл байдал, гадаад болон дотоод бэрхшээл гарч ирж байгаа нь өөрөө тодорхой нэгэн чанар илрэн үзэгдэх хөшүүрэг болдог байна.

Буянтай чанарууд урган гарах боломжтой тэрхүү хувиргалт өөрөө авшиг билээ. Ямар ч нөхцөл байдалтай байсан авшиг хүртэлт гурван замаар мэдрэгдэнэ:

1. **Жинхэнээр Мэдрэх:** Авшиг хүртэлтийн хамгийн сайн хэлбэр нь авшиг хүртээх зан үйлийн үеэр цохон үзүүлж буй үнэний өвөрмөц талыг шууд ухамсарлах явдал мөн. Ийм хэлбэрийн мэдрэмжийн үед бидний хорвоог хүлээн авах байдал засварлагдаж, өөр төрлийн мунхаг сэтгэл ирээдүйд дахин урган гарахаас сэргийлж өгдөг байна.

2. **Шинж Тэмдэг Илрэх:** Бидний сэтгэл дэх үйлийн барилдлагаас шалтгаалан авшгийн зан үйл танд өөрөө тайлбарлан хэлэх аргагүй тийм үзэгдэл, араншин юм уу шинж тэмдэг аяндаа урган үзэгдэхийн дохио болох нь бий. Шууд ухамсарлахуйтай адилхан хүчирхэг биш боловч авшиг юутай ч сэтгэлд ул мөрөө үлдээлээ гэсэн баталгаа энэ болж өгнө.

3. **Мэдрэх юм уу Ойлгох:** Хамгийн багаар бодоход бид ямар нэгэн хэлбэрийн бодолгүйн төлөв, ер бусын баяр хөөр, сэтгэл ханамж, энх амгалан, хайр энэрлийг мэдрэх боломжтой бөгөөд эдгээр мэдрэмж авшгийн зорилгыг мэдсэн бодол сэтгэхүйн ойлголт маягаар бас төрөх боломжтой.

Ийм замаар авшиг хүртээх зан үйл дотоод хувиргалтын хурдасгуур болсон юу ч болон илэрч болох талтай. Энэ нь хүний ертөнцийг үзэх үзлийг хувиргаад зогсохгүй байнга биш юм аа гэхэд заримдаа ер бусын эрчимтэй мэдрэмж төрөх ч бололцоо олгоно. Гэвч энэ нь сэтгэл санааны хувиралтад зайлшгүй хүргэх бөгөөд өдөр шөнийн аль ч цагт учирч болох тул авшгийн үйл явц ямагт ид дундаа өрнөсөөр байдаг гэсэн үг билээ.

# ДҮЙНХОРЫН ВАН БУУЛГАХ ЁСЛОЛ

Авшиг хүртээх ёслол бол дандрын бясалгалд орох хүсэлтэй хүмүүсийг сэтгэлийн зохих төлөвтэй нь танилцуулах маш чадварлаг арга билээ. Тэр бол заав*а*рчилгаат бясалгалын хичээлтэй адилавтар бөгөөд Очирт багш тань таныг үнэний өөр өөр талтай танилцуулснаар тодорхой ухамсарлахуй ургах нөхцөл бүтээж өгч болно. Жонан-Шамбалын Урсгалын уламжлалд Цагийн хүрдний үүсгэлийн ба төгсгөлийн зэрэгт алхан орох Дүйнхорын авшиг хоёр зан үйлийн дагуу хийгддэг. Үүнд:

1. **Нялхсыг Боловсруулах Долоон Авшиг:** Энэ ёслолын гол зорилго бол Очирт хөлгөний дадлагын үндэс болдог *тарнийн ёсны тангаргийг өргүүлэх* байдаг. Энэхүү ёс суртахууны сахилгын хүрээнд бид мөн үүсгэлийн зэргийн Ядмын Йогийн бясалгалаар сэтгэлийг ариусгахын суурь болдог гэгээрлийн хот мандалтай анх танилцаж авдаг.

2. **Дөрвөн Дээд Авшиг:** Энэ ёслолын гол зорилго бол биднийг Цагийн

хүрдний Тарнийн ёсны дагуу *сэтгэлийнхээ мөн чанартай танил болгохын* тулд хоосон дүрс ба хувиршгүй амгалангийн нэгдэл хэрхэн бий болдгийг үзүүлэх явдал мөн. Цагийн хүрдний төгсгөлийн зэргийн сэтгэшгүй ахуйн бясалгалд ороход үүнийг ашигладаг.

Энэ хоёр төрлөөс эхний бүлэг долоон авшгийг Цагийн хүрдний очирт гэр бүлд нэгдэн орж, адислал хүртэх хүсэлтэй хүн болгонд бололцоо олгохын тулд нийтэд нээлттэй явуулдаг. Харин хоёр дахь бүлэг авшгийг зөвхөн үүсгэлийн зэргийн дадлага бясалгалаар сэтгэл нь хэдийн боловсорч гүйцсэн бөгөөд төгсгөлийн зэргийн дадлага бясалгалд орох шаардлага хангасан, шийдвэр төгс бясалгагч нарт хүртээдэг билээ.

# НЯЛХСЫН ДОЛООН АВШИГ ХҮРТЭХ

*Нялхсыг Боловсруулах Долоон Авшгийн* зан үйлийг сайтар ойлгохын тулд ялгаатай ухагдахууныг ерөнхийд нь нэг авч хэлэлцэх хэрэгтэй болно. Ёслолыг зургаан үед хуваж үздэг нь: 1\Урьдчилсан бэлтгэл, 2\Тарнийн ёсны тангараг өргөх, 3\Гэгээрлийн хот мандалтай танилцах, 4\Жинхэнэ авшиг, 5\Нэмэгдэл дамжуулга болон бусад сахилууд хүртээх ба 6\Дүгнэлт билээ.

Эхний хоёр нь Цагийн хүрдний дадлагын үндэс болдог төрөл бүрийн сахил тангараг авахуулах тал дээр анхаардаг бол гурав ба дөрөвдүгээр үе Цагийн хүрдний Үүсгэлийн Зэргийг авлага болгох зөвшөөрлийг олгоход чиглэдэг, харин тавдугаар үе нэмэлт сахил санваарыг хүртээхэд зорьдог нь цаашдын дадлага бясалгалын явц өргөжин тэлэхэд тусалдаг байна.

## Урьдатгал

Авшгийн ёслол оролцогчдыг алхам бүрд нь зааварчлан дагуулах зохион байгуулалттай өрнөх ба тарнийн ёсны тангараг тавихын өмнө бид зохих сэдэл сэтгэлийг өөрсдөдөө үүсгэсэн байвал зүйтэй байдаг. Үүнийг 1\Гадаад ба дотоод бэрхшээлийг арилгах болон 2\Бодь сэтгэл үүсгэх замаар гүйцэтгэдэг.

### *Авшиг Хүртэхийн Тулд Гадаад Бэрхшээлийг Арилгах*

Ёслолын үед Очирт багш бидэнд өөрсдийн гэгээрсэн мөн чанарын өөр өөр талтай танил болох аргыг эхлээд танилцуулна. Нарийн сэтгэлийн үзэгдлийн тоо хэд буй төдий чинээ олон тал байдаг учраас энд будилж төөрөлдөхдөө хялбар байдаг. Итгэл хийгээд анхаарлаа нэмэгдүүлэхэд тусламж болгож саад бэрхшээл үүсгэх бололцоотой гэж үзсэн эх сурвалжуудыг эхлээд арилгах хэрэгтэй болно. Хоёр төрлийн бэрхшээл байдгийг анхаарвал зохих бөгөөд, үүнд:

1. **Гадаад Бэрхшээл:** Үүнд тухайн газар байгууламж, өрөө тасалгаа юм уу

амьтны сөрөг нөлөөллөөс ургадаг бэрхшээл орно. Тухайн газарт бүгсэн нүдэнд үл харагдах хүн-бусын адыг үл тоох нь тэднийг бидний сэтгэлд нөлөөллөө үзүүлж чадахгүй гэсэн үг биш юм. Тэдний байдал бидэнтэй хоршихгүй байх үед дадлага бясалгалд маань тээр садаа болох нь гарцаагүй юм. Тиймээс Очирт багш тэнд байгсдыг амарлиулан номхруулан төрөл бүрийн зан үйл, уншлага зэргийг үйлдэн бэрхшээлийг арилгана.

2. **Дотоод Бэрхшээл:** Үүнд бидний сэтгэл дэх сөрөг үйлийн барилдлага холбоос багтана. Хэрвээ бидний сэтгэл түйтгэрээр дарангуйлагдсан байх юм бол Бурханлаг чанартайгаа утга учиртай холбоо тогтооно гэдэг ихэд хүндрэлтэй байх болно. Тиймээс сэтгэлийн цэвэр талбар дээр үйл ажиллагаа явуулахын тулд Очирт багш бидэнд сэтгэлээ ариусгах төрөл бүрийн дүрслэл үүсгэх зэрэг аргыг зааж үзүүлэх болно.

Ийнхүү бэрхшээлийг зориудаар хөөн зайлуулсны үр дүнд бидний сэтгэл багш болон өөрсдийн дотоод чадамждаа итгэх нь хялбар болж ирнэ. Хажуудаа дэмжлэгтэй гэдэг итгэлтэйгээр, айж эмээх элдэв явдалгүй амгалан сэтгэлээр вангаа хүртэх хэрэгтэй.

## *Итгэл Одуулж Бодь Үүсгэх*

Сөрөг энергийг зайлуулсны дараагаар дараагийн шат болох утга төгөлдөр сэдэл, сэтгэл үүсгэх болон бидний бүтээсэн буян гэгээрлийн лавтай шалтгаан болох нөхцөлийг бий болгоно. Цагийн хүрдэн Очирт хөлгөнд багтдаг учраас энэ замд орох цорын ганц зөв сэдэл бол Бодийн дээд сэтгэл байдаг. Түүнийг хоёр замаар үүсгэнэ:

1. **Ерөөхийн Бодь үүсгэн Андгай Өргөж Итгэл Одуулах:** Гэгээрэлд хүрэх хүслээ сэтгэлд жинтэй болгох үүднээс гэгээрэлд хүрэх боломж үнэхээр бий гэсэн бат итгэлийг олох хэрэгтэй. Үүний тулд бид хамаг амьтныг гэгээрэлд хүргэх жинхэнэ эх булаг Гурван Эрдэнэд итгэл одуулж авралд нь багтдаг журамтай.

2. **Орохын Бодь Сэтгэл Үүсгэх:** Зөвхөн хүссэн төдийгөөр сэтгэл ханалгүй байж үүнийгээ ажил хэрэг болгох ёстой. Бүхий л түйтгэрээ ялан гарч, гэгээрсэн чанараа амьдруулах нь амьтны тусыг бүтээх цорын ганц арга мөн бөгөөд зорилгодоо хүрэх явдал маань удаан байх тусам амьтан зовсоор байна гэдгийг танъж, Дандарын сургаалын ер бусын гайхамшигт аргыг ашиглан аль болох хурдан ахиц гаргах хэрэгтэй юм гэж ухаарах хэрэгтэй.

Сэдэл бий болгох тал дээр нэмж хэлэхэд авшиг хүртээх ёслолын хүрээнд итгэл одуулж, Бодь үүсгэх нь *Ангид Гэтлэхийн Санваар* болон *Бодисадвагийн Ам Өчгөө* дахин сэргээх сайхан боломжийг бидэнд мөн олгодог билээ. Энэ хоёр ёс зүйн хэлбэр хоёулаа *Тарнийн ёсны Тангараг* тавихын урьдчилсан бэлтгэлд тооцогддог. Хэрвээ бид эдгээр сахилыг хэзээ ч хүртэж байгаагүй бол энэ үе шатанд анх удаагаа хүртэх болно.

# Цагийн хүрдний Сургаалаар Нууц Тарнийн Ёсны Тангараг Өргөх

Урьдчилсан бэлтгэлийн нөхцөлүүдийг бий болгосныхоо дараа Очирт багшид тарнийн тангараг өргөхөд бэлэн болно. Цагийн хүрдний системд Цагийн хүрдний ёс зүйн дадлагын шим болдог гурван бүлэг сахил бий: 1\Зөв үзлийг бий болгодог *Таван Бурханы Аймгийн Энгийн Сахил*, 2\Хэрхэн бясалгахуйн суурийг бий болгодог *Цагийн хүрдний Тусгай Тангараг* болон 3\Биеэ хэрхэн авч явах гадаад зан байдлыг бий болгодог *Цагийн хүрдний Хорин-таван Журам* эдгээр болно.

Эдгээр сахилыг бид гэгээрэлд хүрэн хүртлээ чандлан сахиж явна гэсэн бат шийдвэртэйгээр авдаг. Төгс чандлан сахина гэдэгт итгэхэд хэцүү боловч бид чадахын хэрээр ариунаар сахиж явна гэсэн чинхүү хүсэлтэй байх нь хамгаас чухал. Тангараг болгоны гол шимийг ойлгох нь дородтуулж орхих вий гэсэн айдас хүйдэст авталгүй байж харин дадлагадаа чадварлагаар оруулж ашиглахад бидэнд тустай байх болно.

Ямар төрлийн сахил андгай байхаас үл шалтгаалан нууц тарнийн ёсны бүхий л тангараг сахилыг онцолдог гол зүйлээр нь дүгнэн *Цагийн хүрдний Үндсэн Дандарын сургаал*-д тодорхойлсноор:

> "*Очир хонх хоёрыг атгаад их нигүүлсэхүй бээр*
> *Дээдийн Номыг номлох*" хэмээсэн болой.

"Хонх очир хоёрыг атгаад" гэдгээр туйлын үнэний ариун чанарыг байнга ухамсарлан байж бясалгана гэдгийг, "их энэрэлт сэтгэлээр" гэдгээр бодь сэтгэлийг байнга дээдлэн сахиж явахыг, харин "дээдийн Номыг номлох" гэдгээр байнга бусдын төлөө үйлийг хийнэ гэдгийг илэрхийлжээ. Энэ гурван зүйлийг санаандаа хадаж чадвал сахил тангаргаа сахихад амар болох ёстой билээ. Үүнийг дотроо санан байж сахил тангаргийн зүйл тус бүрийг одоо тусгайлан судалж үзэцгээе.

## *Таван Бурханы Аймгийн Энгийн Сахил*

Дандарын бүх дадлагын үндэс бол эгэлийн үзэгдлийн чинагууш мөн чанарыг таних явдал байдаг. Энэ үзлийг бий болгохын тулд Бурханлаг чанарынхаа өөр өөр талтай танилцах хэрэгтэй бөгөөд тэгж байж анхаарлаа юунд чиглүүлэх вэ гэдгээ мэддэг болох ажээ. Тэр талуудтай танил дотно болохын тулд Бурхан Багш Таван

Бурханы Аймгийн нийт арван-есөн зүйл бүхий тангаргаар бидэнд тодорхойлж өгсөн байдагт: 1\Бурханы аймаг, 2\ Очирын аймаг, 3\Эрдэнэсийн аймаг, 4\Бадам лянхуан аймаг, 5\Үйлийн аймаг эдгээр багтдаг. Таван Бурханы аймгийн сахил авснаараа бид тэдгээрийн мөн чанартай өөрсдийн барилдлагыг бататгаж байдаг тул утгыг нь санаандаа байнга ухамсарлаж явах хэрэгтэй. Дээд Дандарын Йогийн систем болгонд үүнийг адилхан авч хэрэглэдэг болохоор энгийн сахил хэмээн нэрлэсэн байдаг байна.

## Бурханы Аймаг

Бурханы аймаг бүхий л юмс үзэгдэл урган гардаг Бурханлаг чанарын бүхнийг хамарсан талыг буюу *огторгуй мэт тунгалаг билгүүний* биелэл Бирузана Бурхан болон үзэгддэг. Энэхүү билгүүнээр харахад бүх үзэгдэл Бурханлаг чанараас хамааралтайгаар ургадаг бөгөөд тиймээс мөн чанараа илрүүлэх үндэс болгон аль ч үзэгдлийг адилхан ашиглаж болно гэж үздэг.

Энэ аймаг бидэнд "бодит үзэгдлийн харьцангуй үнэнийг ойлгосон өнгөц ойлголтоор сэтгэл бүү ханагтун" гэж сургадаг. Түүнийхээ оронд бид туйлын үнэний утгад ямагт гүнзгий нэвтрэн орохыг зорих хэрэгтэй. Үүнийг жишээлэн үзүүлэхийн тулд бид туйлын мөн чанарыг нь ухамсарлан байж итгэл одуулан, Бодь сэтгэл үүсгэх дадлагыг гүйцэтгэдэг. Энэхүү аймгийн гол шимийг зургаан зүйлт тангаргаар илэрхийлсэн байдаг нь:

1. **Бурханд итгэх:** Бурханыг туйлын үнэний ариун суурь – бүхий л гэгээрсэн чанарыг агуулсан дээдийн хоосон чанар болгон харж санаж байх хэрэгтэй.

2. **Номд итгэх:** Бид ном сургаалыг өөрсдийн шижир тунгалаг билгүүний үзэгдэл - бүхий л бэрхшээлээс ангид гүнзгий ухамсарлахуй хэмээн үзэх хэрэгтэй.

3. **Хув_рагт итгэх:** Тоолшгүй олон дандрын бясалгагч нарыг бидний дадлага бясалгалд зааж туслах Бурханлаг чанарын маань гадаад үзэгдэхүй – дотоод чадамжийн маань гэгээрсэн үзэгдэл хэмээн харах ёстой.

4. **Хиленцийг тэвчих:** Энэ мөчөөс эхлээд Бурханы хутагт хүрэх хүртлээ Бодийн дээд сэтгэлийг чандлан сахиж, Бурхад Бодисадва нарын хэрхэн үйлдсэн лугаа адилаар ёс журамд харшлах бүхнийг хөсөр орхиж, авсан сахилаа чандлан сахих хэрэгтэй. Язгуурын билиг билгүүний зүгээс харахад хамаг амьтан хэзээ ч өөрөөсөө эс оршдог боловч хоёрдмол үзлийн түйтгэрүүдээсээ болоод түр зуурын зовлон эдэлж байдаг билээ. Тиймээс сэтгэлийн түйтгэрийг арилгаснаар зэрэглээ мэт хоосон зовлонг үгүй болгохын төлөө зүтгэх ёстой.

5. **Буян хураах:** Ном сургаалыг судлах хийгээд түүний утган дээр бясалган тунгаах зэрэг буянтай үйлсэд аль болохоор их оролцож, бясалган дадуулах

замаар цаглашгүй ахуйн хязгааргүй төгс гэгээрсэн чанараа илрүүлэн гаргахыг зорих хэрэгтэй. Юу ч хамаагүй хөгжүүлэх гэхийн оронд бид тэдгээр чанарыг үзэгдэхээс халхлаад байгаа нөхцөлийг л арилгачих хэрэгтэй.

6. **Бусдад туслах:** Бид өөрсдийн чадалд тааруулан хамаг амьтны тусыг бүтээж байх хэрэгтэй. Үнэний туйлын мөн чанар бол хайр энэрлийн харилцан хамаарал бөгөөд энэ үүднээс авч үзвэл би хийгээд бусдын хооронд ялгаа гэж үгүй. Тийм ч учраас өөрийн чадварыг бүрэн амьдруулахын тулд бусдад тус хүргэхийн төлөө зүтгэх ёстой.

Эдгээр зургаан тангараг Судрын ёсонд заасан Бодисадва хүний замнах замыг тэр чигээр нь бүрэн агуулсан байна. Үүнд *Нэгэн Биеийн Гэгээрэлд хүрэхийг Зоригсдын Сахил* болон *Бодисадвагийн Санваар* хоёулаа багтдаг. Эдгээр сахил санваар юугаараа нууц тарнийн ёсных болов гэхээр Бурханлаг чанарын сургаалыг ойлгох дадлагад орж байгаагаас тэр ажгуу. Дадлагын хувьд адилхан ч үзлийн хувьд шалтгаанд бус үр дүнд анхаарал чиглэсэн байгаагаараа онцлог ажээ.

## Очирын Аймаг

Очирын аймаг хязгааргүй олон үзэгдэл урган гарах Бурханлаг чанарын дотоод чадварыг харуулсан – язгуур ухамсрын *толин тусгал мэт билгүүний* биелэл Акчобиа Бурхан болж үзэгддэг. Энэ бол сансар ба нирвааны аль алины оршихуйд урган үзэгдэх боломжийг олгодог Бурханлаг чанарын үзүүр хязгааргүй тал нь билээ.

Энэ аймаг бэлгэдлийн өвөрмөц үзэгдлийг хэрхэн ашиглаж, Бурханлаг чанарын маань Дүйнхор ядмын дүрээр үзэгдэх талыг цаг үргэлж ухамсарлаж байхад биднийг сургадаг. Дөрвөн бэлгэ тэмдэгт хамааралтай нийт дөрвөн тангараг буй нь:

1. **Очир:** Хувиршгүй амгалан буюу бүхий л зууралтаас ангид хоёргүй ухамсрын бэлгэдэл болсон очрыг өөрийн өмчид хадгалж явах нь гэгээрсэн тааллын тангараг билээ. Энэ сэтгэл бол аргын чанартай бөгөөд гэгээрэл дэх эршүүд тал болох Цагийн хүрдэн буюу Дүйнхор ядмыг төлөөлдөг байна.

2. **Хонх:** Хоосон дүрс буюу бүхий л гэгээрсэн чанараар дүүрэн дээдийн хоосны бэлгэдэл хонхыг өөрийн өмчид хадгалж явна гэдэг гэгээрсэн зарлигийн тангараг билээ. Энэ сэтгэл бол билгийн чанартай бөгөөд гэгээрлийн эмэгтэйлэг талыг буюу Вишваматаг төлөөлдөг байна.

3. **Мудра:** Гэгээрсэн лагшны тангараг бол арга билгийн салшгүй нэгдэл болсон бясалгалын ядам Дүйнхор ба түүний илбийн хос Вишвамата хоёрыг хослон барилдсанаар өөртөө дүрслэн бясалгах явдал билээ.

4. **Гүрү:** Гэгээрсэн тааллаа илрүүлэн гаргаж хязгааргүй энэрлийг бидэнд үзүүлсэн Гүрү багшаа дээдлэх дадлагыг авлага болгон үйлдэх нь Очирт мастерт өргөж буй тангараг билээ. Тэрбээр бидний өөрсдийн гэгээрсэн мөн чанарын аяараа ургах үзэгдэл төдийгүй – алагчлал үгүй нигүүлслийн бэлгэдэл юм.

Эдгээр тангаргийг чанд сахиж явах нь өнгөрснөө эргэн харж, бидний эгэл сэтгэлд юу мэдрэгдэж байдаг болон тэдгээрийг өөрийн нандин үнэний чинагуух утгатай хэрхэн холбон бодох вэ гэдэгт биднийг сургадаг. Энэ бол бүхнийг ариунаар үзэхүйн үндсэн зарчим ажгуу.

## Эрдэнэсийн Аймаг

Эрдэнэсийн аймаг бүхий л юмс үзэгдлийн ялгаа үгүй нэгэн чанартайг харуулсан *тэгш агуулахуйн билгүүний* биелэл Раднасамбава Бурхан болон үзэгддэг. Энэ бол бүх юмс үзэгдлийн нэгэн ариун чанарыг хуваан эзэмшдэгийг цохон тэмдэглэдэг Бурханлаг чанарын маань нэгдмэл тал билээ. Одоохондоо бид тэдгээрийг салангид ялгаатай зүйлс мэтээр алдаатай хүлээн авч буй боловч цаглашгүй ахуйд ургаж буй бүх зүйл туйлын чанартаа огт ялгаагүй байх ажгуу.

Энэ аймаг өглөгийг дадуулах замаар ялгаварт үзлээ арилгахыг бидэнд сургадаг. Үзэгдлийн ариун гаралтайг өөрсдөдөө сануулснаар бид тусган авч буй байдлын хүрээг уусган арилгаж болно. Энэхүү уусалт бидний Бурханлаг чанар аливаа хязгаар тотгор үгүйгээр чөлөөтэй гарч үзэгдэх хаалгыг нээж өгдөг байна. Энэ аймагт хамааралтай дөрвөн тангараг бий:

1. **Эд Баялгийн Өглөг:** Бодит эд зүйлийг өглөг болгоноор гадаад үзэгдэлд шунах шуналаас өөрийгөө чөлөөлөн юугаар ч үл дутах мэдрэмж амсах шалтгааныг бүтээнэ. Ингэснээр бүхнээр хангах гэсэн өөрийгөө энхрийлэн барих ялгаварт үзэл уусан арилдаг.

2. **Үл Айхуйн Өглөг:** Айдас хүйдэст автан аюулд орсон юм уу бусдад хорлуулсан нэгнийг хамгаалан хаацайлах нь айхгүйн өглөг билээ. Үүгээр бид гадаад хорлолоос өөрийг энхрийлэн барих ялгаварт үзлийг уусгах болно.

3. **Номын Өглөг:** Цэвэр ариун сэдэлтэйгээр дээдийн Ном номлох нь мунхгийн харанхуйг үлдэн хөөж саруул билгүүн боловсрох шалтгаан бүхнийг бүтээдэг. Үүгээр өөрөөсөө ургасан би хэмээх салангид нэгэн буй гэсэн өөртэйгөө зууралдах ялгаварт үзлийг уусгадаг.

4. **Хайр Энэрлийн Өглөг:** Бусдад аз жаргал хүсэх сэтгэлээ хөгжүүлж ирээдүйд амгаланг олох шалтгааныг бүхнийг бүтээснээр дээдийн ариун оршихуйн эсрэг туйл болсон үзэн ядалт, хорсол хилэнгээс өөрийгөө чөлөөлөх болно. Үүгээр бид туйлын чанартаа мөн чанарынхаа нэгээхэн хэсэг болсон хамаг

амьтнаас татгалзан ялгаварлах, өөрийг энхрийлэх сэтгэлийг уусгаж чадах болно.

Эдгээр дөрвөн төрлийн өглөгийг өдөрт зургаан удаа \өглөө гурав, орой гурав\ өдөр бүр дадуулбал зохино. Өглөг гэдэг бидэнд болоод бусдад баяр хөөр авчрах үйл хэрэг учраас түүнийг ийнхүү бүхий л гэгээрсэн чанар аяндаа урган гарч байдаг хүслийг бүтээгч эрдэнэтэй зүйрлэдэг ажгуу.

## Бадам Лянхуан Аймаг

Бадам лянхуа цэцгийн аймаг харьцангуй түвшний нэг үзэгдлийг нөгөөгөөс тодхон ялгах ухамсар – *язгуурын ялгамжаат билгүүний* биелэл болсон Амитаба Бурхан болж үзэгддэг. Энэ бол бурханлаг чанарын олон давхар талыг буюу хэдийгээр юмс үзэгдэл цаглашгүй ахуйд суурилдаг ч хоёрдмол үзлийн сэтгэлд төрөл бүрийн үзэгдэл болон мэдрэгдсээр байдгийг ухамсарлах явдал юм. Тийм ухамсарлахуй мунхгийн халхавчаар хэзээ ч төөрөгддөггүй болохоор тал бүрийг тодорхой ялган харж чаддаг байна.

Энэ аймаг Бурхан Багшийн номлосон олон сургаалыг анхааран авлага болгоход биднийг сургадаг. Зарим номлол хувь хүний сүсэг бишрэлийн хөгжилд холбогдолтой байдаг бол зарим нь хамаг амьтныг чадварлагаар удирдан залахад зориулагдсан байдаг байна. Бүх сургаалыг алагчлал үгүйгээр цөмийг нь авлага болговол алийг хэрхэн дадлага болгохоо тодоор ялган үзэж чадах болно. Үүний шимийг гурван тангаргаар илэрхийлсэн байдагт:

1. Судрын Ёс: Сонсогч нарын хөлгөн буюу *Бага Хөлгөн*, Бодисадвагийн хөлгөн буюу *Их Хөлгөнд* заасны дагуу Судрын ёсны сургаалыг баримтлах хийгээд хадгалан уламжлах.

2. Доод Дандарын Ёс: *Үйлийн* Дандар, *Явдлын* Дандар болон Егүзээрийн Дандарт үзүүлсэн дээдийн сургаалыг баримтлах хийгээд хадгалан уламжлах.

3. Дээд Дандарын Ёс: *Эцэг* Дандар, *Эх* Дандар болон *Ханьсашгүй* Дандарын системд үзүүлсэн Дээд Егүзээрийн Дандарын Ёсны сургаалыг баримтлах хийгээд хадгалан уламжлах.

Үүний зорилго бол бүхнийг төгөлдөржүүлэх гэсэндээ биш өөр өөр нөхцөлд аль сургаал хэрхэн үйлчилдгийг мэдэж байх хэмээсэн болно. Үүний тулд бүхий л юмс үзэгдэл бидний гэгээрсэн чанараас салангид бус бөгөөд хамаг амьтны үйлийн барилдлагын дагуу л үзэгдэж байгаа нь тэр гэдгийг таних хэрэгтэй.

## Үйлийн Аймаг

Үйлийн аймаг хамаг амьтны хэрэгцээнд тааруулан үзэгддэг Бурханлаг чанарын аяндаа ургах тал – *бүхнийг болгоогч билгүүний* биелэл болдог Амогасидди Бурхан болон үзэгддэг. Энэхүү билгүүн бол хар аяндаа төгөлдөржих энэрэхүйн сэтгэл бөгөөд өөрийн хийгээд бусдын хоёр тусыг бүтээх суурь болдог байна.

Энэ аймаг хийж буй үйл хөдлөл болгондоо ухамсартай хандаж, үнэний туйлын чанарыг үзэх үзэлдээ түүнийг хэрхэн нэгтгэхэд биднийг сургадаг. Үүний тулд өөрсдийгөө гэгээрэлд хүрэхэд туслах зарчмуудыг танил дотно болгож, тэдгээрийг бидний үйл хөдлөлд аяндаа илрэн гарч ирдэг болтол нь дадуулах хэрэгтэй байдаг. Тусгайлан заасан хоёр төрлийн тангараг энэ аймагт хамааралтай байдагт:

1. **Гурван Сургаалыг Баримтлах:** Гурван Андгай ерөнхийдөө хилэнцийг тэвчих гэсэн сахилд багтаж байдаг боловч бид энэ бүлэгтээ түүнийг ариунаар сахих чанд сэтгэлийг нэмж авч байгаа юм. Энэ нь тодорхой өгөгдсөн нөхцөлд ямар үйл хөдлөл хийхээ баттай ялган харж сурахын тулд эдгээр андгайг судалж байхыг сануулсан үг юм.

2. **Өгөөмөр Их Тахил Өргөх:** Бурхад Бодисадва нарт тахил өргөх нь буянаа арвижуулах хамгийн чадварлаг арга болдог. Үүний тулд бид: 1\Бодит хийгээд бодолдоо дүрсэлсэн төрөл бүрийн тахилын зүйлсийг өргөх гадаад тахилга, 2\Харьцангуй үнэний хоёрдмол мэдрэмжийн дотоод тахилга болон 3\Цаглашгүй ахуйн хоёргүй мэдрэмжийн нууц тахилга гэсэн гурван төрлийн тахилд анхаарлаа чиглүүлдэг.

Эдгээр дадлага юу хийхээ мэдэж байх тэр ухааныг хэрэгтэй цагт үзэгдэж чадах буян хишигтэй нэгтгэснээр буян хишиг саруул оюуныг чинадад хүргэж, юу ч бүтээх боломж бүхий тэр ухаан самбааг хөгжүүлэхэд тусалдаг.

Одоо таван бүлэг тангаргаа нийтэд нь дүгнээд үзэх юм бол: 1\Үнэний туйлын мөн чанарт итгэл одуулах, 2\Түүний тал болгоныг санаж байх, 3\Тэрхүү үнэнийг хязгаарлан буй түр зуурын бэрхшээлийг арилгах, 4\Түүний хэрхэн үзэгдэхийг сайтар ялган таних болон 5\Тэрхүү үнэнтэй зохицуулан хөдлөх явдал хэмээн үзэж болно. Хэрвээ бид энэ таван зүйлийг гүйцэтгэж чадах юм бол Бурханлаг чанартайгаа холбоогоо бататгаж хэмжээлшгүй адислалын хаалгыг нээх болно.

## Цагийн хүрдний Тусгай Тангараг

Үнэний туйлын мөн чанарын үзлийг Дээд Дандарын Ёсны бүхий л системд адилхан авч үздэг нийтлэг хэдий боловч тэрхүү үнэнтэй харьцдаг арга нь адилгүй билээ. Цагийн хүрдний систем дэх тусгай тангараг бол Цагийн хүрдний Дандарын системд л тусгайлан зориулсан бөгөөд *Зургаан Бурханы Аймагт* хуваагдсан байдагт: 1\Акчобия Бурханы аймаг, 2\Ратнасамбава Бурханы аймаг, 4\Амогасидди Бурханы аймаг, 5\Амитаба Бурханы аймаг болон 6\Базарсад Бурханы аймаг юм. Энэхүү зургаан Бурханы аймгийн хуваагдал Цагийн хүрдний систем зургаан хүрднийг ариусган хүнийг туйлын үнэний хувиршгүй ухамсарлахуйд хүргэхэд онцгойлон анхаардгийн илэрхийлэл болдог.     Энэ зургаа дотроос Базарсад Бурхан сэтгэлийн хоёргүй унаган төлөвийг төлөөлж хот мандлын хаан буюу систем дэх гол анхаарлын төв хэмээн тооцогддог ажээ.

Энэхүү Зургаан Бурханы Аймгийг ерөнхийд нь Цагийн хүрдний системд л хэрэглэдэг гэгээрэлд хүргэх өвөрмөц нэгэн арга гэж үзэж болно. Бүлэг тангараг болгон бодвол зохих хоёр түвшний утгыг өөртөө агуулсан байх бөгөөд харьцангуй ба туйлын түвшин билээ. Эхнийх нь сэтгэлийг харьцангуй түвшний утгад чадварлагаар чиглүүлж харин сүүлчийнх нь туйлын мөн чанартай ухаалгаар харьцах арга болдог ажээ. Ийм маягаар тангаргийн харьцангуй утга үүсгэлийн зэрэгтэй, харин туйлын утга нь төгсгөлийн зэрэгтэй тохирч байдаг байна.

Эдгээр тангаргийн гол шим нь хүн өөрийн биеийг Цагийн хүрдний Замд шийдвэртэй зориулан шат болгоныг амжилттай төгөлдөржүүлэхийг гол зорилгоо болгон явахад оршиж байдаг. Яг одоо бол бид юу ч хийхээр амлаагүй байгаа хэдий ч Цагийн хүрдний Замыг гүйцээх хүсэлд хүчтэй эзэмдүүлсэн байгаагаа хүлээн зөвшөөрч байгаа гэсэн үг. Өөрсдийн сүсэг бишрэлийн ямаршуу түвшинд явааг таньж, одоогийн буй байдалдаа тохирсон дадлагад хүч энергиэ зарцуулах нь зүйтэй. Бидний чадал самбаа нэмэгдээд ирэхийн цагт энэ хүсэл маань биеллээ олж дараагийн шатанд ахих шалтгаан болно.

## Акчобия Бурханы Аймаг

Акчобия Бурханы гол шим бол *бие хэл сэтгэл гурваа нэгтгэх замаар бүхнийг ариунаар харах* явдал билээ. Харьцангуй түвшинд авч үзвэл аугаа энэрэхүй бодийн сэтгэлийг аргын тал, дээдийн хоосон чанарыг билгийн тал болгон бясалгах замаар үүнд хүрч болох бөгөөд гэгээрсэн Цагийн хүрдний хот мандал бол энэ хоёрын нэгдэл юм. Энэ бүх дадлага *Ядмын Егүзэрийн* чадварлаг учигт агуулагддаг билээ.

Туйлын түвшиндээ, *Очирт Зургаан Йогийн* бясалгалын дүнд маш нарийн сэтгэлийн хүрээнд ариунаар харах чадвар бий болдог. Маш нарийн сэтгэл дэх хий ба дусал гол судалд цуглрах үед үл урвахуйн амгалан ба хоосон чанарын нэгдэл болох туйлын Их Мутарлаг урган гарсны дүнд энэхүү хуваагдмал-бус үзэл үүсэн бий болдог билээ. Энэ байдлаас та бүхнийг ариунаар тодхон харж чадах болдог.

## Ратнасамбава Бурханы Аймаг

Ратнасамбава Бурханы гол шим бол *бүх юмс үзэгдлийн тэгш чанартайг ухаарах* явдал юм. Харьцангуй түвшиндээ, Цагийн хүрдний хот мандал дахь ядмуудад элбэг арвин өглөг өргөх дадлага үйлдсэнээр үүнд хүрдэг. Уламжлал ёсоор өргөлд өргөх арван төрөл зүйлс байдаг.  Үүнд жирийн хүний татагдан дурлах эд юмс, хайртай хүмүүс, тэр бүү хэл өөрийн биеийг оролцуулдаг байна. Эдгээрийг цөм уг үндсээрээ ариун чанартай гээд бодох юм бол Бурхад Бодисадва нарт өргөхөд тохиромжтой хэмээн үзэгддэг байна. Энэхүү өглөгийн дадлага *Цог Өргөх* тахилын зан үйлээр биеллээ олдог.

Гүнзгий түвшиндээ, өөрийн нарийн биеийн арван хийг гол судалдаа хурааж саатуулан барьснаар энэ тэгш чанарыг ухамсарлаж болдог. Хий улам бүр дотогш татагдан хуримтлах тусам хоёрдмол үзэл улам бүр арилсаар байна. Бүх хий цугларч дуусахад таны мэдэрсэн болгон нэгэн чанартай хоосон-дүрс болон ургах болно.

### Бирузана Бурханы Аймаг

Бирузана Бурханы гол шим нь бүхий л *юмс үзэгдлийн тааламжтайг ухаарах* явдал юм. Гүехэн түвшиндээ, таван төрлийн мах таван төрлийн шингэн зүйлстэй харьцсанаар үүнд хүрч болдог. Эдгээр нь энгийн үед дур гутам заваан бөгөөд зовлонгийн үндэс болдог гэж үздэг зүйлс юм. Гэвч хэрвээ та тэдгээрийн цаад гүн ариун чанарыг бодож үзэж чадах юм бол тааламжтай амгалант байдлыг мэдрэх суурь болно. Энэ бясалгал далд ухамсрын маш гүнзгий түвшинд хүрсэн байхыг шаарддаг учраас ихэнх бясалгагч зөвхөн мах, архи хоёроор бусдыг бэлгэдэн орлуулж цаад гүний нь ариун чанарыг өөртөө сануулахыг хичээдэг байна.

Гүнзгий түвшиндээ, эдгээр арван зүйл нарийн биеийн арван төрлийн дуслыг төлөөлөх бөгөөд бүх нарийн биеийн дагуу тархсан байдаг. Эдгээр нь дээдийн амгаланг мэдрэх үндэс болдог байна. Төгсгөлийн зэргийг дадуулан үйлдсэнээр хий гол судлын гол цэгүүдэд ирж тогтоно. Ингэснээр зургаан хүрдэн идэвхжиж улмаар дуслууд хүрднүүдэд соронздуулах адил татагдан очиж дүүргэнэ.

### Амогасидди Бурханы Аймаг

Амогасидди Бурханы гол шим бол *юмс үзэгдлийн туйлын тааламжит чанараас үл зуурах* явдал билээ. Наагуур түвшинд, өөрөө тааладаг сайхан гэсэн болгоныгоо өргөлд өргөх замаар үүнд хүрч болно. Жирийн таашаалыг илүү гүнзгий үнэний бэлгэ тэмдэг хэмээн ухаарахад төвлөрөх хэрэгтэй. Гэгээрлийн хот мандалд таашаалтай болгоноо өргөснөөр сэтгэлийн шунал зууралттай байдлаасаа салж байгааг бэлгэддэг.

Цаагуур түвшиндээ, үл-зуурах сэтгэл *Дотоодын Гал Туммог* асааснаар хэрэгждэг байна. Та энэ дадлагатай дотно танилцсаны дараа хүн улам бүр илүү сэтгэлийн таашаал эдлэх болно. Хуваагдмал үзлийн хүрээнд зууралт үгүй байхад суралцсанаар яваандаа хоёргүй үзлийн ухамсарлахуйд амгалан таашаалд оршин байж чаддаг болно.

### Амитаба Бурханы Аймаг

Амитаба Бурханы гол шим бол *ханийн тусламжтайгаар үнэний нэгдмэл шинжийг ухаарах* явдал юм. Янагуух түвшиндээ, далд ухамсарлахуйнхаа гүнзгий түвшинд нэвтэрсэн бясалгагч нар ариунаар харах үзлийг байнга хадгалан байж бодит хүнтэй харьцаанд орох боломжтой. Олонх бясалгагч дүрслэлийн ханийн тусламжтай үүнийг дадуулдаг. Аль ч тохиолдолд дотоод амгалан, саруул билгүүн хоёрыг нэгтгэхэд төвлөрөх ёстой бөгөөд ингэснээрээ дээдийн хоосон чанарыг онох боломжтой.

Чинагуух түвшиндээ, нарийн биеийн дуслаа гол судлынхаа доод үзүүрт хураан сааатуулан барьснаар энэ нэгдэлд хүрэх болно. Ингэснээр үл хувирахуйн амгалан бүхий өндөр төвлөрөлт бүхий сэтгэл үүсгэнэ. Бодлоо хоёргүй үзэлд оршооснор Хоосон-Дүрсний Илбийн Их Ханьтайгаа нэгдэхийг эцэст үзэх болно.

## Базарсад Бурханы Аймаг

Базарсад Бурханы гол шим бол *дээдийн амгалан ба хоосон дүрсний нэгдэлд орших* явдал юм. Харьцангуй түвшиндээ, амгалангийн суурь болдог нууцын эрхтэнд төвлөрөх бөгөөд энэ нь эцэстээ туйлын үнэний дээдийн хоосон чанарыг мэдрэхийн үндэс болдог байна. Тиймээс хамаг амьтныг зовлонгоос гэтэлгэх чин хүслээр энэ нэгдэлд орших хатуу зорилготой байх ёстой.

Чинагуух түвшиндээ, очирт самади бясалгалд сааатан оршиж үл хувирахын амгалан хоосон-дүрс хоёрыг нэгтгэснээр гэгээрэлд хүрч болно. Энэхүү байдалдаа бүрэн умбаж оршсон агшин бүхэнд үйлийн үрийн хий уусан уусаар сансарт хүлэгдэн эргэлдэх нөхцөл үүрд таслагдан арилах болно.

Зургаан Бурханы Аймгаар дамжуулан бид үүсгэлийн зэрэгт хамааралтай зургаа, төгсгөлийн зэрэгт хамааралтай зургаа, нийт арван-хоёр тангараг байгааг таньж болно. Үүсгэлийн зэрэгт зориулсан харьцангуй түвшний тангараг гэвэл: 1\ Ядмын Егүзэрийн дадлагаар бие, хэл, сэтгэлээ нэгтгэх, 2\Цог Өргөх зан үйлээр элбэг арвин тахилга өргөх, 3\Ариун-бус арван идээ ундаатай харьцахдаа ариун чанарыг байнга ухамсарлаж байх, 4\Тааламжтай мэдрэмж болгоноо гэгээрлийн хот мандалд өргөх замаар таашаан дурлах зууралтаа багасгах, 5\Дүрслэлийн ханьтай харьцах үедээ таашаалын ариуныг таних болон 6\Хоосон дүрс ба хувиршгүй амгалангийн нэгдэлд сааатан орших хүслийг хөгжүүлэхдээ хослон орохуйн ариун дагшин гэдгийг цаг ямагт ухамсарлаж байх ёстой ажээ.

Төгсгөлийн зэргийн зургаан тангаргийг тодорхойлбол: 1\Очирт Зургаан Йогийн дадлагаар бие хэл сэтгэлээ нэгтгэх, 2\Дотоод арван хийг гол судалдаа авчрах замаар хоосон дүрс мэдрэх, 3\Нарийн биеийн дуслуудыг гол судалдаа хураах, 4\Дотоодын Гал өрдөх дадлагаар амгалан таашаалд дурлах зууралтаа тавиулах, 5\Бодит болон дүрслэлийн ханьтай хослон орохуйг бүтээн бүх нарийн дуслаа гол судлын доод үзүүрт цуглуулах болон 6\Хувиршгүй амгалан хийгээд хоосон дүрсний нэгдэлд сааатан орших явдал билээ.

## Цагийн хүрдний Дандарын Хорин-Таван Журам

Цагийн хүрдний Хорин-Таван зүйлт сахил бол тарнийн тангаргийг таны өдөр тутмын амьдралд оруулж мөрдүүлэхэд туслахаар тусгайлан зориулсан дэд сахилууд юм. Уг нь тэдгээр зүйл анх тухайн цагт оршиж байсан зарим буруу үзлийг сөргүүлэх зорилготой гарч ирсэн ажээ. Тэдгээрийн үг хэллэг үл ялиг өөрчлөгдсөн ч гэлээ гол зарчим нь хэвээр хадгалагдан, хүнийг Бурханлаг-чанартай нь холбож өгөх хүчирхэг арга болдог нь үнэн билээ.

Хорин-таван зүйл таван бүлэгт хуваагдах ба: 1\Орхивол зохих таван гол сөрөг үйл, 2\Орхивол зохих таван жижиг сөрөг үйл, 3\Хориотой таван аллага, 4\Үл хүндлэх таван зан байдал ба 5\Таван шунал юм. Бүлэг болгоны гол цэгийг ойлгож авч чадах юм бол түүнийг өдөр тутмын амьдралд хэрэгжүүлэхэд онцын бэрхшээл гарахгүй болно.

### Орхивол Зохих Таван Гол Сөрөг Үйлдэл

Эхний бүлэг сахил *Ангид Гэтлэхийн Санваартнуудын Үндсэн Сахил* \ \пратимокша\-тай адилхан. Үүний гол шим нь *хүч үл хэрэглэх явдал* юм. Энэ нь бие ба хэлээр бусдыг хохироохоос зайлсхийх гэсэн утгатай. Мөн согтууруулах ундаа хэрэглэхээс зайлсхий гэсэн үг бөгөөд учир нь архи дарс ухаан санааг бүрхэг болгож сахилаа зөрчихөд хүргэнэ гэсэн санаа билээ.

1.  **Амьтны амь таслах:** Ерөнхийлж хэлбэл хүн ба амьтанд бие махбодын болон сэтгэл санааны хохирол үзүүлэхийг хэлнэ. Энэ онцолж харуулсан сахил энгийн хүмүүсийн авдаг сахилыг бодвол хамаагүй илүү өргөн хүрээг хамардаг бөгөөд сахиж явахад нэлээд амаргүй боловч аливаа хүчирхийлэл үгүйгээр амьдрахыг бид хичээх хэрэгтэй.

2.  **Худал хэлэх:** Түйтгэрт сэдэлд суурилсан аливаа худал үгийг бид цээрлэх ёстой. Ялангуяа өөрсдийн буруу ойлголтод үндэслэсэн буруу номлол айлдах дээр анхаарвал зохино. Бид үнэнийг аливаа төөрөгдөлгүйгээр, яг байгаагаар нь харахыг эрмэлзэх ёстой.

3.  **Өгөөгүйг авах:** Хүний юмыг хэрэглэхдээ эхлээд зөвшөөрөл авсан байвал зохино. Том, жижиг байх огт хамаагүй, таных л биш бол эзнээс нь заавал асуух хэрэгтэй. Үүнд эргүүлж өгнө гэж амлан зээлсэн мөнгөний өр мөн адил хамаарна.

4.  **Буруу хурьцал:** Бид хурьцлын аливаа буруу хэлбэрийг үйлдэх, бусдад хохиролтой буюу түйтгэрт сэтгэлийн төлөвөөр үйлдэхээс зайлсхийх ёстой. Ерөнхийд нь хэлэхэд Цагийн хүрдний дандрын бясалгагч хүн бэлгийн харилцаа \секс\-г машид ариун зүйл хэмээн үзэж хүндэтгэлтэй хандах учиртай.

5. **Согтууруулах ундаа хэрэглэх:** Бид ухаан санаа самууруулж, өөрийн хяналтаа сулруулж, хөнөөлтэй араншин гаргахад хүргэдэг бүхий л төрлийн согтууруулах ундаа болон мансууруулах бодис хэрэглэхээс зайлсхийх ёстой. Энэ сахил Цог өргөх юм уу бусад дандрын зан үйлийн журмын нэгээхэн хэсэг болгон архи хэрэглэхийг хориглодоггүй. Гол нь сэтгэлээ түйтгэрээс ангид байлгах үүднээс согтохгүй байхыг эрхэмлэх ёстой.

## Орхивол Зохих Таван Жижиг Сөрөг Үйлдэл

Дараагийн бүлэгт шунал, хорсол, мунхаглал гэсэн муу сэтгэлд дарамтлуулан үйлдэх үйл хамаарна. Доорх зүйлээс чадахын хэрээр зайлсхийвэл зохино. Үүнд:

1. **Мөрийтэй тоглоом:** Хөзөр болон хөлөгт тоглоом мэтийн цаг дэмий үрсэн, ялангуяа бусдын мөнгөөр өөрт ашиг олох гэсэн санаа өвөрлөн мөрийцөх, өрсөлдөх үйлдэл цөм энд багтана. Их цаг зарцуулах шаардлага гардаг иймэрхүү тоглоомын үйлдэл бидний хүч энергийг өөр зүгт чиглүүлж байдаг боловч сурч мэдэхүйн зорилгоор ашиглахад болохгүй юмгүй гэдгийг ойлгох хэрэгтэй. Эсвэл бусдад илтгэх зорилгоор ч юм уу өөрийн төлөөнөө бус сэдэлтэй бол байж болно.

2. **Атгаг нь арилаагүй мах идэх:** Зарим системд өөрсдийн агнасан адгуусны махыг идэх буян гэж үздэг бол Буддын шашинд ийм үйлийг хилэнцтэй гэж үзэх бөгөөд "атгаг" арилаагүй мах гэж үздэг. Энэ сахилын учир нь бидэнд тусгайлан зориулж алсан гэж мэдэх буюу тэгж сэжиглэж байгаа адгуусны махыг идэхээс зайлсхийхийг анхааруулж байна.

3. **Мунхаг үгс унших:** Энэ сахил түйтгэрт сэтгэлийн хөдөлгөөнөө хянах боломжгүй байж, бүдүүн хэлбэрийн хүсэл таашаал, уур хилэн төрүүлэх ном, өгүүлэл унших эсвэл зураг, вэбсайт, видео материал үзэх зэрэгт хамааралтай. Иймэрхүү үйлдэл ашиггүй, үр дүнгүй, сэтгэл сатааруулсан, үнэт цагийг дэмий гарзадсан шинжтэй байдаг. Гүнзгий түвшинд авч үзвэл энэ сахил бидэнд уур хүргэсэн, шунал хөдөлгөсөн аливаа зүйлд ухамсартай хандаж тиймэрхүү сэдвээр ярихаас ч зайлсхийхийг анхааруулж байдаг.

4. **Сүнс тахих:** Амьтны амь оролцсон байх үед сүнсэнд тахил өргөх явдлыг зохисгүй гэж үздэг. Үхсэн амьтны сүнсэнд тахил өргөх, байгалийн сүнс юм уу нэр төр, эрх мэдэл, сүр хүч, аз завшаантай холбоотойгоор үл харагдах амьтанд тахил өргөхөд энэ сахил хамааралтай. Амьтны амь гарздаагүй юм уу хулгайн зүйлс ашиглаагүй тохиолдолд тахил өргөж болно гэж үзэх ба бид хэрвээ сэтгэлдээ тэдний зовлонг арилгахын төлөө байх юм уу өөрсдийн үйлийн өр төлөөсийг төлж байна гэсэн сэтгэл агуулсан байх тохиолдолд зохимжтой гэж үздэг.

5. **Хэт туйлшрах үзэлтний ёсыг дагах:** Өнөө цагт хэт туйлширсан үзэлтний зан үйл ховор тохиолдох болсон ч зарим шашны урсгалд зэрлэг харгис заншил байсаар байхыг үгүйсгэхгүй. Сүсэг бишрэлийн амжилт олох сэтгэлээр хэтэрхий харгис хоолны дэглэм барих болон тахилд цус өргөх зэргийн жишээ байж болно. Ерөнхийд нь хэлбэл бид өөрсдийн үйл хөдөлгөөн болгоныг бусдын сайн сайхны төлөө байна уу хор хүргэхээр байна уу гэдэг дээр байнга ухамсартай хандаж байхыг энэ сахил анхааруулж байдаг.

## Хориотой Таван Аллага

Амьтны амь таслах нь ерөнхийдөө *Таван Гол Сөрөг Үйлд* багтдаг ч гэсэн Бурхан Багш буруу үзлийн улмаас үйлдээд түүнийгээ зөвтгөх гэж оролдсон таван төрлийн аллагыг бүр онцгойлон сонгож авчээ. Энэ бүлэг сахилын гол шим нь *амьтны амь таслахдаа сэдлээ байнга ухамсарлаж байх* явдал юм. Таны сэдэл гурван хорын аль нэгээр цэнэглэгдсэн байх вий гэдгээс болгоомжилж байх нь маш чухал.

1. **Адгуусны амь хөнөөх:** Амьд амьтныг алах хориотой гэдгийг ерөнхийд нь олонтаа дурдсан ч гэлээ хувийн ашиг хонжоо болоод эд материал, сүсэг бишрэлийн олз олохын төлөө адгуус амьтныг хөнөөхийг тусгайлан авч үзсэн байна. Шашны зарим урсгал тийм үйлдлийг зөвшөөрдөг байж болох боловч Буддын шашин түүнийг дэмждэггүй. Хувийн сонирхлоор амьтны амь хороох нь цэвэр нүгэлд тооцогдоод зогсохгүй үйлийн үрийн маш хүнд үр дагавар авчирдаг. Орчин цагт хүмүүс ан хийх, загасчлах зэрэг үйлдлээс татгалзахдаа хялбар болсон байж мэдэх хэдий ч хорхой шавж алахаа зогсооход үнэхээр хэцүү байдаг байна. Зэвүү хүргэсэн шавжийг автомат удирдлагатай мэт няцалж орхихоо бид юман чинээ санадаггүй бөгөөд бага зэргийн залхсан байдлаа хэчнээн зэрлэг аргаар зогсоож байгаагаа мэддэггүй. Гэвч хэрвээ, эдийн засгийн болон эрүүл ахуйн шаардлагаар шавж устгал хийх зайлшгүй болсон үед түүнийг үзэн ядалт хорсолгүйгээр, болж өгвөл амийг нь хөнөөхгүй шиг байх сан гэсэн сэдлээр үйлдэх хэрэгтэй. Хорхой шавж болон аливаа амьтай амьтны сайн сайхны төлөө байж, тэднийг аль болох хөнөөхгүй байхын чухлыг шинжлэх ухааны нээлтэд ч бодож үзэх ёстой билээ.

2. **Хүүхэд хөнөөх:** Хүний амь нас хороох нь хориотой зүйл ч гэлээ хүүхдийг энд онцгойлон авч үзсэн байна. Зарим шашны урсгалд болон эдийн засаг, эрүүл мэндийн үүднээс үүнийг хүлээн зөвшөөрчихсөн байдаг. Энэ үйлдэл уур хилэн юм уу, ганц хувийн тааламжтай байдлын төлөөнөө хийж байгаа бол маш их сөрөг үр дүнд хүргэнэ. Орчин цагийн нөхцөлд үр хөндүүлэх асуудал дээр энэ сахил ихэд хамааралтай байдаг. Эрүүл мэнд талаасаа

*Гэгээрлийн хот мандлыг лам нар өнгийн элсээр бүтээж байгаа нь*

зөвтгөх шалтгаан байж болох хэдий ч хувь хүний байдалд хамааралтай эмзэг асуудал мөн билээ. Үр хөндөлтийг тунгаан бодоод үзэх юм бол бид сэдэл хийгээд үйлдэлдээ маш ихээр болгоомжлон хандах нь зүйтэй бөгөөд хар амиа бодох үүднээс үүнийг үйлдээгүй гэдэгтээ итгэлтэй байж хийвэл зохино.

3. **Эрэгтэй болон эмэгтэй хүнийг хөнөөх:** Зарим шашны урсгалд байдаг хүнийг золигт гаргаж тахил өргөх ёслол дээр үндэслэж энэ хоёр сөрөг үйлдлийн эсрэг сахил анх гарсан ажээ. Орчин цагт хүн ба адгуус амьтан аль алиныг амийг энэрэнгүй байдлын үүднээс өвдөлтгүй егүүтгэх асуудал байх болсон байдаг. Буддын ухааны үүднээс үүнийг хэрвээ ариун сэдэлтэй байх юм бол ийм үйлдлийг хийсний дараа боловсрох үр нь энгийн аллага үйлдсэнээс арай хөнгөвтөр байж болох талтай гэж үздэг. Гэхдээ л амь хороохыг хэзээ ч зөв хэмээн үзэх учиргүй бөгөөд хувь хүний өөрийн үйлийн үрийн дагуу эдэлж буй зовлонг хүчээр таслан зогсоох нь хойчийн төрлүүддээ илүү их зовлон амсуулах үр дагаварт хүргэж болохыг анхаарах хэрэгтэй. Хүний ертөнцөд байж болох хамгийн муу зовлон хүртэл хилэнц ариусах үйл явцын дунд мэдрэгдэж байх боломжтой. Өөрөөр бол магадгүй доод муу заяанд төрөх тавилан эдлэх байсан байж болзошгүй билээ. Хүний амьдралаар амьдарч байх энэ насанд нь тэднийг алж зовлонг нь тасална гэдэг тэрхүү үйлийн үрийг боловсрохын цагт ирэх хойч үедээ илүү бэрх зовлон амсах тавилантай болгож мэднэ.

4. **Гэгээрсэн лагшин, зарлиг, таалтын төлөөллийг устгах:** Энэ бол ариун дагшин шүтээний эд зүйлсийг устгаснаар тэрхүү ариун бодгаль юм уу объектын буян хишгийг өөртөө өвлөн авна гэж эндүүрэн итгэдэг зарим хүмүүст хамааралтай үйлдэл юм. Ариун зүйлс гэж зураг хөрөг баримал, ном судар, суварга хөшөө гэх мэт зүйлсийг хэлэх бөгөөд орчин цагт энэхүү сахил Бурханы ном судар бичгийг хүндэтгэл бишрэлтэй хэрэглэж явахыг бидэнд сануулж байгаа гэж үзэж болно. Хэрвээ Бурханы ном судрыг устгах хэрэгтэй болдог юм аа гэхэд машид хүндэтгэлтэйгээр шатаах хэрэгтэй бөгөөд энгийн бусад эд зүйлтэй адил үзэж болохгүй.

## Хүндэтгэлгүй Таван Зан Байдал

Энэ таван зүйл сахил маш хүчтэй үйлийн үр үүсгэх үндэс болдог таван хүчирхэг харьцаанд бидний анхаарлыг чиглүүлдэг. Бидний зорилго хамаг амьтны тусын тулд гэгээрэлд хүрэх явдал учраас тэр хүмүүстэй харьцаагаа муутгах нь бидний энэ зорилгод тээр болох болно. Эдгээр сахилын гол шим нь буянтай үйл үйлдэгчдийг талархан хүндлэх, эсвэл бусдад буянтай үйл хийх нөхцөлийг нь бүрдүүлж өгөх явдал. Үүнд:

1. **Бурханы ном юм уу эсвэл дэлхий ертөнцөд ашигтай сайн үйл хийсэн нэгнээ үзэн ядах:** Бусдын сайн сайхны төлөө юм хийж яваа нэгнээ дорд үзэн, тийм ч их чадварлаг биш хэмээн гоочилж, ямар ч ашиг тустай юм хийсэнгүй гэх мэтээр буруушаах явдал бидний дунд байдаг. Энэхүү олиггүй араншин биднийг "яавал дээрийг би мэдэж байна" гэсэн би төвтэй бодолд автахад хүргэж бусдад туслах чадварыг маань ноцтой хязгаарлаж орхидог байна.

2. **Хүндэлбээс зохих ахмад настан юм уу удирдагч хүнийг үзэн ядах:** Бид дарга, ахмад хүмүүсээ хувийн ашиг сонирхолдоо нийцүүлэх гэж оролдон шүүмжилж, өөрт таатай, таагүй байдалд дулдуйдан зан байдлыг нь үзэн ядах дүгнэлтэд автахгүйг хичээх хэрэгтэй. Зөвхөн өөрт хэр илүү таалагдаж буй дээр төвлөрсөн байдлаар хандсанаас бидний ялгамжаат ухамсар суларч өвчлөн, юмыг ухаалгаар дүгнэж цэгнэх чадвараа бүрэн алдахад хүрдэг. Тиймээс өөрсдийн үзлийг ямагт хязгаарлагдмал гэдгийг хүлээн зөвшөөрч бусдыг ямагт хүндэтгэж явбал ашигтай байдаг.

3. **Сүсэг бишрэлийн багшаа юм уу эсвэл Бурханыг үзэн ядах:** Номын багшаа хүндэлж явах маш ашигтай. Сүсэг бишрэлийн төдий биш бусад бүх багш хэдийгээр шаардлага бүрэн хангаагүй мэт санагдаж байлаа ч энд мөн хамаарна. Тэдний дутагдалтай сул талыг олж илрүүлснээр энэ сахил зөрчигдөх юм биш харин тэдний зүг хүнийх нь хувьд сөрөг сэтгэлээр хандахгүй байх хэрэгтэй.

4. **Хуврагийн нийгэмлэгийн гишүүнийг, ялангуяа Арьяа бодгалийг үзэн ядах:** Энэ сөрөг үйлдэл голчлон Арьяа бодгалийг \хоосон чанарыг илтэд оносон нэгэн\ хэлж байгаа боловч Хувраг гэдгээр тухайн шашны нийгэмлэгийн төлөөлөгчдийг хэлдэг. Зарим нь хорвоогийн сэдэлтэй боловч лам гэлэнмаа болсон байж мэдэх ба өмссөн дээл хувцсыг нь бодсон ч тэдэнд тоомжиргүй хандах зохисгүй билээ. Одоо цагт Баруунд Хувраг гэдэгт Буддын нийгэмлэгийн бүх гишүүн багтдаг. Тийм нийгэмлэг дотор дайсагнал үүсвэл сүсэг бишрэлийн хөгжилд муугаар нөлөөлөх нь гарцаагүй.

5. **Бидэнд итгэдэг хүнийг үзэн ядах:** Бидний тусламжид дулдуйдан найдаж байдаг хүмүүсийн итгэлийг алдах явдал энэ сөрөг үйлдэлд мөн багтана. Мөн түүнчлэн эрх хүчээ ашиглан тэднийг дээрэлхэх гэх мэт. Хүмүүс бидэнд найдаж байгаа бол тэдний хэргийг бүтээхийн төлөө чадал хүрэх бүхнээ хийх хэрэгтэй.

## Таван Шунал

Сүүлчийн таван сахил таван мэдрэхүйн шуналыг анхааруулж байна. Бодолд түшиглэсэн сэтгэлийг бид хувиргах гэж байгаа болохоор мэдрэмжийн ертөнцөөс салах чухал шаардлагатай. Сайхан харагдах, үнэртэх, сонсогдох гэх зэрэгт татагдсаар байвал та зорилгодоо хүрч чадахгүй. Тэгэхээр энэ бүлгийн гол шим нь мэдрэхүйн таашаалаас зуурахгүйн тулд өөрийгөө хянах чадварыг өндөржүүлэн үнэн жаргаланд зорих явдал билээ. Энэ бол таныг юмнаас таашаал авч болохгүй гэсэн үг биш, харин түүнийг зориуд олохоор эрж явах хэрэггүй гэсэн утгатай юм. Энэ нь хатуу дэглэм баримтлахаар амлаж байгаа хэрэг бус, сэтгэлээ хянаж ухаалгаар хязгаарлах андгай гэж үзэж болно.

Хорин-Таван Сахилыг эргэн дүгнэж үзвэл: 1\Хүчирхийлэл үл хэрэглэх, 2\Түйтгэрт бодолд автахаас зайлсхийн, 3\Бусдыг хөнөөхөд хүргэдэг буруу үзэлд автахаас сэргийлэн, 4\Буянтай хүмүүсийг хүндэтгэн утга төгөлдөр харьцаа тогтоох ба 5\Өөрийн хяналтыг нэмэгдүүлснээр жинхэнэ аз жаргалыг эрж олох явдал ажээ.

# Гэгээрлийн Хот Мандалтай Танилцахуй

Энэ шатанд та хэрэгтэй бүх андгай тангараг, ам өчиг, сахилаа авч гүйцсэн тул авшиг хүртээх дараагийн шатанд Очирт багш биднийг *Цагийн хүрдний Гэгээрсэн Хот Мандал* хэмээх үнэний мөн чанарыг бэлгэдсэн бэлгэдлийн төлөөлөлтэй танилцуулах болно. Энэхүү өвөрмөц бодлын загвартай танилцсанаар бид өөрсдийн мэдрэмжийн өөр өөр тал руу анхаарлаа хандуулах боломжтой болж тэдгээрийн дотоод ариун чанарыг системтэйгээр ухамсарлах болно.

Үүнийг хэрхэн өрнөдийг ойлгоно гэвэл бүхий л юмс үзэгдэл цаглашгүй ахуйн нэгэн оршихуйн мөн чанартай гэдгийг л санах хэрэгтэй. Мөн чанараараа салшгүй нэгэн хэдий боловч Бурханлаг чанар хоёр талыг агуулдаг гэж үзэж болох нь: 1\Тоолшгүй олон янзын хоосон дүрсний урган гарч, тодорхой цэвэр үзэгдэх тал болон 2\Ургасан болгоныг таних шижир тунгалаг ухамсрын туяарсан тал юм. Энэ хоёр талын хоорондын хамтын нэгдлээр үзэгдэл маш олон төрөл янзаар ургадаг байна.

Энэ тодорхой хийгээд туяарсан хоёр тал гэгээрсэн хот мандалд: 1\Бодит орчин болон 2\Түүн дотор амьдрах ядмуудаар төлөөлүүлэн мэдэрдэг байна. Дараагийн бүлэгтээ бид энэхүү хот мандлыг машид нарийвчлан судлах тул одоогоор авшгийн үед танилцуулдаг гол гол үзүүлэлтийн үндсийг дүгнэн ярилцах болно.

## *Гэгээрсэн Орчин*

Орчин гэхээр бид гадаад дэлхий ертөнц, уул ус, ой шугуй, од гариг гэж бодох хандлагатай байдаг. Гэгээрсэн орчны хувьд мэдрэмжийн хамаагүй илүү өргөн хүрээг хамардаг бөгөөд сэтгэлд мэдэгдэж болох бүхнийг, бодит үзэгдэл гэж үзэгддэг болгоныг оролцуулан бүхэлд нь хамардаг байна. Сэтгэлд бодитой мэт үзэгдэж байгаа болохоор бодит үзэгдэл хэмээн тооцогдоно.

Гэгээрсэн орчны хүрээнд бодит үзэгдлүүд мөн чанар хийгээд давхаргын нарийсалтад үндэслэсэн зургаан хот мандалд хуваагддагт: 1\Орчлон мандал, 2\Лагшин мандал, 3\Зарлиг мандал, 4\Таалал мандал, 5\Жаргалын мандал ба 6\Охь мандал юм. Эхнийх нь хамаг амьтны хоорондын нийтлэг үйлийн үрээр хэлбэржин үзэгдэж буй гадаад ертөнцийн ариун чанарын төлөөлөл болдог бол үлдсэн тав нь гэгээрсэн бодгалийн дотоод ертөнцийн ариун талуудтай холбогддог байна.

## Гэгээрсэн Ядам Бурхад

Бидний мэдрэмжид үзэгдэх чадвартай бүх объектыг хоёр үндсэн замаар тайлбарлаж болдог. Хэрвээ бидний сэтгэл хоёрдмол үзэлт мунхгийн үүднээс аливаад хандаж байгаа үед тухайн объект бидний үйлийн үрийн хувилбар болсон эгэлийн үзэгдэл болон мэдрэгдэх болно. Харин бидний сэтгэл язгуурын билгүүний хоёргүй ухамсраар хандаж байх тохиолдолд эдгээр объект цаглашгүй ахуйн ариун үзэгдэл болон үзэгддэг байна. Тэдгээр ариун үзэгдлийг гэгээрсэн хот мандалд саруул билгүүний ядмуудаар төлөөлүүлдэг ажээ.

Цагийн хүрдний Гэгээрсэн Хот Мандал дараах арван-зургаан бүлэг ядмуудаар танигддаг. Үүнд: 1\Гол ядам Дүйнхорын Яб-Юм, 2\Арван шахти, 3\Дөрвөн сүлд, 4\Арван-хоёр Будда, 5\Арван бумба, 6\Арван-хоёр Бодисадва, 7\Догшин таван ядам, 8\Өргөлийн арван-хоёр дагинас, 9\Найман эмэгтэй ядам йогини нар, 10\Хүслийн гучин-зургаан дагинас, 11\Сарны тооллын арван-хоёр эрэгтэй ядмууд, 12\Зургаан догшин сахиус, 13\Лусын арван хаад, 14\Огоорлын гучин-зургаан дагинас, 15\Маш догшин арван ядам, 16\Талбайг бүрхсэн гучин-таван сая ядам билээ. Эдгээрээс 636 ядмыг Жонангийн Урсгалын үүсгэлийн зэргийн дадлагад ашигладаг байна.

# Жинхэнэ Авшиг

Гэгээрсэн хот мандлын ерөнхий байгууламжийг танилцуулсны дараагаар Очирт багш таалал, жаргал, охь мандал гуравт орших ядмуудыг ашиглан бидэнд жинхэнэ авшгаа хүртээх болно. Тэдгээр ядам нийтдээ Бурханы Номын Үнэн лагшныг төлөөлдөг бөгөөд бидний ван авшиг хүртэх эх сурвалж бол тэр билээ.

Хүүхэд нялх байхаас насанд хүрч очих хүртэл үетэй тохирдог нийт долоон өөр авшиг бий. Хүүхэд энэ хорвоод анх мэндлэхийн адил бид ч бас Цагийн хүрдний гэгээрсэн ертөнцтэй анх танилцах болно. Хүүхэд энэ хорвоотой холбогдон нэгэнтээ мэдрэмж нь хөгжиж эхэлдэг шиг бид үүсгэлийн зэргийн дадлагаар өөрсдийн хэн болох жинхэнэ мөн чанарын арилсан үзэгдэл – төрөлх нандин үнэнийхээ зүгээс өөрийгөө хөгжүүлж эхлэх болно.

Энэхүү ариун үзэхүй мара хэмээх дөрвөн шуламсын хорлолоор үүсдэг бүх бэрхшээл түйтгэрийг арилгасны дараа илэрдэг мэдрэмжийн дөрвөн төлөвийн ариуслаар бий болно. Түйтгэрүүд арилмагц бидний ариун үнэн мөн чанар чөлөөлөгдөн гарч, төгс гэгээрсэн Бурханы дөрвөн очир болон үзэгддэг билээ. Тэд хэрхэн холбогддогийг доор тоймлон үзүүлбээс:

| Төлөв | Мара | Очир |
|---|---|---|
| Сэрүүн | Бүрдэл цогцын мара | Очирт-Лагшин |
| Зүүдний | Түйтгэрийн мара | Очирт-Зарлиг |
| Гүн-Нойрсох | Эрлэгийн мара | Очирт-Таалал |
| Бясалган Уусахуйн | Тэнгэрийн хөвгүүдийн мара | Очирт-Билгүүн |

*Хүснэгт 4-1: Сэтгэлийн Дөрвөн Төлөвийн Ариусал*

Бидний мэдрэмжийн тал болгоныг ариусгахад Авшиг хэрхэн тусалдгийг танихын тулд авшиг нэг бүрийг тус тусад нь судалбал зохино. Энэ шатанд авшгийн ядмууд болон тэдгээрийн аль ариуныг тухайлан төлөөлж байгаа хоёрын холбоог хэлбэржүүлж авахад анхаарлаа чиглүүлэх хэрэгтэй.

## Очирт-Лагшиныг Олох Авшиг

Эхний бүлэг бидний бүдүүн мэдрэмжийг гадаад ба дотоод хэтийн төлөвийн зүгээс хувиргах болно. Бид "тэнд" буй ертөнц хүлээн авахуйгаа "энэ дотооддоо" болгож өөрчлөхөөр тусгайлан зорьж яваа. Энэ ангиллын мэдрэмж сэрүүн байх үеийн үзэгдэлтэй тохирч байдаг.

### Усан Авшиг

Та огторгуй, хий, гал, ус, шороо гэсэн таван махбодыг бясалгаж эхэлнэ. Эдгээр нь гадаад ертөнцийн үндсэн таван махбод билээ. Махбодын хоосон чанарыг бясалгах үед таван *Эмэгтэй Бурхад* болохыг ухаарна. Энэ шат шинэ төрсөн хүүхдийн анхны угаалга үйлдэхтэй хосолж байдаг.

| Эмэгтэй Бурхад | Махбод |
|---|---|
| Важрадатвишвари | Огторгуй |
| Тара | Хий |
| Пандара | Гал |
| Мамаки | Ус |
| Лочана | Шороо |

*Хүснэгт 4-2: Усан Авшигийн Ядмууд*

**Титэмний Авшиг**

Гадаад махбодыг ариусгасны дараа дотогшоо орон, өөрийгөө гэж мэдрэх тэр үндэс рүү чиглэх болно. Энэ авшгийн үед дүрс, хүлээн авахуй, мэдрэмж, хэлбэржилт, ухамсрын таван бүрдэл цогцод анхаарлаа хандуулан тэдгээрийн хоосон чанарыг бясалгаснаар таван *Эрэгтэй Бурхад* болохыг ухамсарлана. Энэ шат хүүхэд анх үс үргээлгэдэгтэй тохирч байдаг.

| Эрэгтэй Бурхад | Бүрдэл Цогц |
|---|---|
| Бирузана | Дүрс |
| Амитаба | Хүлээн авахуй |
| Ратнасамбава | Мэдрэмж |
| Амогасидди | Хэлбэржилт |
| Акчобия | Ухамсар |

*Хүснэгт 4-3: Титмийн Авшгийн Ядмууд*

## Очирт-Зарлигийн Авшгууд

Дараагийн бүлэг авшиг сэтгэлийн нарийн давхарга руу буюу хий судлуудын нарийн байгууламжид шилжинэ. Цагийн хүрдний системээр судлаар гүйх хийн хөдөлгөөн нисваанисын түйтгэр урган гарахад дэмжлэг үзүүлдэг байна. Мэдрэмжийн энэ ангилал зүүдний төлөвийн үзэгдлүүдтэй тохирч байдаг ажээ.

**Торгон Туузын Авшиг**

Өдөр бүр арван төрлийн хий биеэр гүйж нарийн биеийн олон үйл хөдөлийн суурийг тавьж байдаг. Тэдгээрийн татах, түлхэх хүч биеийг амьд байлгадаг гэж үзэж болно. Эдгээр хийн хоосон чанарыг бясалгах юм бол та тэднийг *Арван Шахти* гэдгийг ойлгох болно. Энэ шат хүүхдийг анх зүүсгэл чимгээр гоёхтой дүйж байдаг.

| Шахти | Хий |
|---|---|
| Кришнадипта | Гал хавсрагч |
| Рактадипта | Дээш Хөдлөгч |
| Швэтадипта | Бүхнийг Хамарсан |
| Питадипта | Лус |
| Дума | Яст мэлхий |
| Маричи | Хамелеон |
| Хадиота | Девадатта |

| Прадипа | Данамжаяа |
|---|---|
| Парамакала | Амь тэтгэгч |
| Биндурупини | Доошоо зайлуулагч |

*Хүснэгт 4-4: Торгон Туузны Авшгийн Ядмууд*

## Очир ба Хонхны Авшиг

72,000 гаруй нарийн судал биеийн дагуу сүлжилдсэн байдгийн хоёр нь нурууны ясны баруун зүүн талаар явсан гол судал болдог. Түүнээр хий урсаж гарах үедээ бодол ургуулан үйлийн үр үүсгэдэг. Энэ хоёр судлын хоосон чанар дээр бясалгаснаар тэдгээрийг гол ядам *Дүйнхор Вишвамата* хоёроос салшгүй нэгэн чанартайг ойлгох болно. Энэ шат хүүхдийн баясан инээхтэй дүйцдэг байна.

| Ядам | Судал |
|---|---|
| Калачакра | Зүүн |
| Вишвамата | Баруун |

*Хүснэгт 4-5: Очир ба Хонхны Авшигийн Ядмууд*

# *Очирт-Тааллыг Олох Авшгууд*

Сүүлчийн хоёр бүлэг авшиг бүдүүн ба нарийн давхаргын бодит мөн чанартай харьцаж байсан бол дараагийн хоёр бүлэг оюуны мөн чанартай харьцах болно. Энэ бүлэг авшиг бидний үйл хөдлөлийн сэдлийг ухамсарлаж байдаг бүдүүн ухамсарт тусгайлан ханддаг ажээ. Мэдрэмжийн энэхүү ангилал гүн нойрсох үед урган гардаг үзэгдлүүдтэй тохирч байдаг байна.

## Ёс Зүйн Авшиг

Зургаан төрлийн бүдүүн мэдрэхүйн тусламжтайгаар бид гадаад ертөнцийг мэдэрч хүлээн авдаг. Үүнд: харах, сонсох, үнэртэх, амтлах, хүрэлцэх болон оюуны мэдрэхүй. Эдгээр мэдрэхүй тус бүр бидний мэдрэх хүч, хэлбэр дүрс, дуу чимээ, амт, үнэр, хүрэлцэх болон мэдрэлийн үйл гэсэн зургаан объекттой харьцаа үүсгэх үед бий болдог. Хэрвээ бид тэдгээрийн хоосон чанартайг бясалгавал хоёр хос зургаа буюу зургаан мэдрэх хүчийг зургаан *Эрэгтэй Бодисадва*, зургаан мэдрэхүйн объектыг зургаан *Эмэгтэй Бодисадва* болохыг ухамсарлах болно. Энэ шат хүсэлт ертөнцөд хүүхдийн янз янзын юмыг анх мэдэрч байхтай дүйж байна.

| Эрэгтэй Бодисадва | Мэдрэх Хүч |
|---|---|

| Читигарба | Нүдний |
|---|---|
| Важрапани | Чихний |
| Кагарба | Хамрын |
| Локэшвара | Хэлний |
| Сарваниварана | Биеийн |
| Самандабадра | Оюуны |

| Эмэгтэй Бодьсадва | Мэдрэх Эрхтэн |
|---|---|
| Рупаважра | Дүрс |
| Шабдаважра | Дуу |
| Гандаважра | Үнэр |
| Расаважра | Амт |
| Спаршаважра | Хүрэлцэхүй |
| Дармадатуважра | Оюуны Үзэгдэл |

*Хүснэгт 4-6: Ёс Зүйн Авшгийн Ядмууд*

## Нэрийн Авшиг

Сэтгэлд янз бүрийн ухамсар үүссэн дээр үндэслэн бид ертөнцийг бодолдоо хөрвүүлэх хэлбэр үүсгэнэ. Энэхүү хөрвүүлэг дээр үндэслэн янз бүрийн үйл үйлдэж эхэлдэг. Энэ авшгаар бид үйлийг үйлдэх тэдгээр биеийн дотоод хөдөлгөөнийг ариусгахад анхаарлаа төвлөрүүлнэ. Таван үйл хөдөлгөөнийг амны, гарын, хөлийн, цагаан мах \анус\-ны болон төвийн хөдөлгөөн гэж ялгаж үзэх ба таван *Догшин Эрэгтэй Ядам* болно гэдгийг болон хөдөлгөөнтэй зохилдох таван үйл болох ярих, барих, явах, ялгаруулах, дур тавих ба шээх зэргийг таван *Догшин Эмэгтэй Ядам* болохыг ухаарах болно. Энэ авшиг хүүхдэд нэр өгөх явдалтай дүйцдэг байна.

| Эрэгтэй Догшин Ядам | Эрхтэн |
|---|---|
| Вигнантака | Ам |
| Пражнантака | Гар |
| Падмантака | Хөл |
| Ямантака | Анус |
| Ушниша | Төв |

| Эмэгтэй Догшин Ядам | Үйлдэл |
|---|---|
| Стамбаки | Ярих |
| Манаки | Авах, Барих |
| Жамбаки | Ирэх, Явах |
| Анатавиря | Ялгаруулах |
| Атинила | Шээх, дур тавих |

*Хүснэгт 4-7: Нэрийн Авшгийн Ядмууд*

## *Очирт-Билгүүнийг Олох Авшиг*

Сүүлчийн авшиг сэтгэлийн маш нарийн давхаргад орж үйлчилдэг. Энэ нь бүдүүн бодлын урсгалыг таслан зогсоож бүхий л үзэгдэл төрдөг хамгийн язгуурын сууринд анхаарлаа чиглүүлдэг. Мэдрэмжийн энэ ангилал бясалган уусахуйн төлөвт ургадаг үзэгдлүүдтэй тохирч байдаг ажээ.

### Зөвшөөрлийн Авшиг

Бидний тархи мэдрэлийн үйл ажиллагааны цаад гүний нарийн түвшин буюу ухамсарт нарийн ухамсрын үзэгдэл байнга ургаж байдаг. Хоёрдмол үзлийн хүрээнд тэд объект субъект болон үзэгдэх боловч үнэн хэрэгтээ салшгүй нэгэн чанартай билээ. Та хэрэв хийсвэр талыг нь тунгалаг ухамсарлахуйн бүрдэл цогц, бодит талыг нь ухамсарлахуйн махбод гэж ухаж ойлговол бид тэдгээрийг ариуссан хэлбэр *Базарсад ба Билиг Барамидын* нэгдлээр илрэх язгуурын билиг билгүүн болон үзнэ. Энэ шат хүүхдэд мэдлэг олгох явдалтай дүйцдэг.

| Ядмууд | Билгүүн |
|---|---|
| Важрасаттва | Язгуурын Билгүүний Бүрдэл Цогц |
| Пражнапарамита | Харьцангуй Билгүүний Махбод |

*Хүснэгт 4-8: Зөвшөөрлийн Авшгийн Ядмууд*

# Нэмэлт Дамжуулга ба Андгай

Нялхсын Долоон Авшиг хүртсэн даруй бид Цагийн хүрдний Үүсгэлийн Зэргийг дадлага болгох эрхтэй болно. Аль болох үр ашигтай дадуулахын тулд Очирт багш бидэнд нэмж хэдэн дамжуулга андгай хүртээх болно. Тэдгээр андгайн гол утга урьд бидний хэдийн өргөсөнтэй ижил боловч тэдгээрийг байнга ухамсарлаж байх явдлыг хүчтэй болгох үүднээс энд дахин товчхон дурдсан буй.

## Цагийн хүрдний Зүрхэн Тарнийн Дамжуулга

Цаашид бид үүсгэлийн зэргийн гол дадлага болох Ядмын Егүзэрийг ихэд эрчимтэй дадуулж эхлэх бөгөөд энэхүү дадлагын нэгээхэн хэсэг нь гэгээрсэн хот мандал дахь тодорхой хэдэн ядмын зүрхэн тарнийг тоолох явдал байдаг. Тэдгээр тарни нарийн биеийн хийг ариусган сэтгэлийг илүү нарийн түвшний ухамсарт шилжихэд тусалдаг.

Тарни уншиж эхлэхийн өмнө Очирт багшаас аман дамжуулга авдаг заншилтай. Дамжуулга бидэнд урсалын мастеруудын адислал өгөхийн сацуу тарнийн дуудлага ямар болохыг мэдэж авахад тусалдаг. Зан үйлийн үеэр бид хот мандлын чинагуух мөн чанарыг төлөөлүүлсэн зүрхэн тарнийг дамжуулгаар авч, тэгснээр Цагийн хүрдний системд хэрэглэдэг бүх тарнийг бясалгах эрхийг олно.

| Нэр | Тарни |
|---|---|
| Цагийн хүрдний зүрхэн Тарни | УМ ШРИ КАЛАЧАКРА ХУМ ХУМ ПАД |
| Вишваматагийн зүрхэн Тарни | УМ ФРЭМ ВИШВАМАТА ХУМ ХУМ ПАД |
| Ертөнцийн Үндсэн Тарни | УМ ХАМ ЧА МА ЛА ВА РА ЯА СУХА |
| Зургаан аймгийн эвийн Тарни | УМ А ХУМ ХО ХАМ ЧА |
| Зургаан аймгийн догшин Тарни | УМ ХРАН ХРИН ХРРИН ХРУН ХРЛИН ХРА СУХА |

*Хүснэгт 4-9: Цагийн хүрдний Үндсэн Тарниуд*

## Зургаан Очирт Тангаргийн Нууц Утга

Хэдийгээр бид төгсгөлийн зэргийн дадлагад орох эрх авшгаа хараахан хүртэж амжаагүй байгаа ч тэр үйл явц биднээс юу шаарддагийг ухаарсан байхад гэмтэхгүй. Төгсгөлийн зэрэгт юу байдгийг ойлгосноор үүсгэлийн зэргээр биднийг илүү дэвшилтэт дадлагад хэрхэн бэлтгэж байж вэ гэдгийг ухаарах болно. Ингэснээр бид дадлага бясалгалдаа амжилт олох нь амар болж Очирт Зургаан Йогийн дадлагыг төгөлдөржүүлснээр төгс гэгээрэлд хүрэх хүсэл батжих болно.

Ийм учраас Очирт багш одоо бидэнд Цагийн хүрдний Тусгай Тангараг дотор агуулагддаг *Тусгай Зургаан Очирт Тангаргийг* товчхон танилцуулах болно. Тэдгээрийн зорилго бол төгсгөлийн зэргийн шат болгоны шимийг тодруулж харуулах явдал. Тэдгээр тангарагтай танил дотно болсноор нэг л өдөр Цагийн хүрдний Замыг гүйцээх үр дүн авчрах үйлийн барилдлага тогтоох болно. Очирт Тангаргийг сийрүүлбэл:

1.  **Акчобия Бурханы Аймгийн** очирт тангарагт "алах" гэжээ. Үүгээр өөрийн ухамсрыг зулайн хүрдэндээ төвлөрүүлж бодлын урсгалыг таслан

зогсоосноор нарийн биеийн хийг гол судалд оруулна гэсэн үг. Энэ тангараг *Ангижрахуйн Йогтой* тохирч байдаг ажгуу.

2. **Амогасидди Бурханы Аймгийн** очирт тангарагт "худал хэлэх" гэжээ. Энэ бол дотоод хийг гол судалдаа саатуулан байлгавал хоёрдмол үзлийн харьцангуй үнэнд дэмжлэг үзүүлэхээ болино гэсэн үг ажээ. Ийм маягаар өөрийн нандин үнэнээ илрүүлэн гаргах зорилготой. Эгэлийн бодолд үнэнийг хараахан олж мэдээгүй байгаа учраас худал хэлж байна гэсэн утгатай ажээ. Энэ тангараг *Тогтворжихуйн Йогтой* дүйцэж байдаг ажгуу.

3. **Ратнасамбава Аймгийн** очирт тангарагт "хулгай хийх" гэсэн байх ба Бурханы хутаг гэдэг хэн нэгэнд өгчихдөг зүйл биш учраас өөрийн итгэл ба зүтгэлийн хүчээр нарийн биеийн хийг барин авч хүйн хүрдэндээ саатуулах хэрэгтэй ажээ. Энэ андгай *Амьдрах Хүчний Йогтой* тохирч байх ажгуу.

4. **Амитаба Аймгийн** очирт тангарагт "бусдын ханийг авах" гэдэг. Учир нь гэгээрэлд хүрэхийн тулд та үл урвахуйн амгалан хоосон дүрс хоёрын нэгдэлд түшиглэх ёстой. Энэ утгаараа та өөрөөсөө өөр дүрслэлийн ба бодит ханьтай бас байх хэрэгтэй болж байна. Гүнзгий түвшиндээ энэ хоёр бол хоёулаа түр зуурынх бөгөөд таны өөрийн язгуур чанараас үл салах Хоосон-дүрсийн Их Хань гарч ирэх үед хоёулаа хаягдаж орхигдох болдог. Энэ тангараг *Хураахуйн Йогтой* дүйж байх ажгуу.

5. **Бирузана Аймгийн** очирт тангарагт "архи уудж мах идэх" гэж гардаг. Энэ бол хүйн хүрдэндээ дотоодын гал туммо-г өрдөх дадлагын дүнд эдлэх арван-зургаан цэнгэлийг хэлж байна. Энэ дадлагын үр дүнд дотоод галын илчээр нарийн биеийн дуслуудыг хайлуулснаар бүүр нарийн түвшний цэнгэл эдэлдэг байна. Тэдгээрийг архи мах гэж зүйрлэж байгаа юм. Энэ андгай *Эргэн Цуглуулахуйн Йогтой* тохирч байх ажгуу.

6. **Базарсадын Аймагт** "эмэгтэй хүний нууц эрхтнийг доромжлох" гэсэн очирт тангараг бий. Дотоод нарийн биеийн амьдралыг тэтгэгч дуслуудыг гадагшлуулахын оронд доод сүвэндээ тулган хуримтлуулж гол судалдаа саатуулна. Энд гадагшлуулахыг Үл урвахуйн амгалан ба Их Хань Хоосон-дүрсний нэгдэлд нууцын эрхтнийг доромжилж байгаа хэрэг гэж ёгтолсон байна. Энэ тангараг *Уусгахуйн Йогтой* дүйцэж байдаг ажгуу.

Эдгээр андгайн зүйрлэлийн мөн чанартай учраас тэднийг яг үгчлэн ойлгож болохгүй билээ. Бид "алах" ёстой гэж байгаа нь маш нарийн утгатай болохоос амьтай амьтныг алж болох санал гаргаж буй хэрэг огт биш юм. Гадаад зарчим баримтлалын хувьд бидний цаг үргэлж сахиж явах учиртай Цагийн хүрдний Хорин-таван Сахилд алах, хулгай гэхчлэнг илэрхий хориглосон байгаа билээ.

## Цагийн хүрдний системийн дагуу
## Тарнийн Ёсны Тангаргийг Дүгнэхүй

Амогасидди Бурханы Үйлдлийн аймгийн сахилын дагуу гурван андгайн ёс суртахууныг чандлан сахихаар бид андгайлсан. Үүнд Нэгэн биеийн гэгээрэлд хүрэгчдийн сахил, Бодисадвагийн андгай, Тарнийн тангараг багтдагийг бид мэдэж байгаа. Нууц тарнийн ёсны тангаргийн гол шим нь эгэлийн хүлээн авахуйг орхих явдал бөгөөд бидний одоогийн байгаа түйтгэрт сэтгэлтэйгээр үүнийг дадуулах амаргүй байх болно. Тиймээс ёс суртахууныг чандлан сахихын тулд Бурхан Багш бидэнд *Арван-дөрвөн Үндсэн Сахил* ба *Найман Салбар Сахилаар* хэрхэн биеэ авч явбал зохихыг тодруулж өгчээ.

### Арван Дөрвөн Үндсэн Сахил

Доорх зүйлсийг эгнэгт орхивол зохино. Үүнд:

1. **Очирт Багшийн сэтгэлийг үймүүлэх:** Дандарын ёсны аль ч системийн ван авшиг, дамжуулга зааварчилгааг танд хүртээсэн тарнийн багшаа доромжлох ба сэтгэлийг нь дэмий үймүүлэх явдалд энэ сахил хамааралтай. Бид тэднийг үл тоомсорлох, үл хүндлэх, бүдүүлэг хандах, алдаа эрэх болон тэдний сургасныг ашиггүй хэмээн үзэж хэзээ ч болохгүй. Хэрвээ зориуд санаатайгаар муу хэлэх буюу муут үйлдэх, ийн үйлдэж байх үедээ больё гэсэн санаагүй байх, багш энэ авирыг мэдээд тааламжгүй байдалд орсон зэрэг тохиолдолд бид энэ сахилын үндсэн уналд орно.

2. **Очирт багшийн хэлснийг зөрчих:** Энэ сахил бидэнд арван хар нүглийн нэгийг нууцаар үйлдэх буюу зөрчих, Очирт багшийн заасныг хайхрахгүй байх, Очирт багшийг тэгж хэрэггүй гэж анхааруулсаар байтал үгийг нь зөрчих зэргээс болгоомжлуулсан байна. Хэрвээ бид Очирт багшийн ариун бодгаль гэдгийг мэдсээр байж, тийм үйлдлийг сайшаахгүй гэдгийг мэдсээр байж үргэлжлүүлэн үйлдсээр байх юм уу эсвэл сөрөг сэтгэлийн хөдлөлөөр сэдээн үйлдвэл энэ сахилын үндсэн уналд орсонд тооцогдоно.

3. **Очирт гэр бүлдээ таагүй байдлыг үзүүлэх:** Энэ үндсэн сахил бидний нэгэн дандрын мастераас адилхан авшиг хүртсэн очирт ахан дүүсдээ уурлаж, дургүйцэхгүй байхыг анхааруулсан байна. Тэд заавал тантай хамт нэгэн цагт, нэгэн системийн сургаалыг хүртсэн байх албагүй. Хэрвээ бид, тэдний тангараг тавьсан тавиагүй эсэхийг мэдээгүй атлаа алдаа зөрчил гаргалаа хэмээн ам хэлээр муушаах, бие, хэл, сэтгэлээр хэрэлдэх доромжлох зэргийг үйлдвэл энэ сахилаа үндсээр нь доройтуулна. Мөн түүнчлэн уур хилэн, үзэн ядалт зэргийн түйтгэрт сэдлээр үүнийг үйлдээд, уналд орсноос хойш найман цагийн дотор ариусал наманчлалыг үл хийсэн болбоос энэхүү сахилаа алдах болно.

4. **Хайрлах сэтгэлийг умартах:** Энэ сахил бидэнд нэг ч амьтныг хоцроолгүй хайр энэрлийг үзүүлэх тангарагтайг сануулж байдаг. Энэ бол хамаг амьтныг жаргалтай байгаасай, жаргалын шалтгааныг бүтээгээсэй, сансрын зовлонгоос эгнэгт ангижраасай гэсэн зүрх догдлом хүсэлт сэтгэлийг хэлж байна. Хэн нэгнийг нэг бүтэн өдрөөс илүү хугацаагаар үл хайрлавал бид энэ сахилын уналд орно. Нэг өдрөөс бага богино хугацаагаар хайраа гээсэн тохиолдолд үндсэн уналд орохгүй.

5. **Бодь сэтгэлээ бохирдуулах:** Ерөөхийн бодь байна уу, орохын бодь байна уу ялгаагүй аль ч бодийн сэтгэлийг хэзээд бүү орхихыг энэ сахил анхааруулж байдаг. Цагийн хүрдний Замын сургаалд энэ сахил хувиршгүй амгалан ба дээдийн ухамсарлахуйг мэдрэх замаар гэгээрэлд хүрэх үндэс болгон ашигладаг амьдралыг тэтгэгч дуслыг аль болохоор дэмий үрэхгүй байхад тусгайлан зориулагдсан байдаг. Эрэгтэй эмэгтэй хоёр эгэлийн үеийн хурьцлаар хяналтгүйгээр энерги гадагшлуулан дур тавихад нарийн дуслын чадавх буурч байдаг. Тиймээс бэлгийн харилцаа \секс\-ны талаар бид хандлагаа өөрчлөн, нарийн биеийн энергиэ төгсгөлийн зэргийн дадлагад ашиглахаар нөөцлөхөд анхаарахыг энэ сахил хэлж өгч байгаа юм. Учир утгагүйгээр дотоод шингэнийг алдахаас аль болохоор зайлсхийж байх хэрэгтэй.

6. **Гүн ухааны онолыг шүүмжлэх:** Энэ сахил бидэнд судрын ёс ба тарнийн ёсны хооронд ялгаварлах үзэл бүү гаргахыг сануулж байдаг. Уур хилэн юм уу ялгаварлах үзэлдээ жолоодуулан Дандарын сургаалтай эгээ ижил Гуравдугаар Номын Хүрдний сургаалд үзүүлсэн дээдийн хоосон чанарын үзлийг хүлээн авахаа орхигдуулбал бид сахилын уналд орох болно. Энэ сахилын гол санаа нь секторын бус үзлийг байнга баримталж, Бурханы бүхий л сургаалыг хооронд нь зөрчилдүүлэлгүй нэгэн системд авч үзэх хэрэгтэйг анхааруулж байдаг.

7. **Сэтгэл нь боловсроогүй нэгэнд нууцыг задруулах:** Төгсгөлийн зэргийн дадлагаар бий болдог амгаланг ухамсарлахуйн таашаал мэтийн хүн болгон ойлгоно гэхэд бэрхтэй сургаалын гүнзгий утгыг хүлээж авахад сэтгэл нь бэлэн болоогүй нэгэнд задруулахгүй байхыг энэ сахилаар анхааруулж байна. Гол санаа нь ийм мэдээллийг хэрхэн олж авдгийг ямагт ухамсарлан байж буруу ойлголт үүсэх аливаа нөхцөл бий болгохгүй байхад анхаарах ёстой.

8. **Бүрдэл цогцуудаа жигших:** Хатуу дэглэмтний сахил баримтлах, хэтэрхий харгис хоолны дэглэм барих, сэтгэл санааны дарамтад өөрийгөө оруулах гэх мэт таван бүрдэл цогцоо \физик бие болон бидний сэтгэлийг бүрдүүлдэг оюуны үзүүлэлтүүд\ гамгүй юм уу харгис хандах нь гэгээрлийн

замд биеэ ашиглах боломжийг сулруулдаг. Хэрвээ бид төгсгөлийн зэргийн дадлагад хэрэгтэй гэдгийг мэдсээр байж бие сэтгэлээ зориудаар хохироох юм бол энэхүү сахилын үндсэн уналд орно.

9. **Ариун Номын талаар бусдыг эргэлзүүлэх:** Энэ сахил бидэнд Бурхан Багшийн номлосон Их Хөлгөний туйлын сургаалын дагуу үзэл баримталж явахыг зааж өгч байна. Бид амьтанд туйлын үнэнийг ойлгуулахын тулд харьцангуй утгын тайлбарыг хэлж өгч болох хэдий ч Бурханлаг чанараа шууд ухамсарлах гэж зүтгэхээ хэзээ ч зогсоож болохгүй.

10. **Хуурмаг дүр эсгэх:** Энэ сахил бусдын нүүрэн дээр сайн сайхан үгс хэлчхээд дотроо муу санаа төрүүлж байдгийг хэлжээ. Бид судар уншлага хийхдээ чин сүсэг бишрэлээр мөргөн залбирах мөртөө амьдрал дээр сахил тангарагдаа үл нийцэх байдлаар авирлаж байвал энэ сахилын үндсэн уналд орох болно.

11. **Туйлын үнэний талаар өөрийн бодож олсон санааг хөгжүүлэх:** Энэ сахил дан ганц хоёрдмол үзлийн ойлголтод түшиглэснээр дээдийн хоосныг ойлгохгүй гэдгийг анхааруулсан байна. Бид цаглашгүй ахуйг шууд ухамсарлахын тулд хувиршгүй амгалангийн хоёргүй ухамсарт саатан орших ёстой гэдгийг үргэлж санах ёстой. Туйлын үнэнийг бодлоор илэрхийлэн ойлгох, туйлын үнэнийг өөрийг нь ухаарах хоёр адилхан гэж бодож байвал бид энэ сахилаа доройтуулах болно.

12. **Ариун нэгнийг муулах:** Энэ үндсэн сахил бидэнд дандрын бясалгалд итгэл сүжиг дүүрэн орж буй хүмүүсийг зохих ван авшгийг хүртсэн л бол урмыг нь хугалж, зүрхийг нь үхүүлэх ёсгүй гэдгийг сануулж байдаг. Хэрвээ бид зориуд дээрэлхэх ба доромжлох, сул дутагдлыг нь шүүмжлэн хэлэлцэх юм уу эсвэл атаархлын түйтгэрт сэдлээр дандрын бясалгагч хүний амжилтад дургүйцэх юм бол сахилын уналд орох болно.

13. **Шүтээний зүйлсийг үл хэрэгсэх:** Тусгайлан аравнайлсан тахилын эд зүйлсээс буруу үзлийн улмаас бүү татгалзахыг энэ сахилаар анхааруулж байна. Цаашилбал тэдгээрийг шунаглан хэрэглэх ч энд хамааралтай. Дандарын зарим зан үйлд бүрдэл цогц, махбодууд болон хийн энергийг бэлгэдсэн тусгай аравнайлсан мах дарс мэтийн хүнсний зүйлсийг амсах явдал байдаг. Тэдгээрийг амсахаас татгалзах, жигшин үзэх, баримталж буй цагаан, ногоон хоолны дэглэм гэх мэт туйлширсан үзлээсээ болж татгалзах үед бид сахилаа үндсээр нь уналд оруулна. Хэтэрхий ихээр амсан таашаахыг мөн үндсэн унал гэж үзнэ.

14. **Эмэгтэй хүнийг доромжлох:** Дандарын ёсонд саруул билгүүнийг төлөөлүүлдэг эмэгтэй хүнийг үл доромжлохыг энэ сахил анхааруулж байдаг. Цагийн хүрдний замд орохын зорилго нь гэгээрлийн замд

хөндөлдсөн хилэнц бэрхшээлүүдийг арилган үл хувирахын амгаланд хүрэх явдал бөгөөд хүнтэй хосолж дадуулах нь амин чухал шаардлага болдог тул тодорхой нэгэн эмэгтэйг дорд үзэх юм уу, аливаа эмэгтэй болгоныг дорд үзэх, Бурханы эмэгтэй дүрийг ямар нэгэн байдлаар доогуур хэмээн үзэх үед бид энэ сахилын үндсэн уналд орно. Мөн түүнчлэн эмэгтэй хүнийг дээрэлхэх зорилгоор доогуур үнэлэх, нүүрэн дээр нь буруушаах зэрэгт сахилын уналд орох болно.

## Салбар Найман Сахил

Доорх найман зүйлээс аль болох зайлсхийх хэрэгтэй. Үүнд:

1. **Шаардлага үл хангасан ханьд түшиглэх:** Эхний энэ салбар сахил гурван зүйлийн шаардлага хангасан ханьтай л зөвхөн хамтарч бясалгаж болохыг зааварчилсан нь: авшиг хүртсэн байх, тарнийн ёсны тангараг өргөсөн байх, дандрын бясалгалыг дадуулсан байх гэсэн болно. Хамгийн гол нь тэд энгийн секс үйлдэл ба дур тавилтыг сүсэг бишрэлийн үйл гэж үзэх ёсгүй буюу гэгээрэлд хүрэх зам хэмээн андуурч болохгүй. Хосын нэг нь сэтгэл санааны дарамт дор юм уу хүчирхийлэл дор харьцаанд орох, өвчин эмгэгтэй эсвэл бэлгийн харьцаанд орохгүй гэсэн хатуу сахил санваар баримталдаг байж үйлдвэл сахилын уналд орно.

2. **Хоосон чанарыг ухамсарлалгүйгээр харьцаанд орох:** Энэ сахил биднийг бэлгийн харьцаанд \дүрслэлийн ч бай бодит ч бай ханьтай\ гурван зүйлийг ухамсарлан байж орохыг анхааруулж байдаг нь: биеэ ядам гэж үзэн, үг яриагаа ядмынхаа зүрхэн тарни хэмээн үзэж харин сэтгэлээ язгуурын билгүүн гэж үзэн амгаланд шингэхүйн таашаалын хоосон чанартайг ямагт ухамсарлаж байхыг анхааруулж байдаг. Ариунаар үзэхүйг умартах юм уу зориуд ба зориуд бусаар дур тавих тохиолдолд сахилаа доройтуулсанд тооцогдоно.

3. **Нууц тарнийн ёсны дадлага ба аргыг зохимжгүй нэгэнд үзүүлэх:** Дандарын ёсны ядмуудын дүр зураг хөрөг, судар эх бичиг, байрлал хийгээд очир хонх мэтийн хэрэгслийг ван авшиг хүртээгүй байгаа бөгөөд дандрын бясалгалыг буруугаар ойлгож мэдэх хүмүүсээс нууцалж байхыг анхааруулдаг. Тэдгээр хүмүүст хэрвээ бидний дадлага хэрэгслийг дооглон муушаах боломж олгох нь зорьсон замынхаа ахицад ихээхэн хортой нөлөө үзүүлэх учир ямар ч үед буруу ташаа ойлголт төрөхөөс сэргийлж байх нь үргэлж ашигтай байдаг билээ.

4. **Цог өргөх юм уу бусад зан үйлийн үеэр будилаан тарих:** Дандарын зан үйлийн үеэр аливаа нэгэн хэрүүл маргаан гаргахгүй байхыг анхааруулсан сахил. Бид өөрсдийгөө хамаг амьтны тусын тулд тахил өргөж буй

ядмууд гэж бодох хэрэгтэй. Хэрвээ ийм зан үйлийн үеэр бид нэг нэгэндээ дургүйлхвэл үүсгэсэн дүрслэлээ алдах ба өөрт сөрөг сэтгэлийн хөдөлгөөн төрүүлж ёслолын үйлийг үр ашиггүй болгоход хүргэж, сүсэг бишрэлийнхээ хөгжилд маш их хор хүргэх болно. Зан үйлийн үеэр тарни маань уншихаас өөрөөр огт юм ярихгүй байвал сайн.

5. **Чин сүжигтэй нэгнийг төөрөгдүүлэх:** Итгэлтэй гэсэн хүнээсээ чин сэтгэлээс асуулт асууж байгаа хүнд буруу хариулт өгөхгүй байхад энэ сахил хамааралтай. Зохих ван авшгийг хүртэн шаардлага хангасан нэгнийг дандрын бясалгалын талаар асуулт асуухад хариулахаас татгалзах буюу, сэдвээ өөрчлөх, өөр давхаргын хариулт өгөх, эсвэл зориудаар хуурах үед бид энэ сахилаа алдана. Гэхдээ үнэхээр мэдэхгүй мунхгаасаа болоод буруу хариулсан бол уналд тооцогддоггүй байна.

6. **Очирт хөлгөний замд итгэлгүй хүнд хэтэрхий их цаг зарах:** Үүнд дандрын зам болон дандрын дадлагыг үл хэрэгсэн үздэг, эсвэл цаг дэмий үрсэн хэрэг гэж үздэг хүмүүс багтах бөгөөд нэгэн биеийн чөлөөнд зорьсон хүн бидний урам зоригийг мохоож ч мэднэ. Гэхдээ тийм хүнтэй хамт байхаас аргагүй юм уу, яалт ч үгүй хамт амьдардаг байвал уналд орохгүй. Жишээ нь, бид эмнэлэгт хэсэг хугацаагаар хэвтэх боллоо гэхэд тийм цагт дандрын бясалгалаа нууцалж байх хэрэгтэй.

7. **Өөрийн амжилтаар сайрхах:** Энэ сахил биднийг даруухан байж дандрын нэг өчүүхэн дадлага хийсэндээ өөрийгөө их өндөр амжилтад хүрсэн мэтээр сайрхахаас болгоомжлуулж байдаг. Өөрийгөө аугаа егүзэр, йогини гэх юм уу, ер бусын чадвар увдис шидийг эзэмшдэг, хол ойрыг хардаг, зөн билгийн мэдрэмжтэй гэх мэтээр хүмүүст тараасан байвал бид сахилаа доройтуулах болно.

8. **Сүжиггүй нэгэнд Дарма номлох:** Зохих ван авшиг хүртээгүй, хангалттай итгэл сүжиг төрөөгүй хүмүүст дандрын сургаал зааварчилгааг өгөхөд анхааралтай хандахыг энэ сахил бидэнд сануулж байдаг. Энэ сургаалд ямар ч итгэх итгэлгүй, сүжиггүй байгаа юм уу, эсвэл авшиг хүртсэн ч гэлээ чинхүү бишрэл байхгүй хүмүүст сургаалыг задруулбал сахилын уналд орно.

# Дүгнэлт

Авшгийн ёслолоо бид, Очирт Гүрү багшаа дээдлэн үзэх дадлагад өөрийгөө бүрэн зориулах, өргөсөн сахил тангаргаа чандлан сахих сэтгэлээ батжуулснаар төгсгөнө. Бид энэ багштайгаа очирт харилцаанд гарцаагүй бүрэн орлоо гэдгээ мэдрэн байж энэ мөчөөс эхлээд *Гүрүг Дээдлэх Тавин Шад* сударт өгүүлсний дагуу биеэ авч явах ёстой болно.

# ТАНГАРГАА ХЭРХЭН САХИЖ ЯВАХ БОЛОН ХЭРХЭН СЭРГЭЭХ ТУХАЙ

Авшгийн үеэр өргөсөн тарнийн ёсны тангараг бол Очирт хөлгөний дадлагын мах цус нь гэж хэлж болох билээ. Түүгээр л бид Дандарын чадварлаг аргуудыг гэгээрэлд хүргэх хүчирхэг нөхцөл болгодог ариунаар үзэхүйг олж авдаг. Сахил тангараг үгүйгээр дадлага бясалгал маань хойчийн тусыг авчрах боломжгүй байх сан. Тиймээс бид сахил тангараг авсан цаг мөчөөс эхлээд түүнийгээ чандлан сахиж явахын төлөө чадах бүхнээ хийх хэрэгтэй. Үүний тулд 1\Ариун самаяаг доройтохоос хэрхэн сэргийлэхийг мэддэг, 2\Ямар хэмжээгээр сахилын уналд орсноо таньдаг байх болон 3\Ариусгалын дадлагаар хэрхэн сэргээхийг мэддэг байх нь чухал.

## Тангаргаа Доройтуулахаас Сэргийлэх Тухай

Тарнийн ёсны тангараг ариунаар үзэхүйг ямагт сахиж байх болдгоос үүдэн зөрчигдөхдөө маш амархан байдаг. Бидний юу хэлж, хийж байгаатай төдийгүй тухайн хоромд юу бодож байгаатай хүртэл уялдаатай байдгаас сахиж явахад маш хүнд байдаг. Дандарын аугаа мастер Атиша гэгээн хүртэл тэрбээр Тусад Гэтлэхийн Санваараа хэзээ ч эс доройтуулан, Бодисадвагийн андгайг хааяа нэг зөрчдөг бол нууц тарнийн тангаргаа борооны дусал лугаа арвинаар доройтуулж байснаа наманчлан хэлсэн байдаг. Тийм ч учраас өдөр шөнийн цагт ариусган наманчлахгүй өнгөрөх нь үгүй байсан гэх ажгуу. Тэгэхээр сахил хэрхэн авах, зөрчих, дахин сэргээх зэргийг ойлгох нь зорьсон замдаа амжилт гаргахын үндэс нь болдог билээ.

Яаж өөрсдийгөө самаяагаа доройтуулдаггүй болгож сургах вэ? Аугаа эрдэмтэн-егүзэр Нгари Банчэнгийн хэлснээр багшийг дээдлэн, хамаг амьтны бурханлаг мөн чанартайг ухааран хүндэтгэж байхын тулд бид сахил тангаргаа сайн мэдэж, ойлгож авахыг хичээх хэрэгтэй ажээ. Ухамсраа ямагт хадгалан явахын хажуугаар сонор сэрэмжтэй байхыг бид хичээх ёстой.

Ялангуяа, уналд оруулдаг дөрвөн үүдээ машид чандлан хамгаалж байх нь алтаар дүүргэсэн өрөөг хулгай орохоос хамгаалахтай зүйрлэн үзсэн ч болно. Дөрвөн үүд юу гэвэл:

1. Үл хүндлэхүйн үүд
2. Мунхгийн үүд
3. Ухамсаргүйн үүд
4. Хяналтгүй сэтгэлийн түйтгэрийн үүд.

Өрөөнд хулгайчийг оруулахгүй байя гэвэл тэднийг эхлээд таних хэрэгтэй болно. Түүний адилаар, хоёр дахь хаалгыг хамгаалахын тулд сахил тангаргаа мэддэг байх хэрэгтэй. Үлдсэн хаалгануудаа хамгаалахын тулд бид сэтгэлээ бусдыг үл хүндлэх, тархигүй загнах, нисваанисын түйтгэрт жолоодуулах үед нь даруй таньж тэдгээртэй хэрхэн тэмцэхээ мэддэг болох ёстой.

Самаяаг нэг бүрчлэн санаж байх амаргүй учраас сахиж явахад амаргүй. Гэхдээ бид энэхүү самаяа сахих "үүрэг"-тээ хэзээ ч дарамтлуулж болохгүй бөгөөд түүний оронд гол шимийг нь санаандаа хадаж авахад болно. Нэгэн биеийн гэгээрэлд зоригсдын сахил амьтныг үл хохирооход байдаг бол Бодисадвагийн андгай хамаг амьтныг алагчлалгүйгээр энэрч нигүүлсэхэд суурилдаг. Үүнийг санахын зэрэгцээ бид бүхэн цөм үнэн мөн чанартаа гэгээрсэн амьтад гэдгээ таньж бидэнд харагдаж үзэгдэж байгаа болгон гэгээрсэн дүрсний үзэгдэх байдал гэж цаг үргэлж бодож явах ёстой. Ийм ариунаар үзэхүйг дахин дахин өөртөө сануулсаар хэвшүүлэх ёстой бөгөөд ялангуяа тарнийн багшаа ямагт ариунаар харах хэрэгтэй. Энэ бол нууц тарнийн ёсны очирт тангаргийн гол шим ажгуу.

## Ямар Давхаргын Уналд Орсноо Хэрхэн Мэдэх Тухай

Дээд тарнийн ёсны тангаргийг сэвтүүлэхгүй явна гэдэг бараг боломжгүй хэрэг төдийгүй замнан буй замын маань мөн чанар чухам энэ билээ. Самаяа зөрчигдөхийн тулд дөрвөн үзүүлэлт нэгдсэн байх хэрэгтэй. Үүнд:

1. **Таних:** Тангарагтай зөрчилдөж байгааг мэдэж байх.
2. **Сэдэл:** Зориудаар зөрчих.
3. **Үйлдэл:** Бие, хэл, сэтгэлийн аль нэгээр үйлдлээ хэрэгжүүлсэн байх.
4. **Төгсгөл:** Үйлдлийн дүнд тодорхой үр дагавар гарсан байх.

Наманчлахгүй цаг удаан байх тусам зөрчлийн хүнд хөнгөн нэмэгдэж ирдэг. Яагаад гэвэл тодорхой хугацаа өнгөрсөөр атал хийсэн зүйлдээ харамсан гэмших сэтгэл өчүүхэн ч төрөхгүй байна гэсэн үг. Энэ дөрвөн үзүүлэлт цөм үзэгдсэн байх хэрэгтэй бөгөөд жишээ нь, та санаатайгаар хорхой аллаа гэж бодъё. Та амьтан хороохгүй гэсэн тангарагтайгаа мэдэж байгаа, тэгсэн мөртөө гэм хийсэн мэдрэмж огт төрөхгүй байна. Дөрвөн үзүүлэлт цөм бүрдэж байж самаяа зөрчигддөг байлаа ч гэлээ ямар тангараг гэдгээс мөн хамаарч өөрчлөгдөх талтай байдаг.

Хэд хэдэн ялгаатай уналууд бий. Үүнээс хамгийн муу нь буюу дөрвөн үзүүлэлт бүрдээд зогсохгүй, тодорхой хугацаа өнгөрсөөр байхад гэмшин наманчлах сэтгэл төрөхгүй байхад үндсэн уналд орох болно. Дөрвөн үзүүлэлт бүрдсэний дараа дөрвөн цагийн дотор хийсэн нүглээ наманчлахгүй бол мөн үндсэн уналд орно. Дөрвөн нөхцөл бүрдээгүй үед жижиг том олон төрлийн сахилын уналд орох нь бас бий.

# Доройтсон Самаяг Хэрхэн Сэргээх Тухай

Доройтолд орсон самаяагаа сэргээх олон арга байдаг. Дандарын аргууд тэр дундаа их хүчирхэгт тооцогддог бөгөөд гурван суртгаалын алиных нь ч гэмийг арилгахад тэднийг хэрэглэж болдог байна. Нгари Банчэнгийн *Төгөлдөр Ёс Суртахуун: Гурван Суртгаалыг Тодруулахуй* сударт энэ талаар олон жишээ байгааг олж болно. Тэдгээрээс харахад ямар төрлийн авшиг хүртсэнээс шалтгаалан уналын хүнд хөнгөн шийдэгддэг байна.

## Дөрвөн Авшгийг Хүртэх Замаар Сэргээх

Самаяг сэргээх зам ерөнхийдөө дөрвөн авшгийн алийг хүртсэнтэй холбоотой. Авшгийг тодорхой дадлагад орох үедээ бид нэг нэгээр нь өөр өөр цагт авсан байхад энэ хамааралтай.

Бумбын юм уу нууцын авшгийг авсны дараагаар сахилын уналд орсон бол тэдгээр тангарагтай холбоотой ядам болох Дүйнхорын зүрхэн тарнийг 36,000 удаа унших хэрэгтэй болдог. Хувь хүний дадлагын чадамжаас хамаараад өөр бас аргууд байж болно. Мөн түүнчлэн бид Гүрү багшийн ямар ариусгал тохиромжтой гэж зөвлөхийг сонсох хэрэгтэй.

Билгүүний авшиг хүртсэний дараа уналд орсон бол ариусгалын дадлагыг ариуссаныг илтгэсэн зүүд үзэгдэл үзэх, бие махбодын уян байдал дээшлэх, ухаан саруулсах зэрэг шинж тэмдэг илэртэл хийх ёстой. Хатуу нөхцөлт бясалгалд орон суух, зэлүүд газарт очиж үүсгэлийн ба төгсгөлийн зэргийг ганцаар бясалган суухаас илүү хүчтэй ариусгал гэж байдаггүй. Ариуссаны шинж илэрмэгц бид хот мандалд орж тангараг дахин өргөж авшиг хүртэх, Гүрү багшаас юм уу өөртөө авшиг хүртээх, ахмад бясалгагч нартай хамт суухгүй байх, эсвэл тахилын зүйлсээс өөрийн хувийг авахгүй байх гэх мэт үйлдлийг хийвэл зохино.

## Цаг Хугацаанд Тулгуурлан Сэргээх Арга

Тангараг сэргэх нөхцөл цаг мөч өнгөрөх тусам бэрх болж ирдэг. Хэрвээ нэг бүтэн өдөр өнгөрчихсөн бол зүгээр наманчлахаас илүү зүйл шаардах бөгөөд Базарсадын ариусгал юм уу Цог\Цогчид\ өргөх гэх мэт Дандарын тусгай зан үйл хийх хэрэгтэй болдог. Мөнгө санхүүгийн болон бие махбодын ихээхэн золиос үүнд шаардагдах бөгөөд гаргасан алдаандаа машид ихээр гэмшин харамссан байх хэрэгтэй. Хэрвээ цайруулаагүй нэг сарын хугацаа өнгөрвөл нэмэгдэл ариусгалын зан үйл үйлдэх хэрэгтэй болох бөгөөд тахил өргөлийн хэмжээ хамаагүй илүү ихсэх болно. Үүнд эзэмшсэн эд хөрөнгөө Лам Гурван Эрдэнэ ба түүний төлөөлдөг Хуврагийн нийгэмлэгт өргөх хэрэг гарч болно. Энэхүү тахилаар бид нүглээ наманчилж арилгана.

Жил өнгөрчихвөл шаардлага улам өндөрсөж их үнэтэй болж мэдэх бөгөөд бэлгэдлийн чанартайгаар хүү юм уу охиноо Гүрү хийгээд гэгээрлийн хот мандлын ядмуудад өргөх ч хэрэг гарч болно. Хоёр жилийн дараагаар таны бүх эд хогшил, гэр бүл нийлээд ч хангалттай тахил болж хүчрэхгүй болно. Тэгвэл өөрийн биеийг Гүрү хийгээд Бурханы номд өчүүхэн ч зүйлийг үл харгалзан өргөж үйлчилгээ үзүүлэх хэрэгтэй. Гурван жил өнгөрсний хойно бол бүрэн наманчлалт цайруулга хийнэ гэдэг энэ насанд боломжгүй хэрэг болох ба энэ нь та юу ч хийгээд нууц тарнийн ёсны тангаргийг бүрэн засан сэргээж чадахгүй гэсэн үг. Гэсэн ч сахилаа зөрчсөн муу үйлийн үрийг ариусгах дадлагыг чадлын хэрээр хийж дор хаяж очирт тамд төрөхгүй үйл бүтээх хэрэгтэй.

## Самаяг Сэргээх Бусад Арга

Төгөлдөр Ёс Суртахууны сударт өөр бас хэдэн аргыг нарийвчлан дүрсэлсэн байх бөгөөд жишээ нь, сансрын хүрдний зургаан зүйл орныг ариусгахыг бэлгэдсэн тарнийн зургаан үсгийг хэрэглэх нь бий. Мөн түүнчлэн ХАМ үсгийг хүйн хүрдэндээ төсөөлөөд хамаг хиләнц барцад бөөн хар махбод болон зүрхэнд хуржээ гэж бодон дотоодын галыг өрдсөнөөр түүнийг шатаан арилгаж болдог. Бид бас сунаж мөргөн байж Ядам Бурхадыг урин залж ирүүлээд нүглээ наманчилж болдог билээ.

Дандарын ядмуудын мөн чанарын бэлгэдэл болдог Базарсад Бурханыг залж ирүүлэн түүний тарнийг бишрэнгүйгээр уншин байж гэмшил харуусдын сэтгэл, түүнчлэн цаашид боомтолж үйлдэх хатуу зорилгыг дотроо агуулан байж мөргөвөөс хүнд зузаан хиләнц барцад арилдаг байна. Энэ дадлагын талаар бид Боть 2-т тодорхой үзүүлсэн байгаа.

# АВШИГ ХҮРТЭХЭД ӨГӨХ ЗӨВЛӨГӨӨ

Энэ дэлхий дээр *Дүйнхорын Ван* буулгах ёслол гэдэг маш ховор нандин боломж байдаг. Түүнийг жинхэнэ ёсоор олонд хүртээхэд шаардлагатай үйлийн барилдлагыг бүтээхэд асар их хүчин зүтгэл хэрэгтэй болдог. Тийм учраас хэрэв авшгийн зан үйлд оролцох бололцоо гарвал бид түүнийг ашиглахын төлөө чадах бүхнээ хийж түүнээс хүртэх тоолшгүй их адислалыг авахын тулд машид эрмэлзэх ёстой. Танд туршлага болгох үүднээс доорх хэдэн зөвлөгөөг толилуулж байна.

## Сахил гэдэг Дарамт Биш

Дүйнхорын Ванд очихдоо Барууны олон шавь нар яагаад ч юм голдуу тарнийн ёсны тангараг өргөхөд өөрсдийгөө "бэлэн" биш гэсэн бодолтой очдог. Тэд тангараг өргөнө, тэгээд зөрчвөл аймшигт зовлон эдэлнэ хэмээн айж сэтгэл тавгүйрхэн боддог. Сүүлд гарах үр дүнг нь бодоод одоохондоо тангараг авахгүй байхаар шийдэн, хэзээ зөрчихгүй гэдэгтээ итгэлтэй болсон цагтаа авахаар хойшлуулдаг. Ингэж бодох нь олон талаар учир дутагдалтай байдаг нь харамсалтай.

Хүн ёс суртахууны талаар гарцаагүй сахина даа гэсэн бодолтой байх нь хамгийн сайн гэдэг нь мэдээж боловч бид айсандаа энэ ховорхон боломжийг алдах ёсгүй билээ. Тангаргаа зөрчинө гэсэн олиггүй санааг агуулснаараа бид түүнийг сахиж явахын хязгааргүй ашиг тусыг ч мартахад хүрдэг. Авшгийн үеийн тэрхэн жаахан хугацаанд ч болтугай тарнийн тангараг сахигч байна гэдэг сая живаа төрөлдөө хураахааргүй их буяныг хураадаг гэдгийг санах хэрэгтэй.

Энэ хандлагын бас нэг тал бол үнэмшилгүй байдал юм. Цаглашгүй ахуйг шууд мэдэрч чадах тийм өндөр зэрэглэлийн Бодисадва хүн л тарнийн тангаргийг сэвтүүлэлгүй авч явж чадна. Тэгэхээр тарнийн бясалгагч нарын ерэн есөн хувь нь давтан зөрчиж байдаг тангараг сахигч нар ажээ. Самаяаг ариунаар үнэхээр сахина гэвэл түүнийг ариунаар сахих юм сан гэсэн хүслийг эхлээд төрүүлж хөгжүүлэх хэрэгтэй, тэгээд тангаргаа ахин дахин сэргээх замаар зорилгодоо хүртэл явж болдог. Хүсэл маань чин үнэн байх тусам хэдэн удаа зөрчих нь хамаагүй болж ирдэг. Унах тоолондоо бид эргээд хөл дээрээ босдог шүү дээ.

Ийм замаар сахил тангараг авах нь ачаа дарамт огтоос биш, харин бидний дадлага бясалгалдаа туслуулан нууц чадамжаа илрүүлэхэд хэрэглэхээр хүлээн авсан бэлэг гэлтэй. Тангаргаа сахиж чадах уу үгүй юу гэдэг дээр анхаарлаа тавьж байхын оронд түүнийг зөрчихгүй юм сан гэсэн хүсэлдээ л анхаар. Ариун самаяаг атгагч байхын ашиг тусыг тунгаан бясалгаж, унал доройтолд оруулахын хор уршгийг санах замаар зорилгоо бататгаж явах хэрэгтэй. Хэрвээ танд ван авшиг хүртэх боломж таарвал эргэлзэх юмгүй дагагтун.

## Авшиг Хувийн Чанартай

Цагийн хүрдний авшиг олон хүний сонирхлыг байнга татдагаараа алдартай. Асар олныг хамарсан ёслолын ажиллагааны үед заримдаа энэ ч Очирт багш та хоёрын дундах хэчнээн хувийн чанартай зан үйл гэдгийг ч мартахад хүрдэг нь нууц биш. Хэдийгээр хоёр зуун мянган хүн тэнд цугласан байлаа гэхэд хоёр зуун мянган өөр мэдрэмж тэнд төрж байгаа нь эргэлзээгүй юм.

Тиймээс бид бусдад авшиг гэж юу болох талаар өөрсдийн санаагаа тусгал болгуулж орхихгүйг хичээн маш болгоомжтой байвал зохино. Таны эргэн тойронд чухам юу болж байна гэж анхаарч байхын оронд өөрийн сэтгэл дотор юу болж байгаад илүү анхаарвал зохино. Ариун сэдлээ хөгжүүлэхийг чадлаараа хичээн Гүрү багш хийгээд түүний хийж буй үйлдэлд ухамсраа бүрэн зориулахыг хичээгтүн. Тэгж чадвал түүний адислалыг үнэхээр хүртэж чадах билээ.

## Хүүхэд Мэт Хандлага

Оюуны мэдлэг боловсролд гаргуун болсон шавь нарын хувьд авшгийн үеэр олон бэрхшээлтэй учрах нь элбэг тохиолддог. Бүхнийг нэгд нэгэнгүй ойлгох гэсэн барьж болшгүй хүчтэй эрмэлзэлтэй тэд дандрын зан үйлтэй холбоотой үл ойлгогдох байдалд орохоор барьц алдан сандарч бачимдах юм уу болгоомжлоход хүрдэг.

Зан үйлийн зохион байгуулалтыг урьдчилан судалж мэдсэн байх зайлшгүй тустай хэдий ч яг авшиг хүртэх үедээ бид аль болох бодлын тайлбар оролцуулахгүй байвал сайн сан. Юу хүсэж хүлээхээ ч мэдэхгүй байгаа хүүхэд адил байдалтай байж, юу л болбол болог хэмээн нээлттэй сэтгэлээр хандан суух хэрэгтэй. Жаахан хүүхэд анх удаа үзэж буй зүйлдээ алмайран гайхаж хөөрдөгтэй адил Гүрү багшийг сэтгэлийн мөн чанартай биднийг анх танилцуулах үед хүүхэд мэт араншнаар байвал тустай. Алхам бүрийг яг таг дагаж чадахгүй байна гэж бүү зовогтун, хамгийн гол асуудал таны юу мэдэрч байгаад буй болохоос таны юу мэдэж авсанд байгаа юм биш билээ.

## Авшиг Аль Болох Олон Хүрт

Авшиг ганц удаа аваад л болчихно гэж боддог алдаатай үзэл бас бий. Хүмүүс дандрын замд орох эрхээ авахын тулд л зөвхөн дамжуулга адислал авч байгаа мэтээр өнгөцхөн ойлгодог. Энэхүү буруу ойлголтынхоо уршгаар авшгийн ёслолын мөн чанар бол бидний одоогийн байгаа сэтгэлийг Бурханлаг чанартай маань холбож өгөх тэр холбоог батжуулах зорилготой болохыг таньж үл чадна. Бурханлаг чанартай холбоогоо бататгах тусам зорилгодоо улам илүү ойртох учраас жинхэнэ Очирт мастераас авшиг хүртэж болох тохиолдол болгоныг ашиглахыг хичээгтүн.

# ГОЛ ХЭСГИЙГ ЭРГЭН СӨХВӨЛ

- Цагийн хүрдний Үүсгэлийн зэргийг анхааран авлага болгохын өмнө сэтгэлээ авшгаар адисалсан байвал зохино. Авшиг гэдэг бол мэдрэмж шилжин, гэгээрсэн чанар урган гарах боломжийг нээж өгдөг шилжилтийн үйл явц юм. Гурван замаар мэдрэгдэх нь: 1\ухамсарлах, 2\Ойлгох болон 3\Мэдрэх юм.

- Авшиг хүртээх ёслол авшгийн тусгай мэдрэмж бий болох нөхцөлийг бүтээхээр зориулагдсан байдаг. Жонангийн Урсгалд Цагийн хүрдний Үүсгэлийн ба Төгсгөлийн зэрэгтэй дүйцдэг хоёр төрлийн авшиг хүртээдэгт: 1\Нялхсыг Боловсруулах Долоон Авшиг ба 2\Дээд Дөрвөн Авшиг билээ.

- Нялхсын Долоон Авшиг зургаан үе шатанд хуваагдана: 1\урьдчилсан дадлага, 2\тарнийн тангараг өргөх, 3\гэгээрлийн хот мандалтай танилцах, 4\жинхэнэ авшиг, 5\нэмэгдэл сахил ба дамжлага болон 6\ дүгнэлт юм.

- Урьдчилсан дадлагууд тарнийн ёсны тангараг хүртэхэд зориулсан зөв хандлага бий болгоход тусалдаг бөгөөд хоёр хэсгээс тогтоно: 1\Гадаад ба дотоод бэрхшээлийг арилгах, 2\Аврал одуулж Бодь үүсгэх юм.

- Очирт хөлгөний онолын үндэс бол: 1\Өөрийн унаган ариун мөн чанарыг байнга ухамсарлаж байх, 2\Бодийн дээд сэдлийг баримтлах ба 3\Хамаг амьтны төлөө ямагт зүтгэх явдал мөн.

- Цагийн хүрдний дандрын сургаалд үзүүлсэн ёс суртахууны хэд хэдэн бүлэг сахил бий: 1\Бидний үзлийг бий болгож өгдөг Таван Бурханы Аймгийн Энгийн Сахил, 2\Хэрхэн бясалгах мэдлэгийг олгодог Цагийн хүрдний Тусгай Тангараг ба 3\ Биеэ хэрхэн авч явах үзлийг бий болгох Цагийн хүрдний Хорин-Таван Журам билээ.

- Таван Бурханы Аймгийн арван-есөн зүйлт сахилыг дүгнэж үзвэл: 1\ Туйлын мөн чанарт итгэл одуулах, 2\Шинжүүдийг нь санаж байх, 3\ Мөн чанарыг хязгаарлагч түр зуурын бэрхшээлүүдийг арилгах, 4\ Хэрхэн үзэгдэхийг тодхон ялгаж таних ба 5\Мөн чанарынхаа дагуу үйлдэх.

- Цагийн хүрдний Зургаан Бурханы Аймгийн тангаргийн харьцангуй утга: 1\Ядмын Егүзэрийн дадлагаар бие, хэл, сэтгэлээ нэгтгэх, 2\ Цог өргөх ёслолоор элбэг дэлбэг тахил өргөх, 3\Үзэгдлийн ариун мөн чанартайг ухамсарлан байж ариун бус арван идээний зүйлсийг бясалгах, 4\Амгалан мэдрэмжээ гэгээрлийн хот мандалд өргөн байж эгэлийн таашаалаас зуурах сэтгэлээ арилгах, 5\Дүрслэлийн ханьтайгаар амгалан таашаалын ариун чанарыг таних ба 6\Хувиршгүй амгалан хийгээд хоосон дүрсийн нэгдэлд саатан орших хүсэл төрүүлснээр энгэр зөрүүлэхийн ариун талыг ухамсарлаж байх.

- Зургаан Бурханы Аймагт өргөх андгайн туйлын утга: 1\Очирт Зургаан Йогийн дадлагаар бие, хэл, сэтгэлийг нэгтгэх, 2\Арван хийг гол судалдаа цуглуулснаар хүлээн авахуйн мэдрэмж болгоныг хоосон дүрсээр мэдрэх, 3\Нарийн биеийн дуслыг гол судалдаа хураах, 4\

Дотоодын Галыг дадуулснаар таашаалаас зуурах зууралтыг тавиулах, 5\ Ханийн тусламжтайгаар нарийн биеийн дуслыг гол судлын доод үзүүрт цуглуулах ба 6\Хувиршгүй амгалан хийгээд хоосон дүрсийн нэгдэлд саатан орших явдал юм.

- Цагийн хүрдний Хорин-Таван Журам сахилыг дүгнэн үзвэл: 1\Хамаг амьтныг хохироохоос зайлсхийх, 2\Түйтгэрт сэтгэлийн төлөвөөр хийх үйлдлийг багасгах, 3\Түйтгэрт сэдлээр амьтны амь хөнөөх, 4\Буян үйлдэгчдийг талархан хүндэтгэх сэтгэлийг хөгжүүлэх ба 5\Өөрийн хяналтыг өндөржүүлж жинхэнэ аз жаргалд зорих.

- Тод бөгөөд гэрэлтсэн байх нь Бурханлаг чанарын хоёр тал билээ. Тэд гэгээрлийн хот мандалд 1\Мэдэрч болохуйц бодит орчин ба 2\Тэнд амьдрагч ядмууд болон үзэгдэнэ.

- Сэтгэлийн дөрвөн төлөвийн үзэгдлийг ариусган дөрвөн очрыг олохын үндэс болдог долоон авшиг бол: 1\Усан, 2\Титмийн, 3\Торгон туузын, 4\Очир ба хонхны, 5\Ёс зүйн, 6\Нэрийн болон 7\Зөвшөөрлийн авшиг билээ. Эхний хоёр нь Очирт Лагшныг, гурав дөрөвдүгээр нь Очирт-Зарлиг, тав зургаа дахь нь Очирт-Таалал, харин долоо дахь нь Очирт-Билгүүнийг олох үндэс ажээ.

- Очирт Зургаан Тангараг бол: 1\Алах, 2\Худал хэлэх, 3\ Хулгай хийх, 4\Бусдын ханийг авах, 5\Архи ууж мах идэх ба 6\эмэгтэй хүний бэлэг эрхтнийг доромжлох гэжээ.

- Арван Дөрвөн Үндсэн Сахилд орхивол зохих: 1\Очирт багшийн сэтгэлийг үймүүлэх, 2\Очирт багшийн үгийг зөрчих, 3\Очирт гэр бүлээ үл тоох, 4\Хайрлах сэтгэлээ орхих, 5\Бодь сэтгэлээ зөрчих, 6\Гүн ухааны онолыг шүүмжлэх, 7\Боловсроогүй нэгэнд нууцыг задруулах, 8\ Өөрийн бүрдэл цогцыг жигших, 9\Ариун Номд бусдыг эргэлзүүлэх, 10\ Хуурмаг хайр үзүүлэх, 11\Туйлын үнэний мөн чанарын талаар өөрийн бодлыг зохион хөгжүүлэх, 12\Ариун нэгний дутагдлыг хэлэлцэх, 13\ Ариун эд зүйлийг тоолгүй орхих болон 14\Эмэгтэй хүнийг доромжлох явдал билээ.

- Салбар Найман Сахилд орхивол зохих: 1\Шаардлага хангаагүй ханийг дулдуйдах, 2\Хоосон чанарыг үл ухамсарлан байж харьцаанд орох, 3\ Тохиромжгүй нэгэнд дандрын дадлагыг үзүүлэх, 4\Тахил өргөлийн зан үйлийн үеэр будилаан гаргах, 5\Чин сүжигтэй нэгнийг буруу замд хөтлөх, 6\Очирт хөлгөнд итгэлгүй нэгэнд хэтэрхий их цаг зарах, 7\

Өөрийн амжилтаар сайрхах болон 8\Итгэл сүжиггүй хүнд Дарма номлох.

- Тарнийн ёсны тангараг сахилыг авмагцаа таны хийх ёстой зүйл бол: 1\Сахилаа доройтуулахаас сэргийлэх, 2\Ямар хэмжээний уналд орсноо таних ба 3\Уналд орсон самаяагаа ариусгалын дадлагаар сэргээх явдал билээ.

- Сахилаа зөрчихгүй байх үүднээс дөрвөн үүдийг сахиж байх нь зүйтэй: 1\ Үл хүндэтгэхүй, 2\Мунхаглал, 3\Ухамсаргүй ба 4\Сэтгэлийн түйтгэрээ үл хянахуйн үүд юм.

- Тарнийн самаяаг зөрчихийн тулд дөрвөн нөхцөл бүрдсэн байх ёстой: 1\Тангаргаа таних, 2\Зориудын сэдэл, 3\Үйлдэл ба 4\ Төгс үр дагавар.

- Тангаргийг: 1\Наманчлалаар, 2\Тахил өргөлтөөр, 3\Тарни тоолох аргаар, 4\Базарсадын бясалгалаар болон 5\Авшиг дахин хүртэх замаар сэргээж болдог.

# Үүсгэлийн Зэргээр Үзэгдлийг Ариусгахуй

Буддын Дандар өвөрмөц мэргэн аргаар баян ажгуу. Түүний дотор дүрслэлийн ядмуудыг бясалгах, тарни тоолох, бодит йогийн дасгалын тусламжтайгаар нарийн биетэй харьцах зэрэг дадлага багтдаг. Эдгээр дадлагын ихэнх нь Буддын-бус Дандарын сургаалд мөн агуулагддаг шиг Буддын сургаалд тийм өргөнөөр онцгойлон хэрэглэгддэггүй ажээ. Тэдгээрийн ойр төстэй талыг өнгөц харснаар адилхан юм байна гэсэн гэнэн дүгнэлтэд хүрч болохгүй бөгөөд гол учир нь энд байгаа юм биш ээ. Буддын-бус Дандарын ёсонд ч мөн маш нарийн давхаргын самади-д орж чаддаг, гэхдээ гэгээрлийн туйлын төлөвийг үүсгэх тал дээр Буддын Дандарын дадлагууд шиг үр дүнтэй байж чаддаггүй байна.

Буддын гэж нэрлэгдэж байгаа тэр дадлага тодорхой сэтгэлийн төлөв үүсгэдэгт оршиж байгаа юм. Тусгай шаардлагатай нөхцөл бүрдээгүйгээр Буддын Дандарыг жинхэнээр бясалгах аргагүй бөгөөд тийм ч учраас төгс гэгээрэлд хүрэх арга үгүй билээ. Тэгэхээр бид Цагийн хүрдний Замын өвөрмөц дадлагууд руу орохын өмнө шаардлагатай бүх нөхцөл байдал цөм бүрдэж үү, үгүй юу гэдгийг дор дороо шалгах хэрэгтэй болов уу.

Бидний эхний шаардлага бол Судрын ёстой хамтдаа хэрэглэдэг нийтлэг сургаалыг сурах, тусгах, бясалгах замаар судалж Буддын үзлийн суурийг бий болгосон эсэх. Энэ суурь сансрын хүрдний *хорвоог огоорох* мэдрэмжийг бидэнд төрүүлдэг бөгөөд, зовлонгоос гарах гэсэн сэтгэлийг хүчтэй болгодог билээ. *Бодийн сэтгэлийг* өөрийн өдөр тутмын амьдралдаа баримтлах гол үзэл болтол нь хөгжүүлж, *Бурханлаг чанар* хийгээд *хоосон чанарын сургаалыг* сэтгэлдээ дадал болтол нь судалсан байх хэрэгтэй. Энэ хоёр зүйлийн илт мэдэлд заавал хүрсэн байх шаардлага үгүй хэдий боловч харьцангуй ба туйлын үнэний дүрслэлийн талаар нэлээд чамбай мэдлэгтэй болсон байх шаардлагатай билээ.

Хоёр дахь шаардлага бол гэгээрэлд хүрэх тодорхой зорилготойгоор *Дандарын бясалгалд орох чинхүү хүсэлтэй* эсэх. Очирт хөлгөний өвөрмөц шинжийг өөртөө хэр тусган бодож, энэ зам хүнийг нэгэн насанд хэрхэн гэгээрэлд хүргэдгийг сайтар ухаарсан байдлаас таны энэ хүсэл эрмэлзлийн хүч их бага байх нь шалтгаална.

Нууц *тарнийн ёсны тангараг сахилыг* авах замаар жинхэнэ уламжлалт багштай очирт барилдлага тогтоосон эсэх нь гуравдугаар үндсэн шаардлага болдог билээ. Эдгээр сахил тангараг дандрын бясалгалд ороход хэрэгтэй бүхнийг танд өгөх бөгөөд, эрж буй үр дүнд тань хүргэх хөтөч нь таны зөв замнал байх болно. Эдгээр тангаргийг ариунаар сахиснаар дандрын техникийн хувиргагч чадал бүрэн хэмжээгээр үйлчилж чадах болно.

Дөрөвдүгээр буюу эцсийн шаардлага бол гэгээрлийн хот мандалтай танилцан, Очирт багшаас *үүсгэлийн зэргийн авшиг дамжуулга хүртсэнээр* Дандарын бясалгалд орох эрхээр хангагдсан эсэх. Энэ үйл явц дандрын замаар ахиц гарган алхахад танд хэрэгтэй үйлийн үрийн бүхий л барилдлага бүрэн бүрэлдсэнийг илэрхийлж байдаг.

Энэ бүх нөхцөл амжилттай цуглаж чадсанаар Цагийн хүрдний үүсгэлийн зэргийн дадлагыг авлага болгох эрхтэй болно. Гэхдээ, хэрвээ эдгээрийн аль нэг нь дутуу байх юм бол ерөнхий бэлтгэлийн дадлагад төвлөрсөн нь илүү дээр гэж танд зөвлөх байна. Тэр зуураа үүсгэлийн зэргийн дадлагыг судалж байхад буруутахгүй бөгөөд тэдгээрийн ерөнхий байгууламжтай танилцаж байж болно. Харин зохих шаардлага цөм бүрдэх хүртэл дадлага болгох ёсгүй билээ.

# ҮҮСГЭЛИЙН ЗЭРЭГ

Дараагийн бүлэгт толилуулах өвөрмөц бэлтгэлийн дадлагад тайлбар болгох үүднээс үүсгэлийн зэргийн хэдэн ерөнхий үзүүлэлттэй одоо танилцуулах болно. Энэ үнэхээр өргөн сэдэв учраас гол шимийг нь анхаарвал зохилтой бөгөөд бидэнд гарааны сайхан зурвас татаж өгнө гэж бодогдоно. Хэрвээ та илүү нарийвчлан судлах сонирхолтой байгаа бол урсгалын мастеруд болох Гүнчэн Долбуба, Жавзан Тараната нарын бичсэн сэдвийг олж уншаарай, тэндээс баялаг мэдээлэл олох нь гарцаагүй.

Үүсгэлийн зэргийг Жонангийн урсгалд онцгойлон авч үздэггүй ч гэлээ тэдгээр дадлага амин чухал шаардлагатай. Бидний үзлийн хөгжлийг бодоод үзэхэд үүний шалтгаан ойлгомжтой болно. Багшийн Егүзэрийн дадлагад орохын өмнө бидний эгэлийн хүлээн авахуй буяны хотол чуулганд хандсан тусламж дэмжлэг горьдсон шинжтэй байдаг. Бид тэдний хүрсэн өндөрлөгт хүрэх сэн гэсэн хүслээр бадарч хүндлэл бишрэлээ үзүүлэн залбирдаг.

Тэгвэл Багшийн Егүзэрийн дадлагад орох үед энэ харилцаа дотоодын шинж чанартай болж, Гүрү бол бидний өөрсдийн Бурханлаг чанараас салшгүй нэгэн юм гэж таних болно. Бид гадагшаа тусламж эрэн хандахаа больсон ч гэлээ нандин үнэнээсээ салангид мэт мэдрэмж мөн л байсаар байх болно. Бидний дасал болсон би-д барих үзэл бидний сансарт хүлсэн хэвээр байх бөгөөд тийм ч учраас язгуурын Гүрү багшаасаа бид адис жанлав хайрлахыг айлтгадаг.

Харин үүсгэлийн зэрэгт алхан орсноор шижир үнэн мөн чанараас маань биднийг тусгаарлан буй ангалыг бөглөж, үнэн чанартаа хэн болохыгоо мэдэж авахад ойртож очих болно. Бидний зорилго одоо мунхгийн тусал болсон төсөөллийн "би" хэмээн таних мэдрэмжээ цэвэр саруул билгүүнээс урган гарах өөрийгөө гэх бодлоор солих болно. Үүний тулд бид Цагийн хүрдэн Дүйнхор хэмээх бурханыг өөрийн Ядам болгон бясалгадаг билээ.

Ядам гэдэг төвөд үг голдуу "бясалгалын бурхан" гэж орчуулагдах боловч түүний жинхэнэ утга нь хамаагүй илүү гүнзгий ажээ. Эхний үе болох *яд* гэдэг нь "сэтгэл", *дам* гэдэг хоёр дахь үе нь "уях" гэсэн утгатай. Нэгтгээд уншвал "сэтгэлийг уях арга" гэсэн утгыг хэлэх болно. Дүйнхор ядмын дүрд төвлөрч бясалгаснаар бид өөрсдийн Бурханлаг чанартай танил дотно болж улмаар би гэдэг ойлголтоо эдгээр гэгээрсэн тал руу шилжүүлэх зорилготой юм. Бид өөрсдийгөө сансрын хүрдэн дэх эгэл амьтан шигээр харахаа больж туйлын мөн чанартаа бид бол Цагийн хүрдэн юм гэдгээ ухамсарлахад зорих болно.

Дараагийн бүлэгт бид Ядмын дадлагыг тодруулан судлах учраас одоогоор Цагийн хүрдэн шиг ийм Дээд Егүзэрийн Дандарын ёсонд Ядам бид хоёр гэсэн салангид ойлголт байдаггүй гэдгийг санахад хангалттай билээ. Тиймээс Ядмыг өмнийн огторгуйд юм уу зулай дээрээ байгаагаар дүрслэхийн оронд бид өөрсдийгөө Ядам болон төрж байгаагаар төсөөлнө. Энэхүү дүрслэлийн тал болгоныг эгэлийн үзэгдлээс илүү дасал болтол таньж, цаг үргэлж тэр ухамсраа хадгалан сахиж байх нь үүсгэлийн зэргийн гол дадлага мөн.

Гэвч, өөрийг өөр хэлбэрээр дүрслэн харснаар үүсгэлийн зэргийг дадуулчхаж байгаа хэрэг биш бөгөөд, гэгээрэлд хүргэнэ гэсэн баталгаа байхгүй юм. Бидний дадлага жинхэнэ ёсоороо явагдахад бас хэд хэдэн нөхцөл бүрдэх хэрэгтэй. Үүнд: 1\*Жинхэнэ эх сурвалжаас* уламжилсан байх, 2\*Жинхэнэ урсгалаар* дамжуулж ирсэн байх, 3\Бидний үзэл *хоосон чанарт* суурилсан байх, 4\Дадлага эцсийн *үр дүнтэйгээ ойролцоо* байх болон 5\Бид түүний *хүчинд бүрэн итгэл төгс* байх ёстой. Эдгээр нөхцөлийг тус бүрд нь нарийвчлан авч үзэцгээе.

## Жинхэнэ Эх Сурвалжаас Гаралтай Байх

Бидний сэтгэл аливаа үзэгдэл үүсгэх гайхам их чадвартай байдаг. Хэрвээ би таныг жижигхэн жигүүртэй ягаан зааныг дүрсэл дээ гэвэл ядах юмгүй дүрсэлж чадах боловч бидний чадвар энд зүгээр нэг жишээ татах төдийгөөс өөр ашиггүй үйлдэл байх сан. Яг л тэрхүү сэтгэл маань тэгвэл зөв сувгаар дадлагажиж биднийг гэгээрэлд ч хүргэх чадвартай болгодог. Бидний одоогийн энэ байгаа чадвараар аливаа дадлагын ашиг тусыг мэдэх арга үгүй болохоор түүний хаанаас гаралтайд найдахаас өөр аргагүй болно. Дандарын замаар замнах бидний эх сурвалж бол ямагт төгс гэгээрсэн Бурхан байх ёстой. Тэр л туйлын үнэнийг ухамсарлаж чадсан нэгэн тул хэрхэн замнахыг бусдад газарчилж чадах болно.

Тэгэхээр судар бичгийн эх сурвалжаас гаралтай буюу ялангуяа гэгээрсэн бодгалиудын сургасан сургаалд дүрслэгдсэн аргын хүчин чадалд бид анхаарлаа хандуулах хэрэгтэй гэсэн үг юм. Түүний тулд цаг хугацааны туршид гарч ирж болох алдаа эндэгдэл болгонд болгоомжтой хандаж эх бичигт дурдагдсан дүрслэлээ эргэн харж байхын төлөө чармайх хэрэгтэй. Түүнд бичсэн ёсоор даган дадуулснаар бид хүссэн зорилгодоо хүрэх итгэл дүүрч ирэх болно.

## Жинхэнэ Урсгалаар Дамжсан Байх

Дадлага гэгээрсэн бодгалийн үгэнд тулгуурласан гэдгийг мэдэж байх сайн хэдий болов ч эх бичгийн ойлголт төдийхөн бас хангалттай биш ээ. Бид уг сургаалыг сэтгэлийн урсгалдаа амьдруулж чадсан жинхэнэ урсгалын мастер багшаар дамжуулж хүртэх хэрэгтэй. Тийм багш л тасалдаа нь үгүй ариун урсгалын адислалыг танд дамжуулж, анхны ууган эх сурвалжтай нь биднийг холбож чадна. Тэрхүү адислал л биднийг гүнзгий ухамсарлахуйдаа хүрэх нөхцөл болж өгдөг юм шүү дээ.

Адислалаас гадна дадлага бясалгалаа хэрхэн хийх вэ гэдэг оньс түлхүүрийг дүрслэн зааж өгдөг эх сурвалж мөн энэ урсгал билээ. Тэдгээр оньс түлхүүр болсон зааварчилгааг эрин зууны турш туршин хэрэгжүүлж ирсэн болохоор түүний сэтгэлд тусыг авчирдаг гэдэгт эргэлзэх хэрэг үгүй юм. Аливаа урсгалын түүхийг эргэн сөхөж хараад л бид тэр урсгалаар ямар үр дүн урган гарч байсныг таних болно. Иймэрхүү нотолгоо үгүй байх тохиолдолд аливаа дадлага бясалгалыг гол дадуулгаа болгон авахаас өмнө сайтар шалган шинжлэх нь зүйтэй.

## Хоосон Чанарт Суурилсан Байх

Өөрийгөө Ядам болгон үүсгэх гэдэг би-д барих харьцангуй түвшний үзлээ бүрэн уусгаагүй цагт боломжгүй хэрэг байх болно. Тиймээс бид өөрсдийгөө Цагийн хүрдний тал болгонд шингээн үзэхийн тулд хоосон чанарыг бясалгасан байвал зохино. Энэ ганц алхам л Буддын бясалгалыг Буддын-бус бясалгалаас ялгаж өгдөг байна.

Хоосон чанарыг ухамсарлалгүйгээр дандрын дадлагад орно гэдэг нэг төөрөгдсөн үзэгдлийг нөгөөгөөр сольж байгаатай агаар нэгэн бөгөөд өөрийг нохой болгон харахын оронд тахиа болгон харж байгаатай л адилхан байх болно. Тэгвэл өөрсдийн шижир үнэнээ ухамсарлах шалтгааныг бий болгохын оронд орчлонд эргэлдэн зовохын үндэс болсон өөрөөс зуурах зуршлыг л тэтгэх хүчин болж үйлчлэх болно.

# Үр Дүнтэйгээ Ойролцоо Байх

Судрын ёсны дагуу дадуулахад бид хүрэх гэсэн үр дүнгээсээ хамаагүй хол аргыг хэрэглэх болдог. Жишээ нь, баяжихын тулд бид өглөг өгч, үзэсгэлэнтэй болохын тулд тэвчээрийг дадуулж, хүний төрөл авахын тулд ёс суртахууныг баримталдаг. Энэ бол нэг л өдөр арвин ургац хураахаар үр суулгадаг тариаланчтай нэлээд төстэй юм.

Тарнийн ёс тэгвэл үүнээс өөрөөр дөхөж очдог байна. Уламжлалт үүсгэлийн зэргийн дадлагыг хүрэх гэсэн зорилготойгоо төстэй байдлаар нь амьд тоглолтод орохоор бэлтгэж буй жүжигчинтэй зүйрлэж болно. Бэлтгэлийн үед жинхэнээр бүтээн амьдруулж чадахгүй байж болох хэдий ч эцсийн үр дүнг даган дуурайж, түүнтэй ижилсэн дасалцах үндсийг хөгжүүлж байдаг байна.

Цаашилбал, Очирт хөлгөн гэгээрсэн Бурханы төлөвт хэрхэн хөтөлж хүргэдгийг бодоод үзэх хэрэгтэй. Төгсгөлийн зэргээр Бурханы Номын лагшныг олдог бол үүсгэлийн зэрэг Бурхан яаж хувилгаан дүр үүсгэдэг тэр загварыг дагахаар тусгайлан зориулагдсан учраас дүрст лагшныг илрүүлэх шалтгаан болон үйлчилдэг байна. Үүний тулд гурван төлөвийн мэдрэмжийг ариусгах замыг ашигладаг нь:

1. **Төрөлт:** Энэ бол хамаг амьтны сэтгэлд Бурханы үзэгдэх зам бөгөөд ийм замаар хувилгаан дүр хэлбэрийг олон бусдын тусыг бүтээж байдаг байна. Үйлийн үрийнхээ нөхцөлдөлтөөс шалтгаалан бид одоогоор энэ үйл явцад хяналт тавих ямар ч чадваргүй байдаг. Тэгвэл үүсгэлийн зэргийн дадлагаар бид өөрсдийн сэтгэлийг хэрхэн Дүйнхорын Яб-Юм юм уу эсвэл Гэгээрлийн Хот Мандлын бусад 636 ядмын аль нэгэн тал болгон үүсгэж сурснаар төрөлтийн үйл явцыг ариусгаж болдог. Тэдгээр хэлбэр дээр төвлөрөн бясалгаснаар сэтгэлээ ийм замаар үзэгдэхэд дадлагажуулдаг байна.

2. **Үхэл:** Бурханы дүрст лагшин ч мөнх бус мөн чанартай. Тэд хамаг амьтны хэрэгцээнд тааран аяндаа урган гарч хэрэггүй болсон үед гэгээрсэн сэтгэлдээ буцаад уусан ордог байна. Энэ үйл явц Бурханд нөхцөл шалтгаан бүхэнд зохицуулан өөрчлөгдөж бусдын тусыг хамгийн дээдээр бүтээх бололцоог өгч байдаг ажээ. Бидний одоогийн мэдрэмжид ийм төрлийн уусалт шөнө болгон унтахад үзэгддэг ба мөн амьдрал төгсгөлдөө хүрч үхэх үед явагддаг байна. Гэвч түүнийг өрнөж байх үед бид мөн л ухамсарлаж чаддаггүйн улмаас мунхагтаа дарлуулан байж дараагийн үзэгдлийг хянаж чаддаггүй байна. Үүсгэлийн зэрэг үзэгдлийг буцааж хоосонд нь хэрхэн уусгадгийг дадуулсаар үхлийг ариусгаж чаддаг бөгөөд үзэгдлээс зуурах бидний зууралтыг тавиулан, цаг хором болгонд ухамсраа

хадгалан үлдэхэд тусалдаг билээ.

3. **Зуурд:** Энэ үе хувилгаан дүр хэлбэржих болон уусахын хоорондын завсрын үеийг төлөөлдөг. Тэр үед хувилгаан дүр бүдүүн хэлбэрийн хувилгаан үүсгэх юм уу эсвэл амарлиулах, арвижуулах, захирах ба номхотгох гэсэн гэгээрсэн дөрвөн үйлийг гүйцэтгэж байдаг ажээ. Үүсгэлийн зэрэгт бид гэрэл цацруулан эдгээр үйлийг гүйцэлдүүлж амьтанд тусалж байгааг дадуулдаг. Энэ үйл явц сэтгэлийг буянд дадуулан төрөл бүрийн зуурдын төлөвийг ариусгахаас гадна асар их хэмжээний буян хишиг үүгээр хураадаг байна.

Үүсгэлийн зэргийн дадлагыг нэгэнтээ гүйцэтгэж дуусахад тэрхүү үхэх, төрөх, зуурдын төлөвүүдийг сансрын хүрдэнд эргэлдэх хүрд мэт мэдрэх нь нийтлэг тохиолддог. Жишээ нь, дадлагын эхэнд эгэлийн үзэгдлийг хоосон чанарт уусгаж өөрсдийгөө гол ядмын дүр болгон төрүүлнэ. Энэ ядам гэрэл цацруулж өөр олон ядмыг хувилан гаргахад тэдгээр нь тус тус гэгээрсэн үйл бүтээнэ. Тэгээд төгсгөлд нь хоёрдогч ядмуудын хувилгаадыг гол ядамд буцаан уусгана. Энэ үйл явцыг олонтаа давтан давтан дадуулсаар эцэст өөрсдийн эгэл байдлаараа үзэгдэхийн өмнө гол ядмаа буцаагаад уусгадаг. Энэхүү олон давхар үйл явцаас харахад үүсгэлийн зэрэг нэлээд төвөгтэй шинжийн байдаг нь бусдын төлөөнөө зориулах хэмжээлшгүй чадварыг маань бидэнд олгох тэрхүү сэтгэлийн төлөвийг л тодруулан гаргахад зориулагдаж байдаг ажээ.

## Дадлагадаа Итгэл Төгс Байх

Таны үүсгэлийн зэргийн дадлагыг жинхэнэ уламжлал хадгалсан шинжтэй болгох эцсийн нөхцөл бол энэ дадлага намайг гэгээрэлд хүргэх болно гэж хүчтэй итгэсэн итгэл мөн. Ийм итгэлгүйгээр ядмын үүсгэл хийх нь өдрийн зүүдтэй ижил болох бөгөөд хэдийгээр та дадлагаа маш чадварлаг гүйцэтгэж чаддаг боллоо ч үнэмшилгүй, үр дүнд нь сүжиггүй байгаагаас сэтгэлд ул мөрөө үлдээхдээ маруухан байх болно. Өөр дүрүүдэд тоглож байгаа жүжигчин л гэсэн үг. Тэд хэдийгээр өөр өөр дүрд хувирах боловч ямагт энэ бол жүжиглэл гэж мэдэрч байхад хэзээ ч өөрийн жинхэнэ би-д барих үзлээ орхихгүй. Жүжигчин хүний хувьд энэ бол байж болох асуудал, харин дандрын дадлагад бол үгүй.

Тийм учраас дандрын дадлагыг хэрхэн гүйцэтгэх тухай мэдээллийг судалж тусгаж авах хамгаас чухал. Дадлага болгоны цаана нуугдаж буй аугаа ухамсрыг мэдрэх нь өөрийн эгэл төлөвөө төгс мартах итгэлийг хөгжүүлэхэд туслах болно. Хэдийгээр та өөрийн эгэл төрхийг харсаар байх боловч түүнийг үнэн байдал хэмээн тусгахаа больж, харин эгэл жирийн амьдралаа зүүдний үзэгдэл мэтээр хардаг болно. Тэгээд энэ шатыг төгөлдөржүүлж дуусахад таны сэтгэл гэгээрсэн мөн чанараа үнэхээр мэдрэх хэмжээнд хүртэл боловсорсон байх болно.

# ЦАГИЙН ХҮРДНИЙ ГЭГЭЭРЛИЙН ХОТ МАНДАЛ

Цагийн хүрдний үүсгэлийн зэргийн голт зүрх нь харьцангуй үнэний хэтийн төлөвөөс гэгээрсэн тааллын үзэгдэх байдлыг дүрсэлсэн гэгээрлийн хот мандал билээ. Хот мандлын тал болгонтой өөрсдийгөө нарийвчлан танилцуулах замаар бид өөрсдийн мэдрэмжийн тал болгоныг ариун үзэгдэл болгон хувиргаж чадна. Түүний үзэгдэх байдал бол үнэний мөн чанарт нийцүүлэн бүтээсэн загвар учраас харьцангуй үнэний зэрэглээ мэт мөн чанар ба туйлын үнэний төгс бүтсэн мөн чанар хоёрын дунд шилжилт явагдах хамгийн төгөлдөр хувиргалт болон үйлчилдэг байна.

Бусад Дээд Егүзэрийн Дандарын системтэй харьцуулахад Цагийн хүрдний Гэгээрлийн Хот Мандал бол хот мандлыг тэр чигээр нь сүлжсэн 636 ядам бурхад бүхий хамгийн нүсэр хот мандал гэж хэлж болно. Энэхүү сонирхолтой байдал эхлэн сурагчдад сүрдмээр санагдаж мэдэх боловч ашиг тусыг нээхийн төлөөнөө хэсэг тус болгоны гол шимийг ойлгож авах нь үүсгэлийн зэргийн тухай хангалттай мэдээлэл болдог билээ.

## Гэгээрсэн Орчин

Бид одоо бүлэг олон ядам бурхдыг дотроо агуулдаг гэгээрлийн бодит ордныг задалж салгах замаар хот мандлыг шинжлэх болно. Түүний бүхий л талыг хэлэлцэх зуурт Цагийн хүрдний хот мандал бол *мэдрэмжийн бүхий л талыг бүхлээр нь* төлөөлдөг буюу биднийй мэддэг болгоноос нэгийг ч орхигдуулалгүй цөмийг энд багтаадаг гэдгийг санаж байх хэрэгтэй. Энэ бүхэл цогц Бурханлаг чанарын бүхнийг хамарсан шинж чанартай дүйцдэг төдийгүй бид төөрөгдлийн үзэгдэл хязгааргүй олныг мэдэрдэг шүү дээ гэж санагдавч энэхүү туйлын үнэнд суурилаагүй юм гэж нэгээхэн ч үгүй байдаг ажгуу.

Энэ тайлбартаа бид гэгээрсэн хот мандлыг хоёр бүлэгт хуваан авч үздэг нь: 1\ Хамаг амьтны гадаад тулгуур болон 2\Гэгээрсэн бодгалиудын дотоод тулгуур юм. Замнан буй замдаа тэгэхээр бид Бодь сэтгэлийн үндэс болдог аугаа энэрэхүйг үүсгэхийн тулд эхнийхийг нь ашигладаг. Амьтны тусын тулд гэгээрэлд зорих сэтгэл бий болгож авсны дараа хоёр дугаархыг ашиглан хүслээ амьдруулахад тохиолдох бэрхшээлийг арилгадаг билээ. Энэ хоёр тулгуурыг орчлон мандал болон гэгээрлийн ордноор төлөөлүүлдэг байна.

### *Орчлон Мандал*

Бүх оршихуйг эзэлсэн огторгуй махбодын дотроос хар хөх өнгийн хий махбод ургана, түүний дараагаар улаан өнгийн гал махбод, тэгээд цагаан өнгийн усан махбод, эцэст нь шар өнгийн шороон махбод ургана. Тэдгээр нь цөм дугуй цагариг хэлбэртэйгээр дээр дээрээ давхарлан байрлана. Шороон махбодын суурин дээр Сүмбэр Уул сүндэрлэжээ. Тэр нь дөрвөн өнгөтэй бөгөөд зүүн зүгт хар хөх, өмнө зүгт улаан, баруун зүгт шар, хойд зүгт цагаан өнгөтэй ажээ. Сүмбэр Уулын дээд хэсгийг арван гариг сансраар эргэлдэх Огторгуйн Орой эзлэн байрлана. Орчлонгийн талаар илүү нарийн тайлбарыг та Боть 2-т үзүүлсэн мандал өргөх бүлгээс олж үзэж болно.

Хамаг амьтны зүгээс харахад гадаад орчлон өөрөөсөө үүссэн бодит зүйл мэт үзэгдэх бөгөөд төрөл бүрийн тоогүй олон өөр үзэгдлээр дүүрэн байдаг. Гэгээрсэн бодгалиудын зүгээс харин эдгээр үзэгдлийн аль нь ч дээдийн хоосноос өөр бодитоор ер оршдоггүй ажээ. Хоёр үнэнийг ийм маягаар тодхон ялгаж харуулахад харьцангуй ба туйлын гэсэн хоёр төрөл үзэгдэл байхыг мэдэх болно.

Харьцангуй үнэний зүгээс   уул, ус гээд салангид үзэгдэл мэт харагдавч гэгээрсэн сэтгэлтний хувьд гагцхүү цаглашгүй ахуй л үзэгддэг байна. Салшгүй энэ мөн чанарыг бид *туйлын үзэгдэл* буюу жишээ нь, туйлын үнэн уул, туйлын үнэн гол гэх мэт нэрлэж болно. Иймэрхүү нэрийн зөвшилцлийг бидний мэдэрч буй болгонд хоёр үнэн оршдогийг илэрхийлэх ухаалаг арга болгон ашиглах хэрэгтэй билээ.

Энэхүү ойлголтыг дадлагатайгаа нэгтгэн үзвэл хоёр үнэний ухамсрыг хөгжүүлэхийн тулд бүх юмс үзэгдлийг үндэс суурь болгон ашиглаж болно гэсэн үг. Бид хэрвээ ургаа мод харлаа гэж бодоход янагуух түвшний төөрөгдсөн ухамсарт мод гэж үзэгдлээ ч түүнийг чинагуух түвшиндээ туйлын мөн чанартайг нь бид мөн адилхан мэдэрч байх болно. Туйлын үзэгдлүүдийн цуглуулга тэр чигээрээ Цагийн хүрдний Гэгээрсэн Хот Мандалд агуулагдаж байдаг ажгуу.

UNIVERSE MANDALA

BODY MANDALA

SPEECH MANDALA

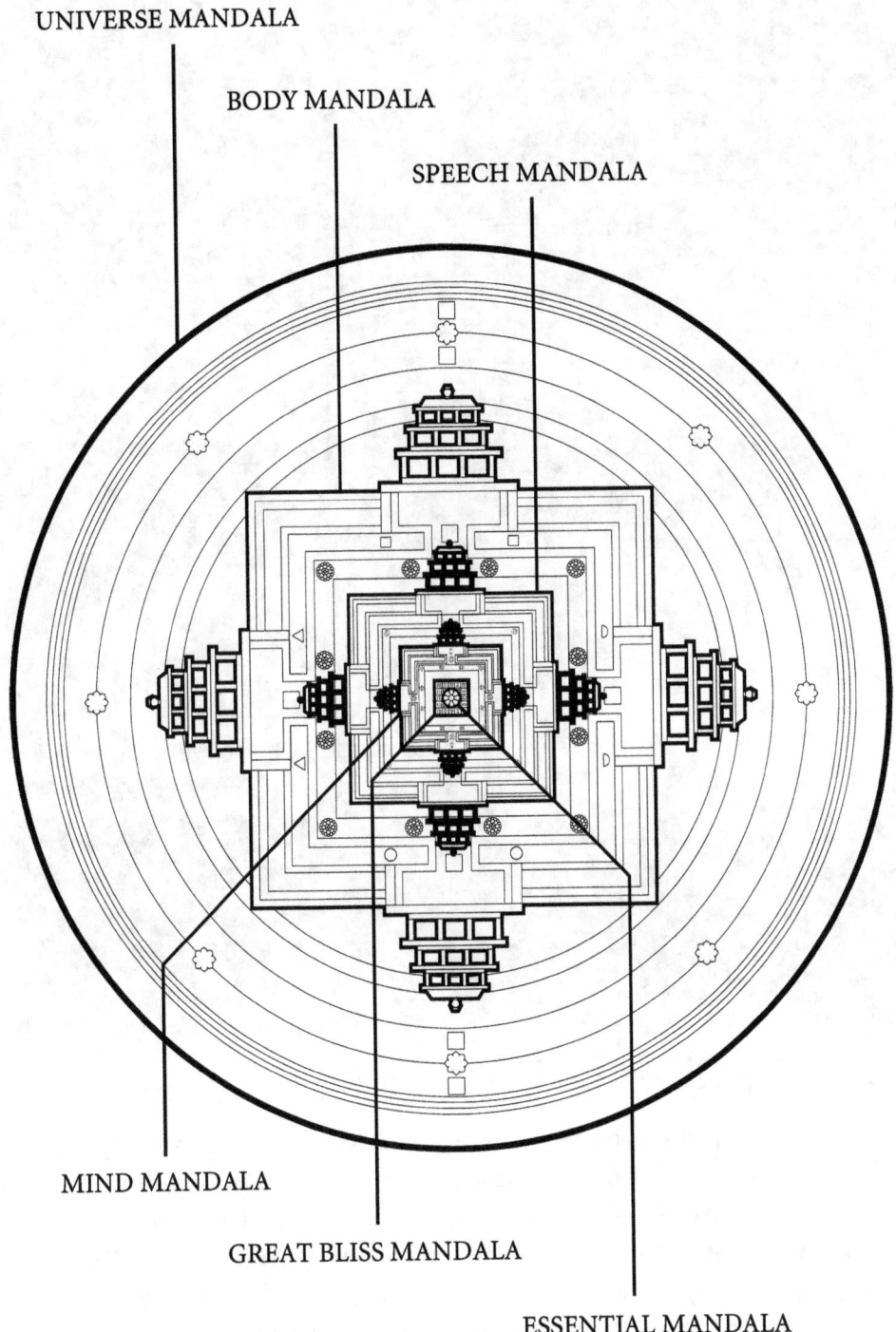

MIND MANDALA

GREAT BLISS MANDALA

ESSENTIAL MANDALA

## Гэгээрлийн Ордон

Сүмбэр Уулын оройн гол төв оргил дээр 25,000 йояана хэмжээ бүхий олон өнгөт бадам лянхуа цэцэг байна. Энэ лянхуа цэцгийн гол их биеийнхээ гуравны нэгийн дайтай том бөгөөд түүний дээр сар, нар, раху ба калагнийн дөрвөн дэвсгэр байрласан байна. Энэхүү лянхуа цэцгэн сэнтий дээр 50,000 йояана диаметр бүхий очирт суурь байрласан байх нь Гэгээрсэн Хот Мандлын Төгс жаргалантын лагшин гарч үзэгдэх төгс боловсорсон Бодисадва хүний бясалган уусахуйн төлөвийг төлөөлдөг байна. Энэ суурь Сүмбэр Уулын адилаар дөрвөн дөрвөлжинд хуваагдсан байх ба хот мандалд оролцсон өнгөний хослол зүг чиг бүхэнтэй тохирч байдгийг тогтоож авахад илүүдэхгүй билээ. Үүнд:

| Зүг Чиг | Өнгө | Бурханы Аймаг |
|---|---|---|
| Зүүн | Хар хөх | Үйлийн |
| Өмнө | Улаан | Эрдэнэсийн |
| Хойд | Цагаан | Лянхуан |
| Баруун | Шар | Бурханы |
| Төв-Дээд | Ногоон | Очирын |
| Төв-Доод | Цэнхэр | Очирын |

*Хүснэгт 5-1: Хот мандал дахь өнгөний тохиргоо*

Эдгээр зүг чиг олон хүний нүдэлж заншсанаас өөр дараалалтай байгааг та ажигласан байх. Энэ бол хот мандлын бэлгэ тэмдгийн мөн чанартайн илрэл мөн. Ядмуудыг үүсгэх үйл явцад зүүн, өмнө, хойд ба баруун гэсэн дараалал маш олон удаа давтагдахтай таарах болно. Ядам бүр дотоод хийн биетэй хоршиж байдаг учраас тэднийг үүсгэх дараалал хийн урсгалын гүйдлийн замд маш нарийн нөлөө үзүүлдэг, тийм ч учраас хот мандлын үүсгэл та бидний нарийн биеийг төгсгөлийн зэргийн дадлагад ороход бэлтгэж өгч байдаг нь энэ билээ. Тэгэхээр бид энэ дараалалд өөрсдийгөө эртхэн дасгах хэрэгтэй юм.

Очирт суурины хүрээн дотор *Цагийн хүрдний Гэгээрсэн Ордон* сүндэрлэнэ. Энэ гайхамшигт байгууламж олон өнгийн гэрлээр бүтсэн бөгөөд хот мандал дахь ихэнх ядмын гэр нь болдог ажээ. Ордон өөрөө мэдрэмжийн дөрвөн төлөвийн ариуслыг төлөөлдөг дөрвөн давхартай. Доод давхраас дээш, гаднаас дотогш чиглэлтэйгээр мэдрэмжийн улам илүү нарийн төлөвт хамааран орших аж. Дараах хүснэгт гэгээрлийн ордны зарим нэгэн нийтлэг хамаарлыг дүгнэн харуулсан болно.

| Эрдэнэ | Давхар | Төлөв | Хэмжээс | Хот Мандал |
|---|---|---|---|---|
| Хувраг | Нэгдүгээр | Сэрүүн | Нирманакая | Лагшин Мандал |
| Ном | Хоёрдугаар | Зүүдний | | Зарлиг Мандал |
| Бурхан | Гуравдугаар | Гүн Нойрны | Самбогакая | Таалал Мандал |
| | Дөрөвдүгээр | Уусахуйн | Жана Дармакая | Жаргал Мандал |
| | | | Свабавикакая | Охь Мандал |

*Хүснэгт 5-2: Гэгээрлийн Ордны Учир Утга*

Гэгээрлийн ордон Бурханы лагшин зарлиг таалалтай уялдаатайгаар Бурхан, Ном, Хувраг гурван эрдэнийг төлөөлдөг хэмээн ойлгож болно. Гэгээрсэн таалал цаашаа гурван тал болон хуваагдах ба нийт таван хот мандал бүхий ядмууд байгаа нь: 1\Лагшин мандал, 2\Зарлиг мандал, 3\Таалал мандал, 4\Жаргал мандал, 5\Охь мандал билээ. Эхлээд бид хот мандал тус бүрийн байгууламжийн тодотголуудыг авч хэлэлцээд дараа нь тэнд оршин суудаг ядмуудын төлөөллийг үргэлжлүүлэн судлах болно.

## Лагшин Мандал

Эхний давхарт байрлах энэ хот мандал таны дээдийн язгуураа илрүүлэх дадлага номд тусалж дэмжих сүсэг бишрэл нэгтэй бүлгийг төлөөлж байдаг. Түүний хэмжээ хааш хаашаа 50,000 йояана тэг дөрвөлжин бөгөөд хана нь таван давхар гэрлэн туяагаар бүтсэн нь: шар, цагаан, улаан, хар хөх ба ногоон ажээ. Тааз нь түүний байрлан буй суурьтай адилхан өнгөтэй аж.

Байрны тал болгонд чимэглэж гэрэлтүүлсэн аварга хаалга байх бөгөөд гадна талдаа ялалтын дарцаг хатгаж, гоёмсог зүйлсээр чимсэн байна. Хаалга бүрийн үүдэнд бадам лянхуа суудал бүхий хөсөг тэрэг зогсохыг долоон төрлийн адгуусанд хөллөсөн байх ажээ.

| Адгуус | Зүг Чиг | Өнгө |
|---|---|---|
| Гахай | Зүүн | Хар хөх |
| Морь | Өмнө | Улаан |
| Цасны Арслан | Хойд | Цагаан |
| Заан | Баруун | Шар |
| Гарьд | Дээд | Ногоон |
| Найман мөчит арслан | Доод | Цэнхэр |

*Хүснэгт 5-3: Хөсөг Тэрэгнүүдийн Байршил*

Хананы дотор талд ядмуудын амрах тавцан бүхий арван хоёр бадам цэцэг арван хоёр адгуус амьтны нуруун дээр суурилсан байх бөгөөд лянхуа болгон гурван тойргоор байрласан хорин найман дэлбээтэй ажээ. Хамгийн дотор талын тойрогт дөрвөн дэлбээ, голын тойрогт найм, гадна талын тойрогт арван зургаан дэлбээ байна.

| Суурь | Зүг Чиг | Цэцгийн Өнгө |
|---|---|---|
| Бэрд | Зүүн зүгийн Баруун тал | Улаан |
| Гарьд | Зүүн зүгийн Зүүн тал | Улаан |
| Буга | Зүүн Өмнө зүг | Цагаан |
| Хонь | Өмнө зүгийн Баруун тал | Улаан |
| Одос Үхэр | Өмнө зүгийн Зүүн тал | Улаан |
| Тогос | Баруун-Өмнөд зүг | Цагаан |

| | | |
|---|---|---|
| Далайн Мангас | Хойд зүгийн Баруун тал | Улаан |
| Бух | Хойд зүгийн Зүүн тал | Улаан |
| Харх | Зүүн Хойд зүг | Цагаан |
| Заан | Баруун зүгийн Баруун тал | Улаан |
| Заан | Баруун зүгийн Зүүн тал | Улаан |
| Галуу | Баруун Хойд зүг | Цагаан |

*Хүснэгт 5-4: Лагшин Мандал дахь Ядмуудын Тавцангийн Байршил*

Хананы яг гадна талд орших тавцан дээр, дөрвөн хаалганы хоёр тал болгонд найман махбодын мандлууд байрлажээ.

| Махбод | Зүг Чиг | Хэлбэр |
|---|---|---|
| Хий | Зүүн | Хагас Дугуй |
| Гал | Өмнө | Гурвалжин |
| Ус | Хойд | Дугуй |
| Шороо | Баруун | Дөрвөлжин |

*Хүснэгт 5-5: Махбодын Мандлуудын Байршил*

Лагшин Мандлын гадна талд Аугаа Найман Хүүрийн Газар оршино. Эдгээр оршуулгын газар найман гол ба завсрын зүг, мөн дээш доош хоёр нэмэгдэл зүгт байрладаг ба газар болгонд найман хөндөлт дугуй хүрдэн дээр суурилсан тавцан тус бүр нэг байх ажээ.

| Нэр | Зүг Чиг | Суурь |
|---|---|---|
| Цоологч | Зүүн | Усны Үхэр |
| Сануулагч | Зүүн Өмнөд | Вэрунда Шувуу |
| Төөнөгч | Өмнө | Баавгай |
| Төгсгөлгүй Дайн | Баруун Өмнөд | Тогоруу |
| Өмхөрсөн | Хойд | Эм Сарлаг |
| Тэнэгийн Үхэл | Зүүн Хойд | Сарьсан Багваахай |
| Нөжийн Үнэр | Баруун | Арслан |
| Шидэт Хүнс | Баруун Хойд | Нилика шувуу |
| Дээгүүр Хоосон | Баруунаас Цаашаа | Гарьд |
| Доогуур Хоосон | Зүүнээс Цаашаа | Найман Мөчит Арслан |

*Хүснэгт 5-6: Хүүрийн Газруудын Байршил*

## Зарлиг Мандал

Шилтгээний хоёрдугаар давхрыг гэгээрлийн зарлигийг төлөөлсөн хот мандал гэх ба гэгээрэлд хүрэх егүзрийн замыг таниулах *Цагийн хүрдний сургаалыг* төлөөлөх ажээ. Давхрын шал нэгдүгээр давхрынхаа тал шиг хэмжээтэй буюу хааш хаашаа 25,000 йояана бөгөөд дөрвөн талдаа хаалгатай, таван давхар гэрлэн туяагаар бүтсэн ханатай зэрэг бусад шинжээрээ түрүүчийнхтэй маш төстэй ажээ. Энгийн барилгыг бодвол энэ ордны шал газарт хүртлээ сунаж үргэлжилсэн байх нь ордны голоор сүндэрлэх гол багана гэмээр болсны нийт өндрийн хэмжээ 75,000 йояана болох ажээ. Хананы дотор талд ядмуудын амардаг тавцан найман адгуусны суурин дээр байрласан найман лянхуа цэцгэн суудал байна. Цэцэг нэг бүр найман дэлбээтэй ажгуу.

| Суурь | Зүг Чиг | Лянхуан Өнгө |
|---|---|---|
| Бирд | Зүүн | Улаан |
| Гарьд | Зүүн Өмнө | Цагаан |
| Одос Үхэр | Өмнө | Улаан |
| Тогос | Баруун Өмнө | Цагаан |
| Бух | Хойд | Улаан |
| Арслан | Зүүн Хойд | Цагаан |
| Заан | Баруун | Улаан |
| Галуу | Баруун Хойд | Цагаан |

*Хүснэгт 5-7: Зарлиг Мандлын Ядмуудын Байршил*

## Таалал Мандал

Шилтгээний гуравдугаар давхар Таалал Мандал дахь ядмуудын гэр болох бөгөөд төгс боловсорсон Бодисадва нарын тусад Бурханы гэгээрсэн таалал үзэгдэх төгс жаргалантын лагшныг төлөөлдөг байна. Шалны хэмжээ мөн л доод давхрынхаа талтай тэнцүү буюу 12,500 йояана болох ба түүний суурь нь түрүүчийнхээ давхарт хүртэл сунасан байдалтай 37,500 йояана өндөр ажээ. Хана нь гурван давхарга гэрлэн туяагаар бүтсэн нь хар хөх, улаан ба цагаан өнгөтэй ажээ.

Энэ хот мандал дотор төрөл бүрийн бадам лянхуа цэцгэн суудал байх ба Таалал Мандлын янз бүрийн ядмыг хүлээн авахад бэлэн байдалтай үзэгдэнэ. Тэдгээрийн зургаа нь хаалганы ойролцоо байрласан агаад бас арван хоёр суудал ядмуудын амардаг тавцан дээр ханын дагуу байрлана. Хаалганы ойролцоо байрласан нугуудын гурав нь улаан наран дэвсгэр бүхий цагаан лянхуа, гурав нь цагаан саран дэвсгэр бүхий улаан лянхуа цэцэгс байх ажээ. Үүнтэй адилаар дотор талд байрласан суудлын зургаа нь улаан наран дэвсгэр бүхий цагаан, зургаа нь цагаан саран дэвсгэр бүхий улаан лянхуа байна. Байрлал тэнд хамааралтай ядмуудын орон зайг эзлэн орших ажээ.

### Жаргал Мандал

Ордны дөрөвдүгээр давхар доод давхрынхаа талын дайтай 6,250 йояана хэмжээтэй. Энэ харшийн суурь өмнөх давхрын шаланд тултал үргэлжилсэн байх агаад нийт өндрийн хэмжээ 18,750 йояана болох ажээ. Гадна талаараа хорин баганаар түшүүлсэн, тойрог үүсгэсэн арван-зургаан багана бүхий дотоод ордонтой, түүнийхээ голд цэцэрлэгт талбай руу гарч очдог задгай хашаатай. Танхимын гадаад тойрог бусад давхарт байсантай ижил дөрвөн өнгийн таазтай. Энэ хот мандал бол Бурханы гэгээрсэн тааллын шижир билгүүнийг төлөөлсөн Жаргалын Хот Мандлын ядмуудын оршдог газар билээ.

Танхимын гадаад тойрог дотор найман лянхуа цэцгэн суудал байрлах бөгөөд дөрвөн зүгт байрлах бадам лянхуа улаан наран дэвсгэр бүхий цагаан, харин завсрын зүгүүдэд байрлах бадам лянхуа цагаан саран дэвсгэр бүхий улаан өнгөтэй байх ажгуу.

### Охь Мандал

Харшийн дотоод тойрог дээшээ дахиад 3,125 йояана сунасан байх ба гоёмсог алтан дээвэртэй бүтээсэн сүм хэлбэртэй үзэгдэнэ. Цэцэрлэгт талбайн төвд маш том найман-дэлбээт ногоон бадам лянхуа, түүний голд цагаан сар, улаан нар, хар хөх раху болон шар калагнийн дэвсгэр давхарлан тавьсан байх ажээ. Энэ задгай талбай Гэгээрлийн Хот Мандал дахь хамгийн гол төв гэж үзэгдэх бөгөөд Охь Мандлын ядмуудын оршин суудаг гэр болж, мандал дахь бусад хэсгийн суурь болсон Бурханы гэгээрсэн тааллын ханьсашгүй мөн чанар – хувиршгүй амгалан ба хоосон дүрсний төгс нэгдлийн төлөөлөл болдог байна.

# Гэгээрсэн Ядмууд

Гэгээрлийн хот мандлын ерөнхий дүр зурагтай танилцсаныхаа дараа хэсэг тус бүрд байрлах ядмуудтай нэг бүрчлэн танилцах боломжтой болно. Хэсэг болгоны ядмууд нарийвчлал болгонтой нь дүйцсэн олон давхар утга агуулсан байдаг. Утга нэг бүрийг таних гэдэг энэ номын хэмжээ хязгараас давсан асуудал учраас тэдгээрийн холбоог илтгэх ерөнхий хэдэн гол санаан дээр төвлөрөх нь ухаалаг болно.

Жонангийн Урсгалын дагуу нийт 636 ядам бурхад бий. Энэ тоо бол Вишвамагтагийн умайнаас хувилан гарч буйгаар дүрсэлдэг ядмуудын тоо бөгөөд доорх маягаар ангилж болно. Үүнд:

| Хот Мандал | Бүлэг | Тоо |
|---|---|---|
| Охь  \10\ | Калачакра Яб-Юм | 2 |
| | Шахти | 8 |
| Жаргал \18\ | Бурхад илбийн ханьтайгаа | 18 |
| Таалал \44\ | Бодисадва нар илбийн ханьтайгаа | 24 |
| | Догшин ядмууд илбийн ханьтайгаа | 8 |
| | Өргөлийн Дагинас | 12 |
| Зарлиг \116\ | Эмэгтэй Ядмууд илбийн ханьтайгаа | 16 |
| | Тойрон хүрээлсэн йоги дагинас | 64 |
| | Хүслийн Дагинас | 36 |
| Лагшин \428\ | Сарны тооллын эрэгтэй ядмууд | 360 |
| | Зургаан Догшин Сахиус илбийн ханьтайгаа | 12 |
| | Лусын хаад илбийн ханьтайгаа | 20 |
| | Огоорлын Дагинас | 36 |
| Орчлон \20\ | Маш Догшин Ядмууд илбийн ханьтайгаа | 20 |
| | Нийт 636 | |

*Хүснэгт 5-8: Жонангийн Урсгалаар Ядмуудыг Тоолсон Байдал*

## Охь Мандал Дахь Ядмууд

Охь Мандал гурван хэсгээс бүрддэг: 1\Голлох Ядам Калачакра Яб-Юм, 2\Арван Шахти ба 3\Дөрвөн Сүлд юм.

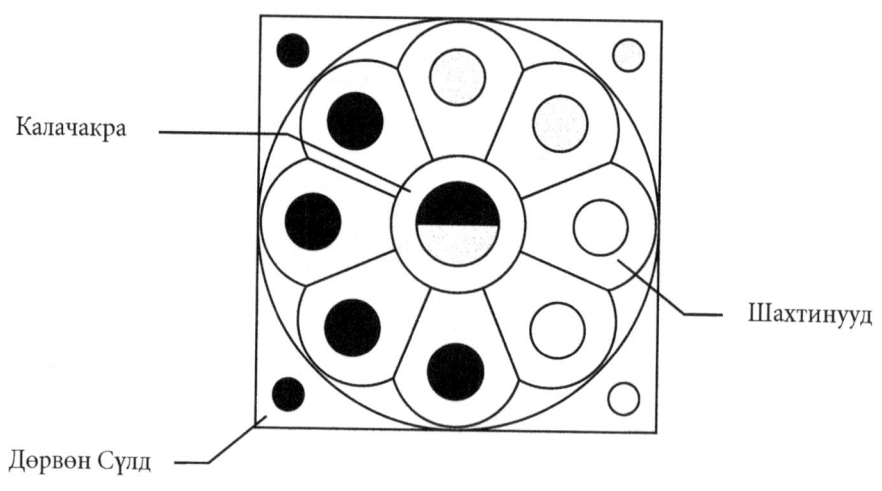

## Голлох Ядам Цагийн хүрдний Яб-Юм

Бүрэн төгс үзэгдэх байдлаараа Калачакра хорин дөрвөн мутартай, дөрвөн нигур тус бүрдээ гурван мэлмийтэй, гурван хүзүү, нэгэн лагшин хоёр өлмийтэй ажгуу. Түүний нигур суурины өнгө ба зүг чигийн дагуу зохицсон – хар хөх, улаан, шар ба цагаан бөгөөд хүзүү нь хар хөх, улаан ба цагаан өнгөтэй.

Тэрбээр Базарсадын титэм тэргүүн дээрээ залж, үсээ орой дээр ороож зангидсан байх ба очир хийгээд эрдэнэсийн гоёлоор чимэглэсэн байна. Түүний лагшин очирт ороолт хийгээд олон янзын очирт чимэглэлтэй байхын зэрэгцээ барын арьсан хормой бүсэлхийгээр ороосон үзэгдэнэ.

Түүний гурван мөр хар хөх лагшны тал бүрд байрлах бөгөөд урд талынх нь хар хөх, голын хэсэг улаан ба арын хэсэг цагаан өнгөтэй аж. Мөр болгон хоёр салаалсан нь нийт арван-хоёр мутрын дээд үе, тэр нь цаашаа мөн тус бүр хоёр салаалсан нь нийт хорин-дөрвөн мутрын доод үеийг бүтээсэн байна. Аль мөрнөөс урган гарснаараа мутар өөр өөр өнгөтэй ажээ. Хурууны гадна талын өнгө өөр өөр бөгөөд эрхий хуруунаас эхлээд – шар, цагаан, улаан, хар хөх ба ногоон өнгөтэй. Хурууны дотоод үенүүд мөн суурнаасаа эхлээд – хөх, улаан, цагаан өнгөтэй байна.

Мутар тус бүр амьтны сэтгэлийн түйтгэрийг номхотгоход тохирсон зэвсэг атгасан байх нь баруун талаас эхлэн дурдвал хар хөх өнгийн мутартаа 1\Очир, 2\Илд, 3\Сэрээ, 4\Махир хутга барьсан байна. Улаан өнгийн мутартаа 5\Сум, 6\Очирт дэгээ, 7\Дамар, 8\Алх. Цагаан мутартаа 9\Хүрд, 10\Жад, 11\Ташуур болон 12\Сэглэлт богино бороохой болон 16\Гавал аяга барьжээ. Улаан мутартаа 17\Нум, 18\Очирт цалам, 19\Эрдэнэ, 20\Цагаан лянхуа эцэст нь цагаан мутартаа 21\Лавай, 22\Толь, 23\Очирт гинж болон 24\Бярманы толгой барьсан байна.

Тэр бадам цэцгийн голд дөрвөн махбодын дэвсгэр дээр зогсоно. Баруун улаан өлмийгөө сунгасан нь хүслийн тэнгэр Камадевагийн зүрхийг няц гишгэн, харин зүүн цагаан өлмийг нугалсан нь бүтээлийн тэнгэр Рудрагийн зүрхийг няц гишгэн байх ажгуу. Энэ хоёр бол Калачакрагийн өлмийнөөс зуурсан байх хорвоогийн хоёр тэнгэр билээ.

Калачакра өөрийн илбийн хань Вишваматаг тэвэрсэн байх нь алтан шаргал өнгийн лагшинтай. Дөрвөн нигур – шар, цагаан, хар хөх ба улаан бөгөөд тус бүрдээ гурван мэлмийтэй аж. Тэрбээр мөрнөөс салаалан гарсан найман мутартай. Баруун мутартаа 1\Махир хутга, 2\Дэгээ, 3\Дамар, 4\Эрих барьсан байна. Харин зүүн талын мутартаа 5\Гавал аяга, 6\Цалам, 7\Цагаан дэлбээт бадам лянхуа ба 8\Чандмань эрдэнэ атгажээ. Базарсад бүхий титэм орой дээрээ залж үсээ дээр зангидаж үлдсэн хэсэг нь нурууг нь даган сул унжина. Тэрбээр нүцгэн байх бөгөөд торгон ороолт хийгээд ясан гоёлоор чимсэн үзэгдэнэ. Зүүн өлмийгөө сунгаж баруун өлмийг нугалан зогсоно.

| Нэр | Зүг Чиг | Өнгө | Үсэг | Бэлгэдэл |
|------|---------|------|------|----------|
| Калачакра | Гол | Хар хөх | ХУМ | Очир |
| Вишвамата | Гол | Шар | ФРЕМ | Махир Хутга |

*Хүснэгт 5-9: Голлох Ядмууд*

Хот мандал дахь бүх ядам бурхадаас голлох ядам л хамгаас илүү олон бэлгэдлийг өөртөө агуулсан байдаг. Калачакра хувиршгүй амгалангийн дээдийн ухамсарлахуйг харин Вишвамата бүхий л гэгээрсэн чануудыг агуулсан дээдийн хоосон чанарт тулгуурласан хоосон дүрсний үзэгдэх олон төрлийг төлөөлдөг. Тэдний нэгдэл тиймээс энэ хоёр талын нэгдлийн салшгүйг бэлгэддэг байна.

Аливаа ядам илбийн ханьтайгаа хослон барилдсанаар дүрслэгдэж л байгаа бол арга барил ба билиг билгүүний нэгдлийг илэрхийлж байдаг. Хэрвээ аргын тал давамгайлсан байвал эрэгтэй тал нь голлох ядам болон дүрслэгдэж яб-юм гэж нэрлэгдэнэ. Төвөдийн *яб* гэдэг үг "эцэг", *юм* гэдэг үг "эх" гэсэн утгатай. Билгүүний тал давамгайлсан үед эмэгтэй ядам голлон дүрслэгдэж юм-яб гэж нэрлэнэ.

Эсрэг тэсрэг энергийг тэнцвэржүүлэх илэрхийлэл болж бас хэрэглэгдэнэ. Энэ нь махбодын хоорондын эр эм талын тэнцвэрийг бэлгэдэж болох нь гал ба ус, шороо ба хий, огторгуй ба ухамсар гэх мэт. Ядмуудыг ингэж дүрслэх нь бид өөрийн бие ба сэтгэлийн тэнцвэрийг эвцэлдүүлж, бүх бие махбодоо тэнцвэртэй болгож байгаа хэрэг мөн. Тийм учраас доорх өнгөний хослолтой олонтаа тулгарах болно. Үүнд:

| Өнгө | Эсрэгцэл |
|------|----------|
| Хар-хөх | Шар |
| Улаан | Цагаан |
| Цагаан | Улаан |
| Шар | Хар-Хөх |
| Ногоон | Цэнхэр |
| Цэнхэр | Ногоон |

*Хүснэгт 5-10: Өнгөний хоршил*

Калачакрагийн хөл дор няцлуулж буй хорвоогийн хоёр ядам өөр өөр төрлийн түйтгэрийн ариуслыг төлөөлж байдаг. Рудра болон түүний эхнэрээр мунхаг, шунал, хорсол хилэн, бардам омог зэрэг түйтгэрийг төлөөлүүлдэг бол Камадева болон түүний эхнэрээр дөрвөн шуламс буюу: бүрдэл цогцын, түйтгэрийн, эрлэгийн эзний болон тэнгэрийн хөвгүүний мараг төлөөлүүлж байдаг билээ.

## Арван Шахти

Голын бадам лянхуа цэцгээс гарсан найман дэлбээн дээр Шахти хэмээх найман билгүүний охин тэнгэрүүд зогсоно. Тэд цөм өлмий нийлсэн байдалтай, найман мутар, дөрвөн нигур гурван мэлмийтэй. Тэд өөрсдийн үзэгдэх бэлгэдлийн төрөлд зохицсон төрөл бүрийн зэмсэг гартаа барьсан байх ба Вишвамататай төстэй ясан чимэглэлээр гоёсон байна. Тэд угтаа арван шахти боловч хоёр нь Вишваматагаас салшгүй нэгэн болж дүрслэгдэх тул зөвхөн наймыг тоолж болдог.

| Нэр | Зүг Чиг | Өнгө | Үсэг | Бэлгэдэл |
|---|---|---|---|---|
| Кришнадипта | Зүүн | Хар-Хөх | А | Хүжний Сав |
| Рактадипта | Өмнө | Улаан | АХ | Зул |
| Шветадипта | Хойд | Цагаан | АМ | Хоол Хүнс |
| Питадипта | Баруун | Шар | АА | Номын Лавай |
| Дума | Зүүн өмнө | Хар-Хөх | ХА | Сарлагийн Сүүлэн Дэвүүр |
| Маричи | Баруун Өмнө | Улаан | ХАХ | Сарлагийн Сүүлэн Дэвүүр |
| Кадиота | Зүүн Хойд | Цагаан | ХАМ | Сарлагийн Сүүлэн Дэвүүр |
| Прадипа | Баруун Хойд | Шар | ХАА | Сарлагийн Сүүлэн Дэвүүр |

*Хүснэгт 5-11: Найман Шахти*

Найман Шахтигаар зүрхний судлаас салаалан гардаг найман салбар судлын ариуслыг төлөөлүүлдэг. Нарийн биеийн судлууд эндээс л чухам эхтэйгээр бүх биеэр тархан гүйдэг байна. Арван Шахти болохтой зэрэг нарийн биеийн арван хийг төлөөлж байдаг ажээ.

## Дөрвөн Сүлд

Охь Мандлын дөрвөлжин задгай талбайн дөрвөн өнцөгт байх дөрвөн сүлд мэдрэмжийн дөрвөн төлөвийг ариусгаснаар бидний олох дөрвөн очрыг бэлгэдэж байдаг. Тэд ядмууд биш болохоор нийтийн тооллогод багтдаггүй. Тэд мөн зулайн хүрднээс салаалан гардаг дөрвөн судлын ариусалтай тохирч байдаг байна.

| Сүлд | Зүг Чиг | Өнгө | Үсэг | Очир |
|---|---|---|---|---|
| Номын Лавай | Зүүн Хойд | Цагаан | УМ | Очирт Лагшин |
| Модон Цан | Баруун Өмнө | Улаан | А | Очирт Зарлиг |
| Чандмань Эрдэнэ | Зүүн Өмнө | Хар-Хөх | ХУМ | Очирт Таалал |
| Хүслийн Мод | Баруун Хойд | Шар | ХО | Очирт Билгүүн |

*Хүснэгт 5-12: Дөрвөн Сүлд*

## *Жаргал Мандлын Ядмууд*

Голын бадам цэцгийг тойроод багануудаар хүрээлэгдсэн танхим оршино. Багануудын хооронд арван-зургаан тасалгаа байх бөгөөд түүн дотор хоёр бүлэг ядам суурьших нь 1\Арван-Хоёр Бурхад ба 2\Арван Бумба билээ.

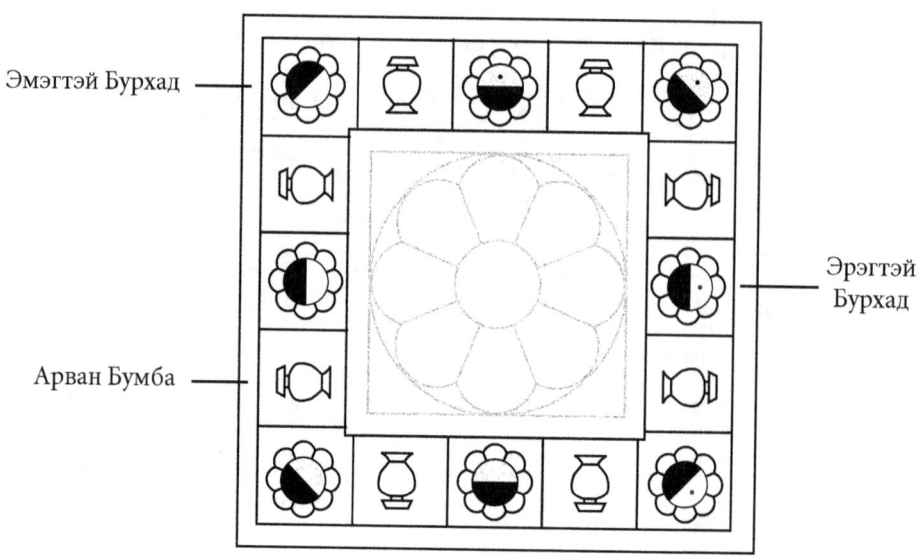

## Арван-Хоёр Бурхад

Эрэгтэй ба эмэгтэй хоёр бүлэг Бурхад байх бөгөөд тэдгээрээс хоёр нь Калачакрагаас, өөр бас хоёр нь Вишваматагаас салшгүй нэгэн гэж тооцогдоно. Ингээд танхим дахь тасалгаануудад найман Ядам Бурхан үлдэж байна. Эрэгтэй Бурхад дөрвөн зүгт харж улаан наран дэвсгэр бүхий цагаан лянхуа суудалд, харин эмэгтэй Бурхад завсрын дөрвөн зүгт цагаан саран дэвсгэр бүхий улаан лянхуа суудалд тус тус заларна.

Бурхан болгон тус бүр гурван мэлмий бүхий гурван нигуртай, зургаан мутартай бөгөөд эрэгтэй нь очир, эмэгтэй нь лянхуа завиллаар суусан байна. Эдгээр Ядам Бурхад болгон өөрсдийн илбийн ханьтай хослон суух бөгөөд ядам болгон нэгэнтээ гол ядам бас нэгэнтээ ядмын хань болон буй нь тэр ажгуу.

| Нэр | Зүг Чиг | Өнгө | Үсэг | Бэлгэдэл | Илбийн Хос |
|---|---|---|---|---|---|
| Акчобия | Калачакра | Ногоон | А | Очир | Пражнапарамита |
| \Важрадатвишвари\ | Вишвамата | Ногоон | АА | Очир | Важрасаттва |
| \Важрасаттва\ | Калачакра | Цэнхэр | А | Очир | Важрадатвишвари |
| Пражнапарамита | Вишвамата | Цэнхэр | АА | Очир | Акчобия |

| | | | | | |
|---|---|---|---|---|---|
| Амогасидди | Зүүн | Хар-хөх | И | Илд | Лочана |
| Тара | Зүүн Өмнө | Хар-хөх | ИИ | Цэнхэр Удвал | Бирузана |
| Ратнасамбава | Өмнө | Улаан | РИ | Эрдэнэ | Мамаки |
| Пандара | Баруун Өмнө | Улаан | РИИ | Эрдэнэ | Амитаба |
| Амитаба | Хойд | Цагаан | У | Лянхуа | Пандара |
| Мамаки | Зүүн Хойд | Цагаан | УУ | Удвал Цэцэг | Ратнасамбава |
| Бирузана | Баруун | Шар | ЛИ | Хүрд | Тара |
| Лочана | Баруун Хойд | Шар | ЛИИ | Хүрд | Амогасидди |

*Хүснэгт 5-13: Арван Хоёр Бурхад*

Таван эрэгтэй Бурхад \дөрвөн Бурхан дээр Акчобия нэмэгдээд таван бүрдэл цогцын ариуслыг төлөөлдөг бол таван эмэгтэй Бурхан \дөрвөн Бурхан дээр Пражнапарамита нэмэгдээд\ таван махбодын ариуслыг илэрхийлдэг. Хэрвээ бид зөвхөн гадаад тойрог болох эр эм Бурхадыг тэдгээрийн ханьтай бодож үзвэл духны хүрдэн дэх арван зургаан судлыг төлөөлсөн арван зургаан Бурхад болж үзэгдэнэ.

## Арван Бумба

Бурхад болгоны хооронд ариуслын охь дүүргэсэн тахилын бумба байрлуулжээ. Эдгээр Бумба арван Шахтины хань хэмээн тооцогддог. Эрэгтэй Бурхад болгоны баруун зүүн талд хоёр бумба тавиастай байх ба үлдсэн хоёр нь Таалал Мандлын зүүн ба баруун хаалган дээр байрласан байна. Бумбанууд дүрслэлд багтах хэдий ч нийт ядмын тооллогод ордоггүй билээ.

| Эдийн Зүйлс | Зүг Чиг | Үсэг |
|---|---|---|
| Чөмөг | Зүүн | ХИ ба ХИИ |
| Цус | Өмнө | ХРИ ба ХРИИ |
| Шээс | Хойд | ХУ ба ХУУ |
| Ялгадас | Баруун | ХЛИ ба ХЛИИ |
| Үрийн шингэн | Дээд | ХАМ |
| Цус | Доод | ХАХ |

*Хүснэгт 5-14: Арван Бумба*

Арван Бумбаар бүхий л юмс үзэгдлийн тааламжит мөн чанарыг төлөөлүүлдэг. Эдгээр зүйлсийн өөртөө тээх Бурханы язгуурын билгүүний хүчээр тэд таашаал амгаланг мэдрэх үндэс болсон охь шим болон хувирдаг байна. Ийм замаар Бурхад саруул билгүүнийг, харин бумба арга замыг төлөөлдөг арга билгийн нэгдэл энэ болох ажээ.

## *Таалал Мандал Дахь Ядмууд*

Шилтгээний гуравдугаар давхарт бид Таалал Мандлын ядмуудыг олж үзэх бөгөөд тэд гурван бүлэгт хуваагдана: 1\Арван-хоёр Бодисадва, 2\Таван Догшин Ядам ба 3\Өргөлийн Арван-хоёр Дагинас билээ.

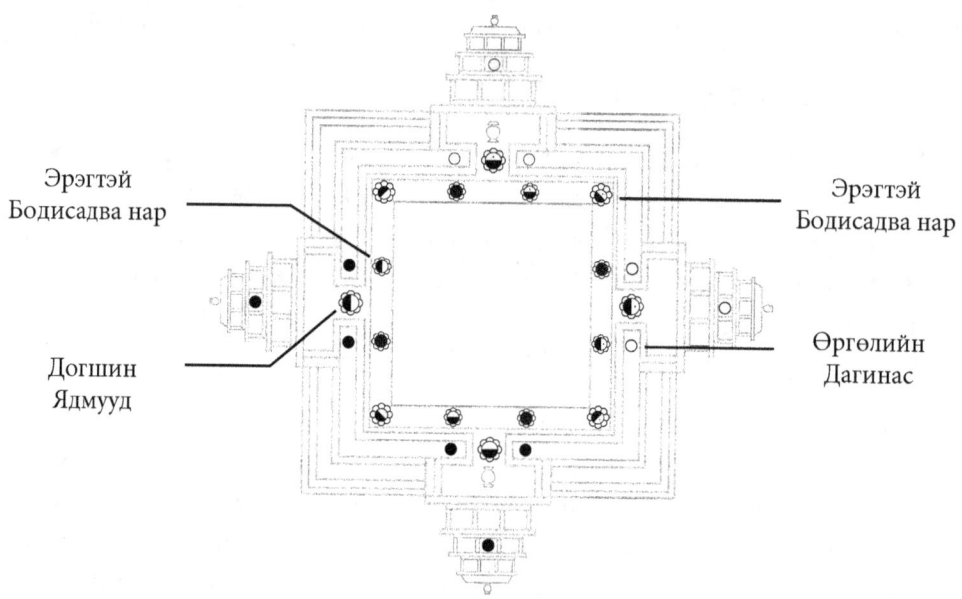

Эрэгтэй Бодисадва нар

Эрэгтэй Бодисадва нар

Догшин Ядмууд

Өргөлийн Дагинас

### Арван-Хоёр Бодисадва

Арван-хоёр Бурхадын нэгэн адилаар эрэгтэй зургаа, эмэгтэй зургаа гэсэн хоёр бүлэг Бодисадва нар байна. Бодисадва нар тус бүрдээ гурван мэлмийтэй, гурван нигуртай, зургаан мутартай бөгөөд очир ба лянхуа завиллаар хүндэтгэлтэйеэ залрах үзэгдэнэ. Дөрвөн эрэгтэй Бодисадва хаалга болгоны баруун гар талд хананы дотор талын тавцан дээр байрлана. Үлдсэн хоёр эрэгтэй Бодисадва зүүн ба өмнөд хаалган дээр байрлажээ. Эмэгтэй Бодисадва нар завсрын зүгүүдэд болон мөн хойд ба баруун хаалган дээр байрлах ажээ. Тэд цөм илбийн ханьтайгаа хослон орохуйн дүртэй байх нь нийт арван хоёр хос буюу хорин дөрвөн ядам болох ажээ.

| Нэрс | Зүг Чиг | Өнгө | Үсэг | Сүлд | Илбийн Хань |
|------|---------|------|------|------|-------------|
| Кагарба | Зүүн зүгийн баруун | Хар-хөх | Э | Илд | Гандаважра |
| Спаршаважра | Зүүн Өмнө | Хар-хөх | АИ | Даавуу | Нивварана-вискамбин |

| Читигарба | Өмнө зүгийн баруун | Улаан | АР | Эрдэнэ | Рупаважра |
|---|---|---|---|---|---|
| Расаважра | Баруун Өмнө | Улаан | ААР | Идээ | Локэшвара |
| Локэшвара | Хойд зүгийн баруун | Цагаан | О | Лянхуа | Расаважра |
| Рупаважра | Зүүн Хойд | Цагаан | АУ | Толь | Читигарба |
| Ниварана-вискамбини | Баруун зүгийн баруун | Шар | АЛ | Хүрд | Спаршаважра |
| Гандаважра | Баруун Хойд | Шар | ААЛ | Сүрчигт хясаа | Кагарба |
| Важрапани | Өмнө зүгийн зүүн | Ногоон | А | Очир | Шабдаважра |
| Дармадатуважра | Баруун зүгийн Зүүн | Ногоон | АА | Дармодаяа | Самандабадра |
| Самандабадра | Зүүн зүгийн Зүүн | Цэнхэр | АМ | Очир | Дармадатуважра |
| Шабдаважра | Хойд зүгийн Зүүн | Цэнхэр | АХ | Хөгжим | Важрапани |

*Хүснэгт 5-15: Арван-хоёр Бодисадва нар*

Эрэгтэй Бодисадва нар зургаан мэдрэхүйн хүчний ариуслыг төлөөлдөг нь нүд, чих, хамар гэх мэт, харин эмэгтэй Бодисадва нар үнэр, амт, дүрс гэх мэт мэдрэхүйн объектын ариуслыг төлөөлдөг. Эдгээр ядмын нэгдлээр нөхцөл шалтгаан бүрдээд ирэх үед харааны ухамсарлахуй гэх мэт хоёрдмол ухамсрын мэдрэхүй төрөх тухайн хормын ариуслыг илэрхийлдэг байна.

## Догшин Таван Ядам

Догшин Таван ядмын дөрөв нь дөрвөн хаалганы дэргэд лянхуа цэцгэн суудалд заларсан бол нэг нь үл харагдана. Тэд цөм баруун өлмийгөө сунгаж, зүүнийгээ нугалсан байдалтай илбийн хяниа тэврэн хурц гэрэлд дугтуйлагдан зогсоно.Тэд гурван нигур, тус бүрдээ эргэлдсэн гурван мэлмийтэй, зургаан мутартай хүчирхэг лагшинтай бөгөөд аймшиг төрүүлэм чимэг зүүлтээр гоёсон харагдана. Зүүн ба хойд хаалган дээрх ядмууд улаан наран дэвсгэр бүхий цагаан бадам цэцгэн дээр, харин өмнө ба баруун талын үүдэнд байх ядмууд цагаан саран дэвсгэр бүхий улаан бадам лянхуа цэцгэн дээр зогсох ажээ.

| Нэрс | Зүг Чиг | Өнгө | Үсэг | Сүлд | Илбийн Хань |
|---|---|---|---|---|---|
| Вигнантака | Зүүн | Хар-хөх | ЯАМ | Илд | Стамбаки |
| Пражнантака | Өмнө | Улаан | РАМ | Бороохой | Манаки |
| Падмантака | Хойд | Цагаан | ВАМ | Лянхуа | Жамбаки |
| Ямантака | Баруун | Шар | ЛАМ | Алх | Анантавиряа |
| \Ушниша\ | Дээд | Ногоон | ХАМ | Очир | Атинила |

*Хүснэгт 5-16: Таван Догшин Ядам*

Таалал Мандлын Догшин ядмуудаар таван хүч буюу төвлөрлийн хүч, анхаарлын хүч, зүтгэлийн хүч, итгэлийн хүч, ойлголтын хүчийг төлөөлүүлдэг. Дөрвөн Догшин ядам арван-хоёр Бодисадва нартай нэгдэхээрээ нийт арван-зургаан ядам болно. Тэд цөм илбийн ханьтайгаа хослон барилдсан байх тул гучин-хоёр болох буюу хоолойн хүрдний гучин-хоёр судлыг төлөөлдөг ажээ.

### Өргөлийн Арван хоёр Дагинас

Өргөлийн арван хоёр Дагинас хананы гаднах тавцан дээр үүдний баруун зүүн хоёр талд тус тус байрласан байх бөгөөд үүд болгоны дээр мөн нэг нэг ядам байрласан үзэгдэнэ. Дагина нэг бүр бүжих мэт хөдөлгөөнд орших ба нэгэн нигур, хоёр мутартайгаар өөрт хамааралтай зүйлсийг барьсан зогсоно. Тахил өргөлийн үйлийн ариуслыг тэд төлөөлдөг байна.

| Нэрс | Зүг Чиг | Өнгө | Үсэг | Сүлд |
|------|---------|------|------|------|
| Ганда | Зүүн зүгийн Зүүн | Хар-хөх | ЦА-ЧА-ЖА-ЖХА-НЯА | Сүрчигт хясаа |
| Мала | Зүүн зүгийн Баруун | Хар-хөх | ЦАА-ЧАА-ЖАА-ЖХАА-НЯА | Цэцгэн эрих |
| Дупа | Өмнө зүгийн Зүүн | Улаан | ТА-ТХА-ДА-ДХА-НА | Хүжний сав |
| Дипа | Өмнө зүгийн Баруун | Улаан | ТАА-ТХАА-ДАА-ДХАА-НАА | Зул |
| Найвэдяа | Хойд зүгийн Зүүн | Цагаан | ПА-ПХА-БА-БХА-МА | Савтай охь |
| Амритафала | Хойд зүгийн Баруун | Цагаан | ПАА-ПХАА-БАА-БХАА-МАА | Савтай жимс |
| Лашяа | Баруун зүгийн Зүүн | Шар | ТА-ТХА-ДА-ДХА-НА | Титэмт чимэг |
| Хасяа | Баруун зүгийн Баруун | Шар | ТАА-ТХАА-ДАА-ДХАА-НАА | Хэлхээстэй эрдэнэс |
| Вадяа | Баруун Дээд | Ногоон | КА-КХА-ГА-ГХА-НЯА | Бөмбөр |
| Нритяа | Зүүн Дээд | Ногоон | КАА-КХАА-ГАА-ГХАА-НЯАА | Ороолт |
| Гита | Хойд | Цэнхэр | СА-ХПА-СА-ША-ХКА | Очир |
| Кама | Өмнө | Цэнхэр | САА-ХПАА-САА-ШАА-ХКАА | Лянхуа |

*Хүснэгт 5-17: Өргөлийн Арван хоёр Дагинас*

## Зарлиг Мандал Дахь Ядмууд

Хоёрдугаар давхар руу бууж очиход хоёр бүлэгт хуваагддаг Зарлиг Мандлын ядмуудыг олж үзэх болно. Үүнд: 1\Найман эмэгтэй Ядам ба Эмэгтэй Йоги нар болон 2\ Хүслийн Гучин-Зургаан Дагинас билээ.

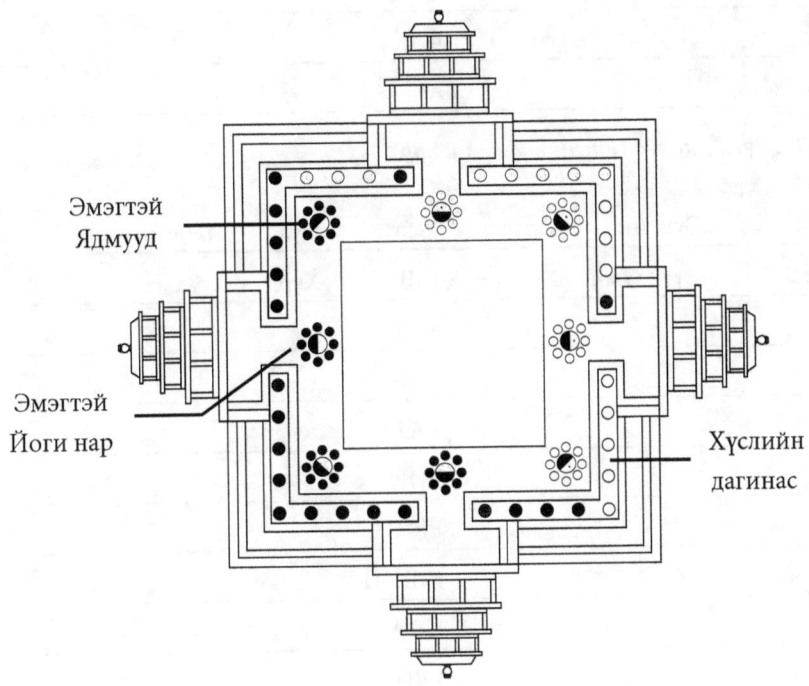

## Найман Эмэгтэй Ядам ба Эмэгтэй Йоги нар

Зарлиг Мандал дахь голлох ядам бол адгуусны нуруун дээрх найман дэлбээт лянхуа цэцгийн голд тус бүр зогсох найман Эмэгтэй Ядам билээ. Ядам болгон нэгэн нигур, гурван мэлмий, дөрвөн мутартай бөгөөд илбийн ханьтайгаа хослон орохуйн байдалтайгаар, ядам нэг бүр найман эмэгтэй йогини нараар хүрээлүүлсэн байна. Йогини нар хэлбэр байдлаар эдгээр ядамтай ижил бөгөөд ялгаа нь гэвэл бүжих мэт хөдөлгөөн хийх ажээ. Ясаар урласан гоёл эрдэнийн чимгийг үл тооцвол тэд нүцгэн байна.

| Нэр | Зүг Чиг | Өнгө | Үсэг | Сүлд | Илбийн Хань | Суурь |
|---|---|---|---|---|---|---|
| Чарчика | Зүүн | Хар-хөх | ХА | Махир хутга | Индра | Бирд |
| Нэрс | | | Үсэг | | | |
| Бима | | | ХИ | | | |
| Угра | | | ЯА | | | |
| Каладамштра | | | ЕИ | | | |
| Жваладаналамука | | | ЕРИ | | | |
| Ваюувэга | | | ХИИ | | | |
| Прачанда | | | ЮУ | | | |

| | |
|---|---|
| Раудракши | ЕЛИ |
| Стуланаса | ЯАМ |

*Хүснэгт 5-18: Зүүн Лянхуа Цэцгийн Йогини нар*

| Нэр | Зүг Чиг | Өнгө | Үсэг | Сүлд | Илбийн Хань | Суурь |
|---|---|---|---|---|---|---|
| Вайшнави | Зүүн Өмнө | Хар-хөх | КША | Хүрд | Брахма | Гарьд |
| Нэрс | | | Үсэг | | | |
| Шри | | | КШИ | | | |
| Маяа | | | ЯАА | | | |
| Кирти | | | ЕИИ | | | |
| Лакшми | | | ЕРИИ | | | |
| Супарамавижаяа | | | КШИИ | | | |
| Шрижаяа | | | ЮУУ | | | |
| Шрижаяанти | | | ЕЛИИ | | | |
| Шричакри | | | ЯАХ | | | |

*Хүснэгт 5-19: Зүүн Өмнөд Лянхуан Йогини нар*

| Нэр | Зүг Чиг | Өнгө | Үсэг | Сүлд | Илбийн Хань | Суурь |
|---|---|---|---|---|---|---|
| Варахи | Өмнө | Улаан | ХАХ | Бороохой | Рудра | Одос үхэр |
| Нэрс | | | Үсэг | | | |
| Кангкали | | | ХРИ | | | |
| Каларатри | | | РА | | | |
| Пракупитавадана | | | РИ | | | |
| Калажихва | | | РРИ | | | |
| Карали | | | ХРИИ | | | |
| Кали | | | РУ | | | |
| Гора | | | РЛИ | | | |
| Вирупа | | | РАМ | | | |

*Хүснэгт 5-20: Өмнөд Лянхуан Йогини нар*

| Нэр | Зүг Чиг | Өнгө | Үсэг | Сүлд | Илбийн Хань | Суурь |
|---|---|---|---|---|---|---|
| Каумари | Баруун өмнө | Улаан | КШАХ | Жад | Ганапати | Тогос |

| Нэрс | Үсэг |
|---|---|
| Падма | КШРИ |
| Ананга | РАА |
| Каумари | РИ |
| Мригапатигамана | РРИИ |
| Ратнамала | КШРИИ |
| Сунэтра | РУУ |
| Лина | РЛИИ |
| Субадра | РАХ |

*Хүснэгт 5-21: Баруун Өмнөд Лянхуан Йогини нар*

| Нэр | Зүг Чиг | Өнгө | Үсэг | Сүлд | Илбийн Хань | Суурь |
|---|---|---|---|---|---|---|
| Раудри | Хойд | Цагаан | ХАМ | Сэрээ | Яма | Бух |

| Нэрс | Үсэг |
|---|---|
| Гаури | ХУ |
| Ганга | ВА |
| Нитяа | ВИ |
| Параматварита | ВРИ |
| Тотала | ХУУ |
| Лакшана | ВУ |
| Пингала | ВЛИ |
| Кришна | ВАМ |

*Хүснэгт 5-22: Хойд Лянхуан Йогини нар*

| Нэр | Зүг Чиг | Өнгө | Үсэг | Сүлд | Илбийн Хань | Суурь |
|---|---|---|---|---|---|---|
| Махалакшми | Зүүн Хойд | Цагаан | КШАМ | Лянхуа | Сангмуха | Арслан |

| Нэрс | Үсэг |
|---|---|
| Шрисвэта | КШУ |
| Чандралеха | ВАА |
| Сасадаравадана | ВИИ |
| Хамсаварна | ВРИИ |
| Дрити | КШУУ |

| | |
|---|---|
| Падмэша | ВУУ |
| Таранэтра | ВЛИИ |
| Вималасасадара | ВАХ |

*Хүснэгт 5-23: Зүүн Хойд Лянхуан Йогини нар*

| Нэр | Зүг Чиг | Өнгө | Үсэг | Сүлд | Илбийн Хань | Суурь |
|---|---|---|---|---|---|---|
| Аиндри | Баруун | Шар | ХА | Очир | Наритяа | Заан |
| Нэрс | | | Үсэг | | | |
| Важраба | | | ХЛИ | | | |
| Важрагатра | | | ЛА | | | |
| Вараканакавати | | | ЛИ | | | |
| Урваши | | | ЛРИ | | | |
| Читралэха | | | ХЛИИ | | | |
| Рамба | | | ЛҮ | | | |
| Ахаляа | | | ЛЛИ | | | |
| Сутара | | | ЛАМ | | | |

*Хүснэгт 5-24: Баруун Лянхуан Йогини нар*

| Нэр | Зүг Чиг | Өнгө | Үсэг | Сүлд | Илбийн Хань | Суурь |
|---|---|---|---|---|---|---|
| Брахмани | Баруун Хойд | Шар | КШАА | Ташуур | Вишну | Галуу |
| Нэрс | | | Үсэг | | | . |
| Савитри | | | КШЛИ | | | . |
| Падманэтра | | | ЛАА | | | . |
| Жалаяавати | | | ЛИИ | | | . |
| Будди | | | ЛРИИ | | | . |
| Вагисвари | | | КШЛИИ | | | . |
| Гаяатри | | | ЛҮҮ | | | . |
| Видиут | | | ЛЛИИ | | | . |
| Смирти | | | ЛАХ | | | . |

*Хүснэгт 5-25: Баруун Хойд Лянхуан Йогини нар*

Найман эмэгтэй ядам илбийн ханьтайгаа нийлээд хүйн хүрдний арван-зургаан завсрын судлыг төлөөлөх ба өдрийн найман ээлж буюу тус бүр яг дөрвөн цагтай тэнцдэг байна. Дэлбээн дээр зогсох жаран-дөрвөн йогини нар хүйн хүрдний гадаад жаран-дөрвөн судлыг төлөөлөх ажгуу.

## Хүслийн Гучин Зургаан Дагинас

Хананы гаднах тавцангууд дээр зогсох гучин зургаан Хүслийн Дагинасын нигур хийгээд мутар сэлт нь ядмаасаа шалтгаалан янз бүр байх ажээ. Эдгээр ядам болгон хийх хүслийг төрүүлдэг гучин-зургаан үйлдлийн ариуслыг төлөөлдөг. Судалгаагаа хялбарчлах үүднээс тэдгээрийг дөрвөн зүг тийш харсан хаалганы баруун зүүн талд хоёр хоёр нийт найман бүлэг болгон хувааж болох билээ.

Зүүн хаалганы баруун талаас эхлээд 1\хуваах, 2\хувцас хунар, 3\маажих, 4\нулимах ба 5\хөөх үйлдлийг төлөөлөх таван дагинас байрлана.

| Нэрс | Зүг Чиг | Өнгө | Үсэг | Сүлд |
|---|---|---|---|---|
| Видвэсэкча | Зүүн зүгийн Баруун | Хар-хөх | ЦАХ | Удвал цэцэг |
| Амшукэкча | Зүүн зүгийн Баруун | Хар-хөх | ЧАХ | Хувцас |
| Кандуяанэкча | Зүүн зүгийн Баруун | Хар-хөх | ЖАХ | Махир хутга |
| Кафоцаржанэкча | Зүүн зүгийн Баруун | Хар-хөх | ЖХАХ | Хүрд |
| Уккатанэкча | Зүүн зүгийн Баруун | Хар-хөх | НЯАХ | Ташуур |

*Хүснэгт 5-26: Зүүн зүгийн баруун талд байх Хүслийн дагинас*

Энэ хаалганаас зүүн тийшээ 6\тарчлаах, 7\ хүрэх, 8\мөчдөө сэгсрэх ба 9\ үлдэгдэл идэх хүсэл төлөөлдөг дөрвөн дагинас зогсоно.

| Нэрс | Зүг Чиг | Өнгө | Үсэг | Сүлд |
|---|---|---|---|---|
| Самтапэкча | Зүүн зүгийн Зүүн | Цэнхэр | ХКАХ | Махир хутга |
| Спаршанэкча | Зүүн зүгийн Зүүн | Хар-хөх | ШАХ | Илд |
| Сарвангакшоданэкча | Зүүн зүгийн Зүүн | Хар-хөх | САХ | Махир хутга |
| Укчистабактэкча | Зүүн зүгийн Зүүн | Хар-хөх | ХПАХ | Махир хутга |

*Хүснэгт 5-27: Зүүн зүгийн зүүн талд байх Хүслийн Дагинас*

Өмнөд хаалганы баруун талд 10\хөдлөх, 11\идэх, 12\биеийн үнэр, 13\бүжиглэх болон 14\туранхай байх хүслийг төлөөлсөн таван дагинас зогсоно.

| Нэрс | Зүг Чиг | Өнгө | Үсэг | Сүлд |
|---|---|---|---|---|
| Стобанэкча | Өмнө зүгийн Баруун | Улаан | ТАХ | Лянхуа |

| Божанэкча | Өмнө зүгийн Баруун | Улаан | ТХАХ | Аягатай хоол |
|---|---|---|---|---|
| Малэкча | Өмнө зүгийн Баруун | Улаан | ДАХ | Бороохой |
| Нритиэкча | Өмнө зүгийн Баруун | Улаан | ДХАХ | Жад |
| Шосанэкча | Өмнө зүгийн Баруун | Улаан | НАХ | Лянхуа |

*Хүснэгт 5-28: Өмнө зүгийн баруун талд байх Хүслийн Дагинас*

Энэ хаалганы зүүн талд 15\дуудах, 16\гүйх, 17\бөөлжих ба 18\тэмцэх хүслийг төлөөлдөг дөрвөн дагинас байрлана.

| Нэрс | Зүг Чиг | Өнгө | Үсэг | Сүлд |
|---|---|---|---|---|
| Акристикча | Өмнө зүгийн Зүүн | Ногоон | НГАХ | Сум |
| Даванэкча | Өмнө зүгийн Зүүн | Улаан | ГХАХ | Сүх |
| Мутравицраванэкча | Өмнө зүгийн Зүүн | Улаан | ГАХ | Махир хутга |
| Самграмэкча | Өмнө зүгийн Зүүн | Улаан | КХАХ | Махир хутга |

*Хүснэгт 5-29: Өмнө зүгийн зүүн талд байрлах Хүслийн Дагинас*

Хойд хаалганы баруун талд 19\өсгөх, 20\гоёл чимэг, 21\суудал, 22\хаанчлах ба 23\ярих хүслийг төлөөлдөг таван дагинас байрлана.

| Нэрс | Зүг Чиг | Өнгө | Үсэг | Сүлд |
|---|---|---|---|---|
| Раустикэкча | Хойд зүгийн Баруун | Цагаан | ПАХ | Удвал цэцэг |
| Бусанэкча | Хойд зүгийн Баруун | Цагаан | ПХАХ | Толь |
| Асанэкча | Хойд зүгийн Баруун | Цагаан | БАХ | Сэрээ |
| Ражиэкча | Хойд зүгийн Баруун | Цагаан | БХАХ | Лянхуа |
| Мридуваканэкча | Хойд зүгийн Баруун | Цагаан | МАХ | Удвал цэцэг |

*Хүснэгт 5-30: Хойд зүгийн баруун талд байрлах Хүслийн Дагинас*

Энэ хаалганы зүүн талд 24\хөгжим, 25\уях, 26\маргах ба 27\уур хилэнгийн хүслийг төлөөлдөг дөрвөн дагинас байрлажээ.

| Нэрс | Зүг Чиг | Өнгө | Үсэг | Сүлд |
|---|---|---|---|---|
| Вадиэкча | Хойд зүгийн Зүүн | Цэнхэр | ХАХ | Хөгжим |
| Бэнданэкча | Хойд зүгийн Зүүн | Цагаан | ЯАХ | Алх |
| Бахукаланэкча | Хойд зүгийн Зүүн | Цагаан | РАХ | Махир хутга |
| Даракакрошанэкча | Хойд зүгийн Зүүн | Цагаан | ВАХ | Махир хутга |

*Хүснэгт 5-31: Хойд зүгийн зүүн талд байрлах Хүслийн Дагинас*

Баруун хаалганы баруун талд 28\зуурах, 29\сүрчиг, 30\амрах, 31\сэлэх ба 32\
хүлэх хүслийг төлөөлдөг таван дагинас байрлажээ.

| Нэрс | Зүг Чиг | Өнгө | Үсэг | Сүлд |
|------|---------|------|------|------|
| Стамбанэкча | Баруун зүгийн Баруун | Шар | ТАХ | Хүрд |
| Гандэкча | Баруун зүгийн Баруун | Шар | ТХАХ | Савтай сүрчиг |
| Мажанэкча | Баруун зүгийн Баруун | Шар | ДАХ | Очир |
| Плаванэкча | Баруун зүгийн Баруун | Шар | ДХАХ | Зүү |
| Банданэкча | Баруун зүгийн Баруун | Шар | НАХ | Хүрд |

*Хүснэгт 5-32: Баруун зүгийн баруун талд байрлах Хүслийн Дагинас*

Энэ хаалганы зүүн талд 33\энгэр зөрүүлэх, 34\дүрэх, 35\хуурах ба 36\могой
барих хүслийг төлөөлдөг дөрвөн дагинас байрлана.

| Нэрс | Зүг Чиг | Өнгө | Үсэг | Сүлд |
|------|---------|------|------|------|
| Майтунэкча | Баруун зүгийн Зүүн | Ногоон | КШАХ | Дармодаяа |
| Киланэкча | Баруун зүгийн Зүүн | Шар | САХ | Хүрд |
| Виняаканэкча | Баруун зүгийн Зүүн | Шар | КАХ | Махир хутга |
| Ахибанданэкча | Баруун зүгийн Зүүн | Шар | ЛАХ | Махир хутга |

*Хүснэгт 5-33: Баруун зүгийн зүүн талд байрлах Хүслийн Дагинас*

## Лагшин Мандал Дахь Ядмууд

Нэгдүгээр давхарт бид Лагшин Мандлын ядмуудтай учрах болно. Ордон дотор
байх ядмууд дээр төвлөрөх юм бол тэдгээрийг дөрвөн хэсэгт хувааж болно. Үүнд:
1\Сарны Тооллын Арван-Хоёр Эрэгтэй, 2\Догшин Зургаан Сахиус, 3\Лусын
Арван Хаад болон 4\Огоорлын Гучин-Зургаан Дагинас эдгээр юм.

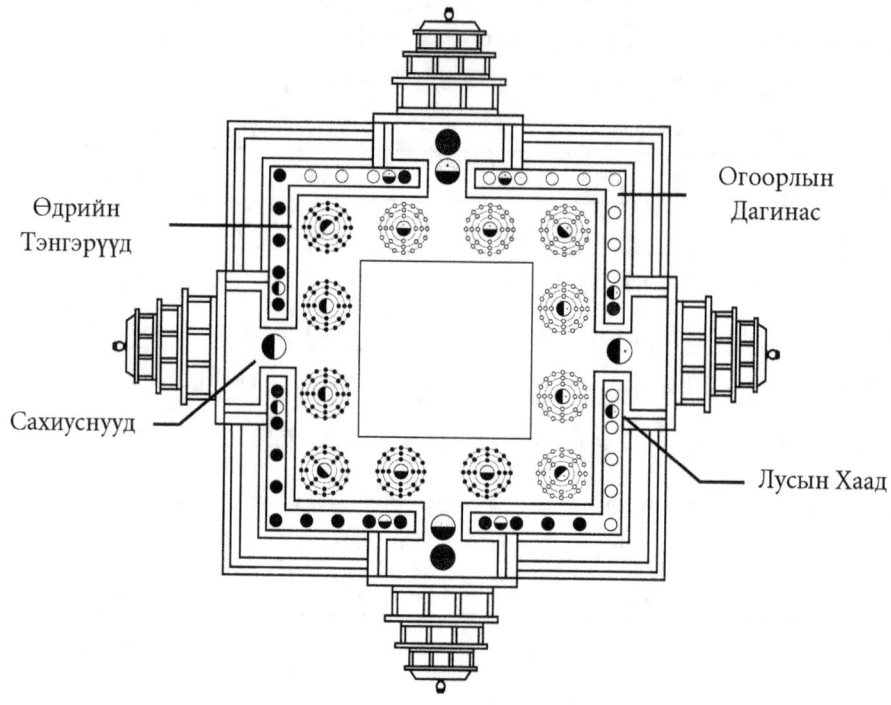

**Сарны Тооллын Арван-Хоёр Эрэгтэй Ядам**

Зарлиг Мандалтай адилаар арван-хоёр Эрэгтэй Ядам хорин-найман йогини нараар хүрээлүүлэн оршино. Голд нь байх ядам өөрийн ханьтай хослон орохуйн байдалтайгаар адгуусны нуруун дээр тэгнэсэн хорин найман дэлбээт бадам лянхуа цэцгийн голд суух үзэгдэнэ. Тэдгээрийн нигур хийгээд мутрын тоо хэд болох нь ядам болгонд өөр өөр ажгуу.

Йогини нар лянхуан дэлбээн дээр бүжих мэт хөдөлгөөнтэй зогсох бөгөөд нэгэн нигур, дөрвөн мутартай байна. Тэдний өнгө голд байх ядмын өнгөтэй ижил байх ажээ. Йогини тус бүр мандлын төв рүү харсан лянхуанаас эхлэн цагийн зүүний дагуу тойрно. Лянхуа цэцэг өөрөө гурван бүлэг дэлбээнээс бүтсэн байх ба дотоод, дунд, гадаад дэлбээтэй. Бид дотоод дэлбээнээс эхлэн тоолох болно.

| Нэрс | Зүг Чиг | Өнгө | Үсэг | Сүлд | Хань | Суурь |
|------|---------|------|------|------|------|-------|
| Ракшаса | Зүүн зүгийн Баруун | Хар-хөх | ЦАМ | Илд | Ракшаси | Бирд |
| Бүлэг | Үсэг | | | | | |
| Дотоод | НЯА, НЭИ, НРИ, НИУ | | | | | |
| Дунд | НИЛИ, НЯАМ, ЖХА, ЖХИ, ЖХРИ, ЖХУ, ЖХЛИ, ЖХАМ | | | | | |
| Гадаад | ЖА, ЖИ, ЖУ, ЖЛИ, ЖАМ, ЧА, ЧИ, ЧРИ, ЧУ, ЧЛИ, ЧАМ, ЦА, ЦИ, ЦРИ, ЦУ, ЦЛИ | | | | | |

*Хүснэгт 5-34: Каяатра сарын Ядмууд \Хонины Орд\*

| Нэр | Зүг Чиг | Өнгө | Үсэг | Сүлд | Хань | Суурь |
|---|---|---|---|---|---|---|
| Ваюу | Зүүн Өмнө | Хар-хөх | НЯХ | Хүслийн Мод | Прачанда | Буга |
| Бүлэг | Үсэг | | | | | |
| Дотоод | ЦАА, ЦИИ, ЦРИИ, ЦУУ | | | | | |
| Дунд | ЦЛИИ, ЦАХ, ЧАА, ЧИИ, ЧРИИ, ЧУУ, ЧЛИИ, ЧАХ | | | | | |
| Гадаад | ЖАА, ЖИИ, ЖУУ, ЖЛИИ, ЖАХ, ЖХАА, ЖХИИ, ЖХРИИ, ЖХУУ, ЖХЛИИ, ЖХАХ, НЯАА, | | | | | |
| | НЭИИ, НИРИИ, НИУУ, НИЛИИ | | | | | |

*Хүснэгт 5-35: Вайшака Сарын Ядмууд \Үхрийн Орд\*

| Нэр | Зүг Чиг | Өнгө | Үсэг | Сүлд | Хань | Суурь |
|---|---|---|---|---|---|---|
| Агни | Өмнө зүгийн Баруун | Улаан | ТАМ | Жад | Варуни | Хонь |
| Бүлэг | Үсэг | | | | | |
| Дотоод | НА, НИ, НРИ, НУ | | | | | |
| Дунд | НЛИ, НАМ, ДХА, ДХИ, ДХРИ, ДХУ, ДХЛИ, ДХАМ | | | | | |
| Гадаад | ДА, ДИ, ДУ, ДЛИ, ДАМ, ТХА, ТХИ, ТХРИ, ТХУ, ТХЛИ, ТАМ, ТА, ТИ, ТРИ, ТУ, ТЛИ | | | | | |

*Хүснэгт 5-36: Жяаиста Сарын Ядмууд \Ихрийн Орд\*

| Нэр | Зүг Чиг | Өнгө | Үсэг | Сүлд | Хань | Суурь |
|---|---|---|---|---|---|---|
| Санмука | Баруун Өмнө | Улаан | НАХ | Жад | Лакшми | Тогос |
| Бүлэг | Үсэг | | | | | |
| Дотоод | ТАА, ТИИ, ТРИИ, ТУУ | | | | | |
| Дунд | ТЛИИ, ТАХ, ТХАА, ТХИИ, ТХРИИ, ТХУУ, ТХЛИИ, ТХАХ | | | | | |
| Гадаад | ДАА, ДИИ, ДУУ, ДЛИИ, ДАХ, ДХАА, ДХИИ, ДХРИИ, ДХУУ, ДХЛИИ, ДХАХ, НАА, НИИ, | | | | | |
| | НРИИ, НУУ, НЛИИ | | | | | |

*Хүснэгт 5-37: Асада Сарын Ядмууд \Хавчны Орд\*

| Нэр | Зүг Чиг | Өнгө | Үсэг | Сүлд | Хань | Суурь |
|---|---|---|---|---|---|---|
| Варуна | Хойд зүгийн Баруун | Цагаан | ПАМ | Бугуйл | Варахи | Далайн мангас |
| Бүлэг | Үсэг | | | | | |
| Дотоод | МА, МИ, МРИ, МУ | | | | | |

| Дунд | МЛИ, МАМ, БХА, БХИ, БХРИ, БХУ, БХЛИ, БХАМ |
|---|---|
| Гадаад | БА, БИ, БУ, БЛИ, БАМ, ПХА, ПХИ, ПХРИ, ПХУ, ПХЛИ, ПХАМ, ПА, ПИ, ПРИ, ПУ, ПЛИ |

*Хүснэгт 5-38: Шравана Сарын Ядмууд \Арслангийн Орд\*

| Нэр | Зүг Чиг | Өнгө | Үсэг | Сүлд | Хань | Суурь |
|---|---|---|---|---|---|---|
| Ганапати | Зүүн Хойд | Цагаан | МАХ | Сүх | Каумари | Арслан |
| Бүлэг | Үсэг | | | | | |
| Дотоод | ПАА, ПИИ, ПРИИ, ПУУ | | | | | |
| Дунд | ПЛИИ, ПАХ, ПХАА, ПХИИ, ПХРИИ, ПХУУ, ПХЛИИ, ПХАХ | | | | | |
| Гадаад | БАА, БИИ, БУУ, БЛИИ, БАХ, БХАА, БХИИ, БХРИИ, БХУУ, БХЛИИ, БХАХ, МАА, МИИ, | | | | | |
| | МРИИ, МУУ, МЛИИ | | | | | |

*Хүснэгт 5-39: Бадрапада Сарын Ядмууд \Охины Орд\*

| Нэр | Зүг Чиг | Өнгө | Үсэг | Сүлд | Хань | Суурь |
|---|---|---|---|---|---|---|
| Индра | Баруун зүгийн баруун | Шар | ТАМ | Очир | Ваяави | Заан |
| Бүлэг | Үсэг | | | | | |
| Дотоод | НА, НИ, НРИ, НУ | | | | | |
| Дунд | НЛИ, НАМ, ДХА, ДХИ, ДХРИ, ДХУ, ДХЛИ, ДХАМ | | | | | |
| Гадаад | ДА, ДИ, ДУ, ДЛИ, ДАМ, ТХА, ТХИ, ТХРИ, ТХУ, ТХЛИ, ТХАМ, ТА, ТИ, ТРИ, ТУ, ТЛИ | | | | | |

*Хүснэгт 5-40: Ашвина Сарын Ядмууд \Арслангийн Орд\*

| Нэр | Зүг Чиг | Өнгө | Үсэг | Сүлд | Хань | Суурь |
|---|---|---|---|---|---|---|
| Брахма | Баруун Хойд | Шар | НАХ | Зүү | Видюут | Галуу |
| Бүлэг | Үсэг | | | | | |
| Дотоод | ТАА, ТИИ, ТРИИ, ТУУ | | | | | |
| Дунд | ТЛИИ, ТАХ, ТХАА, ТХИИ, ТХРИИ, ТХУУ, ТХЛИИ, ТХАХ | | | | | |
| Гадаад | ДАА, ДИИ, ДУУ, ДЛИИ, ДАХ, ДХАА, ДХИИ, ДХРИИ, ДХУУ, ДХЛИИ, ДХАХ, НАА, НИИ, | | | | | |
| | НРИИ, НУУ, НЛИИ | | | | | |

*Хүснэгт 5-41: Картикка Сарын Ядмууд \Хилэнцийн Орд\*

| Нэр | Зүг Чиг | Өнгө | Үсэг | Сүлд | Хань | Суурь |
|-----|---------|------|------|------|------|-------|
| Рудра | Хойд зүгийн Зүүн | Цагаан | САМ | Сэрээ | Гаури | Бух |
| Бүлэг | Үсэг | | | | | |
| Дотоод | ХКА, ХКИ, ХКРИ, ХКУ | | | | | |
| Дунд | ХКЛИ, ХКАМ, ША, ШИ, ШРИ, ШУ, ШЛИ, ШАМ | | | | | |
| Гадаад | СА, СИ, СУ, СЛИ, САМ, ХПА, ХПИ, ХПРИ, ХПУ, ХПЛИ, ХПАМ, СА, СИ, СРИ, СУ, СЛИ | | | | | |

*Хүснэгт 5-42: Маргаширса Сарын Ядмууд \Нумын Орд\*

| Нэр | Зүг Чиг | Өнгө | Үсэг | Сүлд | Хань | Суурь |
|-----|---------|------|------|------|------|-------|
| Кубэра | Баруун зүгийн Зүүн | Шар | ХКАХ | Бороохой | Данэша | Заан |
| Бүлэг | Үсэг | | | | | |
| Дотоод | САА, СИИ, СРИИ, СУУ | | | | | |
| Дунд | СЛИИ, САХ, ХПАА, ХПИИ, ХПРИИ, ХПУУ, ХПЛИИ, ХПАХ | | | | | |
| Гадаад | САА, СИИ, СУУ, СЛИИ, САХ, ШАА, ШИИ, ШРИИ, ШУУ, ШЛИИ, ШАХ, ХКАА, ХКИИ, | | | | | |
| | ХКРИИ, ХКУУ, ХКЛИИ | | | | | |

*Хүснэгт 5-43: Пауса Сарын Ядмууд \Хумхын Орд\*

| Нэр | Зүг Чиг | Өнгө | Үсэг | Сүлд | Хань | Суурь |
|-----|---------|------|------|------|------|-------|
| Вишну | Зүүн зүгийн Зүүн | Хар-хөх | КАМ | Хүрд | Шри | Гарьд |
| Бүлэг | Үсэг | | | | | |
| Дотоод | НГА, НГИ, НГРИ, НГУ | | | | | |
| Дунд | НГЛИ, НГАМ, ГХА, ГХИ, ГРИ, ГХУ, ГХЛИ, ГХАМ | | | | | |
| Гадаад | ГА, ГИ, ГУ, ГЛИ, ГАМ, ХА, ХИ, ХРИ, ХУ, ХЛИ, ХАМ, КА, КИ, КРИ, КУ, КЛИ | | | | | |

*Хүснэгт 5-44: Мага Сарын Ядмууд \Бумбын Орд\*

| Нэр | Зүг Чиг | Өнгө | Үсэг | Сүлд | Хань | Суурь |
|-----|---------|------|------|------|------|-------|
| Яама | Өмнө зүгийн Зүүн | Улаан | НГАХ | Очирт ташуур Наритяа | Одос үхэр | Гарьд |
| Бүлэг | Үсэг | | | . | | |
| Дотоод | КАА, КИИ, КРИИ, КУУ | | | . | | |

| | |
|---|---|
| Дунд | КЛИИ, КАХ, ХАА, ХИИ, ХРИИ, ХУУ, ХЛИИ, ХАХ |
| Гадаад | ГАА, ГИИ, ГУУ, ГЛИИ, ГАХ, ГХАА, ГХИИ, ГХРИИ, ГХУУ, ГХЛИИ, ГХАХ, НГАА, НГИИ, |
| | НГРИИ, НГУУ, НГЛИИ |

*Хүснэгт 5-45: Фалгуна Сарын Ядмууд \Загасны Орд\*

Голын арван-хоёр ядам хостойгоо болон бараа бологч нарынхаа хамтаар бүгд гурван зуун жаран ядам болох буюу сарны тооллын нэг жилд байдаг өдрийн тоог илэрхийлнэ. Арван хоёрт хуваахад тус бүр гуч хоног болох нь сарны тооллын хуанлитай дүйж байх бөгөөд эрэгтэй ядмууд шинийн сарыг харин эмэгтэй ядмууд бүтэн сарыг илэрхийлж байдаг ажээ.

Нарны тооллоор арван хоёр ядам нарны бүтэн өдрийн турш дайран өнгөрдөг зурхайн арван хоёр ордыг төлөөлдөг ажгуу. Хоёр цаг тутамд нарийн биеийн хийнүүд хүйн хүрдний таван судлаар эргэлдэн гүйж бидэнд жаран судал бий болгоно. Хий судал болгоныг өнгөрөхдөө яг зургаан "амьсгал" авах хугацааг \ ойролцоогоор 4 секунд\ зарцуулна. Энэ нь нийт гурван-зуун жаран амьсгал авах гурван-зуун жаран ядамтай тохирч байдаг байна.

Арван хоёр ядам бас хөл гарын үед байрладаг арван-хоёр үйлдлийн төв судлыг төлөөлдөг бөгөөд тэдгээрээс салаалан гардаг бүх судал хот мандал дахь лянхуан суудлын дэлбээтэй тохирч байдаг байна.

## Догшин Зургаан Сахиус

Дараагийн бүлэг ядмууд бол эхний давхрын дөрвөн талын хаалган дээр зогсох өөр өөр төрлийн адгуус хөллөсөн хөсөг тэргэн дээр байрласан дөрвөн сахиус билээ. Дөрвөн зүг рүү хандсан дөрвөн ядам нэгэн нигур, эргэлдсэн гурван мэлмийтэй, тус бүр дөрвөн мутартай ажээ. Үлдсэн хоёр ядам тус бүр гурван нигур, зургаан мутартайгаар голдуу баруун зүүн талын хаалганы гадна талд дээд ба доод зүгийг төлөөлөн байрладаг.

| Нэрс | Зүг Чиг | Өнгө | Үсэг | Сүлд | Хань | Хөллөсөн амьтан |
|---|---|---|---|---|---|---|
| Ниладанда | Зүүн | Хар-хөх | ЯА | Бороохой | Маричи | Баавгай |
| Таккиража | Өмнө | Улаан | РА | Сум | Чунда | Морь |
| Ачала | Хойд | Цагаан | ВА | Нүдүүр | Брикути | Арслан |
| Махабала | Баруун | Шар | ЛА | Ташуур | Шринкала | Заан |
| Ушниша | Дээд | Ногоон | ХАМ | Очир | Атинила | Гарьд |
| Сумба | Доод | Цэнхэр | ХА | Сэрээ | Раудракши | Найман хөлт арслан |

*Хүснэгт 5-46: Зургаан Догшин Сахиус*

Эдгээр догшин сахиус амны, гарын гэх мэт таван үйл хөдөлгөөн хийх эрхтний ариуслыг төлөөлдөг. Харин тэдний илбийн хань нь ярих, барих гэхчлэн таван хөдөлгөөний үйлдлийн ариуслыг төлөөлж байдаг ажээ. Энэ тохиолдолд Ушниша, Сумба нараар төвийн хөдөлгөөн удирдах эрхтнийг, харин тэдний ханиар шээх болон биеийн шингэн ялгаруулах үйлдлийн ариуслыг төлөөлүүлдэг байна.

## Лусын Арван Хаад

Лусын Хаад харшийн нэгдүгээр давхрын ханын гадна талын тавцангууд дээр байрлана. Тэд махбодуудын бэлгэдлийн хот мандалд дөрвөн талын хаалганы баруун, зүүн хоёр талд байрласан байдаг. Огторгуй ба ухамсрыг төлөөлсөн хоёр Лус баруун ба зүүн талын хаалганы цаана байрлана. Тэд цөм тус бүр нэгэн нигур, дөрвөн мутартай бөгөөд Маш Догшин Ядмын нэгээр ханиа хийн хослон барилдсан үзэгдэнэ. Тэднийг толгойн араас сэртийсэн могойн арьсан малгайгаар нь бусад ядмаас ялган таньж болох ажээ.

| Нэрс | Зүг Чиг | Өнгө | Үсэг | Сүлд | Илбийн Хань |
|------|---------|------|------|------|-------------|
| Каркотака | Зүүн зүгийн Зүүн | Хар-хөх | ХЯА | Ялалтын дарцаг | Жамбукасяа |
| Падма | Зүүн зүгийн Баруун | Хар-хөх | ХЯАА | Ялалтын дарцаг | Гарьдсяа |
| Васуки | Өмнө зүгийн Зүүн | Улаан | ХРА | Хас тэмдэг | Виаграсяа |
| Шанхапала | Өмнө зүгийн Баруун | Улаан | ХРАА | Хас тэмдэг | Улукасяа |
| Ананта | Хойд зүгийн Зүүн | Цагаан | ХВА | Лянхуа | Шукарасяа |
| Кулика | Хойд зүгийн Баруун | Цагаан | ХВАА | Лянхуа | Гридрасяа |
| Такшака | Баруун зүгийн Зүүн | Шар | ХЛА | Очир | Шванасяа |
| Махападма | Баруун зүгийн баруун | Шар | ХЛАА | Очир | Какасяа |
| Жаяа | Дээд | Ногоон | ХУМ | Бумба | Нила |
| Вижаяа | Доод | Цэнхэр | КШУМ | Бумба | Важракши |

*Хүснэгт 5-47: Лусын Арван Хаад*

## Огоорлын Гучин-Зургаан Дагинас

Гадна талын тавцангуудыг Лусын хаадтай хамтран эзэлдэг Огоорлын Гучин-Зургаан Дагина гадаад үзэгдэх байдлаараа Зарлиг Мандлын Хүслийн Дагинастай яг ижил ажээ. Тиймээс эдгээр дагинас хийхийг хүсдэггүй гучин зургаан үйлдлийн ариуслыг төлөөлдөг байна. Бүрэн төгс байдлыг сахихын үүднээс бид тэднийг мөн адил найман бүлэгт хувааж үзэх болно.

Зүүн хаалганы баруун талаас эхлэн 1\хуваах, 2\хувцас хунар, 3\маажих, 4\таслах болон 5\хөөх хүсэл үгүй байхын төлөөлөл болсон таван дагинас байрлана.

| Нэрс | Зүг Чиг | Өнгө | Үсэг | Сүлд |
|------|---------|------|------|------|
| Видвэсапратикча | Зүүн зүгийн Баруун | Хар-хөх | ЦАМ | Удвал |
| Амшукапратикча | Зүүн зүгийн Баруун | Хар-хөх | ЧАМ | Хувцас |
| Кандуяанапратикча | Зүүн зүгийн Баруун | Хар-хөх | ЖАМ | Махир хутга |
| Кафоцаржанапратикча | Зүүн зүгийн Баруун | Хар-хөх | ЖХАМ | Хүрд |
| Уккатанапратикча | Зүүн зүгийн Баруун | Хар-хөх | НЯМ | Бороохой |

*Хүснэгт 5-48: Зүүн зүгийн Баруун талд байрлах Огоорлын Дагинас*

Энэ хаалганы зүүн талд 6\тарчлаах, 7\хүрэлцэх, 8\мөчөө сэгсрэх ба 9\үлдэгдэл идэх хүсэл үгүйн төлөөлөл болсон дөрвөн дагинас байрлана.

| Нэрс | Зүг Чиг | Өнгө | Үсэг | Сүлд |
|------|---------|------|------|------|
| Самтапапратикча | Зүүн зүгийн Зүүн | Цэнхэр | ХКАМ | Махир хутга |
| Спаршанапратикча | Зүүн зүгийн Зүүн | Хар-хөх | ШАМ | Илд |
| Сарвангакшоданапратикча | Зүүн зүгийн Зүүн | Хар-хөх | САМ | Махир хутга |
| Укчистабактапратикча | Зүүн зүгийн Зүүн | Хар-хөх | ХПАМ | Махир хутга |

*Хүснэгт 5-49: Зүүн зүгийн зүүн талд байрлах Огоорлын Дагинас*

Өмнөд хаалганы баруун талд 10\хөдлөх, 11\идэх, 12\биеийн үнэр, 13\бужих ба 14\туранхай байх сонирхолгүйн төлөөлөл болсон таван дагинас байрлана.

| Нэрс | Зүг Чиг | Өнгө | Үсэг | Сүлд |
|------|---------|------|------|------|
| Стобанапратикча | Өмнө зүгийн Баруун | Улаан | ТАМ | Лянхуа |
| Божанапратикча | Өмнө зүгийн Баруун | Улаан | ТХАМ | Аягатай Хүнс |
| Малапратикча | Өмнө зүгийн Баруун | Улаан | ДАМ | Бороохой |
| Нритяапратикча | Өмнө зүгийн Баруун | Улаан | ДХАМ | Жад |
| Шосанапратикча | Өмнө зүгийн Баруун | Улаан | НАМ | Лянхуа |

*Хүснэгт 5-50: Өмнө зүгийн баруун талд байрлах Огоорлын Дагинас*

Энэ хаалганы зүүн талд 15\дуудах, 16\гүйх, 17\бөөлжих ба 18\зодолдох хүсэл үгүйн төлөөлөл болсон дөрвөн дагинас зогсоно.

| Нэрс | Зүг Чиг | Өнгө | Үсэг | Сүлд |
|------|---------|------|------|------|
| Акристапратикча | Өмнө зүгийн Зүүн | Ногоон | НГАМ | Сум |
| Даванапратикча | Өмнө зүгийн Зүүн | Улаан | ГХАМ | Сүх |
| Мутравицраванапратикча | Өмнө зүгийн Зүүн | Улаан | ГАМ | Махир хутга |
| Самграмапратикча | Өмнө зүгийн Зүүн | Улаан | ХАМ | Махир хутга |
| Шосанапратикча | Өмнө зүгийн Баруун | Улаан | НАМ | Лянхуа |

*Хүснэгт 5-51: Өмнө зүгийн зүүн талд байрлах Огоорлын Дагинас*

Хойд хаалганы баруун талд 19\өсгөх, 20\гоёл чимэг, 21\суудал, 22\хаанчлах ба 23\ярих хүсэл үгүйн төлөөлөл болсон таван дагинас зогсоно.

| Нэрс | Зүг Чиг | Өнгө | Үсэг | Сүлд |
|------|---------|------|------|------|
| Паустикапратикча | Хойд зүгийн Баруун | Цагаан | ПАМ | Удвал |
| Бусанапратикча | Хойд зүгийн Баруун | Цагаан | ПХАМ | Толь |
| Асанапратикча | Хойд зүгийн Баруун | Цагаан | БАМ | Сэрээ |
| Ражяапратикча | Хойд зүгийн Баруун | Цагаан | БХАМ | Лянхуа |
| Мридуваканапратикча | Хойд зүгийн Баруун | Цагаан | МАМ | Удвал |

*Хүснэгт 5-52: Хойд зүгийн Баруун талд байрлах Огоорлын Дагинас*

Энэ хаалганы зүүн талд 24\хөгжим, 25\уях, 26\маргах ба 27\уурыг үл хүсэхүйн төлөөлөл болсон дөрвөн дагинас зогсоно.

| Нэрс | Зүг Чиг | Өнгө | Үсэг | Сүлд |
|------|---------|------|------|------|
| Видяапратикча | Хойд зүгийн Зүүн | Цэнхэр | ХАМ | Ташуур |
| Банданапратикча | Хойд зүгийн Зүүн | Цагаан | ЯАМ | Алх |
| Бухакалахапратикча | Хойд зүгийн Зүүн | Цагаан | РАМ | Махир хутга |
| Дракакрошанапратикча | Хойд зүгийн Зүүн | Цагаан | ВАМ | Махир хутга |

*Хүснэгт 5-53: Хойд зүгийн зүүн талд байрлах Огоорлын Дагинас*

Баруун талын хаалганы баруун талд 28\зуурах, 29\сүрчиг, 30\амрах, 31\сэлэх ба 32\холбох хүсэл үгүйг төлөөлөх таван дагинас зогсоно.

| Нэрс | Зүг Чиг | Өнгө | Үсэг | Сүлд |
|------|---------|------|------|------|
| Стабанапратикча | Баруун зүгийн Баруун | Шар | ТАМ | Хүрд |
| Гандапратикча | Баруун зүгийн Баруун | Шар | ТХАМ | Савтай сүрчиг |
| Мажжанапратикча | Баруун зүгийн Баруун | Шар | ДАМ | Очир |

| Плаванапратикча | Баруун зүгийн Баруун | Шар | ДХАМ | Зүү |
| Банданапратикча | Баруун зүгийн Баруун | Шар | НАМ | Хүрд |

*Хүснэгт 5-54: Баруун зүгийн баруун талд орших Огоорлын Дагинас*

Энэ хаалганаас зүүн тийш 33\энгэр зөрүүлэх, 34\хатгах, 35\хуурах болон 36\ могой барих хүсэл үгүйн төлөөлөл болсон дөрвөн дагинас зогсоно.

| Нэрс | Зүг Чиг | Өнгө | Үсэг | Сүлд |
| --- | --- | --- | --- | --- |
| Майтунапратикча | Баруун зүгийн Зүүн | Ногоон | КШАМ | Дармодаяа |
| Киланапратикча | Баруун зүгийн Зүүн | Шар | САМ | Хүрд |
| Винаяаканапратикча | Баруун зүгийн Зүүн | Шар | КАМ | Махир хутга |
| Ахибанданапратикча | Баруун зүгийн Зүүн | Шар | ЛАМ | Махир хутга |

*Хүснэгт 5-55: Баруун зүгийн зүүн талд байрлах Огоорлын Дагинас*

## Орчлон Мандал Дахь Ядмууд

Орчлон Мандал гэгээрлийн хот мандалд шороо, ус, гал, хий болон огторгуйг бэлгэдсэн олон давхар цагаригаар дүрслэгддэг. Энэ орчинд хоёр бүлэг ядам оршдогт: 1\Маш Догшин Арван Ядам ба 2\Гучин-таван сая Талбайг эзэлсэн Ядмууд багтдаг. Тэдгээрээс эхнийх нь үнэн хэрэгтээ Лагшин Мандалд харьяалагддаг бол хоёрдугаарх нь нийт ядмын тоонд багтана гэхэд хэтэрхий их хэмжээтэй байдаг байна.

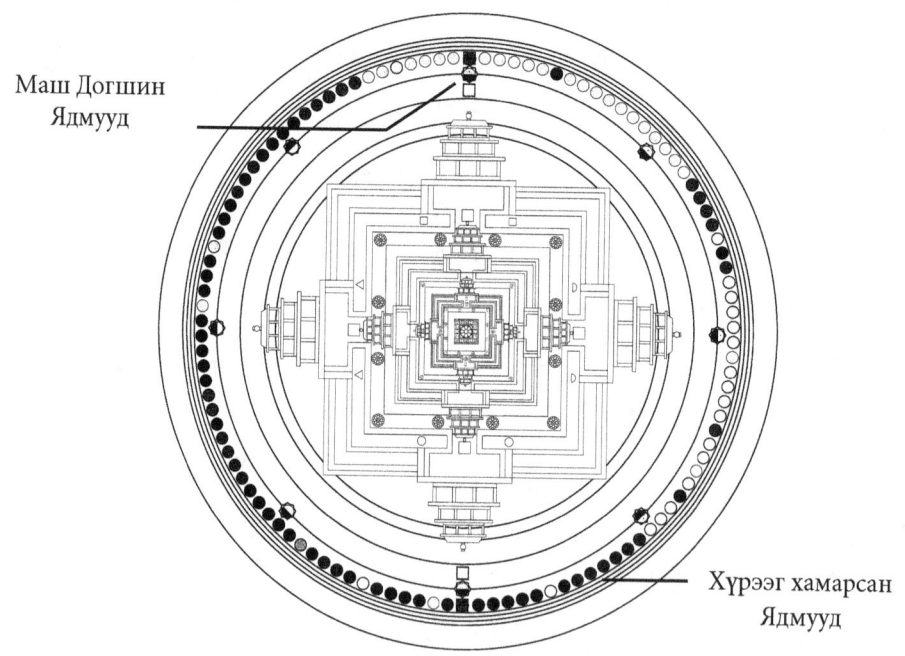

Маш Догшин
Ядмууд

Хүрээг хамарсан
Ядмууд

## Маш Догшин Арван Ядам

Маш Догшин Ядмууд гал ба хий махбодын цагаригийн хүрээн дээр орших арван оршуулгын газарт нэг нэгээрээ байрладаг. Тэд цөм нэгэн нигур, хоёр мутартай, хүмүүн лагшинтай, адгуусан тэргүүнтэй ажгуу. Тэд Лусын Хаадтай хослон орохуйн барилдлагатай зогсоно.

| Нэрс | Зүг Чиг | Өнгө | Үсэг | Хань | Суурь |
|------|---------|------|------|------|-------|
| Шванасяа | Зүүн | Хар-хөх | КА-КХА-ГА-ГХА-НГА | Такшака | Усны үхэр |
| Какасяа | Зүүн Өмнө | Хар-хөх | НЯА-ЖХА-ЖА-ЧА-ЦА | Махападма | Вэрунда |
| Шукарасяа | Өмнө | Улаан | КША-ЯА-РА-ВА-ЛА | Ананта | Баавгай |
| Гридрасяа | Баруун Өмнө | Улаан | НА-ДХА-ДА-ТХА-ТА | Кулика | Тогоруу |
| Вяагрсяа | Хойд | Цагаан | ХА-ЯА-РА-ВА-ЛА | Васуки | Эм сарлаг |
| Улукасяа | Зүүн Хойд | Цагаан | МА-БХА-БА-ПХА-ПА | Шанхапала | Сарьсан Багваахай |
| Жамбукасяа | Баруун | Шар | ХКА-ША-ША-ХПА-СА | Каркотака | Арслан |
| Гарьдсяа | Баруун Хойд | Шар | НА-ДХА-ДА-ТХА-ТА | Падма | Нилика шувуу |
| Важракши | Дээд | Ногоон | ХА | Вижаяа | Гарьд |
| Нила | Доод | Цэнхэр | ХАХ | Жаяа | Найман хөлт арслан |

*Хүснэгт 5-56: Арван маш Догшин Ядмууд*

Дээд ба доод зүгийг тоолохгүй бол найман Маш Догшин Ядам тэдгээрийн хань болох Лусын Найман Хаадтай \Лагшин Мандлын\ нийлээд гучин-хоёр ядам болно. Энэ бол нууцын хүрдэн дэх гучин хоёр судлыг илэрхийлэх бөгөөд мөн гар ба хөлийн үед байдаг хөдөлгөөний төвүүдийг төлөөлдөг байна. Эхний гучин ядам гарын үе дэх гучин судлыг, харин сүүлчийн хоёр Маш Догшин Ядам баруун зүүн хөлийн үе дэх төвүүдийг бүхлээр нь төлөөлдөг ажээ.

## Талбайг Эзэгнэсэн Гучин-Таван Сая Ядам

Сүүлчийн бүлэг ядам бол эгэл амьтны мэдрэмжид ургаж болох тоолшгүй олон үзэгдлийн ариуслыг илэрхийлдэг. Жонангийн Урсгалд эдгээр ядамд сонголтын чанартай орших бөгөөд хот мандлын дүрслэлд багтаах багтаахгүй нь өөрсдийн үзэмжээр болдог байна. Багтаасан тохиолдолд хий махбодын цагаригийн гадна талаар байрлуулдаг. Нийтлэг дүрслэгддэг зарим ядмыг доор үзүүлбэл:

1. Арван Гариг

2. Сарны хорин-найман ордон

3. Зурхайн арван-хоёр орд

4. Сарны арван-зургаан үе шат

5. Арван зүгийн сахиулууд

6. Төрөл бүрийн орны сахиулууд

7. Тэнгэрийн элчүүд

8. Шидтэн хүмүүс

# ЖОНАН ЁСНЫ ДАДЛАГЫН АРГАЧЛАЛ

Цагийн хүрдний Хот Мандалтай урьдчилан танилцсаны дараа бид үүсгэлийн зэргийн дадлага руу ороход бэлэн болно. Үүний тулд *Садхана* хэмээх санскрит үг буюу "гүйцэтгэх аргууд" гэсэн утгатай дасгалыг ашиглах хэрэгтэй болно. Тэгэхээр садхана гэдгийг бид өөрсдийгөө ядам болгон үүсгэх дадлагыг бүрэн гүйцэтгэх гэсэн утгаар ойлгож болно.

Өөрөөр хэлбэл бид хот мандал дахь өөр өөр талтай харьцах бясалгалын арга барилыг ийнхүү нэрлэж байгаа билээ. Эдгээр сурвалж бичгүүд дэх төрөл бүрийн залбирал мөргөл, дүрслэл, уншлага тарни зэрэг нь бидний дадлагаа хийх явцад алхам тутамд удирдан залах болно.

Аль урсгалыг дагаж буйгаас тань шалтгаалан өөр өөр садханаг ашиглан гэгээрлийн хот мандлыг өөр өөр хэмжээгээр дадал зуршил болгож авдаг билээ. Зарим нь хэдхэн хуудсанд багтаасан товчхон садхана байхад хэдэн зуун хуудас үргэлжилсэн төвөгтэй бясалгал ч байх нь бий. Төвөгтэй гэж байгаагийн учир нь зарим садханаг өдөр тутмын уншлагадаа хэрэглэхэд зориулсан байдаг бол заримыг нь уртын бясалгал хөл хорионд орооход хэрэглэхээр зохиосон байдгаас тэр юм. Энэ хувилбар бидэнд гурван өөр аргыг санал болгож байгаа бөгөөд үүнд:

1. **Товчхон Зам**: Энэ зам *Цагийн хүрдэн Вишвамата хоёрыг* эсвэл *хорин-дөрвөн мутартай бүрэн үзэгдэх* сонгодог хэлбэрээр нь эсвэл хоёр мутартай *Өөрийн Үүсгэлийн* хэлбэрээр дүрслэхэд голчлон анхаардаг. Хоёулаа өдөр тутмын уншлагад хэрэглэхэд тохиромжтой бөгөөд замдаа ахиц гаргахад хэрэгтэй сэтгэлийн нарийн төлөвийг бий болгох үр дүнтэй арга болдог.

2. **Дундаж Зам**: Түрүүчийнхээс арай илүү дэлгэрэнгүй хэлбэрийн арга бол *Охь Мандлын* есөн ядам дээр төвлөрөн байж зүрхний хүрдэн дэх нарийн биеийн судлыг ариусгах явдал байдаг. Энэ дадлагаа жаахан сунжруулан *Таалал Мандлыг* мөн хамруулж нийт далан-хоёр ядамтай харьцах болгож болдог. Үүнээс эхнийхийг нь өдөр тутмынхаа дадлагад, харин

хоёрдугаархыг нь бясалгал дияанд суухдаа хэрэглэх нь тохиромжтой байдаг.

3.  **Дэлгэрэнгүй Зам:** Эцэст нь, *Лагшин, Зарлиг ба Таалал Мандлын* 636 ядмыг бүхлээр нь хамруулсан машид дэлгэрэнгүй садхана бас бий. Энэ садхана бясалгалыг хийж гүйцэтгэхэд олон цаг шаардагдах тул бүтэн цагаар уртын бясалгалд орсон хүмүүст хэрэглэхэд тохиромжтой байдаг. Үүнд *Зам ба Гүйцэтгэлийн Дөрвөн Салаа* гэдэг нэртэй дэлгэрэнгүй бясалгалын арга багтдаг нь: 1\Гэгээрлийн орчин хийгээд ядмуудын арилсан үзэгдлийг бий болгогч Дээд Ялалтын Хот Мандал, 2\Бурханы дүрст лагшны үүсгэх шалтгааныг бүтээн буяныг арвидуулагч Дээд Ялалтын Үйл Хэрэг, 3\ Үүсгэлийн зэрэг дэх сэтгэл нарийсалтыг сайжруулагч Дуслын Йог болон 4\Төгсгөлийн зэрэг дэх амгалан таашаалтай харьцахад сэтгэлийг цааш улам нарийсгах Нарийн Биеийн Йог гэсэн бясалгал билээ.

Жонангийн Урсгалд үүсгэлийн зэргийн дадлагыг өвөрмөц бэлтгэлийн дадлага гэх бөгөөд Очирт Зургаан Йогийн төгсгөлийн зэрэгт орох бэлтгэл дасгал хэмээн тооцдог. Тийм учраас ихэнх бясалгагч эхлээд эгэлийн үзэгдлээ ариусган сэтгэшгүй ахуйн бясалгалд сэтгэлээ бэлтгэхийн тулд товчхон хэлбэрийн бясалгалд голлон анхаарвал ашигтай байдаг. Очирт Зургаан Йогийн туршлага зохих хэмжээгээр хуримтлуулсныхаа дараа дундаж болон дэлгэрэнгүй хэмжээний аргад шилжвэл буян хишгээ нэмэгдүүлж сэтгэлээ нарийсгахад машид зохимжтой байдаг ажгуу.

# ГОЛ ХЭСГҮҮДИЙГ ЭРГЭН СӨХВӨЛ

- *Буддын Дандарыг жинхэнэ ёсоор авлага болгохын тулд доорх нөхцөлүүдийг бүрдүүлнэ. Үүнд: 1\Бодь сэтгэл, огоорлын сэтгэлд тулгуурласан Буддын сургаалын үндсийг бий болгох ба Бурханлаг чанар, хоосон чанарын талаар тодорхой мэдэгдэхүүнтэй болох, 2\Дандарын замаар замнах чин хүсэл эрмэлзэлтэй байх, 3\Шаардлага хангасан Очирт мастераас тарнийн ёсны тангараг сахилыг хүртсэн байх болон 4\Нялхсыг боловсруулах Долоон Авшгаар үүсгэлийн зэрэгт орох эрхийг олсон зэрэг билээ.*

- *Үүсгэлийн зэргийн гол зорилго бол эгэлийн үзэгдлийг мэдрэх мэдрэмжийг арилган өөрийг ариунаар харах үзэлд хувиргах явдал. Үүний тулд бид өөрсдийгөө Ядам болгон Дүйнхорын гэгээрсэн талд хувиргах дадлагыг гүйцэтгэдэг.*

- *Үүсгэлийн зэргийн жинхэнэ уламжлал болсон дадлага таван нөхцөлөөс бүрдэнэ: 1\Жинхэнэ эх сурвалжаас гаралтай байх, 2\Жинхэнэ урсгалаар дамжин уламжилж ирсэн байх, 3\Хоосон чанарт суурилсан байх, 4\Дадлага өөрөө гарах үр дүнтэйгээ ижил байх болон 5\Түүний чадал хүчинд бид гуйвшгүй итгэлтэй байх явдал билээ.*

- *Үүсгэлийн зэрэг төрөх, үхэх ба зуурдын төлөвүүдийг ариусгах явцад Бурханы дүрст лагшиныг олох шалтгааныг бүтээдэг.*

- *Гэгээрлийн Хот Мандал хоёр хэсгээс тогтоно: 1\Гэгээрсэн орчин буюу сав ертөнц ба 2\Түүн дотор амьдардаг ядмууд юм.*

- *Орчны хувьд хоёр хэсгээс тогтдог нь: 1\Гадаад тусламж болдог орчлон мандал ба 2\Дотоод тусламж болдог гэгээрлийн ордон юм.*

- *Гэгээрлийн ордон 1\бие, 2\хэл, 3\сэтгэл ба 4\билгүүний ариуслыг төлөөлсөн дөрвөн давхартай байдаг.*

- *Ордон дотор нийт таван хот мандал бий. Эхний гурван давхарт 1\Лагшин, 2\Зарлиг ба 3\Таалал мандал оршидог бол сүүлчийн 4-р давхарт 4\Жаргал мандал ба 5\Охь мандал хоёулаа оршино.*

- *Охь Мандал гурван бүлэг ядмаас бүрддэг нь: 1\Голлох Ядам Калачакра Яб-Юм, 2\ Арван Шахти ба 3\Дөрвөн Сүлд юм.*

- *Жаргал Мандал хоёр бүлэг ядмаас бүрдэнэ: 1\Арван-хоёр Бурхад ба 2\*

*Арван Бумба билээ.*

- *Таалал Мандал гурван бүлэг ядмаас бүрдэнэ: 1\Арван-хоёр Бодисадва, 2\ Таван Догшин Ядам ба 3\Өргөлийн Арван-хоёр Дагинас.*

- *Зарлиг Мандал хоёр бүлэг ядмаас бүрддэг: 1\Найман Эмэгтэй Ядам ба Йогини нар болон 2\Хүслийн Гучин-Зургаан Дагинас юм.*

- *Лагшин Мандал дөрвөн бүлэг ядмаас бүрддэг нь: 1\Сарны тооллын Арван-хоёр эрэгтэй Ядам , 2\Зургаан Догшин Сахиус, 3\Лусын Арван Хаад ба 4\ Огоорлын Гучин-Зургаан Дагинас юм.*

- *Орчлон Мандал хоёр бүлэг ядмаас бүрддэг нь: 1\Маш Догшин Арван Ядам ба 2\Талбайг бүрхсэн Гучин-Таван Сая Ядам билээ.*

- *Жонангийн Урсгалын үүсгэлийн зэрэгт товчхон хэлбэрийн садхана өөрмөц бэлтгэлийн зэрэг болгон хэрэглэгддэг. Төгсгөлийн зэргийн дадлагуудад туршлагатай болоод ирмэгцээ дунд болон урт хэлбэрийн садханаг гол дадлагадаа туслуулах маягаар авч хэрэглэдэг байна.*

# Ядмын Егүзээр

## *Цагийн хүрдний Өөрийн Үүсгэлийн Товч Садхана*

Цагийн хүрдний үүсгэлийн зэргийн ерөнхий шинжийн талаарх хэлэлцүүлгээ үргэлжлүүлэн Ядмын Егүзээрийн гол дадлагын тусгай зааварчилгаатай одоо танилцах болно. Энэхүү гүнзгий арга техник Гадаад хийгээд Дотоод Цагийн хүрднээр эгэлийн үзэгдлийг амжилттай уусгаж, сав шим ертөнцийн гэгээрсэн мөн чанарын үзлээр чуулганыг далай ихээр арвижуулан Гэгээрсэн Цагийн хүрдний арилсан үзэгдэл төрөн гарахад хүргэдэг хамгийн чадварлаг арга мөн билээ.

Уг дадлагын гол үндэс нь өөрийгөө гэгээрсэн Ядам Калачакрагийн нэгэн үзэгдэх тал болгон үүсгэх явдал юм. Өөрсдийн "би"-д барих эгэл мэдрэмжийнхээ улмаас бидний дүрслэл хуурмаг шинжтэй болон, уран сайхан зөгнөлөөс өөрцгүй болж мэднэ. Гэсэн хэдий боловч эгэл жирийн өдрийн зүүдтэй адилгүй нь энэхүү дүрслэл үнэний туйлын мөн чанарт үндэслэн бүтсэн бөгөөд үнэн хэрэгтээ хэн болохыг маань илүү гүнзгий түвшний хэмжигдэхүүнээр илрүүлэх замыг бидэнд олгож байдагт хэргийн учир оршино. Түүнтэй илүү их харьцах тусам бид өөрсдийн унаган мөн чанарыг улам бүр танин цаашид орчныг хязгаарлагдмал байдлаар харахаа больж нуугдан буй хязгааргүй боломж чадвахаа нээн гаргах боломжтой. Бидэнд жинхэнэ байгаа мэт үзэгдэж байсан болгон зүүд зэрэглээ болон хувирч Цагийн хүрдний гэгээрсэн ертөнц бидний гэр мэт санагдах мөч ойрхон байна.

Энэ үйл явцыг *зам ба гүйцэтгэл* гэж нэрлэх нь олонтаа тохиолдоно. Садхана зааврыг уншингаа бид дүрслэл үүсгэн Ядмын шинж чанарыг өөртөө сануулан, тарни тоолох замаар дотоод хийнүүдээ ариусган сэтгэлээ нарийсгаж үйлдэнэ. Энэ хоёрыг ингэж хослуулах нь туйлын мөн чанартай маань ойртуулж өгөх ба үүнийг "ойртсон ядам" гэж нэрлэдэг. Ядамтайгаа ойртох тусам бид түүний мөн чанарыг шууд ухамсарлахад амар болохыг "бүтсэн ядам" хэмээн нэрлэнэ. Энд хүрснээс хойш бид хорвоо ертөнцийг ядам бурханы нүдээр харах болж замынхаа дараагийн шатанд орохд бэлэн болно.

# ЯДМЫН ЕГҮЗЭРИЙН ГУРВАН ЧАНАР

Ядмын Егүзэрийн дадлагад ороход түүний гурван чанарыг онцгойлон авч үзэх хэрэгтэй бөгөөд тэдэнгүйгээр бидний дадлага бүтсэн ядамд хүрэх шалтгаан болж чадахгүй. Үүнд: 1\Тунгалаг үзэгдэхүй, 2\Ариуныг эргэн цуглуулахуй болон 3\Бурханлаг омог гэсэн эдгээр чанарын эхний хоёр нь маш чухал хэрэгтэй байдаг бол харин гуравдугаарх нь амин чухал шаардлагатай байдаг ажгуу.

## Тунгалаг Үзэгдэхүй

Энэ чанар бол ядмыг сэтгэлдээ тов тодхоноор үүсгэхийг хэлдэг. *Дүрслэх* гэдэг нь бидний энэ дадлагад яг сайн тохирсон үг биш бөгөөд тухайн үзэгдэл тод саруулхан байх төгс шинж чанарыг үүгээр бүрэн дүүрэн илэрхийлж чадахгүй билээ. Бид ямар нэгэн зүйлийг дүрслэн бодох үед түүний үнэн бодитой байна уу, бодитой биш байна уу гэдэгт ялгаа байдаггүй. Та тэнгэрт ургасан цэцэг юм уу эвэртэй туулай дүрсэлж болох хэдий ч аль аль нь харьцангуй үнэний мэдрэмжид хүртэл огтоос байдаггүй зүйл шүү дээ. Нэршлийн бас нэгэн дутагдалтай тал бол бидний дадлагын үйл явцыг хэтэрхий энгийн маягтай болгон сонсогдох төдийгүй ядмыг зөвхөн тийм байгаагаар харах харааны дүрслэл голлосон мэт хандлагатай болгодогт оршино.

Тийм учраас бид дүрслэх гэхийн оронд *үүсгэх* гэдэг үгийг хэрэглэх нь илүү зохимжтой. Бид ядмыг үүсгэх гэж хэлэхдээ тухайн ядмын чанаруудыг сэтгэлдээ авчран мэдрэх боломжтой болдог. Үүнд харааны дүрслэл ч багтана, мөн бусад бүх чанарын биеллийг биеэр мэдрэхтэй хосолно. Энэ бол энгийн нэгэн дүрслэлийн дэргэд олон талын хэмжүүр бүхий амьд мэдрэмж болдгоороо хамаагүй илүү хүчирхэг байдаг байна.

Туйлын чанартаа бол бид хэзээний унаган чанар болох Калачакрагаа үүсгээд байх хэрэг үнэндээ үгүй ч "үүсгэл"-ийн энэ дадлагаар түр зуурын төөрөгдсөн хүлээн авахуйг таслан зогсоож, жинхэнэ үнэн байдал илрэн үзэгдэх бололцоог олгож байгаа хэрэг юм. Тийм учраас нандин үнэнээ *илчлэх* гэдэг хэллэг энд маш их зохимжтой байгаа билээ.

Ямар үг хэрэглэхээс үл хамааран дадлага тэр хэвээрээ л хоцорно. Эхлээд бид эгэлийн үзэгдлийг хоосон чанарт уусгаад өөрсдийгөө зориуд ядам болгон төрүүлнэ. Энэ үйл явц оюуны ухамсарт явагдах бөгөөд унтах үед зүүд үзэхтэй төстэй. Энэ угаасаа сэтгэлийн мөн чанартай болохоор нүдэнд бодитоор хэлбэржин үзэгдэнэ гэж бүү найдагтун. Сэтгэл өөрөө чөлөөтэй сэтгэх болон ерөнхийлөх байдлаараа үүнийг гүйцэтгэх учраас тод тунгалаг үзэгдэл ургах болтол цаг хугацаа шаардагдана.

Эхэндээ ядам маань тодорхой шинж чанарын цуглуулга хэсэг бүлэг төдий бий болох ба таны сэтгэл нэг шинж чанараас нөгөө рүү үсчих маягтай байж бүтэн багц гэрэл зурган дотор төөрсөн мэт болж, ерөнхий нэг нийтлэг дүр зураг гаргаж чадахгүй байж магад. Нэг зурган дээр нүд, нөгөө дээр очир бас нэг зурган дээр тарнийн үсэг ч харагдах шиг болно. Хэсэг \деталь\ болгоныг тогтооход хичээл зүтгэл шаардлагатай болохоор санаандаа дахин дахин шинээр сэргээх хэрэг гарна.

Хэсэг бүр дээр цаг гарган анхаарснаар яваандаа бүтэн бүтэн хэсэг үүсгэж эхэлж мэднэ, жишээ нь нүүр тэр чигээрээ гарч ирснээ титэм ба мутрууд ургах гэх мэт. Тэр бүү хэл бие лагшныг ч бүхлээр нь сийлж орхиж мэднэ. Энэ шатанд хүрээд үүсгэл будэг бадаг тохиргоо\фокус\ алдсан зураг шиг үзэгдэх болно. Бүхнийг нэгэн зэрэг мэдрэх талаар амжилт олсон ч тэртээ холоос дуулдах цуурай мэт нарийвчлал нь бүүдгэр бүрсгэр байх болно. Хэсгүүдийг тодруулах гэхээр бүрэн бүтэн байдлаа дахин алдаж орхино.

Дадлагаа хөгжүүлж чадан тогтвортой болж ирэхийн цагт ерөнхий дүрсээ хадгалахын хажуугаар нарийвчлалыг илүү ухамсарлах байдлаа өндөрсгөж эхлэх нь дурангаа эргүүлэн дүрсийн тохиргоо хийхтэй адил. Бясалгалд төвлөрөн сэтгэлээ амраахад аяндаа тод тунгалаг болоод ирэх болно. Гол гол шинж цөм нэгэн зэрэг тодроод ирэхийн хамт бид тунгалаг үзэхүйг анх удаа ийнхүү ухамсарлах болно.

Энэхүү ухамсартаа үргэлжлүүлэн сааtaж чаддаг болсноор үүсгэлийн үйл явцыг төгөлдөржүүлж гүйцээж болно. Хүссэн үедээ ядмыг дор нь үүсгэж түүндээ нэгэн үзүүрт төвлөрлөөр сааtан оршиж чадах чадварыг олох энэ шат энгийн зурагт, өндөр ялгарал бүхий зурагт үзэх хоёрын ялгаа мэт өөр байх болно. Үзэгдэл одоо, нарийн хэсэг болгоны хамт мэдрэхүйд мэдрэгдэх аль ч зүйлээс огтхон ч ялгаагүй тийм бодитой харагдаад зогсохгүй, мөн мэдрэгдэх болно.

# Ариун Чанарыг Эргэн Цуглуулахуй

Бүдүүн түвшинд ариуныг цуглуулах гэдгээр ядмын хэсэг болгоны бэлгэдлийн чанарыг ухамсарлаж чадвараа хөгжүүлэхийг хэлнэ. Калачакрагийн гар Вишваматагийн нуруугаар тэврэн зөрүүлсэн байх бөгөөд хонх, очир хоёрыг атгасан байгаагаар арга билгийн нэгдэл буюу хувиршгүй амгалан ба хоосон-дүрсний нэгдлийг илэрхийлнэ. Үзэгдэх байдлыг тэдгээрийн чинагуух утгатай дахин давтан холбож бодох нь туйлын ухамсрыг бэхжүүлж харьцангуй ухамсрыг сулруулахад тусална. Энэ шинж бодолдоо ургуулсан ядамд биднийг Бурханлаг чанартай маань ойртуулах арга болон үйлчлэх боломж олгодог.

Илүү нарийн түвшинд ариун чанарыг эргэн цуглуулах гэдэг бол сэтгэлд урган буй үзэгдлийн хоосон чанарыг ямагт ухамсарлаж байхыг хэлнэ. Ядмыг ямар нэгэн биет зүйл байгаа мэтээр зурахын оронд түүний зэрэглээ мэт чанартайг санаж зүүдний үзэгдэл юм уу солонго адил алив нэгэн үнэн шим үгүйг тунгааж явах хэрэгтэй юм. Саяын дурдсан хоёр түвшнээс сүүлчийн энэ төрлийн ариусал цаашид мунхаг байдалдаа автахгүйгээр юмс үзэгдэлтэй харьцах бололцоо бидэнд гаргаж өгдгөөрөө хамаагүй илүү чухалд тооцогдоно.

Цаашилбал, ядмын ариун чанарыг эргэн цуглуулснаараа бид үүсгэлийн зэргийн харьцангуй чанартайг бүхлээр нь өөрсдөдөө сануулж байгаа хэрэг билээ. Хэдийгээр бид бодол сэтгэхүйдээ дүрсээр мэдрэмжээ ургуулан үүсгэж, буянаа өсгөж байгаа боловч энэхүү төсөөлөлдөө бүрэн автах нь үгүй. Тодхон зүүд үсэн мэтээр сэтгэж эцэстээ нойрноос сэрэх хэрэгтэй болохоор бодлын сэтгэлээ бүрэн төгс хувиргаж, ядмын үнэн байдлыг шууд мэдрэх боломжтой болно.

# Бурханлаг Омог

Гурав дахь буюу хамгийн чухал чанар бол ядам гэдэгтээ итгэх хатуу итгэлийг хөгжүүлэх явдал юм. Энэ нь "Би бол Калачакра" гэсэн бодол бөгөөд түүнийг *бурханлаг омог* гэж нэрлэдэг. Ингэж бодох нь бидний эгэл жирийн үед байдаг би-д барих ухамсрын яг эсрэг ерөндөг болон үйлчилдэг. Гэгээрсэн сэтгэлийн чанаруудтай өөрсдийгөө танил дотно болгон зуршуулснаар бид хорвоог үзэх үзлээ хувирган хамаг түйтгэрийн үндсийг тасдан хаях учиртай.

Сэтгэл гэдэг бидний кино үздэгтэй ижилхэн. Театрын танхим дахь гэрэл унтрахад тусгагч аппаратын туслалцаатайгаар дэлгэц дээр үргэлжилсэн дүрсний урсгал тасралтгүй тодорч биднийг эзэмддэг. Кино үнэн биш гэдгийг хэчнээн мэдэж байлаа ч тэрхүү мэдрэмждээ уяран догдлоход хэн ч бидэнд саад хийж чаддаггүй билээ. Нэгэн үе бидний сэтгэлд хардлага сэжиг төрж, итгэхийн аргагүй мэт санагдавч өгүүлж буй түүхийн үнэнд итгэж орхих нь энүүхэнд. Ийм үед кино бидний баярлах, уйтгарлахын шалтгаан болж хувирдаг. Гэхдээ бид зөвхөн л кино шүү дээ гээд санахтай зэрэг түүний биднийг захирах хүч агшин зуурт үгүй болон замхарч оддог.

Үүнтэй адилаар, өөрөөсөө үнэхээр үүссэн би хэмээгч бидний дотор үгүй боловч түүнийг бий гэж бид мөн л итгэсэн хэвээр байдаг. Энэ итгэлээсээ болоод бид эцэс төгсгөлгүй зовлонгийн далайд эргэлдэж байдаг билээ. Би гэдэгт бид итгэхээ больж орхивол бидний мэдрэмжид тэр нөлөөгөө үзүүлж чадахаа болино. Түүнчлэн "Би бол Калачакра, би бол Дүйнхор ядам" гэж бодох нь бидний боддог "би" бол би биш юм гэдэгт биднийг улам бүр итгүүлэх болно. Бид зүүдний төөрөгдөлд ороод байгаагаа өөртөө сануулан харин түүний оронд гүнзгий далд нуугдсан жинхэнэ үнэнд итгэж эхлэх замыг сонгох хэрэгтэй. Энэ бол үүсгэлийн зэргийн дадлагын жинхэнэ шим мөн.

Энэ дадлагын нэг сорилттой хэсэг бол хүйсийн асуудал байдаг. Ихэнх бясалгагч нарын би-д барих төөрөгдөл нь тэдний эрэгтэй, эмэгтэй байх тал дээр ихээхэн түшиглэсэн байдаг. Би-д барих энэ чанар нь түүнд чухал байх тусмаа Калачакра Вишвамата хоёрыг хослон байгаагаар дүрслэхэд бэрх байх болно. Эмэгтэй бясалгагч нарын хувьд өөрсдийгөө эрэгтэй ядам болгох, эрэгтэй бясалгагч нарын хувьд өөрсдийгөө эмэгтэй ядам болгон дүрслэхэд хэцүү. Энэ хоёрын аль аль нь "би" хэмээн өрөөс зуурах сэтгэл хүчтэй байгаагийн л илрэл мөн тул дадлагаа амжилттай болгохын үүднээс тэрхүү үзлээ уусгавал зохилтой.

Дадлагын эхэнд бид өөрсдийгөө эхлээд хоосон чанарт уусгахдаа би-д барих үзлээ эр эм хүйсийн алин боловч түүний хамтаар уусгах хэрэгтэй юм. Ингэснээр Калачакра Яб-Юмыг онцлон эр ч биш эм ч биш хоёргүй нэгэн мөн чанартай үүсгэх боломжтой болно. Калачакраг уламжлал ёсоор эрэгтэй ядмын нэрээр нэрлэсэн байдаг ч үнэн хэрэгтээ тэр аливаа ялгаанаас бүрэн төгс ангижирсан нэгэн билээ.

Ядмыг хэчнээн тод дүрслэж чадаж байлаа ч өөрийгөө Калачакра мөн гэсэн мэдрэмж байнга төрүүлэх цаг гаргах хэрэгтэй. Энэ мэдрэмж л дадлагыг тань амьд болгож үнэхээр хувиргалын үйл явцыг амьдруулж чадна. Бусад бүх чанарын хамтаар бурханлаг омог тодхон илэрч үзэгдэх бөгөөд эхэнд нь бид өөрийгөө Калачакра гэх бодолдоо итгүүлнэ. Үнэний мөн чанарыг тусган тусгасаар өөрсдийн эгэл төрх байдлаа зүүдний үзэгдэл юм уу зэрэглээ адил юм гэдгийг ухаарснаар мэдрэмжийн илүү гүнзгий түвшний *итгэл* бишрэлээ хөгжүүлж эхэлдэг. Гүнзгий энэ түвшнийг бид хэзээ ч мэдэрч чадахгүй байж болох боловч үүнийг одоогийн байгаа байдлаас маань хамаагүй илүү үнэн юм шүү гэсэн итгэл хэдийн төрсөн байх болно.

Итгэлдээ үндэслэн одоо бид биеэ хэрхэн авч явах тал дээр тохирох *араншиныг* бий болгож эхэлнэ. Бид өөрсдөө Калачакра мөн гэж итгээд зогсохгүй энэ итгэлдээ зохилдуулан үйлдэх хэрэгтэй. Тиймээс төгс гэгээрсэн бодгальтай адилхан байр байдлаар үйлдэл гүйцэтгэж эхэлнэ гэсэн үг. Та бидний үйл хэрэг тоолшгүй олноор хувилан ажил амьдрал дээр амьтны тусыг үзүүлэгч Бурханы адил бидний мөн чанарын нэгээхэн хэсэг болон хувирах болно.

Өөрийгөө Калачакра гэж бодон, Калачакра маягаар үйлдэл хийж эхлэхээр та өөрийгөө Калачакра болгон харах боломжтой болно. Энэ шатанд хүрээд таны *ариунаар үзэхүй* машид хүчтэй болон бодох төдийхөн бус харин ядмын зүгээс аливаад хандаж, дүрдээ бүрэн итгэсэн жүжигчин адил ертөнцийг ядмын нүдээр хардаг болно. Энэ үеийн хүлээн авахуйгаа ашигтай гэдгийг батлахын тулд нэг төөрөгдлийг нөгөөгөөр солиогүй гэдэгтээ итгэлтэй болох ёстой. Тийм учраас бид өөрсдийн мөн чанараа хэн болохыг үргэлж хоосон чанарын тодхон ойлголтын хүрээнд авч үзэх хэрэгтэй.

Бурханлаг омгийн эцсийн шат бол ядмын мэдрэмжтэй бүрэн дасал болох үе бөгөөд хот мандал үүсгэхдээ бид өөрсдийгөө жинхэнээр мэдрэх шиг болдог. Яг л урт хугацааны албанд яваад гэртээ буцаж ирэх мэт сэтгэгдэл төрнө. Нэг л танил дотно мэдрэмж төрөх болж тэр нь таны байнгын голлох төлөв болон амилах бий вий. Хорвоогийн элдэв үйлд оролцох хэрэгтэй болсон ч өөрийгөө жинхэнээр нь олж авсныгаа дахиад хэзээ ч алдахгүй.

# ЦАГИЙН ХҮРДНИЙ ӨӨРИЙН ҮҮСГЭЛИЙН ТОВЧ САДХАНАГ ХЭРХЭН ДАДУУЛАХ ТУХАЙ

Жонангийн Урсгалд үүсгэлийн зэргийн бясалгалыг Цагийн хүрдний Очирт Зургаан Йогийн дадлагад орохын өмнөх өвөрмөц бэлтгэлийн дасгал гэж үздэг. Тийм учраас нарийн сэтгэлийн ариунаар үзэхүйг бий болгоход онцгойлон хандаж мэдрэмжийнхээ туйлын мөн чанарт анхаарлаа хандуулахыг зорьдог. Энэ сэтгэл Гурван Хумилт хэмээх сэтгэшгүй ахуйн бясалгалд орох суурь болж өгдөг. Амжилтад хүрэх арга нь *Цагийн хүрдний Өөрийн Үүсгэлийн Товч Садханаг* уншлага болгон хэрэглэх явдал бөгөөд түүнд бусдын туйлын тусыг бүтээх үндэс болгон дээдийн хоосны хоёргүйн билгүүнийг тодруулан үзүүлдэг билээ.

## Өөрийн Уусгал

Доорх тарнийг уншсанаар дадлагаа эхлүүлнэ:

*УМ ШУНЯАТА ЖАНА БАЗАР СУМБАВА АТМАКО ХАМ*

Энэхүү тарнийг хэлэх үедээ өөрийг хийгээд бүхий л эгэлийн юмс үзэгдэл хоосон чанарт ууслаа хэмээн төсөөлнө. Энэ нь өөрөөсөө оршсон эгэл хоосон байх бус гэгээрсэн чанараар дүүрэн дээдийн хоосон байх ёстой. Сансар хорвоогийн харьцангуй үнэн гэж үнэн хэрэгтээ бодитоор оршдоггүйг таньж, тэр бол бидний Бурханлаг чанарын суурийг бүрхсэн сэтгэлийн төөрөгдсөн тусгалаас өөр юу ч биш юм. Тэр бол Шандон Төв Үзлийн урсгалын дагуу ойлгодог хоосон чанар билээ.

Сэтгэшгүй ахуйд орон хэсэг зуур байзнахдаа бүх бодол санаагаа үгүй болгон, сэтгэлээ чөлөөтэй, нээлттэй байлгана. Та өөртөө, "Би бодит ба хийсвэрийн аливаа хандлагаас илтэд хальсан төгс бүтсэн мөн чанарынхаа язгуурын төлөвт оршин байна" хэмээн итгэл төгс хэлэх хэрэгтэй. Дээдийн хоосны энэхүү мэдрэмж бол үнэн чанартаа Калачакрагийн Өөрийн Үүсгэлийн үзэгдэл мөн бөгөөд энэ үед сэтгэл ямар ч бодолгүй, харьцангуй үнэний алив үзэгдлээс бүрэн чөлөөтэй байдалд өөрийнхөө унаган төлөвт оршин байдаг. Үүнийг таньж чадсан хүн өөрөө гэгээрсэн ядам болон хувирах болно.

Язгуурын Бурханы гол мөн чанар - Дотоод Цагийн хүрдэн

# Цагийн хүрдний Ядмын Өөрийн Үүсгэлийн Дүрслэл

Калачакрагийн Өөрийн Үүсгэлийн энэхүү сэтгэлийн хүрээн дотор эхлээд маш том хий мандал, дараа нь гал, ус ба шороон мандал урган үзэгдэнэ. Шороон мандлын голоос олон өнгөт Сүмбэр Уул оройдоо таван оргилтойгоор ургана. Голын оргил дээр олон өнгөт бадам лянхуа цэцэг байрлажээ. Түүний голд цагаан сар, улаан нар, хар раху болон шар калагнийн дэвсгэр Бодь сэтгэл, хоосон чанар, хувиршгүй амгалан ба хоосон дүрсийг бэлгэдэн ургах нь үзэгдэнэ.

Энэхүү суудал дээр өөрийгөө Дүйнхор ядам болон зогсож байгаагаар дүрсэлнэ. Таны лагшин хөх өнгөтэй байх нь гол судлын ариуслыг илтгэнэ. Та бээр бүхий л үзэгдлийн туйлын нэгэн мөн чанартайг илэрхийлсэн нэгэн нигур, хувиршгүй амгалан ба хоосон дүрсний салшгүйг буюу арга билгийн нэгдлийг харуулсан хоёр мутар, өнгөрсөн, эдүгээ, ирээдүйг илтэд мэдэхийг бэлгэдсэн гурван мэлмийтэй ажгуу. Та бээр илбийн ханийнхаа нуруугаар тэврэн баруун мутартаа очир, зүүн мутартаа хонх атгасан зогсоно. Гэгээрлийн эршүүд болоод эмэгтэйлэг талыг үүгээр илэрхийлэх бөгөөд очроор бутаршгүй бөх аргын тал болсон энэрэнгүй сэтгэл ба үл урвахуйн амгаланг, хонхоор билгийн тал болсон билиг оюун, сарнишгүй хоосон дүрсийг төлөөлүүлдэг.

Таны хүзүү гурван өнгөтэй бөгөөд голдоо хар, баруун тал улаан, харин зүүн тал цагаан өнгөтэй нь хэмнэл \саттва\, идэвхт байдал \ражас\ ба идэвхгүй байдал \тамас\-ыг зайлуулахын бэлгэдэл болд юм. Эдгээр нэр томьёо Энэтхэгийн Самкяа сургуулийн номлолд агуулагдах ба эдийн чанар \прати\ дүрслэхийг хэлж байдаг. Энэ хэсэгт шунал, мунхаг, хорсол хилэн гурван хорыг төлөөлүүлэн авч хэрэглэжээ. Үүнээс харахад л Цагийн хүрдний сургаал тэдгээр итгэл бишрэлийн системтэй хүмүүсийг зөв замд нь залахад хэрхэн чадварлаг зориулагдсан болох нь илт харагдаж байгаа юм.

Таны хоёр өлмий хорвоогийн хоёр тэнгэрийг няц гишгэн зогсох нь сансар хийгээд нирваанд шунан зуурах сэтгэлээс бүрэн чөлөөтэйг илтгэнэ. Зүүн цагаан өлмийгөө ялимгүй нугалан цагаан тэнгэр Раудрагийн цээжийг няц дэвссэн байна. Тэр нь нэг нүүр, гурван нүдтэй, барын арьсан хүрэм, могойн арьсан чимэгтэй, нүүрээ дээш харуулан ухаан алдан хэвтэнэ. Үүгээр зүүн судлыг \лалана\ урвуулах буюу ариуссаныг илтгэх ба шунах, үзэн ядах, мунхаг ба бардам зан гэсэн дөрвөн түйтгэрийг арилгасныг бэлгэдэж байна. Баруун улаан өлмийг сунгасан нь Камадева хэмээх улаан тэнгэрийн цээжийг няц дэвсжээ. Тэр нь тайван төрхтэй нэг нүүр, хоёр гартай, эрдэнийн чимэглэлтэй бөгөөд нүүрээ дээш харуулан ухаан алдсан хэвтэнэ. Үүгээр баруун судлын \разана\ ариуссаныг илэрхийлж, бүрдэл цогцын, түйтгэрийн, эрлэгийн эзний, тэнгэрийн хөвгүүний дөрвөн мараг арилгасныг илтгэн харуулж байгаа ажээ.

Та өтгөн үсээ орой дээр ороон зангидсаны үлдсэн хэсэг нь нуруугаа даган сул унжсан байна. Түүний дээр торгоор бүрсэн чандмань эрдэнэ байх нь энэхүү мандлын үндэс болсон Базарсад Бурханыг бэлгэдэж байна. Оройн урд талдаа хос очир зөрүүлсэн буйн дөрвөн өнгө Сүмбэр Уулын дөрвөн өөр өнгөтэй зохилдсон хар хөх, улаан, цагаан, шар өнгөтэй ажээ. Эдгээр нь амьтныг чөлөөлөгч Бурханы дөрвөн ариун үйлдлийг буюу амирлуулах, арвижуулах, захирах ба хатуу үйлийг илэрхийлнэ. Толгойн титмийн тань дээхэн талд хавирган сар үл урвахуйн амгаланг олсныг илтгэн байна. Та бээр сарнин бутаршгүй бат бөхийн бэлгэдэл болсон олон очирт эрдэнэсийн гоёлоор чимэглэсэн байх бөгөөд ээмэг, хүзүүний зүүлт, бугуйвч, бүс, шагайвч мөн эрих байх ажээ. Таны лагшныг ороосон байх торгон ороолт мөн гэгээрсэн тааллын өөрчлөгдөшгүй амгалант таашаалыг илэрхийлэх бөгөөд барын арьс бүсэлхийгээр ороосон нь бардам дээрэнгүй омгоо бүрэн номхруулсныг бэлгэднэ.

Таны хуруунууд таван өөр өнгөтэй, шар эрхий, цагаан долоовор, улаан дунд, хар ядам, ногоон чигчий хуруутай байна. Үүгээр зүүн судлын таван чанарыг болон таван махбодын ариуслыг гүйцээн, таван билгүүнийг олсныг бэлгэдэн харуулна. Таны хурууны үе мөн гурван өөр өнгөтэй, эхний үе \гарт хамгаас ойр\ хар, голын үе улаан, эцсийн үе \хууруны үзүүр тал\ цагаан бөгөөд баруун судлын ариуслыг болон Бурханы хувиршгүй очирт лагшин, зарлиг, тааллыг олсны илэрхийлэл болдог.

Таны лагшны дагуу таван өнгийн гэрэл цацарч дүрэлзсэн улаан галан цагариг үүсгэн хүрээлжээ. Таны шүд ялимгүй цухуйсан байх бөгөөд хилэгнэн ярзайх төрхийг үл мэдэг төрүүлнэ. Таны гурван мэлмий дүрлийн бага зэрэг улаан туяатай үзэгдэх нь хилэн таашаал хоёрыг холилдонгүйгаар мэдэрсниийг илтгэнэ. Эдгээр дүрслэл сэтгэшгүй ахуйн их энэрэхүй ба үл урвахуйн амгаланг бэлгэддэг ажгуу.

Калачакра өөрийн Их Хань Вишвамäтаг тэврэн зогсоно. Тэднийг салшгүй хамтад нь Калачакра Яб-Юм гэдэг нэгэн ядам мэт дүрслэх нь чухал. Вишвамата алтан шаргал лагшинтай, нэгэн нигур хоёр мутартай, гурван мэлмийтэй аж. Баруун мутраар Калачакраг тэвэрсэн байх ба махир хутга атгасан, харин зүүн гартаа тахилын рашаан дүүргэсэн гавлын ясан аяга барьсан үзэгдэнэ. Тэр баруун өлмийгөө нугалж зүүнийгээ сунган Калачакратай хослон орохуйн байдалтай зогсоно. Тэр нүцгэн байх ба титэм дээрээ ясаар урласан Номын хүрдтэйгээс гадна бугуйвч, шагайвч, хүзүүний зүүлтүүд болон бүс, ээмэг зэргийн ясан гоёлоор чимсэн байна. Үсний талыг титэм болгон оройд зангидсан ба үлдсэн хагас нь нуруу даган сул унжсан байх нь бүхий л юмс үзэгдлийн хоосон дүрсний шинжийг илтгэнэ.

*Цагийн хүрдний Арван Үсэгт Хүчит Тарни - Ертөнцийн бэлэгдэл*

Хос ядам хоёул Зургаан Бурханы аймгийг болон зургаан махбодыг төлөөлсөн тарнийн зургаан үсгээр тамгалагдсан байна. Нүдний голд байрлах духны хүрдэнд цагаан УМ үсэг тодорсон байх нь усан махбодын ариун чанарыг болон бүх Бурхадын лагшин болдог Амитаба Бурханыг төлөөлнө. Хоолойн хүрдэнд тодорсон улаан А үсэг гал махбодын ариун чанарыг хийгээд хамаг Бурхадын зарлиг Ратнасамбава Бурханыг төлөөлнө. Зүрхний хүрдэнд тодорсон хар ХУМ үсэг хий махбодын ариун чанарыг болон хамаг Бурхадын тааллыг илэрхийлсэн Амогасидди Бурханыг төлөөлөх аж. Хүйн хүрдэн дэх шар ХО үсэг шороон махбодын ариун чанарыг хийгээд бүх Бурхадын сарнишгүй язгуур билгүүний илэрхийлэл Бирузана Бурханыг төлөөлнө. Нууцын хүрдэнд тодорсон цэнхэр СВА үсэг язгуурын анхдагч оюун ухааны ариун мөн чанарыг болон хамаг Бурхадын язгуурын билгүүний хуваагдашгүй бат бөхийн төлөөлөл Базарсад Бурханыг төлөөлдөг. Эцэст нь, зулайн хүрдэнд ногоон өнгийн ХА үсэг огторгуйн махбодын ариуныг болон бүх Бурхадын үйл хөдлөлийг илэрхийлдэг Акчобия Бурханыг тус тус төлөөлдөг ажээ.

Тарнийн зургаан үсгийг дүрсэлж боддогийн учир тэдгээр хүрднүүдийг адислах юм уу хувиргах зорилгоос нь илүүтэй Калачакра Вишвамата хоёрыг сансар орчлонгийн зургаан зүйл амьтны ариуны биелэл болдог хийгээд таны өөрийн язгуурын мөн чанартай салшгүй нэгэн зүйл гэдгийг ойлгуулахын тулд ажээ.

Зургаан үсгээс зургаан өнгийн гэрэл гадагш цацарч бүхий л орчлонг гийгүүлэхэд зургаан зүйл амьтны орон тэр чигээрээ Цагийн хүрдний лагшин, зарлиг, тааллыг төлөөлсөн хэмжээлшгүй том ордон болон хувирна. Гэрэл дараагаар нь хамаг амьтныг Цагийн хүрдний хот мандал дахь ядмууд болгон хувиргана. Хот мандал дахь хэсэг \деталь\ болгоныг нэг бүрчлэн дүрслэлдээ багтаах гэх шаардлагагүй боловч та өөрийгөө Охь мандлын гол дахь лянхуа цэцгийн голд зогсон, бусад ядам таныг тойрон хүрээлснээр мэдрэхийг хичээх хэрэгтэй.

Аугаа их итгэлтэйгээр өөрийгөө Калачакра гэдгийг сануулж Вишваматагийн хамтаар хослон орохуйн байдалтай байгаагаар дүрсэлнэ. Дүрсэллээ аль болох тод цэвэрхэн мөртөө зураг дээрх шиг амьгүй биш солонго мэт хөнгөн хөвөлзүүр байдлаар үүсгэнэ. Дүрслэлээ гүйцээж дуусмагцаа нэгэн үзүүрт сэтгэлээр төвлөрөн тэндээ саатахыг хичээгтүн.

## Цагийн хүрдний Бэлгэ Тэмдгийг Дүрслэхүй

Зүрхэн тус газартаа олон өнгөт бадам лянхуа цэцэг, түүний дээр сар, нар, раху ба калагнийн дэвсгэр байгаагаар дүрсэлнэ. Тэдгээрийн дээр Цагийн хүрдний Арван-Үсэгт Хүчний Тэмдэг \төвдөөр.*намчу*\ ургана. Энэхүү тарнийн үсгүүдээс тогтсон өвөрмөц хэлбэр Цагийн хүрдний зүрхэн тарнийг төлөөлдөг арван үсгээс бүрдэх бөгөөд тэдгээр нь: 1\Наду, 2\Бинду, 3\Висарга, 4\ХА, 5\ЧА, 6\МА, 7\ЛА, 8\ВА, 9\РА ба 10\ЯА үсэг билээ. Эхний гурван үсэг бол Санскрит үг зүйн хэллэгийн нэг хэсэг бөгөөд өөр өөр дуудагдаж бас болдог бол үлдсэн долоо нь тарнийн зүрхэн үсгүүд юм.

Таны ямар урсгал дагаж яваагаас шалтгаалан энэ бэлгэ тэмдэг үл ялиг өөрөөр дүрслэгдэх нь бий. Жонангийн урсгалд Жавзан Таранатагийн зохион хэрэглэж байсан загвар буюу дөрвөн босоо багана ба түүнтэй уялдаатай арван зураас бүхий тэмдэг хэрэглэх нь бусад урсгалд ч нийтлэг үзэгддэг бэлгэ тэмдэг юм.

Энэхүү бэлгэ тэмдгийн өнгийг юугаар ч тодорхойлох аргагүй бөгөөд ямар утга агуулж байгаагаасаа шалтгаалаад арван үсэг тус бүр өөр өөр өнгөтэй. Ерөнхийд нь хэлэхэд үнэний оршихуйн гурван давхаргад үндэслэсэн: 1\Гадаад цагийн хүрд, 2\Дотоод цагийн хүрд ба 3\Гэгээрсэн бусад цагийн хүрд гэж хуваан үзэж болно.

## Гадаад Цагийн хүрдэнд Суурилсан Бэлгэдэл

Гадаад Цагийн хүрдэн бол огторгуй, хий, гал, ус ба шороо гэсэн таван махбодоос ургасан гадаад сав ертөнц буюу амьгүй орчлонг хамардаг. Хүчний бэлгэ тэмдгийн ийм хувилбар бодит ертөнцийн ерөнхий байгууламжийн талаарх ухамсрыг хөгжүүлэхэд ашигтай байдаг.

| Үсэг | Өнгө | Утга |
|---|---|---|
| ЯА | Хар-хөх | Хий Махбодын Хүрээ |
| РА | Улаан | Гал Махбодын Хүрээ |
| ВА | Цагаан | Усан Махбодын Хүрээ |
| ЛА | Шар | Шороон Махбодын Хүрээ |
| МА | Олон-өнгөт | Сүмбэр Уул хийгээд Хүсэлт Ертөнцийн бусад Орнууд |
| ЧА | Ногоон | Дүрст Ертөнц |
| ХА | Цэнхэр | Дүрсгүй Ертөнц |
| Висарга | Улаан | Нар |
| Бинду | Цагаан | Сар |
| Наду | Хар-хөх | Раху ба Калагни |

*Хүснэгт 6-1: Сав Ертөнц*

## *Дотоод Цагийн хүрдэнд Суурилсан Бэлгэдэл*

Дотоод Цагийн хүрдэн бодит орчлон ертөнц дотор амьдардаг амьтад буюу шим ертөнцийг хамарна. Энэ тайлбар дахь хоёр хувилбар бол: 1\Хүний ерөнхий бие махбодын бүтэц ба 2\Нарийн биеийн тусгай бүтэц юм.

### Хүний Биеийн Бүтэц

Энэ хувилбараар авч үзэхэд хүний бие махбод таван махбод дээр нэмэгдээд ухамсар гэсэн зургаан элементээс тогтсон бүтээгдэхүүн юм. Үүнийг мэдэж авснаар гадаад ба дотоод ертөнц хоорондоо хэрхэн уялддаг талаарх ухамсрыг хөгжүүлэхэд тустай болно.

| Үсэг | Өнгө | Утга |
| --- | --- | --- |
| ЯА | Хар-хөх | Хөлийн Өсгий \хий\ |
| РА | Улаан | Шилбэ \гал\ |
| ВА | Цагаан | Өвдөг \усан\ |
| ЛА | Шар | Гуя \шороо\ |
| МА | Олон-өнгөт | Нуруу ба Цээж \таван махбод тавуулаа\ |
| ЧА | Цэнхэр | Хоолой ба Дух \ухамсар\ |
| ХА | Ногоон | Зулай \огторгуй\ |
| Висарга | Улаан | Баруун судал ба Улаан Цогцос |
| Бинду | Цагаан | Зүүн судал ба Цагаан Цогцос |
| Наду | Хар-хөх | Төв судал ба Нарийн биеийн Хий |

*Хүснэгт 6-2: Бүдүүн Бие*

### Нарийн Биеийн Бүтэц

Энэ хувилбар нарийн биеийн хийн системтэй холбоотой бөгөөд дэвшилтэт егүзрийн дадлагад ороход судал хийн системийг ухамсарлахад тустай байдаг байна.

| Үсэг | Өнгө | Утга |
| --- | --- | --- |
| ЯА | Цагаан | Духны Хүрд |
| РА | Улаан | Хоолойн Хүрд |
| ВА | Хар | Зүрхний хүрд |
| ЛА | Шар | Хүйн Хүрд |

| | | |
|---|---|---|
| МА | Олон-өнгөт | Хөдөлгөөний Хүрд \үенүүд\ |
| ЧА | Цэнхэр | Нууцын Хүрд |
| ХА | Ногоон | Зулайн Хүрд |
| Висарга | Улаан | Баруун Судал |
| Бинду | Цагаан | Зүүн Судал |
| Наду | Хар-хөх | Төв Судал |

*Хүснэгт 6-3: Нарийн Бие*

## Бусад Цагийн хүрдэнд Суурилсан Бэлгэдэл

Гадаад ба Дотоод Цагийн хүрдэн бол ариусгавал зохих харьцангуй үнэний суурь хэмээн тооцогддог бол Бусад Цагийн хүрдэн энэхүү суурийг ариусгах аргад төвлөрөн, үр дүн урган гарч ирж үзэгдэхэд голчлон анхаардаг байна. Нийтдээ энэ давхаргад үндэслэсэн таван хувилбар байж болдог нь: 1\Гэгээрсэн орчлонг үүсгэх, 2\Гэгээрсэн ордныг үүсгэх, 3\Гэгээрсэн ядмуудыг үүсгэх, 4\Очирт Зургаан Йогийн дадлага ба 5\Эцсийн үр дүн гэгээрлийн төлөв эдгээр билээ.

### Гэгээрсэн Ертөнцийг Үүсгэхүй

Энэ хувилбар гэгээрлийн орчлон хот мандалд үзүүлсэн ертөнцийн туйлын ариуслыг төлөөлдөг байна. Бэлгэ тэмдгийг ийм байдлаар дүрслэх нь гэгээрлийн ордныг бий болгоход тусалдаг ухамсрыг хөгжүүлэх ашигтай ажээ.

| Үсэг | Өнгө | Утга |
|---|---|---|
| ЯА | Хар-хөх | Хий Махбодын Ариун Чанар |
| РА | Улаан | Гал Махбодын Ариун Чанар |
| ВА | Цагаан | Усан Махбодын Ариун Чанар |
| ЛА | Шар | Шороон Махбодын Ариун Чанар |
| МА | Олон-өнгөт | Сүмбэр Уулын Ариун Чанар |
| ЧА | Ногоон | Лянхуа цэцэг мэт Үзэгдэх Төрөлтийн Ариун Чанар |
| ХА | Цагаан | Саран Дэвсгэрийн Ариун Чанар |
| Висарга | Улаан | Наран Дэвсгэрийн Ариун Чанар |
| Бинду | Цэнхэр | Раху ба Калагнийн Дэвсгэрийн Ариун Чанар |
| Наду | Ногоон | Огторгуй Махбодын Ариун Чанар |

*Хүснэгт 6-4: Гэгээрсэн Ертөнц*

## Гэгээрсэн Ордныг Үүсгэхүй

Энэ хувилбар гэгээрлийн хот мандалд дүрслэгдсэн очирт суурийг төлөөлдөг. Гэгээрсэн ядмуудын гэр орон болсон гэгээрсэн ордны төрөл бүрийн талыг ухамсарлахад энэ хувилбар тустай байдаг байна.

| Үсэг | Өнгө | Утга |
|---|---|---|
| ЯА | Хар-хөх | Бүхнийг-Болгоогч Билгүүнээс Ургах Хий Махбодын Орон Зай |
| РА | Улаан | Тэгш Агуулахуйн Билгүүнээс Ургах Гал Махбодын Орон зай |
| ВА | Цагаан | Ялгамжаат Билгүүнээс Ургах Усан Махбодын Орон Зай |
| ЛА | Шар | Огторгуйн мэт Билгүүнээс Ургах Шороон Махбодын Орон Зай |
| ХА | Ногоон | Толин-Тусгал мэт Билгүүнээс Ургах Огторгуй Махбодын Орон Зай |
| МА | Олон-өнгөт | Гэгээрсэн Ордны Таван Давхар Хана бүхий Очирт Суурь |
| ЧА | Цэнхэр | Очирт-Билгүүнээс Ургах Лянхуа Цэцгэн Суудал |
| Бинду | Цагаан | Очирт-Лагшнаас Ургах Ордны нэгдүгээр давхар |
| Висарга | Улаан | Очирт-Зарлигаас Ургах Ордны хоёрдугаар Давхар |
| Наду | Хар-хөх | Очир-Тааллаас Ургах Ордны Гурав ба Дөрөвдүгээр Давхар |

*Хүснэгт 6-5: Гэгээрсэн Ордон*

## Гэгээрсэн Ядмуудыг Үүсгэхүй

Цагийн хүрдний үүсгэлийн шатны сүүлчийн хувилбар гэгээрсэн Ордны дотор саатан оршигч төрөл бүрийн ядмыг үүсгэхэд чиглэнэ. Жонангийн Урсгалд хэрэглэдэг зургаан зуун гучин-зургаан ядмын талаарх бидний ухамсрыг хөгжүүлэхэд үүнийг мэдэх тустай байдаг байна .

| Үсэг | Өнгө | Утга |
|---|---|---|
| ЯА | Хар-хөх | Орчлон Мандал дахь 20 Ядам |
| РА | Улаан | Лагшин Мандал дахь 428 Ядам |
| ВА | Цагаан | Зарлиг Мандал дахь 116 Ядам |
| ЛА | Шар | Таалал Мандал дахь 44 Ядам |
| ЧА | Ногоон | Жаргал Мандал дахь 18 Ядам |
| ХА | Цэнхэр | Охь Мандал дахь 10 Ядам |
| МА | Олон-өнгөт | Бүх ядмыг хамарсан Калачакра Яб-Юм |

| | | |
|---|---|---|
| Бинду | Цагаан | Калачакрагийн Очирт-Лагшин |
| Висарга | Улаан | Калачакрагийн Очирт-Зарлиг |
| Наду | Хар-хөх | Калачакрагийн Очирт-Таалал |

*Хүснэгт 6-6: Гэгээрсэн Ядмууд*

## Очирт Зургаан Йогийн Дадлага

Энэ хувилбар Цагийн хүрдний төгсгөлийн шатанд хамаарах бөгөөд Очирт Зургаан Йогийн дадлагад орох ухамсрыг хөгжүүлэхэд тустай байдаг.

| Үсэг | Өнгө | Утга |
|---|---|---|
| ЧА | Цэнхэр | Ангижрахуйн Йогийн Шим |
| ХА | Ногоон | Тогтворжихуйн Йогийн Шим |
| ЯА | Хар-хөх | Амьдрах-Хүчний Йогийн Шим |
| РА | Улаан | Хураахуйн Йогийн Шим |
| ВА | Цагаан | Эргэн Цуглуулахуйн Йогийн Шим |
| ЛА | Шар | Уусахуйн Йогийн Шим |
| МА | Олон-өнгөт | Язгуурын Таван Билгүүний Шим |
| Бинду | Цагаан | Очирт-Лагшин Хоосон Дүрсний Шим |
| Висарга | Улаан | Очирт-Зарлиг Үл-Урвахуйн Амгалангийн Шим |
| Наду | Хар-хөх | Очирт-Таалал Үл Урвах Амгалан Хоосон Дүрсний Нэгдлийн Шим |

*Хүснэгт 6-7: Цагийн хүрдний Төгсгөлийн Зэрэг*

## Эцсийн Үр Дүн - Гэгээрлийн Төлөв

Хамгийн эцсийн хувилбар үүсгэлийн ба төгсгөлийн шатыг төгөлдөржүүлсний дүнд гарах үр дүнг харуулдаг. Энэ нь Зургаан Бурханы Аймаг болоод Калачакрагийн Дөрвөн Лагшныг олох ухамсрыг хөгжүүлэхэд тустай байдаг.

| Үсэг | Өнгө | Утга |
|---|---|---|
| ЯА | Хар-хөх | Хэлбэржихүйн Бүрдэл Цогцын Ариун Чанар- Амогасидди Бурхан |
| РА | Улаан | Мэдрэмжийн Бүрдэл Цогцын Ариун Чанар- Ратнасамбава Бурхан |
| ВА | Цагаан | Хүлээн авахуйн Бүрдэл Цогцын Ариун Чанар- Амитаба Бурхан |
| ЛА | Шар | Дүрсний Бүрдэл Цогцын Ариун Чанар- Бирузана Бурхан |
| ЧА | Ногоон | Ухамсрын Бүрдэл Цогцын Ариун Чанар- Акчобия Бурхан |

| ХА | Цэнхэр | Анхаарлын Бүрдэл Цогцын Ариун Чанар- Важрасаттва Бурхан |
|---|---|---|
| МА | Олон-<br>өнгөт | Бурханы Бүх Аймгуудын Эзэн Калачакра |
| Бинду | Цагаан | Калачакрагийн Хувилгаан Лагшин- Нирманакая |
| Висарга | Улаан | Калачакрагийн Төгс жаргалантын Лагшин- Самбогакая |
| Наду | Хар-хөх | Калачакрагийн Номын Лагшин - Жана Дармакая ба Свабавикакая |

*Хүснэгт 6-8: Замын Эцсийн Үр Дүн*

Эдгээр хувилбар болгоныг судлах нь ашигтай бөгөөд бясалгал дияанд суухаар зорьж буй замынхаа өөр өөр талтай танил дотно болсон байх нь хамгаас хэрэгтэй зүйл мөн. Нарийвчлал болгоныг тогтоон дүрслэх нь амаргүй мэт санагдвал бүх юмс үзэгдлийг бүрэн хамарсан байдаг огторгуйн ногоон өнгөөр бүхнийг төлөөлүүлэн хүчний бэлгэ тэмдгийг ногооноор төсөөлөөрэй хэмээн Жавзан Тараната зөвлөсөн байдгийг дагах хэрэгтэй.

Калачакра Яб-Юм хэмээх Ядмын бурханлаг омгоо гээлгүй хамаг анхаарлаа зүрхэн дэх орчлонгийн бэлгэ тэмдэгт төвлөрүүлэн түүний буурцгаас томгүй хэмжээтэйгээр дүрсэлж зургаан өнгийн гэрлээр арван зүгийг гийгүүлж байгаагаар төсөөлөх хэрэгтэй. Жижгээр дүрслэх тусам таны анхаарал улам төвлөрөлтэй болж ирнэ. Хүчний бэлгэ тэмдгийг тодхон үздэг болмогцоо дадлагын дараагийн шатанд орохд бэлэн болно.

# Тарнийн Давтлага

Дүрсэллээ сайтар тогтоосны дараа Цагийн хүрдний тарнийг давтана:

*УМ ХАМ ЧА МА ЛА ВА РА ЯА СУХА*

Үүсгэлийн зэрэг таны гол дадлага байгаа тохиолдолд нэгэн сая удаа давтаж байж төгсгөлийн зэргийн дадлагад орох эрхтэй болдог заншилтай. Хамгийн шилдэг бясалгагч нар Калачакра Яб-Юмыг бусад ядмын хамтаар цөмийг нь тодхон үүсгэж чаддаг боловч Жонангийн Урсгалд үүсгэлийн зэргийг дангаар нь уртасгасан хугацаагаар дадуулах заншил байдаггүй. Түүний оронд бясалгагч нарыг үүсгэлийн зэргийн дадлагаа төгсгөлийн зэргийн дадлагатай нэгтгэн аль болох түлхүү дадуулахад зоригжуулж байдаг.

## *Тарнийг Хэрхэн Давтах вэ?*

Бясалгагч хүний хувьд хамгийн зөв замнал бол эхлээд тарнийн дамжлага авсан байх хэрэгтэй, үсэг тус бүрийн өөр өөр давхаргын утгыг сайтар таньсан байх, ялангуяа дадлага болгоны дараа юу ариуссан байх, ариуслын үр дүн юу болох зэргийг мэдсэн байвал зохино. Тарни тоолохдоо аль болох их хэсэг \деталь\

оруулан байж үүсгэлийн зэргийн дадлагатай холбож чадах хэрэгтэй, эсвэл хамгийн багаар бодоход ямар нэгэн дүрслэл заавал үүсгэх хэрэгтэй. Тарнийн дуудлага чанга, сул ямар ч байж болно. Тодорхой хэмжээгээр чихэнд сонсогдохуйц аяархан шивнэх байдалтай хэлж, хэт чанга дуудахгүй байх хэрэгтэй. Тод сул алин боловч үсэг болгоныг салангид тодхон хэлж байх нь зүйтэй. Зарим нэг өвчнийг анагаах чадалтай болох гэх мэт тухайн дадлага гүйцсэн аливаа нэг шинж тэмдэг илрэх хүртэл нь тарнийг давтан давтан уншсаар байх ёстой. УМ үсгээр тарниа эхэлдэг нь заншил бөгөөд эцэст СУХА гэж төгсгөх нь урт наслах, чуулган арвижих, сүсэг бишрэлийн замдаа ахиц гаргахыг ерөөж байгаа хэрэг юм.

Тодорхой нэг бэрхшээл барцдыг арилгах үүднээс тарнийг догшин хэлбэртэй болгон СУХА-гийн оронд ПАД үсгээр сольж болно. Бурхад хийгээд Бодисадва нарыг урин залах болбол гол тарнийг хэлээд араас нь нэмж ХУМ үсгийг дуудаж болно. Мөн түүнчлэн, сөрөг муу болгоныг ариусгахыг зоривол БЭКАТА, сэтгэлээ тайван болгох гэж байгаа бол НАМА, ядам Бурхадын таалалд нийцүүлэх гэж байгаа бол ВАНАТА гэж нэмж хэлж болдог байна.

## Тарни Давтахын Ашиг Тус

Судрын хийгээд Тарнийн Ёсны аль алиных нь шимийг өөртөө шингээсэн энэ тарнийг олонтаа давтан уншихын ашиг тус нь Бурханы бүхий л сургаалыг давтан уншсаны дайтай буяныг хураадагт оршино. Энэхүү тарнийг унших зуургаа ариун бус орчлонг Цагийн хүрдний хот мандал болгон дүрсэлж байгаагаараа Цагийн хүрдний гэгээрэлд нэгэнт хүрэхийн дохио, өөрийн нандин үнэнээ гарцаагүй илрүүлэх боломжийг олгож өгч байгаа хэрэг билээ. Дараах хүснэгтээр таны бодит физик бие махбодод л гэхэд энэ тарни ямар ач холбогдол үзүүлдгийг харуулах болно.

| Үсэг | Үр Ашиг |
|------|---------|
| ЯА | Хий махбодтой холбоотой бүх барцдыг ялангуяа дотоод хийн тэнцвэр алдагдсанаас шалтгаалсан өвчнийг арилгана |
| РА | Гал махбодтой холбоотой бүх гадаад барцад болон биеийн халуун ихэдсэнээс үүсэх өвчнийг анагаана |
| ВА | Усан махбодтой холбоотой гадаад бүх барцдыг мөн цусны өвчнийг арилгана |
| ЛА | Шороон махбодтой холбоотой бүх гадаад бэрхшээл яс булчингийн өвчнийг арилгана |
| МА | Бүх махбодтой холбоотой гадаад бэрхшээлийг, махбодуудын тэнцвэрээс шалтгаалсан бүх өвчнийг арилгана |

| ЧА | Шуналын үнэн мөн чанарыг язгуур билгүүний нэгэн тал болгон ухамсарлахад саадтай аливаа барцад түйтгэрийг арилгана |
|---|---|
| ХА | Гадаад ба дотоод бүх сөрөг энергийг устгана |
| Висарга | Билгийн талын энерги, шуналтай холбоотой түйтгэр, дотоод хийн тэнцвэр алдагдсанаас шалтгаалсан өвчнийг арилгана |
| Бинду | Аргын талын энерги болон уур хилэнтэй холбоотой барцад, цөсний өвчнийг анагаана |
| Наду | Арга билиг хосолсон энерги ба мунхагтай холбоотой түйтгэр, амьсгалын замын өвчнийг анагаана |

*Хүснэгт 6-9: Калачакрагийн Тарнийг Уншсаны Гадаад Ашиг Тус*

Үүсгэлийн зэргийн дадлагын үед энэ тарнийн уншлага бидний Ядам болсон Калачакратай та биднийг ойртуулж, түүний адислалыг хүртэх боломжийг олгож байдаг. Эрчимтэй дадуулсны дараа бид ядмын нигур харах буюу түүний зөгнөн хэлэхийг дуулах мэтийн үзэгдэл үзэх магадлалтай. Сайн бясалгагч хүн амарлиулах, арвижуулах, захирах, номхотгох гэсэн дөрвөн ариун үйлдлийг гүйцэтгэх чадвар олж авна. Ер бусын увдис шидийг эзэмших учиртай бөгөөд байгалийн гамшиг, сөрөг хүчнийг давах чадалтай, хамгийн гол нь дотоод сэтгэлийн хөдөлгөөн хийгээд хийн тэнцвэр алдагдах явдлыг ялан гардаг болно. Тэгсээр эцэстээ Очирдарийн хутагт гарцаагүй хүрэх магадтай ажгуу.

## Үргэлжлүүлэн Дүрслэхүй

Ядмын Егүзээрийг дадуулан сэтгэлээ амжилттай нарийсгахын тулд бид ухамсраа байнга хадгалж яван сэрэмжтэй байж сурах шаардлагатай. Хэрвээ бид болгоомжтой байхгүй юм бол бидний сэтгэл аливаад амархан сатаарч дадлага бясалгал маань ашигтай байдлаа алдахад хүрэх болно. Үүнээс зайлсхийхийн тулд бид доорх дүрслэлийг тарни уншихдаа үүсгэн буян хишгээ далай ихээр арвижуулах хэрэгтэй. Тарнийн уншлага бидний хэлийг ариусгах болохоор дүрслэлээр сэтгэлээ ариусган ирээдүйд гэгээрэлд хүрэх үйлийн үрийг бат суулгаж авах учиртай.

Нэгэн удаагийн бясалгалдаа эдгээр дүрслэлээс нэг юм уу түүнээс олныг ашиглаж болох ба өөрийн таашаалаар хэрэглэх боломжтой. Та дүрслэл үүсгэх, эсвэл тарни унших хоёрыг ээлжилж болохоос гадна, дүрслэл үүсгэхийн сацуу тарниа нэгэн зэрэг таслалгүй уншсаар байж бас болно.

### Цагийн хүрдний Хот Мандлыг Ухамсарлан Бясалгах

Зүрхэн тус газартаа дүрсэлсэн Цагийн хүрдний бэлгэ тэмдгээс хязгааргүй гэрлийн туяа зүг бүрд цацран Бурханы Төгс жаргалантын орныг нэлэнхүйд нь гэрэлтүүлэн Цагийн хүрдний 636 ядмыг бусад дөрвөн дандарсын аймгийн бүх Ядмын хамтаар урин залж авчирлаа. Калачакра Яб-Юм тэдгээр бусад ядмыг цөмийг нь өөртөө уусган авч тэр бүхний биелэл болон хувирна хэмээн дүрсэлж тэрхүү сэтгэлийн төлөвөө алдалгүй баримтлан байж тарниа тасралтгүй уншсаар байх хэрэгтэй.

## Гүрү Багшаа Ухамсарлан Бясалгах

Өөрийгөө Калачакра Яб-Юм болгон харсан чигтээ зүрхэн дэх тарнийн тэмдгээс гэрэл гадагш цацран гарч таны үндсэн Гүрү багшийг өмнийн огторгуйд залан авчирлаа. Түүнээс дөрвөн хүрдний авшиг хүртсэний дараа зулай дээрх эрдэнэд уусан шингэж танаас салшгүй нэгэн болон хувирлаа. Энэхүү сэтгэлийн төлөвтөө саатан оршиж тарниа тасралтгүй уншина.

## Номын Багш Нараа Ухамсарлан бясалгах

Өөрийг Калачакра Вишвамата хоёр болгон дүрсэлсний дараа зүрхэн дэх тарнийн бэлгэ тэмдгээс зүг бүрд гэрэл цацарч тантай холбоотой байсан бүх Номын багш нарыг өмнийн огторгуйд залан авчирлаа. Тэд цөм таны үндсэн Гүрү багшид уусахад сүсэг бишрэлийн бүх багш нарын биелэл болон хувирснаа зулай дээр тань заларсан Базарсад Бурханаас салшгүй нэгэн болон хувирч байна. Энэхүү сэтгэлийн төлөвтөө саатан оршихдоо тарниа тасралтгүй уншсаар байна.

## Гэгээрсэн Бодгалиудад Тахил Өргөн Бясалгах

Өөрийгөө мөн Калачакра Вишвамата хоёр болгон дүрсэлсэн чигтээ зүрхэнд тань байрласан Калачакрагийн зүрхэн тарнийн бэлгэ тэмдгээс зүг бүрд гэрэл цацарч гадаад, дотоод ба нууц түвшний хэмжээлэхийн аргагүй их тахилын өргөл болон хувирч байх нь хамаг Бурхадын ариун тааллыг хангахуйц тийм элбэг дэлбэг ажгуу. Түүний сацуу хамаг амьтан далай их буян хишгийг хураах ажаамуу. Гэрлийн цацраг буцаж цацран ирэхдээ Бурхадын лагшин зарлиг тааллын адистидыг дүр зураг, тарнийн үсэг, бэлгэ тэмдэг хэлбэртэйгээр тээн авчирч байх нь цөм Калачакра Яб-Юмд шингэн уусаж салшгүй нэгэн болж хувирч байна. Хамаг Бурхадын лагшин зарлиг тааллын адистидээр та ийнхүү адислагдлаа. Энэхүү сэтгэлийн төлөвтөө саатан оршиж тарниа тасралтгүй уншсаар байна.

## Ариун-бус Орнуудыг Ариусган Бясалгах

Өөрийгөө Калачакра Вишвамата хоёр болгон дүрсэлсэн чигээрээ зүрхэн дэх тарнийн бэлгэ тэмдгээс хэмжээлшгүй их гэрэл гадагш цацран гарч, ариун-бус орнуудыг гэрэлтүүллээ. Гэрлийн цацраг хүрсэн даруйд тэр ертөнц аугаа шилтгээнээр дүүрэн ядмуудын амьдардаг Бурханы Орон болон хувирч байна.

Тэгснээ гэрлийн цацраг буцаж цацран Калачакра Яб-Юмд эргэн ирж шингэлээ. Энэ бол Ариун-бус Орнуудыг ариусгах гэдэг Бодисадва нарын ариун-газрын дадлагатай тэнцэх бясалгал билээ. Ийм маягаар буяны алив ёзоор бүхэн амьтныг гэгээрүүлэх Бурханы орон бий болгох арга болон хувирч байдаг ажгуу. Их Хөлгөний Судрын бясалгагч нар ийм дадлагыг эрин галавын турш дадуулан үйлдэж байдаг бол Очирт Хөлгөний бясалгагч нар хамаагүй богинохон хугацаанд хийж гүйцдэг байна.

## Галт Тамганы Тарни

Эхлээд өөрийгөө Калачакра Яб-Юм болгон хувиргаад Цагийн хүрдний тарнийн бэлгэ тэмдгийг зүрхэндээ байгаагаар дүрслэхдээ юмс үзэгдлийн хоосон чанартайг санах хэрэгтэй. Хорвоогийн ба гэгээрлийн бүхий л үзэгдэл Калачакра Яб-Юмын үзэгдэх байдлаас өөр юу ч биш юм. Ийм бат итгэлтэйгээр Цагийн хүрдний зүрхэн тарнийн гинжин хэлхээ *УМ ХАМ ЧА МА ЛА ВА РА ЯА* гэрэл цацруулан урсаж Дүйнхорын амнаас доошлон зүрх рүү түүнээс цаашлан биеийн дагуу уруудаж очирт нууцын эрдэнэд хүрээд түүгээр цэнгэлийн эгшиг хадаан дамжиж Вишваматагийн нууцын лянхуа цэцэгт шингэлээ хэмээн дүрсэлнэ. Тэгээд тарнийн урсгал Вишваматагийн гол судлаар дээш урсан түүний амнаас Калачакрагийн аманд орж улмаар зүрхэнд очиж шингэлээ. Шинэ тарни эхлэх болгонд тарни Калачакра Вишвамата хоёрын гол судлаар ийнхүү тасралтгүй урсан хөвөрнө. Энэ төлөвт сэтгэлээ сааруулан байж тарниа тасралтгүй уншина.

## Галт Тамганы Тарнийн Эсрэг Урсгал

Өөрийгөө Калачакра Яб-Юм болгон, тарнийн бэлгэ тэмдгийг зүрхэндээ байгаагаар дүрсэлнэ. Юмс үзэгдэл өөрөөсөө хэзээ ч үүсээгүй хоосон чанартай оршдогийг өөртөө дахин сануулаад орчлон хийгээд гэгээрлийн хамаг үзэгдэл бол хослон гэгээрсэн Калачакра Яб-Юмаас өөр юу ч биш гэсэн бат итгэлтэйгээр Цагийн хүрдний зүрхэн тарни *УМ ХАМ ЧА МА ЛА ВА РА ЯА*-г энэ удаад Калачакрагийн амнаас гинжин хэлхээгээр урсан гарч Вишваматагийн аманд ороод түүний гол судлаар доошлон хөвөрч нууцын лянхуагаар цэнгэлийн эгшиг хадаан нэвтэрч Калачакрагийн нууц очир эрдэнэд хүрээд түүнээс дээшлэн урсаж зүрхэнд нь очиж шингэлээ хэмээн дүрсэлнэ. Шинэ тарни эхлэх бүрд энэ урсгалаар тасралтгүй хөвөрнө.

## Зөгий Дүнгэнэх Адил Тарни Бясалгах

Та өөрийгөө Калачакра Яб-Юм болгон дүрслээд зүрхэн тарнийг зүрхэндээ үүсгэн энэ удаад арван зүгийн хамаг Бурхад Бодисадва нарыг гэнэт цөм Калачакра ядам болон хувирлаа гэж бодно. Тэд цөмөөрөө Калачакрагийн зүрхэн тарни *УМ ХАМ*

*ЧА МА ЛА ВА РА ЯА*-г зэрэг зэрэг дуудах тул танд үүнээс өөр юм сонсогдохгүй, бүх дуу чимээ энэ л тарни болон сонсогдох болно. Нэгэн үзүүрт бодолдоо төвлөрөн байж, *УМ ХАМ ЧА МА ЛА ВА РА ЯА* гэсэн тарнийг л ганц давтсаар байна.

## Гайхамшигт Дөрвөн Үйлийг Бясалгах

Дахин өөрийгөө хослон гэгээрсэн Дүйнхор Вишваматагийн нэгдэл болгон дүрслээд хүчирхэг тарнийн тэмдгийг зүрхэндээ үүсгэнэ. Тарнийн бэлгэ тэмдгээс гадагш тоо томшгүй гэрлийн туяа цацрахад алс огторгуйн тэртээ хүрэх цацраг болгоны үзүүрээс ядмууд хувилан гарч амьтны тусын тулд хэмжээлшгүй үйлийг гүйцэтгэн байх ажгуу.

Таны зүрхнээс цагаан гэрэл *А* үсгийн хамтаар цацарч тоо томшгүй олон цагаан ядам бий болгоход тэд өвчин анагаах, барцад түйтгэрийг арилгах гэх мэтийн *намжаах* үйлийг гүйцэтгэнэ. Түүнийг амссан амьтан болгон жинхэнэ амгалан зохицлыг эдлэн амарлин жаргах ажгуу.

Таны зүрхнээс мөн *РИ* үсгийн хамт шар гэрэл цацран тусахад тоо томшгүй олон шар ядам хувилан гарч хамаг амьтны сэтгэлийг адислан, Бурханы Номын замаар хөтлөн дагуулж буянтай сэтгэлийг *арвидуулах* үйлийг гүйцэтгэнэ. Хамаг амьтан түүний үрээр урт наслан буянаар дэлгэрч баян тансаг амьдралыг оллоо хэмээн дүрсэлнэ.

Таны зүрхнээс *ОО* үсгийн хамтаар улаан гэрэл цацран тусахад цацрагийн үзүүрээс тоо томшгүй олон улаан ядам хувилан үзэгдэж хүч чадлаа ашиглан амьтны сэтгэлийг Номын зүг татан *захирч*, тэдний амьдралд эерэг нөлөө үзүүлэхээр буяны замд уриалан байна. Түүний үрээр хамаг амьтны хүч чадал, эрх сүр нь өрнөн дэлгэрч Номын шим хүртээд төгс гэгээрлийн шалтгааныг бүтээлээ гэж төсөөлнө.

Таны зүрхнээс цацарсан хар хөх гэрэл *ЛИ* үсгийн хамтаар тоо томшгүй олон хар-хөх ядмыг бий болгоход хамаг амьтны буяны замд тээр болсон бэрхшээл түйтгэр болгоныг *хатуу үйлээр номхруулна*. Хүчтэй догшин эрчмээрээ гэгээрлийн замын ахицад чөдөр тушаа бологч бүх шуламсыг ялснаар хамаг амьтад дадлага бясалгалын замд чөлөөтэй урагшлах болж хязгааргүй чадвараа нээн илрүүлж байна гэж дүрсэлнэ.

Дараа нь гэрлийн цацраг болон ядмууд тан руу эргэн ирж шингэхэд таны гэгээрлийн замд хөндөлдсөн түйтгэр бэрхшээл бүхэн ариллаа. Таны ухамсарлахуй улам батжиж, дотоод нарийн биейн хий дуслуудаа удирдан хянах болсноор хамаг мунхаг төөрөгдөл үүгээр арилж дууслаа. Энэхүү сэтгэлийн төлөвтөө саатан оршиж тарниа тасралтгүй уншина.

# Дүрсэллээ Уусгахуй

Саяын үүсгэсэн дүрсэллээ ядам бурхад хийгээд хот мандал сэлтийн хамтаар цөмийг нь буцааж уусгаснаар бясалгалаа төгсгөнө. Гадна өнцгөөс эхлэн дотогш хумигдах чиглэлээр уусах бөгөөд давхарга давхаргаар нь уусган усанд ус юүлэх мэт өөртөө шингээнэ. Энэ зуурт та өөрийгөө Калачакра Яб-Юмын мөн чанарт байгаагаар мэдэрч, Вишвамата эхлээд Калачакрад шингэхэд Калачакра мөн захаасаа эхлэн уусаж зүрхэн дэх тарнийн бэлгэ тэмдэгт эцэстээ шингэнэ.

Дараа нь тарнийн бэлгэ тэмдэг дороосоо эхлэн уусаж дээшээ наду-д хүрч очно. Тэмдгийн оройд байрлах наду хамгийн сүүлд галд шатах үсний ширхэг адил хоосонд шингэн арилахад ухамсрын нээлттэй энэ төлөвтөө удаанаар саатан үлдэхийг хичээх хэрэгтэй.

Дараа нь дахин нэг удаа хоромхон зуурт Калачакра Яб-Юмыг үүсгэнэ. Өөрийгөө арга билиг хосолсон Цагийн хүрдэн гэдгийг хэзээ ч мартаж болохгүй, цаг үргэлж санаж явах нь чухал бөгөөд Очирт Зургаан Йогийн дадлагад ороход хослон гэгээрсэн ядмуудын дүрслэл маш тодхон болсон байх ёстой билээ.

# Буянаа Зориулахуй

Бясалгалаа хийж дууссаны дараа саяын үйлдсэн буянаа хамаг амьтан гэгээрлийн унаган төлөвөө олоосой хэмээн зориулан ерөөнө.

*Энэ буяны шимээр би нэн даруй Дүйнхор ядам бурханыг бүтээн үйлдээд, энэ орчлонгийн нэг ч амьтныг хоцроолгүй Цагийн хүрдний гэгээрлийн замд хөтлөх болтугай!*

Үүсгэлийн зэрэг таны үндсэн дадлага байх тохиолдолд гэгээрлийн хот мандлыг ухамсарлах сэтгэлээ бататгахын тулд нэлээд дэлгэрэнгүй зориулга ерөөл нэмж уншиж болно.

*Зургаан Бурхадын Аймгийн биелэл, төгс гэгээрлийн бүхий л чанарыг болгоогч, дайснаа дарсан Цогт Цагийн хүрдэн дор авралыг одуулан мөргөм үү би,*

*636 дээдийн ядам бурхадыг гэгээрсэн бүх чанарын хамтаар огоот шингээсэн, сарнишгүй мөнхийн хийгээд туйлын амгалан, хоёргүй ухамсрын мөнхийн язгуурын би-г илрүүлэх болтугай.*

*Бие болоод сэтгэлийн далай их егүзрийн аргуудаар харьцангуй үнэний үзэгдлийг ариусгах бясалгалын зам минь шулуун дардан байгаасай.*

*Нарийн биеийн судал, хий, дуслыг ариусгаснаар чөлөөлөгдөх Зургаан Йогийн эгнэшгүй замд орох сайн заяа надад тохиох болтугай.*

*Түйтгэрийг арилгасны үр дүн, Зургаан Бурханы Аймгаар биелсэн цаглашгүй оршихуйн гэгээрэлд би хүрэх болтугай.*

*Ертөнцийн таван махбод хийгээд бүрдэл цогцын хамаарлаас огоот ангижирсан Гадаад Цагийн хүрднийг бүтээн үйлдэх болтугай.*

*Таван махбод хийгээд бүрдэл цогцыг эрхэнд хураан байж захирах болтугай.*

*Дотоод хий, судал, дуслаа ариусган байж эгнэгт чөлөөлөх болтугай.*

*Бүдүүн биеийн судал, хий, дуслаас чөлөөтэй Дотоод Цагийн хүрднийг бүтээн үйлдэх болтугай.*

*Гэгээрсэн үйлс хийгээд хязгааргүй хоосон дүрсний үзэгдэх үнэмлэхүй төлөвт хүрэх болтугай.*

*Бурханлагийн анхдагч язгуурыг ухамсарласнаар би Гэгээрсэн Цагийн хүрдний хутгийг олох болтугай.*

*Алив муу өвчин, гаслан, түйтгэр зовлон болгоныг намжааж явах болтугай.*

*Амь нас, сүлд хиймэрь, эрүүл энх, сүсэг бишрэлийн хөгжил үргэлж өндөр байх болтугай.*

*Сансар хорвоо, цаашлаад сансраас ч хэтийдсэн гурван орны сайн сайхныг би эрхэндээ захирах болтугай.*

*Гэгээрлийн замд саатуулагч гадаад сөрөг хүчин ба дотоод түйтгэр бэрхшээлээ бүрэн намжаах болтугай.*

*Таван зам арван газрыг гүйцээн, ер бусын таван хүчний нийтлэг увдисыг эзэмших болтугай.*

*Хамгийн багаар бодоход Шамбалын Алтан Эринтэй учрах сайн заяа надад тохиох болтугай.*

*Цаглашгүй хайр, энэрэл, зүйрлэшгүй Бодь сэтгэлийг төрүүлэх болтугай.*

*Хуурмаггүй бишрэл хийгээд зүтгэл, төвлөрөл ба билгүүнээр хамаг амьтныг сансрын эргэлтээс чөлөөлөх болтугай.*

*Гэгээрсэн хоосон дүрсний сарнишгүй хутгийг олж, Үл урвахуйн амгаланд мөнхөд саатан оршоод энэхэн нэгэн насандаа Бурханы хутагт хүрэх болтугай.*

# ЯДМЫН ЕГҮЗРИЙГ ДАДУУЛАХАД ӨГӨХ ЗӨВЛӨГӨӨ

Хэрвээ зөв дадлага болгож чадах юм бол Ядмын Егүзэрийн дадлагын тус эрдэм гэж үнэхээр үзүүр хязгааргүй арвин билээ. Сэтгэлээ Ядамтайгаа ойртуулаад зогсохгүй хамаг амьтанд гэгээрлийн хутгийг олох шалтгааныг бүтээж өгч байгаа хэрэг юм. Тэгэхээр үнэн чадамжаа бүрэн ухамсарлахад тань туслах зорилгоор доорх хэдэн зөвлөгөөг санал болгож байнам.

# Дүрслэл Бүтээхэд

Калачакрагийн Өөрийн Үүсгэлийн садхана дадлагын үеэр өөрийгөө хоромхон зуурт арга билиг хосолсон Цагийн хүрдэн хэмээх ядам болгон үүсгэхийг шаарддаг. Үүнийг гүйцэтгэхийн тулд та эхлээд Калачакрагийн дүр байдалтай сайтар танилцсан байх хэрэгтэй. Эхний үед дадлагынхаа ихэнх хэсгийг дүрслэн бодоход зарцуулах нь ашигтай байж болох талтай. Яагаад гэвэл нэгэнт тод сайн дүрслэл бүтээгээд авсан тохиолдолд тэр дүрслэл баттай байнга үзэгдэхэд амар болж, бусад хувилбарын дүрслэлийг дараалан үүсгэж тарни уншихад цагаа зарах боломжтой болно.

Танил дотно болохын тулд танка зураг хөрөг, баримал бүтээлийг ойрхноос судлан ажиглаж, нүдлэх нь ашигтай. Ханын зураг хөргийн өмнө суугаад нарийн судалж ажигласны дараа нүдээ анин сая харснаа сэтгэлдээ ургуулахыг хичээгтүн. Нигураас нь эхлэн ажиглаж дараа нь толгой, бие хаа, эцэст гар ба хөлийг нь ажиглан сайн харах хэрэгтэй. Калачакрагийн сайхан төсөөлөлтэй болоод авлаа гэсэн мэдрэмж төрсөн даруй тэр маягаар Вишваматаг ажиглаж эхлэх нь зүйтэй.

Дүрслэл тань тод биш, бүүдгэр тогтворгүй, байнга өөрчлөгдөж байлаа гээд сэтгэлээр унах хэрэггүй. Тэвчээртэйгээр аль нэгэн хэсэг \деталь\ дээр төвлөрөн байж тодрон тодортол нь хүлээх хэрэгтэй. Хэсэг нэг бүр дээр ажиллаж тодхон болгож авмагцаа нийтэд нь бүхлээр нь харах гээд оролдоод үзээрэй. Мөдхөн бүх нарийвчлалын хамтаар Бүтэн Ядмыг ургуулан дүрсэлдэг болох бий. Үүний дараа дадлагын өөр нэг хэсэгт анхаарлаа шилжүүлэх боломжтой болно.

# Харанхуйд Дадуулахад

Дүрслэлийн дадлага зураг зурахтай их төстэй. Даавуун дэвсгэр хэдийн эгэлийн элдэв үзэгдлээр дүүрэн байх тохиолдолд дээр нь тодхон зураг зурж, өөрийгөө гэгээрлийн хот мандалд орсноор мэдрэх амаргүй байх нь ойлгомжтой. Тийм учраас бага сатаарах үүднээс бүрэнхий өрөөнд дадлага хийхийг зөвлөх байна. Эсвэл шөнөөр, зүгээр л нүдээ аниад давтсан ч болно.

Харанхуйд хийх дадлага танаас садханаг бүрэн тогтоосон байхыг шаардах болно. Тэгвэл танд номын хуудас руу харахаар тонгойх хэрэгцээ гарахгүй бөгөөд, цээжээрээ бүх нарийвчлалыг санаж байна гэдэг илүү тод дүрслэл үүсгэхэд тустай байдаг. Азаар Цагийн хүрдний Өөрийн үүсгэлийн садхана тийм урт биш болохоор тогтооход амархан байх болно.

# Бурханлаг Омгоо Баримталж Явахад

Үүсгэлийн зэрэг өдөр тутмын бясалгалд орох явдалд хязгаар тавьдаггүй. Тарнийн тангараг өргөсөн тэр мөчөөс эхлээд та өөрийн гэгээрсэн мөн чанарыг байнга ухамсарлаж явахын төлөө чадах бүхнээ хийж эхэлнэ. Дадлагын төгсгөлд Дүйнхор болон хувиран бясалгалаас босохдоо та залхуурал хийгээд саатаарал үгүйгээр бурханлаг омгоо сахин баримталж явахыг хичээх ёстой болно.

Үүнийг ухамсарлах явдлыг дэмжих үүднээс амьдралдаа тааралдсан үзэгдлүүдийг гэгээрлийн хот мандлын сануулга болгон ашиглагтун. Жишээ нь, байгаа орчноо гэгээрлийн орчлон гэж санан өөрийн биеийг орчлон мандал гэж тооцоорой. Хамаг амьтныг гэгээрсэн ядмуудтай адилтган үзэж, бүх дуу чимээг тарни, харин санаанд ямар л бодол ургана тэр болгоноо үл хувирахын амгалан ба хоосон дүрсний нэгдэл - Калачакра Вишвамата хоёрын язгуурын билиг билгүүн мөн гэж сэтгэх ёстой. Ийм маягаар бүхий л мэдрэмжээ ариун чанартай болгоход анхаарах боломжтой болно.

Хоол идэх, усанд орох, унтах зэрэг энгийн үйлдлийг хувирган өөртөө үнэний мөн чанарыг сануулах боломж болгон ашиглаж, гэгээрлийн хот мандлыг ухамсарлахаа нэмээд зогсохгүй, буян хишиг ихээр хураах болно. Энгийн дүрслэл үүсгэлтийг бясалгал дадлагын үргэлжлэл болгон чадварлагаар ашиглавал өдөр тутмын дадлагыг машид гүнзгий түвшинд оруулах ч боломжтой.

## Хоол Идэх Үедээ Яах Ёстой Вэ?

Хоол идэхийн өмнө эхний дасгалыг хийх бололцоотой. Залбирлыг чангаар уншвал хүмүүс гайхаж мэдэхээр байвал сэтгэл дотроо хэлэхэд буруутах юмгүй. Доорх тарнийг гурвантаа эхэлж уншина.

### УМ А ХУМ ХО

*УМ гэж хэлэхдээ хоолны дотоод ариун чанарыг санана. А гэхдээ хоолоо өсөж арвидлаа гэж бодно. ХУМ гэж хэлэхдээ хоол хүнсээ төгс төгөлдөр шим тэжээлтэй өнгө үзэмжтэй, амт чанартай болсныг бодон ХО гэхдээ гэгээрлийн цэвэр охь болон хувирснаар төсөөлнө. Энэхүү ариун чанарыг ухамсарлан байж гэгээрлийн хот мандал дахь ядмуудад түүнийг тахил болгон өргөнө:*

*Эвдэршгүй дөрвөн лагшиныг эзэмшигч хийгээд*

*Бурханы Номын цогцын хэмжээлшгүй арвин жишээ,*

*Ариун Номыг үлгэрлэгч хутагтын чуулган,*

*Авралын эх булаг Гурван Эрдэнэ дор тахил болгон өргөм үү.*

*Цагийн хүрдэн, Базарсад, Шагжамүни Будда*

*Шахти хийгээд Арван Бумба ба Дөрвөн Очир,*

*Бурхад, Бодисадва нар болоод Догшин Сахиус,*

*Энэхүү тахилыг дагинас хийгээд та бүгдэд өргөм үү.*

*Йогини нараар хүрээлүүлсэн голын Эх Ядмууд,*

*Өдрийн Бурхад хийгээд Лусын Хаад ба Огоорлын Дагинас,*

*Маш Догшин болоод Од Гариг, Орон Зүгийн Сахиуснууд,*

*Гучин-таван сая үзэгдэл дор тахилыг өргөм үү.*

*Гүрү, Ядам хийгээд Дагинасын Чуулганыханд*

*Далай лугаа дээдийн тахилыг өргөж үйлдмүү*

*Хэмжээлшгүй энэ билгүүний охиор*

*Хамаг амьтан дээдийн амгалан лугаа учрах болтугай.*

Гэгээрлийн охь Гурван Эрдэнэд өргөх зуургаа та өөрийгөө гэгээрсэн бодгаль, өөр нэг гэгээрсэн бодгальд тахил өргөж байгаагаар мэдрэх хэрэгтэй. Идэж эхлэх үедээ хүйн хүрднээс халуун гал төөнөн өгсөж хоол ундааг хайлуулан тааламжит мэдрэмж болгон амсуулж байна гэж бодно. Тэрхүү таашаалаа өөрийн бие дотор орших 636 ядамд өргөн таалалд нь нийцүүллээ хэмээн төсөөлөгтүн.

Эцэст нь, идээгүй үлдсэн аль нэг зүйл байвал түүнийг ариусган хувиргаж хамаг амьтны хэрэгцээнд таарсан зүйл болох болтугай хэмээн зургаан зүйл амьтныг дотроо санан байж доорх тарнийг уншин энэхүү буянаа зориулна:

*УМ САМБАРА САМБАРА БИМАНА САРА МАХА ЖАВА ХУМ*

*УМ СМАРА СМАРА БИМАНА СКАРА МАХА ЖАВА ХУМ*

## Усанд Орохдоо Яах Ёстой Вэ?

Нүүр гараа угаах, усанд орох зэрэгтээ өөрийг Цагийн хүрдэн болгон хувиргаад Гүрү багшаа Очирдарь болгон орой дээрээ зална. Түүнийг таны дээрээс ариусгалын охь асган цэвэрлэж байгаагаар төсөөлөн бодохдоо бүхий л сэтгэлийн түйтгэр хийгээд барцад ариллаа гэж сэтгэн, багш дөрвөн хүрдний авшгаа хүртээн адисаллаа гэж бодно. Өөрийн биеийг ариун охиор дүүрсэн байгаагаар төсөөлөн Калачакра Яб-Юмын бурханлаг омгоо батжин бэхэжсэнээр мэдрэгтүн.

## Унтахдаа Яах Ёстой Вэ?

Унтахаар орондоо орохдоо өөрийгөө Калачакра Яб-Юм болгон таньж буй дурдлаа сахин байж унтаад, өглөө сэрэхдээ мөн тэрхүү дурдлаа үргэлжлүүлэн сахиж байхаа андгайлна. Тэрхүү ухамсраас салалгүй байж байгаад нойронд автвал тодхон зүүд үзэх магадлалтай. Хэрвээ үнэхээр ийм явдал болбол зүүдээ дадлагадаа ашиглах боломж гарна. Сэрсэн хойноо өөрийгөө тэр даруй Калачакра Яб-Юм болгон үүсгэж бурханлаг омгоо сэргээгтүн.

# ГОЛ ХЭСГИЙГ ЭРГЭН СӨХВӨЛ

- Ядмын Егүзэр бол дүрслэл ба тарни уншлагын холимог дадлага бөгөөд ядмыг үүсгэн сэтгэлдээ мэдрэхэд ашигладаг. Энэ мэдрэмж үнэнд нийцтэй жинхэнэ өөрийг гэх ариун бодлын үндэс болдог.

- Ядмын Егүзэрийн дадлагын үед гурван шинжийг хадгалах хэрэгтэй: 1\Ядмын дүрслэлийг тодхон үүсгэх, 2\Ядмын ариун мөн чанарыг цуглуулах ба 3\Өөрийн жинхэнэ мөн чанараа ядам болохыг мэдрэх бурханлаг омгийг бий болгох.

- Үүсгэлийн зэргийг Очирт Зургаан Йогт орох бэлтгэл болгон дадуулж байх үед бид Цагийн хүрдний Өөрийн Үүсгэлийн Богино Садхана хэрэглэдэг. Энэ садхана таван үндсэн хэсэгтэй: 1\Өөрийг уусгах, 2\Калачакрагийн Өөрийн Үүсгэлийг дүрслэх, 3\Цагийн хүрдний Бэлгэ Тэмдгийг дүрслэх, 4\Тарни унших ба 5\Буянаа зориулах ерөөл юм.

- Цагийн хүрдний Арван үсэгт Хүчний Бэлгэ Тэмдэг арван хэсгээс бүтнэ: 1\Наду, 2\Бинду, 3\Висарга, 4\ХА, 5\ЧА, 6\МА, 7\ЛА, 8\ВА, 9\РА болон 10\ЯА үсэг билээ. Үсэг болгон зам дахь ариуслын талыг илэрхийлэхдээ өөр өөрөөр байрлан таны анхаарлаа хаана тогтоох ёстойг чиглүүлж байх болно. Үсгүүдийн өнгө илэрхийлж буй утгаасаа шалтгаалан бас өөрчлөгдөх талтай.

- Тарни уншиж байхдаа дүрслэх есөн төрлийн дүрслэл бий: 1\Гэгээрлийн хот мандлыг ухамсарлах, 2\Үндсэн Гүрү багшаа ухамсарлах, 3\Номын бүх багш нараа ухамсарлах, 4\Гэгээрсэн бодгалиудад тахил өргөх, 5\ Ариун-бус орнуудыг ариусгах, 6\Галт тамганы тарни, 7\Галт тамганы тарнийн эсрэг урсгал, 8\Зөгий дүнгэнэх мэт тарни тоолох болон 9\ Гайхамшигт дөрвөн үйл билээ.

- Дадлагаа эхлэхдээ ядмын дүрийг тодхон үүсгэхэд анхаарна. Танка зураг, хөрөг зэргийн нарийн хэсгүүд\деталиуд\-ийг тогтооходоо ашиглах хэрэгтэй. Бүлэг тус бүрийн нарийн хэсгийг ажиглаж тогтооcны дараа түүнийг сэтгэлдээ ургуулахыг хичээнэ.

- Богино садханаг тогтоож цээжлэхэд харанхуйд дадлага хийх тус болдог. Түүнчлэн өөрийгөө дүрслэлд оруулж мэдрэхэд тань тустай байх болно.

- Бүх дүрсийг гэгээрсэн бодгаль, бүх дуу чимээг тарнийн уншлага, бүх бодлыг язгуурын билгүүн хэмээн бодож заншх хэрэгтэй. Хоол идэх, усанд орох юм уу унтах зэргийн энгийн үйлдлийг Цагийн хүрдэн Калачакрагийн гэгээрлийн үнэн мөн чанар болохыг өөртөө сануулж байх боломж болгон ашиглах хэрэгтэй.

# Дүйнхор Ядмыг Амьдруулахуй

# Сэтгэлийн Унаган Төрхийг Дэлгэн Харуулахуй

Цагийн хүрдний Замыг дагана гэдэг хүний амьдралын замтай зэрэгцээ замаар аялахтай адил байж ч мэднэ. *Гадаад Бэлтгэлийн Дадлагад* анх орох нь ямар төрөл авахаа эрэн бэдэрч байх зуурдын төлөвийг санагдуулна. Юу ч үл ойлгон самгардаж, янз бүрээр хувирч байгаад эцэст нь өөр нэгэн эхийн хэвлийд орж таардаг. Үүнтэй адил амьдралын утга учрыг олох гэсэндээ бид өөр өөр үзэл санаатай тулгаран хэрхэн шийдэхээ үл мэдэн тээнэгэлзэж тээнэгэлзэж эцэст нь Буддынх шиг сүсэг бишрэлийн аль нэг замаар орон Гурван Эрдэнийн авралд багтдаг билээ.

Умайд орсон тэр мөчөөс эхлээд битүү саван дотор өсөж торних үйл явц эхэлж, бие махбод аажмаар хэлбэрээ олон томорч хүний ертөнцөд амьдрахад хэрэг болдог тэр бүх эрхтэн хөгжиж гүйцнэ. Түүн лугаа нэгэн адилаар бид *Дотоод Бэлтгэлийн Дадлагууд* руу орход Буддын сургаалын үндэс боловсрон төлжиж, бидний сэтгэлд соёолон ургаад биднийг Цагийн хүрдний Дандарын үр дагаврын замд дэвшин орход бэлтгэж өгдөг билээ.

*Нялхсыг Боловсруулах Долоон Авшиг* хүртсэний дараа бид эхийн хэвлийгээс амжилттай төрөн гарч гэгээрсэн хот мандлын ертөнцтэй анх нүүр тулан учирна. *Цагийн хүрдний Үүсгэлийн Зэргийг* авлага болгон дадуулснаар сэтгэлийн урсгал дахь эгэлийн үзэгдлийг ариусган арилгаж, үнэн хэрэгтээ бидний хэн болох тэрхүү унаган ариун чанараа харж эхлэх болдог. Энэ үйл явцыг төрснийхөө дараа гадаад ертөнцтэй танилцаж, учирсан мэдрэмж бүхнээсээ шалтгаалан бие хүн болон төлөвшдөг хүүхдийн өсөлттэй зүйрлэж болох юм.

Цагаа болохоор хүүхэд эрийн цээнд хүрч өөрийн гэсэн шинжийг бүрэн агуулсан том хүн болно. Бие махбодод гарах хувьсал өөрчлөлтийн дагуу шилжилтийн наснаас насанд хүрэгчийн эгнээнд шилжих үед бэлгийн ажиллагаа тэдний амьдралд машид голлох үүрэг гүйцэтгэх болж ирэх бөгөөд энэ нь тэднийг хэзээ ч мэдэрч байгаагүй шинэ сонин мэдрэмжтэй учруулна.

Хүний төрлийг олсны тул үзэж мэдэрч чадах боломжтой төрөл бүрийн мэдрэмжийг амсан байж хүмүүний үр хөл дөрөөнд хүрнэ. Хэдийгээр тэд өөр олон зүйлд туршлага суух хэрэгтэй нь үнэн боловч дор хаяж сэрүүн төлөв, зүүдний, гүн нойрны ба амгалан таашаалд уусахуйн дөрвөн төлөвийн цөмийнх нь талаар бага боловч ойлголттой болж авдаг билээ. Насанд хүрсэн хүний амьдралаар цаашид амьдран төгсгөх хүртлээ энэ дөрвөн төлөвийг л дадал болгон гүнзгийрүүлж явахдаа дотоодын шинжлэлийг хөгжүүлж, мэдэрсэн болгоноосоо билиг оюуныг минь хөгжүүлээсэй гэж найдах хэрэгтэй.

Цагийн хүрдний замд орохд бидний насанд хүрэгчийн амьдрал эндээс эхэлдэг. Сэтгэлийнхээ унаган төрхийг анх удаа олж харах нь анх энгэр зөрүүлж буй мэт сонихон бөгөөд тааламжтай ба бидний үзэл бодлыг тэр чигээр нь өөрчилж орхих нь илүү гүнзгий түвшинд нэвтрэх чадвараа халтихан ч болтугай олж харахтай адил байдаг. Энэхүү чадварынхаа тусламжтайгаар бид *Цагийн хүрдний Төгсгөлийн Зэргийн* дадлагад орох боломжтой болно.

Гэхдээ бид өөрсдийн үнэн мөн чанараа олж үзэхийн өмнө чигээ ялимгүй өөрчлөх хэрэгтэй болно. Энэ мөчийг хүртэл бодол сэтгэхүйн дүрслэл маань төөрөгдлийн үй түмэн давхаргыг арилгах гол найрал хөгжим болж байсан бол хоёрдмол үзэлд суурилсан байдаг учраас нарийн түвшинд очихоор энэ нь туйлын үнэнийг олж харах бидний замд хөндөлссөн бэрхшээлийн үүрэг гүйцэтгэж эхэлдэг байна. Тийм учраас бид одоо бодлоо бүрэн орхиж бодлын төөрөгдлөөс ангид аргаар ажиллаж эхэлнэ.

Сэтгэшгүй ахуйд урвуулах үйл явц хоёр шатаар явагдана. Эхлээд *Дөрвөн Дээд Авшиг* хүртэх замаар Цагийн хүрдний үзэл санаатай танилцана. Дараа нь, энэхүү үзэл дээрээ тулгуурлан *Гурван Хумилт* хэмээх ховор техникийн тусламжтайгаар бодлын урсгалаа бүрмөсөн таслан зогсоож сэтгэлийнхээ унаган мөн чанарт төгс саатан оршиж эхэлнэ. Энэ бүлэгт бид авшгийн ерөнхий үйл явцыг тодруулан судалж, харин дараагийн хэсэгт бясалгалын дадлагын үндсийг ямархуу төрхтэй харагдахыг өнгөц судлах болно.

# ОНЬС ЗААВАРЧИЛГААНЫ ЗАЙЛШГҮЙ ХЭРЭГЦЭЭ

Бидний амьдралд учирч болох тоо томшгүй олон өөр үзэгдэл дотроос зарим нь ил харагдаж байдаг бол зарим нь нууцлагдмал байдалтай байдаг. Харагдаж буй үзэгдлийг шууд хүлээн авах бололцоотой байдаг нь машин, ширээ гэх мэт. Харин бидний мэдрэх эрхтэнд шууд мэдрэгдэх бололцоогүй нарийн биеийн байнгын өөрчлөлт, мөнх бус байдал болон юмсын шүтэн барилдлагын хоосон чанар гэх мэт нууцлагдмал үзэгдэл бас бий. Тэд сэтгэлийн маш нарийн түвшинд явагдах учраас юу эрж хайх ёстойгоо хэлүүлж авахаас наана бид түүнийг байгаа гэж сэжиглэдэг ч үгүй болохоор гаднаас хэн нэгэн хүн заавал хэлж, зааж туслах зайлшгүй шаардлага гардаг билээ.

Сэтгэлийнхээ унаган мөн чанарын хувьд тэгвэл бид түүнээс ч илүү нэмэгдэл асуудалтай тулгарах болдог. Сэтгэл гэдэг бол, зөвхөн сэтгэлийн тусламжтайгаар мэдэж авдаг бүхий л үзэгдлийн дунд зуучлагч болдог зүйл учраас сэтгэлийн мөн чанарыг сэтгэлээр таних гэдэг өөрөө өөрийгөө харахтай адил гэсэн үг. Үүнийг өөрийн нүдний үнэн өнгийг өөрийн нүдээр танихтай адилтгаж болох бөгөөд толь байхгүй л бол болшгүй асуудал энэ билээ. Нүдний тусгалыг харж байж л тэр нүдний шинж чанарыг харах боломжтой, бидний сэтгэлд үнэн гэж санагдаж байгаа зарчим бол энэ юм. Сэтгэлийн үнэн мөн чанарыг шууд ухамсарлах илт мэдлийг хөгжүүлэхийн тулд сэтгэлийн толь бидэнд хэрэгтэй болно. Энэ толь бидний үзэл бодлоос гарч ирдэг аж.

Бид гүн ухааны аль нэгэн үзлийг өөрсдийн үйл хөдлөлийг утга учиртай болгох арга хэрэглүүр болгон өргөнөөр ашиглаж ирсэн. Жишээ нь, Боть 2-т бид *Шандон Төв Үзэл* хэмээх Бодисадвагийн Замаар замнаж билгүүнийг хэрхэн хөгжүүлэх вэ гэдгийг ойлгох аргыг судалсан байгаа. Бид таван дарма, гурван мөн чанар ба долоон төрлийн хоосон чанар зэрэг санааг судалж, тэдгээрийг ойлгосноор өөрсдийн дадлага номдоо ашиглах боломжтой болж байсан.

Тэрхүү үзлийн маань гүйцэтгэх үүрэг одоо маш тусгай зорилготой болон хувирч, тэдгээрийн ямар учиртайг зөвхөн дүрслэн ойлгох төдий нь хангалттай биш болсон үе тулж ирээд байна. Энэхүү шинэ сэдвийн хэтийн төлөвөөс харж үзэхэд бидний үзэл, сэтгэлийн өөр өөр талыг зааж харуулах суурь болох бөгөөд тэгснээр бид мөн чанараа жинхэнээр нь мэдрэх боломжтой болно. Энэ бол учир шалтгаан, логикт үндэслэсэн бодлын тунгаах үйл явц биш юм, харин туршлагаар л мэдрэх боломжтой бөгөөд анхаарлаа яг хаана аваачвал зохих вэ гэдгийг шууд харж тодхон ялгаж чадах илт мэдэл билээ.

Цагийн хүрдний системд тийм үзлийг хөгжүүлэх явдал *Дөрвөн Дээд Авшиг* хүртэх зан үйлд оролцсон замаар хэрэгждэг. Энэ зан үйлийн үеэр Очирт багш таны мэдрэмжийн өөр өөр тусгай давхаргуудыг илрүүлэхэд зориулсан нэг нэгнээсээ ялгаатай дөрвөн бясалгалыг удирдан хийлгэнэ. Дүрслэл үүсгэн, тэдгээрээс бий болох мэдрэмждээ төвлөрөн бясалгахад бодол үгүйгээр сэтгэлийн өөрийнх нь мөн чанарыг тодхон харж болдог ажээ. Бидний зорилго бол тэрхүү мөн чанартайгаа танил дотно болж дадлага бясалгалын суурь болгон ашиглаж сурах явдал юм.

# АМГАЛАН ТААШААЛЫГ МӨРӨӨ БОЛГОХУЙ

Төгсгөлийн зэрэгт алхан ороод бидний ажиглаж болох эхний зүйл бол сэтгэлийн таашаал мэдрэх явдал маш чухал үүрэгтэй гэдэг асуудал мөн. Авшгийн үйл явцад л гэхэд бэлгийн дур хөдөлгөн таашаал амсуулах замаар ухамсарлахуйг хөгжүүлэх зорилготой янз бүрийн дүрслэл нэлээд хэрэглэдэг. Ийм төрлийн дүрслэл олон өөр соёл иргэншлийн хүмүүст буруу ойлголт төрүүлж болох тул ийм зам хэрэглэх болсон шалтгааныг урьдчилан хэлэлцэх зайлшгүй шаардлага тулгарна.

Мэдрэмжийн дөрвөн төлөвийг бодоод үзэхэд сэрүүн үе, зүүдний үе ба гүн нойрны үе аль аль нь ямар нэгэн байдлаар бодол оролцсон байдалтай байдаг. Ганц амгаланд умбах үйл явцад л бодол сэтгэхүй дарангуйлагдсан байдалд ордог учраас түйтгэр бэрхшээл маш бага нөлөөтэй болдог. Энэ л төлөв бидэнд сэтгэлийнхээ туйлын мөн чанарыг ухамсарлах шууд боломжийг олгодог.

Амгалан таашаалын мэдрэмжийн хувьд энэ нь гол судалд энерги хурдтай хуримтлагдсаны дараа эргүүлээд тэсрэлттэй гадагшлуулах үйл явцад мэдрэгдэх сэтгэлийн ханамж билээ. Үүний нэг жишээ бол найтаах байдаг. Эхлээд агаар дотогш сорно, тэгснээ хоромхон зуурт бодлын сэтгэхүй тэр чигтээ сааталд орж зогссоноо хүчтэй тэсрэлтээр энерги гадагш гарч тавирна. Соролт ба гаргалт хэтэрхий хүчтэй байх үед хүн бүрэн тасардаг. Ухаан алдах, нойронд автах, нас нөгчих үед мөн ийм тасралт үүснэ. Сэтгэлийн мөн чанар ил гарч үзэгдэх цорын ганц тохиромжтой мөч бол дур ханах мөч юм.

Ухаан алдах ба найтаах үе хэтэрхий хурдан болоод өнгөрдөг учраас дадлага бясалгалдаа ашиглах боломж байхгүй. Бэлгийн харьцааны үед харин энергиэ хуримтлуулах хугацаа удаанаар үргэлжилж болох боломжтой тул чадварлаг бясалгагч хүнд сэтгэшгүй ахуйд илүү хяналттай аргаар нэвтрэх боломжийг олгодог байна. Харамсалтай нь, дур ханалт маш идэвхтэй үйлдэл учраас хүн болгон хянахад хэцүү ч ихэнх дэвшилтэт шатны егүзэр хүмүүс түүнийг урвуулж чаддаг ажээ.

Өөр өөр бясалгагч нар сүсэг бишрэлийн өөр өөр шатанд явдаг гэдгийг таньсан аугаа шидтэн багш нар шавь нартаа амгалан таашаалыг мэдрүүлэх төрөл бүрийн аргыг тусламж болгон хэрэглэж ирсэн байдаг.

1. **Урьд Төрлийн Дадлага:** Чадварлаг Очирт мастеруд сэтгэл нь хэтэрхий боловсорсон шавь нарынхаа толгой руу нь дэлсэх, чанга дуугаар цочоох мэтийн бүдүүлэг гэмээр янз бүрийн арга хэрэглэсэн тохиолдол олон байдаг. Зарим үед шавийн бүх хий голын судалд ороход л хангалттай болон, сэтгэшгүй ахуйд орчихдог тал бий. Энэ байдал шавийн урд төрөлдөө сэтгэлийн мөн чанарыг дадуулан үйлдэж байсантай ихээр холбоотой байдаг. Тэр үйлийн барилдлага хэдийн түүнд бий учраас дахин нэг сайн сэргээж орхиход л болдог ажээ. Жонангийн урсгалд дээд авшиг хүртэж байх үед бясалгагч нар нь орилох юм уу, өндөрт үсрэх гэх мэт үзэгдлийг харуулах нь элбэг байдаг. Эдгээр үзэгдлийг *парио* гэж нэрлэх бөгөөд бясалгагч хүний сэтгэл гэнэт сэтгэшгүй ахуйд гулсан орох үед ийм явдал тохиолддог ажээ.

2. **Бодит Хос:** Хоромхон зуурын авшиг хүртэх үйлийн шалтгаан нөхцөл

бүрдээгүй хүмүүст зориулан Бурхан Багш тусгай авшгийн зан үйл зохиосон нь Очирт мастер шавийгаа сэтгэлийнх нь мөн чанартай танилцуулах боломж ажээ. Уг нь ийм дээд авшиг хүртээх ёслол үүсгэлийн зэргийг төгөлдөржүүлж чадсан тэдгээр бясалгагч нарт л хүртээхэд зориулагдсан байдаг. Тиймээс шав хүн үзэгдэл нь бүрэн арилсан бөгөөд бясалган төвлөрөхүйгээ нарийсгаж чадсан байх шаардлагатай гэсэн үг. Эгэлийн дур тавилтаас зуурах аюулаас бүрэн ариуссан тийм бясалгагч нар бодит хүнтэй хослон байж авшиг хүртэж болно. Бодлын-бус ийм замаар ойртох нь сэтгэл дэх бодлын урсгалыг маш хурдан тасалж сэтгэшгүй ахуйн төлөвийг шууд ухамсарлахад тусалдаг байна.

3. **Дүрслэлийн Хос:** Арилсан үзэгдлийг хөгжүүлж гүйцээгүй байгаа тэдгээр ариун-бус хүмүүсийн хувьд бодит хань эгэлийн таашаалаас зуурах сэтгэлийг нь л улам дүрэлзүүлж өгөхөөс өөр ашиггүй тул сэтгэлийнх нь мөн чанартай танилцуулахад тохиромжтой арга гэж үздэггүй. Ийм тохиолдолд Очирт багш дүрслэлийн ханьд түшиглэн авшиг хүртээнэ. Ийм замаар замнахын дутагдалтай тал нь бодлоор дүрслэл үүсгэж байгаа учраас амгалан таашаалыг шууд бус замаар л мэдрэх боломжтой. Шууд бус байдал авшгийн хүчийг сааруулж, цаашид бясалгагч хүнд үнэхээр сэтгэшгүй ахуйд орход бэрхшээлтэй болж мэдэх аюул бий.

Бурханы Ном доройтолд орсон өнөө цагт эхний хоёр нөхцөл бүрдсэн шавь олдоход хэцүү. Гурав дахь зам тиймээс одоо үед авшиг хүртэхэд машид нийтлэг хэрэглэгддэг болсон. Ёслолын үеэр мөн л бэлгийн хавьтлын дүрслэл болоод уншлагыг онцлон хэрэглэх ба хэн ч бэлгийн харьцаанд орох учиргүй билээ. Хэдийгээр та бэлгэдлийн хэрэгсэлтэй холбогдож чадахгүй байлаа гэхэд ёслолын ажиллагаа өөрөө таны сэтгэлд гүнзгий ул мөрөө үлдээж чадах тул ирээдүйд туйлын үнэнээ ухамсарлана гэсэн үйлийн хүчтэй барилдлагатай болох билээ. Тэгэхээр тиймэрхүү зан үйлд оролцох бололцоо хэрвээ олдох юм бол айх зовох зүйлгүй түүнийг бүрэн ашиглахын төлөө чадах бүхнээ хийгтүн.

# ДӨРВӨН ДЭЭД АВШИГ

Дээд Дөрвөн Авшгийн зорилго бол танд сэтгэл дэх бодлоо уусгах мэдрэмж төрүүлэх явдал билээ. Хэдийгээр энэ үйл явц бодолгүй байх мөн чанартай боловч авшгийн ёслолын төрөл бүрийн үе шатны цаад утга агуулгыг бодолдоо тодхон тусгаад авахад илүүдэхгүй.

Нялхсын Долоон Авшгийн нэгэн адил Дээд Дөрвөн Авшиг гурван гол хэсэгт хуваагдана: 1\урьдчилсан бэлтгэл, 2\жинхэнэ авшиг ба 3\төгсгөлийн үйл ажиллагаа. Эхний ба эцсийн шат үүсгэлийн зэргийн авшгийн үйл ажиллагаатай яг адил болохоор энд бид жинхэнэ авшиг хүртээх шатыг л тодруулан ярилцах болно.

Дүгнэн үзвэл дөрвөн төрлийн авшиг байх бөгөөд: 1\Бумбын Авшиг, 2\ Нууцын Авшиг, 3\Билгүүний Авшиг ба 4\ Үгийн Авшиг билээ. Эдгээрээс эхний гурав нь харьцангуй үнэний хэтийн төлөвөөс харж туйлын үнэнийг дүрсэлдэг учраас хорвоогийн авшиг гэж нэрлэдэг. Харин дөрөв дэх авшиг ганцаараа туйлын үнэнийг мэдрэх боломж олгож байдгаараа хувиргалтын чанартай гэж тооцдог. Эхний гурав нь таны сэтгэлийг дөрөв дэх авшигт бэлтгэж өгөх янагуух авшиг, сүүлчийнх нь чинагуух авшиг хэмээн тооцогддог байна.

Авшиг болгон туйлын үнэний тодорхой нэгэн талд анхаарч байдаг бөгөөд тэдгээр талтай өөрсдийгөө танил дотно болгон хэвшүүлснээр бид гэгээрлийн төлөвийг бүтээх *Очирт Зургаан Йогт* хэрэглэдэг тусгай аргыг эзэмших дотоод зөн билгийг олох болно. Ийм замаар дөрвөн авшгийг Цагийн хүрдний төгсгөлийн зэргийн байгууламжийг харуулсан төсөл зураг гэж үзэж болно. Дараах хүснэгтэд хэлэлцүүлгийн үеэр сэтгэлдээ хадгалж байвал зохих зарим нэгэн чухал холбоог харуулсан болно.

| Үнэн | Авшиг | Анхаарах Зүйл | Суурь | Ариусгал |
|------|-------|---------------|-------|----------|
| Харьцангуй | Бумбын | Хоосон-Дүрс | Бие Махбод | Сэрүүн Үе |
| | Нууцын | Үл-Урвахуйн Амгалан | Бхага | Зүүдний Үе |
| | Билгүүний | Салшгүй Нэгдэл | Харьцангуй Бодь | Гүн Нойрны Үе |
| Туйлын | Үгний | Хоёргүй Ухамсар | Үнэмлэхүй Бодь Сэтгэл | Амгаланд Уусахуй |

*Хүснэгт 7-1: Дөрвөн Дээд Авшиг*

# Бумбын Авшиг

Хамгийн эхнийх нь *Бумбын Авшиг* бөгөөд үүгээр юмс үзэгдлийн хоосон чанартай танилцуулна. Хэтэрхий их зууралтаас болоод бидний сэтгэл үнэнийг байгаагаас нь огт өөрөөр тусгаж байдаг байна. Тэгээд ч хэт зохиомол төөрөгдлийн улмаас энэ ба тэр гэж үнэнийг хязгаарлаж орхидог боловч юмсын туйлын мөн чанарыг судлаад үзэхээр тэд цөм хоосон мөн чанартай ажээ. Туйлын үнэн хоосон мөртөө түүний зэрэгцээ хязгааргүй их гэгээрсэн чанар дүүрэн байдгаас *Бүхий л Талаар Дүүрэн Адислагдсан Дээдийн Хоосон* гэж нэрлэдэг ажгуу. Энэ бол бурханлаг чанарын маань *билгийн тал* билээ. Тэр Вишваматагийн билгийн эрчимтэй нэгдэл бүхий л мэдрэмж ургах суурь буюу ээж эх гэж нэрлэх нь олонтаа.

Бид өөрсдийн учирч болох үзэгдлийн төрлийг бодоод үзэхэд хоёр шалгуурт хувааж болно. Үүнд:

1. **Үйлийн Үрийн Үзэгдэл:** Эдгээр үзэгдэл бол баруун зүүн судлаар нарийн

биеийн хий гүйн эргэлдэж байгаагийн үр дүнд үйлийн үрийн зуршилт хандлага шууд нөхцөлдөж байгаагаас үзэгдэж байгаа ажээ. Үйлийн Үр өөрөөс зуурах мунхагт үндэслэсэн байгаа болохоор эдгээр үзэгдэл хоёрдмол мөн чанартай, тиймээс харьцангуй үнэнд тооцогддог.

2. **Хоосон-Дүрснүүд:** Нарийн биеийн хийнүүд голын судалд төвлөрөхөд эдгээр хийгээр тэжээгдэж байдаг бодлын урсгал дарангуйлагдан, Бурханлаг чанарын унаган мөн чанар гарч үзэгдэх бололцоо гарч ирдэг. Эдгээр ариун үзэгдэл бодит-бус мөн чанартай бөгөөд бодит энергийн нөхцөлдөлтөөс хамааралгүй оршдог байна. Хоосон-Дүрснүүд Бурханлаг чанарын маань ая зөнгөөрөө үзэгдэх үзүүлбэр учраас тэднийг туйлын үнэн гэж үздэг.

Хоосон-дүрс хэрхэн үзэгддэгийг ойлгохын тулд нарны туяагаар жишээ татах нь бидэнд үргэлж тустай байдаг. Бурханлаг чанар бол хэзээд үргэлж хурц гэрлээр гийгүүлж байдаг наран билээ. Хоёрдмол үзэл бүхий бодлын урсгалаас бий болж байдаг үйлийн үрийн үүл түүний наагуур хөшиглөн бидний олж харахыг хааж байдаг. Бодол уусан арилахын хэрээр гэрэл нэвтрэн цацарч эхэлдэг нь хоосон-дүрс үзэгдэхтэй дүйцэх болно. Бодлын сэтгэлээ улам уусгасаар байваас тасалдалт үүсэн, зай нь томорсоор улам илүү гэрэл үзэх боломж гарч ирнэ. Бидний зүгээс харахад хоосон-дүрс бодитоор хөврөн гарах мэт үзэгдэх бөгөөд бурханлаг чанарт маань хэдийн байгаа тэр зүйлийг бүрэн бүтнээр нь олж мэдрэх чадамжаа л бид нэмэгдүүлэх хэрэгтэй.

Зорьсон замдаа ахиц гаргахын хэрээр илүү олон төрлийн хоосон-дүрс олж харах болж, хэдийгээр тэд цөм байгалиас нэгэн мөн чанартай ч бидний мунхгийн уусгаж чадаагүй үлдсэн хэмжээнээс шалтгаалаад өөр өөрөөр тусгагдаж байдаг ажээ.

1. **Бодитой Хоосон-Дүрсүүд:** Эдгээр хоосон-дүрс тэдгээрийг ухамсарлаж буй ухамсраас салангид гарч үзэгддэг. Тэднийг өөрөөсөө үүссэн зүйл мэт үзэх зууралт үгүй хэрнээ сэтгэлд яг л бодит мөн чанартай мэтээр үзэгдэн байх болно.

2. **Хийсвэр Хоосон-Дүрсүүд:** Өөрсдийн хийсвэр ухамсраас бодит хоосон-дүрсийг салангид бусаар мэдэрдэг болсон үед  тэд бодит мэтээр мэдрэгдэхээ болин харин түүний оронд төгс бүтсэн мөн чанарын ая зөнгөөрөө гарч үзэгдэх бодгалиуд болон танигдана.

3. **Хоосон-Дүрсний Их Хань:** Бүх хоосон-дүрсийг ухамсартаа нэгтгэхийн хамт хамгийн нарийн хэлбэрийн бодлын зууралт ч мөн адил уусах болно. Хамгийн сүүлчийн түйтгэр арилж одох үед бид бүхий л гэгээрсэн чанараар адислуулсан дээдийн хоосныг мэдрэх болно. Энэхүү төгс бүтсэн хоосон чанар бодлын аливаа төөрөгдлөөс бүрэн ангид чөлөөтэй болохоор

түүнийг *Хоосон-Дүрсний Их Хань* гэж нэрлэдэг билээ.

Ийм маягаар дээдийн хоосон нэгхэн хоромд мэдрэгдээд орхидог зүйл биш бөгөөд сэтгэшгүй ахуйн төрөл бүрийн хоосон дүрстэй харьцаж байж аажим аажмаар бүрэн илэрдэг ажээ. Энэхүү ухамсарлахуй бол ургах саран адил бөгөөд цаг хугацаа өнгөрөх тусам хавирган сар шиг жаахнаас эхлээд төгрөг болтлоо дүүрэн ирнэ.

| Үнэн | Төрөл | Сэтгэл | Үзэгдэх байдал |
|---|---|---|---|
| Харьцангуй | Үйлийн Үрийн Үзэгдлүүд | Бодлын | Хоёрдмол |
| Туйлын | Бодитой Хоосон-Дүрсүүд | Бодолгүй | |
| | Хийсвэр Хоосон-Дүрсүүд | | |
| | Хоосон-Дүрсний Их Хань | | Хоёргүй |

*Хүснэгт 7-2: Хоосон-Дүрсний Төрөл*

Авшиг хүртээх ёслолын үеэр биднээс өөрсдийн хослох ханьтайгаа бэлгийн харьцаанд орж байгаагаар дүрслэхийг хүсэх болно. Тэрхүү ханийн маань бие бидний хүлээн авахуйд өртсөн объектыг төлөөлөх ба таалан энхрийлэх үйлдэл таашаал ургах нөхцөл болж өгөх болно. Сэтгэлд сэрэл төрөх үед бид таашаалын үзэгдлийг хоосон мөн чанараа тусгах суурь болгон ашиглана. Бид таашаалыг Бурханлаг чанарынхаа ердийн үзэгдэл – аливаа бодлоос бүрэн ангид хоосон дүрс мэтээр харах гэж оролдох болно.

Бумбын Авшгаар бид сэрүүн үеийн мэдрэхүйн үзэгдлийг ариусгахын сацуу амгалан цэнгэл эдлэх, цаашлаад Калачакрагийн Очирт-Лагшинг олох үйлийн барилдлага бий болгож байгаа билээ. Авшиг хосын биеийг сууриа болгодог учраас *Лагшин Мандлын Авшиг* гэж нэрлэгддэг билээ.

# Нууцын Авшиг

Хоёр дахь авшиг бол бидний ухамсар дахь таашаалт мөн чанар болох энэрэнгүй сэтгэлийн туйлын хэлбэр дээр анхаарлаа төвлөрүүлэхэд зориулагдсан *Нууцын Авшиг* юм. Харьцангуй түвшиндээ энэрэнгүй сэтгэлийн гол зорилго нь хамаг амьтныг зовлонгоос чөлөөлөх явдал байдаг бол Туйлын түвшиндээ энэхүү чөлөөтэй байдлын амт шимт нь амгалан таашаалыг мэдрэх явдал байдаг ажээ. Түйтгэр арилах болгонд амсах таашаал илүү хүчтэй болж бүхнийг хамарсан шинжтэй болон хувирч улмаар бидний туйлын мөн чанарын суурь нь таашаал гэдгийг илчлэн харуулдаг байна. Таашаал төгөлдөржиж гүйцэхэд бидний зовлонгийн бүх шалтгаан бүрэн арилдаг аж. Энэ бол Бурханлаг чанарын маань *аргын тал* юм. Энэ нь Калачакрагийн аргын энергитэй хослон эцэг гэж нэрлэгдэнэ.

Таашаал үзэгдэх замыг ойртон судалбал сэтгэлд зууралт хэр хэмжээтэй байгаатай машид холбоотойг олж мэдэх болно. Зууралт багасах тусам таашаал нэмэгдэж, харин хүчтэй байх тусам таашаал дарагдаж байдаг байна. Үүнээс үүдээд энэ замыг дадлага болгож байх үед мэдрэгдэж болох гурван түвшний таашаал байх боломжтой. Үүнд:

1. **Энгийн Таашаал:** Таны сэтгэл өөрөөс зуурах сэтгэлээр эзэмдүүлсэн байгаа үед хорвоог тачаалын нүдээр харж тэрхүү хүслээ хангахын тулд нөхцөл байдлыг өөрт ашигтайгаар өөрчилж эхэлдэг. Хүсэл түр зууртаа ханамж авах тохиолдолд бидэнд тааламжтай сайхан мэдрэмж төрөх нь бидний зовлонг түрхэн зуур тасална. Бидний одоогийн байгаа төлөв байдал ба бидний хүсэн тачааж байгаа төлөв хоорондын зай хэр хол байгаад үндэслэн бид янз бүрийн хэмжээний таашаал мэдрэх боломжтой. Жишээ нь, бид маш их даарч байгаа бол дулааныг хүсэх нь зайлшгүй. Хүссэн хэмжээндээ хүртэл авах таашаалын хэмжээ нэмэгдсээр байдаг. Хүссэн хэмжээндээ хүрсний хойно гэвч илүү халууныг мэдрэх нь дорхноо зовлон болж хувирах болно. Энэ бол энгийн таашаалын үнэн мөн чанар бөгөөд бидний авах таашаал ямагт хязгаарлагдмал байх болно.

2. **Хувирах Таашаал:** Бодлын зууралт арилах үед сэтгэлд жинхэнэ таашаал ургана. Энэ нь гүнзгий самади бясалгалд орсон хүний сэтгэлд л мэдрэгдэх ба Бурханлаг чанарын хийсвэр тал юм. Хүсэлт ертөнцөөс сэтгэл ангижрах үед бүдүүн үзэгдлээс зуурах зууралт түрхэн зуурт тавигдаж амгалан таашаалд умбан саатах болно. Сэтгэл нарийсах тусам таашаалын хэмжээ эрчимжиж ирнэ. Гэхдээ хэчнээн нарийслаа гээд хоёрдмол үзлийн хэтийн төлөвөөс хандаж л байгаа бол бидний авах таашаал бясалган уусахуйд умбаж байх тэр л үеэр хязгаарлагдана. Сансар орчлонгийн ёзоорыг үндсээр нь таслаагүй байгаа цагт бидний таашаал тогтворгүйгээс гадна үйл нисваанисаар мөн нөхцөлдсөөр байх болно.

3. **Үл-Урвахуйн Амгалан Таашаал:** Туйлын мөн чанартаа Бурханлаг чанар ямагт таашаалтай амгалан мөн. Энэ бол аливаа зовлонгийн ул мөр ч үгүй, бүхий л мэдрэмжийн тал болгонд хором бүхэнд арилшгүйгээр үзэгдэж байдаг зүйл. Бид өөрсдийнхөө зуурах, шунах сэтгэлээс болоод л түүнийг бүрэн мэдэрч чадахгүй байгаа нь үнэн. Хоосон-дүрс ухамсарласнаа төгөлдөржүүлснээр бид маш нарийн түвшний зууралтын үндсийг ч таслан арилгаж, авах таашаалыг маань хязгаарлан буй бэрхшээл, түйтгэр болгоныг үүрд устгах боломжтой. Тэгээд бидний сэтгэл аливаа зууралтаас төгс ангижирсан тийм төлөвт саатан удаанаар оршихыг бид *Үл-Урвахуйн Амгалан* гэж нэрлэдэг болой.

Бодол сэтгэхүй дарангуйлагдах үед л бид жинхэнэ таашаал амсах боломцоотой болохоор бодолгүйн аргуудаар л үүнд хүрч болно. Тийм учраас төгсгөлийн зэрэгт нарийн биеийн энергийн систем судал, хий, дуслуудтай харьцахад ихээхэн анхаарч байдаг билээ. Хоёрдмол ухамсар болон нарийн биеийн харилцан хамаарал дээр үндэслэн хамаагүй илүү, гүн гүнзгий самадид орох боломжтой бөгөөд энэ нь бидэнд нэн эрчимтэй хэлбэрийн таашаал  эдлүүлдэг. Зууралтаа үргэлжлүүлэн уусгасаар байж түүнтэй холбоотойгоор авах  таашаалын хэмжээ нэмэгдсээр хамгийн нарийн түвшний түйтгэрүүд ч эцэстээ арилах болно.

Энэ үйл явц ойртон дөхөх түймрийн галтай ойролцоо. Холоос халуун төөнөхийг мэдэрч, ойртох тусам гэрэл нь тодрон түлэх юу тааралдсанаа хаман хуйхлах нь нэмэгдэнэ. Тэрхүү дөлөн дотор хэрвээ саатан оршвол түймрийн гал бүхнийг залгин уусгаж сөрөг бүхнийг арилган, галын өөрийнх нь мөн чанар л дангаараа үлдэж хоцорно. Үүний адилаар Бурханлаг чанар бол түймрийн гал бөгөөд таашаал гэдэг түүний дулаан илч мөн. Хэрвээ бид нарийн биетэйгээ харьцан таашаалын мэдрэмжээ нарийсгаж чадвал туйлын үнэндээ маш ихээр ойртож чадна. Хэрвээ бид тэрхүү мөн чанартаа саатан оршиж чадвал үйлийн үрийн нөхцөлдөлт бүрэн шатаж гэгээрсэн тааллын амгалан таашаал гагцаар үлдэж хоцордог ажээ.

| Үнэн | Төрөл | Сэтгэл | Үзэгдэх Байдал |
|---|---|---|---|
| Харьцангуй | Энгийн Таашаал | Бодлын | Хоёрдмол |
| Туйлын | Хувирах Таашаал | Бодолгүй | |
| | Үл-Урвахуйн Амгалан | | Хоёргүй |

*Хүснэгт 7-3: Таашаалын Төрөл*

Авшгийн үеэр Очирт багшийгаа Вишваматагийн нэг талыг илэрхийлсэн илбийн ханьтайгаа хослон барилдсан Дүйнхор ядмын нэгэн салшгүй хэсэг болгон дүрслэхийг танаас хүсэх болно. Дүйнхорын Яб-Юм өөрөөсөө гэрэл цацруулан тоолшгүй олон гэгээрсэн бодгалиудыг залж авчрахад багшийн зулайгаар орон түүнд уусан шингэнэ. Тэгээд тэд нарийн биеийн охь болон хувирч гол судлаар доош уруудан доод сүвний амсарт очиж хуралдана. Дуслуудыг тэндээ саатуулан барьснаар багш үл-урвахуйн амгаланг амсана. Энэ сэтгэл нарийн биеийн охийг агуулсан нэгэн дусал болон үзэгдэж танд амсуулахаар санал болгоно.

Энэ дүрслэл бидний ердийн хүлээн авахуйг сорилтод оруулан ариунаар үзэхүйгээ сайтар хөгжүүлсэн байхыг биднээс шаардах болно. Энэ дүрслэлд Дүйнхор Вишвамата хоёр гэгээрэлд хүрэх гол арга болсон үл-урвахуйн амгалан хийгээд хоосон дүрсийн нэгдлийг төлөөлж байдаг. Нарийн биеийн дуслуудыг гэгээрсэн бодгалиудтай нэгтгэдэг нь тэдгээр дуслыг найдвартай туслагчаа болгоход бид суурилах ёстойг илтгэж байгаа юм. Хослон орохуйн нэгдэлд орсноор дуслууд хайлах учиртай ба бүр илүү нарийн түвшний таашаал амсуулахад тусалдаг байна. Дуслууд гол судлын доод сүвний үзүүрт ирж хуралдах үедээ үл урвахуйн амгалант таашаалыг бүтээдэг билээ.

Очирт багшаас бидэнд санал болгож байгаа нарийн биеийн охь бол энэхүү үл урвахуйн амгалант таашаалыг ухамсарлах чадвар юм. Охийг хэлээрээ амсахад бид ч мөн адил зохих судал, хий, дуслуудыг эзэмшин төрсөн болохоо таньж, тэгснээр мөн л үл урвахуйн амгаланг үүсгэж гэгээрэлд хүрэх чадвартай гэдгээ ухамсарлах болно. Энэ танилт маань тарнийн бясалгагч хүний хувьд хамгийн нууц түвшний итгэл одуулж буй хэрэг мөн.

Энгийн үед цус, үрийн шингэн зэрэг биеийн шингэн дур гутам заваан санагддаг бол Тарнийн Ёс биднийг энэ дургүйцэх сэтгэлээсээ халин гарч тэдгээрийн ер бусын мөн чанартайг танихад хүргэдэг. Тэрхүү цаад ариун чанарт нь итгэснээр бид өөрсдийгөө нарийн биеийн охь амсаж байгаагаар дүрслэн, түүнийг хүчтэй таашаал амсах хөшүүрэг болгон ашигладаг. Энэ таашаал маань цаашаа дуслуудын хоосон чанарыг мэдэх үндэс болж өгнө. Жинхэнэ авшгийн үеэр нарийн биеийн охь бэлгэдсэн дусал архи бидэнд амсуулах болно.

Нууцын Авшгаар бид зүүдний үеийн бодлын үзэгдлийг ариусган дээдийн цэнгэл таашаал эдлэх үрийг суулгадаг төдийгүй Цагийн хүрдний Очирт-зарлигийг олох үйлийн барилдлага тогтоодог билээ. Үл урвахуйн амгалан зөвхөн хоосон-дүрс дээр үндэслэн бий болж болдог тул цэнгэлийн эх уурхай бол *бхага* гэж ярилцдаг. Энэ санскрит үгээр Бурханлаг чанарын билгийн талын энергитэй хамтруулан билиг оюуны талыг төлөөлүүлэн хэлдэг байна. Тийм учраас энэ авшгийг *Бхага Мандлын Авшиг* хэмээн нэрлэдэг ажгуу.

## Билгүүний Авшиг

Гурав дахь авшиг бол *Дээдийн Амгалан ба Саруул Билгүүний Нэгдлийн Авшиг*, эсвэл зүгээр л Билгүүний Авшиг гэсэн ч болно. Эхний хоёр авшгаар бид хоосон дүрс ба таашаал хоёртой тус тусад нь танилцсан билээ. Ингэснээр тэдгээрийн шинж байдлыг тодхон ялгаж өөрсдийн мэдрэмжид үзэгдэх үед амар таньдаг болно. Харин энэ билгүүний авшиг дээр бид дээрх хоёрын хоорондын өвөрмөц харьцаан дээр анхаарлаа хандуулах болно. Бидний зорилго бол таашаал ба хоосон чанар хоёр хамтдаа байх учиртай бөгөөд нэг нь байгаа тохиолдолд нөгөөх нь заавал байх ёстой гэдгийг таних явдал юм. Энэ бол хослон гэгээрсэн Дүйнхор Вишвамата хоёроор төлөөлүүлдэг арга билгийн салшгүй тал билээ.

Бурханлаг чанарын энэ салшгүй талыг ойлгохын тулд бид харьцангуй үнэний хоёрдмол мөн чанарыг бодож үзэх хэрэгтэй. Бидний зовлонгийн шалтгаан бол гүнзгий суурилсан буруу үзэл бөгөөд дээдийн хоосныг ухаарах чадалгүй мунхгаасаа болоод ариун үзэгдлийг биднээс салангид, биеэ даасан бодит үнэн оршиж байна гэж төөрөлддөг. Түүний зэрэгцээгээр таашаалаа мэдрэх мэдрэмжээ хийсвэр үнэн гэж шунан тачааж байдаг. Ийнхүү бид бодит ба хийсвэр гэсэн хоёрдмол ойлголт гаргаж ирдэг энэ хуваагдал үнэн хэрэгтээ цэвэр төөрөгдөл бөгөөд огтоос оршдоггүй зүйл ажгуу. Энэ бол үнэндээ Бурханлаг чанарт нэг зүйлийг нөгөөгөөс илүүд онцлон үзэж тусгах бодлын зохиомол төөрөгдлөөс өөр юу ч биш билээ.

Бодит ба хийсвэр гэж бодох явдал бидний бодолдоо үүсгэсэн цорын ганц төөрөгдөл байдаггүй нь бүр гайтай хэрэг юм. Нэгэнт бид хоёрдмол үзэлд тушуулчихсан байгаа тохиолдолд бидний сэтгэл үзэгдэж байгаа юмсыг үргэлжлүүлэн салгаж ялгасаар байдаг. Бид мэдэрсэн зүйлээ дээр дээрээс нь давхарлан бүр илүү салгаж ялган будилсаар байдаг бөгөөд эцэст тоогүй олон хэсэг болон тарж бутарсан сэтгэлтэй болж хоцордог. Хэрвээ бид сэтгэлийнхээ салшгүй нэгэн мөн чанартай болохыг ухаарах юм бол эдгээр салгаж хуваасан хэсгийг дахин нэгтгэн нийлүүлж бүтэн болгож чадах юм.

Нэгтгэлийн энэ бүх үйл явц дөрвөн төрлийн үзэгдлийг нэгтгэх бөгөөд үүсгэсэн давхаргыг буцаах чиглэлээр хуулах дэвшилтэт чиглэлээр явагдана. Мэдрэмжийнхээ хамгийн бүдүүн давхаргаас эхлэн хамгийн нарийн давхарга хүртэл нэгтгэн нэгтгэсээр эцэст нэгэн мөн чанартай тунаж үлдэх учиртай. Үүнд:

1. **Үзэгдлүүд:** Эхний давхарга бол бидний мэдрэх эрхтнээрээ дамжуулан хүлээн авч буй үзэгдэл цөм бидний Бурханлаг чанараас салангид бодит зүйлс мөн гэсэн итгэлд суурилсан давхарга байдаг. Энэ шат мэдрэхүйн эрхтний үзэгдлүүдийн хоосон мөн чанартайг ухаарахыг онцолж үздэг. Бид харагдаж байгаа болгоныг хоосон-дүрс гэж үзэх үзлийг бий болгохоос эхлэн цааш нь энэ ухамсраа өргөжүүлэн бусад мэдрэхүйн эрхтний хүлээн авахуйг мөн хамруулж эхэлнэ. Энэ үйл явцын үр дүнд *Хоосон чанар ба Үзэгдлүүдийн Нэгдэлд* хүрэх болно.

2. **Ухамсар:** Хуваагдлын дараагийн давхарга бол сэтгэл гэдэг хүлээн авахуйд өртөж буй тэдгээр үзэгдлээс "өөр" тусдаа нэгэн зүйл гэсэн итгэлд суурилсан давхарга байдаг. Хоосон-дүрс үзэгдэх хором болгонд шижир тунгалаг ухамсар тэнд байдгийг таних замаар бид энэхүү мэдрэмжээ уусгах боломжтой. Энэ хоёр хамт үзэгдэхгүй цаг хором нэгээхэн ч үгүй бөгөөд тэд нэг нэгэндээ усанд ус юүлэх мэт холилдож эхлэх болно. Энэ үйл явцын үр дүнд *Хоосон чанар ба Ухамсрын Нэгдэлд* хүрэх болно.

3. **Хувирах Таашаал:** Хоосон чанар, ухамсар хоёр бол Бурханлаг чанарын бодит, хийсвэр хоёр талыг төлөөлдөг ба тэдний анх холилдох үед хүн хувирах таашаалыг амсдаг. Гэвч энэ таашаал нарийн хийн бие, сэтгэлийн хоорондын харилцан холбоог зохицуулж байдаг маш нарийн түвшний зууралтаасаа мөн л салаагүй, түүний нөлөөнд автсан хэвээр байдаг. Хий

гүйж л байгаа бол тэд хэлбэлзлийн хэв маяг үүсгэсээр бид түүнийг нь их бага хэмжээтэй таашаал болгон мэдэрч байдаг. Энэхүү хуваагдлыг арилгахын тулд бид бясалган уусахуйд умбах замаар хийн гүйдлийг бүрэн уусгах хэрэгтэй. Энэ үйл явцын үр дүнд *Хоосон чанар ба Амгалан Таашаалын Нэгдэлд* хүрэх болно.

4. **Үр-Урвахуйн Амгалан Таашаал:** Нарийн биеийн дуслуудад агуулагдах энерги бүх биеийн дагуу тархсаар байсан цагт хамгийн нарийн түвшний би-д барих үзэл арилаагүй үлдэж, хоёрдмол үзэгдэл мөн л үзэгдсээр байх болно. Дуслыг хайлуулах хийгээд гол судлын үзүүрт хурааж цуглуулах замаар хамгийн нарийн түвшний зууралт уусан арилж тэгснээр үл-урвахуйн амгалан таашаалыг гуйвшгүй мэдрэх явдлыг амьдруулах болно. Энэ үйл явцын үр дүнд *Үл-Урвахуйн Дээдийн Амгалан хийгээд Хоосон-дүрсийн Нэгдэлд* хүрэх болно.

Хэдийгээр энэ бүх нэгтгэлийн явцад бий болсон ухамсарлахуй туйлын үнэний хүрээнд өрнөх боловч тэдгээрээс эхний гурав нь түйтгэрт үлдэгдлийг арилгаж дуусаагүй байгаагаас хагас дутуу ухамсарлахуй гэж тооцогддог. Гагцхүү дөрөв дүгээрх нь л төгс хоосон-дүрсийг төгс амгалан таашаалтай нэгтгэсэн төгс ухамсарлахуй юм. Тийм учраас зөвхөн энэ ухамсарлахуй л хоёрдмол үзлээс ангид чөлөөтэй, туйлын үнэний төгс бүтсэн мэдрэмж гэж тооцогдох ажгуу.

| Үнэн | Нэгдэл | Суурь | Үзэгдэх Байдал |
|------|--------|-------|----------------|
| Туйлын | Хоосон чанар ба Үзэгдлүүд | Хүлээн авахуй | Хоёрдмол |
| | Хоосон чанар ба Ухамсар | Ухамсар | |
| | Хоосон чанар ба Амгалан Таашаал | Хийнүүд | |
| | Үл-урвахуйн Амгалан ба Хоосон-Дүрс | Нарийн дуслууд | Хоёрдмол-бус |

*Хүснэгт 7-4: Нэгдлүүдийн Төрөл*

Авшгийн ёслолын үеэр танаас өөрийгөө Дүйнхорын нэгэн тал бөгөөд өөрийн хосыг Вишваматагийн нэг тал болгон дүрслэхийг хүсэх болно. Хоёр этгээдийн зургаан гол хүрдэн тус бүрд таны Бурханлаг чанарын төлөөлөл Зургаан Бурханы Аймгийг илэрхийлсэн тарнийн зургаан үсгийг та дүрслэх болно. Эдгээр үсэг танд Дүйнхорын хувиршгүй амгалан туйлын чанартаа Вишваматагийн хоосон-дүрстэй нэгэн мөн чанартайг сануулах учиртай.

Эцэг ба эхийг дүрсэлснийхээ дараа нууцын эрхтнүүдийг тарнийн үсгээр тамгалсан очир ба лянхуа болгон дүрслэнэ. Ингэдгийн учир бол хувиршгүй амгалан ба хоосон-дүрс гэсэн хоёр тал өөрөө зүгээр зохиомол төөрөгдөл гэдгийг таниулах зорилготой. Хоосон-дүрс бол хувиршгүй амгалангийн мөн чанартай, хувиршгүй амгалан мөн хоосон-дүрсний мөн чанартай билээ.

Билгүүний Авшгаар бид бодит ба хийсвэр хоёрын хуваагдмал мэдрэмжийг багасгаж буй тул гүн нойрны үеийн хоёрдмол үзэгдлийн зууралтыг ариусгаж байгаа хэрэг. Энэ үйл явц аугаа цэнгэлийн их таашаал амсан эцэстээ Калачакрагийн Очирт-Тааллыг олох үйлийн үрийг суулгаж өгнө. Бид энэ авшгийг *Харьцангуй Бодь Сэтгэлийн Авшиг* гэж нэрлэдгийн учир бол таашаал мэдрэх зорилгодоо нарийн биеийн дуслуудыг суурь болгон ашиглаж Бурханлаг чанарынхаа салшгүй нэгэн хэсгийг ухамсарлахад зориулдагт оршино.

## Үгийн Авшиг

Дөрөв дэх авшиг бол *Үгийн Авшиг* бөгөөд туйлын үнэнийг илчлэн үнэний үнэн мөн чанарын илт мэдэлд хүргэх үгийг энд хэрэглэдгээс тэр ажээ. Энэ авшгийн гол анхаарал юунд байдаг гэхээр бодлын ойлголт дахь хоёрдмол үзэгдлийг шижир тунгалаг ухамсрын хоёргүй үзэгдлээс хооронд нь ялгаж таних явдал юм. *Юуг* мэдэх хэрэгтэй гэхээсээ илүү *яаж* мэдэх вэ гэдэгт асуудлын гол оршдог гэж болно.

Энэ цэгт тулж ирэх хүртлээ бид хоосон-дүрс, хувиршгүй амгалан хоёрын санааг нэгтгэх, тэдний салшгүй мөн чанартайг мэдрэх ухамсрыг хөгжүүлэхийг оролдож байсан. Усан санд туссан сарны тод тусгал мэт сарны дүр төрхийг мэдэхийн тулд бид усыг шууд бус замаар ашигладагтай адил эдгээр санаа бидэнд Бурханлаг чанартайгаа танил дотно болох чадварлаг арга болж өгч байгаа юм. Тэдгээр төөрөгдөл үнэн байж магадгүй боловч хуурамч мөн чанартай болохоор үнэний мөн чанарыг яг байгаагаар нь мэдрэхийн тулд тэдгээрийг урвуулах шаардлагатай. Тусгалыг нь зүгээр хараад зогсохын оронд бид сарыг өөрийг нь харах хэрэгтэй.

Үүнд хүрэх гол түлхүүр бол харьцангуй ба туйлын үнэний эцсийн чанарыг ялгаж таних хэрэгтэй. Энд бид "эцсийн" гэдэг үгийг хэрэглэхдээ язгуурын анхдагч билгүүний хэтийн төлөвөөс үнэн байдал хэрхэн мэдрэгдэж болох замыг хэлж байгаа билээ. Язгуурын билгүүн харьцангуй үнэнийг тээн авчрахдаа тэр нь өөрөөсөө бүтсэн зүйлгүй, огт хоосон зүйл учраас зүүд юм уу зэрэглээтэй адил юм. Гэвч тэр л билгүүн туйлын үнэнд саатан оршихдоо эцсийн мөн чанар нь хэмжээлшгүй гэгээрсэн чанараар пиг дүүрэн болохыг олж таних болно. Энэ бол хоёр үнэний хоорондын хуваагдал билээ.

Үүнийг ойлгохын тулд үнэний өөр өөр давхаргыг мэдэх чадвартай сэтгэлийн гурван төрлийг танtheir болно. Үүнд:

1. **Бодлын Ухамсар:** Энэ бол үнэнийг олон олон давхар төөрөгдлийн давхаргын цаанаас харж байдаг хамгийн бүдүүн хэлбэрийн хоёрдмол бодлын сэтгэл юм. Энэ бол мунхгийн түйтгэрээр бүрэн дарангуйлуулсан байх тул туйлын үнэнийг шууд мэдрэх бололцоогүй. Энд нуугдмал

үзэгдлийн мөн чанарыг илрүүлэх шууд бус арга болгон бодлоо ашиглах ёстой болдог.

2. **Бодлын-бус Ухамсар:** Энэ сэтгэл бясалган уусахуйн замаар бүдүүн бодлыг дарангуйлсан байдалд оруулна. Дундын зохиомол томьёоллын давхарга үгүйгээр сэтгэл туйлын үнэнийг шууд мэдэрч чадах болно. Гэхдээ бүрдэл цогцод агуулагдсан нарийн түвшний зууралт байсаар байх тул мөн л үйлийн үрийн нөхцөлдөлтөд орсон хэвээр байж юмсыг хоёрдмол байдлаар харсаар байх болно. Сэтгэшгүй ахуйн йогийн бясалгалын тусламжтай эдгээр зууралт багасан уусаж болох ба үнэний хамааралт мөн чанар хэзээ ч байгаагүй зүйл мэтээр үзэгдэх болно.

3. **Шижир Тунгалаг Ухамсар:** Энэ бол харьцангуй үнэн тэр чигээрээ уусан арилсан хоёрдмол-бус сэтгэл юм. Үйлийн үрээр нэгэнт нөхцөлдөхөө больсон байх тул энэ үед аливаа нэгэн төөрөгдөл үгүйгээр туйлын үнэний гэгээрсэн чанарыг ая зөнгөөрөө үзэж мэдэрч байх болдог. Ийм сэтгэл *бодлын найман хэт төөрөгдлийг* урвуулдагт: 1\ургах, 2\тасрах, 3\орших, 4\эс орших, 5\ирэх, 6\одох, 7\нэжгээд үгүй ба 8\олон үгүй гэсэн үзэл багтдаг. Ингэсэн сэтгэл л цаглашгүй ахуйн төгс бүтсэн мөн чанарт үүрд саатан оршиж чадна.

Дадлага бясалгалын явцад бид сэтгэшгүй ахуйн ухамсрыг хормын төдий ч атугай мэдрэх бололцоо гарч болох хэдий ч харин төгсгөлийн зэргийн дадлага сэтгэшгүй ахуйд удаанаар саатан оршихыг биднээс шаардах болно. Тийм учраас дараагийн хэсэгт бидний танилцах Гурван Хумилт хэмээх бясалгал ч мөн урьдчилсан бэлтгэлд тооцогдоно. Энэ бол бодлын урсгалыг таслан зогсоож сэтгэшгүй ахуйн ухамсрыг мэдрүүлж тогтворжуулахад хэрэглэдэг гол арга юм. Очирт Зургаан Йогийн дадлагаар сэтгэлээ нарийсгаж авснаар нэг л өдөр хоосон-дүрсийг хувиршгүй амгалантай нэгтгэсэн шижир тунгалаг ухамсарлахуй төрөх нь гарцаагүй юм. Тунгалаг ухамсрын ухамсарлахуйд хүрсэн цагт түүнийгээ төгөлдөржүүлэн байж Бурханы гэгээн таалалд хүрэх болно.

| Үнэн | Сэтгэл | Мөн Чанар | Үзэгдэх Байдал |
|------|--------|-----------|----------------|
| Харьцангуй | Бодлын Ухамсар | Зохиомол | Хоёрдмол |
| Туйлын | Бодлын-Бус Ухамсар | Хамааралт | |
| | Шижир Тунгалаг Ухамсар | Төгс-Бүтсэн | Хоёргүй |

*Хүснэгт 7-5: Сэтгэлийн Түвшнүүдэд*

Энэ авшгийн үед ямар нэгэн дүрслэл үүсгэх хэрэгцээ байхгүй. Харин танаас Бирузаны Долоон цэгт бясалгалын суудлаар суухыг хүсэж нүдээ том харан өмнийн огторгуйг ширтэж, сэтгэлээ нээлттэй уужим, тогтвортой байлгахыг хүсэх болно. Элдэв бодол санаа хийгээд аливаа нэгэн зуургалтаас сэтгэлээ чөлөөтэй байлгана. Очирт багш ярьж эхлэхэд тэдгээр үгсийн зүгээр л хоосон мөн чанартайг мэдрэн ямар ч байдлаар тэдгээрийг бодож тунгаах гэж оролдох хэрэггүй. Бие сэтгэл хоёроо ямар ч хөдөлгөөнгүй байдалд оруулах шаардлагатай.

Үгийн авшгаар бид бодлын урсгалыг түр зуур бүрмөсөн зогсоож бясалган уусахуйн төлөвийг ариусгах бурханлаг чанарын төөрөгдөлгүй үнэн амтыг мэдрэх болно. Энэ үйл явц бидэнд дотоодын цэнгэл таашаал эдлэх хийгээд Калачакра Ядам Бурханы Очирт-Билгүүнийг олох үйлийн үрийг суулгаж өгөх учиртай. Энэхүү авшиг туйлын үнэнийг шууд мэдрэх явдалд суурилдаг болохоор *Үнэмлэхүй Бодь Сэтгэлийн Авшиг* хэмээн нэрлэдэг ажгуу. Энд "Бодь сэтгэл" гэдэг үгээр төгс гэгээрсэн Бурханы л мэдэрч чадах гэгээрсэн тааллыг хэлж байдаг билээ.

# ДЭЭД АВШИГ ХҮРТЭХЭД ӨГӨХ ЗӨВЛӨГӨӨ

Дээд Дөрвөн Авшгийг шаардлага хангасан Очирт мастераас хүртэнэ гэдэг гайхамшигт хаант улсад орох хаалганы түлхүүр гардаж авахтай зүйрлэм ер бусын хэрэг билээ. Энэ явцад та нэгэн насандаа Бурханы хутагт хүрэхэд хэрэгтэй болгонтойгоо танилцаж авах болно. Түүнээс илүү аугаа нигүүлслийн илрэл, түүнээс илүү сайхан сэтгэл гэж хаа ч байхгүй юм. Тэрхүү гүнзгий туршлагын хувиргагч ул мөрийг сэтгэлдээ бүрэн дүүрэн үлдээж авахын тулд доорх хэдэн зөвлөгөөг санаандаа хадаж авах нь зүйтэй.

## Эгэл Жирийн Юмыг ч Ер Бусын Болгож Харах

Очирт хөлгөний бясалгагч бид эгэл амьдралынхаа зуршилт хэв маяг руу буцан гулгаж орохгүйн төлөө аль чадахаараа хичээх хэрэгтэй. Хэрвээ бид ариунаар үзэхүйг өөртөө бий болгож чадахгүй бол бүх зүйл нөгөө л харж дадсан байдаг л төрхөөр сэтгэл уяраах юмгүй гунигтай харагдсан хэвээр байх болно. Аливаа юмны сайныг олж харахаасаа өмнө дутагдалтай буруу талыг нь эхэлж харан шүүмжилсэн хэвээр байх болно. Шүүмжлэлт энэ хандлагын үр дүнд бид өөрсдийгөө авшгийн ёслолоор олж авах байсан тэр бүх адислалаас хаалттай байдалд оруулж орхино.

Юу мэдэрнэ гэж дэмий горьдож байсан дээрээ үндэслээд хуурмаг горьдлогоор сэтгэлээ дүүргэх нь тийм шүүмжлэлт байдал гарах шалтгаан болдог. Бид анхнаасаа л хурц, тод, гоё өнгийн гэрэл харна, эсвэл газраас хөөрнө ч гэдэг юм уу ямар нэгэн ер бусын зүйл мэдэрнэ гэсэн сэтгэлтэй тэнд очдог. Санаандаа яг таг төсөөлөл байхгүй байлаа ч юутай ч мөн л үнэний илтэд засварласан төлөвт хүрнэ гэсэн хүлээлт сэтгэлд хургасаар л байдаг.

Ингэж бодсоны уршгаар бүхий л авшгийн ёслолын үеийг хүлээлтийн байдалтай өнгөрүүлэх болж, үнэхээр ухамсарлахуйг төрүүлэх гэж оролдохын оронд өөрсдийн уран зөгнөлтэй харьцуулсан байнгын шүүмжлэлээр юм бүхнийг гоочлон суух болно. Зөгнөл хэр эрчимжсэн байхын хэрээр бидний "эгэлийн" мэдрэмж төдий чинээ үзэгдсээр байх болно.

Ийм занганаас зайлсхийхийн тулд бид эгэл жирийн юмсыг ч ер бусын болгон харж сурах хэрэгтэй. Эгэл жирийн юмсыг харахгүй гээд бидэнд өөр харах юм алга байна шүү дээ. Эгэл жирийн хором бүхэн, өдөр тутмын үзэгдэл болгон тухайн хормынхоо гүнзгий үнэнийг илрүүлэх боломж болж байдаг. Аз жаргал агшин бүрд нуугдаж байдаг. Үүнийг л таньж чадвал анхаарлаа одоо цагийн үнэнд байнга хандуулж дотоод ариун чанараа сануулан, юм бүхнийг хамгаас чухал, хэрэггүй зүйл ганц ч алга гэж хандах хэрэгтэй билээ.

Авшгийн өмнө бид энэ үйл явцын гол шимийг судалж уншсан байх шаардлагатай. Тэр л одоо цагаа хэрхэн ухамсарлаж байхын ач холбогдлыг тодруулан ойлгуулж, итгэлгүй юм уу сэжигтэй байдалд сэтгэлээ эзэмдүүлж орхихоос таныг хамгаалж байх болно. Очирт багшийн үгийг сонсож, янз бүрийн дүрслэл үүсгэхдээ мэдрэгдсэн болгоноо өөрийн Бурханлаг чанарын нэгэн тал хэмээн үзэж, түүнд төвлөрөхийг хичээж байх ёстой. Агаарт тархах сүрчгийн үнэр мэт ариун охь таны мэдрэмжийг дүүргэн тархах боломж өөртөө олгогтун.

## Сэтгэлээ Унаган Төлөвт нь Амраах

Хэдийгээр бид эхний гурван авшигт туслуулахаар дүрслэлийг ашигладаг нь үнэн, гэвч тэдгээрийн харьцангуй мөн чанартайг хэзээ ч мартаж болохгүй. Төгсгөлийн зэргийн уг суурь нь бодолгүйн ухамсарт орох явдал бөгөөд авшиг хүртээх ёслол сэтгэлийн энэ төлөвийг л бий болгохоор зохиогдсон билээ. Тийм учраас сэтгэлээ эцэс төгсгөлгүй бодлын урсгалд сатааруулалгүй байлгах ёстой бөгөөд, үнэндээ бодол нь авшгийн үйл явцад тохиолдож байгаа саад бартаанаас өөр юу ч биш юм.

Бодлын хөврөлтийг зогсоох цорын ганц арга бол ямар ч зууралтгүй, сатааралгүй сэтгэлийн төлөвийг бий болгох явдал юм. Тохиромжтой байрлал эзлэн суугаад нүдээ томоор харан байж өмнийн огторгуйд харцаа зөөлөн тогтооно. Авшиг хүртээх ёслолын ажиллагааг тээр цаана бүдгэрэн холдох бололцоо олгоод сэтгэлийнхээ орон зайд ухамсраа авчрагтун. Сэтгэлийнхээ нэгээхэн хэсгээр багшийн зааварчилгааг сонсох зуурт нөгөө үлдсэн хэсгээр сэтгэлд юу ургана тэр бүхнийг зүгээр ажигла.

Эхний гурван авшгийн үеэр та ингэж бясалгаж чадвал дөрөвдүгээр авшигт ороход таны сэтгэл учраа бүрэн олсон байх болно. Ингэснээр Гүрү багшийн зааж чиглүүлж өгч буй заавар болгоныг анхааралтай сонсохын хажуугаар сэтгэшгүй ахуйн бодолгүй төлөвт сэтгэлээ тогтвортой ухамсарлаж чадах болно.

# ГОЛ ХЭСГҮҮДИЙГ ЭРГЭН СӨХВӨЛ

- Цагийн хүрдний төгсгөлийн зэрэг сэтгэлийн туйлын мөн чанарыг илчлэх үүднээс бодолгүй ахуйн аргуудыг хэрэглэдэг. Эдгээр аргыг жинхэнэ ёсоор нь хэрэглэхийн тулд сэтгэшгүй ахуйн үзлийг эхлээд бий болгосон байх хэрэгтэй. Үүнийг хоёр шатаар гүйцэтгэнэ: 1\Дөрвөн Дээд Авшгийг хүртэх ба 2\Гурван Хумилтын бясалгалд орох юм.

- Сэтгэлийн маш нарийн түвшнийг мэдэх цорын ганц зам бол сэтгэлийг өөрийг нь ашиглах байдаг. Бид энэ мөн чанарыг мэдрэхийн тулд Гүрү багшийн зааавар зөвлөгөөнд найдах хэрэгтэй ба дараа нь бясалгалын тусламжтайгаар түүнийгээ өргөжүүлэх ёстой.

- Мэдрэмжийн дөрвөн төлөвөөс бясалган уусахуйн төлөвт л бодол сэтгэхүй дарангуйлагдсан байдалд ордог. Энэ төлөвт орж байж л төгсгөлийн зэргийн дадлага руу орох боломжтой.

- Төгсгөлийн зэрэгт бэлгийн харьцааг ашиглах бөгөөд учир нь уусахуйн төлөвийг үүсгэдэг цөөхөн хэдэн үйлдлийн нэг нь бэлгийн харьцаа мөн. Үүнийг энэ замд хэрхэн ашиглаж болохыг сурснаар үнэний туйлын мөн чанарыг ухамсарлах хязгааргүй хүчирхэг аргыг эзэмших болно.

- Бясалган уусахуйн бодолгүй төлөвийг шавь нартаа танилцуулахдаа Очирт мастер гурван зүйлийг ашигладаг нь: 1\Машид ихээр боловсорсон сэтгэлтэй шавь нарт өнгөрсөн төрлийн дадлагын үндсийг танилцуулах, 2\Нэн арилсан үзэлтэй шавь нарыгаа бодит хосод түшиглүүлэх, 3\Үзэгдэл нь арилаагүй шавь нарт бэлгэдлийн дүрслэлд түшиглэх аргыг хэрэглэдэг.

- Дээд Дөрвөн Авшгийн үйл явцын ерөнхий байгууламж Нялхсын Долоон Авшигтай адил мөн гурван хэсгээс тогтоно: 1\Урьдатгал, 2\Жинхэнэ авшиг ба 3\Холбогдох дадлагууд юм.

- Дээд Дөрвөн Авшиг бол: 1\Бумбын Авшиг, 2\Нууцын Авшиг, 3\Билгүүний Авшиг ба 4\Үгийн Авшиг билээ. Эхний гурав нь харьцангүй, сүүлчийнх нь туйлын үнэнд түшиглэнэ.

- Бумбын авшгийн гол шим нь үзэгдлүүдийн хоосон чанартай танилцуулах явдал. Энэ авшгаар 1\Мөнхгаар бүтээгдсэн үйлийн үрийн үзэгдэл, 2\Бурханлаг чанарын үзэгдэх унаган хэлбэр хоосон-дүрсийн хоорондын ялгааг танихад тусална.

- Хоосон-дүрсийг гурван төрөлд хувааж үзэж болно: 1\Ухамсраас салангид үзэгдэх бодит хоосон-дүрс, 2\Ухамсраас салшгүй үзэгдэх хийсвэр хоосон-дүрс ба 3\Бүхий л талыг агуулсан дээдийн хоосон чанарыг мэдрэх буюу Хоосон-дүрсний Их Хань билээ.

- Нууцын Авшгийн гол шим нь ухамсрын амгалан таашаал бүхий төлөвтэй таныг танилцуулах байдаг. Энэ авшиг бол 1\Зовлонг түр зуур таслах явдалд суурилсан энгийн таашаал, 2\Бясалган уусахуйн төлөвт суурилсан хувирах таашаал ба 3\Маш нарийн түвшний зууралтаас ангид чөлөөтэй сэтгэлд ургах үл-урвахуйн амгалан, энэ гурвын хоорондын ялгааг таниулах явдал билээ.

- Билгүүний Авшгийн гол шим нь хоосон чанар ба амгалан таашаалын салшгүй байдалтай танилцуулах явдал юм. Энэхүү салшгүй чанарыг ойлгохын тулд  мэдрэмжийн дөрвөн төрлийн нэгдлийг бий болгоход анхаарах хэрэгтэй нь: 1\Бүхий л юмс үзэгдлийн хоосон чанартайг ухаарсан дээр суурилсан Хоосон чанар ба Үзэгдлүүдийн Нэгдэл, 2\ Сэтгэлд ургах хоосон-дүрснүүд ухамсартай нэгдэж байдгийг таньсан сэтгэлд суурилсан Хоосон чанар ба Ухамсрын нэгдэл, 3\Дотоод хийг нарийн дуслуудад уусгаснаар бий болох Хоосон чанар ба Аугаа Амгалангийн Нэгдэл болон 4\Нарийн биеийн дуслуудыг гол судлын доод үзүүрт аваачиж цуглуулснаар бий болох Үл-Урвахуйн Амгалан хийгээд Хоосон-дүрсийн Дээдийн Нэгдэл билээ.

- Үгийн Авшгийн гол шим нь туйлын үнэний мөн чанарыг шууд таниулах явдал мөн. Энэ авшиг 1\Үнэний зохиомол мөн чанарыг таньдаг бодлын ухамсар, 2\Үнэний хамааралт мөн чанарыг таньдаг бодлын-бус ухамсар ба 3\Үнэний төгс бүтсэн мөн чанарыг таньдаг шижир тунгалаг ухамсар гурвын хоорондын ялгааг танихад туслах явдал билээ.

- Дөрвөн Авшгийг хүртэхэд сэтгэлээ элдэв горьдлогоос бүрэн чөлөөлсөн байх хэрэгтэй. Анхаарлаа тухайн хоромд сэтгэлд урган буй зүйлд төвлөрүүлэхийг ямагт хичээх ёстой. Аливаа нэгэн шүүмжлэлт сэтгэл төрүүлэхээс зайлсхийж ариунаар үзэхүйгээ баллаж орхихгүйг чадах хэрээр хичээх нь зүйтэй.

- Эхний гурван авшгийг сэтгэлээ унаган төлөвт нь хэрхэн оршоох арга болгон ашиглах хэрэгтэй. Тэгж чадвал дөрөв дэх авшиг хүртэх үедээ сэтгэшгүй ахуйн төлөвт орооход хялбар дөхөм болсон байх болно.

# Гурван Аглаг

## *Нарийн Биеийг Ашиглаж Шаматад Хүрэх Арга*

Дээд Дөрвөн Авшгийг бид мод бутан дунд нуугдсан ховордсон гоёмсог амьтдыг зааж үзүүлэх амьтны хүрээлэнгийн ажилтны үйлдэлтэй зүйрлэн бодож болно. Заасан зүг рүү нь харцаа чиглүүлэхэд уг амьтны шинж төрхийг дүрслэн хэлж өгөх нь чухам юу олж харах гэж зорих ёстойг бидэнд хэлж зааж өгдөг билээ. Дараа нь анхааралтай шинжин ажигласны дүнд бид тухайн дүрсийг арынх нь дэвсгэрээс салган таньж чадах тэрхэн мөчид урьд нь олж хараагүй байсан зүйл маань бидний нүдэнд илэрхий болж ирнэ.

Үүнтэй адил, багшийн зааврыг дагаж бид сэтгэлийнхээ гүн рүү өнгийн харснаар тэртээд нуугдсан гайхам үнэнээ олж илрүүлэхээр зоригжин зүтгэнэ. Тэгээд бас Бурханлаг чанарын тал болгонтой танилцан дотносож хэрхэн үзэгдэх талаар ойлголттой болно. Эцэст нь, унаган мөн чанартаа удаанаар саатаж чадах болсноор туйлын үнэнийг шууд мэдрэх ч боломж гарч мэднэ. Хэрвээ бидний аз дайрах юм бол бэрхшээл түйтгэр сулран арилж нандин үнэнийхээ зах зухыг ч болтугай хальт хараад орхиж магадгүй.

Тийм зэрвэсхэн үзэгдэл төдий, магадгүй зөвхөн авшгийн үеэр үзэгдээд өнгөрч ч мэдэх боловч бидний зуршил болсон хандлага эргэж давтан үзэгдээд байдаг шиг сэтгэлийн маань мөн чанарын гүнзгий энэхэн мэдрэмж эртний нэгэн дурсамж адил сэтгэлд хадагдан хоцрох болно. Тийм учраас бид Цагийн хүрдний Төгсгөлийн Зэргийн хурдан замд давшин орохынхоо өмнө сэтгэлээ өөрийнх нь унаган төрх байдалд оршоож чаддаг болсон байх хэрэгтэй юм. Нэгэн үзүүрт төвлөрөл Амирлан Оршихуйд хүрснээр үүнийг гүйцэлдүүлж болно.

Амирлан Оршихуйд хүрэх олон арга бий боловч Цагийн хүрдний Зам дахь оньс зааварт үзүүлсэн техник хамгаас онцгой үр дүнтэй байдаг. Ийм төрлийн бясалгал яагаад бусдаас ялгаатай байдаг вэ гэвэл бие сэтгэлийн хоорондын холбоог гүнзгий ойлгодгоос буюу Цагийн хүрдний систем дэх судал, хий, дуслын тухай мэдлэгээс шалтгаалдаг ажээ. Энэ онолыг төгсгөлийн зэргийн суурийг бүтээдгийн хувьд бясалгалын техникийн ерөнхий дүр зурагтай танилцахаасаа өмнө бидний хэлэлцвэл зохих асуудал мөн гэж би бодном.

# ЦАГИЙН ХҮРДНИЙ ДАГУУХ НАРИЙН БИЕ ГЭЖ ЮУ ВЭ?

Хоёрдмол сэтгэлийн хөдөлгөөнөөс ургах хийн энергийн хэв маягаас хүний *дотоод хийн нарийн бие* хэлбэржиж байдаг. Нарийн түвшний хийн өөрчлөлт бодит физик бие махбод гэх мэтийн гадаад бүдүүн үзэгдлийн хувиралд нөлөөгөө үзүүлж байдаг. Мөн түүнчлэн гадаад физик бие махбодын өөрчлөлт нарийн биеийн ажиллагаанд нөхцөлдөн үйлчилж сэтгэлд мэдрэмж ургуулдаг. Ийм маягаар энэ хоёр цаг ямагт хутгалдаж орших ажээ.

Төгсгөлийн Зэргийн йогийн техникийг амжилттай дадуулахын тулд нарийн бие хэрхэн ажилладгийг ойлгох зайлшгүй шаардлагатай. Мэргэжлийн эмч хүний хэмжээнд хүртэл мэдэх хэрэггүй ч гэлээ гурван гол бүрдэл хэсгийг мэдэх нь энэ системд хангалттай болох бөгөөд: 1\хүрд ба судал, 2\дотоод хий болон 3\нарийн биеийн дуслууд үүнд багтдаг. Эдгээрийг одоо бид нэг бүрчлэн шинжилж үзнэ.

## Хүрд ба Судал

Дотоод хийн урсан гүйдэг замыг *судал* гэнэ. Урт ба өргөн хоёр хэмжээсээр дүрсэлж үзүүлбэл артери, венийн судас шиг буюу нарийхан урт хоолой мэт дүрсэлж болох боловч тэдэн шиг тийм бүдүүн хэлбэрийн биет зүйл гэж бодохоос сэргийлбэл зохино. Үнэндээ судал бол нүдэнд гал улалзах ч юм уу шөнийн цагаар хурдны зам дээр давхих машинууд гэрлэн хэлбэр үүсгэдэгтэй зүйрлэвэл илүү адилхан болох байх. Биеийн тодорхой хэсгээр энерги гүйж буйг мэдэрч байгаа сэтгэлийн л хэв маяг тэр болохоос үнэн хэрэгтээ бодит биет ямар ч гуурс хоолой бүхий тогтолцоо тэнд үгүй ажгуу.

Нас биед хүрсэн хүний бие махбодод барагцаагаар 72,000 судал байх бөгөөд төв мэдрэлийн системийн төвөгтэй байгууламжтай төстэй, будилам ээдрээтэй хэлбэр үүсгэж байдаг гэж үздэг. Тэр их ойлгохын эцэсгүй сүлжээг хялбарчлах үүднээс төгсгөлийн зэрэгт хэрэглэдэг тодорхой үзүүлэлт дээр л бид зөвхөн анхаарлаа хандуулах бөгөөд тэдгээрийг гурван гол бүлэгт хуваан үзэж болох нь: 1\Гурван судал, 2\Гол хүрднүүд ба 3\Хоёрдогч хүрднүүд билээ.

## *Гурван Судал*

Судлын системийг гурван гол судалд хуваан үзэх нь судлахад хамгийн амархан арга бөгөөд биеийн зүүн тал, биеийн баруун тал ба голын судлууд билээ. Хажуугаар салаалан гарсан өөр олон судлаас үл хамааран тэд гурван том бүлэгт үндэслэсэн байдаг нь судлын гол их биеийг үүсгэдэг ажээ.

1. Гол Судал \скт.авадути, төвөд.ума\: Энэ судал хоёр хөмсөгний голын цэгийн харалдаа ар дагзны дээхнэ зулайн араас эхлэн нурууны ясны

дагуу доошилж бэлэг эрхтний үзүүр хүртэл үргэлжилнэ. Хүйсний дээд талын энэ судлыг Раху, харин хүйсний доод талынхыг Калагни судал гэж нэрлэнэ.

2. **Зүүн Судал \скт.лалана, төвөд.кяанма\:** Энэ судал зүүн хамрын нүхнээс эхлээд доош гол судалтай зэрэгцэн анус хүртэл үргэлжилнэ. Хүйснээс дээд талынхыг саран судал, хүйснээс доод талынхыг ялгадасны судал гэнэ.

3. **Баруун Судал \скт.разана, төвөд рома\:** Энэ судал баруун хамрын нүхнээс эхлэн доош гол судалтай зэрэгцэн урсаж бэлэг эрхтний үзүүр хүрэн төгсөнө. Хүйсний дээд талын судлыг наран судал, хүйснээс доод талынхыг шээсний судал гэнэ.

| Байрлал | Судал | Нэр | Өнгө |
|---|---|---|---|
| Хүйснээс Дээш | Төв Судал | Авадути | Ногоон |
| | Зүүн Судал | Лалана | Цагаан |
| | Баруун Судал | Разана | Улаан |
| Хүйснээс Доош | Баруун Судал | Меса | Хар-Хөх |
| | Зүүн Судал | Пингала | Шар |
| | Төв Судал | Шанкини | Цэнхэр |

*Хүснэгт 8-1: Гол Гурван Судал*

## Гол Хүрднүүд

Баруун ба зүүн судал төв судалтай зургаан цэгт огтлолцож энергийн төвлөрөл үүсгэж байдгийг *хүрд* гэж нэрлэдэг. Эдгээр энергийн төвүүд хийн зангилаа үүсгэн дахин зүүн ба баруун судлаар хийнүүдийг хуваарилан урсгадаг бөгөөд өөр олон салбар судал үүсдэг гол шалтгаан болж өгдөг ажээ. Хурдны зам дээр мөн ийм огтлолцсон тойрог байдгийг санавал ойлгоход амархан байх болно.

Биеэр гүйж байгаа хий бүхэн эдгээр хүрдээр дамжих учиртай болохоор бидний дадлагад маш чухал ач холбогдолтой билээ. Эдгээр хүрдний байгууламжтай танил дотно болсноор өөрсдийн хийн гүйдлийг маш нарийн замаар урсгах боломжтой. Цагийн хүрдний сургаалд үзүүлдэг зургаан гол хүрдийг жагсаавал:

1. **Нууцын Хүрд:** Энэ хүрд бэлэг эрхтний уг орчим байрлах бөгөөд гурван давхарга бүхий судал эндээс салаалан гардаг. Хамгийн дотоод давхаргад зургаан судал байдгийн дөрөв нь хоёр салаалсан байх ба голын давхаргын арван судлыг үүсгэх ажээ. Эдгээр арваас зургаа нь хоёр хоёр салаалсан нь гадаад давхаргын арван зургаан судлыг үүсгэнэ. Гурван судал бүгд нийлээд гучин-хоёр судал үүсгэх нь бүдүүн хийнүүд түүгээр гүйдэггүйн

улмаас "хоосон судлууд" гэж нэрлэгддэг байна.

2. **Хүйн Хүрд:** Энэ хүрд хүйсний нүхнээс дөрвөн хуруу орчим доор байрлах ба дөрвөн давхар судлаас бүтнэ. Хамгийн дотор давхаргад голоосоо салаалсан дөрвөн судал бий бөгөөд тус бүр хоёр хоёр салаалсан нь эхний дунд давхаргын найман судлыг үүсгэнэ. Энэ найм дахин тус бүр хоёр хоёр салаалсан нь хоёрдугаар дунд давхаргын арван-зургаан судлыг үүсгэнэ. Энэ арван-зургаагийн дөрөв нь мөн хоосон судал хэмээн тооцогдох тул үлдсэн арван-хоёроор нь бүдүүн хийнүүд гүйлддэг байна. Эдгээр арван-хоёр тус тус таван салбарт хуваагдах нь нийлээд гадаад давхаргын жаран судлыг үүсгэдэг.

3. **Зүрхний Хүрд:** Энэ хүрд хүйн хүрднээс дээш яг арван-хоёр хуруу хагасын зайд оршиж голоосоо найман салаа судал салбарлуулна: 1\Зүүн судал *рохини,* 2\Зүүн өмнөд *хастижихва,* 3\Өмнө судал *пингала,* 4\Баруун өмнө *пушиа,* 5\Баруун *жаяа,* 6\Баруун хойд *аламбуса,* 7\Хойд *мэса* ба 8\Зүүн хойд *куха* юм.

4. **Хоолойн Хүрд:** Энэ хүрд зүрхний хүрднээс дээшээ яг арван-хоёр хуруу хагасын зайд орших ба түүний гурван давхаргын хамгийн дотор талынх өөрөөсөө найман судал салбарлуулна. Энэ найм мөн цаашаа хоёр салаалж арван-зургаа, тэдгээр нь цаашаа тус бүр хоёр салаалж гучин-хоёр болно. Эдгээрээс дөрөв нь хоосон судал хэмээн тооцогддог ажээ.

5. **Духны Хүрд:** Энэ хүрд хоолойн хүрднээс дээш яг арван-хоёр хуруу хагас өргөнтэй тархины голд хоёр давхарласан судал үүсгэн байрлана. Дотор талын давхарга найман судалтай нь тус бүр хоёр салаалж гадаад давхрын арван-зургаан судлыг үүсгэнэ. Эдгээрээс хоёрыг нь хоосон судлууд гэж тооцдог байна.

6. **Зулайн Хүрд:** Энэ хүрд толгойн орой дээр байрлах бөгөөд төвөөс нь дөрвөн судал салаалан гарсан байна.

| Байрлал | Өнгө | Салбарын Тоо | Давхрын Тоо | | | |
|---------|------|--------------|-------------|----|----|----|
| Зулай | Ногоон | 4 | 4 | | | |
| Дух | Цагаан | 16 | 8 | 16 | | |
| Хоолой | Улаан | 32 | 8 | 16 | 32 | |
| Зүрх | Хар-хөх | 8 | 8 | | | |
| Хүйс | Шар | 64 | 4 | 8 | 16 | 64 |
| Нууц | Цэнхэр | 32 | 6 | 10 | 16 | |

*Хүснэгт 8-2: Зургаан Гол Хүрднүүд*

## *Хоёрдогч Хүрднүүд*

Зургаан гол хүрдтэй холбоотой нийт 156 салбар судал танигдсан байдаг. Йогийн дадлагын үүднээс харвал бидэнд хэрэгтэй судлууд цөм үүнд багтаж байгаа боловч өөр судал бас биед илэрсэн тохиолдолд бид тэрийг мэдэж байх нь хэрэгтэй. Салбар судлын огтлолцдог олон жижиг цэг хоёрдогч хүрднүүд үүсгэж байдаг болохоор тэдгээрийг хоёр бүлэгт хувааж үзүүлэх болно.

1. **Эрдэнийн Хүрд:** Энэ хүрд бэлэг эрхтний хамгийн үзүүрт доод сүвний төгсгөлд байрлана. Төгсгөлийн зэрэгт ороход энэ хүрд маш их чухал ач холбогдолтой бөгөөд үл урвахуйн амгалан таашаалд хүрэхийн тулд бүх нарийн биеийн дуслыг тэнд хурааж цуглуулах хэрэгтэй билээ.

2. **Хөдөлгөөний Хүрд:** Эх бичигт өгүүлснээр хүний биед нийт гурван зуун жаран үе байдгийн үе болгоныг хүрд гэж үздэг. Тэдгээрийг хөдөлгөөний хүрд гэж нэрлэх бөгөөд учир нь тэр нь бидний үе мөчөө хөдөлгөн байж өөр бусад үйлдэл хийх боломжийг өгдөг. Гол хөдөлгөөний хүрднүүд дөрвөн мөчний арван-хоёр үе ба гар хөлийн жаран үед байдаг.

# Дотоод Хийнүүд

Нарийн бие цагийн явцад өөрчлөгдөн хувирах явдлыг *дотоод хий* гэж нэрлэдэг. Тэдний хэрхэн үйл ажиллагаагаа явуулдгийг ойлгохыг хүсвэл далайд үүсдэг давлагааг бодох хэрэгтэй. Дэлхийн татах хүч ба сарны нөлөөллөөр далайн ус зүг зүгт таталт, түлхэлт өгөн янз бүрийн өөр хэсэгт түвшин нь нэмэгдэх ба буурах зэргээр давлагаа үүсгэж байдаг. Ус нэг газарт хуримтлаад ирэхээр давлагаа болон босож ирнэ. Давлагаа өндөр байх тусам хөнөөл ихтэй буух бөгөөд тэгж байж далайн энергийг далайд нь буцаан оруулж байдаг байна. Ийнхүү далайн гадаргуу одоогийн буй өөр өөр давлагаанаас шалтгаалан байнга өөрчлөгдөн хувирч байдаг.

Үүнтэй адил, нарийн бие бол яг л далайн энерги гэсэн үг. Сэтгэлийн нөлөөгөөр хийнүүд өөр өөр чиглэл рүү татагдаж түлхэгдэн зарим хэсэгт хуримтлагдан зарим хэсэгт шингэрч байдаг. Дээр дурдсан хий ба хүрднүүдийн систем бол сэтгэл дэх бодлын үр дүнд үүсдэг хэв маягийн ерөнхий хэлбэр юм. Сэтгэлийн төлөв байдлаа өөрчлөх нь түүнтэй холбоотой энергийн хэлбэрийн өөрчлөлтөд нөлөөлнө. Давлагаатай адил хэр их энерги хуримтлагдана тэр энерги бие махбодод эргээд шингэнэ. Энэ үйл явц цагийн явцад аажуу үргэлжилж болно эсвэл нөхцөл байдлаас шалтгаалан мөн хүчтэй тэсрэлттэй гарч болно.

Хий энерги биеэр гүйхэд сэтгэл мөн адил хамтдаа гүйх нь хурд хөлөглөсөн морьтон шиг ажээ. Сэтгэлийн хөдөлгөөнд бодол нөлөөлөхөд хийн гүйдэл мөн сэтгэлд бодол үүсгэнэ. Энэ харилцан хамаарал нь энэ хоёр үйл явц бие, сэтгэл хоёрын хөдөлгөөнийг адил  тэтгэж байдгийг илтгэнэ.

Үүнийг ойлгохын тулд бид дотоод хийгээ зүгээр нэг амьсгал орж гарч байгаагаар төсөөлж болохгүй. Хүрд ба хийнүүд бүдүүн хэлбэрийн үзэгдэл биш ч гэлээ тэдгээрийг нарийн биеийн өөр өөр тал гэж үзвэл илүү оновчтой болно. Судлууд бол энергийн одоогийн үзэгдэх хэлбэр ба хий тэрхүү хэлбэрийг үүсгэдэг хийнүүдийн өөрчлөлтийн хэв маяг юм. Эдгээр хэв маягийг бид "хөдөлгөөн" гэж нэрлэдгийн учир бол нэг төлөвөөс өөр нэг төлөвт шилжиж байдгаас тэр аж. Хийнүүд идэвхтэй ажиллаж байх үед систем идэвхтэй, харин тэд дарангуйлагдсан үед систем тогтвортой байдалд ордог байна.

Замнан буй замаа хүндэтгэх үүднээс бид 1\Таван гол хий ба 2\Таван туслах хийний талаар мэдсэн байвал зохино. Бидний бодол сэтгэхүй нарийн биед хэрхэн нөлөөлж байдгаас шалтгаалсан арван өөр хэв маягийг эдгээр хий төлөөлдөг. Хоорондоо хамааралгүй учраас хүчтэй, сул өөр өөр олон хий нэгэн зэрэг идэвхтэй байх боломцоотой. Хэчнээн хүчтэй ба сул байхаас үл шалтгаалан бүрэн уусчхаагүй л бол хий нь нарийн биед ямагт нөлөөгөө үзүүлсээр байдаг байна.

## Гол Хийнүүд

Сэтгэлийн дэмжлэгтэйгээр биеийг хөдөлгөх замаар явагдах үндсэн механизмыг хийлгэдэг таван гол хий байдаг. Эдгээр хий үгүйгээр бид бие махбодын ямар ч үйлдлийг гүйцэтгэх боломжгүй бөгөөд бие сэтгэлийн хоорондын холбоо алга болох билээ.

1. **Амьдралыг Тэтгэгч Хий:** Энэ хий амьсгал авах, залгих гэх мэт гаднаас авч буй энерги юм уу  төвлөрсөн энергийн *агших* хэв маягтай холбоотойгоор бүх хүрдийг эзлэн гүйж байдаг. Огторгуй махбод ба Акчобия Бурханы аймагт хамаарах ажээ.

2. **Доош Зайлуулагч Хий:** Энэ хий мөн бүх хүрдээр тархан гүйх бөгөөд амьсгал гаргах, ялгадас гадагшлуулах, шээх мэтийн түлхэн гаргах энергийн *тэлэх* хэв маягтай холбоотой байдаг. Ухамсрын махбод ба Базарсад Бурханы аймагт хамааралтай.

3. **Гал-Дагуулагч Хий:** Энэ хий зүрхний хүрдний зүүн дэлбээнээс гаралтай. Хоол боловсруулах гэх мэт бие махбодын өөрчлөлтийн үйл явцыг тэтгэх зориулалттай энергийн бөөгнөрөл болох *хуримтлалын* хэв маягтай холбоотой байдаг. Хий махбод болон Амогасидди Бурханы аймагт хамаарна.

4. **Дээш Чиглэлтэй Хий:** Энэ хий зүрхний хүрдний өмнөд дэлбээнээс гаралтай ба бие махбодын нэг хэсгээс нөгөө хэсэгт хий түгээх энергийн *чиглэлийн* хэв маягтай холбоотой байдаг. Түүний хөдөлгөөнийг бид ярих,

дурсамжаа эргэн санах, зүтгэл гаргах гэх мэт үйлдэл гүйцэтгэхэд хэрэглэх бөгөөд бидний сэдэл зорилготой нягт уялдаатай байдаг. Гал махбод болон Раднасамбава Бурханы Аймагт хамааралтай.

5. **Бүхнийг Хамрагч Хий:** Зүрхний хүрдний хойд дэлбээнээс гаралтай энэ хий биеийн бүх эд эсэд тархах энерги үүсгэдэг *холбоосны* хэв маягтай холбогддог.Энэ хийн тусламжтайгаар бидний явах ба гараа хөдөлгөх гэсэн сэтгэлийг бие махбод гүйцэлдүүлж чадаж байдаг бөгөөд усан махбод болон Амитаба Бурханы аймагт хамааралтай ажээ.

| Нэрс | Махбод | Хэв Маяг | Үйл ажиллагаа |
|------|--------|----------|---------------|
| Амьдрал Тэтгэгч | Огторгуй | Агших | залгих, амьсгал авах, төвлөрөх |
| Доош Зайлуулагч | Ухамсар | Тэлэх | ялгадас, шээс, шингэн гадагшлуулах |
| Гал Дагуулагч | Хий | Хуримтлуулах | хоол боловсруулах, мэтаболизм |
| Дээш Чиглэсэн | Гал | Чиглэл | ярих, санах дурсах, хичээх |
| Бүхнийг Хамрагч | Ус | Холбоос | мотор үйлдлүүд |

*Хүснэгт 8-3: Гол Таван Хийнүүд*

## Хоёрдогч Хийнүүд

Гол хий сэтгэлийн биед хэрхэн нөлөөлөхтэй онцгойлон холбогдож байдаг бол хоёрдогч хийнүүд нь сэтгэлд бие махбод хэрхэн нөлөөлөл үзүүлж байдагт голлодог. Ялангуяа, дараах таван хий мэдрэхүйн эрхтнүүдэд өөр өөр үзэгдэл ургах механизмыг удирдаж байдаг.

1. **Лусын Хий:** Зүрхний хүрдний баруун дэлбээнээс гаралтай энэ хий харааны мэдрэмж төрөх үндэс болдог. Энэ хий идэвхтэй байгаа үед бид дүрс харах хэв маягийг мэдэрнэ. Шороон махбод болон Бирузана Бурханы Аймагт хамаардаг.

2. **Мэлхий Хий:** Зүрхний хүрдний зүүн өмнөд дэлбээнээс гаралтай энэ хий сонсголын мэдрэхүйн үндэс болдог. Энэ хийг идэвхтэй байх үед бид дуу чимээ сонсох хэв маягийг мэдрэх бөгөөд хий махбод болон Амогасидди Бурханы Аймагт хамаарч оршино.

3. **Гүрвэл Хий:** Зүрхний хүрдний баруун өмнөд дэлбээнээс гаралтай энэ хий үнэрлэх эрхтний мэдрэмж төрөхийн үндэс суурь болох бөгөөд түүний идэвхтэй байх үед бид үнэр үнэртэх хэв маягийг мэдэрнэ. Хий гал махбод болон Раднасамбава Бурханы Аймагтай холбоотой оршино.

4. **Девадатта Хий:** Зүрхний хүрдний зүүн хойд дэлбээнээс гаралтай энэ хий амтны мэдрэхүйн үндэс болдог бөгөөд түүнийг идэвхтэй байх тохиолдолд

бид төрөл бүрийн амт мэдэрч байдаг байна. Энэ хий усан махбод болон Амитаба Бурханы Аймагт хамаарч оршино.

5. **Данамжаяа Хий:** Зүрхний хүрдний баруун хойд дэлбээнээс гаралтай энэ хий хүрэлцэхүйн мэдрэмж төрөх үндэс болдог ба түүнийг идэвхтэй байх үед бид хүрэлцэх сэрлийн хэв маяг мэдэрч байдаг. Энэ хий шороон махбод болон Бирузана Бурханы Аймагт хамааралтай оршдог байна.

| Нэрс | Махбод | Хэв Маяг | Үйл Ажиллагаа |
| --- | --- | --- | --- |
| Лус | Шороо | Дүрс | Харах Мэдрэхүй |
| Мэлхий | Хий | Дуу Чимээ | Сонсох Мэдрэхүй |
| Гүрвэл | Гал | Үнэр | Үнэртэх Мэдрэхүй |
| Девадатта | Ус | Амт | Амтлах Мэдрэхүй |
| Данамжаяа | Шороо | Сэрэл | Хүрэлцэх Мэдрэхүй |

*Хүснэгт 8-4: Хоёрдогч Таван Хийнүүд*

Эдгээр хийн бие махбодын болоод оюуны үзэгдэл хоорондын тусгай холбоог төлөөлдөг болохыг ялган салгаж ойлгох нь чухал. Жишээ нь, лусын хий л гэхэд нүдээр үүсгэгддэг цахилгаан импульс тархинд мэдээлэл өгөх болон сэтгэлд мэдрэгдэж буй дүрс хоёрын харилцан холбоог төлөөлнө. Үүнтэй адил, дээш чиглэлтэй хий биед хэрэгтэй ямар нэгэн зүйлийг хийх хүсэл ухамсарт төрөх болон тэрхүү хүслээ гүйцэлдүүлэх цахилгаан импульс илгээх хэв маяг хоёрын холбоог төлөөлдөг. Энэ бүх холбоос зуурах сэтгэлээр хамтдаа оршин тогтнож байдаг бөгөөд зууралт арилах үед эдгээр хий мөн уусаж арилснаар бүрэлдэх хэсгийн хоорондын холбоо тэгэхэд бүрэн тасрах болно.

# Нарийн Дуслууд

Хийн гүйдэл нэг бүрд чанарын өөр тал буюу нэг төлөвийг нөгөөгөөс ялгах мэдрэмж байдаг. Хийнүүд мунхаг сэтгэл дээр үндэслэх үед тэд хэвийн бус судлын систем буюу хийн тэнцвэргүй байдлыг үүсгэнэ. Эдгээр тэнцвэргүй байдал маш олон төрлийн өвчин болж үзэгддэгийг бид зовлон гэж нэрлэдэг. Бидний хий саруул билгүүн дээр үндэслэн эргэлдэж байх юм бол тэд хэвийн үйл ажиллагаа бүхий хийн тэнцвэртэй системийг мэдрүүлэн, улмаар амгалан таашаалын үр дүнг амсуулдаг байна.

Хийн энерги болон мэдрэмжийн хоорондын холбоо *нарийн биеийн дуслууд* хэмээх абстракт санаанд багтаж байдаг. Дусал гэдгийг бид, бие сэтгэл хоёр сэтгэл зууралтын хүчээр нэгэн цэгт уулзан нэгдэх нэг дусал охь шим гэж бодоход болно. Энэ үйл явцад тэр хоёр орон зай ба цаг хугацаа болон хувирах учиртай бөгөөд *орон зай* гэдэг нь энергийн оршин байх физик байрлал, харин *цаг хугацаа* гэдэг нь тэр энергийн сэтгэлд мэдрэгдэх тухайн хором байдаг.

Сэтгэл аль нэг үзэгдлийн чанарын ялгааг хүлээн авмагцаа тэр дороо хоёр талд хуваагддаг. Бие сэтгэлийн харилцан хамаарлын улмаас сэтгэл хуваагдахад хий ч мөн хуваагдсанаар нэг дусал охь хоёр хэсэг болно. Тэгснээ дөрөв болно гэх мэтчилэн цаашаа үргэлжилнэ. Бодлын урсгал ихсэн өргөжих тусам хий гадагш салаалан салсаар судлын машид ээдрээтэй сүлжээг үүсгэн дуслыг биеэр нэг тараан түгээж байдаг ажээ. Үүнээс үүдэн хоёрдмол үзэлд дарангуйлагдсан хуваагдмал эмтэрхий сэтгэл үүсэн бий болдог байна.

Эндээс харахад дуслын цуглуулга нь бидний хоёрдмол үзлээр үзэгдэх бодит "би" хэмээх үзэл бөгөөд нарийн биед үзэгдэх "би"-д барих ухамсрын үндэс болж өгч байдаг байна. Энэ "би"-д барих үзэл биеэр тархсан хийн энергиэс хамааралтай учир энэ үзлээс салахын тулд тарсан тэдгээр хийгээ цуглуулан нэгэн цэгт төвлөрүүлэн тэндээ барих явдал хамгаас чухал байдаг нь энэ ажгуу. Хоёрдмол үзлийг уусган сэтгэлийг нэгтгэдэг бодолгүйн арга энэ билээ.

Дуслыг бид дадлагынхаа замд хэрхэн ашиглах вэ гэдгийг ойлгоно гэвэл хоёр төрөлд хуваагддагийг нь эхлээд мэдэх хэрэгтэй: 1\Улаан ба Цагаан Дуслууд болон 2\Дөрвөн Дусал юм. Эхнийх нь ямар дусал цуглуулбал зохихыг харин сүүлчийнх нь энэ явцад тэдгээрийн аль нь нарийсах учиртайг төлөөлж байдаг.

## Улаан ба Цагаан Дуслууд

Нарийн биеийн дуслууд нэгэн эх булгаас ургаж байдаг ч тэднийг цөм тэгш хэмээн эндүүрч болохгүй. Дусал болгон сэтгэлийн өвөрмөц нэгэн үзэгдэл хийн өвөрмөц нэгэн хэсэгтэй нэгдсэний үр дагавар байдаг бөгөөд тэд өөр өөрөөр урган гарч үзэгддэг байна. Ерөнхийд нь нарийн биеийн дуслыг хоёр том ангилалд хуваадж болно:

1.  **Улаан Дуслууд:** Эдгээр нарийн дусалд эмэгтэйлэг энерги давамгайлсан байдаг. Сэтгэлд Бурханлаг чанарын билгийн тал давамгайлаад байх үед үүссэн дуслууд бөгөөд голдуу биеийн доод хагаст байрлан, сэтгэлийн хоосон чанартайг ухамсарлахын үндэс болж байдаг.

2.  **Цагаан Дуслууд:** Эршүүд тал давамгайлсан нарийн биеийн дуслууд юм. Бурханлаг чанарын аргын тал давамгайлсан байх үед үүссэн бөгөөд биеийн дээд хагаст голдуу оршин, сэтгэлийн таашаалт мөн чанарыг ухамсарлахын суурь болж байдаг.

"Давамгайлсан" гэдэг хэллэг энэ өгүүлбэрт онцгой чухал үүрэгтэй орж байгаа. Нэг дусал дотор, нэг тал нөгөөгөөс давуу байх үзэгдэл бий хэдий боловч дусал нэг бүрд аргын тал, билгийн талын энерги заавал байж төгс болдог. Үүнтэй адил тэднийг биеийн аль ч хэсэгт үзэж болох боловч улаан дуслын ихэнх нь зүрхнээс доор хэсэгт, харин цагаан дуслын ихэнх зүрхнээс дээр хэсэгт байрладаг. Дараагийн бүлэгт улаан ба цагаан дуслыг нэгтгэн сэтгэл дэх хамгийн нарийн зууралтуудыг арилгаснаар туйлын мөн чанарыг ухамсарлаж болох талаар тодруулан судлах болно.

| Дусал | Байрлал | Энерги | Тал | Мөн Чанар |
|-------|---------|--------|-----|-----------|
| Улаан | Доогуур | Эмэгтэй | Билгийн | Хоосон |
| Цагаан | Дээгүүр | Эрэгтэй | Аргын | Амгалан |

*Хүснэгт 8-5: Улаан ба Цагаан Дуслууд*

Дуслуудтай үр ашигтай хамтран ажиллахын тулд эхлээд тэдгээрийн бүдүүн ба нарийн түвшинд хэрхэн үзэгддэгийг ойлгох хэрэгтэй. Зууралтын хэмжээ хэр их яригдахаас шалтгаалаад бид дөрвөн төрлийн дуслыг таньж болно:

1. **Нарийн Охь:** Энэ бол дуслын хамгийн нарийн түвшинд үзэгдэх нарийн биеийн *энерги ба ухамсрын* нэгдэл. Энэ бол бодит ба хийсвэр гэж зуурах язгуурын мунхаглалаар үүсдэг хамгийн нарийн дуслын охь шим нь юм. Арга, билгийн энергийн харьцаа ямраас шалтгаалан цагаан, улаан алин ч байж болно.

2. **Нарийн Дусал:** Нарийн биеийн энерги ба сэтгэлийн нэгдлийн охь хүүхэд олох үеийн эхийн юм уу эцгийн генетик материалтай нэгдэхээр нарийн дусал урган гарахад хүргэдэг бөгөөд тэр нь сүүлдээ *эсийн бөөм* болон хөгжих үүсвэр болдог. Энэ түвшинд нарийн охь ДНХ гарч ирэх замд шууд нөлөөгөө үзүүлдэг ба сэтгэл ийнхүү хэлбэржиж бие махбод хөгжих явдал урсгалдаа ордог байна.

3. **Бүдүүн Дусал:** Нарийн дуслын дөрвөн бүрдэл цогцын харилцан үйлчлэлээр генетик материалын эсийн бөөм хөгжиж эхлэн, биологийн төрөл бүрийн бүрдэл хэсэг үүсгэн бидний *эс* гэж нэрлэдэг бүдүүн дуслыг үүсгэнэ. Ямар эс үүсэх нь эсийн гадаад өдөөлтөд хэрхэн харьцахаас болон мөн эсийн дотоод бүрдэл цогцуудын харилцан үйлчлэлээс хамаарна. Улаан ба цагаан дуслууд бие махбодыг үүсгэх эдийн эсийн өөр өөр төрлийг үүсгэхэд аль аль нь адилхан оролцоно. Эс хэлбэрээ олмогц бүрдэл цогцын хоорондоо хэрхэн харилцах тал дээр сэтгэл бараг л хяналт тавих бололцоогүй болдог.

4. **Маш Бүдүүн Дусал:** Төстэй сэтгэлээр төстэй эсүүд үүсэх ба тэд үйлийн нийтлэг барилдлагаар нэгдсэн хүч үүсгэнэ. Энэ хүч бол ижил эс нэгдэл үүсгэн нийлэх нэг шалтгаан болж байдаг. Хүч их байх тусам эсүүд хоорондоо илүү ойртон барьцалдан цуллагжиж , яс, үс шиг уян хатан биш биежүү болж ирнэ. Хүч сулхан байх тохиолдолд эсүүд маш шингэн мөн чанартай болж цус юм уу бусад биеийн шингэнийг үүсгэдэг байна. Эсүүд

илүү нэгдэх тусам сэтгэл тэдэнд нөлөөлөх нь илүү багасаж өөрчлөхөд хэцүү болдог. Бидний судалж буй энэ сэдэвт маш бүдүүн дуслыг бид нэг дусал *шингэн* гэж нэрлэж явах болно.

| Төрөл | Хэлбэр | Бүрэлдэхүүн |
|---|---|---|
| Нарийн Охь | Хоёрдмол Сэтгэл | Ухамсар ба энерги хоёр |
| Нарийн дусал | Эсийн Бөөм | Хоёрдмол сэтгэлийн урсгал ба генетик материал |
| Бүдүүн Дусал | Эс | Эсийн бөөм болон биологийн бүрдэл цогцууд |
| Маш Бүдүүн Дусал | Шингэн | Ижил эсүүдийн Цуглуулга |

*Хүснэгт 8-6: Дуслын Төрөл*

Дуслын мөн чанарыг бодож үзвэл сэтгэл гэдэг биет бодит үзэгдэл биш учраас эсийн бөөм дотор агуулагдах нарийн охь гэж ярьж буй боловч тэнд үнэндээ биет бодит юу ч олдохгүй гэдгийг санаж байх хэрэгтэй. Сэтгэл өөрийгөө гэж бодон эсээс зуурах тэр зууралт бий болох үед л холбоо анх үүсдэг. Сэтгэл энэхүү зууралтаа тавьж орхих л юм бол хаашаа л бол хаашаа чөлөөтэй хөдөлж болохоор болох юм. Тийм болохоор хэрэв зөв арга хэрэглэх юм бол сүү цохин цөцгий гаргадагтай адил охийг эс нэг бүрээс шахан гаргах боломжтой гэсэн үг ажгуу.

## Дөрвөн Дусал

Хий ба дусал хоорондын харилцаанаас сэтгэлд үзэгдэл ургана. Биеийн аль хэсэгт идэвхтэй байгаагаас шалтгаалан тэдгээр үзэгдлийн мөн чанар өөрчлөгдөж байдаг. Үзэгдлийн ямар төрлийг тэтгэж байгаа дээрээ үндэслэн дуслууд хуваагдан мэдрэмжийн дөрвөн төлөвийг дэмждэг дөрвөн бүлэг бий болгодог. Бүлэг нэг бүр ухамсрын мөн чанар мөн учраас нарийн биед үзэгдэх хий ба дуслаас салангид физик энерги болон оршдоггүй байна.

1. **Биеийн Дусал:** Энэ дусал тархийг тойрон хүрээлсэн хэсэгт байрлана. Тэр мэдрэхүйн ихэнх эх сурвалж оршдог толгойн орчмын хий ба дусал хоорондын харилцааг бүрэн хамарч байрлана. Биеийн дусал сэрүүн төлөвийн бүдүүн мэдрэхүйн үзэгдэлд хамааралтай байдаг.

2. **Хэлний Дусал:** Хоолой, багалзуур орчим дуу авианы хөвч хэлбэрждэг хэсэг болон амьсгал биед орж гарах хэсгийг хамарч оршино. Эдгээр дуслаас болж зүүдний үеийн оюуны нарийн үзэгдэл ургадаг байна.

3. **Сэтгэлийн Дусал:** Энэ дусал зүрх болон цээжин биеийн бүх чухал эрхтнийг хамарч оршино. Тэдгээр дусал би-д барих бодит үзэгдлийг тэтгэх бөгөөд гүн нойрны төлөвт маш нарийн хийсвэр үзэгдлүүд урган гарахад хүргэдэг байна.

4. **Билгүүний Дусал:** Энэ дусал хүйсний ойр орчим болон доод биеийн бүхий л гол эрхтнийг хамарч оршино. Үүнд материйг задлах үүрэгтэй хоол боловсруулах эрхтэн болон өтгөн шингэн зэргийг ялгаруулах эрхтэн багтах бөгөөд тэдгээр дусал амгалан уусахуйн төлөвийн бодлын-бус үзэгдлийг бий болгодог ажээ.

Мунхагт дарангуйлагдсан сэтгэлтэн бидний хувьд ихэнх энерги биеийн дээд хэсгийг онцлон анхаарч оршдог байна. Өдрийн цагт энерги толгойн ойр орчимд хуримтлагдан хурж сэрүүн үеийн үзэгдлийг ургуулж харин унтахаар хэвтэхэд энерги хоолойгоор дамжин зүрхэнд байраа эзэлдэг байна. Шөнийн цагаар бидний энерги зүрх толгой хоёрын хооронд гүйж зүүдлэх болоод зүүдгүй нойрсох мэдрэмжийг ээлжлэн мэдрүүлж байдаг. Сэрэхэд энерги буцаад зүрхнээс тархинд хүрч ирдэг, гэхдээ энэ нь бүх энерги биеийн ганц л хэсэгт цуглаад бусад хэсэгт ажиллагаа зогсдог гэсэн үг биш бөгөөд хаана сэтгэл илүү идэвхтэй ажиллаж байдгийг л үүгээр илтгэдэг ажээ.

Энергийг биеийн доод хэсэгт цуглуулахын тулд түүнд зориулсан тусгай нөхцөл үүсгэх шаардлагатай, бие махбодын хийгээд сэтгэлийн аль алийг ашиглаж ийм нөхцөл бүрдүүлж болдог. Бэлгийн харьцаа бие махбодын жишээ болох бөгөөд тэр үед биеийн бүх энерги бэлэг эрхтний үзүүрт цугладаг байна. Тэгвэл гүнзгий бясалгалд орох нь сэтгэлийг ашиглахын жишээ болдог билээ.

Бясалган уусахуйн сэтгэшгүй ахуйд шингэх үед бүдүүн бодлын сэтгэл дарангуйлагдана. Энэ нь хоёрдмол үзэгдлийн мунхаг сэтгэлийг дарж саруул билгүүний ариун үзэгдэлд ургах боломж олгоно. Ингэсэн тохиолдолд биеийн доод хагаст оршдог хоёр дахь өөр бүлэг дөрвөн дусал ялгаран харагдаж эхэлнэ. Тэдгээр дуслыг бид ухамсраа нарийсган нандин үнэнээ илрүүлэхэд ашиглах боломжтой.

1. **Биеийн Туйлын Дусал:** Энэ дусал хүйс орчим билгүүний харьцангуй дусалтай цуг байрлана. Тэгэхээр хүйс орчимд мунхаг ургаж байна уу, билиг оюун ургаж байна уу гэдгээс шалтгаалан өөрөөр үзэгдэх боломжтой гэсэн үг. Саруул оюун идэвхтэй байгаа үед Бурханы хязгааргүй олон хувилсан дүрээр үзэгдэхийн суурь болдог хоосон-дүрсний ариун үзэгдэл урган гарч ирнэ.

2. **Хэлний Туйлын Дусал:** Энэ дусал нууцын хүрдний орчим байрладаг ба амгалан таашаалын ариун үзэгдлийн эх булаг юм. Энэ бол Бурханы төгс жаргалантын лагшин үзэгдэх суурь билээ.

3. **Сэтгэлийн Туйлын Дусал:** Энэ дусал бэлэг эрхтний төв дунд хий ба дуслууд арга билгийн нэгдлийг ургуулдаг тэр орчимд байрладаг. Энэ нь Бурханы билгүүний үнэн лагшныг ухамсарлахын суурь болдог байна.

4. **Билгүүний Туйлын Дусал:** Сүүлчийн дусал бол хий ба дуслыг цуглуулан барьж, үл-урвахуйн амгалангийн туйлын үнэн урган гарах цэгт буюу бэлэг эрхтний хамгийн үзүүр орчим байрлана. Энэ дусал бол Бурханы таашаалт язгуурын лагшныг үүсгэхийн суурь болдог билээ.

| Дусал | Төлөв | Харьцангуй Үнэн | Туйлын Үнэн |
|-------|-------|-----------------|-------------|
| Биеийн | Сэрүүн Үе | Дух | Хүйс |
| Хэлний | Зүүдний Үе | Хоолой | Нууцын |
| Сэтгэлийн | Гүн Нойрны Үе | Зүрх | Бэлэг эрхтний төв |
| Билгүүний | Амгалан Уусахуйн | Хүйс | Бэлэг эрхтний үзүүр |

*Хүснэгт 8-7: Дөрвөн Дусал*

# НАРИЙН БИЕ ХЭРХЭН ХӨГЖДӨГ ТУХАЙ

Нарийн биеийн хийн системийг ээдрээтэй болгож байдаг өөр өөр бүрэлдэхүүн хэсгийн талаарх онолын ойлголтоо бид зовлонгийн дотоод мөн чанарыг ухаарахад ашиглаж болох юм. Дараагийн хэсэгт бид нарийн бие хэрхэн хүнийг сансрын хүрдэнд дархалж орхидгийг таних замаар хүний амьдралын ерөнхий эргэлтийг судлах болно.

Цагийн хүрдний Дандарын сургаал дотор эртний Энэтхэгийн вэдийн соёлд хэрэглэдэг байсан төрөл бүрийн нэр томьёог бясалгагч хүнийг сурган дадуулах мэргэн арга болгон хэрэглэхээр бүрэн дүүрэн ашигласан байдаг. Тэдгээр нэршлийн нэгэн жишээ бол *Вишнугийн Арван Аватар* хэмээх хүний амьдралын хөгжлийн арван шатыг нэрлэсэн нэр томьёо билээ. Одоо үед өөр утгыг илэрхийлэх болсон үгс юм гэдэгт хэргийн учир оршино. Дараах хүснэгтээр хүний амьдрал хөгжих арван аватарыг зураглсан болно.

| Үе Шат | Бэлгэдэл | Хугацаа |
|--------|----------|---------|
| Жирэмсэн Үе | Загас | Эхний хоёр сар |
|  | Мэлхий | Гурав ба дөрөвдүгээр сар |
|  | Зэрлэг Гахай | Тавдугаар сараас төрөх хүртэл |
| Хүүхэд Нас | Хүн-Арслан | Төрөлт |
|  | Одой | Төрснөөс сүүн шүд гарч гүйцтэл |
|  | Рама | Сүүн шүд гарснаас байнгын шүд гарах хүртэл |
|  | Рамана | Байнгын шүд гарснаас шилжилтийн нас дуустал |

| Том Хүн | Кришна | Шилжилтийн насны төгсгөлөөс цагаан үс гарах хүртэл |
|---|---|---|
| | Будда | Цагаан үс ургаснаас үхэх хүртэл |
| | Калки | Үхэл |

*Хүснэгт 8-8: Хүний Амьдралын Үе Шат*

Бүх үйл явц зуурдын төлөвт буй амьтан энгэр зөрүүлж буй эх хүний хэвлийг олж орох тэр үе буюу үр тогтох явцаас эхэлдэг. Энэ үед зуурдын амьтан үрийн шингэн, өндгөн эс хоёрын нэгдлээс бий болсон ганц нарийн дуслаас тогтдог хоёрдмол ухамсар болон нарийн биеийн энергийн нэгэн охь хоёроос бүрдсэн байдаг.

Үр тогтсоны дараа бид хүүхэд хэлбэржиж эхлэх жирэмслэлтийн үед шилжинэ. Эхний хоёр сард түүнийг *Загас* гэж нэрлэдэг нь нарийн дусал Рохита загастай төстэй харагддагаас тэр ажээ. Эхний сард цагаан шингэн улаан цусны холимгоос арай том болсон байх ба эс хуваагдаж эхлэхэд бие махбодын хэлбэр үүсэх суурь тавигдана. Хоёрдугаар сард зүрхний хүрд болон гол судлын дээд ба доод хэсэг бий болж арван хийг үүсгэснээр өсөлтийн үйл явцыг тэтгэж гарна. Энэ хөдөлгөөнөөс үүдээд хүйн хүрд бий болдог байна.

Дараагийн үе болох жирэмсний дөрөв, тавдугаар үед *Мэлхий* гэдэг нь дөрвөн мөч үүссэнээр ураг мэлхийтэй төстэй харагддагаас тэр байна. Дөрөвдүгээр сарын төгсгөлд  ураг бараг бүтэн мөчтэй, нүүр, хоолой гэх мэт гүйцэхэд ойрхон бүх юмтай болно. Энд хүрээд хоолойн, нууцын, духны ба зулайн хүрднүүд хийгээд бусад үений хүрднүүд хүртэл бий болж гүйцдэг байна.

Жирэмсний эцсийн үе тавдугаар сараас төртөл үргэлжлэх бөгөөд хэр удаан байх нь хүүхдийн үйлийн үрээс цэвэр шалтгаална. Энэ үеийг *Зэрлэг Гахай* хэмээн нэрлэдгийн учир бол хүүхдэд ухамсар дахин орж эхийн хэвлийг мэдрэх нь шавхайд шигдсэн гахайг санагдуулам болохоор тэр байна.  Долоодугаар сарын үеэс сэтгэл хутгалдаж эхлэн нарийн хийнүүд бий болгоно. Төрөх үе хүртэл хийнүүд голын судалд оршин байж өнгөрсөн төрлийн дурсамжаа санан зүүдлэх мэт мэдрэмж үзэн өнгөрүүлдэг. Ургийг ийнхүү зүүдлэн байх үед түүний яс, үс ба арьс бэхжин цуллагжиж ирнэ.

Хүүхэд насны эхэн үеийг төрөх үеэр тэмдэглэн *Хүн-Арслан* гэж нэрлэнэ. Ингэж нэрлэдгийн учир бол хэвлийг яран гарч ирэх нь дайснаа дарсан Вишнугийн Аватарыг хэлсэн байна. Түүний нэгэн адилаар хүүхэд эхийн умайнаас асар их өвдөлтийн дунд мултран гардаг бөгөөд энэ үйл явц хүүхдийн хувьд маш их гэмтэлтэй болж өнгөрдөг болохоор энэ нь түүнийг урьдын бүх төрлөө мартахад хүргэдэг ажгуу.

Хүүхэд насны дараагийн үе төрснөөс эхлээд эхний багц сүүн шүд гарч гүйцтэл үргэлжлэх ба энэ нь ихэнх хүүхдэд гурван нас хүрэхэд тохиолддог билээ.

Тэр үеийг *Одой* гэж нэрлэх нь бяцхан мөртөө том хүн шиг гэсэн утгатай. Эхний сарын төгсгөл хүрэхэд хүүхэд жирэмсний хоёрдугаар сард анх эхэлсэн үйл явцаа гүйцээж өдөрт яг 200 судал үүсгэж ирсээр одоо нийт 72,000 салбар судалтай болж гүйцнэ. Судлууд бүрэн хөгжиж гүйцэхэд нарийн охь олширч эхлэн хүүхдийн бие махбодод өсөлтийн үе шатыг бий болгоно. Энэ нь мөн өтлөлтийн үйл явц эхэлснийг тэмдэглэх бөгөөд өдөрт яг хоёр судал алдсаар насны эцэс хүртэл ийнхүү үргэлжлэх болно. Бүх судал арилж дуусахад бие сэтгэл хоёрын холбоо тасардаг ажээ. Тэгэхээр сарны тооллоор жилд 360 хоног байдаг гэж тооцвол ихэнх хүн хамгийн дээд тал нь ойролцоогоор 100 жил амьдрах боломцоотой байна. Энэ тоо гэхдээ үхэж мөхөж буй судлын тоонд суурилсан ерөнхий барагцаалал болхоос, хүн болгоны насны тоо тэдний тус бүрийн үйлийн үрээс цэвэр хамааралтай билээ.

Өтлөлтийн үйл явц хэрхэн явагддагийг ойлгохын тулд бидний биеэр хий эргэлдэх үйл явцад амьсгал ямар үүрэгтэйг бодох хэрэгтэй болно. Өдөр болгон бид 21,600 амьсгал авч гаргах эргэлтийг гүйцэтгэдэг. Амьсгал баруун хамрын нүхээр гарч орж байна уу эсвэл зүүн талынхаар уу гэдэг нь баруун зүүн судлын аль нь тэр үед давамгайлж байгаатай холбоотой. Хоёр хамраар амьсгал тэнцүүхэн орж гарч байвал гол судлаар гүйж байгаагийн илрэл байдаг.

Нэгэн өдрийн турш бид арван хоёр удаа энэ урсгал солигдохыг мэдэрдэг бөгөөд аль алинаар нь тус бүр 1800 амьсгал орж гардаг байна. Солигдолт болгонд 1743,75 үйлийн үрийн амьсгал зүүн ба баруун судлаар давамгайлан гүйж, харин 56,25 нь гол судлаар эргэлдсэн саруул билгүүний амьсгаа байдаг ажгуу. Тэгэхээр мунхгаар дарангуйлагдсан бодлын сэтгэлээс болж өдөр бүр 675 амьсгаа хоёр салбар судал уусан арилахад хүргэж байдаг байна. Хүүхэд насанд тийм олон судалтай хэрнээ өтлөлтийн шинж тэмдэг маш бага байдаг болохоор ганц хоёр судал алдаж байгаагаа бид анзаардаг ч үгүй. Дундаж насанд хүрээд хүний биеийн ерөнхий байдал дороройж эхлэхэд бидний бие урьдынх шигээ ажиллахаа нэгэнт больж эхэлсэн нь анзаарагдана.

Бидний хүүхэд насны дараагийн үеийн хөгжил сүүн шүд байнгын шүдээр солигдох хүртэл үргэлжилдэг. Энэ хооронд нарийн биеийн өөрчлөлт тийм ч ихгүй бөгөөд ерөнхий үхэж мөхөх үйл явц үргэлжилж л байдаг. Гэхдээ, цагаан ба улаан дуслын тоо өссөнөөр хүүхдийн бодит бие махбод огцом өсөж томрох нь мэдрэгдэнэ. Энэ үеийг *Рама* гэх ажээ.

Байнгын шүд ургаснаас шилжилтийн нас дуусах хүртэлх үеийг *Рамана* гэнэ. Энэ үе шатанд улаан ба цагаан дусал гүйцэх бөгөөд бие махбод бүрэн төлжиж гүйцнэ. Сарын тэмдэг болон үрийн шингэн ялгарах шинжээр хүүхэд нас төгссөнийг тэмдэглэдэг.

Цагийн хүрдний үүднээс авч үзэхэд түүний нарийн бие бүрэн төлжиж гүйцэн бэлгийн харьцаанд ороход бэлэн болсноор насанд хүрсэн хүний эхний үе эхэлсэнд тооцдог. Шилжилтийн насны төгсгөл үеэс эхлэн буурал үс ургах хүртэл үргэлжлэх энэ үеийг *Кришна* гэж нэрлэдэг. Энэ л үед бид эрдэнэт хүний төрлийг олохын эрхэм нандин болохыг ухаарч эхэлдэг нь төгс гүйцсэн судал дуслууд бүхий бүрэн систем ажиллаж буй  төдий зүйл биш, өөрсдийгөө Очирт Зургаан Йогт бүрэн зориулснаар олж болох ашиг тусыг ухаарах хангалттай саруул оюуныг олсон байдгаас тэр ажээ.

Дараагийн үе шат буурал үс гарч эхэлснээс үхэх хүртэлх үеийг хамаарах бөгөөд Бурханы амгалан сэтгэл хийгээд тогтвортой зан байдлыг олсон байдгийг тэмдэглэж энэ үеийг *Будда* гэж нэрлэдэг. Энэ үедээ хижээл насныхан үнэхээр бэлгийн идэвхжил багатай, яг л тийм сэтгэл ба зан чанарыг үзүүлж байдаг билээ. Энэ үе мөн амин чалх тогтвортойгоор буурах болсныг тэмдэглэдэг нь хамаг судал хийгээд дуслынхаа тэн хагасыг алдсанаас тэр билээ. Өдөр өнгөрөх тусам судлын систем үхэж мөхөн, энергийн тэнцвэртэй байдал алдагдах нь илүү олширч ирнэ.

Том болсон хүний амьдралын эцсийн үе шат нөгчих үйл явцад орсноор эхэлдэг. Үхэл ирэх цаг мөч судлуудын байдлыг дагах учир яг таг тогтсон биш байдаг. Судлын үгүйрэл бие сэтгэл хоорондын холбоог сулруулан тэдний холбоог өвчин эмгэгээр бүрэн тасрахад хүргэхүйц хэврэг болгож байдаг. Энэ үеийг "нэг ангид нэгтгэгч" гэсэн утгатай *Калки* гэдэг үнээр нэрлэдэг нь үхлийг хэлсэн бөгөөд сансар орчлонд төрсөн л бол хэн ч атугай үхэхээс зайлах тавилангүй гэдгийг үүгээр хэлж байна. Энд хүрээд сэтгэл бүдүүн ба нарийн биеэс салан одож буцаад нөгөө зүрхэнд байрладаг нарийн охь байдалтай болон хувирна. Тэндээс охь  биеэс салан үйлийн үрийн салхинд туугдсаар дараагийн төрлийг авахаар хөдөлнө.

# САНСРЫН ХҮРДЭН ДЭХ ЭНЕРГИЙН ШАЛТГААН

Төрөөд үхэх хүртэлх хугацаанд явагдах үйл явцын дотор хоёр төрлийн энергийн хэв маяг сансрын оршихуйн хэлбэржих ба задрах явдлыг жолоодож байдгийг таньж болно. Үүнд: 1\Амин шингэний ялгаруулалтаар бий болдог нарийн биеийн хэлбэржил ба 2\Хийн эргэлтээр бий болдог бодлын хэлбэржилт юм. Эдгээр хэв маягийг урган гарахаас сэргийлж чадвал бид тэдгээрээр үүсдэг зовлон хийгээд өвчин шаналлыг тасалж чадах билээ.

### Амин Шингэний Ялгаралт

Сэтгэл мунхгийн хоёрдмол хэтийн төлөвт л байгаа бол энергитэй хутгалдан оршсоор байдаг. Энэ холбоо хэрхэн үүсдэг гэвэл сэтгэл энергитэй харьцаж эхлүүтээ л түүнийг харагдаж байгаа шигээ үнэхээр оршиж байна гэж зуурч авснаас болдог. Ийм холбоо нэгэнт үүссэний дараа сэтгэл тэрхүү энергид зууралтынхаа хэмжээнээс шалтгаалсан нөлөөг үзүүлж эхэлнэ. Энэ нь хуудас цаасан дээр дусал сүрчиг асгачихад яаж уусан тардагтай л ижил юм. Цаас хэр их үнэр гаргахаас сүрчгийн чанар хийгээд дуслын хэмжээ тодорхойлогдоно.

Нэгэн сэтгэл би хэмээх энергийн хуримтлалаас зууран авах үед нэг бие махбод үүснэ. Ингээд тэр сэтгэлийн "орогнох" гэр тэр бие болсноор эдийн эс болгонтой ойртон холбогдож сэтгэлд хөгжих боломж олгоно. Ингээд бүхий л амьдралын турш бидний таньсан энерги маш ихээр өөрчлөгдөн хувирч байх бөгөөд нэг энерги өөр энергиэр ямагт солигдон байдаг.

Үүний нэг сайн жишээ бол бидний амьсгал хэрхэн авч гаргадаг явдал мөн. Амьсгал авахад хүчилтөрөгч хэмээх тусгай хэв маяг бүхий энергийг татаж оруулахад бидний хүсдэг тусгай нэгэн мэдрэмж ургах боломжтой болдог. Энэ үйл явцаар энергийн хэлбэр өөрчлөгдөн нүүрс хүчлийн хий гэх шинэ хэв маягт хувирна. Энэ энерги бидэнд тусгай нэгэн үл хүсэх мэдрэмж төрүүлснээр бид амьсгалаар биеэсээ гаргаж хаядаг байна.

Бид энергийн хэсгийг ийнхүү өрөө тасалгаанд гаргаж хаяхдаа зуурах сэтгэлийнхээ заримыг мөн адил гадагшлуулдаг. Бид энергиэс би хэмээн бодож зуурахаа байлаа гэхэд өөр хэлбэрээр мөн л зуурсаар байдаг. Үлдэгдэл зууралтын ул мөр бидний сэтгэл хийгээд энергийн хооронд тэсвэртэй холбоог үүсгэн хэлбэржиж байдаг нь нийтлэг үйлийн үр гарч ирэх үндэс болдог ажээ.

Энэ дэлхий дээр амьдардаг хүн болгон өдөрт 21,600 амьсгал авч гаргадаг гээд бодоход амьсгал болгоноор бид орчин тойрныхоо энергийг сорж аван өөрийн бие дэх энергиэ гаргаж байдаг. Таны биедээ татан оруулж буй энерги урьд нь холбоотой байсан бүх сэтгэлтний холбоог өөртөө тээн явдаг. Мөн түүнчлэн та амьсгал гаргахдаа өөрийн сэтгэлд тээж яваа бүх холбоогоо гадагш цацаж гаргана. Энэхүү энгийн үйлдэл бүхэл амьдралын турш тоолшгүй олон удаа давтагдана гээд бодохоор бид энэ орчлонд хамт орших тавилан заяасан амьтдын доод зэрэглэлийн үйлийн барилдлага бүхий сүлжээнд өдөр бүр өөрсдийгөө хэчнээн идэвхтэй орооцолдуулж байдгаа төсөөлж болно.

Энгийн амьсгалах үйл явц нэлээд богино хугацаанд явагдах ба амьсгалаар орж гарах зууралтын хүч тийм ч эрчимтэй биш сул байдаг. Зарим тохиолдолд үүнээс өөр байх боломжтой байдгийн жишээ бол хүчилтөрөгч дутагдах үе бөгөөд үхчих вий гэж айсандаа амьсгал бүрээс шуналтайяа зууран авч тэгснээр амсаж буй зовлонгоо арилгана гэж найдаж байдаг билээ.

Бас нэгэн жишээ бол хоол идэх явдал. Өнөөгийн амьдралд идэх үйл явц хязгааргүй их шунал тээн явах болсон бөгөөд идэх үйл явцаа дээд зэргээр таашаалтай болгох үүднээс бид асар их хүчин зүтгэл гаргах болсон нь нууц биш. Эцэстээ гэвч, хоол гэдэг бол мэдрэхүйн таашаалаас үл шалтгаалан задрах учиртай мөнөөх л энергийн нэгэн хэлбэр билээ. Хоолоор бид хүсэж болох бүхнээ хангасны дараа биеийн доод хэсгээр хог ялгадас болон хөөгдөж гарна. Бидний гадагшлуулж буй энерги бүхэн задран бусад энергитэй холилдож тэр нь бусад хүний идэх хоол, бүр илүү их хоолны үндэс болон хэлбэржих ажээ. Хоол хүнс ба бөөлжис ялгадасны талаар эсрэг тэсрэг саналтай байдгаа бодоод үзэхээр энэ бүх үйл явц ямар их шунал хорсол агуулж байдаг, тэдгээр сэтгэлийн төлөвтэй бид ямар их энергиэр холбоотой байдаг гэдгээ ойлгох болно.

Бэлгийн харьцааны үеэр маш их эрч хүчтэй зууралтын мэдрэмж бий болно. Хоёр хүн учрахад ерөнхийдөө маш хүчтэй шунал тэнд үүсэж байдаг учраас энергийн ойрхон холбоо тогтоож байгаа юм. Нэг нэгнийхээ биеийг хүсэх харилцан өдөөгдсөн хүслээр тэд тааламжит мэдрэмжээс зууран зүтгэж энэ нь тэдний дур хүслээ ханган амин шингэнээ ялгаруулах хүртэл үргэлжилнэ. Энэ үйл явц тэдний сэтгэл хийгээд шингэний агуулсан тэр энергийн хооронд үйлийн маш хүчтэй барилдлага үүсгэх бөгөөд үүнээс болж нас барсны дараах зуурдын үед бид аль нэгэн эхийн хэвлий рүү анхаарлаа хандуулахын шижим болж өгдөг байна.

Бидний сэтгэл ба энергийн хоорондын холбоон дээр үндэслэн энэ бүх бодит ертөнц хэлбэрээ олон үүссэн байдаг. Сансар огторгуйн хүрээнд авч үзвэл тоолшгүй олон сэтгэлийн нэгдмэл нөлөөгөөр эцэс төгсгөлгүй их од, гариг эрхэс зэргийг үүсгэсэн байдаг. Бид дараа нь өөрсдөө хамгаас илүү энергийн холбоотой байдаг ертөнц рүүгээ татагдан ирж төрдөг. Бидний бие махбод бэлгийн харьцаанаас үүссэн энергиэр хэлбэрээ олж, бидний мэдрэмж, бидний биедээ шингээсэн тэрхүү энергиэс үүссэн зүйлс болоод хүмүүсээр хэлбэрээ олж тогтдог байна.

Эндээс харахад, асар их шунаг сэтгэлийг агуулан байж амин шингэнээ ялгаруулан гаргах үйлдэл сансар хорвоогийн жаргал зовлон ээлжилсэн урсгалд дахин дахин эргэж төрөхийн шууд шалтгаан болдог байна. Хэрвээ бид ийм төрлийн энергийн холбоос хэлбэржүүлэхгүй бол хойшид ийшээ татагдан ирэх учир үгүй болох асан. Энэ бол Цагийн хүрдний сургаал яагаад амин шингэнээ хамгаалж байхад ямагт сургадгийн гол шалтгаан мөн билээ. Шингэнээ алдах нь харамсах зүйл гэсэн үг биш бөгөөд тэр бол нэг жаахан энергийн тохиргооноос өөр юу ч биш, харин эдгээр шингэнээ хамгаалах хэрэгтэй гэдэг маань шунал зууралтад үндэслэсэн үйлийн хүчтэй үрийг үүсгэчихээс сэргийлж яв гэсэн л үг юм.

## Хийн Эргэлт

Сансар ертөнцийн урган үзэгдэхийг болиулах гэвэл сэтгэлийн энергитэй холбогдсон тэр холбоог уусгах хэрэгтэй. Энэ холбооны ёзоор нь зууралт учраас шунал зууралт анх яагаад үүссэнийг мэдэх хэрэгтэй болно. Энэ асуултын хариу дотоод хий ба дусал хоорондын харилцааны ойлголтод оршиж байдаг.

Урьд бидний хэлэлцсэн ёсоор хийнүүд бол бидний нарийн биеийн мэдрэмжийг өөрчилж юм уу, нөхцөлдүүлж байдаг сэтгэлийн хэв маяг юм. Бүр нарийн хэлбэл тэд зуршмал хандлагаар жолоодуулсан энергийн хөдөлгөөн юм. Бид энерги зүүн, баруун судлаар салж гүйх тухай ярих нь биеэр тэгш бус байдлаар тархаж байгааг хэлж байгаа хэрэг. Хийн ийм тэнцвэргүй байдал өөр өөр хоёрдмол үзэгдэл урган гарахад хүргэж, зууралт үүсэх хөшүүрэг болж байгаа юм. Зууралт энергийг бүр илүү олон үзэгдэл үүсгэхэд хүргэн хөдөлгөж, тэрнээс ч бүр илүү зууралт эндээс үүсэн цааш үргэлжилнэ.

Зууралтын үндэс бол энергийн хөдөлгөөн мөн. Тэгэхээр энерги хөдөлгөөнгүй тогтвортой байх юм бол хоёрдмол үзэгдэл ургахгүй бөгөөд сэтгэл түүнд хариу урвал үзүүлэх хэрэггүй болно. Зэрэглээ мэт мөн чанартай, шим үгүй үнэнтэй орооцолдохын оронд сэтгэл бүхий л төрлийн зовлонгоос төгс ангид өөрийнхөө шижир тунгалаг мөн чанарт саатан оршиж болно. Энэхүү дээдийн төлөвт хүрэхийн тулд бид энергиэ тэнцвэржүүлэн голын судалдаа авчирч биеийн дагуу тэгш хэмтэй тараах хэрэгтэй. Ингээд зүүн, баруун гэсэн өөр тал хоорондын ялгааг мэдрэхээ болимогц бидний ухамсар тэхий голд нь саатах учиртай. Сэтгэлийн энэ төгс тэнцвэртэй байдал бол төгсгөлийн зэргийн йогийн дадлагаар бидний хүрэх эцсийн үр дүн билээ.

# ГУРВАН ХУМИЛТ ХЭМЭЭХ УРЬДЧИЛСАН БЭЛТГЭЛИЙН ДАДЛАГА

Төгсгөлийн зэргийн гол зорилгыг дүгнэн хэлбэл энэ шатны бүх дадлага үнэний дээдийн мөн чанарын хэзээд үл хувирах шижир тунгалаг ухамсарт хүрэхийн тулд зуурах сэтгэлийг ариусгах явдал гэж хэлж болно. Энэ үйл явцыг сэтгэлийн байнгын нарийсалтаар зууралтыг хамгийн бүдүүнээс хамгийн нарийн түвшинд нь хүртэл ахиулан арилгах замаар гүйцэтгэнэ.

*Дөрвөн Дуслын* яриагаа дадлагынхаа байгууламж болгон ашиглаж сэтгэлийн найман шатны нарийсалд хүрэх шаардлагатай. Эхний дөрөв нь *Гурван Хумилт* хэмээх дадлагыг гүйцэтгэн сэтгэшгүй ахуй Амирлан Оршихуйд хүрэхийн тулд харьцангуй давхаргын эхний дөрвөн дусал дээр анхаарна. Сүүлчийн дөрөв нь *Очирт Зургаан Йогийн* дадлагыг гүйцэтгэснээр үл-урвах амгалангийн шижир тунгалаг ухамсарт хүрэхийн тулд туйлын түвшний дөрвөн дусалд анхаарах хэрэгтэй. Очирт Зургаан Йогийг жинхэнэ уламжлал ёсоор нь авлага болгохын тулд дараах хэдэн сэдэвтэй танилцсан байвал зохино: 1\Үл Хэрэгсэх Дөрөв, 2\ Гурван Хумилт ба 3\Дөрвөн Уусалт билээ.

## Үл Хэрэгсэх Дөрөв

Гурван Хумилтын дадлагад орохын өмнө бид өөртөө бясалгалдаа тохируулсан зан байдлыг бий болгох ёстой. Энэ зан байдал *Үл Ойшоовол Зохих* дөрвөн араншнаас бүтдэг:

1. **Бие махбодын Таашаалыг Үл Тоох:** Бид бие махбодын тааламжгүй байдлаа багасгах, биеийн таашаал амсах гэж биеэр үйлдэх төрөл бүрийн үйлдэлд байнга оролцож байдгаа таних хэрэгтэй. Тийм учраас бид өвдөлт зэргийн тааламжгүй байдлыг үл тоомсорлож тогтвортой байдалдаа саатан оршихыг хичээх хэрэгтэй. Энэ бол биеийн дуслыг ариусган эхний хоёр йогт хүрэхийн гол үндэс мөн.

2. **Хэл Ярианы Таашаалыг Үл Тоох:** Энд, сатаарсан сэтгэл төрөл бүрийн түйтгэрт яриандд байнга оролцох замаар идэвхгүй, уйтгартай байдлаас гарах сонирхолтой байдгийг таних хэрэгтэй. Тиймэрхүү үг хэлнээс таашаал авах явдлыг үл ойшоон чимээгүй байдалд саатан орших хүслийг хөгжүүлэх ёстой. Тэгснээр хэлний дуслыг ариусган гурав ба дөрөвдүгээр йогт хүрэх үндэс тавигдана.

3. **Оюуны Таашаалыг Үл Тоох:** Энэ бол бид амьдралд тохиох мэдрэмжийн төөрөгдлөөс зайлсхийх гэсэндээ юмс үзэгдлийн чанарыг албатай мэт тусган авч байдгаа таних явдал юм. Энэхүү албадлагын эсрэг оюунаар ойлгох таашаалыг үл ойшоох явдлыг хөгжүүлж юу ч бодохгүй байх хүслээ хөгжүүлбэл зохино. Энэ бол сэтгэлийн дуслыг ариусган тавдугаар йогт хүрэх үндэс болно.

4. **Дур тавих Таашаалыг Үл Тоох:** Эцэст нь, амьдралд үзэгдэх элдвийн зовлонгоосоо түр ч атугай ангижрах гэсэндээ таашаалд уусан тасрах гэсэн бие, хэл, сэтгэлийн олон үйлдэл хийж байдгаа таних хэрэгтэй. Сэрэл төрөх үнэхээр таашаалтай байлаа ч тэр нь хэзээ ч удаан үргэлжлэхгүй учир эцэст ханамжгүй байдалд хүргэдэг. Тиймээс энгийн дур тавих оргазмыг үл хэрэгсэн, үл-тавих хувиршгүй амгаланг олоход зорих сэтгэлийг хөгжүүлнэ. Энэ бол билгүүний дуслыг ариусган зургаадугаар йогт хүрэх үндэс болдог.

# Гурван Хумилт

Харьцангуй үнэний дөрвөн дуслаас эхний гурав болох бие, хэл, сэтгэлийн дусал үнэнийг тээрөгдсөн хоёрдмол сэтгэлээр харах тул *бодлын ухамсрын хэлбэртэй* гэж тооцогддог. Дөрөв дэх дусал ганцаараа аливаа тусгалаас ангид байх тул *бодлоос ангид ухамсар* гэж тооцогдоно. Гурван Хумилтын дадлагад орох бидний зорилт нэгэн үзүүрт төвлөрөлд хүрч бодлоос ангид ухамсартаа саатан орших явдал билээ. Үүний тулд ухамсраа мэдрэхүйгээс салгах буюу өөрөөр хэлбэл мэдрэхүй дарангуйлагдахад л бодолгүйн ухамсар гарч ирж үзэгдэх болно.

## Биеийн Хумилт

Амьдралынхаа туршид төрөл бүрийн нисваанист сэтгэлээр түйтгэрлүүлж ирсэн болохоор бидний нарийн биеийн судал орооцолдсон зангилаанууд үүсгэн энергийн зүй ёсны урсгалыг саатуулан бөглөсөн байдаг. Эдгээр бөглөөнөөс болж энерги буруу замаар урсан тэр хэрээрээ буруу тээрөгдсөн бодол төрүүлж байдаг. Судлууд орооцолдсон хэвээр байсан цагт бидний сэтгэл сэрүүн төлөв дэх бүдүүн мэдрэмжид чөдөрлүүлсээр байх болно.

Энэ төрлийн зууралтаас гарахын тулд бид биеийн энергийн судлуудыг хүйс рүү чиглүүлэх йогийн тусгай байрлалаар сууж дадах хэрэгтэй. Энерги хөдөлгөөнд орохдоо тэдгээр зангилаанд тээглэн хүсээгүй хөдөлгөөн хийхээс аргагүй болж, тааламжгүй мэдрэмж, өвдөлт зэргийг амсуулна. Тэр бүхэнд хариу урвал үзүүлэлгүй биеэ хөдөлгөөнгүй байлгаж чадвал бөглөө удалгүй арилж судлууд илааршин тэнийх болно.

Биеийн дуслыг ингэж ариусгасны үр дүнд бид элдвийн тааламжгүй байдал мэдрэхгүйгээр хэчнээн ч суусан чадахаар болдог. Зарим үед бид ядарч байгаагаа мэдрэх шиг болж, магадгүй хэдий боловч бидний бие махбод ерөнхийдөө маш хөнгөн хийгээд уян хатан болсон байна. Бие махбодын уян хатан байдал хийнүүд судлаар чөлөөтэй урсах болсны шууд илрэл бөгөөд төгсгөлийн зэргийн байрлалуудад ороход ямар ч төвөггүй болсныг илтгэнэ. Бие махбодын таагүй байдал сэтгэлд төвөг удахаа больсон хойно бид мэдрэхүйн үзэгдлүүдээс бүрэн ангижирч сэтгэлээ цэвэр оюуны мэдрэмждээ амраах боломжтой болно.

## Хэл Ярианы Хумилт

Энгийн амьсгал нэгэн төрлийн зууралтаар тэтгэгдэж байдаг ба тэр нь хийг агших, тэлэх хэмнэлд хүчээр оруулж байдаг. Нарийн биеийн судлууд хэсэг бүлэг болон орооцолдсон хэвээр байгаа үед орж гарах амьсгалын хөдөлгөөнөөр дотоод хийнүүд биеийн өөр өөр хэсэг рүү тарж байдаг. Хийний энэ тэнцвэргүй байдал сэтгэлд долгио үүсгэснээр бодлын урсгал хөвөрч эхлэхэд хүргэдэг нь зүүдний үеийн үзэгдлүүд юм.

Эдгээр үзэгдлийг ариусгахын тулд бид амьсгалаа хянах аливаа оролдлогыг бүрмөсөн орхих хэрэгтэй. Түүний оронд ухамсартаа зүгээр саатан амарч амьсгалах ажлыг өөрөөө гүйцэтгэх бололцоог биед олговол зохино. Сэтгэл энэ үүргээс чөлөөтэй болмогц амьсгал тогтворжиж сэтгэлд мэдрэгдэхээргүй нарийн хэлбэртэй болж ирнэ.

Хэлний дуслыг ариусгасны үр дүнд бид бүрэн аниргүйг хүсэхийн хэрээр амарч чадах бөгөөд ийнхүү бясалгалаа үргэлжлүүлэхэд аливаа нэгэн бэрхшээл юм уу, уйдаж залхах байдалтай огт учрахгүй болно. Хий хөдөлгөөнгүй болон тогтож ирмэгц сэтгэл бүрэн амарна. Байнга сатааруулж байдаг бодол үгүй болоход сэтгэл илүү гүнзгий түвшинд орж язгуур ухамсрын нарийн хийсвэр мэдрэмжид орох болно.

## Сэтгэлийн Хумилт

Хий тогтоод ирэхээр сэтгэлийн мөн чанарын хийсвэр тал үзэгдэж эхэлнэ. Оршихуйг тэдгээр үзэгдэлд тусган харснаар бид өөрсдийн чадамжийг хязгаарлан байдаг маш нарийн сэтгэлийн бодлоо идэвхийлэн дэмжиж эхэлдэг. Энэ бол бүдгэрүүлсээр байгаад харагдахтай үгүйтэй болгосон гэрэл мэт үзэгдэл билээ.

Тэрхүү хязгаарыг арилган сэтгэлийн мөн чанарын хурц гялбааг олж харахын тулд бид сэтгэлдээ ургасан бүхнээс зуурдаг зуршилтайгаа тэмцэх хэрэгтэй болно. Үүний тулд ухамсраа тов тодхон хадгалсан хэвээр мэдрэмж дэх аливаа нэгэн үнэнийг тусгах гэж огт оролдох хэрэггүй. Юу ч үл хийх энэ дадлага яг тодорхой юу ч хийх гэж *оролдохгүй* байхыг хэлнэ.

Сэтгэлийн дуслыг ариусгасны үр дүнд бид сэтгэлээ хамааралт мөн чанарынхаа бодолгүй ухамсрын нэгэн-үзүүрт төвлөрөлд саатуулан барьж чадах болно. Энэ төлөвийг таашаалтай бөгөөд тов тодхон, аливаа бодлоос бүрэн ангид гэж тодорхойлдог. Ийм сэтгэлийг аль нэг объект руу чиглүүлэхэд амархан байх тул өөрсдийн Бурханлаг чанарыг ухамсарлахад ашиглавал машид тохиромжтой болох ажээ.

# Дөрвөн Уусалт

Гурван Хумилтын бясалгалын явцад *Дөрвөн Уусалт* хэмээх дөрвөн чанар илрэн гарч эхэлнэ. Хүн хүний өөрийн үйлийн үрээс шалтгаалан тэр нь тогтвортой биш байдлаар төрдөг. Гэвч цаг хугацааны явцад яваандаа тогтворжиж, хүчтэй болох болно. Үүнд:

1. **Нэгэн-Үзүүрт Төвлөрөл:** Юунд ч үл сатааран анхаарлаа нэгэн зүйлд бүрэн төвлөрүүлэх сэтгэлийн чанарыг хэлнэ. Энэ чанарын тусламжтайгаар бид бясалгалд шингэх нэлээд гүнзгий уусалтад орох боломжтой болно.

2. **Сэтгэшгүй Ахуй:** Сэтгэл аливаа бодлын төөрөгдсөн тусгалаас ангид байх чанарыг хэлнэ. Үүнийг төгөлдөржүүлсэн байхад сэтгэл анхаарал хандуулсан ямар ч үзэгдлийг илтэд мэдэх чадварыг олно.

3. **Тэгш Агуулахуй:** Энэ бол юу ургахаас үл шалтгаалан тэгш сэтгэлээр оршиж чадах сэтгэлийн тэнцвэртэй чанарыг хэлнэ. Ийм сэтгэл алийг ч дээрд юм уу дорд үзэлгүй төгс тогтвортой байдлаа хадгалж байдаг.

4. **Шамдалгүй Ахуй:** Энэ бол өөрийнхөө унаган мөн чанарт зөнгөөрөө саатан орших сэтгэлийн чанар юм. Ийм сэтгэл бясалгах хэрэггүй, ер юу ч хийх хэрэггүй, ямарваа нэгэн хичээл зүтгэл гаргах огтын шаардлагагүй. Зүгээр л тэр чигт нь оршоо.

# Зөв Бясалгахуйн Дэвшилтэт Шатууд

Дээрх чанаруудыг хөгжүүлэхийн тулд хэд хэдэн шатыг дамжиж байж дараа нь бодолгүйн ахуйд нэгэн-үзүүрт төвлөрлөөр оршиж чадах болдог. Нийт таван үе шатыг дамжина. Үүнд:

1. **Хөдөлгөөн:** Анх бясалгал хийж эхлэхэд бидний сэтгэл яг л хүрхрээний ус шиг байдаг. Бид сатаарахдаа маш амархан байж юун дээр ч олигтой төвлөрч чадахгүй байна. Ердийнхөөс ч илүү их юм бодогдоод байх мэт санагддаг билээ. Энэ нь үнэндээ сайны дохио бөгөөд бид үл ялиг бясалгах гэж оролдож байгаагийн илрэл юм. Бид энгийн үедээ байнга гадагшаа анхаарч дотроо тийм олон янзын бодол явдгийг анзаардаг ч үгүй ажээ. Энэ удаад бол сэтгэл анх удаа хагас хугас ч гэсэн "дотогшоо" шагайж хараад ямар их бодол бодож байдгийг ажигласан нь энэ. Тэгэхээр энэ шатанд бид дотоод хөдөлгөөнийг таних чадварыг олно.

2. **Мэдрэх:** Догшрол ба живэлтийн эсрэг ерөндгүүдийг бид тогтмол хэрэглээд байх юм бол сэтгэл аяндаа тогтоод ирнэ. Энэ шатанд сэтгэл нэгэн зүйлд төвлөрч эхлэх боловч төвлөрлөө удаанаар хадгалж чадахгүй байх болно. Зарим үед тэр хөдөлгөөнгүй болж ямар ч хичээл зүтгэлгүй тогтворжин, бодлууд хааяа орж ирэх нь том хөндийг даган урсах голтой адил байх болно. Энэ үед сэтгэл унаган төлөвтөө саатдаг болж ирэх бөгөөд түүнийг мэдрэх үе гэж нэрлэдэг.

3. **Хэвшүүлэх:** Дараа нь сэтгэл маш тайван болох үе шатанд орж очно. Бодлууд түрүүчийн адил ургасаар байх боловч сэтгэл энэ удаад нэгэн-үзүүрт төвлөрлөө алдахгүй байж чадах бөгөөд мэлхий агаарт үсэрснээ зогсчих мэт болсноо дахин төвлөрч байх болно. Бодлууд аяараа ургасаар мөн замхарсаар хичээл зүтгэл гаргах гэлгүйгээр төвлөрлөө хадгалан байж чадна. Үүнийг хэвшүүлэх үе шат гэж нэрлэдэг.

4. **Тогтворжуулах:** Ийм маягаар дадлагаа үргэлжлүүлсээр сүүлдээ бараг л бодол ургахаа больж эхэлнэ. Бидний сэтгэл сатааралгүй болсноор одоо төвлөрлөө огт алдахгүй болно. Энэ үед тогтмол усанд хаая нэг подхийн долгио үүсэхийн адил бодол аяндаа ургаснаа зөөлнөөр сарнин одож байх болно. Энэ үеийг тогтворжуулах үе шат гэх бөгөөд өмнөх хоёр шатыг дадлага болгосны үр дүнд бий болдог билээ.

5. **Төгөлдөржүүлэх:** Сэтгэл тогтворжилтыг үргэлжлүүлэн дадуулсаар бидний сэтгэл хэзээ ч, юунд ч үл сатаарах ба үл догшрох болж нэгэн-үзүүрт төвлөрөлдөө тогтвортой байж чадах болдог нь тогтмол нуурын устай адилтгаж болох билээ. Сэтгэл маш их чадварлаг болсон байх тул бид энэ үед нэгэн зүйлд төвлөрөн орших уу, эсвэл нэгэн сэдэв дээр төвлөрөн шинжлэх үү гэдгээ сонгох боломжтой болдог. Энэ бол сэтгэл тогтворжилт төгөлдөрсөний илэрхийлэл мөн. Тогтвортой төгөлдөр сэтгэл л нэгэн-үзүүрт төвлөрлөөр удаан байж чадна. Тэр л аль нэгэн сэдэв дээр төгс төвлөрөн бясалгаж чадах боловч язгуурын мөн чанарын тогтворжилттой энэ нь бас л адилгүй байх болно. Үүнийг зөвхөн Бурхан болж байж л бүрэн төгөлдөржүүлж болох бөлгөө.

Бид нэгэн-үзүүрт төвлөрөлтэйгөөр оршин байх чадвараа төгөлдөржүүлэхэд аль ч объект дээр анхааралаа төгс төвлөрүүлж чадах болсноор Амирлан Оршихуйд хүрэх болно. Амирлан Оршихуй бол үнэний үнэн мөн чанарын дотоод гүн рүү нэвтэрч ороход хөтөлдөг Үлэмж Үзэхүйн бясалгалын өмнөх урьдчилсан нөхцөл болдог сэтгэлийн төлөв юм. Үлэмж Үзэхүйн урсгалын үзлээр харахад ч зөвхөн Амирлан Оршихуйд хүрсэн хүн л Үлэмж Үзэхүйн бясалгалаар үнэний гүн рүү нэвтэрч чаддаг ажээ.

## Оньс Зааварчилгаа Авах Үнэн Хэрэгцээ

Гурван Хумилтын бясалгалыг яг хэрхэн дадуулах зааварчилгаа нь Дөрвөн Дээд Авшгийг авсан хүмүүст л зөвхөн зориулан хамгаалагдсан байдаг учраас түүнийг энэ номоос та хайгаад олохгүй. Хэрвээ та урьдчилсан бэлтгэлийн зэргийг дадуулан үйлдэж гүйцээд төгсгөлийн зэргийн дадлагыг эхлэх хүсэлтэй байгаа бол шаардлага хангасан мастер багшаас зохих авшиг хийгээд, оньс зааварчилгааг хүртэх шаардлагатай. Ийм замаар дадуулах нь сургаалын адистидыг уламжлал ёсоор хадгалан, таныг сэтгэлийн нарийн руугаа нэвтрэх замд найдвартай багш хөтлөн яваа шүү гэдэг баталгаатай болох юм. Багшийн зааварчилгаа үгүйгээр жинхэнэ ухамсарлахуйд хүрэх ямар ч бололцоо үгүй билээ.

# ГОЛ ХЭСГҮҮДИЙГ ЭРГЭН СӨХВӨЛ

- Очирт Йогийг бясалгахаас өмнө Дөрвөн Дээд Авшгийн ёслолоор бидэнд танилцуулсан бодлоос ангид ухамсрын мэдрэмжийг тогтворжуулахын тулд Амирлан Оршихуйн нэгэн-үзүүрт төвлөрөлд хүрсэн байх ёстой.

- Цагийн хүрдний Замд Гурван Хумилт хэмээх бясалгалаар Шаматад хүрдэг. Энэ гайхамшигт бясалгалын арга нарийн биеийн хийн системийг ашиглан хүнийг гүнзгий бясалган уусахуйн төлөвт богино хугацаанд оруулдаг.

- Нарийн биеийн энергийн систем хоёрдмол сэтгэлийн хөдөлгөөний улмаас ургасан энергийн хэв маягаар хэлбэржиж байдаг. Гурван гол бүрэлдэхүүн хэсэг бий: 1\хүрднүүд ба судлууд, 2\дотоод хийнүүд болон 3\унарийн дуслууд билээ.

- Энерги урсдаг замыг судлууд гэнэ. Насанд хүрсэн хүний биед 72,000 судал байх бөгөөд гурав нь голлох судалд ордогт: 1\Авадути хэмээх төв судал, 2\Лалана хэмээх зүүн судал болон 3\Разана хэмээх баруун судал юм.

- Зүүн, баруун судал төв судалтай ороосолдон давхацдаг зургаан цэг байх бөгөөд тэдгээрийг хүрднүүд гэнэ: 1\Дөрвөн салбар судал бүхий зулайн хүрд, 2\Арван-зургаан салбар бүхий духны хүрд, 3\Гучин-хоёр салбар бүхий хоолойн хүрд, 4\Найман салбар бүхий зүрхний хүрд, 5\Жаран-дөрвөн судалтай хүйн хүрд болон 6\Гучин-хоёр салбар судал бүхий нууцын хүрд билээ.

- Сэтгэл юм уу энергийн хөдөлгөөний улмаас нарийн бие өөрчлөгдөж байдаг замыг дотоод хий гэж нэрлэдэг. Нийт арван хий байхын тав нь гол, тав нь хоёрдогч хий билээ.

- Гол хийнд: 1\Амьдрал тэтгэгч хий, 2\Доошоо зайлуулагч хий, 3\Гал дагалдагч хий, 4\Дээш чиглэлтэй хий ба 5\Бүхнийг хамрагч хий орно.

- Хоёрдогч хийнүүдэд: 1\Лусын хий, 2\\Мэлхий хий, 3\Гүрвэл хий, 4\Девадатта хий ба 5\Данамжаяа хий ордог.

- Нарийн дуслууд бол зуурах сэтгэлээр барьцалдсан нарийн биеийн энерги ба сэтгэлийн нэгдэл юм. Бие махбод хоёр төрлийн дуслаар дүүрэн байдаг нь: 1\Билгийн энерги давамгайлсан улаан дусал ба 2\

Аргын энерги давамгайлсан цагаан дусал юм. Улаан дусал биеийн доод хагаст, харин цагаан дусал дээд хагаст голдуу байрласан байдаг.

- Улаан ба цагаан дуслын нарийслын дөрвөн түвшин байдагт: 1\энерги ба сэтгэлийн нэгдэл болох нарийн охь, 2\Нарийн охь ба генетик материалын нэгдэл болох нарийн дусал, 3\Нарийн дусал ба биологийн бүтцийн нэгдэл болох бүдүүн дусал болон 4\Бүлэг олон дуслын хэсгээс тогтсон маш бүдүүн дусал билээ.

- Хий ба дуслууд биеийн өөр өөр хэсэгт харилцан үйлчлэлд орсны үр дүнд сэтгэлд бий болдог дөрвөн төлөвийн үзэгдлийг Дөрвөн дусал гэнэ. Тэд бол: 1\Тархийг тойрон хүрээлсэн биеийн дусал, 2\Хоолойн орчим байрладаг хэлний дусал, 3\Зүрхний орчим байрладаг сэтгэлийн дусал ба 4\Хүйсний ойролцоо байдаг билгүүний дуслууд юм.

- Бясалган уусахуйд шингэх үед Туйлын Дөрвөн Дусал үзэгдэх бөгөөд үүнд: 1\Хүйсэнд биеийн туйлын дусал, 2\Нууцын хүрдэнд хэлний туйлын дусал, 3\Нууцын эрхтний төвд сэтгэлийн туйлын дусал ба 4\Нууцын эрхтний үзүүрт билгүүний туйлын дусал тус тус байрлана.

- Хүн бий болохоос үхэх хүртэл арван үе шатыг дамжин хөгждөг нь: 1\Загас, 2\Мэлхий, 3\Зэрлэг Гахай, 4\Хүн-Арслан, 5\Одой, 6\Рама, 7\Рамана, 8\Кришна, 9\Будда болон 10\Калки гэж нэрлэдэг.

- Энергийн хоёр хэв маяг  сансрын хүрдийг хэлбэржих ба задрахад жолоодож байдаг нь: 1\Амин шингэний ялгаруулалтаар бүтдэг нарийн биеийн хэлбэржилт ба 2\Хийн эргэлтээс үүсдэг бодлын хэлбэржилт билээ.

- Төгсгөлийн зэрэг бол зууралтыг уусгах замаар шижир ухамсарлахуйдаа хүрч, туйлын үнэнийг илрүүлэхэд зориулагдсан дадлагууд юм. Гурван Аглагийн бясалгалаар Шаматагийн бодлоос ангид ухамсарт хүрэх бөгөөд Очирт Зургаан Йогоор шижир тунгалаг ухамсарлахуйгаа илчлэх болно.

- Үл Хэрэгсэх дөрөв гэж сэтгэшгүй ахуйд хүрэхийн тулд баримталбал зохих дөрвөн зан байдлыг хэлэх ба үүнд: 1\Бие махбодын таашаалыг үл ойшоох, 2\Үг хэлээр авах таашаалыг үл хэрэгсэх, 3\Оюун сэтгэлээр амсах таашаалыг үл тоох болон 4\Дур тавилтаар эдлэх таашаалыг үл хэрэгсэх багтана.

- Гурван Хумилтын бясалгалаар бие, хэл, сэтгэл гурваа хумьснаар бодлын ухамсар дарангуйлагдаж нэгэн үзүүрт төвлөрөлд орон сэтгэшгүй ахуйг ухамсарлах болно.

- Дөрвөн Уусал бол Гурван Хумилтын дадлагаар хүрэх үр дүн мөн бөгөөд үүнд: 1\Нэгэн-үзүүрт төвлөрөл, 2\Сэтгэшгүй ахуй, 3\Тэгш агуулахуй ба 4\Шамдалгүй ахуй билээ.

- Дөрвөн Уусалтад бясалгалын таван шатыг дамжсанаар хүрнэ: 1\ Хөдөлгөөн, 2\Мэдрэх, 3\Хэвшүүлэх, 4\Тогтворжуулах болон 5\ Төгөлдөржүүлэх эдгээр болно.

- Гурван Хумилтын бясалгалыг Дээд Дөрвөн Авшгийг хүртсэн бөгөөд бэлтгэлийн зэргийг гүйцээсэн бясалгагч нар л шаардлага хангасан Очирт багшаас оньс зааварчилгааг авч байж дадуулах эрхтэй.

# Цагийн хүрдний Төгсгөлийн Зэрэг буюу Очирт Зургаан Йог

Цагийн хүрдний Замын гадаад бэлтгэлийн хоёр, дотоод бэлтгэлийн тав ба өвөрмөц бэлтгэлийн хоёр дадлагыг гүйцэтгэж дууссаныхаа дараа бид Очирт Зургаан Йогийн юутай ч үл зүйрлэх гүнзгий замаар ороход бэлэн болно. Эдгээр дэвшилтэт шатны йогийн техник бол бидэнд хүссэн болгоныг маань нүд ирмэхийн зуурт бүтээгээд өгөх хүслийг гүйцээгч чандмань эрдэнэ чухам мөн билээ. Сэтгэл нь хангалттай ариуссан бясалгагч хүн энэхэн нэгэн насандаа гэгээрэлд хүрэх боломжтой. Ганцхан эхний йогийг л мастерлаж чадсан байлаа гэхэд сансарт дахин хэзээ ч төрөл авахгүй байхад хангалттай гээд бодоод үзээхтүн.

Очирт Зургаан Йог гэдэг нэрийг сонсох нь  л өөрөө ер бусын адистид авчирдаг гээд бодохоор энэхүү нандинаас нандин сургаалыг тайлбарласан номтой учрах хийгээд, дадуулах боломж гарна гэдэг хэтэрхий ховорхон тохиох гайхамшигтай золтой тавилан гэдэг нь ойлгомжтой болох билээ. Тийм учраас, цаашаа үргэлжлүүлэхийн өмнө, энэхүү сургаалын хэчнээн эрхэм нандин болохыг мэдрэн талархал төрүүлэх хэдэн хором гаргах нь зүйтэй байх. Ингэснээр бид хүчтэй үйлийн барилдлага үүсгэж, ирээдүйд энэхүү сургаалтай дахин заавал учрах, цаашлаад чинагуух утгыг нь туйлаас амьдруулах их үйлсийн шалтгааныг бүтээх нь гарцаагүй юм.

Зургаан Йогийн дадлагын ер бишийн чадал хүчийг таньсан Очирт Егүзэрийн дандрын мастерууд өнөөдрийг хүртэл хоёр мянга гаруй жилийн турш түүнийг хадгалж хамгаалан явсаар тасалдаа нь үгүй бүтэн урсгалын адистидыг бидэнд залгуулан дамжуулж өгсөн билээ. Дадлагын ерөнхий байгууламжийг тайлбарласан бичмэл тайлбар олдох хэдий боловч энэ урсгал зөвхөн шаардлага хангасан эрхт Очирт багшийн аман зааварчилгаанд гүнзгий түшиглэсэн байдаг учиртай.

Оньс зааврыг Очирт багшаас шавьд бэлтгэлийн зэргийн дадлагуудаа гүйцээсэн болоод бусад нөхцөл шалтгаан бүрэн бүрджээ гэж үзсэн тохиолдолд л хүртээдэг ёстой. Дадлага нэг бүрийг төгөлдөржүүлж мастерлах зайлшгүй шаардлагатай гэж шахахгүй хэдий ч хамаг амьтны тусын тулд гэгээрэлд хүрнэ гэсэн тангарагтай бидний чин сэдэл зоригдол илтэд харагдаж байх учиртай. Зорилго сэдлээр дутмаг байх нь Очирт багш бидний хоорондын харьцааг муутгаад зогсохгүй, ариун сургаалыг доройтуулах шалтгаан болж болох тул чин сүжигт ариун бясалгагч бид өөрсдийгөө чадахын хэрээр сайн тордож бэлтгэсэн байваас зохистой болно.

Очирт багшид хүлээн зөвшөөрөгдсөнийхөө дараа оньсон зааварчилгааг бид ганц ганцаар нь хүлээн авах болно. Үүнд: Эхлээд бид нэгэн багц заавар хэлүүлж авaaд түүнийгээ дадлага болгоно, тэгээд багшид байнга илтгэж байх учиртай. Ийнхүү байнгын хяналт дор байх нь багшийн зүгээс хэрэгтэй нэмэлт хасалт хийх болоод дадлагын нарийсалтын улмаас учрах олон бартаанд бүдрэхгүй байхад тустай байдаг аж.

Багш бидний дадлагын явцыг ийнхүү нарийн хянаж байх үед дараагийн багц зааврыг өгнө. Ийм маягаар Очирт Йог туршлагын явцад илэрхий болж эхлэн дадлага бясалгалдаа нэлээд их итгэл бишрэл хөгжүүлэх боломжийг бидэнд олгодог. Зааварчилгаа авах, дадуулах, буцаж илтгэх гэсэн эргэлтээр бид шат болгоны дадлагыг мастерлаж гүйцэх хүртлээ үргэлжлүүлнэ.

Үүнийг санаандаа хадгалж авaaд одоо тэдний хоорондоо хэрхэн уялдаатай байдгийг нь тодруулахад туслах үүднээс Очирт Зургаан Йогийн Замын ерөнхий танилцуулгыг судлах болно. Энэ бүлгийн гол зорилго бол эдгээр техникүүдэд итгэл сүжиг төрүүлж түүгээр дадлагажих чин хүслийг хүчтэй хөгжүүлэх явдал юм. Тиймээс таныг одоо хамгийн өвөрмөц гүнзгий замаар дагуулан явж чадах Очирт багшийг эрж олохоор зорино гэдэгт тань эргэлзэхгүй байнам.

# ОЧИРТ ЙОГИЙН ХӨЛГӨНИЙ БАЙГУУЛАМЖ

Очирт Йогийн Зам үл-урвахуйн амгалан хийгээд гэгээрсэн чанараар дүүрэн дээдийн хоосны салшгүй нэгдлийг ухамсарлах ба тогтворжуулахад зориулсан зургаан гишүүнт дадлагаас тогтдог. Тэр нь:

1. **Ангижирахуйн Йог \скт.Пратяахара, төвөд.сордут\:** Ангжирахуйн Йогийн гол шим нь бүдүүн бодлын урсгалыг таслан зогсоосноор хоосон-дүрсний үзэгдэл гарч үзэгдэхэд хүргэх явдал мөн.

2. **Тогтворжихуйн Йог \скт.Дияна, төвөд.самтэн\:** Тогтворжихуйн Йогийн гол шим бол хоосон-дүрсний ухамсрыг өргөжүүлэн тэр бүхнийг бидний ухамсраас урган гарч байгаагаар мэдрэх явдал мөн.

3. **Амьдрах-Хүчний Йог \скт.Пранаяама, төвөд.согцол\:** Амьдрах-хүчний Йогийн гол шим нь нарийн биеийн үйлийн үрийн хийг намжаан голын судалд тэнцвэржүүлэн байрлуулах явдал мөн.

4. **Хураахуйн Йог \скт.Дарана, төвөд.зинпа\:** Хураахуйн Йогийн гол шим бол үйлийн үрийн нарийн хийг бүрэн намжааснаар тэдний хөдөлгөөн зогсож, бүх биеэр тарсан дуслуудтай нэгтгэх явдал юм.

5. **Эргэн Цуглуулахуйн Йог \скт.Анусмирти, төвөд.жиитэн\:** Эргэн Цуглуулахуйн Йогийн гол шим нь *Дотоодын Гал* \төвөд.туммо\ хэмээх дадлагаар аугаа амгалангийн мэдрэмжээ нарийсгах явдал мөн.

6. **Уусгахуйн Йог \скт.Самади, төвөд.тин нгэ жин\:** Уусгахуйн Йогийн гол шим нь Үл-Урвахуйн Амгалан хийгээд Хоосон-Дүрсийн нэгдэлд саатан орших явдал мөн.

Эдгээр йог тус бүр дараагийн шатанд дэвшихийн өмнө урьдчилсан чадварыг эзэмшсэн байхыг шаардана. Аль ч шатанд байсан хүрэх ухамсарлахуйн хэмжээ өмнөх шатуудыг хэрхэн эзэмшсэн хэр хэмжээнээс шууд шалтгаална. Бидний одоогийн буй үйлийн энэ барилдлага хэдий болтол үргэлжлэхийг бид хэлж мэдэхгүй учраас эдгээр дадлагатай танил дотно болон хэвшүүлэх явдлыг гурван жилийн бясалгалын хүрээнд багтааж хөгжүүлсэн байвал ашигтай байдаг. Ингэснээр бид нөгчихөөсөө өмнө тэдгээрийг мастерлаж амжихгүй байдаг юм аа гэхэд Очирт Хөлгөний Ариун Орон Шамбалд төрөхөд хэрэгцээтэй бүхий л үйлийн барилдлагыг өөрсдийн сэтгэлд бүтээж байгаа хэрэг билээ. Шамбалд төрнө гэдэг нэгэн насандаа гэгээрлийн хутгийг олох давхар баталгаатай боллоо гэсэн үг.

## Зургаан Йогийн Ангилал

Зуун зууны туршид Очирт Егүзэрийн Замыг түүний байгууламжийн өөр өөр талыг нь онцлон харуулах замаар олон янзаар ангилан хувааж танилцуулсаар иржээ. Тэдгээр шалгуур цөм зохиомол үнэний нэр томьёо төдийхөн боловч өөрсдийн судалгаанд оруулан бодож үзэх нь цаг дэмий үрсэн болохгүй гэж санагдана. Үүнд:

1. **Хоосон-Дүрс ба Үл-Урвахуйн Амгалангийн Хоёр Ангилал:** Энэ хуваагдал йог тус бүрд машид ихээр онцлон үздэг талд үндэслэсэн байдаг. Ерөнхийд нь хэлэхэд, эхний дөрвөн йог бол Хоосон-Дүрсийн Их Хань \Махамудра\ гэж тооцогддог дээдийн хоосныг ухамсарлахад голлон анхаардаг гэж болно. Үлдсэн хоёр йог бол энэхүү ухамсраа Үл-Урвахуйн Амгалангийн мэдрэмж бий болгох, дараа нь төгөлдөржүүлэх суурь болгон ашиглахад онцгойлон анхаардаг байна.

2. **Гурван Ариуны Гурван Ангилал:** Энэ хуваагдлаар зургаан йогийн нарийн биеийн энергийн системд хэрхэн нөлөөгөө үзүүлдэгт суурилан ангилсан байдаг. Энд сансрын хүрдний эргэлтэн дэх энергийн үндсийг ариусгах талыг тодруулан харуулж, дараа нь бодолгүйн замаар гэгээрэлд хүргэдэг ажээ. Эхний хоёр йог бол судал ба хүрднүүдийг ариусгадаг Эхэн Үеийн Буяны Ариусал, гурав ба дөрөвдүгээр йог бол дотоод хийг ариусгадаг Дунд Үеийн Буяны Ариусал, харин эцсийн хоёр йог бол нарийн дуслуудыг ариусгадгаараа Төгсгөл Үеийн Буяны Ариусал хэмээн нэрлэгддэг.

3. **Зам ба Үр Дүнгийн Дөрвөн Ангилал:** Энэ хуваагдал дөрвөн дуслын ариусалд үндэслэгдсэн байдаг. Мөрд Орох шат буюу эхний хоёр йогт Биеийн дуслыг ариусган Очирт-Лагшныг олох ухамсрыг ургуулна. Түүнээс залгаад Амжилт Ойртох шат буюу гурав ба дөрөвдүгээр йогт хэлний Дуслыг ариусган Очирт-Зарлигийн ухамсар төрөх боломж олох учиртай. Амжилтын шат буюу тавдугаар йогт Сэтгэлийн Дуслыг ариусган Очирт-Тааллыг олох ухамсар ургуулдаг бол эцэст нь Их Амжилтын шат буюу зургаадугаар йогт Билгүүний Дуслын сүүлчийн түйтгэрүүдийг арилган Очирт-Билиг Билгүүний дээд ухамсарлахуй ургах учиртай.

| Шинжүүд | Ариун | Ариусал | Шат | Дусал | Йог |
|---|---|---|---|---|---|
| Хоосон-Дүрс | Эхэн | Судлууд | Мөрд Орох | Биеийн | Ангижрах |
| | | | | | Тогтворжих |
| | Дунд | Хийнүүд | Дөхсөн Амжилт | Хэлний | Амьдрах-Хүч |
| | | | | | Хураах |
| Үл-Урвахуйн Амгалан | Эцэс | Дуслууд | Амжилт | Сэтгэлийг | Эргэн цуглуулах |
| | | | Их Амжилт | Билгүүн | Уусгах |

*Хүснэгт 9-1: Очирт Зургаан Йогийн Ангилал*

## Зургаан Йогоор Гүйцэтгэх Таван Шат

Амжилтын Таван Зам Мөрийн дагуу авч үзэх нь бясалгагч хүний дадлагын замын ерөнхий ахицыг ойлгоход их тустай байдаг. Боть 1-д та бидний судалсан ёсоор зам мөр болгон бидний замнахаар сонгосон хөлгөний түвшнээс шалтгаалаад өөр өөр дадлага болон ухамсарлахуйн түвшинтэй уялдаатай байдаг. Дараах товчхон дүгнэлтээр Цагийн хүрдний Дандарын өвөрмөц сургаалтай холбоотойгоор таван зам мөр хэрхэн үзэгддэгийг танилцуулъя.

1. **Чуулганы Мөр:** Энэ зам мөрийн гол шим нь бүхий л шинжээр дүүрэн дээдийн хоосныг ухамсарлахад хэрэгтэй бүх нөхцөлийг бүрдүүлэх явдал байдаг. Түүнийг гурван шатанд хувааж болох бөгөөд эхний хоёр шат Үүсгэлийн зэргийн дадлагуудтай тохирч байх ба өөрийгөө Дүйнхор Ядам болгон үүсгэж хязгааргүй олон гэгээрсэн үйлдлийг гүйцэтгэн далай их буян хишиг, саруул оюуныг хураадаг. Сүүлчийн шат Гурван Хумилтын бясалгал болон *Ангижрахуйн Йогийн* дадлагаар Тогтоох ба Шинжлэх бясалгалд уусан төвлөрлийг төгөлдөржүүлэхэд хэрэглэдэг. Тэгснээр хоосон-Дүрсний илт мэдлийн ухамсарлахуйд хүрнэ. Тэд бол дээдийн хоосны зүгээр л үзэгдэх шинж мөртөө цаашдын замдаа суурь болгох хүчин төгөлдөр үндэс болж өгдөг байна.

2. **Найруулгын Мөр:** Хоосон чанарыг анх удаа ухамсарласан дээрээ суурилаад энэ зам мөрийн гол шим нь нарийн түвшний түйтгэрүүдийг арилгах, тэгснээр дээдийн хооосны төгс үзэгдлийг мэдрэх явдал юм. Мөн гурван шатаар явагдах бөгөөд эхний шатанд *Тогтворжихуйн Йогоор* хоосон-дүрсний бодит үзэгдлийг ариусгана, хоёр дахь шатанд *Амьдрах-Хүчний Йогоор* хийн хөдөлгөөнөөр үүсдэг мэдэгдэхүүний нарийн түйтгэрүүдийг идэвхтэйгээр намжааж, харин гуравдугаар шатанд Хураахуйн Йогоор нарийн хийг нарийн дусалд төгс уусгаж хоёрдмол сэтгэл ургахыг болиулна.

3. **Үзэхүйн Мөр:** Хоёрдмол үзэгдэл дахин ургахаа болимогц Хоосон-Дүрсний Их Хань л ганцаараа үлдэж хоцорно. Энэ бол дээдийн хооосныг бүрнээр ухамсарласан анхны хором мөн. *Эргэн Цуглуулахуйн Йогоор* энэ ухамсарлахуй улам нарийсаж ирэн Үл-Урвахуйн Амгалан хийгээд Хоосон-Дүрсийн Нэгдэлд хүрэх бололцоотой.

4. **Бясалгахуйн Мөр:** Үл-Урвахуйн Амгалан ургаснаас хойш хамгийн нарийн түвшний үйлийн үрийн ул мөрийг арилган төгс гэгээрсэн Бурханы гэгээрсэн таалал гарч ирж үзэгдэх бүх зам нээгдэнэ. Уусгахуйн Йогоор харьцангүй үнэний мэдрэмж болох улаан ба цагаан дуслууд төгс бүтсэн туйлын үнэний эцсийн мэдрэмж болох цорын ганц хувиршгүй дусалд бүрмөсөн шингэж гүйцэх болно. Энэ үйл явц эхлэхэд бясалгагч хүн Бодисадвагийн Газруудыг хурдтай туулан ахих болно.

5. **Үл Суралцахуйн Мөр:** Цаашид сансарт биднийг хүлэх ямар ч түйтгэр бэрхшээл үлдээгүйн улмаас Очирдарийн гэгээрсэн таалал амилан төгөлдөржиж, хязгааргүй тоогоор үзэгдэх дүрст лагшнаар хамаг амьтны тусыг зүтгэл шамдалгүй бүтээж байх болно. Энд хүрээд дадлага гүйцэж цаашид хийх зүйл үлдэхгүй.

| Зам Мөр | Дадлага | Хүрэх Ухамсарлахуй |
|---|---|---|
| Чуулганы | Үүсгэлийн Зэрэг | Саруул Билгүүн |
| | | Буян Хишиг |
| | Гурван Хумилт | Язгуур ухамсартаа нэгэн-үзүүрт сэтгэлээр орших |
| | Ангижрахуйн Йог | Хоосон-дүрсийг үзэгдэл болгон шууд үзэх |
| Найруулгын | Тогтворжихуйн Йог | Үзэгдлийг ухамсарт уусгах |
| | Амьдрах-Хүчний Йог | Ухамсрыг хийнүүдэд уусгах |
| | Хураахуйн Йог | Хийнүүдийг дуслуудад уусгах |
| Үзэхүйн | Эргэн Цуглуулахуйн Йог | Үл-Урвахуйн Амгаланг илтэд мэдрэх |

| Бясалгахуйн | Уусгахуйн Йог | Үйлийн үрийн ул мөрийг шатааж дуусгах |
|---|---|---|
| Үл Суралцахуйн | - - | Очирдарийн гэгээрсэн таалалд хүрэх |

*Хүснэгт 9-2: Гэгээрэлд Хүргэх Очирт Зургаан Йогийн Таван Зам Мөр*

# Очирт Йогийн Замд Хөгждөг Чанарууд

Нийтэд нь авч үзвэл зургаан йогийн дадлага Бурханлаг-чанарын гурван талыг төгөлдөржүүлэх нарийслын ахицыг төлөөлдөг билээ. Үүнд:

1. **Хоосон-Дүрсний Үзэгдэл:** Хоосон-Дүрс бодит дүрс маягаар анх ургах ба дараа нь ухамсраас салшгүй холбоотой үзэгдэл болон мэдрэгдэнэ. Нарийн биеийн энергийн хөдөлгөөнд анхаарлаа төвлөрүүлэхэд тэд хий болон ургах бөгөөд хийнүүд намжиж дарагдсаны дараа нарийн дуслууд болон ургана. Дотоодын галыг өрдөх дадлагаар тэд гялалзан хайлах охь болон мэдрэгдэнэ. Энэ үйл явцын дунд хайлсан дуслууд салшгүй бөгөөд сарнишгүй дуслуудад нэгдэх ба тэдгээр дусалд гэгээрлийн чанар нэгэн зэрэг үзэгдэж эхлэх болно.

2. **Амгалан Таашаал Мэдрэх:** Шинжлэх бясалгалын дадлагаар нарийн ухамсрын уян хатан байдал үүссэнээс амгалан таашаал ургана. Энэ төлөвийн нарийсалтаар төвлөрөл цэнгэл таашаалын ариун хэлбэр болон хувирах болно. Хийнүүд төв судалд тэнцвэртэй орших үед нэгдэн давхацсан судлуудын таашаал ургах ба түүний араас хий бүдүүн дуслуудтай нэгдсэний улмаас үүсэх аугаа амгалан урган гарах болно. Нарийн дуслын хайлалтаас энэхүү аугаа таашаал эрчимжиж ирэн эцэстээ үл-урвахуйн амгалан таашаалд хүргэнэ.

3. **Хоёрдмол Ухамсар Орхигдох:** Сэтгэшгүй ахуйн үзэгдлийн хоосон чанартайг ухамсарласнаар хоёрдмол үзлийн эхний давхарга арилна. Дараа нь бүхий л юмс үзэгдэл цөм энэхүү ухамсар шиг хоосон мөн чанартай юм гэдгийг ухамсарласнаар бодит ба хийсвэр үзэгдэл нэгэн шимтэй болж ирнэ. Баруун, зүүн судлаар гүйх хийг төв судалд оруулан уусгахад тэдний хөдөлгөөн зогсож бүдүүн ба нарийн хэлбэрийн хоёрдмол үзэгдэл хамт ургахаа болино. Амгалан таашаал нарийсаж ирэхэд хором бүр ялгах аргагүй болж ирнэ. Эцэст нь, таашаалын төлөвт саатан орших үед харьцангүй үнэний бодит хийсвэр гэж хэзээ ч байгаагүй бөгөөд янагуух чинагуух гэсэн хоёрдмол чанар цаглашгүй, хувиршгүй мөн чанарт уусан арилна.

Дараах хүснэгтээр тэдгээр тал хэрхэн зэрэгцэн хөгждөгийг харуулна.

| Йог | Хоосон-Дүрс | Амгалан Таашаал | Хоёргүй Ухамсар |
|---|---|---|---|
| Ангижрахуй | Дүрс | Нарийн Сэтгэлийн Таашаал | Хоосон Чанар |
| Тогтворжихуй | Энгийн Үзэгдэл | Ариун Цэнгэлт Таашаал | Нэгэн мөн Чанар |
| Амьдрах-Хүч | Хийнүүд | Хийн Нэгдлийн Таашаал | Тэнцвэр |
| Хураахуй | Нарийн Охь | Дуслуудын Нэгдлийн Таашаал | Хөдөлшгүй |
| Эргэн Цуглуулах | Хайлах Охь | Хайлах Охийн Аугаа Таашаал | Амгалан мөн Чанар |
| Уусахуй | Хувиршгүй Дусал | Үл-урвахуйн Амгалан | Үл-Хувирах Мөн Чанар |

*Хүснэгт 9-3: Очирт Йогийн Замд Хөгждөг Чанарууд*

# ОЧИРТ ЗУРГААН ЙОГИЙН ЕРӨНХИЙ ДҮР ЗУРАГ

Одоо бид Очирт Йог тус бүрийн ерөнхий байгууламжийг хүн бүрд хувийн дадлагадаа ашиглахад дөхөмтэй байлгах зорилгоор судалж, гишүүн нэг бүрийг хооронд нь тод ялган харуулахыг зорих болно. Эдгээр дадлагын илүү гүнзгий танилцуулгыг олж судлахыг хүсвэл урсгалын мастерууд болох Кункэн Долбуба, Жавзан Тараната нарын бичмэл тайлбарыг олж уншихыг зөвлөх байна.

Йог тус бүрд зургаан гишүүнт байгууламж бий: 1\Нэрийн утга, 2\Бясалгах үе, 3\Дадлагын салбарууд, 4\Амжилт олсны шинжүүд, 5\Ариусгалын суурь болон 6\Хүрэх үр дүн эдгээр билээ.

## Ангижрахуйн Йог

Эхний йогийг *Ангижрахуй* гэх бөгөөд дотоод хийг төв судал руу чиглүүлдэг бясалгалын аргыг хэлнэ. Энгийн үед хий нь биеийн баруун зүүн судлаар замбараагүй таран урсдагаас болж дөрвөн төлөвийн бүдүүн үзэгдэл ургах шалтгаан болдог. Хий ийм замаар гүйсэн хэвээр байсан цагт бид дээдийн хоосныг шууд мэдрэх боломжгүй. Тийм учраас бид өөрсдийн ухамсрыг гадаад ертөнцөөс ангижруулж бүх зүйлсийг шижир тунгалаг ухамсрын ариун үзэгдэл болгон хүлээж авах ёстой.

### Нэрний Утга

Пратяахара гэдэг санскрит үг *пратяа* буюу "хувь хүн" ба *хара* буюу "ангижрах" гэсэн хоёр үгнээс тогтоно. Үгчилсэн орчуулга нь хувь хүний ангижрахуй гэсэн утгатай болно. Нэрээс нь харахад л энэ йогийг дадуулснаар бясалгалын хүчээр хүн хийгээ голын судалд аваачиж хураах замаар гадаад мэдрэхүйн объекттой холбоо тасрах учиртай болох нь ойлгогдох ажээ.

## Бясалгах Үе

Энэ йогийг дадуулахад Гурван Хумилтын дадлагаар нэгэн-үзүүрт төвлөрөл, сэтгэшгүй ахуй, тэгш агуулахуй, шамдалгүй ахуй гэсэн дөрвөн уусалтыг тогтвортой болтол хөгжүүлсэн байх шаардлагатай. Энэ бясалгалд орох тохиромжтой цаг бол хий нь зүүн хамрын самсаанаас баруун руу шилжих үе буюу шороон махбод харьцангүй сулхан байгаа үед хийвэл ариун-бус үзэгдлийг огторгуй махбодод уусгахад илт амархан байх болно. Тэгэхдээ Ангижрахуйн Йог таны гол дадлага болж байх тохиолдолд унтаж байхаас бусад аль ч цагт бясалгах ёстой гэж хэлдэг билээ.

## Салбар Дадлагууд

Энэ бясалгалын суудал ба зааварчилгаа Гурван хумилтын дадлагатай адилхан боловч хаана онцгойлон анхаарах тал нь өөр байх шинжтэй байдаг. Гурван Хумилтаар нэгэн-үзүүрт төвлөрлийг \шамата\ хөгжүүлэхэд анхаардаг бол Ангижрахуйн Йогоор дотоод шинжлэлийг \випашяана\ хөгжүүлэхэд голчлон анхаардаг. Дадлагуудыг хооронд нь хувааж байдаг шугам бол хийнүүд гол судалд орох үед үзэгдэх хоосон-дүрснүүд билээ.

Арван хийн уусалттай тохирдог арван төрлийн хоосон-дүрс энэ үед ургах болно. Тэд цөм өвөрмөц тусгай шинжээр танигдана. Үүнд: 1\Утаа, 2\Зэрэглээ, 3\Үүлс, 4\Гэрэлт-цох, 5\Улалзах гэрэл, 6\Сарны гэрэл, 7\Нарны туяа, 8\Хиртэлт, 9\Гялбаа ба 10\Дусал билээ. Эдгээр шинж тэмдгийг яг утаа үзэгдэнэ гэх мэтчилэн үгчилж ойлгож болохгүй. Харин хоосон-дүрсний үзэгдэх мөн чанарыг ерөнхийд нь тодорхойлсон нэр гэж үзэж болно. Жишээ нь, утаа гэдгээр хөнгөн хөвөлзсөн шинжийг, зэрэглээ гэдгээр гялтганасан талыг нь тодорхойлдог байна.

Эдгээр шинжийн зарим нь Гурван Хумилтын дадлагын үеэр ч тогтвортой биш байдлаар ургах нь бий. Ангижрахуйн Йогт хүрлээ гэснийг илтгэсэн жинхэнэ шинж бол хоосон-дүрснүүд тогтмол үзэгдэх болохоос гадна дээр дурдсан дарааллаар үзэгдэх ёстой. Уг дараалал үхлийн үед бидний махбодын бүдүүнээс нарийн түвшин рүү чиглэлтэйгээр уусах дараалалтай дүйцэж байдаг. Дотоод хийнүүд зулайн хүрдэнд татагдан очиж уусах үед жинхэнэ ангижрахуй явагддаг билээ.

Ангижрахуйн Йогийн дадлага хоёр хэсгээс бүтнэ:

1. **Шөнийн Бясалгал:** Энэ шатанд хийнүүдийг татах бидний анхаарал бүдүүн мэдрэхүйн ухамсартай холбоотой явагдана. Энэ үйл явцад мэдрэхүйн үзэгдлүүдээс аль болохоор тусгаар байх нь тустай бөгөөд тийм учраас хав харанхуй өрөөнд бясалгалаа гүйцэтгэнэ. Шөнийн бясалгалаар бид хоёрдогч хийнүүд төв судалд татагдан орж ирсний илэрхийлэл болсон

эхний дөрвөн шинжийг үзэх болно.

2. **Өдрийн Бясалгал:** Шөнийн дадлагын үр дүнд бидний сэтгэл машид уужим, нээлттэй цэлмэг тэнгэр шиг л болсон байдаг. Задгай огторгуйд байх мэт энэ чанарыг онцгойлон үзэж дадлагын энэ шатанд өдрийн цагаар гадаа үүлгүй тэнгэр рүү ширтэж байгаад бясалгалаа гүйцэтгэдэг. Энэ арга төв ба хязгаар гэж үгүй, элдвийн эрээлжилсэн өнгө будаг үгүй тэнгэр мэт уужим, хязгааргүй тэлсэн язгуурын мөн чанартай маань холбож өгдөг. Тэнгэрт үүл байх юм бол бид дадлагаа түрүүчийн ёсоор харанхуй өрөөнд үргэлжлүүлнэ. Өдрийн дадлагаар үлдсэн зургаан шинжийг бид олж мэдэрнэ.

| Дадлага | Шинж | Хий | Махбод | Бүрдэл Цогц |
|---------|------|-----|--------|-------------|
| Шөнийн | Утаа | Лусын | Шороо | Дүрс |
| | Зэрэглээ | Мэлхий | Ус | |
| | Үүлс | Гүрвэл | Гал | |
| | Гэрэлт Цох | Девадатта | Хий | |
| Өдрийн | Улалзах | Данамжаяа | Огторгуй | |
| | Сарны Гэрэл | Бүхнийг-Хамрагч | Ухамсар | Хүлээн Авахуй |
| | Нарны Туяа | Дээш Чиглэсэн | | Мэдрэмж |
| | Хиртэлт | Гал Дагалдагч | | Хэлбэржихүй |
| | Гялбаа | Доош Зайлуулагч | | Ухамсарлахуй |
| | Дусал | Амьдрал Тэтгэгч | | Ухамсар |

*Хүснэгт 9-4: Ангижрахуйн Йогийн үед гарах шинжүүд*

## Амжилт Олсны Шинж

Эдгээр дадлагыг улам ихээр хэвшүүлээд ирэхээр илрэх шинж хүчтэй бөгөөд тодхон, илүү тогтвортой болж, гадаад ертөнцөөс салангид тусгаар хоосон-дүрсний "дотоод ертөнц" хэлбэржин бүтэх болно. Хэдийгээр тэдний хоосон мөн чанартай нь илэрхий байх боловч зүүд зэрэглээ адил бидний ухамсраас салангид тусдаа зүйл мэт санагдаар байх болно. Эдгээр хоосон-дүрс нүдний мэдрэх хүчний шууд ухамсарт түшиглэн мэдрэгдэх буюу хараанд өртөх үзэгдэл маягаар бид тэднийг мэдэрнэ гэсэн үг.

## Ариусгалын Суурь

Ерөнхийд нь хэлэхэд энэ бүх йогийн ариусгалын дээдийн суурь нь Бурханлаг-чанар билээ. Гэвч йог тус бүрд тухайн дадлагаар ариусгах суурь болдог зургаан бүрдэл хэсэг бий. Ангижрахуйн Йогийн хувьд ариун-бусыг ариусгах суурь нь ухамсрын зургаан бүрэлдэхүүн хэсэг буюу: 1\Шижир тунгалаг ухамсрын бүрдэл цогц, 2\Ухамсрын махбод, 3\Оюуны мэдрэх хүч, 4\Дуу чимээ, 5\Гол судлын доод хэсэг болон 6\Шээс ялгаруулах бүрдлүүд билээ.

Эдгээр бүрэлдэхүүний аль нь арван хийн ангижралаар ариуссанаас шалтгаалж арван үе шат бүхий машид нарийн ухамсарлахуйн түвшнийг бий болгодог.

## Хүрэх Үр Дүн

Ангижрахуйн Йогийн бясалгалыг хичээнгүйлэн дадуулсны дүнд бид өөрсдийн биеийг уусгах үйл явцын мастер болох болно. Хийтэй нэг бүрчлэн танилцсаны дараа бид шинж тэмдгийг өөрийн хүссэн дараалаар өөрчилж чаддаг болно. Энэ чадвар бидэнд ухамсраа хадгалан байж үхлийн үйл явцад орох боломцоог олгох бөгөөд хяналтгүйгээр цаашид төрөл авахаа болино. Туйлын чанартаа энэ йогийг төгөлдөржүүлж чадсанаар ухамсрын зургаан бүрэлдэхүүн Базарсад Бурханы Аймагт хамаардаг хязгааргүй олон ядам бурхад болон ургамуй.

## Тогтворжихуйн Йог

Хоёр дахь йог бол Тогтворжихуйн Йог буюу нэгдэх йогоор бидний мэдэрсэн хоосон-дүрсийг мэдрэх хүлээн авахуйгаа дотоод ухамсартай нэгтгэх дадлага билээ. Эхний йог бидэнд хоосон-дүрсийг арван шинж болгон мэдрүүлсэн бол хоёр дахь йог бясалгагч хүнийг тэдгээр шинжийг сэтгэлийнхээ мөн чанарт ая зөнгөөрөө "холих" ба нэгтгэх чадвартай болгоно. Өөр үгээр хэлбэл бодит, хийсвэр гэсэн хоёрдмол үзэл хоорондоо давхцан нийлж эхэлнэ.

## Нэрний Утга

Энэ йогийн санскрит нэр нь *Дияна* буюу үгчилбэл "нэгэн-үзүүрт төвлөрөл" билээ. Мөн түүнчлэн анхаарлын объектыг хоосон-дүрсний ухамсарлахуй юм гэдгийг мэдрэх явдлыг хөгжүүлснээр тэдгээр шинжийг илүү ашигтайгаар хянах боломцоотой болдог.

## Бясалгах Үе

Ангижрахуйн Йогийн мастер болсныхоо дараа л бид энэ йогийг дадуулж эхэлбэл зохино. Арван шинжийг бид хүссэн үедээ үүсгэж чадах болсон цагт тэдгээрийг дотоод шинжлэхүйн байнгын сууриа болгон ашиглаж чадна. Гэхдээ хоосон-дүрсний мастер болоогүй байгаа тохиолдолд энэ йогоор дадуулахын тулд ядаж хоосон-дүрс сайтар ажиглаж болохоор удаан үзэгддэг болсон байх зайлшгүй чухал шаардлагатай.

## Салбар Дадлагууд

Энэ шатанд хүрэхээс өмнө бид голдуу нүдний мэдрэхүйн хүчинд найдсан хараанд өртөх дүрс дээр анхааран бясалгаж байсан. Одоо бид түүнийгээ өргөжүүлэн дуу чимээ гэх мэт мэдрэхүйн бусад ухамсрыг хамруулах болно. Энэ йогийг нэлээд ашигтай хөгжүүлж чадмагц бид харанхуй өрөө мэт тусгай нөхцөл шаардахаа больж, дотоод бодит үзэгдлүүд ухамсартай нэгдсэнээр гадаад үзэгдлүүд бидний мэдрэмжид цаашид нөлөөлж чадахаа болино.

Энэ бясалгалаар энгийн хүлээн авахуйн аль ч дүрс хоосон-дүрс болон мэдрэгдэж сэтгэлээс салшгүй болж хувирна. Жишээ нь, бид хүрхрээний ойролцоо бясалгал хийж байлаа гэж бодоход усны чимээ йогийн хүлээн авахуйн билгүүний сонсголын хоосон-дуу болон ургана. Түүнтэй адил аливаа үнэр, амт болон хүрэлцэхүйн мэдрэмж бидний ариун мэдрэхүйтэй нэгдэн сэтгэлд ургасан объектууд сэтгэлийн мөн чанараас салшгүй болох нь мэдрэгдэх болно.

Нэгтгэлийн энэ үйл явц таван талтай байдаг нь:

1.  **Ойлгох:** Эхний алхам нь янз бүрийн хоосон-дүрсийг зүгээр ажиглах байдаг. Энэ шатанд бид мэдрэхүйд өртсөн объект бодолгүй ахуйн ухамсарт хэрхэн үзэгддэгийг ойлгож авдаг.

2.  **Таних:** Өөр маш олон хоосон-дүрс ургахын хэрээр бид илүү дотносон дасаж, тэдгээрийг бидний өөрсдийн ухамсраас салшгүй болохыг танина. Тэр мөчид объект субъектийн хоорондын ялгаа арилж эхэлнэ.

3.  **Задлан Шинжлэх:** Хоосон-дүрсний үзэгдэх байдлыг үргэлжлүүлэн ажигласаар сүүлдээ тэднийг бидний сэтгэлээс өөр юу ч биш юм байна гэдэгт итгэлтэй болно. Энэ итгэл бидний бүдүүн хэлбэрийн зууралтыг тавиулж чадсанаар хоосон-дүрс машид идэвхтэй ургасаар байсан ч тогтвортой байдлаа алдалгүй тэгш сэтгэлээр бясалгаж байж чадах болдог.

4.  **Баяр Баясгалан:** Сэтгэл аливаа зууралт үгүйгээр нэгэн-үзүүрт төвлөрлөөр оршиж чаддаг болоход бие сэтгэлийн их баяр цэнгэл төрөхийг мэдэрнэ. Энэ цэнгэл бүх үзэгдлийг бүрэн хамрах үед хийсвэрээр ч тэд мөн тийм таашаал мэдрүүлэх нэгэн төрлийн "амт"-тай болж ирнэ.

5.  **Хувиршгүй Таашаал:** Эцэст нь бодит ба хийсвэр хоорондын ялгаа арилахад бид бүх үзэгдэл хоосон-дүрс болон ургаж, бүх хоосон-дүрс таашаал болон мэдрэгддэг бясалган төвлөрөхүйн чадварыг хөгжүүлэх болно.

Эхлээд зөвхөн ойлголт байдаг, тэгснээ дараа нь ойлгохын зэрэгцээгээр таньж эхэлдэг. Ийм маягаар дараалсан бүх үзэгдэл өмнөх ухамсарлахуйтай нэгдэж нийлснээр дээрх таван тал бүгд нэгэн зэрэг үзэгдсэн хувиршгүй амгалан ургах болно.

## *Амжилтад Хүрсний Шинж*

Сэтгэл бясалган төвлөрөхүйн төлөвт хүрэхэд түрүүчийн йогийн үед анх мэдэрсэн арван шинж цөм нэгэн зэрэг тасралтгүй гарч ирж үзэгдэх болдог. Эхэндээ бидний йогийн хүлээн авахуй тод биш байдалтай байх боловч яваандаа цэвэр тодхон болсноо, сүүлдээ маш тод болж ирнэ. Дадуулсаар байтал эдгээр шинжийг хүлээн авах бидний байдал харьцангуй нарийсаж ирэх бөгөөд энэ үйл явцыг таван шатаар үзүүлбэл: 1\Эхлээд түрүүчийнхээс илүү нарийн болно, дараа нь, 2\Гэрэлтэй болно, 3\Хурц гэрэлтэх болно, 4\Хөдөлгөөнтэй хурц гэрэлтэй болсноо эцэст нь 5\Үл сарних гэрэлтэй болох болно. Энэ цэгт хүрээд шаардлага хангасан Очирт мастерын шууд зааварчилга доор бясалгах зайлшгүй хэрэгцээ гарч ирэх бөгөөд эс тэгвээс маш нарийн түвшинд очсоны тул төөрөлдөж замаа алдахад амархан байх болно.

Энэ йог мэдрэхүйн объектуудыг сэтгэлтэй холбож өгдөг боловч хүний хүлээн авахуй сэтгэлийн ухамсраас мэдрэхүйн ухамсарт илүү хамааралтай хэвээр байх болно. Хэдийгээр бодит хийсвэр хоёрын хооронд онцын ялгаа гарахгүй байх боловч мэдрэх эрхтнүүд бидний ухамсарт үргэлжлүүлэн нөлөөлсөөр үг яриа, зураглал, бодлын алин ч үгүй тийм байдлаар хүлээн авахуйд өртсөөр байх болно.

## *Ариусгалын Суурь*

Тогтворжихуйн Йогийн ариусгавал зохих ариун-бус суурь нь огторгуй махбодын зургаан бүрэлдэхүүн буюу: 1\Ухамсрын бүрдэл цогц, 2\Огторгуй махбод, 3\Сонсголын эрхтэн, 4\Оюуны үзэгдлийн элемент, 5\Бэлгийн харилцааны эрхтэн болон 6\Амин шингэний хяналт билээ.

Эдгээр бүрэлдэхүүн хэсгийг таван мэдрэхүйтэй тохирдог таван хоосон-дүрстэй холбоотойгоор ойлгох хийгээд бусад таван хийсвэр талыг бясалган тогтворжуулах замаар ариусгадаг байна.

## *Хүрэх Үр Дүн*

Тогтворжиху0йн Йогоор хүрдэг түр зуурын үр дүн бол таван төрлийн увдис эзэмших явдал бөгөөд үүнд: билгийн мэлмий, билгийн сонсгол, билгийн үнэрлэхүй, билгийн хэл болон билгийн биеийн ухамсар билээ. Туйлын чанартаа энэ йогийг мастерлаж чадсанаар огторгуй махбодын зургаан бүрэлдэхүүн Акчобия Бурханы Аймгийн тоолшгүй олон ядам бурхад болон үзэгдэх бөлгөө.

# Амьдрах-Хүчний Йог

Амьдрах-Хүчний Йогийн дадлагын үеэр хийнүүдийн хүч хоосон-дүрсний хоёргүй мэдрэмжийг бидний дотоод хийтэй нэгтгэхэд дэмжих хүч болж үйлчилнэ. Үүний дүнд гол таван хий туслах таван хийд нэгдсэнээр голын судалд орж саатна. Энэ үйл явцыг төгөлдөржүүлснээр бид дотоод хий ба судлуудаа бүрэн хянах болж, дан ганц нарийн биеийн энергиэр амьдрах боломж нээж өгснөөр хоол унд гэх мэт гадаад биеийг додомдох хэрэгцээ үгүй болно.

## Нэрийн Утга

*Пранаяама* гэдэг санскрит үг *прана* буюу "амин энерги", "амьд хүч", *аяама* буюу "хянах" гэсэн утгыг илэрхийлнэ. Тэгэхээр пранаяама гэж амьдрах хүчээ хянах гэсэн утгатай. Энерги хянах гэдгээр дотоод хийг голын судал руу чиглүүлэхийг хэлсэн ажээ.

## Бясалгах Үе

Амьдрах-хүчний Йогийг жинхэнэ ёсоор нь дадуулахын тулд өмнөх йогийн бясалган тогтворжихуйн таван шатыг төгөлдөржүүлсэн байх шаардлагатай. Гэсэн хэдий ч эхлэн сурагч хүмүүст судлаа ариусган, дотоод хийгээ тогтвортой болгох дадлагад нэмэр болгохын тулд эхний хоёр буюу Ангижрахуй ба Тогтворжихуйн йогийн тодорхой хэмжээнд хүрсний дараа дадуулж эхлэхэд болохгүй зүйлгүй гэж үздэг.

## Салбар Дадлага

Энэ йогийн дадлага хүйсний хүрдний жаран судлаар эргэлдэх үйлийн үрийн хийтэй голчлон тулж ажилладаг. Хоёр төрлийн йогийн бясалгалаар үүнийг гүйцэтгэнэ:

1. **Очирт Тарнийн Давтлага:** Энэ дадлагад тусгай тарнийн үсгүүдийг хүйн хүрдний гол цэгүүдэд дүрслэн байж амьсгал авах, барих, гаргах гэсэн шатаар холбож үйлдэнэ. Ийм маягаар үргэлжлүүлэн дадуулсаар амьсгалын арван-хоёр солигдолт нэгдэн тэнцвэржиж, хий голын судалд байнга саатах болдог. Дадлага төгөлдөржиж дуусахад хий болоод судлын өнгө хоосон-дүрс болон үзэгдэхийг мэдрэх болно.

2. **Бумбын Амьсгал:** Арван хий цөм голын судалд тэнцүүхэн урсахад амьдрал-тэтгэгч хий, доошоо-зайлуулагч хий нэгдэж хүйн хүрдэнд орно. Үүний тулд тусгай дүрслэл үүсгэн хүчлэн амьсгалах хэв маягийн хамтаар амьдрал-тэтгэгч хийг доош нь чиглүүлэн, доош-зайлуулагч хийг дээш чиглүүлэн тэдгээрийг хүйн хүрдэнд уулзуулан нэг болгох учиртай. Тэгж чадвал эгэлийн амьсгал зогсож үйлийн үрийн хийнүүд тогтворжих болно.

### Амжилт Олсны Шинж

Гуравдугаар йогийг төгөлдөржүүлж чадсаныг илтгэх өвөрмөц шинжүүд илэрдэг. Түрүүчийн йогуудад бид хичээл зүтгэлээр нарийн дуслуудыг хайлуулж амгалан таашаалыг дээрээс үүсгэж чадаж байсан бол одоо үүнд хүчин зүтгэл шаардлагагүй, ая зөнгөөрөө хийгдэх болно. Мөн түүнчлэн бид ханийн тусламжтайгаар амин шингэнүүдийг голын судалд хураасанаар амгалан таашаалыг дрооос үүсгэж чадах болно. Үүнд гэхдээ маш их хичээл зүтгэл шаардах бөгөөд хар аяндаа явагдахгүй билээ.

Энэ шатанд хүрэх хүртэл бид бодит ханьтай дадлагад орох эрхгүй байдаг бөгөөд дүрслэлийн юм уу зүүдний, эсвэл бясалгалын ханьд найдах хэрэгтэй болдог байсан. Гуравдугаар йогийг төгөлдөржүүлсний дараа бид амьд, бодит ханьтай дадлагад орох чадвараа хөгжүүлэх ба ийнхүү цаашдын ахицаа нэмэгдүүлэхийг зорих болно. Ийм дадлагад орох эсэх Очирт багшийн тааллаар шийдэгдэнэ.

### Ариусгалын Суурь

Амьдрах-хүчний Йогийн ариусгаваас зохих ариун-бус суурь нь хий махбодын зургаан бүрэлдэхүүн хэсэг билээ. 1\хэлбэржихүйн бүрдэл цогц, 2\хий махбод, 3\хамар, 4\хүрэлцэхүй, 5\анус ба 6\ялгадас   гадагшлуулалт эдгээр билээ.

Зүүн ба баруун судлын арван хий голын судалд нэгдсэнээр эдгээр бүрэлдэхүүн ариусна.

### Хүрэх Үр Дүн

Дотоод хийнүүдийг голын судалдаа оршоож чадах болсноор одоо бид зургаан зүйл амьтны орон хийгээд бусад хэмжээлшгүй олон ариун орныг мэдрэх боломжтой болно. Түүгээр зогсохгүй, бидний мэдлэг билгүүн аяараа нэмэгдэхийн хэрээр бодлын оролцоогүйгээр хоосон-дүрснүүдийг мэдрэх боломжтой болно. Увдис шид нэмэгдэн хийн үзэгдлийг гол судал дотроо орчихсон аятай хүлээн авч эхэлнэ. Туйлын чанартаа, энэ йогийг төгөлдөржүүлсний үр дүнд хий махбодын зургаан бүрэлдэхүүн Амогасидди Бурханы Аймгийн тоолшгүй олон ядам бурхад болон үзэгдэх болой.

## Хураахуйн Йог

Амьдрах-Хүчний Йог төгс эзэмшсэний дараа бидэнд дотоодын гал хэмээх маш өндөр төвлөрөлт амгалан таашаал ургах болно. Одоо Хураахуйн Йогоор бид энэ мэдрэмжийг эрчимтэй болгон үлдсэн таван хүрдэндээ мөн адил хэрэгжүүлнэ. Энэ үйл явцад голын судал дахь хийний хөдөлгөөн бүрэн зогсож ийнхүү нарийн дусалтай нэгдэх болно.

## Нэрийн Утга

Энэ йогийн санскрит нэр нь *Дарана* буюу "хянах" юм уу "объектыг зогсоох" гэсэн утгатай. Энэ бидний сэдвийн хувьд хийн хөдөлгөөнийг зогсоож нарийн биеийн дусалтай нэгдэх боломж олгохыг хэлж байна.

## Бясалгах Үе

Энэ йогийг дадуулахын тулд арван хий бүгдийг голын судалд хураасан байх хэрэгтэй бөгөөд амьдрал-тэтгэгч хий ба доош-зайлуулагч хийнүүд нэгдсэн байх шаардлагатай. Ингэж тогтворжсоны дараа л хүрднүүд хяналтад бүрэн орж хийний хөдөлгөөнийг яг бүрэн зогсоох чадалтай болно. Гэвч эдгээр дадлагатай урьдаар танилцаж хэвшүүлэх зорилгоор Амьдрах-хүчний Йогийг дадуулан үйлдэх нь гол судлыг цэвэрлэн, илүү гүнзгий бясалган уусахуйд умбах боломжтой болоход тустай байдаг байна.

## Салбар Дадлага

Бясалган төвлөрөх дадлагын хүчээр эхлээд энерги хүйн хүрдэнд цуглаж дараа нь дээшээ зүрх рүү хөдөлж улмаар хоолойгоор дамжин духанд хүрээд эцэст нь зулайн хүрдэнд орно. Энэ цэгт хүрээд хийг тогтоон барьж ойр орчмын дуслуудад уусах боломж олгоно. Дараа нь энерги урвуу хөдөлгөөнөөр зулайн хүрднээс хүйс хүртэл доошилно. Энэ үйл явц гол судлаар дээш доош ээлжлэн явсаар хийг дуслуудаас салшгүй болох хүртэл үргэлжилнэ. Тэр шатанд хүрмэгц нарийн дуслууд өөрсдөө хоосон-дүрс болон ургана.

Зарим нэг маш нарийн хий аргалахад амаргүй байж мэдэх ба зарим бясалгагч нарт дадлагын үр шимийг өндөржүүлэх үүднээс бодит ханьтай дадуулахыг зөвшөөрдөг. Энэ бол хийнүүдээ тогтоон дуслуудад уусгах чадварлаг арга бөгөөд ялангуяа биеийг хөдөлгөх үүрэгтэй бүхнийг-хамарсан хийнд онцгой хамааралтай ажээ.

## Амжилт Олсны Шинж

Хураахуйн Йог амьдрал-тэтгэгч хий ба доош-зайлуулагч хийнүүд нэгдэж, тогтворжоод зургаан махбодыг төлөөлсөн зургаан хүрдний дуслуудад уусан шингэснээр төгөлдөржинө. Үүний дүнд маш олон шинж тэмдэг илрэх ба дээр дурдсан арван шинжээс гадна тоо томшгүй олон үзэгдэл үзэх, зүүний сүвэгчин чинээ хэмжээнд үзэгдэх ариун орноор аялах, үйлийн үрийн орон, гэгээрсэн бодгалиудтай учрах болно. Бид өөрсдийн биеийг Төгс жаргалантын лагшны Дүйнхор Яб-Юмын байдлаар харахыг арван-нэгдүгээр шинжийг үзэх гэж нэрлэх нь олонтаа ажээ. Энэ ухамсарлахуй бол хоосон-дүрсний ханийг үзэх анхны төгс чанаржсан үзэгдэл бөгөөд дараагийн йог руу ороход суурь болох учиртай.

## Ариусгалын Суурь

Хураахуйн йогийн ариусгавал зохих ариун бус суурь нь гал махбодын зургаан бүрэлдэхүүн болох: 1\Мэдрэмжийн бүрдэл цогц, 2\Гал махбод, 3\Нүд, 4\Амт, 5\ Гар болон 6\Явах үйл хөдлөл зэрэг юм.

Хүйс, зүрх, хоолой, дух ба зулайн хүрдэнд энерги орсон хийгээд гарснаар дээрх бүрэлдэхүүн ариусдаг. Үүний дунд амин охь гол судлын дээд үзүүрт хураагдсанаас үүдсэн арван давхарга бүхий ухамсарлахуй бий болно.

## Хүрэх Үр Дүн

Хураахуйн Йогийг төгөлдөржүүлсний дүнд арван хийг дуслуудад уусгадаг. Ингэснээр бие махбодын доторх бүх дуслаа хянах болж бидний бие, хэл, сэтгэл гурав амьдрах чадвар маш өндөртэй болно. Өвчин тусах хийгээд өтлөх мэтийн тэнцвэр алдагдах явдал зогсож үхлийг тодорхой хэмжээгээр хянах чадвартай болдог. Түүнчлэн баруун зүүн судлын үйлийн үрийн хийний эргэлтээс үүсэлтэй гадаад нөлөөлөл болон дотоод будилаан зэргээс  өөрсдийгөө бүрэн чөлөөлж, сөрөг сэтгэлийн хөдөлгөөнд автахаа болино.

Цаашилбал, бид бүрдэл цогцын, түйтгэрийн, эрлэгийн ба тааламжит зүйлсийн дөрвөн мараг хянаж чадах болно. Бие махбод энэ зуур хүчин чадал төгөлдөр болоод ухаан саруулсан, дотоодын гал туммог өрдсөнөөр юу ч идэж уусан ялгадас гаргахаа болино. Мөн түүнчлэн эрүүл чийрэг урт наслахын баталгаа болсон бие махбодын уян хатан чанарыг олно. Цагийн хүрдний Аугаа Шидтэн Манжуважрагийн дүгнэн бичсэнээс үзвэл энэ шатанд хүрээд хүнд хоол идэх хэрэг үгүй болох бөгөөд идэхгүй байхад хэзээ ч өлсөхгүй, доош-зайлуулагч хий үгүйгээр хүн машид тохитой байх болно гэсэн байдаг.  Үүнийг очирт ходоод хэмээн нэрлэнэ.

Туйлын чанартаа энэ йогийг төгөлдөржүүлбээс гал махбодын зургаан бүрэлдэхүүн Раднасамбава Бурханы Аймгийн тооллшгүй олон ядам бурхад болон ургана.

# Эргэн Цуглуулахуйн Йог

Тавдугаар Йогийг Эргэн Цуглуулахуй хэмээх бөгөөд дөрөвдүгээр йогт хүрсэн амжилтаа улам тогтвортой болгоно. Өмнөх йогт олсон аугаа амгалан таашаалын мэдрэмжийг дахин цуглуулж, дотоод хийг дуслуудад уусган дотоодын галыг өрдөж хоосон-дүрсний ханийг мэдрэх болно. Тэгээд хүн, аугаа амгалан хийгээд хоосон-дүрсний их ханийн нэгдлийг дадуулж эхлэх болно.

## Нэрийн Утга

Энэ йогийн санскрит нэр *Анусмирти* гэх ба *ану* буюу "дараалсан", *смирти* буюу "цуглуулах" гэсэн хоёр үгнээс бүтнэ. Үгчлэн орчуулбал "дараалуулан цуглуулах" гэнэ. Энэ сэдэвт ану гэдэг "тэргүүн дээд" гэсэн утгаар орж байгаа бөгөөд өмнө олсон Их Мутарлагийн дээдийн сэтгэлээ дахин дахин эргэж цуглуулахыг хэлсэн байна.

## Бясалгах Үе

Эргэн Цуглуулахуйн Йогт орохын тулд бид Хураахуйн Йогийг төгс эзэмшсэн байх хэрэгтэй. Тэгж байж л бид дотоод илчийн аугаа таашаал хязгааргүй гэгээрсэн чанараар дүүрэн дээдийн хоосон чанар бүхий үзэгдэл болон нэлэнхийдээ ургах хүртэл судал хийнүүдийг нарийн дуслуудад сайтар уусган нэгтгэж чадах болно.

## Салбар Дадлага

Эргэн Цуглуулахуйн Йогийн гол зорилго нь хувиршгүй амгаланд хүрэх явдал учраас бид өөрийн мэдрэмжийг хоосон-дүрсний ханийн нэгдэлд саатуулан хөдөлгөөнгүй тогтоон барих хэрэгтэй. Бид дөрвөн төрөл ханийн тусламжтайгаар дадлагаа цааш үргэлжлүүлнэ. Үүнд:

1. **Бодит Хань:** Хий, судал, дусалдаа нэлээд хяналттай болсон бясалгагч нар бодит ханьтай бясалгалд орох хэрэгтэй. Ингэснээр таашаал мэдрэх үйл явц эрчимжиж илүү гүнзгий төвлөрсөн уусалтад орoход амархан болно.

2. **Бясалгалын Хань:** Бэлгийн үйл ажиллагааны үрээр таашаал төрөхөд нарийн дуслууд хөдөлгөөнд орсноор бид өөрийгөө гэгээрсэн Калачакра Яб-Юм болсноор мэдэрнэ. Энэ төрлийн ханьтай дадуулах байдлаа хангалттай тогтвортой болгоод ирсэн цагт бодит ханийн хэрэгцээ үгүй болж бид хүссэн үедээ бясалгалын ханийг үүсгэж чадах болно.

3. **Дотоод Галын Хань:** Бясалгалын ханьтай хослон орохуйд саатан оршсоноор дотоодын гал асахад дуслууд хайлж эхэлнэ. Энэ үйл явц галыг улам илүү эрчимтэй дүрэлзүүлж дуслууд улам илүү ихээр хайлах болно. Ийм маягаар дотоодын илч хүчтэй болох тусам дэвших чиглэлтэй дөрвөн цэнгэлийг эдэлж эхэлнэ. Тэр нь: 1\Цэнгэл, 2\Дээдийн цэнгэл, 3\Тусгай цэнгэл ба 4\Дотоод цэнгэл юм. Дуслууд хайлж эхлэхэд бид дээрээсээ эхлээд доошлох чиглэлээр цэнгэл амсан гол судлын хамгийн доод сүвний үзүүрт очиж цугларна. Тэнд энергиэ саатуулан барьснаар бид доод сүвний үзүүрээс зулайн хүрд хүртэл илүү нарийн түвшний, илүү эрчимтэй цэнгэл амсах учиртай.

4. **Хоосон-Дүрсний Их Хань:** Дотоод галаа өрдөх дадлагаар амгалан

таашаалын мэдрэмжээ нарийсгаж авсны дараа бидний нарийн хэлбэрийн бүх зууралт уусан арилна. Түүнээс үүдэн төгс бүтсэн, дээдийн хоосны хоёргүй ухамсрын гэгээрсэн чанараар дүүрэн адислуулсан Хоосон-Дүрсний Их Хань урган гарах болой.

Нарийн дуслаа нарийсгах үйл явцад хангалттай ахиц гарсны дараа бясалгал үзэгдлийн хань цаашид хэрэггүй болж орхигдон, бид хоосон-дүрсний ханьтайгаа шууд харьцан дадуулах боломжтой болно. Энэ шатанд хүрээд дотоод галын тааламжит амгалан мэдрэгдсээр байх хэдий ч тэр нь цаашид дотоод галын хань шигээр мэдрэгдэхээ больж, дөрвөн цэнгэлийг амсахын тулд бэлгийн үйл хийх шаардлага хойшид  үгүй болж арилна . Харин түүний оронд хоосон-дүрсний ханийг үүсгэх тоолонд амгалан таашаал аяндаа урган мэдрэгдэх болно.

Ханийг зөв сонгох тухайд маш олон зааварчилга  бий боловч тэдгээр нь гуравдугаар йогийг төгөлдөржүүлсний дараа  хэрэг болох учраас одоо тэр талаар хэлэлцэх онцын шаардлага бидэнд байхгүй. Очирт багш тань танд ямар төрлийн хань сонгохыг хэлж зөвшөөрөл олгохоос наана бид энергиэ хуримтлуулан эдгээр туршилтыг дүрслэлийн тусламжтайгаар нэгэн зэрэг дадуулах  нь зөв.

## Амжилт Олсны Шинжүүд

Эргэн Цуглуулахуйн Йог Хоосон-Дүрсний Их Ханьтай анх дадлагад орж үл урвахуйн амгаланд хүрэх үед төгөлдөржинө. Энэ нь дээрээс дуслууд хайлж цэнгэл мэдрэх \дээрээс хайлах гэнэ\ ба дөрвөн цэнгэлийг биеэс гадагшлуулалгүй хорин саатуулж, түүний оронд буцаан дээш нь чиглүүлж дөрвөн хүрдэндээ дүүргэх \ доороос тогтворжих гэнэ\ үед бий болдог.

Бүх зүйл бясалган төвлөрөхүйн үеийн турш үргэлж хоосон-дүрс мэтээр мэдрэгдэн зургаан мэдрэхүй тэр чигээрээ амгалан таашаалд умбах нь амжилтад хүрсний шинж болой. Цэнгэл мэдрээд зогсохгүй бодит физик бие махбод солонгын өнгөт гэрлийн гэгээрсэн дүрс хэлбэрээр мэдрэгдэж эхэлнэ.

Энэ цэгт хүрэхэд илт мэдэл мөн төгөлдөржиж, тоолшгүй олон ариун хийгээд ариун-бус орныг үзэх болно. Нарийн биеийн 72,000 судлын доторх дуслууд бүлээсэх хийгээд хайлахын цагт бид ийнхүү арван-хоёр шат бүхий хувиршгүй амгалангийн эхний шатанд хүрнэ. Цагийн хүрдний Дандарын ёсонд энэ бол *Үл-Урвахуйн Амгалан хийгээд Хоосон-Дүрсний Нэгдэл* ажгуу.

## Ариусгалын Суурь

Эргэн Цуглуулахуйн Йогийн ариусгаваас зохих ариун-бус суурь нь усан махбодын зургаан бүрэлдэхүүн билээ. Үүнд: 1\хүлээн авахуйн бүрдэл цогц, 2\усан махбод, 3\хэл, 4\үзэгдэх дүрс, 5\хөлийн эрхтнүүд болон 6\барих үйл хөдлөл эдгээр юм.

Бүрэлдэхүүнүүд нь: 1\бодол, 2\шунал, 3\биеийн тахал, 4\хуурай уруул бүхий ам, 5\хоолонд хэнхэглэх, 6\салгалах, 7\солиорох, 8\тэнэгрэх, 9\сэтгэл үймрэх ба 10\гүн ухаан алдалт гэсэн таашаалын арван шат ургах замаар ариусдаг байна.

## Хүрэх Үр Дүн

Эрган Цуглуулахуйн Йогийг дадуулсны дүнд хүрэх түр зуурын үр дүн бол 72,000 судал нарийн дуслаар дүүргэгдсэнээр гадагш гэрэл нэвт цацруулна. Бясалгагч хүн хэдийгээр гэгээрсэн лагшныг хараахан олоогүй байгаа ч бие махбодоо сарнишгүй хоосон-дүрс болсноор мэдэрнэ. Байнгын таашаалт амгаланг амсан, ер бусын хүч увдис шид үзүүлэх нь хязгааргүй болно. Үнэмлэхүй чанартаа энэ йогийг төгөлдөржүүлснээр усан махбодын зургаан бүрэлдэхүүн Амитаба Бурханы Аймгийн тоолшгүй олон ядам бурхад болон үзэгдэх болмуй.

# Уусгахуйн Йог

Зургаадугаар йог бол бүдүүн дуслууд бүрэн уусаж нарийн дуслууд төгөлдөржин, нарийссан хоосон-дүрсний хувиршгүй амгалан таашаалд хүргэдэг *Уусгахуйн Йог* билээ. Өмнөх таван йогоор хүрсэн амгалан таашаал хувиршгүй бус бөгөөд нарийн дуслууд бүрэн нарийсаж гүйцээгүй байдаг. Харин энэ шатанд бид хоосон-дүрсний үл урвахуйн амгаланд төгс саатан умбах болно. Энэ дадлагын бусдаас ялгарах шинж нь гол судлын доод үзүүрээс цагаан дуслаа зулайн дээд хязгараас буух улаан дусалтай уусган хураах бясалгагчийн чадвар билээ.

## Нэрийн Утга

Энэ йогийн санскрит нэр болох *Самади*-г үгчлэн орчуулбал "бясалгалд шингэх" гэсэн утгатай. Бидний энэ сэдэвт бүхий л хоёрдмол үзэгдлээс ангид чөлөөтэй дээдийн хоосонд тэгш сэтгэлээр төгс саатан орших гэсэн утга агуулж байгаа билээ. Энэ бол цаглашгүй ахуйн төгс бүтсэн мөн чанарын хувиршгүй төлөв ажгуу.

## Бясалгах Үе

Хоосон-дүрс хувиршгүй амгалангийн нэгдлийг үүсгэсэн тэр хормоос эхлэн Уусгахуйн Йогийг авлага болгон дадуулах боломжтой болно.

## Дадлагын Салбар

Зургаа дахь йог бол хоосон-дүрс ба хувиршгүй амгалангийн салшгүй нэгдлийг онцлон үздэг бясалгал бөгөөд түүний гол зорилго нь ариун-бус бие махбодыг уусгаснаар шижир тунгалаг ухамсрын хоёргүй лагшин урган үзэгдэх боломжтой болох явдал. Тэгэхээр бясалган уусахуйн дээдийн төлөвт 21,600 хором саатан оршсоноор үүнд хүрч болдог ажээ.

Хайлах дуслын дөрвөн цэнгэлийг гол судлын доод үзүүрт хөдөлшгүйгээр саатуулан барьснаар үйлийн үрийн нэг хийг бүрмөсөн зогсоох бөгөөд гурван судлын 1\21,600-ийг туйлын гол судалд уусган, хоосон чанарын шижир тунгалаг ухамсар болон үзэгдэх нэг улаан дуслыг зулайд, хувиршгүй амгалан болон үзэгдэх нэг цагаан дуслыг гол судлын доод үзүүрт хураахын шалтгаан болдог ажгуу.

Хүрд болгонд 3,600 цагаан дусал, түүнтэй тохирсон 3,600 хормын хувиршгүй амгалан, бие махбодын 3,600 материаллаг бүрдэл ба 3,600 хий оршин буй. Эдгээр цагаан дусал бөөгнөрч цөм нууцын хүрд рүү татагдах цагт 3,600 хормын хувиршгүй амгалан ургаснаар Бодисадвагийн нэг ба хоёрдугаар газарт хүрнэ. Тэр зуурт тэдгээрт материаллаг бие махбодын бүрэлдэхүүнүүд хийний хамтаар уусан арилах учиртай. Дараах хүснэгтээр Бодисадвагийн газар болгонд хэрхэн хүрдгийг үзүүлсэн болно.

| Хүрд | Дуслууд | Ye Шат |
|------|---------|--------|
| Нууц | 1800 | Машид Баясахуй |
|  | 3600 | Хир-Үгүй |
| Хүйн | 5400 | Гэрэлтүүлэгч |
|  | 7200 | Гэрэл Цацруулагч |
| Зүрхний | 9000 | Судлахад Машид Бэрхтэй |
|  | 10,800 | Илтэд Болох |
| Хоолойн | 12,600 | Өнөд Одсон |
|  | 14,400 | Үл Хөдлөх |
| Духны | 16,200 | Сайн Оюун |
|  | 18,000 | Энгийн Зам |
| Зулайн | 19,800 | Тусгай Зам |
|  | 21,600 | Сааташгүй Зам |

*Хүснэгт 9-4: Уусгахуйн Йогоос Ургах Шинжүүд*

Цагаан дуслууд хүрд болгонд амжилттай хуримтлахад түүнтэй холбоотойгоор улаан дусал зулайнаас доош хөдөлнө. Бие махбодын материаллаг бүрдэл ийнхүү уусан үгүйрэхүйд хүмүүн *Солонгон Биеийн Аугаа Шилжилтийг* олдог ажгуу. Үүнийг бид Калачакра Вишвамата хоёрын хослон орохуйн нэгдлээс ургасан ухамсар ба цэвэр энерги гэж бодож болох билээ.

## Амжилт Олсны Шинжүүд

Энэ үйл явц үргэлжлэхийн хэрээр бид урьд нь үзэх боломжгүй байсан төрөл бүрийн орныг мэдрэх, тэдгээрийг илрүүлэх бололцоотой болдог. Арван хоёр шатны эхнийхэд бид 2000 оронд очих боломжтой байдаг бол энэ тоо 24, 000 орныг нэгэн зэрэг мэдрэх болтол өсөн нэмэгдэх болно. Эцсийн шатыг сарнишгүй биеийн нэгдэлд анх орох буюу гэгээрлийн анхны шинж, *Шамбалын Номын Хааны* төлөв гэж нэрлэдэг байна. Энэ цэгээс эхлээд бидний үйлийн үрийн бие, хэл, сэтгэл дарагдан унтарч, буян хишиг, саруул оюун хоёр аяараа арвижиж гүйцээд, төгс гэгээрсэн Бурхан болох гэгээрлийн хутагт хурдтай явж хүрэх болой.

## Ариусгалын Суурь

Уусгахуйн Йогийн ариусгавал зохих ариун-бус суурь нь шороон махбодын зургаан бүрэлдэхүүн болох: 1\дүрсний бүрдэл цогц, 2\шороон махбод, 3\биеийн эрхтнүүд, 4\үнэр, 5\бэлэг эрхтэн ба 6\ярих үйлдэл билээ.

Эл бүрэлдэхүүн зургаан хүрдийг тэнцүү хоёр хэсэгт хуваасан дээр үндэслэсэн арван-хоёр түвшний хувиршгүй амгаланг олсноор ариусдаг. Тал нэг бүр нь хувиршгүй амгалангаар төгс дүүрэхэд тэд тус бүр арван-хоёр шүтэн барилдлагын нэгийг устгаснаар гэгээрлийн арван-хоёр шинжийг бүтээж чадаад, аяндаа ургах билиг билгүүн энэрэнгүй сэтгэлийн салшгүй нэгдэлд хүрдэг ажгуу.

## Хүрэх Үр Дүн

Цагийн хүрдэн хэмээх Калачакрагийн лагшин, зарлиг, таалалтай бие, хэл сэтгэлээ нэгтгэснээр бид арга билгийн бурханлаг нэгдэлд хүрэх болно. Бидний ухамсрын үргэлжлэлд цаг ямагт оршиж байдаг ядам бол Цагийн хүрдэн буюу Дүйнхор ядам бурхан бөгөөд тасралтгүй үргэлжлэх амгалан таашаал болон бүрэн амилах нь энэ буюу.

Үнэмлэхүй чанартаа, энэ йогийг төгөлдөржүүлснээр шороон махбодын зургаан бүрэлдэхүүн Бирузана Бурханы Аймгийн хязгааргүй ядам бурхад болон үзэгдмүй. Ийм маягаар зургаан йогоор зургаан бүрэлдэхүүн хэсгийг ариусгаснаар зургаан Бурханы Аймагт хамааралтай гучин-зургаан ядам бурханыг илрүүлэх болой.

| Йог | Аймаг | Бүрдэл | Махбод | Сурвалж | Объект | Эрхтэн | Үйлдэл |
|---|---|---|---|---|---|---|---|
| Ангижирахуй | Базарсад | Ухамсар | Ухамсарлахуй | Сэтгэл | Дуу | Шанкини | Шээх |
| Тогтворжихуй | Акчобия | Ухамсарлахуй | Огторгуй | Чих | Үзэгдэл | Бэлэг эрхтэн | Тавих |
| Амьдрах-Хүч | Амогасидди | Хэлбэржих | Хий | Хамар | Хүрэлцэх | Анус | Ялгаруулах |
| Хураахуй | Ратнасамбава | Мэдрэмж | Гал | Нүд | Амт | Гар | Явах |
| Эргэн Цуглуулах | Амитаба | Хүлээн авахуй | Ус | Хэл | Хараа | Хөл | Барих |
| Уусгахуй | Бирузана | Дүрс | Шороо | Бие | Үнэр | Бэлэг эрхтэн | Ярих |

*Хүснэгт 9-6: Очирт Йогийн Замд Ариусах Гучин-Зургаан Будда*

# ГОЛ ХЭСГҮҮДИЙГ ЭРГЭН СӨХВӨЛ

- Очирт Йогийн Зам бол авлага болгон дадуулбаас хүнийг нэгэн насанд нь гэгээрлийн хутагт хүргэдэг сургаал билээ. Тэдгээр нандин оньс зааварчилгааг Очирт багшаас шавьд алхам алхмаар дамжуулан хүртээх бөгөөд шавь урьдчилсан бэлтгэл дадлагаар зорилго зүтгэлээ харуулсан нэгэн байх ёстой.

- Цагийн хүрдний Төгсгөлийн Зэрэгт зургаан гишүүнт дадлага байдаг: 1\Ангижрахуйн Йог, 2\Тогтворжихуйн Йог, 3\Амьдрах-Хүчний Йог, 4\Хураахуйн Йог, 5\Эргэн Цуглуулахуйн Йог болон 6\Уусгахуйн Йог билээ.

- Өөр өөр урсгалын заншлаар зургаан йогийг янз янзаар хуваах явдал бий. Нийтлэг ангилалд: 1\Үл-Урвахуйн Амгалан ба Хоосон-Дүрсний Хоёр Ангилал, 2\Гурван Ариуслын Гурван Ангилал ба 3\За мөр ба Үр дүнгийн Дөрвөн Ангилал билээ.

- Очирт Йогийн Зам гэгээрэлд хүрэх Таван Зам Мөрөөр замнах аргыг агуулдаг. Эхний йогоор чуулганы Мөрд хүрнэ. Дараагийн гурван йогоор Найруулгын Мөрд хүрнэ. Тавдугаар йогоор Үзэхүйн мөрд хүрэх бөгөөд зургаа дахь йогоор Дадуулахуйн Мөр хийгээд Үл суралцахуйн мөрд хүрнэ.

- Шат болгоны дадлагад бид бурханлаг чанарын гурван талыг нарийсгаж явах бөгөөд үүнд: 1\Хоосон-дүрсний үзэгдэх байдал, 2\Амгалан таашаал мэдрэх байдал болон 3\Хоёрдмол ухамсраас салах байдал багтдаг.

- Ангижрахуйн Йогийн өдрийн ба шөнийн дадлагаар арван хийг голын судалд оруулсны учир үүсэх арван төрлийн хоосон-дүрсийг үзэж ухамсрын махбодын зургаан бүрэлдэхүүнийг ариусгана. Арван шинж: 1\утаа, 2\зэрэглээ, 3\үүлс, 4\гэрэлт цох, 5\гэрэлтэх, 6\сарны гэрэл, 7\нарны туяа, 8\хиртэлт, 9\гялбаа ба 10\дусал юм.

- Тогтворжихуйн Йогоор: 1\ойлгох, 2\таних, 3\шинжлэх, 4\баясах болон 5\хувиршгүй таашаал амсах гэсэн энэ таван үеийг дамжин огторгуй махбодын зургаан бүрэлдэхүүнийг ариусгана. Тэдгээр бясалгал хоосон-дүрс үзэх бидний ухамсарлахуйг ухамсартай холбох болно.

- Амьдрах-хүчний Йогийн очирт тарнийн давтлага болон бумбын

амьсгал хэмээх бясалгалаар арван хий нарийсаж голын судалд саатсанаар хүйн хүрдэнд орж нийлэхэд хий махбодын зургаан бүрэлдэхүүн хэсэг ариусна.

• Хураахуйн Йогоор хийнүүдээ 1\хүйс, 2\зүрх, 3\хоолой, 4\дух ба 5\ зулайн хүрдэндээ саатуулан барьснаар гал махбодын зургаан бүрэлдэхүүн хэсэг ариусна. Хийг тэдгээр цэгт барин саатуулах үед тэд нарийн биеийн дусалд уусан амгалан таашаал маш эрчимтэй амсуулдаг .

• Эргэн Цуглуулахуйн Йогоор 1\бодит хань, 2\бясалгалын хань, 3\ дотоод галын хань ба 4\ хоосон-дүрсний их хань гэсэн дөрвөн ханийн тусламжтай усан махбодын зургаан бүрэлдэхүүн хэсгийг ариусгана. Эхний хоёр дээр суурилан бид дотоодын галыг өрдөх дадлагыг авлага болгон дөрвөн цэнгэлийг бий болгоно. Дуслууд нарийсаж ирснээр бид хоосон-дүрсийн ханийн мэдрэмжийг тогтворжуулах болно. Энэ үйл явц эцэстээ биднийг үл-урвахуйн амгаланд хөтлөх учиртай.

• Уусгахуйн Йогоор үйлийн үрийн үлдэгдэл ул мөрийг шатааж дуусган, үл-урвахуйн амгалан ба хоосон-дүрсийн нэгдэлд хүрч шороон махбодын зургаан бүрэлдэхүүн хэсгийг ариусгана. 21,600 хормын явдлаар арван-хоёр шатыг гүйцээн туулж, ялж төгс нөчцсөн Бурханы хутгийг олох болно.

# Зургаан Зуурд –
## Цагийн хүрднийг Хором Тутамдаа Авчрахуй

Цагийн хүрдний гүнзгий сургаалын бүрэн төгс мэдлэг олж авсны дараа бид одоо өөрсдийн боломж чадварыг хязгаарлан буй сэтгэлд хурсан үүлс мэт тэдгээр хөнөөлт түйтгэрийг арилгах цэцэн ухаан болон мэргэн аргаар бүрэн зэвсэглэж авлаа. Энэхүү ер бусын ойлгомжтой систем загвар ауга амгалан зохицолт амьдралд хүрэхэд хэрэгтэй болгоныг бидэнд цогцлоож өгөхийн хамт өөрийн хамгийн нандин үнэний шижир тунгалаг мөн чанараа нэгмөсөн нээн харуулах аргыг бидэнд олгож байна. Тэрхүү сургаалыг амьдралдаа ашиглах тал дээр харин бүдрэх юм бол бид бусад булаалгачих вий гэж айн гэрийнхээ буурин дор алмас эрдэнэсээ булах тэнэг эрийн үлгэр мэт явдал болох буюу.

Үнэлж үл болох эрхэм энэ боломжийг алдахаас зайлсхийхийн тулд Таранатагийн *Бурханлагт Хүрэх Шат* судраас дахин нэг эш татваас:

*Тоолшгүй олон төрлийг дамжсаар энэ нэгэн удаа эрдэнэт хүмүүний биеийг олов оо би. Олдохуй яа бэрх, хэмхрэхүй ее хялбар бус уу. Хэзээ төгсгөл ирэхийг хэлэх арга даанч үгүй хэрнээ үхэх шалтгаан хэчнээн олон билээ, энхрийлэн хайрласан энэхэн бие минь өнөө үхэх ч магад!*

*Тийм учраас орчлонд намайг хүлж байгаа алив бодлыг хүнд хэцүү хилэнц нүгэл бүхнийхээ хамтаар хөсөр орхиж үлдсэн жаахан цагаа ухааралд зарцуулан Бурханы Номыг нэн яаралтай судалж эхлэн амьтны зовлонгоос гэтэлгэхэд зорьсугай!*

Төрөл авах боломжтой бүхий л мэдрэмжийн орон дотроос бид эрдэнэ мэт хүний төрлийг энэ удаа авч, бүрэн дүүрэн судал дусалтай хийн тогтолцоогоор адислуулсан билээ. Бид түүнчлэн нарийн биетэйгээ хэрхэн тулж ажиллах аргыг санал болгосон жинхэнэ уламжлалт сургаал ном цэцэглэсэн газарт төрөх хувь зохиолтой байгаад зогсохгүй гэгээрэлд хүргэх замаар дуртайяа дагуулан хөтөлж, харамгүй зааж сургах энэрэл нигүүлслээр дүүрэн Эрхэм багштай учирсан нь юутай зол вэ. Энэ бүх ер бусын азтай нөхцөл бүхэн бүрдэн буй дээр үндэслэн Цагийн хүрдний Замд орон хэмжээлшгүй шимийг нь хүртэхүйн их зоригдлоос биднийг хазаарлан зогсоох хүчин үгүй билээ.

Харамсалтай нь, энэ олдсон амьдрал маань даанч мөнх-бус аа. Үхэл зовлон араас ямагт сүүдэр мэт дагаатай, хэзээ сүүлчийн амьсгал тасрахыг хэлж эс мэдэх тул залхууран хойш тавих цаг бидэнд алга. Хэрвээ бид байгаа жаахан цагаа ухаалгаар ашиглаж азаар учирсан ариун Номыг анхааран авлага болгохгүй юм бол  үхэл биднийг юу юугүй залгин үйлийн үрийн далайд хянах бололцоогүй дахин эргэлдэхэд хүргэнэ.

Үүнийг таньснаар одоо бид Зуурдын Зургаан Төлөвийг судалж Цагийн хүрдний сургаалыг амьдралынхаа цаг мөч, хором тутамд хэрхэн ашигтайгаар дадуулахыг мэдэж авах болно. Чадварлаг байж чадвал үйлдэл болгоноо ер бусын утга учиртай болгох бололцоотой бөгөөд үхэл ирэхийн цагт айх, сандрах зүйлгүй угтахад сэтгэлээ бэлтгэж чадах болно. Эхлээд бид зуурдын төлөвүүдийн ерөнхий дүр зургийг гаргаж хэлэлцэх сэдвүүдээ бий болгоод дараа нь бардо тус бүрийг нэг бүрчлэн нарийвчлан тайлбарлах болно.

# ЗУРГААН ЗУУРДЫН ЕРӨНХИЙ ДҮР ЗУРАГ

Төвөдийн *бардо* гэдэг үгийг "шилжилтийн үе" гэж орчуулах нь олонтаа байдаг. Энэ бол бидний мэдрэмж нэг төлөвөөс нөгөөд шилжих үед хэрхэн өөрчлөгдөх байдлыг хэлдэг.

Эдгээр номлол Нямаагийн урсгалын сургаалуудад үзэгдэх нь нийтлэг боловч Жонан болон бусад гол урсгалд бүгдэд нь мөн адил бий. Бид одоо зуурдын төлөвүүдийг Цагийн хүрдний сургаалын үүднээс судлах тул бусад системтэй харьцуулахад арай өөр хувилбар ажиглагдаж болохыг ойлгох хэрэгтэй.

Зуурдын хоёр том бүлэг байдагт: 1\Амьдын Зуурд болон 2\Нөгчих ба дахин Төрөл Авахуйн Зуурд юм. Бүлэг тус бүр гурван хэсэгт хуваагдаж нийт зургаан зуурдын төлөвийг үүсгэдэг билээ.

## Амьдын Зуурд

Энэ шилжилтийн үе төрөхөөс үхлийн үйл явцад орох хүртэлх үейийг хамарна. Үүнд:

1. Сэрүүн Үейийн зуурд
2. Зүүдний зуурд
3. Бясалгалын зуурд багтдаг.

Нэгэн насны амьдралд эдгээр үе өдөр тутмын хэмнэлээр үргэлжилнэ. Ихэнх хүмүүс амьдын зуурдад өдрийн цагаар, зүүдний үейийн зуурдад шөнийн цагт шилжинэ. Хэрвээ та сүсэг бишрэлийн замтай учирсан хувьтай нэгэн болбоос йогийн бясалгалын тусламжтайгаар бясалгалын зуурдад шилжих бололцоотой. Эдгээр шилжилтийн төлөвт бид анхаарлаа хандуулан сэтгэлээ дадлагажуулан, нөгчихийн болоод төрөл авахуйн зуурдын үеийг ашиглаж сурахад шаардах хяналтыг өөрт хөгжүүлэх боломжтой болох юм.

## Нөгчихүйн болон Төрөл Авахуйн Зуурд

Эдгээр зуурдын үеүд бидний бие, сэтгэл хоёр тасран нас барах үйл явцад орохоос эхлэн сэтгэлийн урсгал гэгээрэлд хүрэх юм уу эсвэл дахин шинэ төрөл авах тэр үеийг хүртэл үргэлжилнэ. Түүнд:

1. Нөгчихийн зуурд
2. Номын Чанарын зуурд
3. Төрөл Авахуйн зуурд багтдаг.

Амьдын зуурдад байхдаа сэтгэлээ дадлагажуулж аваагүй бол нөгчих үеийн болон төрөл авахуйн зуурдад хяналт тавих ямар ч бололцоо бидэнд байхгүй. Бидний үйлийн үр боловсорч ирэхэд юу болж байгаагаа ч мэдэхгүй сансарт дахин төрөл авна, харин зуурдын төлөвт ухамсраа хадгалан шилжиж чадах юм бол өөрийн Бурханлаг-Чанараа таньж чөлөөлөгдөн зовлонгоос бүрэн ангижрах ч боломжтой.

# АМЬДЫН ЗУУРД

Амьдын зуурдын үе Цагийн хүрдний сургаалтай танилцан дотносох, сэтгэлээ хөгжүүлэх үнэтэй боломж бидэнд олгодог. Хэрвээ бид үнэхээр гэгээрье гэж чин сэтгэлээс хүсэж байгаа бол сэрүүн байх үедээ ямар ховор тавилантай төрснөө өөртөө байнга сануулж, сүсэг бишрэлийнхээ замд сатаарал үгүй сурах, тусгах, бясалгах гурваас хэзээ ч залхууран хойш сууж болохгүй.

Эдгээр сургаал номлолыг дадлага болгон, үнэний өөр өөр давхаргыг зам мөрөө болгон авснаар үхлээс хоргодох газар гэж хаана ч байхгүйг ухааран, бурханы дөрвөн лагшныг илрүүлэхийн тулд ариусгал хийж эхлэх зайлшгүй шаардлагатайг ойлгох болно. Мөн түүнчлэн бид олж авсан мэдлэгтээ дулдуйдан зайлах аргагүй ирэх үхэлд хамгийн сайнаар бэлтгэх төгс итгэл олж авах болно. Энэ бол яах аргагүй хамгаас аюулгүй газар гэж сайтар тунгаан бодож олсон мэт айх, эмээх зүйлгүй итгэл дүүрэн үүрээ засах нүүдлийн шувуу адил юм. Хэрвээ бид хүн болж төрсөн энэ насаа утгагүй зүйл хөөсөөр барвал дараах төрөлдөө бэлтгэж амжилгүй үхэлтэй нүүр тулахын цагт ямар ч бэлтгэлгүйн дээр харамсал бачимдал дүүрэн уггах болно.

Дандарын ёс бидэнд үхэлтэй шийдвэр төгс тулах аргыг зааж өгөөд зогсохгүй хүн энэхэн зуурын амьдралдаа гэгээрлийн хутаг олох ер бусын чадварлаг аргыг атгуулах болно. Тэр бүхнийг дадлага болгохын тулд амьдын зуурдад буй үеэ бид бүрэн дүүрэн ашиглах хэрэгтэй, шилжилтийн энэ л зуурдыг маш чухал хэмээн тооцдог. Дүрслэл үүсгэх, тарни унших болон бусад ухаалаг аргын тусламжтай дандрын ёс бидний дадлагыг ямар их сайжруулахыг таашгүй юм. Зүгээр л сэтгэлээ номхруулан хоосон чанарыг бясалгахад  яагаад болдоггүй юм бэ  гэж та бодож байж болно. Тэгвэл дадлагаа амжилттай болгохын тулд бие сэтгэл хоёр ав адилхан оролцох ёстой. Зөвхөн нэгдмэл тэнцвэртэй бие-сэтгэл хоёр, мэдрэхүй-махбодын орооцолдсон зангилаанаас ангид чөлөөтэй байдал л дэвшилтэт бясалгалын дадлагад хэрэгтэй болор тунгалаг ухамсар урган гарч ирэхэд тустай байх боломжтой юм .

Бидний үзэж судалсан ёсоор Очирт хөлгөний үүсгэлийн ба төгсгөлийн зэргийн дадлагууд бие сэтгэлийн тэнцвэртэй нэгдлийг олгож чадна. Үүсгэлийн зэргийн үед бид үзэхүйгээ ариусган өөрийгөө гэгээрсэн бодгалийн бүх чанарыг агуулсан Ядам болгон үүсгэнэ. Төгсгөлийн зэргээр гэгээрэлд хүрэхэд шаардлагатай хоёргүй ухамсарт нарийн биеийн энергийн урсгалыг ашиглана. Энэ номд үзүүлсэн дадлагуудыг анхааран авлага болгосноор бид энэ хоёр шатны дадлагыг төгөлдөржүүлснээр ургах чанараа цөмийг нь хөгжүүлэх боломжтой.

Хэрэв бид Калачакрагийн  төгсгөлийн зэргийн өндөр ухамсарлахуйд хүрч амжилгүй үхэлтэй учирдаг юм аа гэхэд Цагийн хүрдний Замд хичээн зүтгэснийхээ үрээр нэг л өдөр Очирт Зургаан Йогийг гүйцээх шалтгааныг бүтээх болно. Банканд мөнгөө хадгалуулдагтай л адил, гэгээрлийн төлөө зориулсан буяны маань ерөөл бүхэн хэзээ ч алдран алга болохгүй. Тийм учраас Бурханы Номыг дээдлэн үзсэн хором бүхэн туйлын чадвараа нээх замд дагуулсаар байх болно. Ном бясалгахад зориулсан цаг хором бүхэн бидний туйлын зорилго руу хөтлөн хүргэх алхам болох нь гарцаагүй.

*Нандин Үнэнээ Илчлэхүй* хэмээх энэ цуврал гурван боть дотор Судрын хийгээд Тарнийн ёсны сургаалыг бүрэн төгс үзүүлснээр та одоо амьдралынхаа өдөр тутмын асуудалд Номыг хэрэглэх үйлсдээ хэрэгцээтэй болгоноор хангагдсан гэж үзэж болно. Бясалгалын суудалдаа суусан ч бай үгүй ч бай аль ч тохиолдолд цаг заваа бүрэн дүүрнээр ашиглахыг хичээн, байнгын үргэлжлэл яваандаа хэвшил болдог гэдгийг санаж явах хэрэгтэй. Өдөр болгоны нэг жаахан хэсгийг сэтгэлээ хөгжүүлэхэд зориулан, өдөр болгоныг замдаа ахих тулгуур чулуу болгох нь зүйтэй. Зарим өдөр нэлээд амжилттай, зарим өдөр тийм ч сайн биш байлаа гэж бүү зовогтун, тийм юманд зовж суухын оронд амьдралаас авч болох боломж нэг бүрийг ашиглах эрмэлзэл хүчтэй төрүүлэн дадуулагтун.

# ЗҮҮДНИЙ ЗУУРД

Ихэнх хүний хувьд амьдын зуурд амьдралынх нь гуравны хоёрыг эзэлж үлдсэн цагийг нь унтаж өнгөрөөдөг. Тэгэхээр ойролцоогоор гуч гаруй жилийг бид ухаангүй гүн нойрсоход юм уу зүүдний үзэгдлийн хуурмаг тусгалд зориулдаг гэсэн үг. Энэ их цаг хугацаа сэрүүн үеийн дадлагаа уртасгах ховор боломж бидэнд олгодог.

Шөнө болгон бид нөгчихтэй ойролцоо уусалтын үйл явцад ордог. Бид унтах үедээ таван мэдрэхүйн нөлөөнөөс ангижирч бидний ухамсар язгуурын тодорхойгүй төлөвт ордог. Дадлагажаагүй сэтгэлтний хувьд энэ үйл явцыг мунхгийн гүнзгий хэлбэрээр туулан, уусалтын тал дундаас үхдэл мэт мэдрэлгүй болно. Зүүд ургах хүртэл сэтгэл дахиад төвөг удахгүй бөгөөд зүүд үзэгдэхийн цагт харанхуй тэнэг байдлаас сэрж шинэ ахуй байдлыг мэдэрч эхэлнэ.

Зүүдний ахуй байдал сэтгэл дэх үйлийн үрийн холбооосноос шууд хамааран үүсэх ба сэрүүн байх үеийнх шиг бие махбодын хязгаар гэж тэнд үгүй. Тэнд хамаагүй илүү уян хатан байдалтай учраас хязгааргүй олон янзаар орших боломжтой. Хэрвээ бид зүүдэндээ ухамсраа хадгалан байж чадах юм бол мэдрэмжийнхээ хамаагүй нарийн давхаргыг нээх хүчирхэг туслагчтай боллоо гэсэн үг.

Үүнд хүрэхийн тулд хэрэглэх аргыг зүүдний йог гэж нэрлэдэг, энэ нь харанхуй өрөөнд гэрэл асаахтай адил юм. Бидний зүүд ихэнхдээ хянах хийгээд ойлгохын аргагүй байдалд өрнөх боловч зүүдний йогоор бид зүүдэлж байгаагаа таньж сурахын хамт өөр олон чадварлаг дадал хөгжүүлэх боломж олж авна. Харанхуй өрөөнд гэнэт хурц гэрэл тусгахад асар олон зүйлийг харж болдог шиг зүүдний йог гэх энэ гайхамшигт дадлага хязгааргүй олон тус хүртэх замд биднийг дагуулах болно.

# Зүүдний Йог

Гэгээрэлд хүрэх замдаа зүүдний йогийг ашиглахын тулд мунхаг адгуус мэт унтаж байх тэр үе бид дадлага хийх бололцоо болгон ашиглах хүчтэй эрмэлзэл дүүрэн байх хэрэгтэй. Зүүдний йогийн дадлагыг хоёр хэсэгт хуваана: 1\ зүүдний төлөвийг тодхон үзэхийн тулд сэрүүн үеийн зүүд зэрэглээ мэт мөн чанартайг ухамсарлах ухамсраа хүчтэй болгох өдрийн дадлага ба 2\зүүдний төлөвийн хуурмаг мөн чанартай харьцаж ажиллахын тулд унтах үедээ хийж гүйцэтгэх шөнийн дадлага билээ.

## *Сэрүүн Төлөв дэх Өдрийн Дадлага*

Сэрүүн төлөв дэх өдрийн дадлага нь харьцангуй үнэний зэрэглээ мэт хуурмаг мөн чанарыг ойлгоход бидэнд тусална. Тэгэхээр харьцангуй үнэний илбэ мэт хуурмаг мөн чанар дээр анхаарах юм уу эсвэл туйлын үнэний үнэн мөн чанар дээр анхаарах гэсэн хоёр замаар бид үүнийг ухамсарлаж болно. Эхний тохиолдолд бид мэдрэмжийнхээ өөр өөр талыг тусган харснаар бүдүүн бие, хэл, сэтгэлийнхээ илбийн үзэгдэл мэт чанартайг ухаарч болно. Үүнд:

1. **Үзэгдлүүдийг тусгал гэж харах:** Толинд нүүрээ хардагтай л адил нүдэнд харагдаж байгаа болгон зүгээр л нэг тусгал мөн. Тусгалыг магтаж болно, бас шүүмжилж ч болно, харин тусгал хэзээ ч үүнд гомдох юм уу баярлах нь үгүй. Үүнтэй адил сэрүүн төлөвийн эгэл байдлаа тусгал болгон харснаар зүүд хийгээд сэрүүн үеийн үзэгдлүүд яг адилхан хуурмаг гэдгийг ойлгоно. Хэдийгээр бид өөрсдийгөө толинд харсан тусгалаас арай өөр зүйл шүү гэж итгэдэг ч гэлээ үнэн хэрэгтээ хоёул хуурмаг үзэгдэл. Бидний жинхэнэ мөн чанар маань "би" ба "бусад" гэсэн төөрөгдлийг урвуулах хэдий ч бид сансрын хуурмаг орчлонг мэдэрсээр байдаг билээ.

2. **Дуу чимээг цуурай мэт сонсох:** Бид бас уулын орой, агуй юм уу цуурайтан сонсогдож болох том танхим зэрэгт дадлага хийснээр үзэгдлийн хуурмаг мөн чанарыг бий болгож болно. Хамгийн ширүүн муухай шүүмжлэлийг ч бид хоосон дуу болгон сонсож, бидний дуу хоолойноос гарч байгаа авиа хүртэл өөрөөсөө хэзээ ч оршдоггүй, бидний жинхэнэ дууны цуурай төдий гэж бодно. Тэгснээр хүн болгоны хэл яриа мөн хуурмаг, түүнчлэн гэгээрэлд хүрчхээгүй байгаа үед бидний хүлээн авахуй тэр чигээрээ илбэ мэт гэдгийг өөртөө байнга сануулж байх болно.

3. **Бодлыг төөрөгдөл гэж үзэх:** Тэнгэрт үүлс гарч ирээд удалгүй замхарч алга болоход тэнгэр огт үл хөндөгдөн агуу уужим чигээрээ л хоцордог. Түүнтэй адил далайн ус давлагаалан цалгилж хэзээ ч үл зогсох энэхүү бүжгээ бүжсээр байхад далай өөрөө хэзээд үл хөдлөх хэвээрээ үлддэг болой. Энэ ёсоор бид өөрсдийн бодол санааг үзэгдэнэ, бас арилна гэсэн сэтгэлээр ажиглаж, эдгээр үзэгдлийн гарч үзэгдэхээс хамаагүй илүү өргөн уужим оршихуй бий шүү гэж мэдэж байх хэрэгтэй. Тэр цагт гадаад ертөнц бидний төөрөлдсөн төлөв дэх бясалгал болон хувирч жинхэнэ үнэнийг олж харахыг хэрхэн саатуулж байдаг нь илэрхий болох болно.

Хоёр дахь тохиолдолд, үүсгэлийн зэргийн дадлагаар бий болгосон ариунаар үзэхүйд бид голлон анхаарах болно. Энд учирсан төрөл бүрийн үзэгдэл болгоныг бидний гэгээрсэн лагшин, зарлиг, тааллыг өөрсдөд маань сануулахаар учирсан туслагчид гэж үзэх болно.

1. **Бүх дүрсийг ядам болгон харах:** Толинд өөрийгөө харахдаа Калачакрагийн ариун дүр олж харна. Эгэлийн төөрөгдсөн үзэгдлээс халин гарч таван бүрдэл цогцыг таван эрэгтэй бурхад, таван махбодыг таван эмэгтэй бурхад гэж хүлээн авахыг хичээнэ. Бүхий л бүдүүн үзэгдлийг эрэгтэй, эмэгтэй Бодисадва нарын үзэгдэх байдал гэж, харин бүх бодол санааг дака ба дагинас, бүх үйлдэл хөдөлгөөнийг догшин номын сахиуснууд гэж үзэх ёстой. Ийм маягаар юм бүхэн танаас нууцхан байгаа тэр "үнэн" мөн чанарын тань сануулга болж байх ёстой.

2. **Бүх дуу чимээг тарни болгон сонсох:** Аливаа дуу чимээг сонсох бүрдээ мөн л түүний илбэ мэт мөн чанартайг өөртөө сануулан бурханлаг-чанарын дотоод ариуны үзэгдэл бөгөөд мунхаг сэтгэлээс үүдэлтэй харилцан хамаарлын дүнд ийнхүү ургаж байгаа гэж бодох хэрэгтэй. Тарнийн хоосон-дуу бол бидний дуу авианы урсгал болгон хүлээн авч буй унаган төрөл зүйлийн маань илэрхийлэл гэж бодох ёстой.

3. **Бүх бодол санааг саруул билгүүн гэж үзэх:** Сэтгэлд ургаж бас сарниж буй бүх бодлыг ухааран ажиж Бурханлаг чанарын маань цацарсан туяа гэж бодох хэрэгтэй. Барьж торох юу ч үгүй туйлын чанартаа огторгуй адил хоосон болохыг таньж, хэрэгтэй үед ямар ч болтугай байдлаар чөлөөтэй урган үзэгдэж болдгийг ухамсарлах хэрэгтэй.

Харьцангуй үнэний илбэ мэт хуурмаг төрхийг харж дадуулсаар бид сүүлдээ сэрүүн төлөвийн үзэгдлүүд зүүдний төлөвийн үзэгдлүүдээс онцын барьцтай ялгаа алга гэдгийг ухаарч эхэлнэ. Тэд хоёулаа зүүд зэрэглээ шиг санагдах болно. Тэр цагт "Энэ бол зүүд" гэдэг бодлыг үүсгэн өөртөө үүнийг ямагт сануулж байснаар сэрүүн төлөв бол зүүдэлж байгаагаа таних хамгийн энгийн зам гэдгийг эцэст ойлгох болно.

## Зүүдний Төлөв дэх Шөнийн Дадлага

Нойронд автах үедээ хийх дадлагыг шөнийн дадлага гэнэ. Зүүдтэйгээ харьцаж эхэлснээр бид сэрүүн төлөв гүн нойрны төлөв хоёрын дунд гүүр тавь, үзэгдлийн илбэ, зэрэглээ мэт мөн чанартайг ухаарах мастер болно гэсэн үг юм. Энэ дадлага хоёр хэсгээс бүрддэг: 1\Зүүдний төлөвийг таних ба 2\Тэрхүү төлөв дэх үзэгдлүүдэд хяналт тогтоох эдгээр билээ.

### Зүүдний төлөвийг Таних

Энэ шатанд бид унтах явцын ухамсраа сайжруулан зүүдээ тодхон үзэх чадварыг хөгжүүлэх болно. Зүүдээ зүүд шүү гэдгийг мэдэж байх ухамсрыг хэлж байгаа бөгөөд сэрүүн үедээ хичээнгүйлэн дадуулж чадвал энэ шат маш шулуун дардан байх боломжтой. Гэвч санаж байвал зохих хэдэн зүйл бий. Үүнд:

1. **Байрлал:** Дадлагаа эхлэхийн өмнө бид биеийнхээ энергийн судлуудыг тэгшлэхийн тулд "унтаж буй арслан" гэх мэт сайн байрлал эзэлсэн байвал зохино. Эрэгтэй хүн баруун талаараа хэвтээд баруун гараа хацар дороо хийнэ. Хөлөө хамтад нь байлгаж өвдгөө үл ялиг нугалсхийсэн байх ба зүүн гараа биеийн дагуу сунгасан байна. Эмэгтэй хүн яг эсрэг нь  харан зүүн гараа хацар дороо хийж баруунынгаа чөлөөтэй амраана.

2. **Сэдэл:** Аль ч дандрын бясалгалд дадлага эхлэхээс өмнө зүүдний йогийн дадлагаар хамаг амьтны тус бүтээхийн төлөө гэсэн чин хүсэлтэйгээр

Гурван Эрдэнэд итгэл одуулж Бодь үүсгэсэн байх хэрэгтэй. Дараа нь зүүдээ зүүд хэмээн таних болтугай гэж залбираад тэрхүү хүчтэй сэдлээ хадгалан байж нойрсох хэрэгтэй.

Өдрийн дадлагыг хүчтэй болгосон юм уу тодхон байдлыг үзэх үйлийн барилдлага хэдийн буй болсон хүмүүсийн хувьд дээрх зүйл хангалттай биш байж болно. Тийм хүмүүс дадлагаа өргөжүүлэн тодхон байдлыг нэмэхийн тулд хэд хэдэн дүрслэл үүсгэх шаардлагатай:

- Эхний арга бол өөрийн Гүрү багшийг хоолойн хүрдэндээ Калачакра болгон эрхий хурууны чинээ хэмжээтэй байгаагаар дүрсэлнэ. Түүний зүрхэнд дөрвөн дэлбээт улаан бадам лянхуа цэцгэн дээр УМ үсэг голд нь байх ба тойрсон дэлбээн дээр дөрвөн зүг тийш харсан А, НУ, ТА болон РА үсэг байрлуулна. УМ үсгэн дээр анхааралаа төвлөрүүлэн бусад үсгийг аяархан уншиж давтсаар нойронд автахын өмнөхөн дахин УМ үсгэн дээр төвлөрч гүн нойроо зөвшөөрөх хэрэгтэй. Эдгээр үсэг дээр нэгэн үзүүрт сэтгэлээр төвлөрөхдөө зүүдээ таних болтугай гэсэн чин хүсэл өвөртөлсөн байхаас гадна Гурван Эрдэнийн аврал дор энэ хэрэг бүтнэ гэсэн бат итгэлтэй байх хэрэгтэй.

- Үүнээс арай хөнгөн хэлбэрийн дүрслэл бол хоолойн хүрдэндээ жижигхэн улаан гэрэл асахыг харж зүүдээ нойрон дундаа таних болтугай гэсэн чин хүсэл эрмэлзэлтэйгээр нэгэн-үзүүрт төвлөрч бүхий л сэтгэлээ тэрхүү улаан гэрэлд уусах боломж олгоно.

- Хэрвээ унтахад төвөгтэй хэвээр байгаа бол хөл дороо жижигхэн хар цэг байгаагаар дүрслэн анхааралаа доош чиглүүлбэл нойр хүрч эхэлнэ.

Унтах үедээ ийнхүү дүрслэл үүсгэх нь зарим хүнийг нойргүйдэхэд хүргэдэг бөгөөд тэр нь дүрслэлдээ хэт зуурсных юм. Үүнээс зайлсхийхийн тулд дүрслэлдээ тодорхой хэт нарийн шинжүүдийг үүсгэх гэж хичээхийн оронд ерөнхий хэлбэр дүрсийг зураглан тэрхүү мэдрэмжид ухамсраа амраах хэрэгтэй.

Эдгээр аргыг хэрэглэлээ ч зүүдний тодорхой тод байдлыг таних хүндрэлтэй байвал өдрийн дадлагаа өргөжүүлэн ариунаар үзэхүйгээ хүчирхэгжүүлж, харьцангуй үнэн илбэ жилбэ мэт хоосон чанартайг ухамсарлах хэрэгтэй. Зорилго шамдлыг агуулан тэрхүү ухамсраа шөнийн дадлагадаа тээн авчрахыг аль болохоор хичээнэ. Чуулганыг хураах дадлагаа идэвхтэй үргэлжлүүлэн хийж гурван Эрдэнэд итгэх итгэлээ бататган зүүдний төлөвийг таних чин хүслээ бадраасаар байх нь чухал шүү.

### Энэ төлөв дэх Үзэгдэлд хяналт Тогтоох

Зүүдээ танина гэдэг сүсэг бишрэлийн хөгжилд ашиглах хэмжихийн аргагүй хүчирхэг чадвар эзэмшлээ гэсэн үг. Яагаад гэвэл зүүдний ахуй хийн энергиэр үл нөхцөлдөх учир бид тэнгэрээр нисэх, хүрэх аргагүй алс холд зорчих, биеэ олшруулах, махбодоо нүд ирмэхийн төдийд өөр зүйлд урвуулах гэх мэт энгийн үед гүйцэтгэх аргагүй зүйлсийг зүүдэндээ бүтээх боломжтой. Мөн энгийн үед бидэнд айдас төрүүлэн яаж ч болдоггүй тохиолдлуудтай нүүр учрах хийгээд тэдгээрийн хоосон мөн чанартайг ухааран зуурлтаасаа салах зэрэг үйлсийг ч бүтээж болдог. Жишээ нь, бид үхэж байна гэж зүүдлэх нь үхлээс айх сэтгэлээ даван гарахад тусалдаг. Эсвэл баялагт шунаж ядуурлыг үзэн ядах сэтгэлээ даван гарахын тулд зүүдэндээ тэрбумтан болж үзэхийг ч үгүйсгэхгүй. Ийм замаар зүүд нь бидний хүссэнээ туршиx лаборатори болж болно.

Зүүдний төлөвийн мастер болсноор зүүдэлж хэвтэх цаг хугацаагаа бид үүсгэлийн зэргийн дадлагын үргэлжлэл болгон ашиглах боломж олно. Тэгсэн цагт л зүүдний үеийн ухамсрын нарийслаас шалтгаалан бид өөрийгөө ядам болгон үүсгэх юм уу, эсвэл далай их тахил өргөх бүх зүйл бидний бодит физик нүдэнд яг л харагдаж байдаг шиг тодхон үзэгдсээр байх болно. Бидний дадлагад ийнхүү үнэн оршихуйг авчирснаар үйлдэн буй буянтай үйлийн үр маань илүү их шимтэй боловсрох учиртай болно.

# Нойрны Йог

Зүүд үзэгдэхээс өмнө бидний одоогийн байгаа байдал язгуурын ухамсартаа шингэн уусаж – хэлж заншсан ёсоор "нойронд автах" үйл явцад ордог. Энэ явц голдуу ямар ч ухамсаргүй зузаанаас зузаан түйтгэрт төлөвт орох байдлаар болж өнгөрдөг. Нэгэн шөнийн турш хүний сэтгэл дунджаар нойрны таван үе шат дамждаг нь гүн нойрсолт, зүүдний үе хоорондын шилжилт юм. Хэрвээ уусалтын энэ үйл явцад ухамсраа хадгалан шилжиж чадвал гүн нойрны төлөв дэх маш нарийн ухамсарт сэтгэлийг амрааж чадах болно. Энэ аргыг нойрны йог гэх бөгөөд хоёр аргаар үйлддэг нь: 1\Тунгалаг тод байдалтай унтах ба 2\Зүүднээс гүн нойронд уусах эдгээр болно.

## *Тодхон Байдалтай Унтах*

Эхний аргын гол санаа бол энэ бүх уусалтын үйл явцад бие махбод нойрсох зуурт ухамсраа хадгалсаар байх явдал юм. Оюуны өндөр тогтворт хүрээгүй ямар ч хүний хувьд үүн шиг бэрх зүйл гэж байхгүй бөгөөд гүнзгий амрах, тодхон ухамсарлах хоёрыг тэнцвэртэй хослуулан байна гэдэг маш их хичээл зүтгэл, дадлага бясалгал шаардана. Хэрвээ бид сэтгэлээ хэт сул тавьж орхивол дугхийн нойрондоо живж орхино, харин хэт сэргэг байх гэвэл унтаж чадахаа больж орхино.

Энэ чадварыг хөгжүүлэхийн тулд бид Гүрү багшийгаа Очирдарийн дүртэйгээр зүрхнийхээ хурдний голд байна гэж дүрсэлнэ. Бишрэн дээдлэх сэтгэлийг хадгалсаар Гүрү Йогийн дадлагад дадуулсантай адил сэтгэлээ багшийн сэтгэлтэй нэгтгэх чин хүсэл төрүүлсний дараа биеэ гэгээн гэрэлд бүрэн уусган Гүрү багшид шингэлээ гэж төсөөлнө. Энэхүү мэдрэмжид сэтгэлээ амраан өөртөө нойрсох боломж олгоно.

Сэтгэл язгуур ухамсарлахуйдаа бүрэн шингэх нь ямар нэгэн тохиргоо үгүй, шинээр төрөөгүй сэтгэлийн бараг л үр хөврөлийн хувилбартай болно гэсэн үг. Энэ төлөвөөс бид уусалтын гүнзгий түвшинд орох уу, эсвэл тодхон зүүд зүүдлэх үү гэдгээ сонгох боломжтой.

### Зүүднээс Гүн Нойронд Уусахуй

Хоёр дахь арга бол зүүдний йогийн дадлагын зүй ёсны үргэлжлэл юм. Зүүдээ зүүд болохыг тодхон таних болсонтойгоо уялдуулан илбийн үзэгдлүүдтэй харьцах зүүдний йогоо үргэлжлүүлэх үү, эсвэл зүүдний йогоо анх ургасан тэр давхаргад нь буцаагаад шингээх үү гэдгээ сонгох боломжтой.

Зүүдэн дотроо зүүдээ уусгах олон янзын арга байдгийн хамгийн шуудхан арга нь зүгээр л зүүдэн-нүдээ аних байдаг. Зүүдний ертөнц бол бидний сэтгэлийн тусгал төдий учраас бид түүнийг анхаарахаа больж орхивол тэр ч арилж одох болно.

Энэ үйл явц гэхдээ нэг л санаанд багтамгүй мэт бөгөөд заримдаа бид тодхон үзэх байдлаа алдах аюулд ордог. Тийм учраас *Шинж Тэмдэггүй Шамата*-гийн аргын нэгийг \Гурван Хумилт байж болно\ зүүдэндээ дадуулах дэвшилтэт шатны аргыг хэрэглэх хэрэгтэй. Нэгэн-үзүүр, бодолгүй, зуурaltгүй, шамдалгүй гэсэн дөрвөн чанарыг төрүүлэн төвлөрөхөд зүүдний ертөнц аяндаа арилж, сэтгэл язгуурын давхаргадаа буцаж ордог.

Нойрны Йогийн мөн чанар нь үзэгдлүүдийг уусгах байдаг бол зүүдний йогийн мөн чанар үзэгдлүүдийг үзэх явдал байдаг. Хамтдаа тэд эх болсон хамаг амьтны тусын тулд хязгааргүй дүрээр хувилан үзэгдэх гэгээрлийн үйлийг гүйцэтгэх чадамжаа төгөлдөржүүлэх явдлыг хөгжүүлэхэд тусалж байдаг бөгөөд энэ үйл явцыг хянаж чадах болмогцоо бид сансарт дахин хяналтгүйгээр төрөл авахын аюулгүй болно. Бүрэн ухамсартай байж нас нөгчихөөс гадна ирээдүйд хаана, хэрхэн төрөхөө сонгох бололцоотой болно. Ийм маягаар зүүдний зуурд бол сансрын хүлээснээс сугарч цойлон гарах нэгэн чадварлаг арга мөн билээ.

# БЯСАЛГАЛЫН ЗУУРД

Бидний сэтгэл бясалган уусахуйд гүнзгий шингэх үед бясалгалын зуурдад орно. Цагийн хүрдний Замд төгсгөлийн зэргийн бясалгалаар энэ төлөвт ордог бөгөөд тэдгээрийн тусламжтайгаар үнэний туйлын мөн чанарыг олж мэддэг билээ.

Энэ зуурдыг үзэхийн тулд дээр дурдсан нойрны йогийн аргыг хэрэглэх юм уу, эсвэл Амирлан оршихуйн нэгэн-үзүүрт төвлөрөлд орох шаардлагатай байдаг. Сэтгэл өөрийнхөө унаган төрхөд орж сааатах үед шинжлэх бясалгалыг хэрэглэвэл нарийн давхаргын зууралтыг таслан, бодол сэтгэхүйн энэ гяндангаас суллагдах боломжтой болдог.

Ийм төрлийн бясалгалаар бодол санаанаас чөлөөлөгдөн нэгэн биеийн чөлөөнд хүрч, улмаар ухамсраа төгс-бүтсэн мөн чанар дээр тогтоон барихад хүрч болно. Тэр цагт анх удаа бодол ургах үед чөлөөтэй болсноо мэдэрч усан дээр зурсан зураг арилах адил алга болохыг үзнэ. Цаашлаад бодол өөрөөс тань уяа нь алдарсан могой мэт чөлөөлөгдөн салж одно. Эцэст хов хоосон байшинд орсон хулгайч адил бодол бүрэн чөлөөлөгдсөнөөр бид ухамсрын шижир тунгалаг унаган төрхдөө итгэл дүүрэн орших боломжтой болно.

Бясалгалын зуурдад хийх дадлага хоёр талтай: 1\Үнэний туйлын мөн чанарыг илтэд мэдрэх *уул-мэт үзэгдэх* байдлыг хөгжүүлэх болон 2\Мэдрэмжийнхээ тал болгоныг нэгтгэх *далай-лугаа дадуулга* билээ. Бясалгалын үеэр хоёуланг нь дадуулах боломжтой боловч бидний сэтгэл туйлын үнэнд шингэсэн ч зөвхөн бясалгалын зуурд гэж тооцогдоно.

## Уул-Мэт Түвшин

Дандарын бясалгалын үүсгэлийн хийгээд төгсгөлийн зэргийг ухамсарласны дараа сэтгэлд ямар ч зууралт үгүй язгуур ухамсар бий болно. Энэ байдал бол үнэний туйлын мөн чанарын ойлголтын хураангуйлсан хэлбэр бөгөөд, үүнийг унаган төрхөөрөө, сүрлэг, хөдөлшгүй, салхи шуурга хэчнээн хүчтэй байлаа ч орой нь хэзээ ч үл ганхах уултай зүйрлэдэг.

Уул-мэт түвшин байдал бол дотоод ертөнцийн огторгуй мэт хязгааргүй мөн чанарыг ойлгосон дээдийн хоосны илт үзэхүй билээ. Энэхүү дүр байдалд аливаа үзэгдэл ургуулах ямар ч сонирхол үгүй бөгөөд хоосон-дүрс болгоныг хязгааргүй чанарууд, амьтан болгоныг гэгээрсэн бодгалиуд, орчлонг гэгээрлийн хот мандал болгон харна.

## Далай-Мэт Дөлгөөн

Бясалгал болгоны өмнө хийгээд хойно сэтгэл аливаа эргэлзээ тээнэгэлзлээс төгс чөлөөтэй оршино. Үзэгдлийн өөрийн чөлөөлөлтөөс бид итгэл олж, сэтгэл хоёрдмол үзлийн хандлага ба хязгаараас давж харах болсноор гадаргуу дээр уухилан долгилох шуурганд үл хямрах далайн ёроол лугаа адил дөлгөөн орших болдог.

Ямар ч уяа бэхэлгээгүй, оюуны ядаргаа үгүй хүний шуналаас ангижирсан үйлдэл бүхэн бидний ухамсрын төлөвийг өөрчлөн засаж туйлаас нарийн болгодог ажгуу. Тэгэхээр бид гадаад сатаарлаас бүрэн ангид чөлөөтэй сэтгэлийн энэ хувирсан төлөвийг бясалгалын үеэр мэдэрч чадах болно.

Язгуурын мөн чанараа ухамсарласнаар үнэн хэрэгтээ олох юм уу харах зүйл юу ч үгүй, зүгээр л төгс чөлөөтэй ухамсар унаган төрхөөрөө байхыг таних болно. Бидэнд тэр үед юуг ч мэдрэх сэн гэх шаардлагагүй, юу ч нэмэх хэрэггүй, зүгээр л энэ бол туйлын үнэн мөн гэдгийг ухамсарлаж түүндээ итгэл дүүрэн орших хэрэгтэй билээ.

# НӨГЧИХИЙН ЗУУРД

Үхэл гэдэг Буддын ухаанд үйл явдал бус үйл явц байдаг бөгөөд хэдэн хормоос хэдэн өдөр хүртэл ч үргэлжилж болох бие сэтгэл хоёрын салалт билээ. Хүний сэтгэлийн урсгал физик бие махбодтой түр холбогдоход түүнээс хамааралтай болдоггүй, харин түүгээр нөхцөлдөх аж. Бие, сэтгэл хоёр салах тэр үед гэгээрэл гар дор ойрхон байдаг бөгөөд харин хэр ойрхон байх нь амьддаа дадуулсан сүсэг бишрэлийн тань дадлагын төгөлдөржилтийн хэр хэмжээнээс, ялангуяа Бурханлаг-чанараа үзэгдэхэд таних чадвараас тань шууд шалтгаална. Үхлийн үед ухамсрын мэдэмсэр машид ихээр өндөрсөж ирэх тул сэтгэл мунхгийг урвуулан үнэн мөн чанараа ухамсарлах чадвар асар их болдог байна. Тийм учраас нөгчихийн зуурдын төлөвт онцгой ач холбогдол өгдөг ажээ. Энэ зуурдын үеийн дадлагыг явах зам болоод хийх зүйлийг машид тодорхой заан үзүүлсэн буй хааны зарлигтай зүйрлэдэг.

Дараах хэсэгт бид бие-сэтгэлийн цогц бүрдэл зургаан махбодтой хэрхэн холбогддогийг Цагийн хүрдний үүднээс дүрслэн үзүүлэх болно. Дараа нь нас нөгчих үед бие, сэтгэл хоёр хэрхэн салдаг үйл явцыг тоймлон харуулж цаг бусын үхлээс хэрхэн сэргийлэх болон үхэл гарцаагүй болсон үед яах ёстой талаар ярилцах болно. Үүнд *По гүйлгэх* хэмээх нөгчих үед ухамсраа шилжүүлэх өвөрмөц бясалгал ч мөн багтах болно.

## Бие ба Сэтгэлийн Зургаан Махбод

Цагийн хүрдний системд бие-сэтгэхүйн ертөнцийн үндсэн материал болгон зургаан махбодыг ашигладаг. Эдгээр махбод бие даасан хэсэг хэсэг бодис биш, харин бидний мэдэрч чадах үзэгдлийн өөр өөр тал юм. Цаг хугацаа орон зайн нэгэн цэгт бид эдгээр элементийн аль нэгийг юм уу, түүнээс олныг давамгайлсан байдалтайгаар олж болох бөгөөд энэ олон янз хувилбар л бидний мэдрэмжид өртөж тэдгээр олон зүйлийг үүсгэж байдаг ажээ. Зургаан махбодыг доор үзүүлбэл:

1. **Шороо:** Энэ бол энергийн жижиг хэсгүүдийн нягтралаар бий болдог *цул* шинжийг илэрхийлсэн тал юм. Ширхэглэг нь ойрхон барьцалдсан

байх тусмаа тэр бодис илүү цулжуу хатуулаг байж шороон махбод давамгайлсныг илтгэнэ. Үүний жишээ бол бидний бие болон яс билээ.

2. **Ус:** Энэ бол энергийн бичил хэсгийн харилцан *нэгдмэл* талыг илэрхийлдэг. Усан махбод их бол бичил хэсгүүд тийм ч их нягтралтай биш хэрнээ хоорондоо нягтран бөөгнөрч ирдэг. Усан махбод өндөртэй бодисын жишээнд цус, шүлс, шээс багтдаг.

3. **Гал:** Нэг газарт энерги ихээр хуримтлагдсанаар үүсэх энергийн бичил хэсгүүдийн *эрчимжсэн* тал бол гал махбод юм. Энергийн хуримтлал их байх тусам илүү цэнэг бөөгнөрч байдаг. Үүний жишээ биеийн халуун дулаан илч билээ.

4. **Хий:** Энэ бол энерги нэг төлөвөөс нөгөө рүү шилжихэд мэдрэгдэх *хөдөлгөөнт* шинжийг илэрхийлсэн тал юм. Маш нарийн түвшиндээ атом болгоны хоорондын энергийн үелзэл энэ бөгөөд бүдүүн түвшиндээ бол амьсгал хийгээд бусад биеийн доторх эргэлдэх үйл явцын хөдөлгөөн юм.

5. **Огторгуй:** Энэ бол хаана энерги огтоос байхгүй байна түүний *хоосон* талыг харуулсан шинж. Огторгуй махбод биеийн бүхий л өнцөг булан, эрхтний хоорондын зай завсар хийгээд эрхтний дотор талд байх нь элбэг.

6. **Ухамсар:** Энэ бол бүх энергийг нэлэнхийд нь хамран орших сэтгэл буйг төлөөлдөг. Энэ нь энерги хэрхэн хэлбэржихэд нөлөөлдөг сэтгэлийн *мэдэж байх* тал билээ.

| Төрөл | Махбод | Чанар |
|---|---|---|
| Бодит | Шороо | Цулжуу |
| | Ус | Нэгдэлтэй |
| | Гал | Эрчим |
| | Хий | Хөдөлгөөн |
| | Огторгуй | Хоосон |
| Бодит-Бус | Ухамсар | Мэдэж байх |

*Хүснэгт 10-1: Зургаан Махбод*

Бүхий л амьдралын турш бидний үйлийн үрээс хамааралтайгаар эдгээр зургаан элементийн хоорондын тэнцвэржилт өөрчлөгдөж байдаг. Жишээ нь ханиад хүрэхэд биеийн халуун нэмэгдэх юм уу нус гоожих маягаар гал ба усан махбод ихэднэ. Энэ нь зөвхөн түр зуурын тэнцвэр алдагдах явдал учраас нөгчих үеийн зуурдад хамруулдаггүй байна.

# Нас Баралтын Үйл Явц

Таван бүрдэл цогц цаашид хамтдаа байх үйлийн барилдлага тасарч сэтгэл биеийг орхих тэр цэгийг бид нөгчихийн зуурдад орох гэж нэрлэдэг. *Үхэл бол салалтын тэрхүү хором билээ.* Энэ үйл явцыг хоёр үе шатанд хуваажавч үздэг нь: 1\Бүдүүн биеийн гадаад уусалт ба 2\Нарийн биеийн дотоод уусалт юм.

Нөгчиж буй хүн уусалт болгонд махбодынхоо нэг сулрахыг мэдрэх болно. Энэ үйл явц мэдрэмжийн тодорхой нэг талын дэмжлэгийг үгүй хийснээр биеийн юм уу сэтгэхүйн тусгай сэрэл өдөөгддөг. Тэр махбодтой холбоотойгоор бүдүүн биеийн хийн эргэлт зогсоход тэд зүрх рүү очин нэгдэж эхэлдэг нь Ангижрахуйн Йогийн үеэр үздэг хоосон-дүрсийн шинжүүд урган гарч үзэгдэх хөшүүрэг болдог ажээ.

## *Гадаад Уусал*

Бодит таван махбод уусаж эхлэхэд бид мэдрэлээ алдаж эхэлж байгаагаа мэддэг. Жишээ нь, бид хүмүүсийн ярилцахыг сонслоо ч үг ялгаж сонсож чадахаа болино. Эсвэл гадаад ерөнхий хэлбэрийг харах боловч юу харж байгаагаа мэдэхээ больддог. Гадаад уусалтын эхний үед мэдрэх эрхтнүүд бүрэн хэмжээгээр ажиллахаа больсныг үүгээр илтгэнэ. Түүний дараагийн таван үеэр махбод тус бүрийн уусалтыг илэрхийлнэ.

## Шороон Махбодын Уусалт

Эхлээд бидний бие махбод бүх хүчээ алдан хүндэрч мөчүүдээ хөдөлгөж чадахаа болих нь доош унаж, живж юм уу, хүнд юман доор дарУулаастай байгаа мэтээр мэдрэх болно. Юу ч барих аргагүй болсноо мэдэрч толгойгоо ч даахаа болино. Энэ бол шороон махбод болох дүрсний бүрдэл цогц уусаж байгаагийн илэрхийлэл. Тиймээс шороон махбодтой холбоотой гадаад хийнүүд ухамсарт суурь болж дэмжих чадал нь багассаныг үүгээр илтгэнэ. Шороон махбод багассантай холбоотойгоор усан махбод илүү илэрхий болж үзэгдэн *утаа* олж үзэх дотоод шинж ургах учир энэ болой.

## Усан Махбодын Уусалт

Нөгчих үйл явц цааш үргэлжлэхийг бид мэдрэх үед нүднээс нулимс гарах юм уу өөрийг хянахад бэрхтэй болсныг мэднэ. Хэлээ хөдөлгөж чадахаа болин, нүд хуурайшин, хоолой ам зуурaлдаж эхэлнэ. Хамрын самсаанууд хаагдан маш их цангахыг мэдэрнэ. Таван бүрдэл цогцын хүлээн авахуйн бүрдэл хэсэг ийнхүү уусахтай зэрэг биеийн сэрэл таатай таагүй, даарах халууцах зэргээр ээлжлэн солигдож, сэтгэл бачимдуу, сандарсан, дургүйцсэн байдалтай болж ирнэ. Усан махбодын уусалттай зэрэгцэн гал махбод ухамсарт илүү дэмжлэг үзүүлнэ. Үүний дүнд *зэрэглээ* үзэх дотоодын шинж ургах нь энэ буюу.

### Гал Махбодын Уусалт

Дараа нь, ам хамар бүрэн хатаж дуусаад биеийн халуун захаасаа эхлэн харьж зүрхний зүг чигтэйгээр хөрж эхэлнэ. Амьсгаа хөрж, хоол цай шингээхээ болино. Мэдрэхүйн бүрдэл хэсэг уусаж эхэлснээр сэтгэлд юмс үзэгдэл тодорч бүдгэрэн гэр бүл, амраг саднаа болон өөрсдийн хэн болохоо ч танихаа болино. Гал махбод ийнхүү хий махбодод уусан ухамсарт цаашдаа дэмжлэг үзүүлж чадахаа болино. Түүнээс үүдэн *үүлс* үзэх дотоодын шинж ургадаг нь энэ учир болой.

### Хий Махбодын Уусалт

Түүний дараа амьсгаа авахад илтэд хэцүү болж хоолойноос агаар алдагдаад байх мэт болно. Амьсгал авалт богиносон гаргалт уртасна. Нүд эргэлдэн толгой руу ширгэж ороод бид цаашид хөдөлж чадахаа бүр болино. Хэлбэржихүйн бүрдэл хэсэг ийнхүү уусснаар сэтгэл ухамсраа алдан будилж, гадаад ертөнцөд юу болж байгааг мэдэхээ байгаад бодит орчноо хүрэлцэх сүүлчийн мэдрэмж биднээс мултран одно. Хий махбод огторгуйн махбодод ийнхүү уусахад хоёрдогч хийнүүд амьдрал-тэтгэгч хийтэй нэгдэн зүрхэнд орно. Тэгснээр *гэрэлт-цох* үзэх дотоод шинж ургах нь энэ бөлгөө.

### Огторгуй Махбодын Уусалт

Мэдрэмжийн  нарийсал улам цаашлан огторгуй махбод ухамсрын махбодод уусахад нүд, чих, хамар, хэл болоод биеийн ухамсар бүдүүн оюуны ухамсарт уусан шингэнэ. Энэ шатанд үзэгдэх дотоод шинж бол *улалзах гэрэл* болой.

Эцсийн урт амьсгал гаргасныхаа дараа үлдэх зүйл гэвэл зүрхэнд хурсан жаахан бүлээн илч билээ. Амьдын бүх шинж арилж одсон бөгөөд аль ч мэдрэхүйн эрхтэн цаашид ажиллахаа больсон болохоор энэ үеийг "клиник үхэл" гэж бид нэрлэдэг. Гэхдээ нарийн түвшинд аваад үзэх юм бол үхэл үүгээр дуусаагүй байдаг. Дотоод уусалт үүний дараа явагдах учиртай бөгөөд түүнд барагцаагаар хорин минут шаардлагатай болно. Тийм учраас цогцсыг болж өгвөл хөдөлгөөнгүй тайван байдалд хэсэг хугацаагаар орхих хэрэгтэй. Түүнд саад болох нь хорсол хилэнгийн сэтгэлийг төрүүлэх шалтгаан болох ба үүнээс улбаалаад муу заяанд төрөх ч бололцоотой билээ.

## *Дотоод Уусал*

Цагаан дуслын нарийн охь биеийн дээд хэсэгт байрлах бөгөөд улаан дуслын ихэнх хэсэг нь голдуу биеийн доод хагаст байрладаг. Гадаад уусалтын үед бүдүүн бодит биеэс сэтгэл салсны дараа нарийн бие үгүйрэх үйл явц эхэлдэг. Энэ үеэр дотоод хийнүүд зүрх рүү нийлэн орохдоо бүх биеэр тарааж байдаг нарийн дуслын энергийг тээж очно. Дотоод нарийн биеийн энергийг хураах энэ үйл явцыг чухамдаа дотоод уусал гэнэ.

## Цагаан Үзэгдэл

Эхлээд эцгээс олдсон цагаан дуслууд зулайнаас гол судлаар уруудан зүрхэнд очно. Түүний гадаад шинж тэмдэг бол *сарны гэрэл* мэт гялтганасан цагаан өнгө үзэгдэх болно. Дотоод шинж тэмдэг нь бидний ухамсар маш тодхон болох бөгөөд хорсол, үзэн ядалт зогссоны үр дүнд сэтгэлийн гучин-гурван төлөв ургамуй. Үүнийг цагаан үзэгдлийн үе шат гэж нэрлэдэг болой.

## Улаан Өгсөлт

Эхээс олдсон улаан дуслууд гол судлаар өгсөн очиход хийнүүд тэдгээрийг тэнд нь барьж тогтооно. Гадаад шинж нь цэлмэг тэнгэрт цацрах *нарны туяа* болж мэдрэгдэнэ. Дотоод шинж нь шунал зогссоны үр дүнд үзэгдэх сэтгэлийн дөчин төлөвийн амгалан таашаал болж мэдрэгдэнэ. Энэ үе шатыг улаан өгсөлт хэмээн нэрлэдэг болой.

## Хар Ололт

Улаан цагаан дусал зүрхэнд уулзахад сэтгэшгүй ахуйд орж чөлөөлөгдсөн сэтгэл ухаанаа алдан балартаж байгаатай холбоотойгоор бид *хиртэлт*-тэй төстэй "харанхуй" бүрхэхийг мэдрэх болно. Мунхаг төөрөгдөл арилсны үр дүнд гарч ирэх сэтгэлийн долоон төлөв энэ мөчид ургамуй. Амжилт ойртсоны хар шинж гэж нэрлэдэг энэ шинж нэгэн хүний самсара орчлонг мэдрэх мэдрэмж төгсгөл болсны тэмдэг болдог ажгуу. Энэ мөчөөс эхлэн үйлийн үрийн боловсролт удирдлагыг гартаа оруулан дараагийн төрөл рүү биднийг түлхдэг билээ.

## Үхлийн Тод Гэрэл

Энд хүрээд ихэнх хүмүүс ухамсраа алддаг бөгөөд хамгийн сүүлчийн нарийн хийнүүд зүрхэнд цугларан саатуулагдсанаар явагдах маш нарийн биеийн уусалтыг тэд мэдэхгүй. Энэ уусалтын үед ухамсраа хадгалан байж чадаж байгаа хүн бол уусалтын үйл явцыг урьд нь анхааран авлага болгож байсны үр дүн бөгөөд тэд нарийн түвшний шинж болох *гялбаа* ба түүнээс залгаад гэгээн гэрлийн дусал олж үзэх болно. Түүнийг *сарнишгүй дусал* гэж нэрлэх бөгөөд энерги сэтгэл хоёр төгс нэгдсэний илрэл билээ. Биэс салж дараагийн төрлийг авахын суурь бол чухам энэхүү дусал байдаг ажгуу.

Энэ явдал болох үед маш ариун болсон нарийн сэтгэл язгуурын унаган мөн чанартаа эргэж орох нь хэлбэр дүрсгүй, уужим, намрын үүлгүй тэнгэр адилаар мэдрэгдэх болно. Энэ бол хэлбэргүй, хугацаагүй, хуурмаггүй, гэгээрлийн шижир үнэн буюу үхлийн гэгээн гэрэл, тод гэрэл, Дармакая эсвэл язгуурын билиг билгүүн гэж нэрлэгддэг билээ. Төвөдийн уламжлалд үүнийг жинхэнэ үхэл хэмээдэг болой.

## Цаг бусын үхлийг давж гарахуй

Нөгчихийн үйл явцтай болон бидний үхлийг урьдчилан сануулсан олон шинж тэмдэгтэй танил болсноор бид зуурдаар нас барах явдлыг буцаах боломжийг олох болно. Амьдрах цагаа уртасгаснаар Номыг авлага болгох ба нөгчих үйл явцыг урвуулах илүү бололцоо гарах учраас энэ маш чухал хэрэг. Үхэл ойртсоныг илтгэсэн маш олон янзын шинж тэмдэг байдгийг *Бардо Тойдол* болон *Нөгчигсдийн Тухай Төвөд Ном* хэмээх судар бичгүүдэд дэлгэрэнгүй дүрсэлсэн бий. Бид тэдгээр шинжийг физик биедээ юм уу эсвэл зүүдэндээ эрж олох хэрэгтэй.

1. **Гадаад Шинж:** Үхлийн гадаад буюу бодит шинжид таван мэдрэхүйн тод мэдрэмжээ алдах хийгээд ухамсар булингартаж, бодол санаа зүүд хүртэл үнэн байдлаа алдан, бие махбодын өнгө зүс өөрчлөгдөх зэрэг шинж багтана. Хумсан дээрээ чанга дарсны дараагаар өнгө нь удаж байж хэвдээ орох болон толгойн ар дагзны үс босох зэрэг бусад олон шинж мөн бий.

2. **Зүүдний Шинж:** Зүүд ч мөн бидэнд амьдрал төгсөх ойртсоныг сануулан дотоод шинж тэмдгүүд үзүүлсээр байдаг. Үдэш оройн цагаар юм уу шөнө дундын үед үзсэн зүүд хамаатай биш байх боловч шөнө дундаас хойш үүр цайхын үед зүүдэлсэн зүүд үхэлтэй холбоотой байж болох нь танигдсан байдаг. Үүнд цагаан муур, сармагчин, илжиг унаж зүүн зүг рүү давхих, үсээр урласан хар өнгийн хувцас өмсөх, торонд орооцолдсон байх, нэг шагайгаараа хоригдол адил дөнгөлүүлсэн байх, толгойн оройгоос ургасан модон дээр шувуу үүрээ засах юм уу улаан цэцэг тасалж байна, эсвэл хэвлийд орсон байна гэж дахин дахин зүүдлэх шинж багтана. Хэрвээ бид эдгээр шинжийг ганц л удаа үзвэл арга засал хийж болдог, харин давтан давтан зүүдлээд байвал жилийн дотор өнгөрөхийн дохио байдаг ажээ.

Ямар ч нөгчихийн шинж үзсэн байсан тэдгээрийг даван гарах арга дом хийх боломжтой боловч нөгчихийн дотоод шинжүүд гадаад шинжийг бодвол аргалахад амаргүй байдаг байна. Нөгчих хоёр төрлөөс эхний нь насны хугацаа барагдаж дууссан байхад яах ч аргагүй байдаг. Хоёр дахь тохиолдолд үйлийн үрээр наслах ёстой амьдралаа гүйцээхэд саад бэрхшээл тохиолдож байгаа бол түүнийг эмнэлэг эмчийн зааврар юм уу, шашны зан үйл ном гүрэм сэлтээр тухайн нөхцөл байдалд нь тааруулан засах боломжтой.

Төвөдийн Буддын Ухаанд цаг бусын үхлийг даван гарах маш олон янзын зан үйл байдаг бөгөөд Бурханаас уламжилсан сургаалын нэг учраас маш нааштай үр дүн авчирдаг билээ. Атиша Дипамкарагийн үйлддэг байсан нэгэн тийм зан үйлийг доор үзүүлэх ба одоо хэр нь түүнийг төвөдийн лам нар гүйцэтгэсээр байгаа ажээ. Хүн нөгчих шинж үзсэнээ хэлсэн тохиолдолд лам нар энэ зан үйлийг долоо хоног давтан хийдэг байна:

*Эрхий хурууны өндөгний чинээ хорин-нэгэн жижиг шавар үрэл хийгээд дөрвөн хуруу хэрийн урттай куша өвс хорин-нэгийг хяргаад, үхэх шинж орсон хүний дүрийг балингаар хорин-нэг бүтээж, дараа нь хорин-нэгэн жижиг үрлийг хорин-нэгэн зооосны хамтаар бэлтгэн тухайн хүний өөрийнх нь барьдаг аягыг усаар дүүргэнэ. Гурван Эрдэнэд хүж, зул, цэцэг, сүрчиг, жимс зэрэг аль болох арвин их тахил өргөж, дараа нь хорин-нэгэн Дарь Эх ба бүх бурхад, Бодисадва, шарвага нарыг дүрслэн тахил өргөнө. УМ ТАГ НАГ ДАГ СУХА гэдэг тарнийг хорин-нэгэн удаа уншаад аяга руу үлээнэ.*

*Бурхан, Ном, Хуврag хийгээд урсгалын лам нар болон охин тэнгэрүүд, номын сахиуснууд нарын хүчийг эргэн дурсаж, үхлийн саадыг арилгаж чадах хүчийг үзүүлэн соёрх хэмээн айлтгаж мөргөнө. Ингээд аягатай усыг нөгөө хүнийхээ амь насны оронд тэдэнд өргөн, зохих уншлага номыг чангаар уншин үрэл, куша өвс, хүн дүрстэй балин, зоос зэргийг аажуухнаар аягатай усан дотор өрж байрлуулан байж Үхлийн Эзэн Ямагаас түүний амийг хэлтрүүлэхийг гуйна.*

Хэрэв ийм зан үйл хийгээд тусыг олохгүй бол тэр хүн үнэхээр үхэх үйл нь иржээ гэсэн үг. Тийм тохиолдолд По гүйлгэх дадлагыг гүйцэтгэснээр түүнийг шууд гэгээрэлд хүргэх юм уу эсвэл дор хаяж ирэх төрөлдөө аятай нөхцөл байдалд төрөх шалтгааныг бүтээж өгнө.

## Нөгчих Хоромд Ухамсраа Шилжүүлэх

По \Phowa\ бол нөгчих үед өөрийн ухамсрыг биеэс гарган чиглүүлэх болон мөн бусдад дөнгөж өнгөрснийхөө дараа ухамсраа хэрхэн шилжүүлэхэд нь туслах нэн хүчирхэг дадлага юм. По гүйлгэх дадлагын нарийн заавар заавар чилгаа гэдэг олдоход бэрх зүйлсийн нэг бөгөөд хааны хүчин төгөлдөр тамга даруулсан бичиг олохтой адил билээ.

Ерөнхийдөө гурван давхаргын По байдагт:

1. **Номын лагшны По:** Сайн бясалгагч хүний хувьд үхлийн явцад тодхон ухамсраа хадгалан орох, туйлын үнэнийг шууд мэдрэн ухамсраа тэнд саатуулан оршоох боломжтой. Ингэсэн тохиолдолд тийм мастер хүн тэрхүү унаган төлөвтөө үйлийн үрийн бүх ул мөрийг арилж гүйцтэл үргэлжлүүлэн хэчнээн л бол хэчнээн удаан саатан оршиж чадна. Гүйцэх үед сансар орчлонгийн гинж тасарч хамаг амьтны тусын тулд хязгааргүй үзэгдэх гэгээрсэн таалал ургах болно.

2. **Төгс жаргалантын лагшны По:** Цагийн хүрдний үүсгэлийн ба төгсгөлийн зэргийн дадлагыг анхааран авлага болгосон бясалгагч хүний хувьд тэдгээр бясалгалаа нөгчих үед хэрэглэж, сэтгэлээ Ядам болгон үүсгээд Бурханлаг чанарын туйлын үнэнтэйгээ аль болох ойртож очихыг эрмэлзэнэ. Ингэснээр нөгчих үйл явцыг нэлээд хяналттай байдлаар явуулах

боломжтой болж Номын чанарын зуурдын нарийн төлөвт шилжих үед туйлын мөн чанараа таних бололцоог олно.

3. **Хувилгаан лагшны По:** Бусад бүх хүмүүсийн хувьд дүрслэл үүсгэх дадлагаар ухамсраа Шамбалын Дээд орон руу чиглүүлэх боломжтой. Үүний тулд сэтгэлээ сарнишгүй дусал болон зүрхэнд оршиж байгаагаар төсөөлөөд гол судлыг чөлөөлөлтөд хүрэх замаа, Калачакраг хүрэх газраа болгон бясалгана. Энэ дадлагаар тодорхой нэгэн үйлийн үрийн боловсролтыг хурдасгах зорилготой ба дээд төрөлд төрөл авхуулах боломжийг олдог байна.

Хэрвээ бид үхлийн шинж орохыг үзэж, гарцаагүй боллоо доо гэж бодох юм бол хүний ертөнцөд хоргодох явдалгүй сэтгэл үүсгэн эд хөрөнгө, эрх тушаал, холбоо харилцаа хорвоогийн ашиг хонжоо зэргийг бүрэн орхих хэрэгтэй. Харин оронд нь хорвоогийн мөнх бусыг тусган бодож, бүх зүйлс ирнэ, одно, улирал солигдохын адилаар барилдлага холбоо үүснэ, тасарна гэдгийг бясалгах ёстой. Энэ амьдралд бидний таньдаг хүн болгон зөрөөд өнгөрөхдөө учирсан аялагчдын л нэг, тэднээс салж одох гэдэг энгийн үзэгдэл гэж бодох хэрэгтэй. Сансар орчлонд бүх зүйлс үнэ цэнгүй зовлонгийн мөн чанартай болохоор бид эндээс алдууран гарах бололцоог өөртөө олгох учиртай. Сүсэг бишрэлийн багш хийгээд Гурван Эрдэнэ дор итгэлийг хүчтэй төрүүлж По гүйлгэх дадлагыг анхааран авлага болгосноор үхлийг хүртэл бид чөлөөлөлтөд хүрэх боломж болгон ашиглах чадлыг олно.

# Цагийн хүрдний Ёсоор Пова Гүйлгэх

По гүйлгэх бясалгал маш олон төрөл байдаг ч доор үзүүлсэн дадлага бол Цагийн хүрдний замыг дагасан хүмүүст зохимжтой дасгал билээ. Амьдралынхаа турш энэхүү дадлагыг амжилт олсны шинж илэртэл дахин дахин давтан үйлдэх хэрэгтэй. Ном судар болон бусад материал хэрэггүй болтол цөмийг цээжилчихвэл бүр сайн. Зугтах аргагүй үхэлтэй учрахдаа энэ дадлагаар ухамсраа шилжүүлэн Цагийн хүрдний Бодисадвын Ариун Орон – Хойд Зүгийн Шамбалд хүрэх боломжтой билээ.

## *Дүрслэл Буй Болгох*

Дадлагын эхний хэсэгт доорх мөрүүдийг уншиж дүрслэл үүсгэнэ:

*Өөрийн эгэл биеэ хоромхон зуурт Амитаба бурханы Очирт-Лагшны дүртэй ганц ядмын мөн чанарт урвуулна. Таны гайхамшигт лагшнаас сүүн цагаан гэрэл цацарна. Нэгэн нигур, хоёр мутартай бөгөөд сар, нар, раху \калагнийн\ дэвсгэр бүхий бадам лянхуа цэцгэн дээр бясалгал хийх мэт байдлаар завилан суужээ. Та бээр хувцас хийгээд гоёл чимэг сэлтгүй нүцгэн байх ажгуу. Цээжний* *голд цэнхэр шилэн гуурс адил гол судал авадути үзэгдэх нь хулсан сумны дайтай хэмжээтэй байна. Түүний доод үзүүр хүйсний дооxно хүрч төгссөн битүү, дээд үзүүр нь зулайн оройд тулсан онгорхой үзэгдэнэ. Зүрхэн тушаа голд таны язгуурын ухамсар болох буурцгийн хэмжээтэй хөх дусал орших ажээ. Тэр өөрийн мөн чанараар тодхон анивалзан гэрэлтэн гялтганаж үзэгдэнэ.*

*Таны зулайн орой дээрх огторгуйд олон олон солонгон гэрлийн дунд лянхуа, сар, нар, раху \калагнийн\ дэвсгэр давхарласан сэнтий үзэгдэнэ. Түүний дээр Бүх Бурхадын Аймгийн Аугаа Эзэн – Цогт Цагийн хүрднээс үл салах таны үндсэн Гүрү багш зогсох бөгөөд амгалан таашаал хоосон чанарын нэгдэл болсон түүний лагшинаас хар хөх өнгийн гэрэл туярах аж. Тэр гурван мэлмий бүхий нэгэн нигуртаа хилэн, таашаал хоёрыг зэрэг тодруулан зогсоно. Хоёр мутартаа хонх очир хоёрыг зөрүүлэн бариад Вишваматаг тэвэрсэн үзэгдэнэ. Баруун өлмийгөө сунган улаан тэнгэр Камадеваг, зүүн өлмийгөө нугалан цагаан тэнгэр Ишвараг няц гишгэсэн дүртэй байх ажээ.*

*Тэр доод биеэ барын арьсан даавуун хувцсаар халхалж очир алмаазан чимэг сэлтээр гоёсон байна. Түүний илбийн хань алтан шаргал лагшинтай, нэгэн нигур хоёр мутартай, гавал аяга, махир хутга барьсан байх бөгөөд таван зүйлийн чимгээр гоёсон дүртэйгээр Дүйнхорыг тэврэн зогсоно. Амгалан хоосны таашаалыг мэдрэх нь таван цагаан гэрэл болон тал бүхнээ цацрах ажээ. Энэхүү гэрлийн төв дунд байх Дүйнхорын оройн титэм дээр хавирган сар хийгээд Базарсад Бурхан төгс заларсны гурван нууцын чанар үзүүр хязгаар үгүй болой.*

*Ялгуулсан чанаруудаар огоот адислагдсан Төгс Жаргалантын Лагшин, Хот мандлын Хаан, Бүхнийг Болгоогч Эзэн, Цаглашгүй Ахуйн Багш Лам, Дээдийн Ядам болоод Гурван Эрдэнийн Эх Сурвалж бологч Цорын Ганц Хэлбэр энэ билээ.*

Энэ дүрслэлийг тодхон үүсгэтлээ хэчнээн хугацаа хэрэгтэй төчнөөн удаж болно. Ялангуяа, Дүйнхорын дүрт Гүрү Багшаа орой дээрээ байгаагаар хүчтэй мэдрэх бөгөөд сэтгэлээ зүрхэн дэх сарнишгүй дусал гэж итгэх хэрэгтэй.

## Гэгээрлийн Хот Мандлын Дурдлыг Хөгжүүлэх

Ухамсраа шилжүүлэхээс өмнө Гэгээрлийн Хот мандлын мэдрэмжээ хүчтэй болгох залбирлыг уншин Гүрү Дүйнхорыг бишрэн дээдлэх сэтгэлээ хүчтэй болгоно. Эдгээр бодлыг нөгчих үед сэтгэлдээ авчрах нь буяны үрийг боловсруулах бөгөөд Шамбалын Оронд төрөл авахад бидниийг түлхэх чадалтай байх болно.

Доорх хэсэг тус бүрийг уншиж байхдаа бүх биеэр тань энерги гэгээрлийн хот мандал дахь ядмууд болон тарж байгаагаар төсөөлөх хэрэгтэй. Бадаг болгоны дараа энерги гэрэл болон уусаж зүрхэн дэх сарнишгүй дусалд шингэж байна гэж бодоорой.

#### Охь Мандлыг Бясалгахуй

*НАМО КАЛАЧАКРАЯА*

*Цогт Цагийн хүрдэн дор мөргөм үү!*

*Дээдийн Чануруудыг Огоот Шингээсэн, Үл-Урвахуйн Амгалан,*

*Төгс Жаргалантын Лагшин, Хослон Орохуйн Язгуурын Билиг Билгүүн,*

*Цогт Язгуурын Бурхан, Цагийн хүрдэн хийгээд*

*Бүх Бурхадын Аймгийн Аугаа Эзэн, Догшин Базарсад дор*

*Чин зүрхний угаас бишрэнгүйгээр мөргөм үү би*

*Энэхүү үндсэн огторгуй, тунгалаг ухамсрын сарнишгүй дусал*

*Гол судлаар минь өгсөн зулайн оройгоор сугарч*

*Цогт Цагийн хүрдний зүрхэнд шингэх болтугай!*

*Төгөлдөр Оюун Ухааны Аугаа Хоосны Язгуурын Билгүүнд бүжих,*

*Бүхий л Талуудыг болгоосон Үзэсгэлэнт Очирт Дагинасын лагшин*

*Арван Шахтийг үүсгэн бүтээгч Би-д барихуй,*

*Бүх Аймгуудын биелэл ядам Бурхад хийгээд Язгуурын Будда дор*

*Чин зүрхний угаас бишрэнгүйгээр мөргөмүү би*

*Энэхүү үндсэн огторгуй, тунгалаг ухамсрын сарнишгүй дусал*

*Гол судлаар минь өгсөн зулайн оройгоор сугарч*

*Цогт Цагийн хүрдний зүрхэнд шингэх болтугай!*

#### Жаргал Мандлыг бясалгахуй

*Ялж Төгс нөгчсөн Зургаан Бурхад,*

*Амгалан Хоосны нэгдэл дэх Дагинас Зургаан Эмэгтэй Бурхад,*

*Хязгааргүй Гайхамшгаар Хувилан Үзэгдэх Суурь*

*Бүхнийг Болгоогч, Хот Мандал дахь Цогт Эзэн дор*

*Чин зүрхний угаас бишрэнгүйгээр мөргөм үү би*

*Энэхүү үндсэн огторгуй, тунгалаг ухамсрын сарнишгүй дусал*

*Гол судлаар минь өгсөн зулайн оройгоор сугарч*

*Цогт Цагийн хүрдний зүрхэнд шингэх болтугай!*

#### Таалал Мандлыг Бясалгахуй

*Сүр төгөлдөр Очирт-Тааллаас*

*Эр эм Бодисадва нарын гайхам үзэгдлүүд ургамуй*

*Ялж төгс нөгчсөн нугудын таашаалыг хангагч ариун дүрүүд*

*Дака болоод Дагинасын төгс амгалан, Үнэн Мөн Чанар дор*

*Чин зүрхний угаас бишрэнгүйгээр мөргөм үү би*

*Энэхүү үндсэн огторгуй, тунгалаг ухамсрын сарнишгүй дусал*

*Гол судлаар минь өгсөн зулайн оройгоор сугарч*

*Цогт Цагийн хүрдний зүрхэнд шингэх болтугай!*

*Энх амгалант дээдийн Сэтгэл Язгуурын Догшин Билгүүн болон ургахуй*

*Тэрхүү Аюумшигт хийгээд Догшин нэгэн Бүх Аймгуудын Эх,*

*Түүний сүрдэм үзэгдэл гурван орны хамаг зэтгэрийг дарах амуй*

*Бүхий л Ариун Үзэгдлүүдийг Бүтээгч дор,*

*Чин зүрхний угаас бишрэнгүйгээр мөргөм үү би*

*Энэхүү үндсэн огторгуй, тунгалаг ухамсрын сарнишгүй дусал*

*Гол судлаар минь өгсөн зулайн оройгоор сугарч*

*Цогт Цагийн хүрдний зүрхэнд шингэх болтугай!*

## Зарлиг Мандлыг Бясалгахуй

*Язгуурын Билгүүний гэгээн үзэгдлийн чимэг Йогини нугуд,*

*Зуу зуун мянган дотоод чуулганыхны нууц орон,*

*Гурван ертөнцөд буяны үйлийг огоот үйлдэгч,*

*Дал илүү Дагинасын Голлох Удирдагч дор*

*Чин зүрхний угаас бишрэнгүйгээр мөргөм үү би*

*Энэхүү үндсэн огторгуй, тунгалаг ухамсрын сарнишгүй дусал*

*Гол судлаар минь өгсөн зулайн оройгоор сугарч*

*Цогт Цагийн хүрдний зүрхэнд шингэх болтугай!*

## Лагшин Мандлыг бясалгахуй

*Аугаа Ядам, гагц Баатар, Оршихуйн Удирдагч,*

*Гурван Зуун Жаран Дагинасаар Бараа бологчоо хийгч,*

*Арван Хоёр Голлох Ядмын ариун үйлс эгнэшгүй,*

*Базарсад Бурханы хувилсан дүрүүд бологч нугуд дор*

*Чин зүрхний угаас бишрэнгүйгээр мөргөм үү би*

*Энэхүү үндсэн огторгуй, тунгалаг ухамсрын сарнишгүй дусал*

*Гол судлаар минь өгсөн зулайн оройгоор сугарч*

*Цогт Цагийн хүрдний зүрхэнд шингэх болтугай!*

*Буян хишиг саруул оюуны огторгуй мэт уужим гайхам гэрэл*

*Хүслийг гүйцээгч үйлсээ тасалдуулалгүй бүтээгч Лусын Арван Хаад,*

*Мэргэн арга хийгээд билгүүний энэхүү горим,*

*Үнэний оршихуйн шидэт үзэгдлүүд дор*

*Чин зүрхний угаас бишрэнгүйгээр мөргөм үү би*

*Энэхүү үндсэн огторгуй, тунгалаг ухамсрын сарнишгүй дусал*

*Гол судлаар минь өгсөн зулайн оройгоор сугарч*

*Цогт Цагийн хүрдний зүрхэнд шингэх болтугай!*

## Орчлон Мандлыг Бясалгахуй

*Амгалан таашаалын их билгүүн үзэгдэхэд*

*Амарлингуй таалал ер бусын догшин болмуй,*

*Арван Маш Догшин Ядмууд арга билгийн бүжгээ бүжихэд*

*Аугаа чанарууд нь тал бүхэнд үзэгдэхүй дор*

*Чин зүрхний угаас бишрэнгүйгээр мөргөм үү би*

*Энэхүү үндсэн огторгуй, тунгалаг ухамсрын сарнишгүй дусал*

*Гол судлаар минь өгсөн зулайн оройгоор сугарч*

*Цогт Цагийн хүрдний зүрхэнд шингэх болтугай!*

*Цаашлаад, Хүслийн болон Огоорлын Дагинас гэхчлэнгийн*

*Шидэт үзүүлбэрийн олон үзэгдлүүд хийгээд*

*Гучин Таван Сая Тэнгэрүүд ба Чөтгөрүүд,*

*Амьд хийгээд амьгүй ертөнц болгоны сахиуснууд дор,*

*Чин зүрхний угаас бишрэнгүйгээр мөргөм үү би*

*Энэхүү үндсэн огторгуй, тунгалаг ухамсрын сарнишгүй дусал*

*Гол судлаар минь өгсөн зулайн оройгоор сугарч*

*Цогт Цагийн хүрдний зүрхэнд шингэх болтугай!*

## Үл-Урвахуйн Амгалан ба Хоосон-дүрсний Нэгдлийг Бясалгахуй

*Цагийн хүрдний Их Үл-Урвахуйн Амгалан,*

*Гэгээн Гэрлийн Дээд Шинж Огоот Бүрдсэн Хоосон-Дүрс,*

*Дотоод Үнэн Оршихуй, Сансар Нирвааны Үзүүлбэрийн Чимэг,*

*Энгүй Уужим Тааллын Гүнзгий Ухамсарлахуй, Аугаа Шилжүүлгийн гол цэг түүнээ,*

*Чин зүрхний угаас бишрэнгүйгээр мөргөм үү би*

*Энэхүү үндсэн огторгуй, тунгалаг ухамсрын сарнишгүй дусал*

*Гол судлаар минь өгсөн зулайн оройгоор  сугарч*

*Цогт Цагийн хүрдний зүрхэнд шингэх болтугай!*

*Язгууртаа саатан оршиж Номын Лагшин Дотоод Цагийн хүрдэн,*

*Хувиршгүй Гэгээн гэрлийн Мөн Чанар, Аугаа Шилжүүлэг,*

*Унаган, Язгуураасаа Чөлөөтэй, Уудамд Гэрлийг Тэлэн Цацруулагч*

*Ухамсар хийгээд Энгүй Таалал, Аугаа Нэгдэлдээ салшгүй бээр уусагтун!*

## Ухамсрын Бодит Шилжүүлэг

Жинхэнэ шилжүүлгийн үед та өөрийн зүрхэн дотроо орсон шигээр сарнишгүй дусалдаа ухамсраа төгс шингээж гол судлаа таны дээр байх урт хонгил болгон харах хэрэгтэй. ПАД гэх дуугаар зүрхэн дэх сарнишгүй дусал дээш чавхдан үсэрч зулайн онгорхойд тулж очно. Хоёр дахь ПАД гэх чимээгээр тэр цааш явж Калачакрагийн зүрхэнд шингэснээ гурав дахь ПАД гэх дуугаар таны сэтгэл Гүрү багшийн сэтгэлтэй салшгүй болон нэгдэнэ.

Дээрх үйлдлүүдийг та гурвантаа давтах хэрэгтэй бөгөөд нийт есөн удаа гүйцэтгэх хэрэгтэй. Дандарын мастер Наропа мэтийн дотоод хийгээ захирсан хүмүүсийн хувьд ПАД гэж хэлэх шаардлага байдаггүй бол бидэнд тийм хяналт үгүй болохоор саяын зааварчилгааг яг таг дагах нь чухал.

Эцсийн ПАД гэх дуунаар таны сэтгэл багшийн сэтгэлтэй бүрэн нэгдэх болно. Энэхүү төлөвтөө сэтгэлээ амраан хэсэг зуур бясалган суусны дараа ухамсраа буцааж биедээ авчран зүрхнийхээ голд дахин дусал дүрсэлнэ. Эцэст нь, Калачакра гэрэлд уусан таны биед шингэн орно. По гүйлгэх дадлага амжилттай болсны шинж тэмдэг бол зулайн орон дээр жижиг товгор ургадаг явдал мөн. Зарим үед зулайн үс унах юм уу зулайнаас бага зэрэг тунгалаг шингэн гарсан байх боломжтой.

Хэтэрхий хүчтэй дадуулснаас амьсгал давчдах, толгой өвдөх зэрэг шинж тэмдэг гарч болно. Хэрвээ тэгэх юм бол зулайн оройгоо хааж битүүллээ гэж төсөөлөх хэрэгтэй. Үүнийхээ дараа хүнд алтан очир таны хүрднүүдэд орж доод үзүүрээр гадагш гарлаа, газар дор том алтан Номын хүрдтэй учирлаа гэж бас төсөөлнө. Алтан очир Номын хүрдний голд суухад түүн дээр нэгэн үзүүрт сэтгэлээр төвлөрөх хэрэгтэй. Хэрвээ энэ дүрслэл дээр удаан хугацаагаар төвлөрөх юм уу дүрслэлийг олон давтах юм бол таны дадлагад тохиолдсон элдэв саад барцад арилах болно.

По гүйлгэх дадлагыг нөгчих үедээ гүйцэтгэвэл маш хүчтэй хүчирхэг дотоод хийг үүсгэснээр таны ухамсар Гүрү багшийн зүрхнээ их хүчтэйгээр орж нэгдэх бөгөөд буцаж ирэхгүй ба Гүрү багш танд уусахын оронд та Гүрүгийн зүрхэнд бүрнээ уусан шингэх болно. Яг үхэлтэй нүүрэлдэхдээ Гүрү багштайгаа хамт байж сэтгэшгүй ахуйд уусан, алдаж шаналсан өмнөх амьдралын аливаа дурсамж зэргээ бүрэн мартаж эд хөрөнгө, албан тушаал хайртай хүмүүс, хамаатан саднууддаа татагдан хоргодох шунан тачаах сэтгэлээ огоорох хэрэгтэй. Цагийн хүрдний шилдэг мастеруудариун орнуудын тоогүй олон янзын үзэгдлийг үздэг. Гэвч тийм үзэгдэлгүй ч байсан та сэтгэшгүй ахуйд багштайгаа хамтдаа байх хэрэгтэй. Цагийн хүрдний урьдын бүх мастер ийм маягаар бясалгаж Бурханы хутагт хүрцгээсэн билээ.

Үнэндээ По гүйлгэх дадлага бол бидэнд ухамсраа амьддаа гэгээн гэрэл рүү чиглүүлэх гайхалтай сайхан боломж олгож байгаа дадлага юм. Хэрвээ сайн дадуулж чадвал нөгчих үйл явцыг дээдийн цэнгэлтэй үе болгон хувиргах боломжтой бөгөөд яагаад гэвэл бид ухамсраа үнэн хэрэгтээ гэгээрлийн төлөвт юм уу ариун оронд төрөл авах төлөвт жинхэнээр нь нэгтгэчхэж байгаа хэрэг билээ. бясалгагч хүмүүс По гүйлгэх дадлагыг өөрсөд дээрээ хийж гүйцэтгэвэл маш сайн боловч маш гүнзгий ухамсарлахуйдаа хэдийн хүрчихсэн бодгаль бидний тусын тулд үүнийг гүйцэтгэж өгч бас болдог билээ.

# НОМЫН ЧАНАРЫН ЗУУРД

Нөгчих үйл явцад таван махбод хийгээд дотоод хийнүүд уусаж гүйцэхэд номын лагшны төлөвийн язгуурын мэдрэмж бясалгагч байна уу, биш байна уу ялгаагүй, амьтан болгонд адилхан зүй ёсоор үзэгддэг. Эгэл амьтад сүсэг бишрэлийн дадлагаар ийм төлөвтэй танилцаж үзээгүй бол үхлийн үед үүнийг таньж чадахгүй. Тийм учраас л бидний ихэнх маань гэгээрсэн сэтгэлийг бүрэн ухамсарлан, чөлөөлөгдөх гайхамшигтай боломж өгч байгаа үхлийг ямар ч ухамсаргүй байдлаар туулж өнгөрөөдөг.

Сайн бясалгагч нар бол үхэлд төгс бэлтгэлтэй байж Номын чанарын төлөвийг таньснаар төрөл авахын зуурдад дараа нь шилждэггүй байна. Номын Лагшин бол бүхнийг агуулсан огторгуй буюу хамаг амьтны уг суурь, бүх үзэгдлийн ундарга, Номын чанарын гэгээрсэн шинж бөгөөд гэгээрсэн үйлсийн эх булаг юм. Гэгээрлийн гурван лагшин ч харьцангуй түвшний үзэгдлүүд ч цөм энэ сууринаас урган гардаг ажгуу.

Номын чанарын зуурдыг бид таних юм бол хоромхон зуурт гэгээрнэ. Дадлага бясалгалын үеэр бий болсон гэгээн гэрлийн жаахан үр Номын чанарын төлөв дэх гэгээн гэрлийн эхтэйгээ учран золгох болно. Энэ бол яг л хүүхэд эхээ танин тэвэрт нь тааламжтай сайхнаар айх аюулгүй, баяр хөөр дүүрэн орших мэт болдог бөгөөд *Шамбалын Номын лагшинт Орон* гэдэг Бурханы хутагт шууд хүргэх төлөвт орно.

Хэрвээ бид энэ ухамсарлахуйд хүрч чадаагүй тохиолдолд Номын чанарын өөр олон үзэгдэл бидэнд гарч ирж үзэгдэх нь Төгс Жаргалантын лагшин хэлбэртэй гэгээн гэрлийн үзэгдлүүд болон Номын чанарын зуурдын үзэгдлүүд билээ. Тэдгээрийг бурханлаг чанарын маань хоосон-дүрсний үзэгдэл болохыг таньж чадвал *Шамбалын Төгс жаргалантын лагшинт Оронд* төрнө.

Номын чанарын зуурдын эхний үзэгдэл төрөл авахуйн зуурдад орохын өмнө Таван гэрлийн Үзэгдэл ургаснаар ерөнхийдөө явагдана. Бидний мөн чанар бидэнд янз бүрийн гоёмсог гэрэл маягтайгаар "гарч ирнэ" гэж хэлж болно. Бидний мунхаг хир зузаан байгаагаас шалтгаалаад тэдгээр гэрэл хурц туяагаараа биднийг сохолж болно, тэд биднийг эго-ныхоо ар сүүдэрт нуугдахаар зугтахад хүргэж болно, эсвэл тэд бидний үнэн чанартаа юу болохыг маань үзүүлэн танигдаж ч бас болно.

Язгуурын энэ төлөвт бидний хүлээн авахуйд өртөх эдгээр өнгө бол сэтгэлийн уг чанарын унаган илэрхийлэл билээ. Гоёмсог гэрэл болгон бие ба сэтгэл хоорондын харьцаатай холбоотой бөгөөд хэдийгээр гэгээн гэрэлд уусчихсан байлаа ч хурц нарийн чанарыг агуулсан ухамсар мөн л байсаар байх болно.

Ухамсрын махбод цэнхэр гэрэл, огторгуй махбод ногоон, хий махбод хар-хөх, гал махбод улаан, усан махбод цагаан, шороон махбод шар гэрэл болон үзэгдэнэ. Эдгээр өнгө сэтгэлийн махбодуудын чанарыг илэрхийлэх ба нөгчихийн зуурдад дүрсэлсэнтэй яг адилхан, гагцхүү энэ төлөвт буцах дараалалаар урган үзэгддэг ажээ.

Өөр өөр өнгийн гэрлийн цацраг бид анх олж харах явдал цаашдаа өөр өөр хэмжээтэй гэрэлт орон зай болон хувьсан өөрчлөгдөнө. Тэрхүү бөмбөрцөг талбар дотор бид олон амарлингуй хийгээд догшин ядам бурхадыг олж харах бөгөөд маш том дугуй гэрлийн бөөгнөрөл гэж мэдрэгдэх нь тэдний биеэс гайхамшигтай хурц гэрэл цацарч байдгаас тэр ажээ.

Үнэмлэхүй түвшиндээ ядам бурхадыг хүлээн авч буй сэтгэл хийгээд ядам бурхад салшгүй нэгэн зүйл бөгөөд бид л хараахан гэгээрчхээгүй байгаа болохоор "би" ба "бусад" гэх салангид мэдрэмж байгаа билээ. Хар амиа хаацайлах эго төвтэй энэхүү сэтгэлийн зуршилт хандлагын маань үр дүнд гэрэл гэгээ бидэнд аюул учруулж магадгүй мэт хардлага төрж, энэ мэдрэмж маань нар руу шууд ширтэн харсаар буй мэтээр хүчин мөхсөдүүлж балмагдах байдалд биднийг оруулна. Ингэснээр бид эцэстээ сансар орчлонгийн зургаан зүйл оронтой холбоотой бүдэг зургаан гэрэл тийш илүү татагдахад хүрч тэдгээрийн аль нэгэнд л төрөл авах гарцаагүй магадтай болж ирнэ.

Гэхдээ хэрэв бид өөрсдийгөө Цагийн хүрдний хот мандал дахь ядмуудтай сайтар танил дотно болгож чадах юм бол тэдгээр гэрлийн үзэгдэлд ухамсраа машид хурц хадгалан хандаж чадах болно. Тэдгээрээс айж зугтахын оронд бид тэднийг гэгээрсэн тааллын хоосон-дүрсний үзэгдэл гэж харах болно. Танина гэдэг маань энэхүү үзүүлбэрт агуулагдсан боломжийг ашиглаж туйлын үнэнээ илрүүлэн дахин төрөл авах явдлыг зогсоож чадна гэсэн үг.   Төрөл авахуйн зуурдад шилжиж орохын оронд бид Төгс Жаргалантын лагшны хамгийн нарийн үзэгдэлд Бурханлаг чанартаа эргээд уусан шингэх хүртэл нь саатан оршиж чадах боломжтой.

Энэ төлөвт ч мөн ухамсарлахуйдаа хүрч чаддаггүй юм аа гэхэд бидэнд мөн бурханы арилсан орнуудад төрөх боломж бас бий.  Хэрвээ бидний сэтгэл үзэгдлүүдээс зуурахгүй байж чадвал оршихуйн хамгийн нарийн оронд саатан үлдэж чадах болно. Энэ нь амьд ахуй цагтаа сүсэг бишрэлийн дадлагыг сайтар хэвшүүлэн дадуулж, тангараг сахилаа чандлан сахиж, оньс зааварчилгааг алдаагүй дагаж, хүчтэй итгэл бишрэл агуулж явсны маань үр дүнд бүтэх боломжтой. Амитаба Бурханы орон Диваажинд төрөх дадлагын цаад зарчим чухамдаа энэ билээ. Тийм бясалгагч нар мөн тааламжтай боломжийн төрөл авч болох шинж тэмдгүүдийг таньснаар ариун бус орнуудад төрөхийг хүсвэл хүсэл ёсоор сонгож авах боломжтой гардаг ажээ.

Хот мандал дахь ядам бурхадтай нүүр тулах хугацаа богинохон бөгөөд чөлөөлөгдөх боломжийг таниагүй тохиолдолд сэтгэл дараагийн зуурдад хурдтай шилжинэ. Тэнд орохдоо бид тодхон зүүдний төлөвт эргээд орчихсон мэт байдалд сэрж, сансар орчлонгийн зургаан зүйл амьтны аль нэгний заяанд дараагийнхаа төрлийг авахаар өөрийн эрхгүй жолоодуулан одно.

# ТӨРӨЛ АВАХУЙН ЗУУРД

Төрөл авахуйн зуурдыг голдуу зүгээр "бард" гэж нэрлэн нэг төрлөөс нөгөө төрөлд дамжих үеийг үүгээр дүрсэлдэг билээ. Үхсэний дараагаас бидний зуршилт хандлага дахин сэргэх тэр мөчтэй хамт төрөл авахуйн зуурд эхэлдэг бөгөөд дараагийн нэг эхийн хэвлийд юм уу, аль нэгэн өөр төрөл авснаар төгсдөг мэндлэхээс өмнөх үеийг хамарна. Сургаалд зуурдын төлөвүүдэд чөлөөлөлтөд хүрэх хэд хэдэн аргыг тоймлон харуулсан ба тэдэнтэй танил дотно болсноор нарийн сувгаар урсах гол шиг дараагийн төрөл рүү гарцаагүй чиглүүлж чадах билээ.

## Зуурдын Амьтны Мэдрэх Мэдрэмж

Нөгчих үеийн гэгээн гэрлийг юм уу Номын чанарын зуурд дахь хурц гэрлийн цацрагуудыг таних аз дутсаны дараа уусалтын үйл явц яг урвуугаар буцаад явагдана. Үйлийн үрийн хийнүүд мунхаг, шунал, хорсол зэрэгтэйгээ холбогдсон бодлын хамтаар дахин буй болно. Түрүүчийн төрлийн үйлийн үрийн биеийн тухай бидний дурсамж мөн л сэтгэлд тодхон байх тул бид оюун санаандаа нөгөө л биетэйгээ байна гэж бодон зуршил болсон хандлагын үр дахин соёолж сэрнэ. Энэхүү санааны бие дөрвөн бүрдэл цогцыг агуулдаг нь мэдрэмж, хүлээн авахуй, хэлбэржилт ба ухамсар юм. Хэдийгээр бодит дүрсний цогц үгүй байгаа боловч ихэнх амьтад өөрсдийгөө биетэй шигээр бодох нь тэдний бодлын л тусгал төдийхөн байдаг. Төрөл авахын өмнө бид шинэ төрлийн талаар маш олон шинж тэмдэг үзнэ. Шинэ эцэг эхээ энгэр зөрүүлж байхыг харах нь шунал төрөхийн шалтгаан болно. Аавд татагдсаны үр дүнд охин болж төрнө, харин ээжид ихэд татагдах нь хүү болж төрөхийн шинж бөлгөө.

Энэ зуурдад бидний сэтгэл энгийн хүнийхтэй харьцуулахад ес дахин нарийссан байдаг учраас чин сүжигт бясалгагч хүнд эцэг эхээ сонгох боломж гардаг байна. Онцгой сайн бясалгагч хүн эцгийгээ Дүйнхор болгон дүрсэлж , эхийгээ Вишвамата болгон дүрсэлснээр тэднийг Дүйнхорын Яб- Юм болгон хувиргадаг. Ингэж төрөл авсан хүнийг тулку гэж нэрлэн йогини юм уу, лам хүний дүрийн хувилгаан гэж тодруулдаг байна. Энэ нэр "Бурханы хойд дүр" гэж нэрлэгдэх нь бас олонтаа бөгөөд Хятадын уламжлалд лам гэдэг үгийг "амьд Бурхан" гэж орчуулдаг. Хэн нэгнийг Бурханы хувилгаан мөн үгүйг хэлэх арга гэвч бидэнд байхгүй, бөгөөд гүнзгий ухамсарлахуйн түвшинд хүрсэн хүмүүс хүртэл машид эгэлхэн дүрээр үзэгдэх нь бий билээ. Тулку хүмүүс бол дараагийн төрөлдөө хяналт тавих юм уу үр тогтолтын нөхцөлийг өөрчлөх туршлагатай байдаг байна. Хэдийгээр энэ нь Шагжамүни Бурхан Багш шиг Номын Лагшнаар үзэгдэх юм уу эсвэл Дээдийн Хувилгаан Лагшнаар үзэгдэх хэлбэрээс машид өөр боловч лам хүмүүс голдуу ийм маягаар төрөл авахыг сонгодог.

Очирт Хөлгөний сайн бясалгагч хүн дотоод биеийн хий болон дуслуудаа хянах тул тэднийг нэгтгэж чаддаг. Тэгснээр дотоод хийгээ удирдан гол судал руугаа чиглүүлж нарийн дуслаа хянан, ухамсраа дотоод хийтэйгээ холбож чадна гэсэн үг. Нөгчих үедээ тэд сүүлчийн амьсгаагаа аваад гаргахгүйгээр байж чаддаг. Ихэнх хүмүүс дотоод хийгээ хянах чадваргүй байдаг учраас эцсийнхээ амьсгалыг гаргачхаад үйлийн үрийн салхинд туугдан оддог билээ.

Хэрвээ бид амьд ахуй цагтаа сүсэг бишрэлийн дадлага бага хийж, буянтай замналаар явж чадаагүй бол төрөл авахуйн зуурдад аймшигтай мэдрэмжийг туулах болно. Мунхаг, итгэл бишрэлгүй байдал бидний сэтгэлийн сөрөг хандлагад давамгайлсан байвал тааламжгүй, муухай хар дүрснүүд олж үзэх ба заримдаа айдас төрүүлсэн хар өнгөнөөс өөр зүйл олж харахгүй. Хэрвээ шунал бидний гол дутагдал байсан тохиолдолд бид маш эвгүй улаан өнгө, харин уур хилэн ихтэй байсан бол муухай заналхийлсэн саарал үзэгдэл олж үзнэ. Тэдгээрийг гурван аймшигт үзэгдэл хэмээн нэрлэдэг.

Махбодууд эргэн цугларч нийлэх цагт таван маш аймшигтай дуу чимээ гарахыг бид сонсдог. Эхлээд маш хүчтэй чих дөжрүүлэм салхи исгэрэхийг дуулах бөгөөд уул нурж байна уу гэмээр айдас төрүүлнэ. Дараа нь далайн хар салхи, өндөр давалгаа босов уу гэмээр хүчтэй дууг сонсох нь усан махбод, түүнтэй залгаад бүх орчлон тэр чигээрээ дүрэлзэн шатах мэт аюумшигт түймрийн чимээ сонсоно.

Тэгснээ түм буман шороон шуурга, хар салхи хамт дайрсан мэт айхтар хүчтэй чимээ гарснаа эцэст нь тэнгэр түмэнтээ нүргэлэх их нүсэр чимээгээр төгсөнө.

Үхэлдээ огтхон ч бэлтгэлгүй байсан саруул билгүүн дутагдалтай нэгэн энэ бүх аймшгийн чимээнд асар ихээр зовж тарчлах боловч тэд муу үйлийн лайгаар дотоод мөн чанарынхаа барцад хилэнцийн дууг сонсох нь ингэж дуулддаг ажгуу. Сайн бясалгагч хүний хувьд бардын үед болж байгаа бүхнийг өөрийн дотоод мөн чанараас гарч байгааг таньдаг. Урьдын хийсэн үйлийн үрээр энэ бүхэн болж байгааг ухаарснаар сайн муу энэ бүх мэдрэмжээс зуурах ямар ч шаардлагагүй гэдгийг ч мэдэх болно. Цаашлаад тэд хийж дадуулсан дадлага бясалгалаа сэргээн санаж чөлөөнд хүрэх боломж олох юм уу ядаж л сайн төрөл авах боломжтой билээ.

Зуурдын төлөвт байгаа амьтан болгонд тохиолддог зургаан хөдөлбөргүй шинж бий. Тэд хана, хад гэх мэт ямар ч цул зүйлийг нэвтэлж гарч чадах тул хаа л бол хаа зорчих боломжтой. Тэд өөрсдийн гэр бүлийнхэнтэй ярьж хэлэлцэж чадах хэдий боловч хэн ч тэдний хэлэхийг сонсохгүй. Тэд нар ,сар, одыг харж чадахгүй бөгөөд хөл гарын мөр үлдэхгүй, сүүдэргүй байх болно. Эцэст нь, хязгаарлагдмал боловч зарим нэг ер бусын чадвартай байх ба ард үлдсэн хүмүүс гэр орныхон нь тэдний талаар юу бодож байгааг, тэдэнд юу байдаг зэргийг мэдэх чадвартай. Үүнээсээ болоод уурай зүхсэн сэтгэлийн төлөвт орж болох бөгөөд бүр илүү нүглийн үрийг үүсгэх болно.

Эдгээрээс гадна тодорхойгүй зургаан шинж мөн илэрнэ. Нэгд, зуурдад буй амьтан өөрийн байгаа газар болон орчин тойрноо мэдэхгүй. Хүн ба адгуус тодорхой нэг газар нэг цагт хамтдаа аж төрдөг боловч зуурдын амьтад тийм биш. Хоёрт, амьд амьтан юу идэх юу идэхгүйгээ мэддэг бол зуурдад байгаа амьтан идэх тодорхой хоол гэж үгүй тул тахил өргөл болгосон арц хүж гэх мэт зүйлсийн үнэрт голдуу түшиглэнэ. Гуравт, амьд хүн юу өмсөхөө мэддэг бол бардад гацан буй амьтанд өмсөх хувцас тодорхойгүй тул навч гэх мэт юу л олдоно түүнийг өмсөнө.

Амьд ахуй цагтаа үйлдсэн сайн үйл тааламжит үзэгдлүүдийг ургуулах ба муу үйл харин таагүй аюумшигт үзэгдлийг ургуулна. Эцэстээ зуурдад буй амьтан бодит биетэй болохыг мөрөөдөн түүгээр цангах бөгөөд үүнээсээ болж зургаан төрөл амьтны нэгэнд төрөл авахад хүрдэг байна. Тэд хамгийн их давамгайлсан түйтгэр юу байсан түүндээ тохирсон гэрэлд татагдах ба төрөл авахыг нь урьдчилан анхааруулсан олон шинжийг мөн үзэх болно.

Төвөдийн уламжлал ёсоор бол нас барсан хүний гэр орныхон асар их буян араас нь хийж, хайртай хүнээ зуурдын төлөвийг зовлон багатай гэтэлж гайгүй сайн шинэ төрөл авах ашиг шимийг хүртээх үйлүүдийг гүйцэтгэдэг. Бардад байх хугацаа уламжлал ёсоор бол долоон долоо дөчин есөн хоног боловч амьтны тэнд байх хугацаа яг тогтсон нэг хэмжээтэй байдаггүй. Тэд умайд орох, өндгөнд орох, чийг ба хоромхон зуурт төрөх гэдэг дөрвөн янзын хэлбэрт төрөл авснаар зуурдын үе төгсөнө. Тэгээд мэндлэх үеэс амьдын зуурд дахин эхэлдэг ажгуу.

# Шамбалын Оронд Төрөл Авахуй

Нөгчих үеийн тэр олон дараалсан боломжийн алийг ч ашиглаж чадсангүй гэж бодъё. Тэгвэл хийж чадах эцсийн ганц зүйл бол сэтгэлээ сайн төрөл авахад чиглүүлэх ба тэгснээрээ дутуу орхисон дадлага бясалгалын замаа гүйцээн хожим гэгээрэхийн төлөө зүтгэх хэрэгтэй.

Цагийн хүрдний урсгалд сүсэг бишрэлийн дадлагад тохирох яг тийм оновчтой нөхцөлүүд *Шамбалын Дээд Хувилгаан Оронд* байдаг ажээ. Аравдугаар газрын Бодисадва нарын аугаа залбирлын хүчээр хувилан бүтсэн энэ нарийн төрөлхийтний орон Очирт хөлгөний дадлагын тусламжтайгаар гэгээрэлд хүрэх хамгийн тааламжтай орчин билээ. Тэнд нэгэнт төрсөн хойно хамгийн удаан нь нэгэн насандаа Бурханы хутагт гарцаагүй хүрдэг. Энэ бол мөн тийм зорилгод эрин галавуудыг өнгөрөөж байж л хүрдэг Диваажингийн оронтой харьцуулах юм бол гэрлийн хурдтай зүйрлэхээр билээ.

Шамбалын орон үйлийн үрийн оршихуй учраас тэнд төрөх шалтгаануудын нэг нь Цагийн хүрдний Замыг анхааран авлага болгож, тэр газрын шинж байдлыг дүрслэн дадуулснаар хүчтэй үйлийн барилдлага бий болгох явдал мөн. Бид доорх мөргөлийг орой болгон уншиж байснаар ийм барилдлага бий болгох боломжтой. Тэгээд дараа нь дээдийн тэр газарт төрөх хүслийг сэтгэлдээ хүчтэй төрүүлэн байж нойрсоорой.

*УМ А ХУМ ХО*

*Өмнөд тивийн төвөөс хойд зүгт,*

*Нарийн, нууцлаг, ариун Шамбалын орон нуугдмуй*

*Найман дэлбээт лянхуан хэлбэрт тэр орон*

*Тал бүрээсээ мөсөн уулсаар хүрээлэгдмүй.*


*Хаа сайгүй гол, нуур ус, ой, цэцэгс байх нь*

*Тэнгэрийн орны үзэсгэлэн лугаа өрсөлдөхүйц тансаг*

*Дэлбээ болгон дээр арван-хоёр хаант улс*

*Улс болгонд арван-сая хот агуулагдмуй.*


*Энэ есөн зуун жаран-сая хотыг*

Ерэн зургаан засаг ноёд хамгаалдаг болой,
Шидэт тарнийн эрхэм дээд энэ буянт газрыг
Бодь сэтгэлт Ригдэн Хаад сахидаг болой.

Төвд орших Кайлаас уулан дээр
Шамбалын нийслэл Калапа сүндэрлэн буй
Завсраар нь лянхуат нуурууд мэлтэлзэх таашаалын цэцэрлэгт
Цагийн хүрдний гайхамшигт хот мандал шигтгэсэн буй
Төгс төгөлдөр энэ газарт төрөх адистидыг надад хайрлан соёрх!

Халдварт өвчин хийгээд дайсан үгүй дээд оронд,
Зовлон гаслан, гутрал айдас огтоос үгүй
Өндөр нам баян ядуугийн ялгавар үгүй,
Бурханы нандин сургаалыг дадуулахаас өөр ажил гэж үгүй

Цагийн хүрдний нууц тарнийн ёс, Ханьцашгүй Дандар
Гадаад, дотоод, нууц гурван түйтгэрийг зайлуулагч
Нандин сургаалаас энэ бүхэн аяараа ургасан буй
Ариун энэ орныг илтэд үзэх болтугай

Хоёр шаттай замын төгсгөлд би хүрэх болтугай!
Таван зам арван газрыг нэгэн насандаа гүйцээснээр
Төгс гэгээрсэн Бурханы дөрвөн лагшин, дөрвөн билгүүнийг эзэмшээд
Хязгааргүй хувилан амьтны тусыг хоцроолгүй бүтээх болтугай!

Үзэгдлийн үнэн мөн чанарыг таньж,
Шүтэн барилдлагын гарцаагүй үндсийг мэдэн
Дээд зоригдлын ариун буяныг хураснаар,
Энэхүү залбиралт хүсэлдээ үтэр түргэн хүрэх болтугай!

\*\*\*

Дараах хүснэгтээр зуурд болгоны үед хамгийн идэвхтэй байдаг сэтгэлийн төлөвүүдийг болон гол дадлагуудыг дүгнэн харуулсан бөгөөд тэдгээрийг өөрт ашигтайгаар хэрэглээсэй хэмээн зөвлөх байна.

| Бүлэг | Зуурд | Төлөв | Дадлага |
|---|---|---|---|
| Амьдрал | Амьдын | Сэрүүн | Гурван Суртгаал, Гүрү Йог, Ядмын Йог |
| | Зүүдний | Зүүдний | Ядмын Йог, Зүүдний Йог |
| | Гүн Нойрны | | Нойрны Йог |
| | Бясалгалын | Амирлан Оршихуй | Гурван Хумилт, Очирт Зургаан Йог |
| Үхэл | Нөгчихүйн | Гүн Нойрны | По гүйлгэх, Ангижрахуйн Йог |
| | Номын Чанарын | Амирлан Оршихуй | Тогтворжихуйн Йог |
| | Төрөл Авахуйн | Гүн-Нойрны | Нойрны Йог |
| | Зүүдний | | Зүүдний Йог, Ядмын Йог, Шамбал |

*Хүснэгт 10-2: Зургаан Зуурдын Ерөнхий Дүр Зураг*

# ГОЛ ХЭСГҮҮДИЙГ ЭРГЭН СӨХВӨЛ

- Зуурд гэдэг үгийн утга нь "шилжилтийн үе" юм. Энэ нь нэг төлөвөөс нөгөөд шилжих үеийг хэлдэг. Ерөнхий зургаан бардо байдгийг: 1\ Амьдралын Зуурд ба 2\Үхлийн зуурд гэж хуваадаг.

- Зургаан зуурд бол: 1\Амьдын, 2\Зүүдний, 3\Бясалгахуйн, 4\Нөгчихүйн, 5\Номын Чанарын ба 6\Төрөл Авахуйн Зуурд юм.

- Амьдын зуурд бидний одоогийн амьдрал дахь сэрүүн байх үед бий болдог. Энэ үед сүсэг бишрэлийн дадлага хийж барцад хилэнцээ арилган буян хишгээ арвижуулах үйлийг хийвэл тустай. Цагийн хүрдний Замд орсон хүн бол үүсгэлийн ба төгсгөлийн зэргийн дадлагыг анхааран авлага болгоно гэсэн үг билээ.

- Зүүдний зуурд биднийг унтах үед эхэлж сэрэх үед төгсөнө. Энэ нь дотроо гүн нойронд автах үе ба зүүдлэх үе гэж хуваагдана. Эдгээр төлөвүүдэд дадуулах гол дадлага бол зүүдний йог болон нойрны йог билээ.

- Зүүдний йогт өдрийн цагаар юмс үзэгдлийн хоосон мөн чанартайг ухамсарлан байж шөнийнхөө дадлагаар тодхон зүүд үзэхийг дадуулж, түүнийгээ цаашдын замдаа ашиглах чухал байдаг.

- Нойрны йогт гүн нойронд автах үедээ ухамсраа хадгалан байх ухамсрыг хөгжүүлэх явдал голлодог бөгөөд тэгснээр гүнзгий нойрсолтын үед суурь ухамсартаа сэтгэлээ амраах боломжтой. Тэмдэггүй Шаматаг дадуулах зайлшгүй шаардлагатай.

- Бясалгахуйн зуурд биднийг бясалгалын дадлагаар гүнзгий уусан шингэх үед бий болдог. Энэ дадлага хоёр талтай: 1\Үнэний туйлын мөн чанарыг шууд мэдрэх уул шиг түвшин оршихуй ба 2\Мэдрэмжийнхээ тал болгоныг нэгтгэн далай мэт дөлгөөхөн байж дадуулах явдал билээ. Цагийн хүрдний Зам ёсоор бол Очирт Зургаан Йогийн дадлагаар үүнд хүрнэ.

- Бие сэтгэл хоёр салах уусалтын үе эхлэхэд нөгчих үеийн зуурд эхлэх бөгөөд сэтгэл биеэс бүрмөсөн салж дуустал үргэлжилнэ. Бүдүүн бие уусах гадаад уусалт ба нарийн бие уусах дотоод уусалт үүнд багтдаг.

- Хэрвээ бид үхэл ойртон ирж байгаа шинж тэмдгийг таних юм бол яаралтай арга хэмжээ авч, цаг бусын үхлийг арга лах боломжтой. Барцад бэрхшээлээс улбаалсан шинжийг эмчилгээ болон зан үйлийн тусламжтайгаар арилгаж болдог. Гэвч үйлийн барилдлага үтгүй болсон тохиолдолд яах ч аргагүй ажээ.

- По гүйлгэх дадлагыг сайн төрөлд төрөхийн төлөө үхлийн үед ухамсраа чиглүүлэхэд ашигладаг. Өөр өөр түвшний бясалгагч нарт тохирсон гурван төрлийн По байдаг: 1\Бясалгагч хүн цаглашгүй ахуйд ухамсраа саатуулан оршоох Номын лагшны По, 2\Бясалгагч хүн өөрийгөө Дүйнхор болгон үүсгэх төгс жаргалантын лагшны По болон 3\Өөрийн ухамсрыг Гүрү багшийн ухамсартай нэгтгэх Хувилгаан лагшны По билээ.

- Номын чанарын зуурд нөгчих үеэс бүдүүн бодлын сэтгэл дахин сэргэх үе хүртэл үргэлжилдэг. Энэ үед сэтгэлд төрөл бүрийн гэрэл үзэгдэх бөгөөд хэрвээ бид тэдгээрийг Бурханлаг чанарын маань хоосон-дүрсний үзэгдэл гэж таних юм бол тэрхүү маш нарийн төлөвтөө саатан оршиж цаашдаа чөлөөлөлтөд хүрэх боломжтой.

- Сэтгэл үйлийн үрийн боловсролтынхоо дагуу нарийн биет зуурдын амьтны хэлбэрт орох үед төрөл авахуйн зуурд эхэлнэ. Ийм амьтан маш олон төрлийн зүүд мэт үзэгдлийг үзэх ба эцэстээ умайд татагдах маягаар дараагийн төрлийг авснаар төгсөнө.

- Үхлийн болон төрөл авах үедээ чөлөөлөлтөд хүрч чадахгүй юм бол зориуд цаг гарган байж Шамбалын Дээд Орны ерөөлийг уншиж, дүрслэл байдалтай өөрийгөө машид ихээр дасган дадуулснаар төрөл авахуйн зуурдын үед орохдоо энэхүү Очирт хөлгөний ариун орон руу ухамсраа чиглүүлэх боломж байдаг ажээ.

# Төгсгөл

Миний туурвисан энэ *Нандин Үнэнээ Илчлэхүй* гурван боть цуврал номд үзүүлсэн сургаал дадлагыг анхааран авлага болгож, амьтан болгон амгалан зохицлоор амьдрах болтугай гэсэн чин сэтгэлийн мөрөөдөл надад бий. Энэхүү сургаалыг санаж явахад тань тустай болгох үүднээс Цагийн хүрдний Замын гол утгыг дотроо агуулсан зориулга ерөөлийг би та бүхэнд толилуулж байнам.

གཞན་པའི་ལང་ཚོ་སྤྱིད་འདོད་རྣམ་གཡེང་དང་། །གཉིད་ཀྱི་ཝོངས་སྤྱོད་མི་ཚེའི་རྒྱུས་སྤྱོས་སོགས། །
དབེན་པའི་མི་ལོ་སྲུས་བཙུའི་ལེགས་འབྲས་འདིས། །བསྐལ་འགྲོའི་རྒྱུ་སེལ་ཞི་བདེའི་དཔལ་སྤྱིན་ཤོག །

Эдэлсэн таашаал, залуу цагийн сатаарал
Нойрны гүн, амьдрахуйн тансаглал бүхэн
Амьтны зовлонг анагаах хийгээд ариун Номын
Амгалан зохицлыг мөнхөд бататгах болтугай!

ཕྱི་ཚུལ་ཡུལ་གྱི་རྣམ་གཞག་མཐའ་ཡས་ཀྱང་། །ཡུལ་ཅན་ཀུན་བྱེད་རྒྱལ་མོའི་ཚོ་འཕྲུལ་ཙམ། །
བརྒྱ་སྤྱོང་སེམས་ཀྱི་ཕྱི་ནང་གསང་བའི་དོན། །ཤེས་ཤིང་གོས་ནས་སྤྱོལ་བྱུང་ཡེ་ཤེས་ཐེ། །

Гадаад тусгал хэчнээн ч хязгааргүй бай
Сэтгэл гэгч хатан хааны л бүтээл болой
Давхарга бүрийг сайтар мэдэн хэвшүүлснээр
Бясалгалын билгүүнийг олох болой.

སྤྱོས་བྱུང་རེགས་པས་ཀུན་ཉིན་འཁོར་བ་ཡི། །མཆང་ཆེན་འཇོལ་ན་འཇིའི་ཏེན་ཚོས་བརྒྱུད་ལ། །
ཆགས་སྤྱང་སྤྱོལ་བས་ཡང་དག་ལས་དུ་སྤྱོར། །དོས་དང་བརྒྱུད་ནས་རྣ་དག་འགྲོག་པ་ཐེ། །

Чинхүү бясалгалаас Сансрын уршиг
Шүтэн барилдлагын ухамсар ургамуй
Үнэн Нирвааны замд хүрье гэвээс
Хорвоогийн Найман явдлаас чөлөөлөгдөхөд шамдагтун.

ཕྱོགས་མེད་དམ་ཚོས་ཐབ་མོའི་ལས་སྤྱོལ་ཀུན། །རེས་མེད་གུ་ཡངས་ཀློ་ཡིས་བསྐྱབ་པ་ཡིས། །
དང་ལ་མཆོག་ཏུ་འཚམས་པའི་ཡང་དག་ལས། །ཏེ་དགར་རྟེན་པ་དོས་པོའི་གཤིས་སུ་རེས། །

Олон ургалч үзлийн нээлттэй сэтгэлээр
Соёл хийгээд заншлын аливаа ялгавар үгүйгээр
Машид ариун болоод зохимжтой Ном
Магад олдох нь гарцаа үгүй буюу.

དེ་ལྟར་རེས་ཤེས་ཐབ་མོས་དྲངས་བ་ཡིས། །ཡང་དག་སྐྱབས་འགྲོ་རྒྱལ་སྲས་སེམས་དཔའི་ལས། །
གོ་རྟོགས་ཐབ་མོས་གསག་སྤྱང་དང་འབྲེལ་ན། །རྒྱ་ཆེན་ཚོགས་གཉིས་འཇིན་པའི་ཙ་བ་བཅུད། །

*Гүнзгий энэ ухамсарлахуй үнэн итгэл болоод*
*Бодийн их энэрэхүй замыг сэрээхүй ее*
*Ариусгал хийгээд буяны үйлтэй хослохуй дор*
*Хоёр чуулган төгөлдөрждөг амуй.*

ཆུ་བ་ཡན་ལག་བཞིང་ལག་མ་གསས་བས། །སོ་ཐར་ཆུལ་ཁྲིམས་གཙང་མས་དང་ཆུལ་བཅུན། །
འདད་མཆགས་བདག་སྤྱོ་སོར་ཆུད་ཐབས་གསས་ཀྱིས། །བྱང་ཆུབ་སེམས་དཔའི་བསླབ་བས་རང་ཆུད་འདུལ། །

*Юу гол, юу туслах үүрэгтэйг ялгаснаар*
*Нэгэн Биеийн Гэгээрлийн ариун журам үлдэхүй*
*Арга барил ариусгалын аргуудыг дадуулснаар*
*Бодисадвагийн сахил сэргэж сэтгэл номхордог буюу.*

རྣམ་དག་ལེགས་ལམ་སྟོན་པའི་བཤེས་གཉེན་ཀུན། །ཆུལ་བཞིན་བསྟེན་པ་བླ་མའི་རྣལ་འབྱོར་གྱིས། །
ཐབ་ལམ་ཐེག་པའི་སྒོ་འབྱེད་བྱིན་རླབས་འདུག །ཐབ་དོན་རིགས་ཀྱི་ས་བོན་སྨིན་དུ་སྦྱང་། །

*Үнэн замыг үзүүлж оньсыг мултлагч болбоос*
*Үнэхээр багш юм гэдгийг ухаарахуй дор*
*Гүнзгий зам дахь адистидыг хүртэж*
*Нууцхан утга нь зүрхэнд хадгалагдан үлдмүй.*

རྗེ་རྗེ་སྟོབ་དཔོན་མངས་རྒྱས་ཀུན་འདུས་སྐུ། །ཤེས་བས་བྱིན་རྣབས་དབང་གི་རིམ་བ་ཡིས། །
ཕ་གསང་ཆུ་ཆུང་ཞིག་ལེའི་མདུད་རྒྱ་རྣམས། །སྒོང་ཏེ་དག་སྣང་ཐབ་མོའི་ས་བོན་སྦྱིན། །

*Бүхий л гэгээрлийн биелэл болсон*
*Очирт багшийг авшгаа хайрлахуй дор*
*Нарийн судал хий дуслууд нээгдэн*
*Арилсан үзэгдлийн үр нь боловсрох буй за.*

འདི་སྲུང་སྐུ་མར་ཤེས་པའི་སྟོང་སྲུང་དང་། །དག་སྲུང་ལྷ་སྐྱུང་གར་བའི་རྣལ་འབྱོར་གྱིས། །
སྐྱེ་ཤེ་བར་དོ་རིམ་གྱིས་སྲུང་བའི་དོན། །གནས་སྣབས་གསུམ་གྱི་སྲུང་བ་དག་པར་སྦོག །

*Юмс үзэгдлийн мөн чанарыг ухамсарлан*
*Хоосон чанарт нь буцааж уусгахуй дор*
*Ариунаар үзэхүй гэгээрсэн ядмууд болж үзэгдэхүй ее*
*Төрөх, үхэх, зуурдын гурван шат эзлэгдэх буй за.*

ཐུན་མོང་སྤྱོ་འགྲོ་ཐུན་མིན་ཉེར་སྦོག་གིས། །ཐུན་མོང་ཞི་གནས་ཐུན་མིན་ལྷག་མཐོང་འདེན། །
ཐབ་མོའི་ལམ་ལ་དབེན་པ་གསུམ་སྤུན་དང་། །སྤོས་མེད་བའི་ལྷན་རྣལ་འབྱོར་རྣམ་བཞི་རྟོགས། །

*Нийтлэг ба өөрмөц бэлтгэлийн зэргүүдээр,*
*Амирлан оршихуй ба үлэмж үзэхүйн нэгтгэлээр,*
*Гээвэл зохих Дөрөв хийгээд Гурван Хумилтын дадлагаар*
*Дөрвөн Ууслын бясалгалыг төгөлдөржүүлэх болмуй.*

ཚུགས་བཅུ་འབུམས་པས་ཐ་མར་སྙུང་བ་འགག །སྟོང་གསལ་སྙང་བས་ཚོགས་ཟུལ་ཡེ་ཤེས་འཛིན། །

ཡུལ་དང་ཡུལ་ཅན་ཟད་པའི་སྟོང་གཟུགས་ཀྱིས། །ཆོས་དབྱ་དབྱིངས་སུ་དངས་བ་དག་པའི་རྣམས། །

Арван шинж тодорч ариун-бусууд арилахад
Сэтгэшгүй билгүүн бүхий хоосон-дүрс ургахуй яа
Ухамсрын зургаан бүрдэл цогц тэр чигээрээ урван
Ариун үзэгдлийн энгүй уудмаар огоот солигдох авай.

སྟོང་གཟུགས་སྟོག་ཏུ་འཛེས་པའི་འབར་སྙང་གིས། །ཡེ་བབས་མེས་བཞིན་གཏུམ་མོས་ཞི་བདེ་འཛིན། །

དགའ་བཞིའི་སྟོང་བ་གོམས་པས་ཕྱག་ཆེན་འབྱང། །ཕྱག་རྒྱ་ཆེན་མོས་བདེ་ཆེན་ཡེ་ཤེས་འཛིན། །

Хоосон-дүрс ба дотоод хий хүйн хүрдэнд орж нийлэхүй еэ
Дотоодын гал дүрэлзээж дуслууд хайлах болой,
Дөрвөн Цэнгэлийг эдэлж эхлэхүй дор
Язгуурын билгүүн аугаа амгалангийн нэгдэлд хүрэх бөлгөө.

རྣམ་ཀུན་མཆོག་ལྡན་སྟོང་གཟུགས་ཕྱག་རྒྱ་ཆེ། །མཆོག་ཏུ་མི་འགྱུར་བྱུང་འདུག་བདེ་ཆེན་པོ། །

ཁ་སྟོར་བདུན་ལྡན་ཡེ་ཤེས་རྡོ་རྗེའི་སྐུ། །འདི་ཉི་བར་དོ་གསུམ་དུ་མཚོན་འགྱུར་ཤོག །

Ялагдашгүй Хоосон-дүрсний Их Ханийн нэгдлийг
Би огоот гүйцээх болтугай!
Аугаа Амгалангийн Дээдийн Лагшин
Очирдарийн гэгээрсэн долоон чанарыг эзэмших болтугай!

དགེ་བ་འདི་ཡིས་སྐྱ་བུར་རྗེ་མའི་ཚོགས། །སྲོག་དང་ཐུར་སེལ་རྩ་དང་སྡུན་ཅིག་ཏུ། །

འཇོམས་པར་ནུས་པའི་ཐབས་རྣབ་ལ་བརྟེན་ནས། །གནས་མཆོག་བདེ་གཤེགས་སྟིང་པོ་སྒྱུར་ཐོབ་ཤོག །

Энэ буяны шимээр түр зуурын харшлах барцад болгон арилж
Бүдүүн хий судал дуслууд уусаад
Гүнзгий энэхүү замналын үр дүнд
Бурханлаг-чанарын нандин үнэн илрэх болтугай!

འདིར་འབད་དགེ་བ་རྣམ་པར་དཀར་བས་མཐུས། །བདག་ཕྱུ་བོར་ཚེ་དཔལ་ལྡན་གསྨ་ལར། །

རིགས་ལྡན་རྒྱལ་པོའི་འཁོར་དུ་ཤེས་སྐྱེས་ནས། །དུས་འཁོར་བསྟན་ལ་བྱ་བ་བྱེད་པར་ཤོག །

Энэ үйлийн шимээр би нөгчих цагтаа
Шамбалын Дээд Оронд хүрэх болтугай!
Ригдэн Хааны албатын азтай төрлийг олоод
Амьтны тус дор Цагийн хүрдний дандарт шамдах болтугай!

མདོར་ན་ད་ལྟའི་རིང་ནས་བཟུང་སྟེ། །ནད་མཚོན་དམག་འཁྲུག་དབུལ་ཕོངས་ལ་སོགས་པ། །

ས་ཆེན་འདི་ཡི་རྒྱལ་བ་ཀུན་སེམ་བའི། །རིགས་ལྡན་སེམས་དཔའི་སྲས་སུ་བདག་གྱུར་ཅིག །

Энэ өдрөөс цаашаа
Өвчин гаслан, ядуурал дайсагналыг намжаагч

*Ригдэн Хаадын бахархал нь би болох болтугай!*

སྐྱེ་བ་འདི་ནས་ཚེ་རབས་ཀུན་ཏུ་ཡང་། །གསུམ་ལ་དུ་རིགས་སྤྱན་རྒྱལ་བའི་སྐུར། །
བཞིངས་སྟེ་ཕྲིན་གས་མེད་འགྲོ་བའི་རྒྱུད་པ་མེལ། །འཇམ་སྙིང་ཀུན་ཕན་ཞི་བའི་དཔལ་སྦྱིན་ཤོག །

*Ирэх хойч төрлүүддээ Шамбалын Хаан болон төрөөд*
*Сансар огторгуйн хамаг амьтны зовлонг арилгаж*
*Үнэн амгалан зохицлыг би бадраах болтугай!*

མི་གྱུས་རིན་ཆེན་སྙིན་པའི་ས་མ་དང་། །མཁན་སློབ་བནེས་གཉེན་ཏུ་བའི་ང་མ་མཚོག །
ཞེ་གས་འབད་འདི་ལ་རང་འདེགས་སྲས་བྲུས་ཀུན། །སྐྱེ་ཀུན་བབ་མོ་འདི་ཚོས་ལ་་མཚམ་སྦྱིད་ཤོག །

*Эрхэм хайрт ээж аав, багш нар – эрдэнийн дээд үндсэн Гүрү хийгээд*
*Энэхүү номыг бүтээхэд оролцсон бүх хүмүүст*
*Ирээдүйд ч энэ Номтой золгон учрахын ерөөлийг тавья!*

ཁྱད་པར་རིན་ཆན་ཨ་མས་གོ་མིང་རིང་། །མངལ་ཁུར་བསྐྱེད་བསྲེང་རི་ཤུང་མང་བོའི་བར། །
དགའ་སྤྲུག་ངལ་དུབ་འཇིགས་སྲུང་ཁྲད་བསད་ཏེ། །ཁུ་ལ་མཐུན་རྒྱེན་སྲུང་བའི་དོན་དུ་བསྒོ། །

*Түүн дотроо алтан умайдаа намайг тээж алд биеийг өсгөсөн,*
*Алив харшлах бэрхшээл бүхнийг нуруундаа үүрсэн,*
*Ачит буурал ээж түүндээ энэ буянаа зориулмуй!*

ཚོས་དབྱིངས་བའི་གཉིགས་སྙིང་པོའི་བདེན་པ་དང་། །ཚོས་ཅན་རྟེན་འབྲེལ་བསྨ་བ་མེད་པ་དང་། །
རྣམ་དག་བསམ་པ་སྲས་བཅས་རྒྱལ་བ་ཡི། །སྨོན་ལམ་ཇི་བཞིན་སྒྱུར་དུ་སྨྱིན་གྱུར་ཅིག །

*Бурханлаг чанарын үнэмлэхүй үнэн,*
*Шүтэн барилдлагын харьцангуй үнэн,*
*Ариун цагаан сэдэл минь ялсан бүгдийн ерөөлтэй хослон*
*Аливаа хүсэл бүхэн маань санасан ёсоор биелэх болтугай!*

# Тарнийн Ёсны Тангараг ба Сахилууд

## ЦАГИЙН ХҮРДНИЙ ДАНДАРЫН АНДГАЙ, АМ ӨЧГҮҮД

Цагийн хүрдний ёс суртахууны дадлага гурван бүлэг сахилаас тогтдог: 1\Таван Бурхадын Аймгийн Энгийн Сахил, 2\Цагийн хүрдний Өвөрмөц Сахил болон 3\ Цагийн хүрдний Хорин-Таван Журам билээ.

### Таван Бурхадын Аймгийн Энгийн Сахил

Таван Бурхадын Аймагт өргөх андгайн нэг хэсэг болгон бид доорх сахилыг авдаг:

### Бурханы Аймагт Өргөх Андгай

1. Бурханд итгэх.

2. Номд итгэх.

3. Хуврагт итгэх.

4. Хилэнцийг цээрлэх.

5. Буяныг өсгөх.

6. Бусдын тусыг бүтээх.

### Очирын Аймагт Өргөх Андгай

1. Очирын утгыг ухамсарлах.

2. Хонхны утгыг ухамсарлах.

3. Өөрийгөө Ядмын нэг тал болгон дүрслэх.

4. Очирт Багшаа дээдлэн үзэх дадлагыг авлага болгон дадуулах.

### Эрдэнэсийн Аймагт Өргөх Андгай

1. Эдийн баялаг Өгөх.

2. Айдаггүйг өгөх.

313

3. Номын өглөг.

4. Хайр нигүүлслийн өглөг.

## Лянхуан Аймагт Өргөх Андгай

1. Судрын Ёсны сургаалыг баримтлах.

2. Доод Дандарын Ёсны сургаалыг баримтлах.

3. Дээд Дандарын Ёсны сургаалыг баримтлах.

## Үйлдлийн Аймагт Өргөх Андгай

1. Гурван сахилын сахилгыг баримтлах.

2. Элбэг дэлбэг тахил өргөх.

## Цагийн хүрдний Өвөрмөц Сахил

Цагийн хүрдний зам дахь сахилын нэг хэсэг болгон Зургаан Бурханы Аймгийн харьцангуй хийгээд үнэмлэхүй утгыг баримталж явахаа андгайлна. Үүнд:

## Харьцангуй Утгын Зургаан Тангараг

1. **Агчобия**– Ядмын Егүзэрийн дадлагаар бие хэл сэтгэл гурваа нэгтгэх.

2. **Раднасамбува** – Цог өргөх ёсолоор элбэг арван тахил өргөх.

3. **Бирузана** – Ариун-бус арван зүйлстэй харьцах замаар үзэгдлийн ариун чанартайг ухамсарлах.

4. **Амогасидди** – Бүхий л таашаалт мэдрэмжээ гэгээрлийн хот мандалд өргөх замаар эглийн таашаалаас зуурах сэтгэлээ багасгах.

5. **Амитаба**- Дүрслэлийн ханийн тусламжтайгаар амгалан таашаалын ариуныг таних.

6. **Базарсад** – Бэлгийн харилцааны ариун чанартайг ямагт санан байж хоосон-дүрс хувиршгүй амгалангийн нэгдэлд хүрэх хүслийг хөгжүүлэх.

## 7. Үнэмлэхүй Утгын Зургаан Тангараг

1. **Акчобия** – Очирт Зургаан Йогийн дадлагаар бие хэл сэтгэл гурваа нэгтгэх.

2. **Раднасамбава** – Арван хийг гол судалдаа авчрах замаар мэдрэмжид өртсөн бүхнээ хоосон-дүрс болгон хүлээн авах.

3. **Бирузана** – Бүх нарийн дуслыг гол судалдаа хураах.

4. **Амогасидди** – Дотоодын галтай харьцсанаар эгэлийн таашаалаас зуурах зууралтыг тавиулах.

5. **Амитаба** – ханийн тусламжтайгаар нарийн дуслуудыг гол судлын доод үзүүрт хураах.

6. **Базарсад** – Хоосон-дүрс ба амгалан таашаалын нэгдэлд саатан орших.

# Цагийн хүрдний Хорин-Таван Журам

Бие ба хэлний үйл хөдлөл тань Цагийн хүрдний ёсонд нийцэж байгаа гэдэгт итгэлтэй байх үүднээс доорх зүйлүүдийг орхивол зохино:

## Гээвэл Зохих Таван Гол Сөрөг Үйл

1. Амьтны амь хөнөөх.

2. Худал хэлэх.

3. Өгөөгүйг авах.

4. Буруу хурьцал.

5. Согтууруулах бодис хэрэглэх.

## Гээвэл Зохих Таван Жижиг Сөрөг Үйл

6. Мөрийтэй тоглох.

7. Атгаг нь арилаагүй мах идэх.

8. Мунхаг үгс унших.

9. Сүнсэнд тахил өргөх.

10. Туйлширмал үзэлтний дадлагыг баримтлах.

## Таван Хориотой Аллага

11. Адгуус амьтны амь хөнөөх.

12. Хүүхдийн амь хөнөөх.

13. Эмэгтэй хүнийг хөнөөх.

14. Эрэгтэй хүнийг хөнөөх.

15. Гэгээрсэн лагшин, зарлиг ба тааллын төлөөллийг устгах.

## Таван Хүндэтгэлгүй Зан Байдал

16. Номын тусыг бүтээж буй нөхрөө юм уу орчлонг ерөнхийд нь үзэн ядах.

17. Хүндэтгэвээс зохих өтгөс буурлуудыг үзэн ядах.

18. Бурхан юм уу сүсэг бишрэлийн багшаа үзэн ядах.

19. Хуврагийн нийгэмлэгийн гишүүнийг, ялангуяа Архад хүнийг үзэн ядах.

20. Бидэнд итгэсэн нэгнийг үзэн ядах.

## Таван Шунал

21. Үзэгдэлд шунах.

22. Дуу чимээнд шунах.

23. Үнэрт шунах.

24. Амтанд шунах.

25. Хүрэлцэх сэрэлд шунах.

# ЦАГИЙН ХҮРДНИЙ ЗАМЫН ДАГУУ ТАРНИЙН ЁСНЫ ТАНГАРАГ

Цагийн хүрдний дандрын сургаалд дурдагдсан тарнийн тангараг бол: 1\ Арван-Дөрвөн Үндсэн Тангараг ба 2\ Найман Салбар Сахил билээ.

## Арван-Дөрвөн Үндсэн Тангараг

Доорх зүйлсийг бүрэн орхивол зохино. Үүнд:

1. Очирт багшийн сэтгэлийг үймүүлэх.

2. Очирт багшийн үгнээс зөрөх.

3. Очирт гэр бүлээ үл тоомсорлох.

4. Бусдыг хайрлах сэтгэлээ орхигдуулах.

5. Бодь сэтгэлээ доройтуулах.

6. Гүн ухааны онолуудыг шүүмжлэх.

7. Боловсроогүй нэгэнд нууцыг задруулах.

8. Өөрийн бүрдэл цогцыг үзэн ядах.

9. Ариун Номын талаар бусдын санааг будилуулах.

10. Хуурамч хайр энэрлийг үзүүлэх.

11. Туйлын үнэний талаар өөрийн зохиосон санааг хөгжүүлэх.

12. Ариун нэгний дутагдлыг хэлэлцэх.

13. Ариун шүтээний эд зүйлсийг хаях.

14. Эмэгтэй хүнийг доромжлох.

## Салбар Найман Хүнд Зөрчил

Доорх үйлдлүүдээс аль болохоор зайлсхийвэл зохино. Үүнд:

1. Шаардлага хангахгүй ханийг дулдуйдах.

2. Хоосон чанарыг үл ухамсарлан харьцаанд орох.

3. Нууц тарнийн ёсны эд юмсыг зохимжгүй хүнд үзүүлэх.

4. Цог өргөх болон аливаа зан үйлийн үеэр будилаан тарих.

5. Үнэн сүжигт нэгнийг төөрөгдүүлэх.

6. Очирт хөлгөнд итгэлгүй нэгэнд хэтэрхий их цаг зарцуулах.

7. Өөрийн хүрсэн амжилтаар сайрхах.

8. Итгэл бишрэлгүй нэгэнд Ном заах.

# Зохиогчийн Тухай Хэдэн Үг

Ханбрүл Ринбүчи бол Төвөдийн Буддын шашны Секторын-бус үзэлт Мастер билээ. Тэрбээр Төвөдийн гол гол урсгалын хорин-таван багш мастераас олон ном сургаалыг суралцан дадуулах үйлсэд бүхий л амьдралаа зориулсан бөгөөд аливаа урсгалын тогтолцоонд чин хүндлэл бишрэлээр хандахын зэрэгцээ өөрийн даган явж ирсэн гол урсгал болох Жонан-Шамбалын урсгалын Цагийн хүрдний дандрын ёсондоо хамгаас итгэлтэй явдаг нэгэн билээ.

Ринбүчи бүхий л зүйлд сониуч хийгээд шийдмэг сэтгэлээр хандана. Түүний сургаал үргэлж ойлгомжтой, шулуун дардан замаар байндаа тусаж утга төгөлдөр байдаг нь онцгой ажиглагддаг. Олон жилийн турш тэрбээр шавь нартаа зориулан Цагийн хүрдний сургаалын дамжин явах үе шатыг үзүүлсэн ном товхимол олныг бүтээж мөн орчуулах тал дээр асар их зүтгэл гаргасныг хэлэхгүй өнгөрч болохгүй юм.

Бид байгаль дэлхийгээ хайрлах, хүн хүнээ гэх сэтгэлээр амгалан энхийн зохицлыг энэ ертөнцөд жинхэнэ утгаар нь хөгжүүлж чадна гэдэгт Ринбүчи хэзээ ч эргэлзэж байгаагүй бөгөөд Цагийн хүрдний системт сургалтаар Шамбалын *Алтан Эринийг* ойртуулах ч боломжтой хэмээн итгэсний үндсэн дээр дэлхийн улсуудаар хэдэнтээ тойрон явж ялгавар үгүй римэ үзэл бүхий өвөрмөц урсгалынхаа нандин ухааныг дэлгэрүүлэн номлож яваа нэгэн билээ.

## РИНБҮЧИГИЙН ҮЗЭЛ БОДОЛ

Зогдэнбол манай дэлхий дээр амгалан энхийн нийгмийг байгуулах Ханбрүл Ринбүчигийн үзэлд туслах зорилгоор тусгайлан байгуулагдсан ашгийн бус байгууллага бөгөөд өдөр өдрөөр хөгжиж дэвшихийн хэрээр улам олон хүнийг хамрах болоод байгаа юм. Ринбүчигийн үзэл бодлын цар хүрээний талаар ойлголт өгөх үүднээс холын ба ойрын найман зорилго тавьсныг нь доор үзүүллээ.

# Нэн Даруй Хийвэл Зохих Ойрын Зорилго

Үнэн чанартаа хувь хүн бүр өөртөө гүнзгий өөрчлөлт хийж байж л жинхэнэ аз жаргалд хүрч болно. Одоо бид саруул оюуныг улам хөгжүүлж өөрсдийн хязгааргүй боломжийг нээх л юу юунаас илүү чухал болоод байна. Тиймээс Ринбүчи Жонангийн Цагийн хүрдний урсгалыг хадгалах энэ хүнд үүргийг өөртөө аваад дөрвөн замаар энэ зорилгодоо хүрэхээр найдаж байгаа юм. Юу гэвэл:

1. **Төвөдийн алслагдсан нутагт байгаа Цагийн хүрдний урсгалынхантай холбоо тогтоон, энэ хэрэгт бүх амьдралаа зориулсан чин сүсэгт бясалгагч нартай хамтарч ажиллах боломцоог хүмүүст олгох.** Бидний зорилго бол Цагийн хүрдний ёсыг мянга мянган жилийн өмнөх тэр уламжлалт байдлаар нь хадгалан буй мастеруудын сургаал зааврын дагуу заншил ёсоор нь суралцахад хүмүүст бүх талаар туслах явдал юм. Үүний тулд бид Бурхадын зураг, баримал, судар ном зэргийг дэлхийн улсуудаар түгээх, ухамсарлахуйн өндөр түвшинд хүрсэн бясалгагч нарын туршлага дээр тулгуурласан зургийг уламжлалт материалаар бүтээх чанарын тал дээр онцгой анхаарах болно.

2. **Цагийн хүрдний ёсыг судалж анхааран авлага болгоход зориулсан олон улсын бясалгалын төвүүд байгуулах.** Сурсан мэдсэнээ эрчимтэй дадлага болгон хувиргах боломцоо тэр бүр олдоод байдаггүй тул манай бүлгийн гишүүдэд урт богино хугацаагаар бясалгалд суухад нь туслах газруудыг зохион байгуулах тал дээр бид ажиллаж байна. Үүнд тохиромжтой нутагт газар худалдаж аван ганцаар буюу бүлгээрээ бясалгал хийх байгууламж барих явдал голлож байна. Цаашид дэлхий даяар сүлжээ үүсгэн бясалгагчдад туслах өргөн хүрээний дэмжлэгт ажлыг бид өрнүүлэх болно.

3. **Цагийн хүрдний мастеруудын ховор судар бүтээлийг орчуулж хэвлэх.** Төвөдийн түүхийн урт хугацаанд Цагийн хүрдний сургаал тоолшгүй олон судар бүтээлийн сэдэв болсоор иржээ. Үүний зөвхөн өчүүхэн хэлтэрхий л баруунд орчуулагдаад байна. Онолын ном хэчнээн чухал ч гэлээ бид энэхүү гүнзгий сургаалын гүнд орон нэвтрэхийн тулд гарамгай мастеруудын оньс зааварчилгааг нийтийн хүртээл болгох тал дээр онцгой анхаарвал машид зохилтой гэж үзэж байна.

4. **Зохион байгуулалттай сургалтын хөтөлбөр хэрэгслийг хөгжүүлэх.** Дэлхий нийтээр орчин үеийн технологийг сургалтад нэвтрүүлсээр байгаа өнөө үед цахим сургалтыг хөгжүүлэн олон улсын хүмүүст ойр харьцаатай, зохион байгуулалттай бөгөөд чанартай сургалтын хөтөлбөрт хамрагдах боломцоог олгоно.

# Холын Зорилго

Бид бүхэн дотоод сэтгэлийн амгалан зохицолт байдалд тэмүүлэх зууртаа маш олон ургалч үзлээр дүүрэн агуу ертөнцөд амьдарч байгаагаа мартаж болохгүй. Хувь хүн янз бүрийн итгэл үнэмшилтэй болж түүнээсээ шалтгаалан бусадтай харилцаанд ордог. Энэхүү шүтэн барилдлагат ертөнцөд илүү их хүндлэл, тэсвэр тэвчээр авчрах аргыг олох амаргүй. Тийм ч учраас Ринбүчи дөрвөн тодорхой үйлдлийг голлон санал болгож байгаа нь:

1. **Римэ ухааныг бусад урсгалтай зөвшилцөн хөгжүүлэх.** Олон ургалч үзэл бүхий нийгмийн бүтээлч нэгэн гишүүний ёсоор бусад урсгалтай ялгаагаа зөвшөөрөлцөн найрамдах хэрэгтэй. Ингэснээр бие биесээ хүндэтгэж, шинэ санаа бодолд нээлттэй хандах, мунхаг сэтгэлийг ялан гарах хүслийг өдөөх ашигтай чанаруудыг хөгжүүлэхэд зорьж чадах болно.

2. **Чин зүтгэлтэй бясалгагч нарт санхүүгийн дэмжлэг үзүүлэн ухамсарлахуйн гүнзгий түвшинд хүрсэн үлгэр жишээ болох хүмүүсийг бэлтгэх.** Бидний урсгал үнэн гэдгийг батлан харуулах үүднээс хүмүүсийг үнэхээр далд ухамсарлахуйн гүнзгий түвшинд хүргэх чухал ач холбогдолтой байна. Тиймээс чин сүсэгт тууштай бясалгагч нарт ямар системийн бясалгал хийж байгаагаас нь үл хамааран санхүүгийн тэтгэлэгт хөтөлбөр үүсгэхэд бид зорьж байна. Сурснаа дадлага болгон амжилт гаргахад нь тусалснаар тэд орчин тойрондоо жинхэнэ амьд жишээ болон үлгэрлэж дараагийн шинэ үеийн сүсэг нэгт нөхдийнхөө бишрэл хүндлэлийг хүлээн араасаа дагуулах болно.

3. **Тусгай дадлагын хөтөлбөрөөр ирээдүйтэй эмэгтэй бясалгагч нарыг бэлтгэх.** Төвөдийн соёлд ирээдүйтэй гэж танигдсан нэгнийг эрчимтэйгээр сурган ухамсарлахуйн гүнзгий түвшинд хүргэсэн түүх олон бий ч харамсалтай нь голдуу эрэгтэй хүмүүс байдаг. Манай дэлхий дээр тэнцвэртэй байдлыг авчирч чадах ухамсарлахуйн гүнзгий түвшинд хүрсэн хүчирхэг үлгэр жишээ эмэгтэй хүн бэлтгэх нь маш чухал гэдэгт Ринбүчи итгэлтэй байгаа юм. Тиймээс бид тэдэнд зориулсан өвөрмөц дадлагын хөтөлбөр боловсруулахад анхааран ажиллаж байна. Бидний зорилго тэдний сүсэг бишрэлийн боловсрол дахь бүх талуудад дэм болох санхүүгийн дэд бүтэц хийгээд мөн тусгай сургалтын хөтөлбөр бий болгох явдал билээ.

4. **Чөлөөтэй уян хатан сэтгэж өнөөгийн сургалтын хөтөлбөрийн дагуу үнэнийг илүү уужим байдлаар харах ба ойлгох тал дээр дэмжих.** Бүх зүйл асар хурдацтай хөгжин буй өнөө цагт үр хүүхдүүдээ сурган хүмүүжүүлэх чадвар хэр байгааг дахин нэг бодож үзэх хэрэгтэй юм. Өнгөрсөн үеийн нийгмийн тогтолцоо голдуу сурагч оюутнуудыг амьдралд тулгарсан сорилтыг хэрхэн давж гарахад бэлтгэхэд чиглэсэн буруу арга баримталдаг

байсан бол бид тэднийг нөхцөл байдалдаа дадах илүү уян хатан болгох сургалтын хөтөлбөрт илүү анхаарч байгаа юм. Энэ сургалтын давуу тал нь  өдөр тутмын амьдралд сэтгэл хэрхэн нөлөөлж байдгийг тэдэнд илүү ухамсарлуулж сургах явдал билээ. Мөн өнөөгийн нийгэмтэй илүү зохицох талаас нь харж шашны боловсролд өөрчлөлт хийх зорилготой байгаа юм.

# ТА ХЭРХЭН ТУСАЛЖ ЧАДАХ ВЭ?

Таны тус дэмжлэггүйгээр эдгээрийн аль нь ч боломжгүй зүйл юм. Бидний энэ зорилго сүсэгтэн олон та бүхний олон жилийн турш өргөсөн өглөг, хураасан буяны асар их нөлөөгөөр биелэлээ олох болно. Хэрэв та туслахыг хүсвэл эргэлзэх хэрэггүй бидэнтэй холбогдоорой.

Зогдэн

Dzokden

3436 Divisadero Street
San Francisco, CA 94123
United States of America

publications@dzokden.org
office@dzokden.org

www.ingramcontent.com/pod-product-compliance
Lightning Source LLC
Chambersburg PA
CBHW081323120626
46546CB00011B/3200